Von **Professor Adolf Günther** ist in Buchform früher erschienen:

Guttentagsche Sammlung deutscher Reichsgesetze:

Arbeiterschutz und Arbeitsrecht. Guttentagsche Sammlung deutscher Reichsgesetze Nr. 138a, 1920. Hieraus gesondert: **Betriebsrätegesetz,** (Sammlung Nr. 138b), 1920. Vereinigung wissenschaftlicher Verleger, Berlin.

Schriften der Gesellschaft für soziale Reform:

Kriegslöhne und -preise und ihre Einwirkung auf Kaufkraft und Lebenskosten. (Heft 66, 1919.) G. Fischer, Jena.

Schriften des Vereins für Sozialpolitik:

Die Wohlfahrtseinrichtungen der Arbeitgeber in Deutschland. (Band 114, 1905.) Duncker & Humblot, München.

Werkpensions- und Knappschaftskassen in ihrer Bedeutung für Geld- und Kreditwesen. (Band 137 II, 1913.) Duncker & Humblot, München.

Die Belastung kleinerer und mittlerer Einkommen durch Verbrauchsabgaben. (Band 156 II, 1917.) Duncker & Humblot, München.

Die Lebenshaltung des Mittelstandes. (Band 146 II, 1920.) Duncker & Humblot, München.

Vorträge der Gehestiftung in Dresden:

Das Problem der Lebenshaltung. (5. Band, Heft 3, 1914.) B. G. Teubner, Leipzig.

Veröffentlichungen des Statistischen Amtes der Stadt München:

Lohnermittlungen in Münchener Gewerben. (1906/07.) Lindauersche Buchhandlung, München.

Der Tarifvertrag in München. (1908.) Lindauersche Buchhandlung, München.

Beiträge zur Statistik des Königreichs Bayern:

Geschichte der älteren bayerischen Statistik. (Heft 77, 1910.) Lindauersche Buchhandlung, München.

Beiträge zur Arbeiterstatistik Nr. 12, 1913:

Aus: **Gebiete und Methoden der amtlichen Arbeitsstatistik in den wichtigsten Industriestaaten.** (7 Abschnitte.) C. Heymann, Berlin.

Reihe der Auslandstudien an der Universität Halle-Wittenberg:

Frankreich. Heft 6 der Serie: Das Ausland im Weltkriege. (1919.) Max Niemeyer, Halle a. S.

„Wohlfahrtseinrichtungen" und „Betriebseinrichtungen". (1909.) Rieger, München.

Die Sozialversicherung und der Ausgleich von Rechten und Lasten in den Friedensverträgen. (Sonderdruck. 1919.) Verlag des Vereins deutscher Ingenieure, Berlin.

Arbeitsrecht und Arbeitsverfassung. (Sonderdruck. 1920.) Verlag des Vereins deutscher Ingenieure, Berlin.

Krisis der Wirtschaft und der Wirtschaftswissenschaft. (1921.) Sibyllen-Verlag, Dresden.

Die deutschen Techniker. (2 Bände. 1911.) G. Fischer, Jena.

Das besetzte französische Gebiet. (1918.) Duncker & Humblot, München.

Deutsche und französische Sozialpolitik. (1919.) Duncker & Humblot, München.

Rückkehr zur Weltwirtschaft. (Vom Handelsvertragsverein mit einem Preise ausgezeichnet.) 1920. Duncker & Humblot, München.

Handbuch
der
Wirtschafts- und Sozialwissenschaften

in Einzelbänden.

Unter Mitwirkung von

GUSTAV AUBIN, Halle, GEORG VON EBERT, Nürnberg, ALEXANDER ELSTER, Berlin, WILHELM GERLOFF, Frankfurt a. M., RUDOLF MEERWARTH, Berlin, PAUL MOLDENHAUER, Köln, OTTO MOST, Duisburg-Ruhrort, MAX MUSS, Leipzig, WILHELM RIEGER, Nürnberg, AUGUST SKALWEIT, Bonn, BRUNO SKALWEIT, Königsberg, FRITZ TERHALLE, Münster, WALDEMAR ZIMMERMANN, Hamburg

herausgegeben von

ADOLF GÜNTHER und **GERHARD KESSLER**
Nürnberg u. Erlangen — Jena.

Neunter Band.

Adolf Günther: Sozialpolitik (I. Teil).

Berlin und Leipzig 1922.

Vereinigung wissenschaftlicher Verleger

Walter de Gruyter & Co.

vormals G. J. Göschen'sche Verlagshandlung — J. Guttentag, Verlagsbuchhandlung — Georg Reimer — Karl J. Trübner — Veit & Comp.

Sozialpolitik.

Erster Teil:

Theorie der Sozialpolitik

von

Dr. Adolf Günther,

Professor an der Handelshochschule Nürnberg
und der Universität Erlangen.

Berlin und Leipzig 1922.

Vereinigung wissenschaftlicher Verleger

Walter de Gruyter & Co.

vormals G. J. Göschen'sche Verlagshandlung — J. Guttentag, Verlagsbuchhandlung — Georg Reimer — Karl J. Trübner — Veit & Comp.

Roßberg'sche Buchdruckerei, Leipzig.

Vorwort.

Die hier vorgelegte „Theorie der Sozialpolitik" ist als Erster Teil eines Doppelbandes gedacht, der die „Praxis der Sozialpolitik" in organischer Weise anreihen und tunlichst bald abgeschlossen werden soll. Dieser Doppelband gliedert sich wiederum dem „Handbuch der Wirtschafts- und Sozialwissenschaften" ein, das ich unter Mitwirkung namhafter Fachgenossen gemeinsam mit Herrn Professor Keßler in Jena herausgebe, das seine an anderer Stelle näher bezeichneten Aufgaben „in Einzelbänden" zu erfüllen sucht; damit wird zum Ausdruck gebracht, daß die einzelnen Darstellungen, in arbeitsteiligem Gemeinschaftsgeiste entstanden und verbunden, den jeweiligen Stoff im Hinblick auf das Ganze sehen und für sich nur jene Vollständigkeit erstreben, welche für die übergeordneten Zwecke eines „Handbuchs" erforderlich und genügend ist. Selbstverständlich wird der Herausgeber diesen, von ihm selbst mit eingeführten Grundsatz für seinen eigenen Beitrag, soweit es die Eigenart des Stoffes nur irgend zuläßt, anerkennen. — Wenn indessen für jenen Grundsatz Einschränkungen geboten und möglich sind, so treffen sie für die „Sozialpolitik" zu; allerdings nicht wegen des Modecharakters, der diesem Gegenstand zur Zeit innewohnt; ein solches Zugeständnis an die öffentliche Meinung wäre wissenschaftlich nicht zu begründen und doch zugleich politisch aussichtslos. Es liegt vielmehr im Wesen und in der Begründung einer in den Mittelpunkt sozialwissenschaftlichen Denkens gerückten Theorie der Sozialpolitik, wenn ihr eine gewisse Ausnahmestellung — auch räumlich — zugemessen wird. Die Einleitung (§ 1) wird diesen Gedankengang aufnehmen.

Eine über fast zwei Jahrzehnte verstreute Praxis bot mir Gelegenheit, das soziale Leben an den verschiedensten Punkten kennenzulernen; zahlreiche monographische Arbeiten auf sozialpolitischen Teilgebieten strebten die theoretische Begründung von Einzelerscheinungen und praktischen Forderungen an. In sehr vielen ihrer Teile fußt die folgende Darstellung auf Vorarbeiten dieser Art, deren wichtigerer in den literaturgeschichtlichen Zusammenstellungen des Zweiten Bandes gedacht wird. Ohne diese Vorbereitung hätte es gewagt erscheinen müssen, die „Theorie der Sozialpolitik" zu schreiben in einer

Zeit, die glänzende Leistungen innerhalb der Geschichte der Arbeiterfrage und des Sozialismus und auf theoretischen Teilgebieten der Sozialpolitik, daneben treffliche „Einführungen", „Abrisse" und auch systematische Darstellungen, aber keinen unmittelbaren Vorgang für das aufweist, was hier angestrebt wird.

Soweit Kleindruck gewählt ist, handelt es sich im allgemeinen nicht um Nebensächliches; vielmehr liegt manchmal gerade auf diesen Abschnitten ein besonderes Gewicht. Kleindruck bedeutet vielmehr zumeist, daß ein bestimmter Gegenstand sich von der eigentlichen Beweisführung exkursartig entfernt oder aber durch Beispiele und Hinweise auf die soziale Praxis deutlicher gemacht werden soll; entscheidend war nicht zuletzt die Rücksicht auf den Umfang des Werkes und der Lehrzweck. Beides legte auch den Verzicht auf Anmerkungen bibliographischer Natur nahe; die erwähnten, dem Zweiten Bande vorbehaltenen, auch „dogmengeschichtlichen" Literaturnachweise werden, soweit nicht bereits der Text das Nötige enthält, einen Ersatz bieten. Schließlich entsprach eine gelegentliche Besonderheit der Schreibweise (Großschreibung des Eigenschaftsworts in einer technischen Wortverbindung: „Soziale Gruppe", „Internationale Sozialpolitik") der gleichfalls didaktischen Absicht, Zusammengehöriges als solches zu kennzeichnen.

Der erwähnte Zweite Teil wird das Sachregister für beide Bände gemeinsam enthalten.

In seiner Gesamtheit will das Werk als Antwort auf Fragen gelten, die in meiner „Krisis der Wirtschaft und der Wirtschaftswissenschaft" (Sibyllenverlag, Dresden 1921) aufgeworfen, aber wegen des geringen Umfangs und der besonderen Absichten jener Schrift nicht erschöpfend beantwortet worden sind; auf Fragen ferner, die gelegentlich der sehr lebhaften, an die Schrift anschließenden Diskussion an den Verfasser gerichtet wurden. Mindestens von der Sozialpolitik — ihrer Theorie wie auch ihrer Praxis — wird gezeigt werden können, daß sie sich in einer „Krisis" befindet.

Ein Wort Simmels hatte für den, der ihm zu folgen bemüht war, Erlebenswert; von den lockendsten Exkursen hinweg, führte es immer wieder zu den Mittelpunkten der erwählten Aufgabe zurück; es ist insoferne zugleich ein Wort der Selbstkritik:

„. . . nur in irgend einer funktionellen Beziehung zur Tatsächlichkeit kann der Schutz gegen unfruchtbare Fragestellungen, gegen einen Zufallscharakter der wissenschaftlichen Begriffsbildung liegen" („Soziologie", S. 8).

Adolf Günther.

Inhaltsverzeichnis.

Einleitung.

(§ 1) Methode, Inhalt, Grenzen und Ziele der Sozialpolitik im allgemeinen.

Die Sozialpolitik hat einmal, als Sammelname für eine sehr weit ausholende, mit wissenschaftlichen Mitteln, aber leider auch ohne solche arbeitende Praxis, eine große Zeit erlebt. Wann und warum das war, wie sich der Weg von der neuerwachenden Staatswissenschaft hinweg in immer weiter entlegene Spezialfächer des sozialen Lebens hinein gestaltete, das darzulegen ist Sache des späteren Textes, der insofern notgedrungen ein Stück Historie des eignen Faches enthalten muß und diese geschichtliche Seite nicht ausschließlich einem anderen, sonst vorzugsweise hierzu berufenen Teile des „Handbuchs" überlassen kann. — Der Blütezeit folgte Resignation und Abkehr von den sozialpolitischen Idealen, aber nur in geringerem Grade als Folge der Gegnerschaft, die der Sozialpolitik in weiten und einflußreichen Interessentenschichten begegnete. Damit wäre die Sozialpolitik fertig geworden; gefährlicher war der Zweifel, der sich gerade in die Kreise der praktischen Sozialreformer, soweit sie zugleich oder in erster Linie Theoretiker waren, einschlich: die aufkommende Gegnerschaft gegen das Werturteil mußte gerade eine Disziplin, die ihrem innersten Wesen nach auf Werte und Werten eingestellt ist, im Kern treffen; noch zu wenig theoretisch gefestigt, zu sehr praktische Spezialwissenschaft, ja oft noch reine Empirie, war die Sozialpolitik außerstande, dieser in ihrem Schoß entstandenen Kritik gebührend zu begegnen. — Eine dritte Epoche zog dann herauf, unter dem Donner des Weltkriegs und unter den revolutionären Zuckungen gegen seinen Ausgang hin; nun sollte die junge Disziplin, die eben erst größte Anfeindungen hatte über sich ergehen lassen müssen, ihre Bewährung zeigen, unter den ungünstigsten Umständen, ohne zureichenden organisatorischen oder theoretischen Unterbau, vielfach auf das gefährliche und kostspielige Experiment am lebenden Körper des Volks und der Volkswirtschaft angewiesen. Am Ausgang dieser Zeit stehen wir heute; wahllos sehen wir viele Einrichtungen nur deshalb aufrechterhalten, weil sie für solche der „Sozialpolitik" gehalten werden und weil der Mut zur theoretischen Selbstbesinnung, die unter Umständen zum Abbau und Neubau führen müßte, einer auf das Schlagwort „Sozialpolitik" ohne Überlegung eingeschwornen Zeit fehlt. Grenzen, schon früher theoretisch bekannt und erwogen, tun sich nun vor dem besonnenen Praktiker auf, vielfach ist alles, selbst das, was fest gefügt erschien, im Wanken, und ein Ersatz ist noch kaum vorhanden.

In diese Zeit fällt unser Versuch einer „Theorie der Sozialpolitik" als Vorbereitung für die „Praxis der Sozialpolitik". Die Theorie wird zunächst geboten. Sie kann in einzelnem an ältere Leistungen anknüpfen, und es ist vor allem die Gesellschaftswissenschaft, die Soziologie, die, von Philosophie, Psychologie, Physiologie, Biologie ausgehend und mit geschichtlichem, statistischem, rechts- und wirtschaftswissenschaftlichem und politischem Rüstzeug ausgestattet, Standorte für die Theorie der Sozialpolitik anbietet. Es wäre aber doch irrtümlich, anzunehmen, daß diese Theorie als solche bereits und ausschließlich Soziologie wäre. Das wäre auf der einen Seite ein zuweitgehender Anspruch, auf der anderen Seite wäre der soziologische Rahmen zu eng, würde auch dem späteren praktischen Zwecke auf diese Weise kein genügend fester Unterbau geschaffen: wenn dieser Standpunkt auch erst später im Texte genau begründet werden kann, so mag doch dieses zu seiner vorläufigen Beleuchtung und dazu dienen, die Notwendigkeit weiten Ausholens und des Eindringens in andere Teilgebiete des Handbuchs, von der oben die Rede war, zu begründen: die theoretische Grundlegung einer technischen Wissenschaft, die ihrerseits wiederum eine reich entfaltete Praxis zur Grundlage, zur Voraussetzung und zum Ziele hat, wird bemüht sein müssen, die wichtigsten Zusammenhänge, Tatsachen und logischen Verkettungen zu erkennen, aus denen heraus die sozialpolitischen Werturteile, Forderungen und Bewegungen entstehen. Wie Kant seine Kritik der praktischen Vernunft in einer solchen der reinen Vernunft verankerte, die letztere dabei zu einer ganz wertfreien Auseinandersetzung über Form und Inhalt der Anschauung und des Denkprozesses gestaltete: so hat sich eine kritische Darlegung der theoretischen Voraussetzungen der Sozialpolitik auf das Studium jener Erscheinungen vorwiegend biologischer, psychologischer, soziologischer und politischer Natur zu beziehen, die erst in ihrer Gesamtheit den Boden für das soziale Leben und die soziale Politik abgeben. Diese Erscheinungen gehören nur zum einen Teil der Theoretischen Nationalökonomie an, erschöpfen sich auch nicht in der Statistik, der Wirtschaftsgeschichte, Wirtschaftsgeographie oder in technischen Disziplinen; all das muß hier herangezogen werden, aber in ganz besonderer, dem speziellen Zweck angepaßter Einstellung. Dabei liegt nichts ferner, als eine neue Wissenschaft oder auch nur die Erstreckung der Soziologie oder Theoretischen Sozialökonomie auf Tatbestände der Natur und der Naturwissenschaften (besonders der Biologie, Physiologie, Psychologie) propagieren zu wollen. Ein viel bescheideneres Ziel ist darin gegeben, daß für alle oder wenigstens die meisten wichtigeren Vorgänge der Sozialpolitik die letzten Motive und Bedingungen in den elementaren Vorgängen der physischen und der psychischen Organismen und in den gesellschaftlichen Beziehungen zwischen Individuen und Gruppen solcher gesucht werden; den Weg zu diesem Gesamtkomplex müssen wir selbst gehen, keine der Wissenschaften kann mehr als Wegweiser bieten.

Von den großen Leistungen der eigentlichen Soziologen: eines Herbert Spencer, Ward, Schäffle, Comte, unterscheidet uns, neben der erwähnten, viel bescheideneren (z. T. an Simmel orientierten) Zielsetzung, vor allem der praktische Ausgangspunkt: soll doch alles, was theoretisch vorgetragen wird, auf die sozialpolitische Praxis insofern abgestellt sein, als es sich eben um deren Grundlegung handelt. Daraus wird die Berechtigung abgeleitet, die theoretischen Zusammenhänge, seien sie nun vorzugsweise biologisch, psychologisch, historisch oder soziologisch orientiert, da abzubrechen, wo dem Bedürfnis nach der theoretischen Begründung eines sozialpolitischen Tatbestands Genüge getan ist. Haben wir z. B. für die Gewerkschaften einen genügenden theoretischen Standort gefunden, so brauchen wir nicht mehr bei der Soziologie dieser gesellschaftlichen Agglomerationsgebilde zu verweilen; wir können es dann späterer Forschung überlassen, aus dem, was für unsere Zwecke genügt, was aber vom gesellschaftswissenschaftlichen Standpunkt aus wahrscheinlich noch nicht als abgeschlossen gelten kann, ein eigentliches System zu gestalten. Dasselbe gilt für das, was wir aus anderen, schon mehr ausgebauten Wissenschaften übernehmen, nur mit dem Unterschied, daß die sozialpolitische Theorie zwar auch ihnen neue Gesichtspunkte eröffnen, Anregungen von vielleicht großer Tragweite geben, aber doch den autonomen Entwicklungsprozeß dieser Disziplinen nicht gleich stark beeinflussen wird, wie das für die Gesellschaftswissenschaft in ihrem heutigen Zustand zu hoffen steht.

Eine Analyse der im allgemeinen ja wohlbekannten, jedenfalls leicht zu bestimmenden sozialpolitischen Vorgänge auf ihre letzten Bestandteile hin, wo immer diese zu liegen kommen; Einbeziehen aller Vorgänge und Tatsachen, Auflösung auch der ganz einfach aussehenden; die Zurückführung so gewonnener Elemente auf die relativ einfachsten und auch ihrerseits meist nicht unbekannten Erscheinungen des individuellen und des gesellschaftlichen Lebens; ein Fortschreiten also vom Bekannten oder doch leicht Erleb- und Erlernbaren über weniger zugängliche Gebiete hinweg zu dem, was letzten Endes auch einfach und elementar, oft Gegenstand des Erlebnisses und der Praxis des täglichen Lebens ist — : das wäre der Zweck unserer Forschung, die in diesem Falle die Funktion des Brückenschlagens als für sich maß- und zielgebend erachtet, ohne ihrerseits alle für den Statiker erforderlichen und dafür bereitstehenden Materialien selbst exakt nachprüfen zu können; ein solches Unterfangen würde ins Uferlose führen und den Charakter eines Hand- und Lehrbuches gänzlich verwischen; schon jetzt ist an die Aufnahmefähigkeit des Studierenden und Praktikers eine nicht geringe Anforderung gestellt; sie ist nur dadurch möglich, daß der Stoff als solcher in vielen Hinsichten als bekannt vorausgesetzt werden, der Nachdruck also auf seine theoretische Durchdringung gelegt werden darf. Denn bei allen diesen analysierenden und zusammenfassenden Darlegungen werden wir beachten: Sozialpolitik ist vielleicht der populärste politische und gesellschaftliche Begriff der Gegenwart; er hat vielfach Charakter und Wert des Schlagworts angenommen, das, einmal geprägt, oft mehr oder weniger gedankenlos nachgesprochen wird. Nur zwei Begriffe streiten ihm diesen Rang ab; sie haben bemerkenswerterweise mit „Sozialpolitik" den Wortstamm gemein und sind uns als „Sozialismus" und „Sozialisierung" geläufig. Fügt man noch den schon erwähnten, auf die gleiche Wurzel zurückgehenden Begriff der „Soziologie" an, so hat man eine verwirrende Vielheit häufig als gleich gebrauchter, selten nur auf ihren begrifflichen Inhalt und ihre Besonderheit hin untersuchter Ausdrücke. Es ist somit auch ein Gebot wissenschaftlicher Klarheit und Ehrlichkeit, wenn man diese Begriffe, und zumal den der Sozialpolitik, auf ihre Eignung dafür prüft, allgemein, und besonders in den gestörten Zuständen der Gegenwart, als Zusammenfassung von Tatsachen, Wünschen, Befürchtungen, Theorien oder Systemen zu gelten. Diese begriffliche Klarstellung enthält insofern schon eine Absteckung der Grenzen, zunächst eben für den Begriff selbst, dann für die damit begrifflich verbunden gedachten Inhalte und Zusammenhänge; es genügt aber noch nicht, den Begriff als solchen zu umgrenzen; vielmehr muß auch die Grenze dafür aufgezeigt werden, was gegenwärtig, ob mit Recht oder Unrecht, bleibt einstweilen dahingestellt, als Sozialpolitik, zumeist nur als Praxis einer solchen, in die Welt hinaustritt: für bestimmte soziale Tatsachen, Absichten, Vereinigungen, Parteien und Akte der sozialen Gesetzgebung, Verwaltung und Rechtsprechung; und die kritische Prüfung der Voraussetzungen und Grenzen dieser praktischen Sozialpolitik kann grundsätzlich an keinem sozialen Faktum, mag es noch so selbstverständlich erscheinen und noch so eingebürgert sein, vorbeigehen, sie kann auch nicht in der „Praxis" selbst geboten werden, sie bedarf reiner Theorie. Damit ist gegeben, daß sie sich auf das Typische beschränkt. Mag dabei gewissen Ohren die Erwähnung der „Grenzen" reaktionär klingen, so können sie sich doch die gestatten, die durch Jahrzehnte in der sozialen Praxis stehen, deswegen nicht geringe Anfeindungen erfuhren, denen eben deshalb heute die Gefahr einer nicht hinreichend theoretisch unterbauten Sozialpolitik besonders deutlich vor Augen steht. Indem die Betrachtung über „Inhalt" und „Grenzen" in eine solche über „Ziele" endet, soll ferner deutlich werden, daß die Sozialpolitik auch, und zumal für die Gegenwart, als lebens- und gesellschaftsfördernd angesehen wird und daß die Kritik ihr selbst, nunmehr als „Sozialer Politik", am allerwenigsten gilt; daß vielmehr auf Fehler und Irrwege, besonders auf die Überschreitung von Grenzen deshalb hingewiesen wird, um die „Sozialpolitik" nicht rettungslos zu diskreditieren, sie vielmehr im größeren Rahmen der „Sozialen Politik" auszugestalten. Vor allem kann keine Rede davon sein, daß man die Sozialpolitik einfach quantitativ nimmt und etwa ausführt, man habe „genug" Sozialpolitik; man kann mit Recht „genug" an gewissen Äußerungen und an der Theorielosigkeit zeitgenössischer Sozialpolitik haben, diese selbst aber, weder im idealen noch im praktischen Sinn, durch den Mißbrauch irgendwie beeinträchtigt finden. Eine scharf qualitative Einstellung der sozialpolitischen Probleme, eine Wägung und Wertung ist deshalb vor anderem geboten. Zu diesem Zweck führt am ehesten eine Trennung des formalen Inhalts des Begriffs von dem, was er materiell enthält und was stets schon die Zeit, ihre Anforderungen und Nöte widerspiegelt. Damit ist die Aufgabe der „Theorie" umrissen.

Sozialpolitik in diesem Sinn hat, wenn nicht Ewigkeitswert, so doch Bedeutung weit über die Gegenwartsaufgaben hinaus, genau so, wie sie dem rückwärts gerichteten Blick als stetige Begleiterin menschlich-gesellschaftlichen Tuns erscheint. Nichts unrichtiger, als sie erst mit Begründung des „Freien Arbeitsvertrags", mit Kapitalismus und Lohnarbeit anheben zu lassen oder alle früheren sozialpolitischen Vorkommnisse diesem engen Gesichtskreis unterordnen zu wollen! Nichts unrichtiger, als die wichtigste sozialpolitische Differenzierungserscheinung, die Klasse, lediglich aus dem Arbeitsverhältnis der kapitalistischen Gesellschaft entstehen zu lassen! Gerade solche, häufig beabsichtigte und politisch ausgeschlachtete Theorien auf das richtige Maß zurückzuführen, ist Aufgabe einer „Theorie der Sozialpolitik". Ihre Zielsetzung wird dementsprechend weit über den sozialistisch verengten Rahmen hinausgreifen, aus der Praxis die Einzelprobleme entnehmen, sie zu einem lebensvollen Gesamtbild des gesellschaftlichen Wirkens vereinigen und ausgestalten müssen. Sozialpolitik in solchem Begriffe ist die auf das Ganze der Gesellschaft gerichtete, alle physischen und psychischen Kräfte vereinigende Arbeit an der Menschheit und ihrer vornehmsten Ausdrucksform, der Nation.

Erster Abschnitt.

Die Gesellschaft und ihre Lebensbedingungen.

(§ 2) Übersicht des Ersten Abschnitts.

Nehmen wir irgendeinen Tatbestand oder einen Zusammenhang von Erscheinungen, den wir im landläufigen Sinn, meist ohne nähere Überlegung, als „sozial" oder „sozialpolitisch" anzusehen geneigt sind: eine bestimmte Lohnhöhe oder ein sonstiges Einkommen; die Teuerung; die Bildung und Ausdehnung einer Klassenerscheinung, etwa der Sozialdemokratie; den Streik; den beruflichen Zusammenschluß, der ja heute auf fast alle Gesellschaftsschichten Anwendung findet, oder irgend etwas anderes, was mit den erwähnten Tatbeständen weiter nichts als die Einordnung unter den Oberbegriff des „Sozialen" oder der „Sozialpolitik" gemein hat: so ergibt eine sehr einfache Überlegung, daß es sich in jedem Falle um Menschen und, wenn auch nicht immer gleich deutlich, um Beziehungen zwischen Menschen und um Gruppen von Menschen handelt. Daß in unendlich abgeschwächtem Maße gewisse Vergesellschaftungszustände auch bei Tieren, vielleicht selbst bei Pflanzen vorkommen, lassen wir einstweilen als ungleichartig ganz aus dem Spiel. Deutlich sehen wir vielmehr: Eine Klassenbewegung, der gewerkschaftliche Zusammenschluß der Berufsgenossen, der Streik: das alles setzt Stimmungen und Handlungen von einzelnen Menschen auf Grund gleicher oder ähnlicher Beweggründe voraus. Aber auch die Tatache eines bestimmten Lohns oder sonstigen Einkommens, einer als Teuerung empfundenen Preishöhe usw. ist unverständlich, wenn nicht Menschen in gegenseitiger Abhängigkeit, mit bestimmter körperlicher und geistiger Bildung, bestimmten Bedürfnissen vorausgesetzt werden. Die Bedingungen, unter denen Lohn, Preis, Streik, soziale oder politische Bewegung zustande kommt, zu kennen, bedeutet gewiß noch nicht, die genannten gesellschaftlichen Vorgänge als solche restlos zu übersehen und zu begründen. Aber es scheint keinen Weg zur Kenntnis der komplizierteren Dinge zu geben als den der Klarstellung von Elementen, aus deren spezifischer Mischung und Bewertung jene höheren Bildungen mutmaßlich entstanden sind.

Wir treten hiermit dem Begriff der Gesellschaft näher, ohne einstweilen seine erschöpfende, alle weit zerstreuten Gesichtspunkte würdigende Interpretation vornehmen zu wollen. Vielleicht sprechen wir zunächst besser und bescheidener nur von der Vorstellung, die wir auf dem Wege des Erlebens und sonstiger Erfahrung von der „Gesellschaft" erhalten.

Zweifellos sind in diesem einfachsten Sinne gesellschaftliche Vorgänge schon sehr frühe und unendlich häufig zu unserem Bewußtseinsinhalte geworden; man kann, noch darüber hinausgehend, vielleicht sagen, daß ein mindestens ebenso großer Teil dieses Bewußtseinsinhalts von gesellschaftlichen (sozialen) Vorgängen wie von solchen erfüllt ist, die uns deutlich als individuell, persönlich, nur das eigene Ich berührend erscheinen. Wir sehen einmal ganz davon ab, zu fragen, ob Tatbestände, die diese letzte individuell-persönliche Note zu tragen scheinen, in Wahrheit selbst individuell und persönlich sind; ob nicht auch hier der gesellschaftliche Einschlag, wenn auch weniger offensichtlich, vorhanden ist. Es genügt für uns einstweilen vollständig, uns darüber Rechenschaft zu legen, daß wir soziale Tatsachen und Beziehungen wie unser tägliches Brot kennen und mit ihnen zu rechnen wissen, daß es uns zur zweiten Natur geworden ist, in gesellschaftlichen Vorgängen und Zusammenhängen zu denken, von ihnen Motive für unser Verhalten zu empfangen, ihnen unsere Maßstäbe bei der Beurteilung unser selbst und anderer zu entnehmen. Die einfachsten sittlichen Wertungen sind in diesem Fall durch die Gegenüberstellung des eigenen „Ich" und des „Andern" bedingt; und der Egoist unterliegt dieser Auffassung nicht minder, nur, daß sein Urteil zu einer anderen Betonung des Ichwertes gegenüber dem Werte des Mitmenschen gelangt. Nicht weniger sind ästhetische Maßstäbe gesellschaftlich bedingt. Daß schließlich jedes staatliche Empfinden einen sozialen, d. i. eben gesellschaftlichen Sachverhalt voraussetzt, ist hiernach selbstverständlich.

Die Vorstellungen von der Gesellschaft sind durch dieses Erleben der Einzelnen seit frühen Kindesjahren wie durch die Erfahrung der langen Kette von Generationen, die gleich uns in vergesellschafteten Zuständen lebten, hervorgerufen; gleichgültig, ob man in letzterem Falle an Vererbung oder an Zugänglichmachung der Erfahrung durch Lehre, Erziehung und Beispiel denkt. Und diese Vorstellungen empfand eine frühere Epoche als derart übermächtig, derart auf das persönliche Selbstbewußtsein, die Geltendmachung freien Menschtums drückend, daß eine Befreiung, eine Emanzipation des Individuums aus den gesellschaftlichen Vorstellungen und Vorurteilen als geboten erschien. Die Naturrechtslehre und der gleichzeitig im

18. Jahrhundert einsetzende Individualismus auf allen Gebieten der Kunst, der Wissenschaft und der persönlichen Lebensführung brachen, oft im Bunde mit antikisierenden Vorstellungen, mit der im Mittelalter besonders streng durchgeführten Auffassung, daß der Mensch bestimmten sozialen Bindungen angehören müsse, die man Kirche, Zunft, Staat, ständische Verfassung oder wie immer nennen konnte. Wissenschaftlich ist das Naturrecht, ist die ihm parallel gehende wirtschaftliche Lehre der Physiokraten, ist auf staatsrechtlichem Gebiete die naive Anschauung vom contrat social, aus dem der Staat entstanden sein soll, überwunden; bestehen aber wird bleiben die Leistung, daß alle bis dahin als schlechthin notwendig, unabänderbar, zwangsläufig angesehenen gesellschaftlichen Beziehungen zwischen Menschen samt den von ihnen ausstrahlenden Zwangsnormen in ihrer Bedingtheit erkannt wurden, die nicht selten zur Zufälligkeit und Willkür ward. Es ist bei allen Fehlgriffen eine hohe Schule der Selbstbesinnung für die Menschheit gewesen; und so sehr spätere Forschung die Gesellschaft und das Gesellschaftliche wieder als bestimmend für den Menschen gelten ließ, so sehr war doch eine Luftreinigung dahin nötig gewesen, daß auch für die Gesellschaft das Gesetz der Natur und der Geschichte: die Vergänglichkeit und die Entwicklung, erkannt wurde.

Suchen wir von der allgemeinen, primitiven, oft unbewußten Vorstellung eines gesellschaftlichen Sachverhalts oder Zusammenhangs zu dem Begriffe der „Gesellschaft“, wie er für wissenschaftliche Forschung notwendig ist, fortzuschreiten, so werden wir an unserer Erfahrung nicht allzu lange mehr einen Führer haben. Denn die Gesellschaft tritt uns doch in zu verschiedener Gestalt entgegen, und das diesen Gestalten Gemeinsame ist zunächst nicht zu entdecken. Davon war andeutungsweise schon die Rede, als uns die gesellschaftlichen Bindungen des Mittelalters begegneten. Und doch lag die Sache damals insofern noch einfacher, als für den einzelnen eine Form der Gesellschaft meist einen übermächtigen Einfluß hatte, als mindestens für die wichtigeren Lebensbetätigungen genau umschriebene Normen gesellschaftlichen Verhaltens gegeben waren: für die Wirtschaft gebot die Zunft, für das staatsbürgerliche Verhalten der Stadtstaat, für die religiösen Beziehungen die Kirche, — und Zunft, Stadtstaat und Kirche waren untereinander zumeist im Bunde, fanden sich jedenfalls nach kleinen Seitensprüngen in ihrem Anspruch auf Herrschaft über den Menschen meist wieder zusammen. Dieser sah im allgemeinen gar nicht mehr einen gesellschaftlichen Tatbestand, sondern nur mehr dessen Niederschlag, die mechanisch erstarrte Formel, und er fügte sich in den meisten Fällen. — Im Gegensatz zu diesem mittelalterlichen Menschen scheint der neuzeitliche den meisten gesellschaftlichen Dingen freier, mit einer gewissen Skepsis und in der Absicht, zwischen verschiedenen Bindungen und Verpflichtungen zu wählen, gegenüberzustehen. Ob er einer Gewerkschaft beitreten, einen bestimmten Beruf erlernen, sich an einem Ausstand beteiligen will — das scheint ihm eben so sehr in sein freies Belieben gestellt wie, ob er einen bestimmten Preis zahlen, einen gewissen Gegenstand kaufen, eine Lebenshaltung von gewisser Höhe führen solle. Für die jüngste Gegenwart gilt eine Lockerung auch jener gesellschaftlichen Beziehungen, die, als staatliche Autoritätsäußerungen, vordem, und zumal während des Krieges, die stärkste Bindekraft entfaltet hatten. Freilich ist die Wahlfreiheit oft in Wahrheit nicht oder nur in engen Schranken vorhanden; freilich geht von den anscheinend freien und selbstgewählten menschlichen Vereinigungen ein sehr starker Zusammenhalt, ein tief ins Leben eingreifender Zwang aus; freilich liegen die Ursachen dieser gesellschaftlichen Verstrickung oft tiefer, als daß der einzelne sich ihr mit Erfolg zu entziehen vermöchte. Und schließlich bleibt die Frage offen, ob nicht das Leben des modernen Menschen in mindestens gleichem Maße wie das des mittelalterlichen von gesellschaftlichen Zwangsläufigkeiten bestimmt ist. Um so wichtiger scheint es, die an den Eingang gestellte Frage nach dem begrifflichen Wesen dieses Dämonen, Gesellschaft genannt, der uns in seinen Bann schlägt, zu beantworten.

Aber die Entscheidung über diesen sehr schwierigen Begriff, der sich manchen Mißbrauch hat gefallen lassen müssen, wird zweckmäßig erst dann getroffen werden, wenn wir uns über den Ausgangs- und Zielpunkt dieser Untersuchung, die für uns nicht Selbstzweck ist, klar geworden sind. Der Zielpunkt ist ja eindeutig bestimmt: es handelt sich um die Theorie der Sozialpolitik; der Ausgangspunkt aber wechselt in außerordentlichem Maße; ich kann ihn überall da suchen, wo, in oft ganz ungleichen Anwendungen, der Begriff der Gesellschaft überhaupt eine Rolle spielt.

Das gilt für die rein naturwissenschaftliche Betrachtung, sobald sie die höheren organischen Bildungen in Betracht zieht; die Biologie empfängt stärkste Anregungen aus dem Begriff der Vergesellschaftung, die — wie oben schon flüchtig bemerkt — grundsätzlich nicht auf den Menschen beschränkt bleibt; — für die Philosophie, besonders die Ethik, war die Gesellschaft stets ein wichtiger, vielleicht der entscheidende Ausgangspunkt; soweit Philosophie zur Psychologie wird und sich damit mehr oder weniger den Naturwissenschaften nähert, ist der Mensch als Gesellschaftswesen mindestens ein gleich reizvoller Gegenstand wie der Mensch als Einzelwesen; man denke an „Massenpsychologie“, „Sozialpsychologie“, man denke vielleicht auch an ältere Versuche, die „Volksseele“ zu ergründen, um zu erkennen, wie eng psychologische und soziologische Gesichtspunkte sich berühren können; freilich werden sie sich auch gelegentlich im Wege stehen; auch die Lehre von den krankhaften Seelenzuständen, von der Psychopathie, wird mindestens insofern vom Gesellschaftsbegriffe zehren, als sie die die Krankheit herbeiführenden oder beeinflussenden Gesellschaftszustände aufsuchen oder, umgekehrt, die Bedeutung der Psychopathen für die Gesellschaft erweisen muß.

Ein dritter Ausgangspunkt wird die Nationalökonomie sein, die wir aber lieber (unter Vorbehalt späterer Begründung) Sozialökonomie nennen wollen. Sie ist ohne die Vorstellung einer konsumierenden, verteilenden und produzierenden Gesellschaft überhaupt nicht denkbar.

Ihre wichtigsten Hilfsbegriffe, die Arbeitsteilung etwa, sind gesellschaftlichen Vorgängen abgewonnen, die aber durchaus nicht nur unter wirtschaftlichem Gesichtspunkte gesehen werden dürfen und uns deshalb noch sehr eingehend beschäftigen werden; die Sozialpolitik erkennt eine wichtige Aufgabe eben darin, zu zeigen, daß alle wirtschaftlichen Vorgänge soziale Erscheinungen, die unter Umständen jene an Bedeutung überflügeln können, zur Seite haben; selbstverständlich wird deshalb der Versuch, die Sozialpolitik theoretisch zu begründen, in den ökonomischen Handlungen und Ereignissen einen besonders wichtigen Vorwurf und auch einen zuverlässigen Ausgangspunkt haben; denn wir bewegen uns in der Welt des Rein-Wirtschaftlichen innerhalb festerer Gesetze oder mindestens deutlicherer Wahrscheinlichkeiten als bei den korrespondierenden gesellschaftlichen Erscheinungen.

Ganz anders stellt sich uns der Gesellschaftsbegriff dar, wenn wir ihn im Spiegel und unter den wechselnden Beleuchtungen der Geschichte betrachten.

Wir werden dabei nicht ausschließlich und vielleicht nicht einmal vornehmlich an jene Geschichte denken, die, ob mit den überalterten Einteilungen in Altertum, Mittelalter und Neuzeit, oder aber auf andere Weise, nur einen relativ kleinen Ausschnitt der Vergangenheit und des Werdegangs gesellschaftlichen Lebens behandelt; da es für das Verständnis eines unendlich komplizierten Vorgangs wie der Vergesellschaftung oft wesentlich ist, die ältesten, primitivsten Zustände zu erkennen, so wird den Hilfswissenschaften der Geschichtsforschung, der Ethnographie und Ethnologie, der Urgeschichte usw., eine sehr wichtige Rolle eignen. Völkerkunde kann freilich auch bei den primitiven Stämmen der Gegenwart erfolgreich einsetzen; sie muß aber beachten, daß „Primitive" im Sinne der Urgeschichte heute überhaupt kaum mehr vorkommen. Was uns demgegenüber die politische Geschichtsschreibung erkennen lehrt, sind selbstverständlich auch gesellschaftliche Stoffe; sie begegnen uns aber in den späteren, genauer belegbaren Zeiten nicht in gesellschaftlicher „Reinkultur", sondern vorwiegend in Gestalt politischer, staatlicher, jedenfalls organisierter Bewegungen; hierzu gehören Subjekte, Handelnde, Persönlichkeiten; und der naive sozialistische Versuch, alle politischen Vorgänge als wirtschaftliche und zwar ausschließlich als Klassenkämpfe erkennen zu wollen, übersieht doch das Beste, was die pragmatische Geschichtsschreibung seit Ranke und Mommsen geleistet hat. So einfach liegt die Sache nicht; der ernste

Soziologe wird mitnichten die Persönlichkeit und die persönliche Leistung zugunsten einer vagen Klassenkampfhypothese aus den Ereignissen eliminieren wollen, er wird dagegen versuchen, die gesellschaftliche Bedingtheit des persönlichen Entschlusses, der individuellen Handlungsweise zu klären. — Daneben eröffnen Kultur-, Kunst-, Wirtschafts- und Rechtsgeschichte wichtige Möglichkeiten, dem Gesellschaftsbegriff mit ganz neuer Fragestellung nahezukommen, ihn aus seinen Manifestationen heraus zu erklären. Gleiches gilt von der Geographie.

Im besonderen gibt die Rechtswissenschaft, nicht nur soweit sie historisch, sondern auch soweit sie systematisch und politisch gerichtet ist, wertvolle Anhaltspunkte. Das Recht ist ja neben der Sprache — und es sei in diesem Zusammenhang auf die Bedeutung der Sprachwissenschaft für die Erkundung gesellschaftlicher Vorgänge hingewiesen — die wohl wichtigste Verlautbarung eines bestimmten Gesellschaftszustandes.

Ganz eigne Wege geht demgegenüber diejenige Wissenschaft, die sich — ob mit oder ohne Recht, sei einstweilen dahingestellt — ausdrücklich als die von der Gesellschaft gibt: die Soziologie. Da für uns der Begriff der Gesellschaft vorläufig noch offen bleibt und wir ja erst daran sind, Ausgangspunkte für seine Deutung zu suchen, so kann auch die auf diesen reinen Begriff bezogene Disziplin hier noch keine Besprechung im einzelnen erfahren.

Nur sei zur oberflächlichsten Orientierung dieses gesagt: wir werden vorwiegend drei Auffassungen in der Gesellschaftswissenschaft vertreten finden: eine primitive, heute wohl überwundene, die das Schwergewicht auf mehr oder weniger oberflächliche Analogien zwischen biologischem und soziologischem Geschehen legte, etwa in den einzelnen Gliedern der Gesellschaft die Funktionen körperlicher Organe wiederkehren sah; je nachdem dabei dem Seelenleben gegenüber die Vorstellung des Monismus oder des Dualismus überwog, wurde sie auch auf gesellschaftliche Tatbestände übertragen. Den Analogieschluß wendet mit geistreicher Begründung, die aber nicht stets das Rechte trifft, Spengler an. — An zweiter Stelle findet sich eine viel selbständigere Auffassung von der Gesellschaft als einem Organon, dem Sozialkörper, das erst die Funktion des einzelnen Menschen bestimmt; diese organische Gesellschaftstheorie, der naturgemäß auch mechanistische Deutungsversuche gegenüberstehen, erhält sich bei den größten soziologischen Denkern, ist besonders bei Comte, Schäffle, Spencer zu Hause. — Drittens möge eine mehr formale Disziplin genannt sein, die in Simmel wohl ihren bedeutendsten Vertreter hat. Diese Untersuchungsmethode sucht in allen gesellschaftlichen Vorgängen das formal Gleichbleibende zu erkennen, arbeitet zweckmäßig mit dem Begriff der „Sozialen Gruppe“ und hat zwar noch wenig feste und endgültige Erklärungen zu bieten, verzichtet aber vielleicht überhaupt auf solche und bescheidet sich in der formalen Beschreibung und Zurückführung komplizierter Vorgänge auf ihre Elemente, vor allem auf die „Beziehungen". Etwas von dieser Methode wird auch in gegenwärtiger Untersuchung durchzuführen versucht.

Die Gesellschaftslehre kann sich mit der Statistik verbinden und wird dann mit größeren Ansprüchen auf Allgemeingültigkeit ihres Urteils vortreten.

Die Streitfrage, ob Statistik in diesem Sinne Methode oder „materielle" Wissenschaft — d. i. Wissenschaft mit eignem Forschungsgebiet — sei, läßt sich im Vorbeigehen kurz dahin verbescheiden, daß zwar die statistische Methode, Technik und Kunst an sich nicht auf das Gebiet des Gesellschaftslebens beschränkt ist; daß aber dieses Gebiet, wie schlechterdings kein kein anderes, ausgewählte Stoffe für statistische Erforschung bietet und in gleich ausschließlicher Weise nur durch Statistik geklärt erhalten kann. Das soll auch in unserer Darstellung, vornehmlich im Zweiten, praktischen Teil, deutlich werden. Indessen wird der Gesellschaftsbegriff selbst durch statistische Untersuchungen nur mittelbar geklärt werden können, da er sich in seiner Abstraktion naturgemäß den statistischen Mitteln versagt. Wohl aber bleiben die einzelnen als Masse auftretenden, zählbaren Elemente der Gesellschaft — die Bevölkerung, die „Arbeiterschaft", die Löhne, Preise, Streiks usw. — der Statistik in bevorzugtem Maße zugänglich, die ihnen gegenüber zur Sozialstatistik wird.

Ein letzter Ausgangspunkt ist in dem Bedürfnis der Politik — als Praxis, als Kunstlehre und als Wissenschaft — begründet, die Gesellschaft gleichzeitig als ihren Träger und Gegenstand zu erkennen. Da der Staat offenbar nicht den Inbegriff aller Politik, am wenigsten der Interessenpolitik, ausmacht, gilt es ferner, in den gesellschaftlichen Gruppierungen zugleich Anhaltspunkte für politische Richtungen kennen zu lernen. Ob und inwieweit schon der Egoismus einer Sozialen Gruppe Politik genannt werden und Anspruch auf eine Bezeichnung erheben darf, die vielleicht der höchsten gesellschaftlichen Bildung, dem Staate, vorbehalten bleiben sollte, ist eine Frage, zu der sich nicht zuletzt die Sozialpolitik zu äußern hat.

Es lassen sich, so sahen wir, ohne Mühe mindestens neun Möglichkeiten, dem Gesellschaftsbegriff und den gesellschaftlichen Lebensbedingungen nahezukommen, denken, und mehrere dieser Möglichkeiten bieten ihrerseits noch verschiedene an das Problem heranführende Wege. Es ist ferner damit zu rechnen, daß die Begehung dieser Wege auch andere soziologische und in der Folge sozialpolitische Gebiete erschließt, sodaß außer der angestrebten grundsätzlichen Klarheit über die Begriffe Gesellschaft und Sozialpolitik noch weitere wissenschaftliche Vorteile dabei erzielt werden. Nur diese Annahme berechtigt dazu, die Umwege überhaupt aufzusuchen, eine lediglich formale Begriffserklärung würde Führendem und Geführten die aufgewendete Mühe schwerlich vergüten. Dürfen wir aber hoffen, die Sozialpolitik theoretisch zu begründen, indem wir auf biologische, philosophisch-psychologische, wirtschaftswissenschaftliche und geschichtliche Gedankengänge eingehen und das vorkehren, was in der reinen Soziologie und in der durch Statistik unterstützten Gesellschaftslehre, in Rechtswissenschaft und Politik brauchbar für unser Bemühen ist: so werden wir den weiteren Weg, selbst wenn er wiederholt durchmessen werden müßte, nicht scheuen. Wir werden dabei ein ganzes Teil der Sozialpolitik selbst vorwegnehmen, nicht als System freilich, aber durch Kennzeichnen der theoretischen Standorte, von denen die einzelnen sozialpolitischen Gebiete ihren Ausgang nehmen. Denn, um abzuschließen, die sozialpolitischen Materien grenzen doch sehr verschiedenen, oft entgegengesetzten Disziplinen an und nur das praktische Bedürfnis einer bestimmten Epoche trennt sie dort los, um sie zu einer, wenn auch nur vorübergehenden Einheit zusammenzuschweißen. Das sozialpolitische System von gestern war ein anderes als das von heute und morgen. Kaum ein Element steht in diesem ewigen Flusse fest und unveränderbar. Wenn uns nun auch, nach früheren Darlegungen, das praktische Bedürfnis der Sozialpolitik bei ihrer theoretischen Verankerung leitet, so hieße es doch, den Wald vor Bäumen nicht zu sehen, wollte man die „Praxis" zur ausschließlichen Richtschnur machen und die Theorie da aufzusuchen versäumen, wo sie zuhause ist.

(§ 3) 1. Biologisches und gesellschaftliches Werden.

Der Mensch als körperliches Wesen gehört einer Gattung der Tierwelt an und bildet innerhalb dieser Gattung eine Art; indem wir die seelischen Eigenschaften des Menschen einstweilen beiseite lassen, wenden wir uns denjenigen wissenschaftlichen Vorstellungen zu, die, als „Entwicklungslehre", vorwiegend an die Namen Lamarck, Darwin, Häckel, Weismann, Mendel und Hertwig geknüpft sind, hier natürlich keine kritische Besprechung im einzelnen erfahren, sondern nur daraufhin geprüft werden sollen, ob ihnen für die Theorie der Sozialpolitik gewisse Gesichtspunkte abzugewinnen sind.

Diese Verbindung biologischer und sozialpolitischer Gedankengänge ist nicht neu; vom „Kampf ums Dasein", von der „Auslese" und „Zuchtwahl" zu sprechen, ist gerade der sozialpolitischen Vulgärsprache besonders geläufig. Der Entwicklungsgedanke hat sich, zum Teil durch sozialistische Kanäle hindurch, des Vorstellungslebens weitester Kreise bemächtigt, hat nicht selten auch beansprucht, für den verlorengegangenen Kirchenglauben als eine Art Religionsersatz zu gelten. Der Darwinismus insbesondere erhielt sich, in merkwürdiger Wahlverwandtschaft mit dem auf ganz anderer Scholle erwachsenen Marxismus, als Philosophie des täglichen Lebens viel länger denn als wissenschaftlich unbestrittene Theorie, die er vielmehr wohl nie gewesen ist. Um so mehr ist es berechtigt, die biologischen Entwicklungsgesichtspunkte, denen mindestens ein hoher Hypothesenwert eignet, gleich zu Beginn unserer Untersuchung zugänglich zu machen.

Aber nicht nur um Gattung, Art und Entwicklung der Arten dreht sich das Interesse, das der Sozialpolitiker und Soziologe an der menschlich-tierischen Seite unseres Organismus nimmt; der Rassenbegriff tritt hinzu; um seine Anerkennung und Ablehnung dreht sich ein gewisser Teil auch der sozialen Auseinandersetzungen, die den Rassenbegriff anerkennen oder bekämpfen, die Rasse als biologische Grundtatsache den späteren gesellschaftlichen Bildungen — z. B. Volk, Staat, Klasse — gegenüberstellen oder aber in diesen letzteren aufgehen lassen. H. St. Chamberlain auf der einen Seite, Oppenheimer auf der anderen mögen als Verfechter dieser Standpunkte gelten.

Steht der Begriff von Gattung und Art, von untergeordneten fachwissenschaftlichen Meinungsverschiedenheiten abgesehen, einigermaßen (wenigstens bis auf weiteres) fest, so sind mit dem Rassenbegriff soviele Deutungen verbunden, knüpfen sich an ihn — nicht zuletzt wegen des Problems des Judentums — soviele praktische Streitigkeiten, daß wir zu unserer Grundlegung nur das einigermaßen Erweisbare und Erwiesene heranziehen können. Es würde für unsere Zwecke aber bereits völlig genügen, wenn eine gewisse Konstanz und ebenso eine gewisse Variabilität menschlicher Eigenschaften als auf biologischen Gründen beruhend festzustellen wäre; diese Gründe hätten insoweit den Vorsprung vor gesellschaftlichen Einflüssen, die nach Lage der Dinge zunächst nur das einzelne Individuum in ihren Bannkreis ziehen würden, übrigens gegenüber den seit uralter Zeit wirkenden biologischen Verursachungen auf eine viel engere Zeitspanne verteilt blieben; denn, soweit auch die Urgeschichte (siehe unten) und vergleichende Ethnographie die ersten Einwirkungen der Gesellschaft zeitlich zurückverlegt: gegenüber den Jahrmillionen, die für biologische Prozesse mutmaßlich in Frage kommen, bleibt die Soziologie doch auf einen vergleichsweise kleinen Zeitraum beschränkt.

Wir unterbrechen hier die theoretische Darlegung, um an der Hand eines praktisch-sozialpolitischen Falles die unmittelbare Bedeutung dieser nur scheinbar weitabführenden Gedanken darzutun. Es ist eine bekannte Erscheinung, daß soziale Kämpfe von besonders langer Dauer und großer

Erbitterung da geführt werden, wo zum Klassengegensatz — von ihm später — ein tatsächlicher oder vermeintlicher Rassengegensatz hinzutritt. Ob solche Kämpfe sich zwischen jüdischen Prinzipalen und christlichen Angestellten oder zwischen deutschböhmischen Fabrikanten und ihrer tschechischen Arbeiterschaft abspielen: stets treten die Gegensätze (die im zweiten Falle übrigens mehr solche der Nationalität als der Rasse sind) besonders scharf auf. Der auf den Klassengedanken eingeschworene Sozialismus will Rassengegensätze überhaupt nicht anerkennen; der Antisemitismus und die völkische Irredenta haben sie auf die Spitze getrieben. Augenscheinlich wird die ausgleichende Sozialpolitik eine andere sein, je nachdem sie sich zum Rassendogma bekennt oder nicht, und selbst die kleinen technischen Mittel der sozialen Praxis werden davon nicht unberührt bleiben. Wer also, über das durch Erfahrung Feststellbare hinaus, eine theoretische Grundlegung der Sozialpolitik anstrebt, wird an den biologischen Grundfragen nicht vorbeigehen wollen.

Zu diesen gehört, in Anschluß an früher Ausgeführtes, die Frage der Vererbung. Und es ist für die Soziologie und Sozialpolitik nicht weniger wichtig als für Biologie und Pathologie, zu wissen, ob nur angeborene Eigenschaften vererbt werden können oder ob auch Qualitäten, die der Mensch sich während seines Lebens „erwirbt", dem gleichen Schicksal verfallen.

Für die sozialpolitisch interessierte Gesellschaftslehre verdichtet sich die Frage dahin: sind gesellschaftliche Einflüsse — z. B. solche des Milieus — von der Vererbung ausgeschlossen, wirken also die sozialen Faktoren unmittelbar nur auf das einzelne Individuum, darüber hinaus, auf spätere Generationen, nur durch Lehre, Erziehung, Vorbild, Lockung oder Zwang; oder aber, geht von der Gesellschaft ein Einfluß, auch über das einzelne Individuum hinweg, auf die „Erbmasse", auf künftige Generationen aus? Glücklicherweise ist der Vererbungsvorgang etwas mehr geklärt als der Rassenbegriff. Freilich entbehrt die Mendelsche Theorie, der zufolge die Vererbung im ganzen auf angeborene Eigenschaften beschränkt ist und erworbene Eigenschaften nur ausnahmsweise — durch sog. Mutationen — die Erbmasse beeinflussen können, des hohen hypothetischen Wertes, der oben der Entwicklungstheorie und auch dem Darwinismus zugeschrieben wurde. Fachmänner mögen den bescheidenen Zweifel klären, ob gelegentliche „Mutationen", die in vielen Fällen Verlust an der Erbmasse bedeuten und dann sicher keine Höherentwicklung, sondern höchstens Entartung zur Folge haben können, überhaupt als Bausteine der Natur angesehen werden können und nicht vielmehr Verlegenheitskonstruktionen sind. Jedenfalls fällt mit der Annahme, daß nur angeborene Eigenschaften vererbt werden können, die Möglichkeit einer über das einzelne Individuum hinausreichenden Milieubeeinflussung oder einer sonstigen gesellschaftlichen Dauerwirkung fast völlig weg. Die Erbmasse würde unberührt von Generation zu Generation weitergegeben, gleichgültig, ob der Großvater einen soliden Reichtum hatte, der Sohn verarmte und der Enkel wieder zu Wohlstand gelangte, gleichgültig, ob die Berufstätigkeit einseitige oder harmonische Kräfteverausgabung forderte, gleichgültig, welches die Einwirkung von Speise und Trank, der Wohnungsverhältnisse, des Alkohols oder schwerer Volkskrankheit war. (Von Keimschädigungen und -erkrankungen kann hierbei abgesehen werden.) Das wäre für die Sozialpolitik ein fast trostloser Ausblick, freilich würde mit der günstigen sozialpolitischen Einwirkung auch alles entfallen, was über „Unerwünschte Folgen der Sozialpolitik", über Entartung als Folge der Verweichlichung, der Rentensucht und der künstlichen Erhaltung des Krankhaften gesagt worden ist.

Aber diese Ablehnung der Vererbung erworbener Eigenschaften bedeutet auch den Verlust des Schlüssels, der vielleicht das Rassen-, Art- und Entwicklungsproblem aufgeschlossen hätte. Denn wenn, von zufälligen Veränderungen abgesehen, die Rasse und Art konstant ist, bleibt nichts übrig als die Annahme, der Schöpfungsakt sei, vielleicht nicht in allen Einzelheiten, aber doch im großen Ganzen dem biblischen ähnlich verlaufen. Denn was Mendel, der gelehrte mährische Geistliche, für wenige Generationen von Pflanzen nachwies (soweit dabei keine Täuschung vorlag und er es nicht mit Bastarden zu tun hatte), muß doch all die unzähligen Jahre bis zur Entstehung des ersten organischen Lebens zurück gelten. Dann geht eben jede Art auf einen einzelnen Schöpfungsakt zurück. Wir wollen einmal die Rolle ins Auge fassen, welche die Gesellschaft in diesem Falle zu spielen vermochte, wollen anschließend die Frage aufwerfen, ob Sozialpolitik unter der gleichen Voraussetzung überhaupt Sinn und Zweck behält; natürlich würde die bescheidene Stellung, die der Soziologie und Sozialpolitik bei Ablehnung des Entwicklungsgedankens zufallen würde, diese Ablehnung selbst theoretisch nicht zu erschüttern vermögen; wir werden niemals den Zoologen, Biologen und Entwicklungstheoretikern den Vorrang ihrer Wissenschaft streitig machen, uns vielmehr damit begnügen, unsere Folgerungen auf den uns zugänglichen Gebieten zu ziehen. Nur wenn sich unmittelbare, vielleicht selbst meßbare biologisch-physiologische Dauerwirkungen der Gesellschaft und der Sozialpolitik herausstellen sollten, würden wir den Anspruch an die andere Fakultät erheben können, zu zeigen, wie solche Einflüsse, über das Individuum hinaus, ohne Annahme irgendeiner Entwicklungstheorie möglich seien.

Setzen wir den Fall, Art und Rasse — die uns hier lediglich eine biologische Untergruppe der Art sein soll — bleiben im wesentlichen konstant. Dann kann sich jeder Fortschritt — wenn man unter einem solchen die Entwicklung zu höheren Formen des wirtschaftlichen, staatlichen, kulturellen Lebens verstehen will — nur in den einzelnen Individuen und durch sie vollzogen haben. Die Erbmasse des mit neuseeländischer oder feuerländischer Kultur gesegneten Urahnen eines modernen Geschäftsmannes oder Gelehrten war dann im wesentlichen die gleiche wie die des Urenkels. Jede Generation hätte sich hiernach nicht nur ihren Anteil an der Gesittung und höheren Wirtschaftsorganisation neu, gewissermaßen aus dem Urzustand heraus, erobert, sondern auch, ohne aus anderem Holz geschnitzt zu sein als der Ahne im Urwald oder in den Dschungeln, aus eignem Vermögen den Fortschritt gesteigert. Man möge gegen diese Beweisführung nicht einwenden, daß der Begriff „Fortschritt" und „Entwicklung" nicht eindeutig sei; es genügt für unsere Zwecke vollkommen, den Qualitätsunterschied zwischen urgeschichtlichen und modernen Zuständen anzuerkennen.

Der Soziologe und der Sozialpolitiker können, offen gesagt, mit einem derartigen Ergebnis nicht viel anfangen. Ihnen scheint es überraschend, daß die Natur, der doch eine gewisse Zielstrebigkeit auch in diesem Falle nicht ganz fehlt, den Fortschritt auf dem beschwerlichen Weg der Neuschaffung durch jedes einzelne Individuum wählte und nicht lieber auf die Konstitution durch Vererbung einwirkte. Vielleicht ist der nächste Weg nicht immer der, den die Natur geht; aber solch lange Umwege zu wählen, zugleich den Entwicklungsprozeß auf das einzelne Menschenleben zu beschränken und immer wieder neu anheben zu lassen — das ist eine Vorstellung, die der Natur und ihren organischen Kräften nicht Genüge zu tun scheint.

Wohl wendet man auf der anderen Seite bekannte Fälle von Atavismus — Rückfall in primitive Erscheinungsformen — ein; sollten sie nicht aber pathologische Ausnahmen sein und als solche die Regel bestätigen?

Für den Soziologen war der erweiterte Vererbungs- und der Entwicklungsgedanke sicher fruchtbar; leitete er doch von der organischen Entwicklung des einzelnen Individuums zu der nicht minder organischen Entwicklung der Gesellschaft über. Stehen sich aber schon die einzelnen Individuen isoliert, nur durch die konstante Erbmasse verbunden, also mehr als gleichbleibende Artexemplare denn als „Individuen" gegenüber, so fehlt auch die Brücke zwischen den gesellschaftlichen Bildungen.

Eine weitere Folgerung aus der Ablehnung einer Vererbung erworbener Eigenschaften wäre, daß den gesellschaftlichen Einrichtungen und Techniken eine größere Rolle zukäme, als der Soziologe, Ethiker und Sozialpolitiker im allgemeinen gelten lassen wird; ihm ist es geläufig, nicht im technischen Apparat der Schule, der Rechtsprechung, Verwaltung oder Produktion das Entscheidende für Erhaltung und Entwicklung der Kultur zu sehen, sondern Lehrer, Richter, Verwaltungsbeamter, Unternehmer und Arbeiter sind ihm die eigentlich treibenden, produktiven Instanzen. Diese Meinung hat freilich zur Voraussetzung, daß eine über das einzelne Individuum hinausreichende Dauerbeeinflussung möglich sei; entfällt sie, weil ja nichts von den anerzogenen Qualitäten der Erbmasse zuströmt, so werden die starren, technischen Ergebnisse des Vergesellschaftungsprozesses, werden seine Formeln, Sitten, Gebräuche, Apparate und Instrumente an Stelle der Menschen das sein, woran Fortschritt und Entwicklung am stärksten haften: da dann ferner die Menschen stets als dieselben geboren werden, ist ihre persönliche Entwicklung an den größeren Kulturbesitz geknüpft, den sie gegenüber der vorigen Generation erlangt haben, den sie ihrerseits wieder vermehrt den Söhnen hinterlassen werden.

Das bedeutet, ein mechanistisches, totes, starres Prinzip an Stelle des lebenden, organischen und faustisch-menschlichen setzen. Geschichtlich aber müßte erwiesen werden können, daß die Aufwärtsbewegung und Kulturentwicklung auch da andauerte, wo lediglich der vorhandene technische Apparat unversehrt blieb. Es scheint nicht, als ob die Gegenwart dieser Auffassung Rechnung trüge: unsere Fabriken stehen, es sind sogar große technische Neuerungen durch den Krieg hinzugekommen; und doch ist die rückläufige Bewegung eingetreten, werden von sozialhygienischer und ärztlicher Seite die ernstesten Befürchtungen vor der Entartung, die doch nur durch Verschlechterung der Erbmasse möglich sein könnte, laut. Für den Ethiker und Schulmann aber steht eine Entartung der nächsten Generation mindestens im übertragenen, moralisch-sozialen Sinne fast außer Zweifel.

Es spricht also vom soziologischen Standpunkte recht viel für die Annahme eines durch die Generationen hindurch wirkenden Dauereinflusses der im Leben, d. i. innerhalb der Gesellschaft erworbenen Eigenschaften. Eine Rassenkonstanz wäre damit vereinbar, wenn man den Begriff „Konstanz" relativ faßt. Er würde dann keineswegs jeder Änderung entgegenstehen, sondern nur aussagen, daß die Änderungen innerhalb jeder Rasse eine besondere Richtung einschlagen und, je nach der Durchsetzungskraft der Erbmasse, relativ stärker oder schwächer wirken würden. Damit wäre die Möglichkeit der Aufsaugung einer Rasse durch die andere eröffnet. Vorurteilslose Prüfung scheint zwischen dem in Volkstum, Religion, Gesittung und ökonomischer Lage zum Westeuropäer gewordenen Juden und seinem osteuropäischen Rasseverwandten die denkbar schärfsten Trennungsstriche erkennen zu lassen. Wir hätten schließlich ein theoretisch befriedigendes Ergebnis in dem Nebeneinanderbestehen eines auf Erhaltung der Rasse und Art zielenden und eines Variierungsprozesses; der erste rein biologisch, der zweite soziologisch im Ausgangspunkt, biologisch (durch Vererbung) und soziologisch (durch Erziehung, Vorbild, Zwang usw.) im Ergebnis.

Für das Ziel der Sozialpolitik, die gesellschaftlichen Zustände im Sinn des Ausgleichs und „Fortschritts" günstig zu beeinflussen, ist es nicht entscheidend, ob man ihr Wirkungen nur auf dem Wege über das Individuum oder auch über die Generationenfolge zuerkennen will. Sie hat in beiden Fällen ihre Pflicht zu tun, die vorwiegend ethisch und nicht bloß biologisch feststellbar ist. Indes werden die anzuwendenden Mittel verschieden sein, und auch der Glaube an die Möglichkeit fruchtbarer Wirkung wird von den biologischen Gesetzen beeinflußt werden. Nicht der Kampf ums Dasein, nicht das Darwinsche

Selektionsprinzip ist, um es nochmals bündig zu sagen, das für den Sozialpolitiker Entscheidende, sondern lediglich die Aufrechterhaltung des Entwicklungsgedankens. Dem auf dem Kampf ums Dasein begründeten Ausleseprinzip ist im Gesellschaftsleben wohl nie in vollem Umfang, vielleicht überhaupt nie Rechnung getragen worden, und der letzte Krieg, der vollen persönlichen Einsatz mit der Fernwirkung der Geschosse verband und deshalb im ganzen zu einer Auslese der weniger Tüchtigen führte, hat den Glauben an das Walten dieses Entwicklungsprinzips im Gesellschaftsleben weiter erschüttern müssen. Der Entwicklungsgedanke als solcher aber bleibt von dem Mißlingen der allzu kühnen Darwinschen Hypothese unberührt, nur der auf sie eingestellte Sozialismus wird sich über den Verlust nicht hinwegsetzen können.

Die von uns beabsichtigte Theorie der Sozialpolitik hat eine erste Aufgabe nicht etwa gelöst, aber soweit angedeutet, als die Mittel des Gesellschaftsforschers auf diesem Gebiet zu reichen scheinen. Es ist sicher gelungen, soziale Geschehnisse, Rassenkämpfe etwa, die zugleich Klassenauseinandersetzungen sind, von höherer Warte aus zu sehen und einzuschätzen, als dies bei der gewöhnlichen sozialpolitischen Betrachtung möglich ist. Man könnte die Entwicklung des spezifisch sozialen Sinns, den man unserer Zeit zusprach (vielleicht aber heute nicht mehr zuspricht), schließlich auch mit organischen Vererbungstheorien in Verbindung bringen; es wird mindestens schwer sein, die Entstehung dieses Sinns als rein individuelle, immer neu vorzunehmende Leistung des Einzelnen gelten zu lassen.

Aber erst im Zusammenhang mit den anderen theoretischen Grundlegungen ist es möglich, die volle Frucht aus der Verbindung biologischer und soziologischer Zusammenhänge für die Sozialpolitik in die Scheune zu sammeln.

(§ 4) 2. Die Gesellschaft im Lichte der Philosophie und Psychologie.

Wir haben im vorigen Abschnitt den Menschen als körperliches Wesen biologisch betrachtet und sind auf diese Weise zu bestimmten, aber selbstverständlich einseitigen und keineswegs erschöpfenden Ergebnissen gelangt. Zwar ist fast alles das, was über Vererbung, Art und Rasse gesagt worden ist, für den Menschen auch als beseeltes Wesen wichtig, weil — gleichgültig, ob man zu monistischen oder dualistischen Auffassungen neigt — doch in jedem Fall auch das Seelenleben des Menschen von seiner körperlichen Verfassung und den für diese maßgebenden Bestimmungsgründen abhängt. Die Fortschritte der Psychopathologie haben uns hierüber recht schlüssige Auskünfte gegeben; und soweit man noch davon entfernt ist und vermutlich immer sein wird, auf diesem Wege letzte Fragen des menschlichen Seins zu beantworten oder auch nur das Wesen der körperlichen Bedingtheit des Bewußtseins und anderer seelischer Regungen zu ergründen, so wenig können Gesellschaftslehre und Sozialpolitik doch an dem bereits heute gesicherten Besitzstand der Psychologie und Psychopathologie vorbeigehen. So ist z. B. ein ziemlich häufiger, dem Sozialpolitiker sehr bekannter Tatbestand lediglich auf diesem Wege zu erklären: die sogenannte Unfallneurose, die keine Simulation ist, sondern nur der Besorgnis, die Unfallrente zu verlieren, entspringt, nichtsdestoweniger aber oft mit tatsächlicher Arbeitsunfähigkeit verbunden auftritt. Man braucht ferner nur an das Gebiet der Massensuggestion, der gesellschaftlichen Triebfedern, die in Sozialen Gruppen — etwa in einer Volksversammlung — wirksam sind, zu denken, um die Bedeutung des Seelischen für den einzelnen wie vor allem für die Gesamtheit zu ermitteln. Diese Bedeutung ist durch die sozialistischen Versuche, die Geschichte rein materiell und vorzugsweise rein wirtschaftlich zu begreifen, in keiner Weise geschmälert worden.

Bevor dasjenige, was die heutige psychologische Wissenschaft zur theoretischen Begründung der Sozialpolitik beitragen kann, in Kürze vorgeführt wird, soll bei dem einen Augenblick verweilt werden, was die Philosophie schlechthin, als deren Teilgebiete die Psychologie erstand, auszusagen hat. Das ist auch durch die Ehrfurcht geboten, die jede Wissenschaft ihrer ältesten und auf das Allgemeinste gerichteten Schwester, die gewissermaßen auch ihre Nährmutter ist, schuldet. Ist doch auch die Gesellschaftslehre letzten Endes philosophischen Ursprungs, indem sie ihr besonderes Teilgebiet, nicht weniger aber die Grundlagen ihrer wissenschaftlichen Methode von jener empfing. Abgesehen von den verhältnismäßig seltenen mathematischen Formeln, deren sich auch die Soziologie mit Vorteil bedienen kann, handelt es sich bei Deduktion und Induktion in formaler Beziehung durchaus um Anwendung der logischen Regeln, die von der Philosophie zuerst mit Gültigkeit für fast alle Wissensgebiete entwickelt worden sind.

Während aber das Nähere über die Grundbegriffe reiner und angewandter Logik in die allgemeine Methodenlehre gehört und den an sich schon ungeheuren Stoff der einzelnen Fachwissenschaft nicht belasten darf, ist später, bei der Betrachtung vom statistischen Standpunkt aus, doch auf die Besonderheiten einzugehen, die der auf gesellschaftliche Tatbestände angewandten Kausalforschung eignen. Diese Besonderheiten sind es wohl vorzugsweise gewesen, was der philosophischen Fragestellung lange Zeit das Eindringen in soziale Tatbestände erschwerte, wenn nicht verschloß.

Die Leistungen der Antike auf diesem Gebiete sind immerhin nur vereinzelt: Xenophon, Platon, Aristoteles. Und auch diese unbestritten großen gesellschaftswissenschaftlichen Anläufe sind doch weit davon entfernt, eine theoretische Grundlegung der Sozialpolitik ihrer Zeit anzustreben; es sind Ideologien, deren Verwandtschaft mit tatsächlichen sozialen Zuständen wohl nachgewiesen worden ist, die aber doch weit mehr in den luftigen Höhen des Sein-Sollenden als im Raume des Seienden und Sein-Müssenden zu Hause sind. Die soziale Frage des Altertums, die man im ganzen (Pöhlmann) wohl zu sehr mit den Augen des modernen Menschen gesehen hat, wird uns als solche noch wiederholt beschäftigen; die antike Philosophie und Politik aber ist doch weniger durch ihre Systematik oder ihre Einzelheiten für die heutige Gesellschaftslehre und Sozialpolitik wichtig geworden als dadurch, daß sie höchste Bildungsziele aufrichtete und durch Renaissance und Humanismus hindurch auch für die Gegenwart fruchtbar wurde.

Was die Philosophie des Mittelalters und der Scholastik hinzufügte, wird man auch nicht überschätzen. Der philosophische, vorwiegend durch Paulus begründete Gehalt der christlichen Lehre stellte sicher den Unterbau eines gesellschaftlichen Systems dar, das ja in den kleinen Gemeinden der ältesten Christen auch praktisch erprobt wurde. Bekanntlich sehen manche in ihnen ein Bekenntnis zum Sozialismus, ohne daß der Inhalt des Gebots der Nächstenliebe in dieser einseitigen Beleuchtung erschöpft wäre. Man kann den Verzicht auf Einzeleigentum und die genossenschaftliche Verfassung in jenen Gemeinden vielleicht mit demselben Recht auf ihren Glauben an das unmittelbar bevorstehende Ende der Welt und auf die Zwangsläufigkeiten kleiner, armer, stets der Verfolgung ausgesetzter Gruppen zurückführen. Harnack hat diese Seiten des Urchristentums beleuchtet. Später entstand in der franziskanischen Bewegung und in Augustin eine neue, großartige soziale Auffassung, der auch der reale sozialpolitische Hintergrund nicht fehlte. Aber auch hier ist es zu einer eigentlichen Theorie der Sozialpolitik nicht gekommen.

Läßt man, wie üblich, die neuere Philosophie mit Descartes (Cartesius) beginnen, so erscheint sein berühmtes Wort „Cogito, ergo sum" zunächst als psychologische Erkenntnis; indem Hegel das Wort später in ein „Cogito, ergo sumus" — „Ich denke und bin insofern Mitglied der Gesellschaft" — umprägte, erwies sich der Ausspruch doch auch in soziologischer Hinsicht als wertvoll. Auch Spinoza kann, vielleicht mehr auf Grund des Theologisch-politischen Traktats als auf Grund seines Hauptwerks, der „Ethik", in die Reihe der Philosophen mit gesellschaftswissenschaftlichem Hintergrund eingestellt werden und ähnliches gilt von den Deutschen Leibniz und Christian Wolf. In England und Frankreich ist der Zusammenhang zwischen Philosophie und Soziologie noch deutlicher: Hobbes, Locke, Hume, Berkeley in England, die ganze Reihe der glänzenden Publizisten des 18. Jahrhunderts in Frankreich; sie alle, deren namentliche Aufführung hier zu weit führen würde, sind freilich zumeist nicht bewußte Soziologen oder Sozialpolitiker gewesen; sie könnten großenteils mit dem gleichen Recht von den Naturwissenschaften oder anderen Disziplinen für sich in Anspruch genommen werden. Man stand eben im Banne enzyklopädischer Denkart und beschäftigte sich in der vielen freien Zeit, die man als von kirchlichen Verpflichtungen abgelöster Abbé, als steuerfreier Adliger oder von politischen Geschäften nicht zu stark belasteter Staatsmann hatte, eben mit allem, was interessant, was gelegentlich auch Gesprächsstoff in den Salons der berühmten Zeitgenossinnen war.

Wichtiger wurde die Philosophie der Zeit, wenn sie zu gründlicher Durchdenkung volkswirtschaftlicher und damit auch sozialer Stoffe führte. Vergleicht man in dieser Richtung die Intensitätssteigerung des Denkens zwischen dem älteren und jüngeren Mirabeau, bedenkt man, daß die ersten Leistungen von Adam Smith auf philosophischem Gebiete lagen („Theorie der moralischen Empfindungen"), sieht man endlich in den Physiokraten die philosophisch wohl unterrichteten Lehrmeister der klassischen, in der Folge der gesamten Sozialökonomik: so wird die Bedeutung philosophischen Denkens für die Geschichte der gesellschaftswissenschaftlichen Selbstbesinnung sehr deutlich. Werden doch die Physiokraten gerade heute von Bodenreformern und Sozialisten als ihre Männer in Anspruch genommen. Und sie waren auch in der Tat theoretische und praktische Sozialreformer, haben den Weg von der geistvollen Hypothese zur tatsächlichen Welt gefunden, sind aus den Salons in die Parlamente, Regierungsstuben und Volksversammlungen niedergestiegen. Insofern waren sie freilich nicht mehr im strengen Sinn Philosophen, und ihre Leistungen gehören dann mehr in den Zusammenhang der sozialpolitischen Einzelfragen als in die nach den Ausgangspunkten fragende Einleitung.

In größerer Konzentration auf die eigentlich philosophischen und naturwissenschaftlichen Arbeitsgebiete hat Kant den Sozialwissenschaften mehr mittelbare Bereicherung widerfahren lassen. Zunächst haben sie aus der Absteckung der für die Wissenschaft vorbehaltenen Stoffe gegenüber dem Gebiet des Übersinnlichen ebensolche Vorteile gezogen wie andere Wissenschaften. Die Tat der „Kritik der reinen Vernunft" ist so enge mit dem wissenschaftlichen Gesamtfortschritte verbunden, daß ohne sie auch die neuere Gesellschaftslehre undenkbar ist; wo jene Grenzabsteckung aber von Soziologen absichtlich oder unabsichtlich übersehen worden ist, da lassen sich fast stets grundsätzliche Irrtümer, von Anbeginn an verfehlte Fragestellungen usw. erweisen. Das ist z. B. stets dann der Fall, wenn man versucht, die Sozialwissenschaft auf Grundsätze, die außerhalb der möglichen Erfahrung liegen, zu begründen, und es gilt dies von allen Systemen rein religiös, kirchlich oder sonst an einer Weltanschauung orientierter Gesellschaftslehre, den Marxismus eingeschlossen. Diese können sich auch nicht darauf stützen, daß Kant selbst in seiner „Kritik der praktischen Vernunft" den Pflichtbegriff im Kategorischen Imperativ selbständig begründet habe. Für ein System der Ethik, wie es Paulsen schuf, ist damit in der Tat ein Ausgangspunkt gegeben, und es steht nichts im Wege, innerhalb eines solchen alle sozialen Tatbestände unter dem Pflichtbegriff zu würdigen. Auch für die praktische Sozialpolitik ist die Weltanschauung natürlich wichtig. Eine Theorie der Sozialpolitik aber hat doch noch andere Ziele; auch ihr ist der Pflichtbegriff keineswegs gleichgültig; sie sieht in ihm entwicklungsgeschichtlich eine der höchsten, vielleicht die höchste Ausprägung sozialer Gefühle; sie kann zugeben, daß er für die Begründung der praktischen Sozialpolitik ausreicht. Sie muß aber für ihre theoretischen Zwecke andere soziale Triebe und Vorstellungen, auch scharf gegensätzliche, wie den Egoismus, als nicht weniger bedeutsam anerkennen. Da das soziale Leben mit dem wirtschaftlichen in fast allen Einzelheiten auf das engste verwoben ist, das wirtschaftliche Leben aber im ganzen mehr unter der Herrschaft egoistischer als altruistischer Grundsätze steht, würde die ausschließliche Anerkennung der letzteren einen unheilbaren Riß, eine schroffe Trennung wirtschaftlicher und sozialer Tatbestände und Folgerungen bedeuten. Das haben ja viele gewollt, sie verwiesen die Wirtschaft auf den Egoismus und die Gesellschaft in ihren übrigen Betätigungen auf die Nächstenliebe, und Adam Smith stand dieser Lösung keineswegs fern. Für uns stellt sie eine solche nicht dar und es kann erst später im einzelnen der Grund hierfür entwickelt werden. Wir glauben aber, um es wenigstens andeutungsweise sagen zu können, nicht, daß die Bereiche des wirtschaftlichen und des gesellschaftlichen Geschehens überhaupt getrennt werden können und würden eine solche Trennung als eine unorganische Auffassung ablehnen müssen; ihre letzte Folgerung wäre etwa ein nacktes privatwirtschaftliches System des Laisser faire laisser passer, dem als soziales Mäntelchen die Armenpflege und ein salbungsvoller Hinweis auf das Jenseits aufgelegt wäre. Darüber kann bei Malthus nachgelesen werden.

Von dem Dreigestirn, das mit Kant gemeinsam genannt zu werden pflegt, das als solches aber den Glanz des einen ganz Großen nicht zu überstrahlen vermag, ist für uns wichtig Fichte und Hegel. Der erste freilich nicht eigentlich wegen seiner philosophischen Leistung; denn in dieser Richtung hat Fichte sich doch vorwiegend als Schüler Kants gezeigt, und seine „Reden an die deutsche Nation" ziehen im ganzen nur die Folgerungen der bekannten, nach bestimmten Richtungen hin sozial vertieften Pflichtenlehre; unmittelbar hier einschlägig ist dagegen die Utopie des „Geschlossenen Handelsstaates"; hier sehen wir die große und nicht immer bedeutende Reihe der sozialen Utopien, wie sie nach einzelnen antiken Vorläufern (Platon) seit Thomas Morus und Campanella entwickelt wurde, um einen höchst bemerkenswerten Beitrag vermehrt, der als Leistung eines Sozialökonomen freilich weniger hoch bewertet werden wird denn als Leistung eines Philosophen. — So sehr die sozialistische Dogmengeschichte sich dieses mit dem Namen Fichte ausgezeichneten Beitrags freuen mag, so sehr hätte sie Grund, die Anregung, die von Hegel ausging, als noch entscheidender anzuerkennen; wenn es nicht immer geschieht, so liegt das daran, daß die Leistung von Karl Marx dadurch an Originalität verlieren muß. Denn durch Hegel war doch erst das methodische Rüstzeug geschaffen, mit dem sich ein Marx zu seinem Feldzug gegen den Kapitalismus wappnete: die dialektische Methode und die Anfangsgründe der materialistischen Geschichtsauffassung. An keinem anderen Punkte hat die Philosophie als Methodenlehre so starken Einfluß auf die Gesellschaftswissenschaft, freilich mehr auf ihre negierende als auf ihre aufbauende Anwendung, geübt. Die Parallele zwischen Geschehen und Denken, die Entwicklung der Begriffe aus sich selbst heraus — indem jeder Begriff bereits inhaltlich seine Negation enthält, These und Antithese aber im dritten Begriffe der Synthese ausgeglichen und zusammengefaßt werden: das und manch anderes ergab, auf gesellschaftliche Zustände angewendet, äußerst fruchtbare Hypothesen, die auch dann, wenn man ihren Theorienwert bestreitet, als gedankliche Meisterleistungen bestehenbleiben. Wenn im vorigen Abschnitt auf Zusammenhänge zwischen Marxismus und Darwinismus hingewiesen wurde, so gilt die Kritik, die von dem letzten eigentlich nur den allgemeinen Entwicklungsgedanken (damit aber noch hinreichend viel) übrigließ, auch dem Marxismus: auch er erwies sich als großer Anreger, dessen Spuren weit über die eigentliche Begründung hinaus erhalten bleiben — ob in günstigem oder ungünstigem Sinn, kann freilich nicht so im Vorbeigehen erledigt werden.

Überblicken wir in Kürze die weitere Geschichte der Philosophie des 19. Jahrhunderts, so bleiben in Deutschland, wenn wir die Psychologen zunächst beiseite lassen, vor allem Schopenhauer und Nietzsche. Zu eigentlich gesellschaftswissenschaftlichen Leistungen ist der erste, vielleicht der ihn erfüllenden pessimistischen Grundstimmung wegen, nicht gelangt, so sehr manches in den „Parerga und Paralipomena“ soziologisches Interesse hat. Entscheidender hat Nietzsches Umwertung aller, besonders der moralischen Werte gewirkt; das lag weniger in der gar nicht auf praktische Wirkung gerichteten Absicht des großen Bilderstürmers als darin begründet, daß die Theorie vom Übermenschen in eine Zeit des allgemeinen Aufschwungs und der besonderen Persönlichkeitsleistungen (Bismarck) fiel; und praktisch ist der nivellierenden Lehre der Sozialisten kaum durch etwas anderes stärkerer Widerpart geboten worden als durch jenen Persönlichkeitskult. Es war eine im Ausgangspunkt gesunde, freilich auch ihrerseits übertreibende Reaktion auf die materialistische Geschichtsauffassung und die Betonung eines nur-wirtschaftlichen Standpunkts. Der mit dem Sozialismus fast stets eng verbundene Materialismus, den uns F. A. Langes historische Darstellung so greifbar nahe bringt, drohte eine verflachende Wirkung, die als solche den Büchner, Feuerbach, David Strauß nicht unbedingt vorgeschwebt hatte, zu üben. Der kirchliche, der philosophische Moralismus erwies sich als Gegengewicht nicht stark genug und der oberflächliche Rationalismus der Aufklärung ließ sich in der stürmischen Zeit am wenigsten wiedererwecken. Da mußte ein anti-materialistischer, zugleich aber auch a-moralistischer Standpunkt, in eine Zeit allgemeiner, vor allem auch politischer Entwicklung fallend, Wunder tun. Er ist tief in die Soziologie gedrungen, hat sich bei manchen, die daran zum Teil persönlich interessiert waren, mit schärfster praktischer Gegnerschaft gegen jede Art von Sozialpolitik verbunden. Solche (A. Tille) haben die soziale Organisation der Arbeiter als unzulässig bekämpft, sie aber für das Unternehmertum als selbstverständlich in Anspruch genommen. In der Sozialökonomik ist der a-moralische Gesichtspunkt Nietzsches, ohne daß vielleicht in jedem Falle bewußt auf ihn zurückgegriffen wurde, dadurch wichtig geworden, daß die noch zu besprechende, von Max Weber und Sombart geführte Gegenerschaft gegen das Werturteil gezüchtet, zugleich eine Art „Wirtschaftsästhetizismus" an Stelle des „Wirtschaftsmoralismus" begründet wurde. Die Sozialpolitik als wissenschaftliches System hat sich der Angriffe, die gleichzeitig von kapitalistischer, sozialistischer und „werturteilsfreier" Seite gegen sie gerichtet wurden, nur sehr schwer erwehren können; sie steht heute noch in scharf bedrohter Abwehrstellung, die nur durch eine theoretische Selbstkritik entscheidend verbessert würde. Dem, der sie hier versucht, ist die Schwierigkeit der sozialpolitischen Stellung sehr deutlich; er hat bereits, als vorläufige Gegenwirkung, seine grundsätzliche Ansicht in einer kleinen Schrift über „Krisis der Wirtschaft und der Wirtschaftswissenschaft" (Dresden, Sibyllenverlag) begründet.

Ein eigentlich gesellschaftswissenschaftliches System ist von keinem der genannten Philosophen ausgegangen; wohl aber sind die Meister der Soziologie in Deutschland, von denen in anderen Zusammenhängen zu handeln ist, mehr oder wenig in der Philosophie ihrer Zeit zu Hause gewesen. Das gilt von den eigentlichen Sozialisten Marx, Engels, Karl Marlo, Rodbertus nicht weniger als von denen, die, den Sozialisten angenähert oder auch fremd, ihre gesellschaftlichen Systeme schufen: Schäffle, A. Wagner, G. Schmoller, Sombart, Tönnies, Simmel, Oppenheimer, fast alles Männer der jüngsten Zeit, deren sich zum Teil die Gegenwart noch freuen darf. Andere werden uns begegnen, wenn wir weitere Ausgangspunkte für unsere „Theorie" suchen. — Wesentlich von der unseren verschieden, ist die neueste Entwicklung der Parallelwissenschaften in England, Frankreich, Rußland.

In diesem Lande ragt die einsame Gestalt des Grafen Tolstoi weit über die Zeitgenossen; er hinterließ eine vollkommene philosophisch-positive Unterbauung des gesellschaftlichen Systems; neben ihm erwies sich in seinen Prosaschriften der Dichter Dostojewski als der Verbindung philosophischer und sozialpolitischer Gedankengänge zugewandt. Für England bedeutet Herbert Spencer die Synthese naturwissenschaftlichen, philosophischen und soziologischen Denkens; Biologie, Ethik, Psychologie und Soziologie sind ihm lediglich Teile eines Systems, das uns Deutschen nicht immer der Inbegriff von Tiefe, das aber jedenfalls der am folgerichtigsten durchgeführte Versuch der Gesamtliteratur ist, die letzte Einheit jener Wissenschaften zu erweisen. Früher noch stellt sich Auguste Comte in Frankreich in die Reihe derer, für die letzten Endes Gesellschaftswissenschaft, Philosophie und Politik zusammenfließen. Aber das Soziologische in den Leistungen von Spencer und Comte ist doch so stark betont, daß ihr Platz nicht auf diese Einleitung beschränkt sein kann. Über (wohl unbewußte) Zusammenhänge zwischen ihren Systemen mag man den amerikanischen Soziologen Ward vergleichen.

Von dem, was die Psychologie, die neueste und wohl erfolgreichste Fachdisziplin der Philosophie, für die theoretische Begründung der Sozialpolitik beizutragen in der Lage ist, ist im Eingang dieses Abschnitts erst flüchtig die Rede gewesen. Wenn aber der kritischen Leistung Kants gedacht wird, so gehört das, was er etwa in seiner — heute überholten — Deutung der Raum- und Zeitvorstellung oder der Kategorien des Denkens und der Urteilskraft leistete, durchaus auch der Psychologie an. Und auch auf Cartesius wurde schon in diesem Sinn verwiesen. Später aber erst, in Herbart, Fechner, Lotze, neuerdings in Wundt, Lipps und Stumpf, erwuchs das Lehrgebäude der heutigen Psychologie, dem von ganz anderer Seite, durch die Heilwissenschaft, besonders die Psychopathologie, wertvollste Unterstützung wurde. Ohne auf die Unterschiede innerhalb der Psychologie einzugehen, können alle ihre Richtungen, seien sie nun mehr von geistes- oder naturwissenschaftlicher, subjektiver oder objektiver Methode und Zielsetzung, als schlechterdings unentbehrlich für die Gesellschaftswissenschaft angesehen werden. Die Geistes- und Willensforschung tritt eben an ihrem Teil in die Lücke, die die Biologie notwendig offen läßt. Viel von dem, was durch die Biologie festgestellt oder — mit dem Hintergrund des Entwicklungsgedankens — hypothetisch befruchtet worden ist, gehört gleichzeitig der Psychologie an; das ist in der Verbundenheit von Körper und Geist begründet. Vererbung erstreckt sich ja nicht weniger auf das Geistige wie auf das Körperliche, ist im Bereich des ersten vielleicht sogar noch wichtiger und wissenschaftlich wohl noch mehr beachtet. Wir haben es überhaupt nicht um isolierte Tatbestände zu tun und brauchen grundsätzlich keineswegs die Hoffnung, einmal durch arbeitsteilige Verfahren den Kernpunkten des Lebens näher, wenn auch nicht nahe, zu kommen, aufzugeben. — Für die Berührung zwischen Psychologie und Soziologie hat die letztere, als Wirtschaftswissenschaft sich auf eine Seite des gesellschaftlichen Daseins beschränkend, die Bahn geebnet, indem sie in der Grenznutzenschule die subjektive Seite ihres wichtigsten Begriffs, des Wertes, herausarbeitete. Gossen, Walras, Jevons, später Böhm-Bawerck und Wieser dürfen sich ebenso Psychologen wie Sozialökonomen nennen, sie sind damit der, jede Psychologie (außer in der Politik) ablehnenden, objektiven Theorie der Klassiker und Marxisten erfolgreich entgegengetreten. Unsere gesamte Wissenschaft ist geradezu auf dem Weg zur psychologischen Vertiefung, und es wird kaum einen Punkt in ihrem System geben, wo nicht die Analyse des „Einzelnen" jener der „Sozialen Gruppe" vorausgeht oder aber auch nachfolgt. Denn es gibt Tatbestände, die uns noch beschäftigen, in denen die Massenpsychologie den Vortritt hat, weil eben der Einzelne, in der Masse aufgegangen, von der reinen Psychologie nicht mehr ermittelt werden kann.

Allgemein gibt es Grenzen für die Seelen- und Willensforschung im engern Sinn; überall da, wo das Wollen und Denken des Menschen in gesellschaftlichen Zuständen — des Rechts, des Wirtschaftslebens, der Kultur — erstarrt ist, wo uns an Stelle von beseelten Menschen Formeln, Systeme, Gesetze, Sitten, Begriffe entgegentreten, ist die gesellschafts wissenschaftliche Forschung zu Schrittmacherdiensten berufen. Das gleiche gilt da, wo der Mensch überhaupt nicht als Einzelner aufzutreten vermag, wo seine Zugehörigkeit zu einer Sozialen Gruppe (Stand, Klasse, Volk, Staat, Berufsverein usw.) Voraussetzung seiner selbst ist. Und es wird (§ 8) zu zeigen sein, wie besonders im Recht uns ganz bestimmte Ausgangspunkte solcher Forschung entgegentreten. Die Geschichte kann, wie das fünfte Kapitel darzulegen hat, wohl auch an jene Organismen oder Mechanismen — ihre eigentliche Begriffsbestimmung bleibt einstweilen offen — herankommen; da aber, wo nicht Individuell-Einzelnes, sondern Allgemein-Typisches zu ermitteln ist — und das gilt für sehr vieles in der Sozialpolitik —, hat neben der Statistik die besondere soziologische Theorie das Wort, die insofern der Psychologie zurückzugeben vermag, was sie von ihr empfing. Wenn freilich nur das Experiment ein Ergebnis zeitigen kann, wird die Soziologie im ganzen zurückstehen. Auch in ihr gibt es Experimente, wie der extreme Sozialismus beweist. Sie gehören aber oft in den Bereich der Sozio-Pathologie.

(§ 5) 3. Gesellschaft und Wirtschaft.

Es ist ein anderes, Gesellschaft und Sozialpolitik vom biologischen oder psychologischen, ein anderes, sie vom sozialökonomischen Sehwinkel aus zu betrachten. Denn die Biologie steht als selbständige Wissenschaft neben der Gesellschaftslehre, die Psychologie hat mit ihr zwar eine Reihe von Methoden und Zielsetzungen gemein, besitzt aber daneben ganz selbständige Wissensinhalte und -absichten; die Sozialökonomie dagegen ist durchaus Untergruppe der Soziologie, sie verengt das allgemeine gesellschaftliche Thema nur derart, daß sie lediglich die wirtschaftende Gesellschaft ins Auge faßt. Ein in der Nationalökonomie belegener Ausgangspunkt für die systematische und totale Betrachtung sozialer Tatbestände befindet sich also bereits innerhalb der zu beurteilenden Wissenschaft selbst, nicht, wie in den früheren Fällen, außer ihr. Daß man überhaupt glauben kann, durch die Wahl dieses wirtschaftlichen Standortes etwas über den weiteren Begriff der Gesellschaft, auch gerade, insoweit sie nicht wirtschaftet, aussagen zu können, ist folgendermaßen begründet: Die als Teilgebiet der Gesellschaftslehre anzusehende Sozialwirtschaftslehre ist früher erkannt und erfolgreicher ausgebaut worden, als die Gesamtdisziplin. Und das Gefühl dafür, daß die wirtschaftende Gesellschaft nicht die Gesellschaft schlechthin ist, daß der soziale Organismus insbesondere für die Sozialpolitik noch eine große Reihe weiterer, durchaus a-wirtschaftlicher Betrachtungsmöglichkeiten darbietet, ist ja sogar sehr jungen Datums und auch heute noch nicht Gemeingut aller. Wenn aber, teilweise durch die Bedeutung, die dem Wirtschaften einmal in der Meinung der Menschen anhaftet und die heute durch den Massenandrang zur Wirtschaftswissenschaft augenfällig dargetan wird, teilweise auch infolge zufälliger und persönlicher Umstände, ein Teil des Gesamtfelds der Wissenschaft sich besonders reicher Bebauung erfreut, so ist es verständlich, daß man die hier gesammelten Erfahrungen und die hier erprobten Theorien zum Ausgangspunkt für die Betrachtung der Gesamtdisziplin in ihrer praktischen Anwendung, der Sozialpolitik, wählt.

Mensch und Gesellschaft — welcher Begriff durch das früher Besprochene schon etwas geklärt ist, im übrigen aber noch offen bleibt — sind Träger wirtschaftlicher Funktionen; man hat für diese seit J. B. Say das Schema der Produktion, Distribution, (Zirkulation und) Konsumtion gebraucht, ohne dadurch die letzte begriffliche Klarheit gewonnen zu haben. Denn man kann sich leicht klar machen; jeder wirtschaftliche Vorgang enthält zugleich Bestandteile der Produktion und der Konsumtion in sich und trägt auch zur Verteilung (des Einkommens) ebenso bei, wie er seinerseits von den Gesetzen der Verteilung beeinflußt wird. Das soll später, u. a. im Abschnitt über die Lebenshaltung, besonders deutlich gemacht werden.

Als Ausgangspunkt für diese wirtschaftlichen Funktionen ist, nicht erst seit Adam Smith, aber durch das System des großen Schotten doch in besonderem Maße hervorgehoben, die Arbeitsteilung erkannt worden. Mit vollem Recht. Von hier aus erhielt sich dann durch viele Jahrzehnte die Auffassung von der unbedingten Nützlichkeit und Unentbehrlichkeit des arbeitszerlegenden und -vereinigenden Verfahrens, als das man diese Art Arbeitsteilung im Gegensatz zu der Berufsspezialisierung der Zunft bezeichnen muß. Erst die Schilderungen der sozialen Zustände in England, wo die kapitalistische Entwicklung am schnellsten vor sich ging, durch Engels, Marx, Rogers, Held, Brentano und die Webbs, erst die gleichzeitig einsetzenden sozialistischen Angriffe auf ein System, das jene Zustände allein zu ermöglichen schien, in Wahrheit aber durchaus nicht allein die Schuld daran trug, ließen die gesellschaftlichen Kehrseiten der vielgepriesenen Arbeitsteilung erkennen: die Verkümmerung des einzelnen Individuums, die eine Verkümmerung, vielleicht in der Folge eine Entartung ganzer großer Volksgruppen wahrscheinlich machte; den schnellen Menschenverbrauch, die Entpersönlichung und Entweihung der Arbeit selbst, die als größte Frucht und Segnung der organisierten Gesellschaft gepriesen worden war. Überproduktion, Überarbeit, aber auch Krise und Arbeitslosigkeit erschienen als die Folgen. Wenn dann später in Amerika an die Praxis des Taylorismus eine Theorie anschloß, so mußte man auf der einen Seite die wirtschaftlichen Vorteile solcher, auf wissenschaftlicher Erkenntnis des Arbeitsprozesses fußender Lehrmeinungen anerkennen, stieß aber gleichzeitig auf die schärfste Ablehnung dieses, größte Produktivität verheißenden Systems durch die Arbeiter; diese faßten eben die anderen, die rein gesellschaftlichen Wirkungen der im Taylorismus auf die Spitze getriebenen Arbeitszerlegung ins Auge.

Dieser Ausschnitt zeigt einigermaßen klar, daß die Gesellschaftswissenschaft niemals in der Lehre von der Wirtschaft und der wirtschaftenden Gesellschaft aufgehen kann. Am wenigsten kann die Theorie der Sozialpolitik auf jene Seiten des Wirtschaftsprozesses verzichten, die dessen Einwirkungen auf die körperliche und geistige Verfassung der am Prozeß Beteiligten beleuchten; sind diese Einwirkungen nicht auch jedesmal mit den Ziffern des privat- und volkswirtschaftlichen Ertrags der Wirtschaft meßbar, so sind sie doch für alle höheren gesellschaftlichen Bildungen, vor allem für Volk und Staat, entscheidend. Ebenso ist die Sozialpolitik hier der Dolmetsch dessen, was aus biologischen Gründen, im Interesse der Gesunderhaltung von Individuum, Rasse und Art, zum Zweck günstiger Bedingungen für die Vererbung (inwieweit erworbene Eigenschaften vererbbar sind, siehe oben § 3) gefordert werden muß. Der Sozialpolitiker tritt in dieser Richtung zugleich als Sozialhygieniker, als Arzt, Staatsmann und endlich als Physiologe und Psychologe auf den Plan; in letzteren beiden Eignungen, soweit er Arbeitsermüdung, Arbeitsfreude, Auslese, Anpassung usw. als für Gesellschaft und Wirtschaft gleich wichtige Bedingungen erachtet.

Das Beispiel der Arbeitsteilung, für das wir zwanglos aus der großen Fülle wirtschaftlicher Stoffe ein anderes wählen konnten, zeigt zweierlei: einmal, bis zu welcher wissenschaftlichen Durchdringung die wirtschaftliche Seite dieses gesellschaftlichen Prozesses gediehen ist;

zweitens, wie ungenügend, ja irreführend die ausschließlich ökonomische Betrachtung und Beurteilung des arbeitsteiligen Gesellschaftsprozesses sein würde, wenn anders seine Gesamtwirkungen auf die Gesellschaft zur Beachtung und Kritik stehen. Es mag dabei zunächst offen bleiben, welche nicht-wirtschaftlichen Wirkungen in den Vordergrund geschoben werden; es können dies kulturell, gegebenenfalls selbst künstlerisch bedeutsame sein; es mag sich um rein ethische Gesichtspunkte, verankert in einer grundsätzlichen Weltanschauung, handeln; insoweit diese Weltanschauung als Gemeingut eines Volkes oder einer Volksschicht begründet werden kann, würde man in diesem Falle von einer Wertung gesellschaftlicher Vorgänge durch die Gesellschaft selbst sprechen dürfen. Ferner kann das Ziel der Betrachtung in höherem Maße individuell oder auch sozial gerichtet sein; der erste, aristokratische Standpunkt gehörte ebenfalls der Gesellschaftswissenschaft an; er würde nur den an die Gesellschaft anzulegenden Wertmaßstab dem Wohl und Wehe einzelner, für bevorzugt, für besonders wichtig erachteter Individuen entnehmen. Kurz, der Betrachtungsmöglichkeiten sind sehr zahlreiche, Wertungsmaßstäbe gibt es kaum weniger, gerade dadurch wird verständlich, daß man sich gerne auf die Wertung bezog und bezieht, die über eine relative Allgemeingültigkeit verfügt: die rein-wirtschaftliche und, womöglich, die privatwirtschaftliche.

Lange Zeit glaubte man zwar, diesen wirtschaftlichen Maßstab für gesellschaftliche Vorgänge in den Bedürfnissen der Volkswirtschaft sehen zu sollen. Durch die klassische Theorie war dann, fast unbemerkt und eigentlich nur dadurch möglich, daß Engländer zu Wortführern wurden, Volks- und Weltwirtschaft fast einander gleich gesetzt worden: der Nutzen des einen Landes konnte nach der Freihandelslehre auf die Dauer niemals der Schaden eines anderen Landes sein, sonst würden ja die Handelsbeziehungen einschlafen. Daß sie durch Gewaltmittel aufrechterhalten werden konnten, wurde nicht beachtet. In Wahrheit aber war, was man für gleichmäßig volks- und weltwirtschaftlich vorteilhaft hinstellte und wofür man das ganz vortrefflich klingende Wort „Produktivität" prägte, doch vielfach nur als privatwirtschaftlich nützlich erwiesen worden. Das hat der Sozialismus, nicht ohne Übertreibung, aber gelegentlich auch mit richtigem Augenmaß, kritisiert, ihm trat von ganz anderen Gesichtspunkten aus die Grenznutzenschule zur Seite, nicht weniger hat die Praxis der Sozialpolitik ihre Zweifel an der ausschließlichen Gültigkeit jener Ansichten über Produktivität, die tatsächlich nur Rentabilität war, geltend gemacht. Und wiederum ist es Aufgabe einer Theorie der Sozialpolitik, auch diesen Zweifel zu begründen.

Der Punkt, wo auch die systematische Nationalökonomie sich dem Zweifel an der ausschließlichen Gültigkeit ihrer privatwirtschaftlich unterbauten Lehren von der „Produktivität“ öffnet, ist die Verteilung; es gab und gibt zwar auch für diese rein- oder vorwiegend privatwirtschaftliche Auffassungen, man mußte aber, in der Lehre vom Arbeitslohn zumal, gewisse Zugeständnisse an außerwirtschaftliche, soziale Standpunkte machen. Brentano hat in diesem Punkte die von ihm sonst zumeist übernommene ältere Lehre entscheidend ergänzt und beeinflußt. Als man, zumal im Kriege, die Bedeutung der Konsumtion und der Lebenshaltung klarer erkannte und diese Grenzgebiete zur Biologie nicht mehr grundsätzlich aus der Wirtschaftswissenschaft ausschloß, ergab sich auch hier und gerade hier, daß der nur-wirtschaftliche Standpunkt nicht einmal für das Teilgebiet der Gesellschaftslehre, die Sozialökonomik, ausreichte, geschweige denn für die Gesellschaftslehre als Ganzes. Und es darf heute keinem Zweifel mehr unterliegen, daß eine biologisch und psychologisch geschulte, aus der sozialpolitischen Praxis mit Stoff und Kritik mehr als hinlänglich versehene, nicht-nur-ökonomische Gesellschaftslehre mindestens bei Verbrauch und Verteilung neben der reinen Wirtschaftswissenschaft ein Wort mitzureden hat.

Aber auch die Erzeugung selbst (einschließlich der Zirkulation) wird sich diesem Anspruch nicht versagen. Zunächst deshalb nicht, weil das Eindringen des a-wirtschaftlich-soziologischen Standpunkts in Verbrauch und Verteilung von selbst auf die Produktion abfärben muß. Dies gilt auch dann, wenn gar nicht verlangt wird, auf dem Wege der Sozialisierung oder der Genossenschaftsbildung unmittelbar die Erzeugung in die Hand zu bekommen. Selbst wenn der a-wirtschaftliche Standpunkt, den wir der Kürze halber einmal — was nur bedingt richtig ist — dem sozialpolitischen gleichsetzen wollen, die privatwirtschaftliche Erzeugung nach wie vor beibehalten will, würden für diese nunmehr auch andere Bedürfnisse als die des größtmöglichen Gewinnes Maß geben. Näheres sollen spätere Teile dieses Buches bringen. Wird in solchem Sinne die Produktion als Dienerin der Konsumtion erkannt und vorwiegend auf deren Bedürfnisse abgestellt, so fällt dies freilich nicht mit dem heute vielfach mißbrauchten, populären Begriff einer „Reinen Konsumentenpolitik“ zusammen. Wichtig ist ferner die Erkenntnis, welche soziale Bedeutung der Beruf und die Stellung im Berufe, d. h. der aktive Anteil des einzelnen an der Produktion, besitzt; wie von der Berufsschichtung die Standes- und Klassenbildung, damit das ganze Gesellschaftsgefüge beeinflußt wird.

Alle einzelnen Akte und Phasen der Wirtschaft erscheinen auf diese

Weise als Faktoren der Gesellschaft und der auf sie gerichteten Sozialpolitik.

Es fragt sich schließlich, ob die wirtschaftliche Betätigung der Gesellschaft als höchstes gewertet werden muß und wo, wenn dies nicht zugegeben werden kann, die Maßstäbe für den Vorrang der einzelnen gesellschaftlichen Zwecke zu suchen sind. Verläßt man einmal die Auffassung von der Ausschließlichkeit des Wirtschaftlichen, so ist freilich dem Meinungsstreit der Weltanschauungen Tür und Tor geöffnet. Man kann ethische, ästhetische, kulturelle Ziele wählen und innerhalb solcher Raum für die mannigfachen möglichen Richtungen lassen. Da wir nicht die Aufgabe haben, alle diese ideologischen Ausgangspunkte zu begründen, uns vielmehr auf die Theorie der Sozialpolitik beschränken, genügt es, zunächst negativ die Gleichstellung der sozialen mit der wirtschaftlichen Zielsetzung zu fordern. Dabei kann der eigentliche Inhalt der sozialpolitischen Auffassung einstweilen erst angedeutet werden. Sicher geht für uns die Sozialpolitik nicht in Interessenpolitik auf, auch dann und gerade dann nicht, wenn hinter der Interessenpolitik die weitaus größten Gruppen der Gesellschaft stehen sollten. Das muß heute ausgesprochen werden, wo die Verflüchtigung der Sozialpolitik in Parteien- und Gruppenpolitik, eine von den ernsthaften und unabhängigen Sozialpolitikern vorausgesehene und gefürchtete Erscheinung, die Disziplin um den Rest ihres Ansehens zu bringen droht.

Entfällt diese Gleichsetzung der Allgemeinen Sozialpolitik mit jener besonderer Interessenkreise, so kann die Formel „Das größtmögliche Glück einer größtmöglichen Zahl" vielleicht für die Sozialpolitik greifbare Bedeutung erlangen. Diese Formel ist von einem oberflächlichen Nützlichkeitsprinzip ebensoweit entfernt wie von dem unüberlegten Kult der Großen Zahl, der manchen sozialistischen Systemen eignet. Denn das zweimal angewendete Wort „größtmöglich" ordnet das persönliche Glücksempfinden, die individuelle Nützlichkeit, dem Gesamtwohl unter, und dieses Gesamtwohl wird nur darin gesehen, daß die unter bestimmten Verhältnissen eben noch zulässige Zahl von Anwärtern auf persönliches Glück nicht wesentlich überschritten wird. Auch wird man keine durchschnittliche Philistermoral in jene Formel hineinlesen. Denn sie bringt durchaus nicht zum Ausdruck, daß das Glück und persönliche Wohlergehen der Einzelnen keine Abstufungen gegeneinander erfahren solle; sie will nur jene schrillen Dissonanzen vermeiden, die ein reiner Kapitalismus ohne soziale Untertöne ebenso kennt und kennen muß wie ein extrem sozialistisches System, das dem Einzelnen sein Maß an Lebensgenuß und Arbeitsleistung vorschreibt und so die Persönlichkeit unterdrückt. „Höchstes Glück der Erdenkinder ist doch die Persönlichkeit", zu ihr aber gehört die Möglichkeit der Differenzierung nach Geschmack, Begabung und Interesse. Es mag sein, daß man bei Aufstellung jener Formel an die Schranken gedacht hat, die die relative Beschränktheit der Unterhaltsmittel der Bevölkerungsmehrung setzt; das wäre auch nicht abzulehnen, denn unserer Zeit liegen Befürchtungen im malthusianischen Sinne gewiß nicht fern. Im übrigen soll dieses Thema später noch einmal aufgegriffen werden, es wurde hier nur insoweit angeschnitten, als die Möglichkeit einer sozialpolitischen Zielsetzung ohne Anleihe bei entlegenen Weltanschauungen erwiesen werden sollte.

Aber die Sozialpolitik ist sich auch bewußt, daß ihre auf das Glück der Allgemeinheit und der Einzelnen gerichteten Bemühungen nicht im luftleeren Raume vor sich gehen können; Wirtschaft und Kultur sind die großen Prinzipien, die erst in ihrer Gesamtheit das Ganze und seine Teile zu höchsten Bildungen befähigen werden. Man mag also Sozialpolitik auch als Verbindung zwischen Kultur- und Wirtschaftspolitik erachten, in ihr mehr einen Rahmen als einen endgültigen Inhalt sehen. Weder die Kultur noch die Wirtschaft sollen durch ein starres sozialpolitisches Prinzip ohne Not gestört werden. Mit anderen Worten, die Sozialpolitik ist insofern nicht Selbstzweck, sie empfängt Ziel und Inhalt oft erst aus den wirtschaftlichen und kulturellen Problemstellungen. Es gibt deshalb auch kein allgemeingültiges sozialpolitisches System, und die, welche in der Gegenwart ein solches fordern zu können glauben, sind entweder Interessenvertreter, oder aber sie verwechseln soziale mit wirtschaftlichen oder kulturellen Gesichtspunkten. Es wurde schon andeutungsweise auf den von Simmel eingeführten formalen Charakter der Gesellschaftswissenschaft hingewiesen; er gilt auch für die Sozialpolitik, die von gesellschaftlichen Zuständen ausgehenden und auf sie zielenden politischen Willensakte.

Das auf die Wirtschaft angewandt, ergibt, daß man sie nicht totschlagen wird, um Raum für die Sozialpolitik zu gewinnen. Man kann durch die Forderung unendlicher Lohnerhöhungen die kapitalistischen Verteilungsarten, Unternehmergewinn, Grundrente und Kapitalzins, zweifellos zum Erlöschen bringen, vernichtet damit aber auch die Grundlage der Privatwirtschaft und der aus ihr fließenden Lohnzahlungen. Ebenso wird in einer sozialisierten Wirtschaft durch Forderungen einzelner Gruppen, die sich nicht weniger als sozialpolitisch ausgeben werden, die Möglichkeit wirtschaftlicher Betriebsführung erschüttert. Wenn der Ausgangspunkt dieses Abschnitts in der Frage lag, ob der wirtschaftliche Gedanke der allein mögliche und allein zulässige in einem gesellschaftlichen Systeme sei, und wenn das mit allem Nachdruck abgelehnt werden mußte: so haben wir als besonnene Leute nicht weniger auch die blinden Forderungen der Nur-Sozialpolitiker zu bekämpfen, um so mehr, wenn diese lediglich den „Kapitalismus" zum Ausgangspunkt und Kampfplatz der Auseinandersetzung wählen. Es ist kein Zufall, daß die Sozialpolitik vorzugsweise an das theoretische Teilgebiet der Verteilung anschloß. Verteilung aber gibt es nur, wenn Erzeugung und Verzehrung reibungslos vor sich gehen und in einem möglichst günstigen Verhältnis zueinander stehen. Der Begriff des Optimums, der im Wirtschaftlichen (z. B.

beim Gesetz vom abnehmenden Produktionsertrag) zu Hause ist, enthält auch für die Sozialpolitik wertvolle Hinweise.

Die Verankerung der Gesellschaftslehre in ihrer Teildisziplin, der Wirtschaftswissenschaft, ist also nichts Zufälliges; sie entspricht dem starken Gefühl dafür, daß der Einzelne und die Gesellschaft zunächst leben und hierfür wirtschaften müssen. Vivere necesse est, auch wenn die Ablehnung als modern gilt. Und so sehr es nötig ist, das Wirtschaften nicht als letzten und höchsten Lebenszweck hinzustellen, so sehr bedürfen doch die anderen Lebenszwecke, zu deren harmonischer Ausgestaltung innerhalb der Gesellschaft und Zugänglichmachung für alle ihre Glieder eben die Sozialpolitik beitragen soll, der gesunden wirtschaftlichen Unterlage. Gegenüber den wechselnden Erscheinungsformen der Wirtschaft stellt die Sozialpolitik, gerade wegen ihres oben entwickelten vorzugsweise formalen Wesens, einen ruhenden Pol dar; sie ist an kein einzelnes wirtschaftliches System gebunden, wird innerhalb jeder Wirtschaftsform fortbestehen und durch keine Wirtschaftsreform voll befriedigt und zum Stillstand gebracht werden. Hier geht der Weg dessen, der dem formalen Prinzip der Sozialpolitik innerlich nahegekommen ist und sich den Blick nicht durch unbegründeten Optimismus trüben läßt, weit vom Weg derer auseinander, die in der Forderung eines einzigen Wirtschaftssystems, des sozialistischen etwa, als dem Ende aller Ungleichheit, allen Unglücks, aller Ungerechtigkeit, und folgerichtig auch der Sozialpolitik, zusammenlaufen. Die Überschätzung des Wirtschaftlichen, die allen Zukunftstaatlern eigen ist, wird der Sozialpolitiker ebensowenig mitmachen wie die Unterschätzung der wirtschaftlichen Notwendigkeiten seitens asketischer und jenseitiger Richtungen. Die Darlegung dieses Kapitels aber über den sozialökonomischen Ausgangspunkt der Gesellschaft und der Gesellschaftslehre ist bereits, gestützt auf die in den vorhergehenden Kapiteln gewonnenen Gesichtspunkte, den letzten für die Sozialpolitik gültigen, wiederum vorwiegend formalen Prinzipien nahegetreten und hat damit den Weg für weitere grundsätzliche Fragestellungen geebnet.

(§ 6) 4. Die geographischen Bedingungen der Gesellschaft.

Was aus älteren geographischen Quellen für die theoretische Erkundung gesellschaftlicher und sozialpolitischer Tatbestände floß, war vergleichsweise nicht allzu bedeutend. Die als geographisch-statistische Schule bekannte Reihenfolge der Kameralisten auf deutschen Universitäten: Achenwall, Schlözer, Büsching, Westenrieder etwa, — sie blieb in den Tatsachen stecken und drang nicht bis zur Verarbeitung durch; und selbst ein so großer Theoretiker wie Hegel zeigt sich in seiner „Philosophie der Geschichte" in hohem Maße abhängig von der auf Tatsachenhäufung gerichteten Zeitströmung; im Vergleich zu der (doch stets aus zweiter Hand schöpfenden) umfangreichen Darstellung bestimmter ethnographischer Einzelheiten tritt bei ihm die eigentlich beabsichtigte synthetische Zusammenfassung zurück. — Die als Teildisziplin der Geographie entstandene Ethnographie ist auch heute von ihrer jüngeren Schwester, der Ethnologie, noch kaum hinreichend abgelöst worden. Ein Übelstand wird immer darin gegeben sein, daß das Forschungsmaterial ungleichwertig ist und oft gar incht auf eigentliche Forscher, die bestimmte Spezialfragen zu lösen unternommen hätten, zurückgeht. Noch Wundt steht unter dem Einfluß des von ihm mit Hingebung und Scharfsinn gesammelten Stoffs und der Stoffülle, die durch eine gesellschaftstheoretische Fragestellung zu meistern wahrscheinlich außer seiner Absicht stand. Statt dessen hat er — was etwas ganz anderes ist — die einzelnen ethnologischen Entwicklungsstufen geschichtlich zu sondern unternommen. Der heutigen Gesellschaftstheorie steht er wohl ziemlich fern, ihm sind die ethnographischen Einzelheiten in erster Linie, wenn nicht ausschließlich, Erzeugnisse der (organischen) Natur und Phasen der (als Fortsetzung der Naturgeschichte gedachten) Menschheitsgeschichte, selbständige „soziale" Qualität wohnt diesen Dingen schwerlich inne. Auch in seiner „Logik" erkennt Wundt die Gesellschaftslehre im heutigen Sinn nicht an, dazu ist er zu sehr historisch interessierter Naturwissenschaftler; bei der Statistik, der Lehre von den sozialen Massen, verkennt Wundt (wie Verf. im „Statist. Zentralblatt", 1913, ausführte) geradezu einen Teil ihres spezifischen methodischen Zweckes und Inhalts.

In eine besondere naturwissenschaftliche Beleuchtung rücken die gesellschaftlichen Vorgänge erst, wenn man sie auf den Standort, auf dem und vermittels dessen sie sich auswirken, bezieht. Nach Ritter hat Fr. Ratzel diesen Gesichtspunkt, vor allem in seiner „Anthropogeographie", verfolgt, er hat damit der soziologischen Methode in der Geographie, zumal in der Wirtschaftsgeographie, Bahn gebrochen, mußte sie zu diesem Zwecke freilich erheblich umformen und ihr bestimmte, oft einseitige Ziele vorschreiben. Hier wurde in glänzender Weise versucht, die bevölkerungs- und sozialpolitischen Erscheinungen als Funktion der Erde, des Bodens im weitesten Sinne, zu begreifen. Dabei unterlief manche Übertreibung einer an sich berechtigten Auffassung, die ja, von anderen Überlegungen aus, auch dem Bevölkerungsstatistiker geläufig ist, dagegen von der „reinen" Gesellschaftslehre noch nicht recht anerkannt wird; so hat ihr Ottmar Spann in den Anmerkungen am Schlusse seiner Gesellschaftslehre die Daseinsberechtigung fast ganz absprechen zu können geglaubt, ohne diese Leugnung freilich aus seinem völlig anders, rein ideologisch gerichteten Gedankenkreis heraus begründen zu können. Es ist nicht einzusehen, warum auf dem Gebiet der sozialen Tatsachen und Zusammenhänge irgendein Standpunkt der allein berechtigte sein soll. Ratzel freilich steht in dem Glauben an die Ausschließlichkeit seiner Theorie seinem Kritiker kaum nach. Auch überschätzt er aller Wahrscheinlichkeit nach die „Migrationstheorie“ seines Freundes und Lehrers M. Wagner, von der er sogar eine Umwandlung des Darwinschen Ausleseprinzips und eine Neugestaltung der Entwicklungslehre erwartet. — Es ist eine Nebenaufgabe dieses Abschnitts, das reibungslose Nebeneinanderbestehen sehr verschiedener Ausgangspunkte und Theorien des sozialen Lebens und der sozialen Politik als möglich darzutun.

Mit der gemachten Einschränkung enthält die anthropogeographische Einstellung des Gesellschaftslebens und der Sozialpolitik auch für den Nichtgeographen reichste Anregungen. Probleme wie die des Arbeitsmarkts, der Einkommensbildung, der Entstehung sozialer Gruppen und Klassen usw. werden erst durch die Beziehung auf örtliche, im weiteren Sinne: nationale Grenzen deutlich und schablonenmäßiger Konstruktion entzogen; zeigt es sich z. B., daß Arbeitsmarkt und Verteilung des Einkommens zunächst Angelegenheiten des Standorts der Produktion, und zwar ebensosehr der unmittelbaren Erdkräfte und -schätze wie der Verkehrslage, sind, dann ist die marxistische These von Mehrwert und Ausbeutung nicht mehr fähig, die Kapital- und Einkommensbildung zu erklären. Dann ist aber auch die „Klasse“ kein einheitliches, immer gleiches Ergebnis der sozialen Differenzierung, sie ist eine von vielen möglichen Gruppenbildungen und nicht nur einem zeitlich-entwicklungsgeschichtlichen, sondern auch einem räumlich-nationalen Wechsel unterworfen. Ganz allgemein scheint der geozentrischen Auffassung der Vorzug zu eignen, Dinge, die man sonst nur ideologisch, unter dem unsicheren entwicklungsgeschichtlichen Zweckgedanken zu sehen gewohnt ist, als nebeneinander bestehend, als koordiniert, nicht subordiniert, zu begreifen, damit der Kausalforschung weite, bisher nur teleologisch verständliche Gebiete zu überweisen. Primitive soziale Zustände gelten uns leicht nur als Durchgangsstadium für das, was man optimistisch „Entwicklung“ nennt; der Anthropogeograph würde, entgegen dem bloßen Ethnographen, dieselben Dinge als naturgemäße Lebensformen nicht einer bestimmten Zeit, sondern eines bestimmten Raumes sehen; vielleicht wäre so manches, was heute noch als „Wirtschaftsstufe“ gilt, als endgültige und letzte, räumlich hinreichend bestimmte und allein mögliche Form der gesellschaftlichen Wirtschaft zu erachten. Mindestens schärft diese Betrachtungsweise den Blick für das organisch auf einem bestimmten Boden Gewachsene und diesem Boden allein Entsprechende. Für die Sozialpolitik eröffnet sich damit die Möglichkeit, ja Notwendigkeit, ihre Formeln auf den Raum, innerhalb dessen sie sich auswirken sollen, abzustellen, mit anderen Worten, wenn man die Nation als wichtigste räumliche Abgrenzung gelten läßt, national begrenzte Ziele aufzustecken; ein Standpunkt, dem wir später (§§ 9, 66) eine weitere Grundlage zu verschaffen bemüht sind. In seinem „Deutschland" hat der Schöpfer der anthropogeographischen Methode aus ihr praktische, für den Sozialpolitiker höchst bedeutsame Nutzanwendungen gezogen.

Wie die Gesellschaft selbst, so kann auch die gesellschaftliche Politik, die Sozialpolitik, zunächst nur mit den Mitteln des Raumes, innerhalb dessen die in Frage kommende Soziale Gruppe lebt und wirkt, selbst leben und wirken; Sozialpolitik ist insofern selbst Funktion des Bodens und braucht diesen Erdenrest keineswegs, einem internationalen Luftgebilde zuliebe, zu verleugnen. Damit wird zum Ausdruck gebracht, daß es in der Sozialpolitik keine absoluten, ewig und überall gültigen Formeln geben kann, so wenig wie sie der Raum, innerhalb dessen Sozialpolitik sich auswirkt, kennt. Internationale Sozialpolitik ist insofern nur Reflex und Nebenwirkung der Nationalen Sozialpolitik und wird uns in dieser Eigenschaft noch beschäftigen. Im Raume liegen aber auch Grenzen der sozialpolitischen Betätigung; sie können für einzelne Gruppen oder Völker durch Wanderung, Handel, Verkehr, Kolonisation oder Krieg sehr erweitert werden, bestehen aber auch dann in dem Sinne, daß ein über seine Grenzen hinaus wirkendes Volk zwar nicht mehr nur den Gesetzen des eigenen, dafür aber auch denen des fremden, friedlich oder kriegerisch unterworfenen Raumes folgt. Was wir zunächst als geschichtliche Vorgänge zu sehen gewohnt sind: die durch Gebietsvergrößerung einem Volke auferlegten Änderungen seiner äußeren und inneren Politik, — es sind oft nur an den größeren Raum gebundene, aus diesem mit Selbstverständlichkeit fließende Funktionserscheinungen. So änderte sich die Sozialpolitik des alten Rom in dem Maße, in dem neue Gebiete mit eigenartigen sozialen Verhältnissen dem Machtbereich einverleibt wurden; so wurde der Besitz der rheinisch-westfälischen und oberschlesischen Bergbaudistrikte für das vordem überwiegend agrarisch gerichtete Preußen Veranlassung, in der sozialen Fabrikgesetzgebung die Führung zu übernehmen. So unterliegt das räumlich verkleinerte Deutschland heute den Beweggründen anderer Länder, die aber, ob sie es wollen oder nicht, doch in irgendeiner Weise mit dem räumlichen Problem „Europa" belastet sind.

Derselbe geographische Gesichtspunkt weist der Sozialpolitik auch ganz bestimmte, an den Raum gebundene Aufgaben zu, die, im richtigen Verstande, zu einer Dezentralisation der sozialpolitischen Mittel und Organe führen. Sehr wichtige Aufgaben können nur im örtlichen Rahmen gelöst werden, sie verlangen die Unterordnung der einzelnen sozialpolitischen Maßnahme unter die allgemeinen Zwecke der Verwaltung. Das muß in unserer Zeit betont werden, in der Zentralismus und Schablone, ohne deshalb allzuviel Theorie aufgenommen zu haben, etwas üppig ins Kraut geschossen sind und in der „Sozialisierung" ein raum- und zeitloses Schlagwort gefunden zu haben glauben. Selbst die beste sozialpolitische Theorie kann gegenüber bestimmten örtlichen Verhältnissen versagen, bodenständige Praxis kann hier, vielleicht ohne etwas von Theorie zu wissen, immer noch eher erträglich sein. Vor allem: der Glaube, den „Raum" durch die „Zeit" überwinden, die an den Raum gebundene Eigenart durch „Entwicklung" ersetzen zu können: er sollte nach den Mißerfolgen so vieler Revolutionen nicht mehr vorbehaltlos als eindeutige historische Wahrheit hingenommen werden.

Ein letzter, nicht weniger gewichtiger Gedanke ist der Geographie mit der Statistik gemein: er betont die Quantität und leitet unter Umständen bereits aus unterschiedlichen Größenverhältnissen ungleiche anthropologisch-soziologische Folgen ab; der Sozialpolitik sind somit ungleiche Möglichkeiten eröffnet, je nachdem der Zustand, an den sie anknüpft, größere oder kleinere Räume und, bei bestimmt vorausgesetzter Raumbeschaffenheit, eine größere oder kleinere Summe dieser Beschaffenheiten darbietet. Nach früheren Ausführungen (§ 1) kann die Sozialpolitik selbst niemals rein quantitativ begriffen werden, z. B. verlangt ein größeres Gebiet nicht „mehr", sondern eine „andersartige" Sozialpolitik. Die Quantität in geographischer (und statistischer, vgl. § 11) Beziehung setzt sich also in ungleiche sozialpolitische Qualitäten um. Die Praxis zeigt, daß dieser Grundsatz, der übrigens nicht auf die Sozialpolitik beschränkt, sondern wohl ein allgemeinpolitischer ist, reichlich unbeachtet bleibt: man hält eine Staatsform für die allein mögliche, läßt nur eine Richtschnur der Handelspolitik, etwa den Freihandel, gelten, erkennt nur eine Richtung des sozialen Fortschritts und vielfach nur ein Mittel, ihn zu erreichen, den Klassenkampf etwa, an. Gewiß kann auch der vorerwähnte Standpunkt, der alle Politik und alle gesellschaftlichen Erscheinungen mit den Maßen des Raums, wo sie vorkommen, mißt, übertrieben werden; schon die Möglichkeiten des Verkehrs, der doch auch seine streng geographische Bestimmung hat, können dieser engen Auffassung, die schließlich nach Autarkie für jedes kleine, räumlich selbständige Gebiet rufen müßte, entgegengehalten werden. Erst bei einer gewissen Größe des Staatsgebiets und einer gewissen Einheitlichkeit der sozialen und sprachlich-kulturellen Volksstruktur läßt sich die anthropogeographische oder nun besser: sozio-geographische Methode zur Begründung nationaler Forderungen, die insofern geographische sind, verwerten. S. Günther und A. Penck arbeiteten in dieser Richtung.

(§ 7) 5. Geschichtliches und gesellschaftliches Geschehen.

Die sogenannte „Geschichte“, soweit wir sie überblicken, stellt nur einen verschwindend kleinen Abschnitt aus der Geschichte der Menschheit überhaupt dar, und diese selbst ist, nach allen uns zugänglichen Quellen, längst nicht der Geschichte des Organischen auf Erden gleichzusetzen. Der „historische“ Standpunkt kann uns also gegenüber dem urgeschichtlichen und biologischen, von dem schon die Rede war, zeitlich nur eine sehr beschränkte Aussicht gewähren. Wir haben insbesondere damit zu rechnen, daß die „Gesellschaft“ schon mit ganz bestimmten Formen und festgelegten Inhalten in den Bereich der erst einige Tausend Jahre vor Christus greifbar einsetzenden Historie tritt. Sehr viele gesellschaftliche Bildungen auf wirtschaftlichem Gebiet, aber auch auf dem der Sitte, des Rechts, der Religion, müssen schon vor sich gegangen und zu größerer oder geringerer Höhe gediehen sein, bevor die geschichtlichen Quellen: Inschriften, Dokumente usw. die Möglichkeit geschichtswissenschaftlicher Erkundung bieten. Was die Geschichte also für den Begriff des Gesellschaftlichen und im weiteren Verlauf der Sozialpolitik aus der urgeschichtlichen Vorzeit übernimmt, zeigt schon meist eine recht komplizierte Gestalt, sodaß sofort die gesellschaftswissenschaftliche Analyse, in engem Anschluß an die geschichtliche Überlieferung, anknüpfen kann. Der große, nicht nur wissenschaftlich, sondern auch künstlerisch empfindende Historiker — der Mommsen in einem seiner geistreichen Vorträge vorschwebt — muß insoweit selbst Soziologe sein; dazu gehört, daß er die geschichtlichen Wandlungen sozialer Daseinsformen und -inhalte nicht als etwas Erstes und Neues ansieht, sondern sich der sehr langen vorgeschichtlichen Zeiten versichert hält, in denen die „Gesellschaft“ gewissermaßen unter der Schwelle des historischen Bewußtseins vorbereitet wurde und zur „Geschichte“ heranreifte.

Aber in noch höherem Grade wird die Geschichte von der Vorstellung eingeengt, daß die biologischen Vorgänge als Bedingungen der soziologischen in eine noch ungleich weiter entfernte, noch viel dunklere Vergangenheit zurückführen. Der Rasse- und Artbegriff in dem oben angegebenen begrenzten Sinn, die Tatsachen der Vererbung, die Ausgangspunkte der „Entwicklungsgeschichte“, wenn es eine solche für die Arten überhaupt gegeben hat, das alles liegt in seinen ersten organischen Äußerungen unendlich weit zurück. Dennoch aber wirkt es in der urgeschichtlichen und geschichtlichen Zeit, wirkt es in der Gegenwart weiter, und es liegt kein Grund gegen die Annahme vor, daß es Ewigkeitswert hat, — solange überhaupt die Bedingungen für organisches Werden und Vergehen gegeben sind. — Man kann fragen, ob angesichts dieser unvergleichlich viel längeren und in ihrer Gesamtheit entscheidenderen Beobachtungszeiten des Prähistorikers und Biologen überhaupt noch Raum für die eigentlich-historische Betrachtungsweise bleibt; ob wir von ihr für den Gesellschaftsbegriff und die theoretische Begründung der Sozialpolitik etwas erwarten dürfen; ob es also für uns einen selbständigen historischen Ausgangspunkt gibt.

Indes entscheiden Quantitäten und Dimensionen für sich allein auch hier noch nichts und die unvordenklich langen Zeiten organischer (biologischer und urgeschichtlicher) Entwicklung treten unter Umständen vor einem begrenzten historischen Zeitabschnitt zurück, wenn dessen Betrachtung uns qualitativ bessere und vollständigere Ergebnisse zu liefern vermag. Auch mag man die eben ausgesprochene Wahrnehmung, daß das Biologische noch heute fortwirkt und daß die soziologischen Prozesse der Geschichte sich mehr ihrer Höhenlage nach als grundsätzlich von denen der Urgeschichte unterscheiden, als Beleg dafür ansehen, daß der historisch zu überblickende Vorgang auch alle Elemente der biologischen und soziologischen Grunderscheinungen bergen muß; man würde dann im historischen auch einen Ausschnitt aus dem biologischen und soziologischen Werde- und Vergehensprozeß übersehen. Bietet die Historie in diesem Falle wirklich die Mittel zur genaueren Feststellung, so kommt ihr auch für Gesellschaftslehre und Sozialpolitik Bedeutung zu und es ist gewiß kein Zufall, daß eine Reihe unserer bedeutendsten Soziologen den geschichtlichen Ausgangspunkt für ihre gesellschaftlichen und sozialpolitischen Zwecke gewählt haben. Das gilt zumal für die Sozialisten.

Indem die Geschichtswissenschaft längst über den Rahmen der politischen Forschung hinausgetreten ist und Recht, Kultur, Kunst, Wirtschaft, Sitte usw. zu ihren bevorzugten Gegenständen erhoben hat, trägt sie dem, was eben gezeigt wurde, schon vollkommen Rechnung. Das alles sind gesellschaftliche Stoffe, entstanden aus dem Neben-, Für- und Gegeneinandersein der Menschen, Ausgangspunkte für politische, vor allem sozialpolitische Fragestellungen. In reichster Gliederung, mit wahrhaft arbeitsteiligen Methoden hat die Geschichtsforschung sich der Gesellschaftslehre genähert, dabei allerdings auch den Anspruch geäußert, selbst Gesellschaftslehre zu sein. Da dieser Anspruch bekämpft werden mußte, entstand eine sehr anregende und fördernde Auseinandersetzung über den grundsätzlichen Unterschied der Erkenntnisabsichten und -werte der „Geschichte“ gegenüber den

„Sozialwissenschaften". Das Beste auf diesem Gebiet hat — neben Schmoller, Dilthey, Wundt, Diehl — Rickert geboten; in der besonderen Bearbeitung, die Max Weber den Rickertschen Anschauungen zuteil werden ließ, sind sie auch für die Nationalökonomie und Sozialpolitik als solche fruchtbar und Ausgangspunkt des bekannten, an anderem Orte bereits gewürdigten Streits um das Werturteil in der Sozial- und Wirtschaftswissenschaft geworden.

Was unterscheidet die geschichtswissenschaftliche Betrachtung eines Stoffes von der gesellschaftswissenschaftlichen? Doch wohl vor allem, daß die Geschichte referierend und ergründend bei einzelnen, individuellen Tatsachen — Ereignissen, Handlungen, Persönlichkeiten usw. — verweilt. Da es sich bei ihr um Ursachenforschung handelt und stets nur die konkrete Einzeltatsache, nicht aber ein Durchschnitt, ein Typus, ein ideales Bild auf bestimmte einzelne Ursachen zurückgeführt werden kann, so steht die Historie im Bann der Wirklichkeit, dessen, was als konkreter Vorgang tatsächlich unterlief. Im Gegensatz dazu will die Sozialwissenschaft das Allgemeine, Regelmäßige erkennen, das Einzelne unter ein größeres Ganze unterordnen. Dafür ist ja der Begriff der „Sozialen Gruppe" besonders wichtig geworden, im übrigen wird dieser Standpunkt, soweit er der reinen Soziologie angehört, in § 10, soweit statistische Gesichtspunkte unterlaufen und die Fragestellung präzisieren, in § 11 behandelt werden.

Natürlich gibt es Grenzgebiete der Forschungsarten. Der Historiker wird auf Tatbestände treffen, die er etwa „Zustände", „Milieu" usw. nennt, in denen das Einzelne, Individuelle gegenüber dem Allgemeinen, Typischen zurücktritt. Umgekehrt hat auch der Soziologe mit dem einzigartigen Werte des Persönlichen und anderer individueller Tatbestände zu tun und wird sich hüten, sie zugunsten einer Liebhaberei in einem allgemeinen Durchschnitt verschwinden zu lassen. Statistische Versuche solcher Art, die etwa Quetelet in seinem „Mittleren Menschen" angestellt hat, sind fast stets auf entschlossenen Widerspruch gestoßen. Grenzgebiete der gedachten Art nun führten dazu, daß man der Geschichte den Bereich des „Relativ-Individuellen" und der Gesellschaftswissenschaft jenen des „Relativ-Typischen" zugewiesen hat; so kommt zum Ausdruck, daß eine schroffe Scheidung weder möglich noch beabsichtigt ist.

Von hier aus wird dann der Begriff des „Gesetzes" in den historischen und sozialen Wissenschaften eine verschiedene Bedeutung haben, und von beiden wird sich der gleiche Begriff, auf reine Naturvorgänge angewandt, entfernen. Wir werden vor allem einer Hypothese, mag sie im Einzelfall selbst so fruchtbar sein wie die Darwinsche, nicht ohne weiteres Gesetzesgeltung zuschreiben, wir werden, wie noch zu zeigen, auch statistisch zu ermittelnden Tatsachen gegenüber sehr zurückhaltend mit dem Begriff „Gesetz" sein. Dennoch aber wird gesagt werden dürfen, daß man von sozialen Gesetzen noch eher sprechen darf als von historischen. Denn indem die Geschichte die Verursachung eines konkreten, individuellen Falles lehrt, macht sie es wohl wahrscheinlich, daß die Verursachung ganz ähnlich liegender Fälle eine ähnliche gewesen sein kann. Zur Sicherheit wird das aber im allgemeinen nicht werden, wenn nicht naturwissenschaftliche, statistische oder sozialwissenschaftliche Gründe hinzutreten. Haben auch diese Gründe untereinander im allgemeinen nicht gleiche Qualität, so ist doch, wie wir sahen, den genannten Wissensgebieten im Gegensatz zur Geschichte das Zurückgehen auf das Allgemeine, Regelmäßige eigen, wenn auch in unterschiedlichem Maße. Kann man dagegen je hoffen, den Entwicklungsgedanken, wenn man ihn statt biologisch oder soziologisch rein historisch versteht, ebenso rein historisch „beweisen" zu können? Bestenfalls läßt die historische Beobachtung gleichgelagerter Fälle einen Durchschnitt erkennen, auf den statistische und psychologische Regeln angewendet werden können. In diesem Falle aber liefert die Geschichte nur das Material, auf das die Statistik und Psychologie den Gesetzesbegriff anwendet.

Wenn soeben vom Entwicklungsgedanken die Rede war, so muß noch kurz gefragt werden, ob er im biologischen, soziologischen und historischen Sinn dasselbe bedeutet. Dabei soll die Entscheidung über den soziologischen (und statistischen) Entwicklungsbegriff den nächsten Kapiteln vorbehalten bleiben. Vom biologischen Begriff aber, der schon gewürdigt wurde, grenzt sich der historische in ähnlicher Weise ab, wie wir den biologischen Gesetzesbegriff vom historischen unterschieden fanden. Insoweit die Biologie Teil der Naturwissenschaft ist — wenn sie von deren Zentren auch durch ihre weniger mathematische Ausdrucksweise entfernt liegt —, muß sich die in sie hineingelegte Vorstellung von Entwicklung schärfer und präziser fassen lassen als die gleiche Vorstellung in der Geschichte. „Entwicklung der Arten" ist, auch wenn die verwendeten Hypothesen falsch sind, sicher ein anderes als das unbestimmte Wort „Kulturentwicklung", worunter man Beliebiges verstehen kann. Auch die „Wirtschaftsstufen" stellen Entwicklung im biologischen Sinne schwerlich dar und Mitscherlich scheint Recht zu haben, wenn er den Entwicklungsgedanken als solchen bemängelt. Nur, daß er darin zu weit geht. — Außer dem genannten qualitativen Unterschied liegt ferner ein quantitativer insofern vor, als die Biologie — wie oben schon erwähnt — mit ganz anderen Zeiten und Größenverhältnissen rechnet als das Stückchen Menschheitsgeschichte, auf die sich die Historie bezieht und das man übertreibend Weltgeschichte nannte. — Ist ferner nicht ein dritter, noch mehr entscheidender Unterschied darin gegeben, daß für Geschichte Zielstrebigkeit, Tendenz, Bestimmung behauptet wird, während doch nur wenige auf die Biologie diesen Gedanken anwenden wollen? Es scheint aber, als ob dies Hineininterpretieren individuell-menschlicher Gesichtspunkte, wie es das Handeln nach Zielen und Zwecken ist, in die geschichtlichen Vorgänge voreilig ist und von sehr ernsthaften Historikern abgelehnt wird. Der Soziologe jedenfalls kann nicht ohne weiteres annehmen, daß der geschichtliche Teil der biologisch-soziologischen Entwicklungsprozesse anderen Gesichtspunkten zu folgen hätte als die sind, die uns Biologie und Urgeschichte schon früh erkennen lassen. Man sagt nun freilich, daß erst in geschichtlicher Zeit der Mensch mit Bewußtsein und Selbstbewußtsein seine Geschicke ordnet und daß damit die Zielstrebigkeit und Absichtlichkeit der einzelnen menschlichen Handlung der Geschichte selbst Zielstrebigkeit und Absichtlichkeit zu vermitteln in der Lage wäre.

Man mag die Beantwortung dieser Fragen davon abhängen lassen, ob dem Menschen — zunächst als Einzelnem, dann aber vielleicht auch als Gruppe — freier Wille zuerkannt wird; nur er bietet die Möglichkeit, Absichten zu haben und zu verwirklichen, zielstrebig zu handeln. Die Entscheidung hierüber, von den Philosophen in immer wiederholten Anläufen versucht, liegt ganz außerhalb unserer Absicht und läßt sich natürlich nicht im Vorübergehen geben. Dagegen kann wohl gesagt werden: auch die Bejahung der Zielstrebigkeit des einzelnen Menschen würde zunächst noch offen lassen, ob sie denn nun auch der Gesellschaft innewohnt und ob die Geschichte als solche Zweck und Bestimmung ist. Es wäre umgekehrt sogar nicht aussichtslos, darzutun, daß aus der Willensfreiheit des Einzelnen nur blindes Ungefähr sich ergeben könne, soweit die Geschichte der Gesamtheit in Frage kommt. Denn die Absichten der einzelnen kreuzen sich vielfach und man kann sich vielleicht eher eine beseelte und zweckbewußte Geschichte Willenloser denken, die insgesamt einer höheren, eben der geschichtlichen Bestimmung folgen, als das zielvolle Gesamtverhalten von Einzelnen, deren individuelle Zwecke auseinanderstreben. Aber das alles führt weit ab, wenn es auch im Einzelfall für die Theorie der Sozialpolitik von Bedeutung werden kann.

Für die theoretische Absicht, der dieser Erste Teil des Gesamtwerkes untersteht, ist die Geschichte vor allem als Sozialgeschichte, als Darstellung der sozialen Theorien, Vorstellungen, Bewegungen und Zustände wichtig. Insofern ist sie zugleich, aber nicht ausschließlich, auch Wirtschafts- und Kulturgeschichte. Grundlegend ist vor allem dieses: die Sozialpolitik muß auf geschichtlichem Wege als eine Summe bleibender Werte — solange es soziale Gebilde überhaupt gibt — erkannt werden. Die Beobachtung der ältesten uns zugänglichen Zeiten läßt, bei allem scharf zu betonenden, von manchen verkanntem Gegensatz zur Jetztzeit, erkennen, daß sozialpolitische Inhalte stets vorhanden gewesen sind. Unbedingt abzulehnen ist, als unhistorisch, die Auffassung, als ob erst bestimmte Zustände — etwa der Kapitalismus — die sozialpolitische Gegenströmung hervorgerufen hätten. Daran ist nichts richtig, Gegensätze, in denen der Begriff Sozialpolitik fast im Hegelschen Sinn verankert ist, deren Synthese er werden kann, haben immer bestanden und werden immer, selbst bei Realisierung der kühnsten zukunftstaatlichen Hoffnungen, bestehen bleiben. Nur die Personenkreise, die Sozialpolitik gegeneinander ausspielen, und der Inhalt der Forderungen und Kämpfe wird selbstverständlich wechseln. Wenn die Sozialgeschichte den, nach Äußerung und Form wechselnden, innerlich aber gleichbleibenden

Begriff der Sozialpolitik uns nahebringt und lebendig erhält, so hat sie für Theorie und Praxis der Sozialpolitik ihr Letztes und Entscheidendes geleistet.

(§ 8) 6. Recht und Gesellschaft.

Mommsen verweist einmal, gelegentlich einer Erörterung über methodologische Fragen seiner Wissenschaft, auf die Bedeutung des Rechts für die Geschichte; Rechtskenntnis steht ihm der Sprachkenntnis als Unterlage für die historische Forschung gleich, die er stets auf eine dieser beiden Grundlagen stützen will und für die er eine eigne „historische" Methode überhaupt verwirft. Wenn das Recht in seinen mannigfachen Ausprägungen dem Historiker so überaus bedeutsam erscheint, so hat auch derjenige, der die theoretische Begründung der Sozialpolitik anstrebt, alle Veranlassung, nach einem Ausgangspunkt im Recht und seiner Lehre zu suchen.

Denn Sitte, Kultur, Kunst, Religion und die zahlreichen anderen Formen und Daseinsinhalte, die sich die vergesellschaftete Menschheit zulegt, sind zwar auch, wie im letzten Kapitel erwähnt, wichtige Quellen für die Erkundung der Gesellschaft selbst. Sie haben aber, vielleicht mit Ausnahme der Religion, doch eine andere und geringere Qualität als das Recht, dessen zwingende Grundtendenz ebenso eine gewisse Festigung der gesellschaftlichen Beziehungen voraussetzt, wie sie umgekehrt entscheidend für solche Festigung tätig ist. Recht und Staat hängen auf das innigste zusammen, sind aber doch nicht identisch. Es bleibt vorbehalten, die staatlich-politischen Beziehungen der Gesellschaft hernach selbständig darzustellen. Aus dem staatlichen Wirkungsbereich sei hier das Recht vorweggenommen.

Zwei Auffassungen vom Recht haben stärkste Wirkungen auf die Gesellschaft und die Gesellschaftswissenschaft geäußert: Naturrecht und Historische Rechtsschule. Die erste Auffassung ist bekanntlich auf das engste verwoben mit der Entstehung der ersten wissenschaftlichen Systeme der Volkwirtschaftslehre; Adam Smith hat von ihr die tiefsten Anregungen empfangen, Physiokraten und Naturrechtler sind überhaupt nur verschiedene Namen für den gleichen Inhalt.

Der contrat social Rousseaus ist die stärkste und weitestgehende Äußerung der Naturrechtsauffassung, die im „Émile" auf das pädagogische Gebiet übertragen wird. Eine atomisierende, mechanistische Theorie, die sicher viel in der Befreiung des Einzelnen aus veralteten und unwürdigen Banden geleistet hat, Individuum aber und Gesellschaft innerlich verarmen läßt, indem die Beziehungen zwischen ihnen gelockert und höchstens Zweckverbände übriggelassen werden. Natürlich gibt es eine organische Auffassung von der Gesellschaft für diese Fanatiker der Persönlichkeit nicht mehr. Aber es wird noch viel mehr gegen sie eingewendet werden müssen: die

Geschichte wird verzerrt wiedergegeben, eine völlig unmögliche Hypothese tritt in der Annahme des ausschließlich natürlichen, gleichsam durch den Geburtsakt erworbenen subjektiven Rechts an die Stelle der Tatsachenforschung. Mit dieser Vorstellung können gesellschaftliche Notwendigkeiten, wie sie uns in der Geschichte nicht weniger wie in der Gegenwart entgegentreten, in keiner Weise in Einklang gebracht werden. Natürlich hielt die naturrechtliche Auffassung nicht das konkrete Rechtssystem ihrer Zeit für „natürliches" Recht; zwischen beiden wurde vielmehr die denkbar schärfste Grenze gezogen; wenn aber ein vernünftiger Inhalt mit dem Naturrecht überhaupt verbunden werden kann, so entlehnt er seine Bestandteile und Forderungen doch mehr oder weniger, z. T. freilich zum Zwecke der Negation, dem positiven Recht. Bemerkenswerterweise haben die Sozialisten, denen doch eine organische Auffassung viel näher liegen sollte, vielfach sich auf das Naturrecht in ihrem Kampfe gegen das „Macht- und Klassenrecht" gestützt. So wurde die ursprünglich streng individualistische Richtung mit der Zeit für kollektivistische Zwecke gebraucht, und man darf wohl hinzusetzen, mißbraucht; denn dieser rein polemische Gebrauch führte weit ab von den ganz anders gearteten Zielen derer, die das Naturrecht begründeten.

In denkbar entschiedenster Frontstellung gegen die Quesnay, Mirabeau, Condillac oder Rousseau hat einige Jahrzehnte später die Historische Rechtsschule zu einer organischen Auffassung von Gesellschaft, Recht und Staat zurückzufinden gewußt. Ist die persönliche Leistung Savignys dabei sehr groß, so entsprach die Schule doch dem Staats- und Rechtsempfinden ihrer Zeit, der Romantik, in mindestens ebenso großem Maße, als man das Naturrecht auf die allgemeine Richtung der Aufklärungsepoche zurückzuführen hat. Ebenso ergab sich eine Beziehung zwischen Historischer Rechtsschule und den Sozialwissenschaften: der historisch-rechtlicheStandpunkt befruchtete die Historische Schule in der Nationalökonomie, war entscheidend für Roscher und Schmoller. Nicht weniger schöpfte die Geschichtswissenschaft selbst Anregungen aus dem, was die Teildisziplin der Rechtsgeschichte lehrte. Von nun an finden wir Rechts-, Geschichts-, Wirtschafts- und Gesellschaftsforscher in engsten gegenseitigen Beziehungen; der Verein für Sozialpolitik wurde, wie noch zu zeigen ist, einer der Brennpunkte der neuangebahnten Arbeitsgemeinschaft.

Freilich ist von sehr maßgebender Seite die innere Verwandtschaft der Methoden und Ziele in den historischen Rechts- und Sozialwissenschaften bestritten worden. Carl Menger in Wien hat der „Historischen Schule deutscher Volkswirte" ein völliges Verkennen der Historischen Rechtsschule und dessen, was beide Disziplinen trennt, vorgeworfen. Nicht ganz mit Unrecht. Die historische Rechtsauffassung war bei aller Betonung des Geschichtlichen doch Rechtswissenschaft geblieben, hatte sich nie durch das Nur-Historische leiten oder gar verleiten lassen, nun das geschichtliche Recht, statt mit den erprobten Methoden der römischen und deutschen Rechtssystematik, mit historischen Mitteln allein erforschen zu wollen. Für die historisch-volkswirtschaftliche Schule aber war die Gefahr erstanden, daß man im Sammeln, bestenfalls im Verarbeiten historischen Materials den eigentlichen sozialökonomischen Zweck sah und es unterließ, eine bestimmte, der Wissenschaft von der Gesellschaft angepaßte Methode zu erfinden. Die Induktion überwog eine Zeitlang auf der ganzen Linie über die sehr bald geringgeschätzte Deduktion. Diente bei Roscher, dem Haupte der älteren Historischen Schule, das massenhafte Sammeln gelehrten, gelegentlich aber auch nur anekdotischen Beiwerks im wesentlichen noch der historischen Unterbauung des von A. Smith, I. B. Say und Karl Rau eingeführten Systems, so gewann die Historie bei Schmoller, der die neuere Historische Schule begründete, zwar unendlich an Vertiefung und Kritik, der deduktive Gedankeninhalt wurde aber auch hier nicht hinreichend betont. Erst die neuere, durch Max Weber, Sombart u. a. begründete soziologische Auffassung scheint die Mittel zu bieten, Geschichte und Analyse zusammenzuschweißen und allmählich eine, auf die Gesellschaft zugeschnittene Methode zu entwickeln. Von ihr wird noch oft die Rede sein, sie ist auch für die theoretische Begründung der Sozialpolitik wichtig.

Für diese Begründung sind aus der Gesamtheit der Rechtsvorstellungen zwei von besonders einschneidender Bedeutung: Eigentum und Erbrecht. Daß hierzu der naturrechtliche Standpunkt weder in gesellschaftswissenschaftlicher noch in sozialpolitischer Hinsicht viel aussagen kann, geht aus früher Gesagtem hervor; ebenso zeigt uns ein Blick auf den Streit der Tagesmeinungen, in dem jene beiden Begriffe eine erste Rolle spielen, daß a priori und gewissermaßen vom natürlichen Menschen aus kein sicherer Inhalt in jene Begriffe hineingelegt werden kann; wird man doch mit ebensoguten „natürlichen" Gründen Eigentum und Erbrecht verwerfen und verteidigen können. Die einen betonen, daß der Mensch als solcher kein Eigentum auf diese Welt mitbringe; die anderen sehen den Neugeborenen als Teil der Eigentum besitzenden Familie an, verraten auf diese Weise allerdings eine etwas organischere Auffassung, lassen aber doch völlig offen, auf welche Weise, durch welche gesellschaftlichen Umstände denn nun die Familie in den Besitz von Privateigentum gelangt war.

Demgegenüber dringt allerdings die historische Auffassung wesentlich tiefer, wenn sie auch, soweit sie soziologischer Führung entbehrt, zunächst nur (vgl. § 7) konkrete Einzeltatsachen aufweist und das, worauf es ankommt, die Herausarbeitung des Allgemeinen und Typischen, erst vorbereitet. Immerhin: dem Besinnungsprozeß, der die verbreitetsten und geläufigsten Rechtseinrichtungen zu untersuchen sich nicht scheut, wird doch erst durch die Rechtsgeschichte ein hinreichendes Material geboten. Welcher Art es ist, welche Schlüsse die Sozialpolitik darauf stützen kann, das soll in besonderen Abschnitten später dargelegt werden. Privateigentum und Erbrecht sind außerordentlich wichtige Tatbestände für jede praktische Sozialpolitik, sodaß ihr Erledigen so nebenher, in einer methodischen und systematischen Einleitung, nicht möglich und nicht erwünscht sein kann.

Die beiden Rechtsbegriffe dienten hier lediglich der Begründung von Beziehungen zwischen Rechts-, Gesellschaftswissenschaft und Sozialpolitik.

Aber diese Beziehungen sehen die Gesellschaftslehre und Sozialpolitik nicht nur als den nehmenden Teil; umgekehrt wird die Rechtspolitik die stärksten Anregungen aus Wissenschaft und Politik der Gesellschaft schöpfen. Sozialpolitik ist ja sehr oft die Vorbereitung neuer Rechtsschöpfung und Rechtsreform. Erst müssen die Forderungen im Volkskörper empfunden, nachgewiesen, begründet sein, bevor die Gesetzesmaschine einsetzen kann. Insofern gibt die Sozialpolitik dem Rechte zurück, was sie von ihm empfing.

Nie endlich wird sich das geltende Recht auf die Dauer den Notwendigkeiten der Gesellschaft und den Forderungen der Sozialpolitik entgegenstellen können. Die Empfindung dafür, daß das Recht lediglich gesellschaftliche Verhältnisse einer bestimmten Dichtigkeit und Art zum Ausdruck bringt, muß dem Vorrang der organisierten Gesellschaft vor ihrer eignen Schöpfung, eben dem Recht, Geltung verschaffen: das Organische steht über den Mechanismen. Das war gesund am Naturrecht, daß es den Fortschritt der Gesellschaft und die sozialpolitische Forderung nicht abhängig machen wollte von einer bestimmten, für frühere Verhältnisse vielleicht zutreffenden, nunmehr aber überholten Rechtsordnung. Indem das Entwicklungsgeschichtliche und Veränderliche der gesellschaftlichen Bedürfnisse und Ansprüche erkannt wurde, erhielt das Naturrecht selbst einen gewissen historischen Einschlag; es ging nur fehl, wenn es im geschriebenen Recht reinen Zufall und nackte Willkür erblickte; das konnte einmal zutreffen, traf für das Recht Frankreichs im 18. Jahrhundert trotz der Reformversuche von Turgot und Necker sogar im wesentlichen zu; man durfte aber das Kind nicht mit dem Bade ausschütten, brauchte den Glauben an eine organische Rechtsbildung nicht aufzugeben. Die Historische Schule stand auf der anderen Seite zweifellos sehr stark unter dem Eindruck, daß das geltende Recht, wenn nicht das beste, so doch ein gutes sein müsse. Hegels Gleichsetzung des Seins und der Vernunft, seine bedenkenlose Verherrlichung der Staatsidee trugen zu jener Auffassung bei, der eine gesunde Skepsis vor dem Bestehenden nicht hätte fehlen dürfen. Die Sozialpolitik wird unbeirrt um die Übertreibungen der natürlichen und der historischen Rechtsauffassung ihre Schrittmacherdienste für die Rechtspolitik fortsetzen.

(§ 9) 7. Politik und Gesellschaft; Begriff der Sozialpolitik.

Im eben abgeschlossenen Kapitel wurde das Recht, als besonders wichtige Lebensäußerung der staatlichen Gesellschaft, gesondert behandelt. Nun steht der staatliche Organismus selbst in seinen grundsätzlichen Beziehungen zu Gesellschaft und Sozialpolitik zur Darstellung.

Robert v. Mohl hat in seiner auch heute noch kaum übertroffenen „Geschichte und Literatur der Staatswissenschaften" jenen weiten Rahmen geschaffen, der Rechts-, Staats- und Polizeiwissenschaft, Nationalökonomie, Gesellschaftslehre, Statistik und angrenzende Fächer umgreift. Aus diesem, für theoretische Zwecke allzu weiten Rahmen heraus emanzipierte sich das öffentliche Recht; lediglich eine Art Verwaltungslehre blieb der sozialwissenschaftlichen Betrachtung, die sich aber erst seit kurzem wieder mit dem etwas spröden Stoffe abgibt. Im übrigen verselbständigte sich die Nationalökonomie, und die eigentliche „exakte" Gesellschaftslehre ist überhaupt erst später hinzugetreten. Wenn heute der erneute Versuch einer Einigung der auseinanderstrebenden und doch verwandten Wissenschaften gemacht werden würde, so könnte er nicht mehr auf „staatswissenschaftlicher", er müßte auf „gesellschaftswissenschaftlicher" Grundlage unternommen werden. So sehr sind wir von der Besonderheit und dem theoretischen Primat der Gesellschaft dem Staate gegenüber durchdrungen, eine so weite Fassung verlangen heute die politischen, noch mehr, wie zu zeigen ist, die sozialpolitischen Notwendigkeiten.

Was wird mit dieser Umdeutung von „Staat" in „Gesellschaft" gesagt? Im einzelnen soll das ganze Werk ein Beitrag zu dieser Frage sein, und nur weniges kann vorweggenommen werden. Entscheidend ist die Erkenntnis, daß die staatlichen Funktionen, Aufgaben, Bedürfnisse und Forderungen zwar auch meist solche der Gesellschaft sind und noch dazu eine ganz besondere Wichtigkeit beanspruchen können; daß aber die gesellschaftlichen Funktionen und Ziele oft weiter reichen als die staatlichen. Es muß gesellschaftliche Zwecke geben können, auch ohne daß der Gesellschaft die staatliche Grundlage eignet.

Ein Blick auf die gestörten Verhältnisse der Gegenwart macht dies deutlich: es gibt heute mehr denn je tatsächliche Gemeinschaften, die — vgl. hierzu Tönnies — unter den allgemeinen Gesellschaftsbegriff fallen, denen aber staatliche Bildung versagt ist. Solche gab es aber schon von jeher in der Geschichte, im einzelnen führen eine Menge von Zwischenstufen von der fast staatenlosen Gesellschaft zu der höchst entfalteten gesellschaftlichen Staatsidee. Wer frühere Abschnitte, etwa jenen über biologische und historische Ausgangspunkte (§§ 3 u. 7), aufmerksam gelesen hat, kommt von selbst auf dasjenige, was Staat und Gesellschaft begrifflich scheidet, was die Gesellschaft als den im ganzen umfassenderen Begriff erscheinen läßt: dieser Begriff enthält nämlich biologische und historische Bestandteile, die nicht ohne weiteres auch in den Staatsbegriff einzugehen brauchen. So gehört der Rassebegriff — in der einfachsten, ganz unpolemischen Vorstellung von Vererbungsakten — entschieden zu den Elementen, aus denen sich Soziale Gruppen aufbauen können, ohne daß diesen Vergesellschaftungen Staatseigenschaft notwendig beizulegen wäre. Eine nationale Irredenta ist ein Fall außerstaatlicher Existenz einer rassereinen Gruppe. Umgekehrt gibt es bekanntlich Staaten, deren Bevölkerung nicht die mindeste Blutsgemeinschaft, also keine biologischen Bande aufzuweisen hat. Ähnliches gilt von der Sprache, deren Einheit ja durchaus nicht immer auf Blutsverwandtschaft schließen läßt. Sie kann in einer gesellschaftlichen Gruppe, die deshalb kein Staat zu sein braucht, allen gemeinsam sein; sie kann ihrerseits auch staatenbildend wirken; ebenso kann die Sprachgleichheit einem Staatsgebilde — dem alten Österreich etwa, das für alle diese Abstufungen Beispielswert hatte — fehlen. So sind Gesellschaft und Staat durchaus nicht identische Gebilde, so sehr in der Praxis der Staat zumeist Ausdruck gesellschaftlicher Bedürfnisse sein wird oder wenigstens sein soll. Man kann damit schließen, daß man feststellt: der Staat setzt stets Gesellschaft, die Gesellschaft nicht stets den Staat voraus.

Die Sozialpolitik ist dem Wortsinn nach nur ein Teil der Politik schlechthin; während aber der Begriff „Politik“ vorzugsweise oder ausschließlich auf staatliche Willenstätigkeit angewendet zu werden pflegt, sind wir uns hinsichtlich des Begriffes Sozialpolitik darüber klar: er ist nicht nur auf staatliche Äußerungen beschränkt, er kann auf die Tätigkeit anderer sozialer Gebilde im selben Maß angewendet werden. Eine Gewerkschaft oder sonstige organisierte Berufsgruppe, eine politische Partei oder irgendein ähnliches Gebilde treibt ebenso sehr und ebenso selbständig Sozialpolitik wie der Staat. Ja, die Sozialpolitik der kleineren Gruppe vermag die größere, eben den Staat, unter Umständen zu sprengen. In der Ungleichheit des Sprachgebrauchs liegt nun vielleicht ein tieferer Sinn; dadurch kann zum Ausdruck gebracht werden, daß das Wort Sozialpolitik, auf die Tätigkeit jeder beliebigen Sozialen Gruppe anwendbar, die Bedeutung von „gesellschaftlicher Politik“ hat und haben muß, um so einen Gegensatz gegen „Politik“ schlechthin, als „staatliche Politik“, zu bezeichnen; wobei der letzte Ausdruck nicht nur, was zu eng wäre, Politik des Staates, sondern „Politik in bezug auf den Staat“ bedeuten würde. Allzu etymologisch darf man bei diesen Bestimmungen, für die vorzugsweise Zweckmäßigkeitsgründe entscheidend sind, natürlich nicht denken wollen; sonst würde „Staatspolitik“ ja, als Politik der Polis, eine Tautologie sein. Für uns aber, die wir eine lebensvolle, umfassende Vorstellung des Begriffs „Sozialpolitik“ anstreben, ist die Scheidung in Willens-, Lebens- und Machtäußerungen, hier der Gesellschaft — „Sozialpolitik“ —, dort des Staates und in Beziehung auf den Staat — „Politik“ schlechthin — von unmittelbarem Wert. Der Sozialpolitik ist damit grundsätzlich das Gesamtgebiet der Gesellschaft in allen ihren Formen, Inhalten und Zusammenhängen, weit über den Staat hinausgreifend, erschlossen; unmittelbar wird das für eine Begründung der Internationalen Sozialpolitik wichtig werden.

Sozialpolitik als „Gesellschaftspolitik" im internationalen Sinne fällt uns durchaus nicht mit dem Abschluß völkerrechtlicher Verträge über Arbeiterschutz oder Arbeiterversicherung durch die Staaten zusammen, obwohl diese Verträge natürlich, als gleichzeitig politische und sozialpolitische Akte — vgl. oben —, hierher gehören. Vielmehr begreift Sozialpolitik in der Erweiterung über das Staatsgebiet hinaus jede Lebensäußerung einer gesellschaftlichen Gruppe in sich, mag diese nun Staat, Staatengemeinschaft oder auch nur ein innerstaatliches Gebilde sein. In diesen weiten Begriff, der auf seine Tauglichkeit für systematische Zwecke freilich noch zu prüfen ist, fügen sich Wirtschaftspolitik, Bevölkerungspolitik, Kulturpolitik ohne weiteres ein; denn auch sie sind Lebensäußerungen sozialer Gruppen; letzten Endes handelt es sich auch bei ihnen um die Entscheidung über gesellschaftliche Bedürfnisse und Notwendigkeiten. Im besonderen kann man Bevölkerungs- und Wirtschaftspolitik fast stets als einen Kampf um die Futterkrippe und volkliche Expansion ansehen, auch dann, wenn man friedlichen Mitteln den Vorzug gibt oder gar in der Freihandelstheorie die Interessen aller versöhnen zu können glaubt. Kriege sind in diesem Zusammenhang auch für die Sozial- oder Gesellschaftspolitik genau das, als was man sie in Hinblick auf die Politik schlechthin bezeichnet hat: deren Fortsetzung mit anderen Mitteln. Ein Weltkrieg etwa, wie er hinter uns liegt, ist mehr als eine Entscheidung zwischen Staaten gewesen, das zeigen schon seine sozialen und wirtschaftlichen Nachwirkungen: er war eine Auseinandersetzung innerhalb des größten Teils der menschlichen Gesellschaft überhaupt um letzte gesellschaftliche Zwecke. Das ist ja von unseren Gegnern betont worden, wenn sie die idealen Dinge, um derentwillen sie sich gegen Deutschland vereinigten, betonten. In Wahrheit zeigte der Kampf gegen „Militarismus" und „Imperialismus" lediglich, daß tatsächlich große, in diesem Ausmaß neue gesellschaftliche Prinzipien ausgetragen wurden; freilich waren die bekämpften Schlagworte in viel höherem Maße auf gegnerischer als auf deutscher Seite anzutreffen gewesen.

Zurück zur Begriffsbestimmung der Sozialpolitik: ist der eben begründete weite Rahmen für die Sozialpolitik, deren theoretische Begründung hier versucht werden soll und für die zunächst Ausgangspunkte zu gewinnen sind, praktisch brauchbar? — Es würde dem Zweck des „Handbuchs", als dessen Teil sich die „Sozialpolitik" hier einführt, natürlich nicht entsprechen, sollte hier auch von Wirtschaftspolitik, Bevölkerungspolitik oder Weltmachtspolitik, für die andere, umfangreiche Darstellungen vorgesehen sind, die Rede sein. Und das ist auch nicht beabsichtigt. Es muß möglich sein, den allgemeinen Begriff der Sozial-(Gesellschafts-)Politik derart zu vereinfachen, daß als Hauptgegenstand die gesellschaftlichen Beziehungen, soweit sie nicht der Wirtschaft, der Bevölkerung und der Kultur vorzugsweise angehören, erscheinen. Eine restlose begriffliche Unterscheidung ist freilich nur in den seltensten Fällen möglich. Darum kann eben auch erst das „Handbuch der Wirtschafts- und Sozialwissenschaften" als Ganzes Aufschluß über die Gesamtheit der gesellschaftlichen Fragen und Beziehungen geben.

Das Ergebnis genügt also den Ansprüchen, die an den Begriff der Sozialpolitik gestellt werden müssen, noch nicht. Es mag durchaus bestritten werden, ob eine Scheidung, wie sie oben vorgeschlagen wurde, im einzelnen möglich ist. Denn die wirtschafts-, bevölkerungs-, sozial- und kulturpolitischen Stoffe liegen im allgemeinen für tiefergehende Betrachtung nicht nebeneinander, sondern sie ergänzen sich, reflektieren sich aufeinander, sind vielfach nur Kehrseiten und Modifikationen derselben Tatbestände. Eine Lohnerhöhung etwa zeitigt Folgen für das Wirtschaftsleben und für die Einkommensverteilung, schafft aber damit auch neue kulturelle Möglichkeiten (vielleicht nicht immer erwünschter Art, wenn die Überspannung der Löhne auf der einen Seite keinen Raum für die Bezahlung kultureller Leistungen mehr läßt) und wird schließlich irgendwie, vielleicht stagnierend, auf die Bevölkerung wirken. Das Maß der gesellschaftlichen Einzelwirkung aber wird erst durch den Gesamtkomplex der möglichen Einflüsse bestimmt werden.

Angesichts dieses Zustandes ist es doch nötig, zu fragen: kann der Begriff der Sozialpolitik nicht auch von einer anderen Seite, als von seinem Gegenstand aus, bestimmt werden? Bietet nicht vielleicht der zweite Bestandteil des Wortes, die Politik, eine Möglichkeit dieser Art?

Politik erschien uns oben allgemein als Willensäußerung einer sozialen Gruppe, und zwar in besonderem Maße als die des Staates. Der Begriff kann aber auch subjektiv als Politik des Einzelnen aufgefaßt werden. Politik als Wissenschaft kann man sich beschränkt denken auf den Versuch objektiver Darstellung des gesellschaftlich Wichtigen, es liegt aber kein Grund vor, von dem Darstellenden Verzicht auf eigene Stellungnahme zu den Dingen zu fordern. Dieselbe Frage ist hinsichtlich der historischen Wissenschaft und der Philosophie gestellt und von bedeutenden Fachmännern dahin beantwortet worden, daß die eigene Stellung des Historikers oder Philosophen nicht nur erwünscht, sondern sogar notwendig, übrigens, ob gewollt oder nicht, doch stets vorhanden ist. Denn so ängstlich man sich um Objektivität bemühen mag, der geistige Habitus spricht doch bereits in der Auswahl der Materien, in der Stoffsammlung, -gliederung und -verarbeitung entscheidend mit. Das eigene Werturteil ist stets im Spiele. Das auf die Sozialpolitik angewendet, bedeutet, daß auch ihre theoretische Begründung nicht den aussichtslosen Versuch zu machen braucht, ihre Stoffe ohne subjektive Einstellung und Wertung darzubieten. Im Gegenteil: ein bestimmter Ausgangspunkt wird immer vorhanden, ein Idealzustand vorstellbar sein, auf den alles soziales Geschehen bezogen werden muß. Mag man in Platos Idee, in Kants Kategorischem Imperativ und Pflichtbegriff, in einer reinen Nützlichkeitserwägung oder in heroischen Forderungen diesen Ausgangspunkt sehen, vorhanden ist er bei allen. Auch wer die gesellschaftlichen Tatsachen und Zusammenhänge rein aus den Lust- und Unlustgefühlen der einzelnen Gesellschaftsglieder gestaltet, die Gesellschaft damit also atomisiert, geht von einer letzten Ursache aus, für die er vielleicht Erfahrungstatsachen geltend machen kann, deren Allgemeingültigkeit man ihm aber bestreiten wird.

Welches unser Ausgangspunkt sein wird, braucht einstweilen noch nicht im einzelnen gesagt zu werden. Besser ist es, ihn allmählich zu entwickeln und hierfür ist hier, mit Ausnahme der grundsätzlichen Anerkennung des Wertungselementes, noch kein Raum. Genug, daß die Einordnung gesellschaftlichen Seins und Werdens unter ein bestimmtes Weltbild, das dem Darsteller eigen ist, ein geistiges Band um die Einzeltatsachen und Zusammenhänge schließt. Die Auswahl der Stoffe findet nun nicht mehr ausschließlich mit Rücksicht darauf statt, was nach Hinwegnahme des Wirtschafts-, Bevölkerungs- und Kulturpolitischen für die Gesellschaftspolitik übrigbleibt; daneben tritt bereits die Einordnung unter eine Generalidee. Der Darsteller ist insoweit allerdings selbst Politiker, in abgeschwächtem Sinne auch, sofern er sich einstweilen nur um theoretische Begründung bemüht. Warum aber das nicht lieber eingestehen, warum den Versuch einer rein objektiven Darstellung machen, der doch mit den Mitteln und gegenüber dem Objekt untauglich bleiben muß? Marx ist das größte Beispiel dafür, wie man in scheinbar reiner Erkenntnis Postulate verbirgt. Ihm stand immerhin die Möglichkeit zur Seite, durch die z. T. von Hegel übernommenen Methoden seiner Geschichtsauffassung und Dialektik seine Absicht — wohl auch vor sich selbst — zu verhüllen. Fast immer aber liegt Selbsttäuschung vor, wenn man etwas übernahm, was über unserer Kraft ist, was, wenn es einmal gelingen sollte, zugleich den Tod der Forscherpersönlichkeit bedeuten könnte.

So ergab sich eine doppelte Möglichkeit, objektiv und subjektiv den Begriff der Sozialpolitik festzulegen. Daß dies hier geschah, war dadurch begründet, daß wir zum Wesen der Politik als vorzugsweise auf den Staat bezogener Lebens- und Willensäußerung Stellung nahmen. Von hier ergibt sich ein dritter Gesichtspunkt der Begriffsabgrenzung: wenn auch, wie gezeigt, die Gesellschaft weiter greift als der Staat, so ist uns doch der Staat die letzte und höchste, wenn auch — man denke an den Nationalstaat im engsten Sinne und an imperialistische Gebilde — nicht stets wesensgleiche Prägung der gesellschaftlichen Idee. (Sicher ein „subjektiver", „politischer" Standpunkt.) Welches nun auch im einzelnen die besondere politische Einstellung ist, mit der wir an die sozialen Probleme herantreten: in jedem Falle wird die Beziehung auf den Staat auch für unseren politischen Ausgangspunkt entscheidend sein. Auch die Theorie der Sozialpolitik, für die die Gesellschaft den Rahmen, der Staat die Zielsetzung bedeutet, kann nur durch diese Beziehung bestehen, aus ihr ergibt sich erst der lebensvolle Begriff, der uns vorschwebt. Wirtschaft, Bevölkerung, Kultur sind demgegenüber Vorstellungen, die zwar auch auf den Staat bezogen werden müssen und von ihm aus einen ganz bestimmten Sinn empfangen; sie lassen sich aber doch in ihrer wissenschaftlichen Begründung nicht auf den Staat oder das Staatsgebiet beschränken. Ihre Grundsätze sind zwischenstaatlich, allgemein menschlich. Die Sozialpolitik in ihrem engeren, oben entwickelten Sinne bietet vielleicht die Mittel, um Wirtschaft, Bevölkerung und Kultur in ihrer nationalen Zweckbestimmung zu erkennen. Die Konflikte, die zwischen diesen Teilbetätigungen der Menschheit notwendig entstehen müssen, lassen sich zwar nicht allgemein für die ganze menschliche Gesellschaft, um so eher aber in Hinblick auf eine staatlich organisierte Gesellschaftsgruppe, eine Nation, auflösen. Ein drittes Merkmal tritt auf diese Weise für die Sozialpolitik auf. Ursprünglich über den Staat hinausgreifend, begrifflich die ganze Gesellschaft umfassend, erfuhr unsere Vorstellung von Sozialpolitik eine erste Einengung dadurch, daß ihr die besonderen Gebiete der Bevölkerung, der Wirtschaft und der Kultur nicht mehr unmittelbar offen stehen sollten; an zweiter Stelle verengerte sich die Vorstellung dadurch, daß es sich als notwendig erwies, die gesellschaftlichen Vorgänge von bestimmten subjektiven Standpunkten aus zu sehen und zu begreifen. Am letzten Ende wurde die Vorstellung der Sozialpolitik in Anwendung dieser subjektiven Auffassung auf den Staat und seine Notwendigkeiten zurückreflektiert. Das alles ist nicht zufällig und willkürlich, seine Berechtigung wird sich hoffentlich an der Darstellung selbst erweisen. Indem wir Sozialpolitiker die theoretischen und praktischen Inhalte unserer Wissenschaft im Staatsgedanken verankern, sind wir doch weit davon entfernt, jene Inhalte nur aus der Staatsidee gewinnen zu wollen. Stoff bleibt uns die Gesellschaft, auch in ihren außerstaatlichen und individuellen Lebensformen, wir wollen den Stoff nur in der Beleuchtung der nationalen Forderung sehen. So glauben wir den Begriff des „Sozialen", das dem Stoff nach nicht auf Staatliches beschränkt sein kann, mit dem der „Politik", die zwar auch von anderen gesellschaftlichen Gebilden getragen werden kann, für die aber der Staat wichtigstes Subjekt (s. o.) war und nun auch Objekt ist, zu verbinden. Der politische Ausgangspunkt war für uns in diesem Sinne ein besonders fruchtbarer, er brachte außer einer neuen, wichtigen Beziehung auch die Möglichkeit einer Begriffsumgrenzung.

Die Beziehung der Sozialpolitik auf den eignen Staat und das eigne Volk — zwei keineswegs identische Begriffe — bietet auch allein die Möglichkeit, auf begrenztem Raum der Gesamtheit gesellschaftlicher Verflechtungen nachzugehen. Den biologischen Gedanken (etwa in Gestalt der Rasse) schlechthin für alle Zeiten und Völker verfolgen zu wollen, bedeutet das Unternehmen der Universalentwicklungsgeschichte der Menschheit, wie es vielleicht Lamprecht vorgeschwebt hat. Gleiches gilt, wenn man alle philosophisch-psychologischen, historischen, sozialökonomischen Beziehungen der Gesellschaft ohne Beschränkung auf einen bestimmten Staat durchzuführen versuchte. Mindestens würden die Einzelprobleme unter einer so extensiven Auffassung unendlich leiden, wäre das, was für das gesamte „Handbuch" leitend sein soll, verfehlt: eine vertiefte Darstellung der heute im Vordergrund stehenden Aufbaufragen und -lösungen.

Uns aber interessiert, was die Sozialpolitik, aus allen zugänglichen gesellschaftlichen Quellen schöpfend, für unser Volk und unser Land aussagen kann; wie sie die Auseinandersetzungen in unserem Volkskörper beurteilt, Wege zu ihrer Beilegung eröffnet, gleichzeitig die Möglichkeit einer Steigerung des Anteils unserer Volkswirtschaft am Weltproduktionsertrag durch sozialpolitische Mittel deutlich macht. Denn das, was den einzelnen völkischen Gruppen an Einkommen zufällt, wird selbstverständlich nicht nur durch den innerstaatlichen Distributionsprozeß, sondern auf weltwirtschaftlicher Grundlage entschieden. In diesen Zusammenhang tritt ferner der Streit um die Weltwirtschaft als solche; soll sie zugunsten der National-, vielleicht auch einer europäischen Kontinentalwirtschaft aufgegeben werden oder aber ergänzen sich diese verschiedenen Systeme? Der weitere Streit um die Grundlagen des Wirtschaftslebens: Freie, Planwirtschaft oder Sozialismus, ragt zwar über die staatlichen Grenzen hinaus und wird von den Sozialisten bekanntlich international beurteilt; für den Sozialpolitiker hat aber auch diese Auseinandersetzung einen ganz bestimmten volklichen Hintergrund, er wird die ihm besonders am Herzen liegende Frage: Revolution oder Reform, vorzugsweise in nationaler Beleuchtung sehen, ohne deshalb die Möglichkeiten und Notwendigkeiten Internationaler Sozialpolitik hintanzusetzen.

In diesen Grenzen also liegt unsere Aufgabe. Nur so gewinnen wir Standpunkt und Distanz, nur so heben wir unsere Stoffe aus der ungeheuren Menge wesensähnlicher heraus, nur so glauben wir, in eingestandenem Gegensatz gegen die reine, von uns nicht beanspruchte soziologische Auffassung, die „Theorie" und, ihr folgend, die „Praxis der Sozialpolitik" begründen und durchführen zu können. Der Unterschied zwischen beiden Teilen wird methodologisch nur darin liegen, daß uns im ersten, theoretischen Teil der eigne Standpunkt einer von vielen vielleicht gleichwertigen ist; erst die „Praxis" bekennt sich ausschließlich zu einer bestimmten Ansicht über soziale Werte.

(§ 10) 8. Die Soziologie.

Der letzte Abschnitt schloß mit einer Grenzziehung zwischen Sozialpolitik, Politik und Soziologie; das war aus theoretischen und praktischen Gründen geboten. Ungeachtet dieser Grenze bleibt — und das entspricht allen bisherigen Ausführungen — noch sehr viel übrig, was nur durch soziologische Methoden für die Sozialpolitik geleistet werden kann. Eine größere Zahl ihrer wesentlichen Begriffe, ein Teil ihres täglichen Brots gewissermaßen, ist ja der Gesellschaftslehre entnommen, anderes allerdings gehört der Biologie, der Philosophie, Psychologie, auch der Geschichte, der Rechts- und Staatswissenschaft, und vor allem der Sozialökonomik an; soweit das letzte zutrifft, haben wir es immerhin auch mit soziologischen Grundbegriffen zu tun, die nur ausschließlich auf die wirtschaftliche Funktion der Gesellschaft zugeschnitten sind und durch diesen besonderen Gebrauch eine bestimmte Wesenheit erlangen.

Da ist nun ein Blick auf den wissenschaftlichen Stand der Soziologie angezeigt; er beschränkt sich einstweilen auf die „reine" im Gegensatz zu der statistisch unterbauten und dann in höherem Maße gesicherten Gesellschaftslehre; von dieser im nächsten und letzten Kapitel dieses Ersten Abschnitts.

In allgemeinsten Hinweisen wurde bereits in der Übersicht der Werdegang der Gesellschaftswissenschaft skizziert. Der naiven Periode der Utopisten, die weniger an Analyse des Bestehenden, denn an Aufstellung von gesellschaftlichen Zukunftssystemen dachten, folgte die organische Auffassung eines Comte und Schäffle, wobei die Gesellschaft als Sozialkörper eignen Lebens und eigner Bewegungskraft gedacht wurde; den einstweiligen Beschluß macht die mehr formale Soziologie, die mit Vorliebe einzelnen Äußerungen des gesellschaftlichen Lebens nachgeht und zu respektablen Teilleistungen gelangte, ohne wohl noch einen Schlüssel zum Aufschließen des Gesellschaftsproblems als solchen ausfindig gemacht zu haben. Der deutsche Soziologentag ist durch seine Diskussionen hierfür wichtig geworden. Simmel ist der zielbewußteste der hierfür wirkenden Forscher gewesen; denen, die von der Geschichte, der Nationalökonomie, der Rechts-, Kultur- und Religionswissenschaft aus an die Probleme herantraten, sind die Methoden ihrer Ausgangswissenschaften oft noch treu geblieben, und nicht ganz selten hat man dann schon soziologisch zu denken geglaubt, wenn man nur auf jedes Werturteil verzichtete und sich äußerlich den gesellschaftswissenschaftlichen Begriffsbildungen und Zielsetzungen anschloß. Es fehlt auch durchaus nicht an solchen, die die Berechtigung der soziologischen Fragestellung überhaupt ablehnen; die in der Soziologie nur eine verschwommene Halbwissenschaft, selbst nur ein Spielen mit Begriffen erblicken. Gewiß war es wohlgetan, für die Sozialpolitik auch andere als soziologische Ausgangspunkte zu begründen.

Vom sozialpolitischen Standpunkt aus, der für uns der allein normgebende ist, läßt sich aber diese Ablehnung der Soziologie nicht aufrechterhalten. So sehr sich die Theorie der Sozialpolitik bewußt ist, in entscheidenden Punkten eigne Wege zu gehen, so sehr weiß sie sich doch mit der Soziologie eins in der Bearbeitung des gleichen Stoffgebiets, zum Teil auch in den Methoden und Zielsetzungen. Nur, daß diese, wie im vorigen Kapitel ausgeführt wurde, gewogen und gewertet werden, und daß die Beziehung auf den Staat, und zwar auf den eignen Staat, hinzutritt. Aber aus der Fülle der von Soziologen behandelten Teilgebiete sind doch viele unmittelbar fruchtbar für den Sozialpolitiker geworden: man denke an Probleme wie „Führer und Masse", das der „Masse" selbst, des „Milieus", der „Sozialen Gruppe", des „Standorts", der „Wirtschaftsstufen", des „Kapitalismus", des „Imperialismus" usw. Sind das auch nicht immer rein soziologische Fragestellungen gewesen, ist bei ihnen der historische und ökonomische Gesichtspunkt auch oft sehr deutlich, so waren doch die Ergebnisse in gesellschaftswissenschaftlicher Hinsicht nicht weniger wichtig.

Die Soziologie und ihre wirtschaftswissenschaftliche Teildisziplin, die Sozialökonomie, haben sich gelegentlich neben der begrifflichen und anschauungsgemäßen Analyse der mathematischen Sprache bedient. Kurz ist das schon gestreift, ist darauf hingewiesen worden, daß die mathematische Methode wohl an der Peripherie der Gesellschaft manche Dinge deutlicher zu sagen vermag, aber schwerlich zu den sozialen Mittelpunkten durchdringt. Wenn nämlich auch einzelne Kausalzusammenhänge auf mathematischem Wege klar entwickelt werden können, so ist damit doch eben bestenfalls nur eine von den vielen möglichen, sich kreuzenden oder verbindenden Ursachenreihen isoliert. Entsteht dadurch die Vorstellung einer Eindeutigkeit und unbedingten Notwendigkeit des untersuchten Kausalablaufs, so wird das sogar schädlich sein; denn es gibt kein anderes Verständnis gesellschaftlicher Zusammenhänge als jenes, das die relative Bedeutung einzelner Verursachungen bezeichnet und das einzelne Faktum als gemeinsame Wirkung mehrerer, oft unzähliger Ursachen begreift. Die heutigen gesellschaftlichen Störungen auf eine oder wenige Grunderscheinungen zurückzuführen, fordert wohl der Laie, muß der Politiker und selbst der Staatsmann gelegentlich aus praktischen Erwägungen gutheißen; der Theoretiker kann darin keine Befriedigung finden. Wird man aber, so lautet die Gegenfrage, bei dem Verzicht auf Klärung der tatsächlichen Verursachung, in der Beschränkung auf Isolierung einzelner Kausalreihen, überhaupt etwas Wesentliches erreichen? Ist das, was man auf diese Weise bestenfalls erzielt, nicht eine Konstruktion im luftleeren Raum, die hypothetische Voraussetzung einer einzigen Verursachung, gewissermaßen eine Als-Ob-Soziologie?

Nun ist die Physik ganz zufrieden, wenn sie das Wirken des Fallgesetzes unter der die Luftreibung abhaltenden Glaskugel zu demonstrieren vermag; schon darin könnte der Gesellschaftsforscher Trost finden. Es ist wirklich schon viel, wenn bestimmte Wirkungen in der Weise mit bestimmten Ursachen in Verbindung gebracht werden, daß die Mitwirkung dieser Ursachen außer Zweifel gerückt und theoretisch nachgewiesen ist. Inwieweit eine quantitative Abgrenzung des Einflusses der einzelnen Ursachen auf eine bestimmte Wirkung möglich ist, steht auf anderem Blatte. Wo Quantitäten eine Rolle zu spielen beginnen, ist schwerlich etwas Endgültiges ohne diejenige Wissenschaft zu machen, die im eigentlichen Sinne auf Quantitäten zugeschnitten ist: die Statistik, von der das nächste Kapitel handelt. Aber auch ohne ihre Mitwirkung wird der Versuch einer Abgrenzung der einzelnen

Verursachungen nicht ganz aussichtslos sein; praktisch kommt jeder Richter fast jeden Tag in solche Lage; denn er muß sich ein Bild von der „Zurechenbarkeit" machen, im Zivil- und besonders im Strafprozeß wird dadurch das Urteil entscheidend beeinflußt. Die theoretische Strafrechtswissenschaft hat, insofern selbst Gesellschaftswissenschaft, die Begriffe „Ursache" und „Bedingung" gegeneinander abzugrenzen versucht; zurechenbar war eine Handlung doch nur, wenn der Täter nicht nur eine von vielen Bedingungen des Verbrechens veranlaßte, sondern die „entscheidende" (fälschlich die „letzte") Bedingung als eigentliche Ursache hinzufügte. Wer Veranlassung gab, daß der Ermordete den Weg ging, auf dem ihm der Mörder auflauerte, setzte wohl eine Bedingung; Schuld trifft ihn aber natürlich nur, wenn er im Einverständnis mit dem Täter handelte. v. Bahr, Buri, v. Liszt und andere haben sich mit Erfolg um Klarstellung dieser Begriffe bemüht, die ohne Wägung und „Wertung" der einzelnen Verursachung auf ihren Beitrag zum verbrecherischen Faktum nicht möglich ist. Hier, dem einzelnen Fall gegenüber, wird auch die Statistik zumeist versagen, hier helfen nur biologische, psychologische und rein soziologische Methoden weiter. Jedenfalls liegt hier ein Fall vor, in dem nicht nur die einzelne Ursachenreihe, sondern die Gesamtverursachung geklärt werden muß oder wenigstens die Ursachen in ihrer Bedeutung gegeneinander gewertet werden müssen; die Soziologie braucht also an der Möglichkeit der Lösung auch dieses Problems nicht von vornherein zu verzweifeln.

Als oben (§ 7) von Gesetz und Entwicklung die Rede war, ist das zunächst auf das biologische Geschehen bezogen worden; ausdrücklich wurde die Entscheidung über die gleichen Vorstellungen innerhalb der Gesellschaft auf einen späteren Abschnitt verwiesen. Auch wurde betont, der Gesetz- und Entwicklungsbegriff sei an sich dem geschichtlichen Geschehen und seiner wissenschaftlichen Durchdringung fremd; wenn man Gesetz oder Entwicklung — beides einander verwandt, aber nicht wesensgleich — aus der Geschichte herauslesen wolle, habe man es nicht mehr mit dem einzelnen Faktum, das doch den eigentlichen historischen Stoff darstelle, zu tun, sondern man abstrahiere von diesem Konkreten, sähe das Allgemeine, Typische und setze damit bereits soziologische Tatbestände und Methoden voraus. Man nähere sich mit anderen Worten der Deutung der Geschichte, der Geschichtsphilosophie, die dann Soziologie sein kann, wenn sie sich nicht im Nebelhaften verliert, sondern die Beziehung zur Wirklichkeit mit allen Kräften aufrechterhält: zur Wirklichkeit freilich nicht im Spiegel der reinen Historie, aus dem nur das Individuelle entgegentritt: sondern zu der bereits nach Kategorien, insbesondere nach Sozialen Gruppen und Massen geordneten Wirklichkeit.

Hierzu ist noch einiges zu sagen: Soziologische Entwicklungsgedanken, denen auch eine größere oder geringere Zwangsläufigkeit, Allgemeingültigkeit und dementsprechend Gesetzeskraft zugeschrieben wurde, sind in wiederholten Fällen aufgestellt worden. Manche von ihnen sehen das Gesellschaftliche und seine „Entwicklung" mehr unter religionsphilosophischem Hintergrund, wie Augustinus in seiner Sechsteilung; andere, Turgot, betonen die allgemein kulturelle Seite; auf philosophisches Gebiet begeben sich die Einteilungsgesichtspunkte Fechners und Hegels, welch letzterem gewisse Anschauungen mit dem ersten eigentlichen Soziologen, Comte, gemeinsam zu sein scheinen; nach diesem löst der Entwicklungsgedanke zuerst einen religiösen, dann einen metaphysischen Inhalt aus. Nur mittelbar gehören endlich die zwar auch soziologischen, aber vorzugsweise die wirtschaftliche Seite des Gesellschaftsprozesses ins Auge fassenden Entwicklungstheorien von Bücher, List, Hildebrand hierher; in höherem Maße ist Schmoller einschlägig, der als Nationalökonom natürlich auch das wirtschaftliche Moment unterstrich, es aber doch mit stärksten Tauen im Allgemein-Gesellschaftlichen verankerte; er ist ja wegen dieses Hervorkehrens der gesellschaftlichen Bedingtheit wirtschaftlichen Geschehens viel angefeindet worden und hat es doch auch den eigentlichen Soziologen nicht nach Wunsch gemacht. Denn abgesehen davon, daß er die sozialen Erscheinungen wertete und Sozialpolitiker sein wollte, galt er doch mehr als Historiker denn als Soziologe.

Man wird den soziologischen Entwicklungsbegriff, von dem weiterhin allein die Rede sein soll, doppeldeutig nehmen können; man wird mit ihm entweder die Vorstellung verbinden, daß sich die Dinge selbst entwicklungsgeschichtlich abspielen, daß man es also mit einer in ihnen selbst — immanent — liegenden Folgerichtigkeit zu tun habe; die andere Vorstellung von Entwicklung ist anspruchsloser und besagt nur, daß der Forscher ein heuristisches Prinzip, eine Hilfskonstruktion, aufstellt, um mit deren Hilfe Ordnung in die wirren Massen und Komplexe seinerseits hineinzutragen. Die älteren Religions- und Geschichtsphilosophen haben zumeist auf dem ersten Standpunkt gestanden; das gilt zumal für Hegel mit seiner Gleichsetzung des Geschehens und des Vernunftgemäßen; es gilt ebenso für Augustinus und Comte. Die Neueren sind im ganzen bescheidener, verlangen nicht, daß das wirkliche Geschehen sich im einzelnen ihrem Schema anpaßt, sondern sehen im Entwicklungsgedanken mehr — wenn auch nicht ausschließlich — eine gedankliche Vorstellung, durch die man zur Ordnung und zum Urteil über den historischen und gesellschaftlichen Stoff gelangt.

Da stellt es nun sicher einen scharfen Gegensatz dar, wenn der Entwicklungsgedanke als solcher, und zwar auch in seiner weniger anspruchsvollen Fassung, geleugnet wird. Das kann im pessimistischen Sinn geschehen, indem überhaupt alle Logik der Tatsachen abgelehnt, schließlich alles auf Willkür und Zufall zurückgeführt wird. An solchen, welche in diesem Sinn jede Entwicklung ablehnten, hat es auch im Altertum nicht gefehlt, Skeptiker wird es immer geben. Etwas anderes ist es, wenn neuerdings z. B. Mitscherlich zwar auch von Entwicklung nichts wissen will, aber doch wenigstens Prinzipien aufstellt, die den Entwicklungsgedanken ablösen können: im Sinn seiner „Pluralitätstheorie" sieht er diese Prinzipien in den sich ablösenden Begriffen der „Individualität" und der „Universalität". Es sei dahingestellt, ob diesen wechselnden (auch bei Spengler wahrnehmbaren) Prinzipien der Entwicklungsgedanke ganz so fern ist, wie ihre Begründer glauben. Jedenfalls bieten auch sie die Möglichkeit einer Ordnung und Deutung gesellschaftlicher Vorgänge, und das ist das Entscheidende. Denn nicht das Entwicklungsprinzip als solches, noch viel weniger natürlich ein Entwicklungsgedanke im Sinn unbedingter Höherentwicklung (sogenannter „Kulturentwicklung") ist für die Gesellschaftslehre entscheidend; am allerwenigsten braucht das ihre Forschung leitende Prinzip ein solches zu sein, dessen Anwendung einen kontinuierlichen Entwicklungsprozeß konstruieren ließe; ein solcher würde ja durch die Tatsachen selbst Lügen gestraft. Maß gibt allein, daß wir die Gesellschaft nicht allein mechanistisch zu begreifen haben, daß uns der Glaube an organische Kräfte irgendwelcher Art nicht von vornherein genommen wird. Kann die hier vorgetragene Theorie der Sozialpolitik, zusammen mit der statistischen Unterbauung der Soziologie, etwas für die Wahrscheinlichkeit organischer Prozesse im Gesellschaftsleben aussagen, so leistet sie dadurch ihrer Stammwissenschaft, eben der Gesellschaftslehre, einen entscheidenden Dienst. Was hierzu die Statistik, als Massenbeobachtung des sozialen Körpers, leisten kann, sei anschließend vorweggenommen.

(§ 11) 9. Gesellschaftslehre auf statistischer Grundlage.

Über die Statistik selbst kann an dieser Stelle nicht viel gesagt werden; sie wird in einem besonderen Einzelband des „Handbuchs" dargestellt. Dort müssen, wie schon im Überblick (§ 2) gesagt wurde, die Gründe, die dafür sprechen, die Statistik „nur" als wissenschaftliche Methode zu bezeichnen, gegen jene abgewogen werden, die in ihr eine „materielle" Wissenschaft, besser: eine Wissenschaft mit ihr eignem Forschungsgebiet, sehen. Ganz kann an dieser Fragestellung aber auch hier nicht vorbeigegangen werden; denn wenn uns — unbeschadet der theoretischen Begründbarkeit des anderen Standpunkts — das Gebiet des Sozialen = Gesellschaftlichen als der Statistik in besonderem Maße zugänglich, jedenfalls auf sie vorzugsweise angewiesen erscheint, liegt die Beantwortung der Frage im zweiten Sinn nicht fern.

Die meisten Stoffe, mit denen Soziologie und Sozialpolitik zu tun haben, treten uns nicht als individuelle Einheiten, sondern als „Massen", „Soziale Massen", entgegen; das gilt vom Menschen selbst, dem Träger und Objekt aller gesellschaftlichen Prozesse, die eben dadurch zu solchen werden, daß eine Mehrzahl von Menschen an ihnen in irgendeiner Beziehung beteiligt ist. Eine Masse in diesem Sinn ist die Bevölkerung als solche, sind ferner die Gruppen, in die sie nach irgendwelchen Maßstäben geschieden werden kann: nach den zugleich biologischen und „demologischen" Gesichtspunkten des Alters, Geschlechts, Familienstands; nach den sozialen Unterschieden des Wohlstands, der Lebenshaltung; nach der wirtschaftlichen Unterscheidung des Berufs, des Anteils am Erzeugungsprozeß; nach den kulturellen Merkmalen der Bildung, usw.; denn die mögliche Differenzierung ist damit noch lange nicht beendet, sie greift auch über die Bevölkerung des einzelnen Staates hinaus, Völker, Nationen, Rassen sind für sie nicht weniger „Massen". Die „Menschheit" als solche trägt gleichen Charakter, nur daß diese allgemeine Zusammenfassung kaum mehr als ein Summenbegriff ist, der für Statistik, Gesellschaftslehre und Sozialpolitik keine erhebliche Bedeutung besitzt; Sozialpolitik im besonderen erlangt ja nach früherem erst durch Beziehung auf den Staat ihre Eigenart.

Die Statistik ist nun die Lehre von den Sozialen Massen insofern, als eben die Eigenschaft als „Masse" ganz bestimmte quantitative Vorstellungen auslöst, die im weiteren Verlauf, bei hinreichender theoretischer Begründung, auch qualitative und kausale Bedeutung erlangen und damit die Unterlage von Werturteilen bilden. Da nach früheren Ausführungen, aus leichtverständlichen Gründen, das Experiment, dieses wesentliche Rüstzeug der Naturwissenschaften, den gesellschaftlichen Massenvorgängen gegenüber meist versagt oder, wenn einmal freiwillig oder unfreiwillig angewandt, lebensgefährlich und kostspielig ist, so erfüllt die Massenbeobachtung und -analyse — d. i. eben die Statistik — für die Gesellschaft die Funktion der Induktion, der Auswertung erfahrungsgemäß beobachteten Materials. Sowenig die Induktion der Deduktion, die Empirie der Theorie entbehren kann, so wenig erschöpft die Massenbeobachtung als solche das Wesen des Gesellschaftsprozesses. Ohne sie aber gibt es von diesem überhaupt keine hinreichende Kenntnis. Eine gegenseitige Durchdringung statistischer und soziologischer bzw. sozialpolitischer Gedankengänge wird von höchster Fruchtbarkeit sein. Müßig ist es dabei, zu fragen, wo Statistik aufhört, Soziologie oder Sozialpolitik beginnen. Bereits die richtige statistische Fragestellung, die korrekte Aufstellung statistischer Fragebogen, die geeignete statistische Zähltechnik ist davon abhängig, daß — auf rein theoretischem Wege oder durch Auswertung anderer statistischer Materialien — der Forschungsgegenstand, die statistische Zähleinheit, auf das schärfste abgegrenzt und für die zu erlangende Auskunft ausgewählt worden ist. So stehen theoretische Erwägungen, die mit dem ganzen Rüstzeug der Gesellschaftswissenschaft, gegebenenfalls der Wirtschaftswissenschaft, der Biologie, der Rechts- und Staatswissenschaft, der Geschichte und Politik ausgestattet sein sollten, bereits am Anfang der statistischen Untersuchung. Und nichts ist irrtümlicher als die verbreitete Annahme, die wissenschaftliche Auswertung beginne erst, wenn die Zahlen vorlägen; sind diese ohne hinreichende theoretische Überlegung zustande gekommen, so sind sie meist wertlos, jedenfalls nicht beweiskräftig, und die beste und schönste „wissenschaftliche" Darstellung wird an dem Ergebnis kaum mehr etwas ändern. Mißverständlich ist es ja auch, wenn erst den relativen Zahlen (Ziffern), den Prozent-, Beziehungs- und Mittelwertberechnungen, statistischer Erkenntniswert beigemessen wird. Die absolute Zahl kann ihn im gleichen Maße besitzen, ohne ihre Kenntnis sind jene Umrechnungen oft zwecklos, ja irreführend.

Die Betonung des Massenhaften in der Gesellschaft und der Notwendigkeit seiner statistischen Erfassung soll auch nicht dazu führen, das Individuell-Persönliche aus dem gesellschaftlichen Geschehen wegdeuten zu wollen. Das würde früheren Darlegungen wenig entsprechen, die sich scharf gegen die materialistische oder auch gegen die reinwirtschaftliche Auffassung sozialer Dinge wandten. Das Einzelne scheint sich nun freilich der Statistik, die eben Massenbeobachtung ist, zu entziehen. Indes werden durch die statistische Beschreibung Sozialer Massen auch für die Bewertung des Einzelnen und der Einzelleistung Gesichtspunkte gewonnen; es wird der und das Einzelne scharf gegen die Masse abgegrenzt, gleichzeitig wird dargetan, in welchem Umfang das Individuum durch Masseneinflüsse („Milieu" usw.) motiviert, unter Umständen von seiner individuellen Bahn abgelenkt werden kann. Biologische und soziologische Zusammenhänge werden erst auf dieser Grundlage geklärt werden. Auch hierfür gibt es Beobachtungen und Erfahrungsmaßstäbe; und es ist insofern nicht unbedingt richtig, die Statistik nach Methode und Erkenntniszweck als Gegensatz zur Geschichte zu bezeichnen, der Statistik lediglich das Gebiet des Generellen, des Typischen zuzuweisen; freilich pflichten wir Carl Menger noch weniger bei, der Geschichte und Statistik als Erfahrungswissenschaften sehr gleichmäßig behandelt. Denn, wie uns Rickert zeigte, die Geschichte ist das Gebiet des „Relativ-Individuellen", die Gesellschaftsforschung, zu der die Statistik gehört, hat es mit dem „Relativ-Typischen" zu tun. Grenzgebiete entstehen unter anderem dann, wenn die statistische Methode auf historische Stoffe angewendet wird; aber auch in dieser Hinsicht bleibt sie Gesellschaftslehre, den Sozialen Massen, die in diesem Falle der Vergangenheit angehören, zugewandt.

Der Streit um den gesellschaftlichen Erkenntniswert der Statistik dreht sich vor allem darum, ob die Statistik Verursachungen aufzudecken in der Lage ist; es entspricht einer schon gemachten Bemerkung, wenn dies insoweit abgelehnt wird, als es sich um die Verursachung einer einzelnen, konkreten Erscheinung handelt.

Da die Statistik das einzelne Faktum vorzugsweise als Teilerscheinung einer Masse oder eines Massenprozesses auffaßt, hat sie es nämlich überhaupt nicht mit der Frage zu tun, wie im einzelnen die Verursachung gewesen ist. Die Statistik wird dagegen versuchen, die möglichen Ursachen restlos zu bestimmen und ein Urteil darüber zu äußern, welche Wahrscheinlichkeit für das Sichauswirken der einzelnen Ursache im einzelnen Falle spricht;

sie strebt also nach quantitativer Bewertung der Ursachen, sie gibt den Rahmen, innerhalb dessen sich der gesellschaftliche Prozeß mutmaßlich abgespielt hat. Mutmaßlichkeit, Wahrscheinlichkeit sind ja die Hauptgesichtspunkte statistischer Forschung. Indem sie Typen, Mittelwerte, Durchschnitte für das gesellschaftliche Sein, Werden und Vergehen aufstellt, setzt sie bereits voraus, daß nicht alle einzelnen Fälle sich genau dem Typus, dem Mittelwert, dem Durchschnitt entsprechend abgewickelt zu haben brauchen. Die ganze statistische Methodik steht ja unter dem Gesichtspunkt, daß die Einzelfälle individuell beeinflußt, aus der Durchschnittsbahn durch irgendwelche Einflüsse abgelenkt werden. In dieser Richtung deckt sich die Statistik mit der Erfahrung. Aber nicht nur der allgemeine Rahmen wird zu geben versucht, vielmehr wird auch gezeigt, welches Höchstmaß für „Ablenkung", für die Entfernung vom Mittelwert gegeben ist; der Abstand, in dem die Einzelfälle (die Einzellöhne etwa) vom Durchschnitt (dem Lohndurchschnitt etwa) „oszillieren", wird quantitativ ermessen. Und wenn statt der abstrakten Durchschnitte (des arithmetischen Mittels usw.) in den häufigst vorkommenden tatsächlichen Werten, in ihrer „Dichtigkeit" oder im „Median" die Kennzeichen der statistischen Entwicklung (einer sog. „Statistischen Reihe") gesehen werden, so kommt die Statistik dem Ideal, wirkliche Konkreta wiederzugeben, in ganz besonderem Maße nahe. In der Sozialstatistik, mit der wir es für sozialpolitische Zwecke vorzugsweise, aber nicht ausschließlich zu tun haben, spielen diese Durchschnitte eine besondere Rolle.

Wir prüfen nun, inwiefern die Statistik zum Ausgangspunkt und Hilfsmittel einer Theorie der Sozialpolitik werden kann. Wie nach einer früheren Darlegung die gesamte statistische Problemstellung, Zahlenaufbereitung und Zahlenverarbeitung durch gesellschaftswissenschaftliche Überlegungen bedingt ist, so kann die statistische Methode auch durch die Sozialpolitik bestimmte Aufgaben zugewiesen erhalten. Das ist sogar eine sehr häufige Erscheinung, denn Statistik wird nicht allzu oft aus rein theoretischer Liebhaberei gepflegt; da sie Geld und Kraftaufwand verlangt, liegen ihr zumeist politische Zwecke irgendwelcher Art zugrunde. Die Politik des Staates, der Gemeinde, der Gewerkschaft, des Arbeitgeberverbands, des Kartells, der Genossenschaft, der politischen Partei und fast jeder anderen hinreichend organisierten Sozialen Gruppe verlangt eine Orientierung über Tatsachen, wie sie im allgemeinen nur von der Statistik erwartet wird.

Die statistische Bedingtheit der Sozialpolitik ist also zugleich eine sozialpolitische Bedingtheit der Statistik. Darin liegen Gefahrenquellen. Da uns (§ 7) die Sozialpolitik als eine wertende Disziplin erschien, als eine solche ferner, welche ihren entscheidenden Inhalt durch die Beziehung auf den Staat empfängt, werden ihre Zielsetzungen möglicherweise in die reine Tatsachenforschung der Statistik hineingetragen. Der größte Teil des Mißtrauens, das in Fach- und Laienkreisen der Statistik entgegengebracht wird, beruht auf der Befürchtung einer Verquickung von Tatsachenforschung und Politik. Insoweit die

Sozialpolitik ein sehr wesentlicher Bestandteil der Politik überhaupt ist und es mit dem am heißesten umstrittenen Gebiet, der Auseinandersetzung organisierter Gruppen innerhalb des Staates und mit dem Staate, zu tun hat, bietet sie mehr als ein anderer Zweig der Politik die Möglichkeit, Statistik für politische Zwecke zu gebrauchen und auch zu mißbrauchen. Lohn-, Preis-, Streik-, Lebenshaltungsstatistiken sind, wie im einzelnen noch zu zeigen ist, ein besonders dankbares Feld für derartige Beeinflussungen, die nicht immer bewußte Fälschungen, öfter nur einseitige Zahlenkombinationen sind.

Wollte man das grundsätzlich vermeiden, so wäre die Folge, daß von der statistischen Produktion ein sehr großer Teil überhaupt verschwände. Denn nur das politische Interesse irgendeiner Gruppe veranlaßt sie. Es mag sein, daß manches ohne Not entbehrt werden kann und daß im Einzelfall das Fehlen einer Statistik dem statistischen Mißbrauche vorzuziehen ist. Aber darum handelt es sich nicht. Das politische Interesse ist die stärkste Triebkraft der Gesellschaft, ist ihre eigentliche Lebensäußerung, und es wird Statistik stets in dem Umfange fordern, als sie ihm nötig erscheint. Verbieten aber wird man die Statistik ihres möglichen Mißbrauchs willen weder können noch wollen. Übrigens entwickelt die statistische Methode auch die Mittel, die einzelnen Ergebnisse auf ihre Allgemeingültigkeit zu prüfen. Damit, daß Zahlen in die Welt gesetzt werden, wird der politische Zweck der Statistik heute nur mehr sehr Unbefangenen und Gutgläubigen gegenüber erreicht. Fast liegt die Sache schon so, daß die Vermutung gegen die Allgemeingültigkeit einer von Interessentengemeinschaften aufgestellten Statistik spricht und daß die Beweislast für die Richtigkeit des Ergebnisses und für die Korrektheit der angewandten Methode denen zufällt, die die Statistik machten und veröffentlichten. Das Gift, das statistischer Mißbrauch produziert, produziert also auch ein Gegengift, das die Sanierung der Zahlen ermöglicht. Insofern ist ein Zustand ohne Statistik doch unbedingt abzulehnen und es bleibt nur die Forderung, daß der Staat, Träger und Objekt der Sozialpolitik in ihrem vornehmsten Begriffe, den wenigst mißbräuchlichen Gebrauch von den großen statistischen Möglichkeiten, die ihm allein zu Gebote stehen, macht. Auch in dieser Richtung sind Bedenken vorhanden, sie stützen sich auf Erfahrungen, die man in den verschiedenen Ländern verschiedener Staatsform und ungleicher politischer Zielsetzung mit der Statistik gemacht hat. Ganz allgemein tut der staatlichen Statistik eine bedeutende Auffrischung ihres wissenschaftlichen Denkens not; die Gemeindestatistik hat ihr oft den Rang abgelaufen; es rächt sich, daß man die Statistik im Staatsbetrieb — auch in Deutschland — häufig Nichtfachleuten anvertraut hat.

Für den Sozialpolitiker, der sich der Statistik als seines wichtigsten Hilfsmittels bedient, bleibt also die Forderung, daß er selbst Statistiker genug sein muß, um den richtigen vom falschen Gebrauche zu unterscheiden. Sich hier nur von statistischen Fachleuten beraten zu lassen, wird selten ausreichen. Denn es handelt sich nicht nur um die richtige Bewertung einzelner statistischer Zahlenreihen, sondern um unausgesetztes Arbeiten mit statistischen Ergebnissen und Fragestellungen.

Solches braucht nicht dazu zu führen, daß der Sozialpolitiker für jede seiner Ausführungen auch zahlenmäßige Nachweise bietet; in der Darstellung selbst mag die Zahl sogar auf das geringstmögliche Maß beschränkt bleiben; entscheidend aber ist, daß, wer sich über gesellschaftliche Tatbestände und Zusammenhänge vom politischen Standpunkt aus äußert, in seiner eignen Vorstellung stets den zahlenmäßigen Beleg zur Hand hat. Zugleich mit einer Zahl muß ihm ihre Entstehung und ihre Kritik ins Bewußtsein treten. Er muß die Zahl gewissermaßen zuerst entpolitisieren, bevor er einen politischen Gebrauch von ihr macht. Eine entsagungsvolle Arbeit, bei der man unter Umständen auf eine höchst geeignete Beweisführung verzichtet, weil man ihre Schwächen kennt. So sehr die Sozialpolitik uns eine wertende Wissenschaft ist, so wenig wir auf das Werturteil verzichten können, so wäre doch nichts irreführender, als das Werturteil bereits in der Sammlung und Verarbeitung des Tatsachenmaterials walten zu lassen; es kann erst zur Geltung kommen, wenn ein hinreichendes und möglichst wirklichkeitsgetreues Material die Wägung der einzelnen sozialen Faktoren, ihren Vergleich untereinander und mit den sozialen Idealbildern, und schließlich ihre Rangordnung nach irgendwelchen Maßstäben ermöglicht. Der Statistiker als solcher ist (abgesehen von den unter der Bewußtseinschwelle sich abspielenden Wertungen) stets nur Gesellschafts*forscher*, nie Sozial*politiker* — oder sollte es doch sein. Reinliche Scheidung ist das Vordringlichste.

Wird diesen Forderungen, die nicht nur solche der Wissenschaft sind, sondern im wohlverstandenen Interesse der Politik selbst, zumal der Sozialpolitik, liegen, einigermaßen Rechnung getragen, legt der Sozialpolitiker an sich in dieser Richtung die strengste Sonde, so ist der statistische Ausgangspunkt für die Theorie der Sozialpolitik hinreichend gekennzeichnet und gegen Fehlgriffe gesichert. Und oft erst die Durchdringung des gesellschaftlich Wichtigen mit quantitativen Maßstäben, wie sie fast allein die Statistik bietet, läßt die Gesellschaftswissenschaft von formalen zu materiellen Inhalten gelangen. Denn so wichtig uns im vorigen Abschnitt die „reine“ Soziologie, sowohl in ihren organischen wie in ihren formalen Zielsetzungen erschien, so sehr bedürfen doch Schemen wie das der „Sozialen Gruppe“ oder des „Milieus“ der Differenzierung und inhaltlichen Auffüllung. Die Gesellschaft wird nicht nur durch ihre Formen und Zielsetzungen, sondern durch die zahlenmäßige Abgrenzung ihrer Inhalte bestimmt. Man will nicht nur die Entstehung und allgemeine Funktion einer Sozialen Gruppe kennen, sondern etwas über ihren Kräftezustand und ihr Zusammenwirken oder ihre Auseinandersetzung mit anderen Gruppen erfahren. Arbeitgeber- und Arbeitnehmerverbände sind auf sehr wesensähnliche Leitmotive zurückzuführen, und diesen sehr verwandte klingen auch bei den Gruppen des Wirtschaftslebens, den Kartellen etwa, an; aber erst die Einsicht in die quantitativen Maße, in die Mitgliederbestände, die finanziellen Unterlagen usw. ermöglicht ein Urteil über jene Gruppen, läßt ihre Bedeutung für die Gesamtheit, für Volk, Staat, Staatsgemeinschaften erkennen. Die „reine" Soziologie von ihrer statistischen Hilfswissenschaft scheiden zu wollen, kann einem methodologischen Bedürfnis dienen; aber die Methoden sind auch in der Soziologie nicht das allein Entscheidende und noch viel weniger in der Sozialpolitik; sie sind nur Wege zum gemeinsamen Ziel der Erkenntnis und der Willensmotivierung.

Damit ist der Kreis geschlossen; den mannigfachen möglichen Ausgangspunkten der Sozialpolitik trat der statistische zur Seite; er durchdringt zugleich alle übrigen; denn Biologie und Psychologie, Geschichte und Staatswissenschaft, vor allem natürlich Sozialökonomie, — sie alle habenStoffe, die ohne statistische Verarbeitung dem soziologisch-sozialpolitischen Zwecke verschlossen bleiben, bestenfalls zu rein formalen Hilfskonstruktionen führen.

Die Statistik ist also Ausgangspunkt der Sozialpolitik nicht nur deshalb, weil aus dem sozialpolitischen Bedürfnis heraus Statistiken entstehen, die nunmehr der kritischen Würdigung harren; sondern auch insofern, als alle früher erwähnten gesellschaftlichen Hilfswissenschaften selbst „Massen" produzieren, die nur auf statistischem Wege erkennbar und erschließbar sind. Stoffe der Biologie sind in dieser Hinsicht z. B. die Massentatsachen der Bevölkerung, ihres Seins, Entstehens und Vergehens; mit ihnen hat die Bevölkerungsstatistik zu tun, ihr fällt u. a. die sehr schwierige Aufgabe zu, das, was an der Bevölkerung biologisch bedingt ist (die „Rasse" z. B.), von dem zu scheiden, was auf gesellschaftliche Bedingungen (die „Klasse" z. B.) zurückgeht; man denke etwa an den Geburtenrückgang, ein biologisches Problem gewiß, aber ein solches mit wesentlich gesellschaftlich-wirtschaftlichen, massenhaften und deshalb statistisch zu erfassenden Motivierungen.

Die für die Sozialpolitik wichtigen Tatbestände der Geschichte sind nicht weniger „massenhaft" gegeben: überall kehren Zahlen, quantitative Gruppen in der Geschichte wieder, und wichtige Leistungen sind erst durch das Zusammenwirken von Historiker und Statistiker erzielt worden.

Lange Zeit beherrschten ganz unklare, meist sogar falsche Vorstellungen von der Größe antiker Heere, mittelalterlicher Städte usw. die Geschichtswissenschaft; sie auf das richtige Maß zurückgeführt zu haben, ist das Verdienst etwa von Delbrück und Mommsen, von Bücher, Schmoller und Schönberg. Die Größe eines Heeres oder einer mittelalterlichen Stadt aber ist für das Wirtschafts- und Gesellschaftsleben der Zeit nicht weniger entscheidend gewesen als das Dasein und die Entstehung der Heere oder der Städte selbst, mit denen sich die „reine" Geschichte oder „reine" Soziologie abzugeben hatte. — Auf dem Gebiet der Rechtsentwicklung ist etwa der

Umfang der Kriminalität, der Beanspruchung der Gerichte, der Belastung des Staates durch Ausgaben hierfür usw. als Massenerscheinung wichtig und auch nur durch die Mittel der Statistik, hier vor allem der Moral-(Kriminal-)statistik, zu erforschen.

Von der Wirtschaft braucht in diesem Zusammenhang kaum erst gesprochen werden; man versuche einmal dem Wesen der Preise, der Löhne, des Kapitals, der Bedürfnisse usw. ohne quantitative Mittel nahezukommen; die rein theoretischen Erwägungen der klassischen oder der Grenznutzenschule sind daneben natürlich notwendig, aber sie stützen sich auch da, wo sie nur Qualitäts-, keine Quantitätsvorstellungen sind, doch in jedem Fall auf den jeweils erreichten Grad statistischer Kenntnisse von den betreffenden Gegenständen. Hier ist die Wirtschaftsstatistik zu Hause.

In großem, wenn auch nicht ganz gleichem Umfange bedarf auch das staatliche Leben der Statistik — hier Politische Statistik genannt. Aber es scheint doch, als ob alle wichtigeren Begriffe in der Politik, vor allem jener des Staates selbst, auf Größenvorstellungen beruhen; gibt es auch einen Staat im abstrakten Sinne, so ist doch nur der konkrete Staat Gegenstand und Träger der Politik, damit ist von vornherein eine Quantität verbunden: für den „großen" Staat gelten eben nicht die für den „mittleren" oder „kleinen" maßgebenden politischen Motive und Ziele; ein Weltreich ist etwas anderes als ein territorial engbegrenztes Gebilde. Die staatsrechtlich-soziologischen, aber auch für die Sozialpolitik wichtigen Begriffe: Souveränität, Sukzeränität, Imperialismus, Nationalismus, Staaten- oder Völkerbund, Geschlossener Handelsstaat, Autokratie, Demokratie usw. besitzen nur auf quantitativer Unterlage Vorstellbarkeit und politische Bedeutung.

Schließlich hat die Statistik auch in der Psychologie, die oben als selbständiger Ausgangspunkt für die Sozialpolitik erschien, Bedeutung.

Vielleicht erst in Anfängen, ringt sich doch auch hier die quantitative Auffassung von Bewußtseinsinhalten und Willensimpulsen durch. Schon wurde zu „zählen" begonnen; in ihrer praktischen Anwendung als Psychiatrie oder Psychotechnik — von letzterer ist im Hinblick auf Berufsberatung usw. noch zu sprechen — hat die psychologische Wissenschaft sogar schon viele Instrumente zu Zähl- und Registrierzwecken erfunden. Man hat etwa die Ermüdung bei der Arbeit berechnet; der Taylorismus fußt auf solchen Experimenten. Soweit mit Optik und Akustik Berührungspunkte vorliegen, gilt gleiches bereits seit längerer Zeit. Die statistische Methode ist auch hier im Marsche.

Abschließend läßt sich sagen: entweder als unmittelbarer Ausgangspunkt für die Sozialpolitik und in diesem Sinn Sozialstatistik im engeren Verstande; oder als Hilfsmittel von Wissenschaften, die ihrerseits Ausgangspunkte für die Sozialpolitik enthalten: in jedem Falle ist Statistik für Sozialpolitik wichtig. Dieser Tatsache folgend soll die „Theorie der Sozialpolitik" in gleichem Maße wie die „Praxis" statistisch unterbaut und gesichert werden. Vielleicht ist die Statistik für solche Zwecke noch selten in dem Umfang, der hier beabsichtigt ist, herangezogen worden. Das wird aber nicht etwa zur Produktion großer Zahlenmengen, noch weniger zu einer geringeren Bewertung der reinen Theorie führen. Da die Statistik selbst nach allem Vorhergehenden ohne Theorie in der Irre gehen muß, ist es geradezu selbstverständlich, daß eine theorie- und ideenlose Unterwerfung unter die Vorstellung der Masse und des Rein-Quantitativen auf das Entschiedenste abgelehnt werden muß. Es würde zu einer Mechanisierung, Verengung und Brutalisierung des komplizierten gesellschaftlichen Geschehens, zu einer Verkennung seiner geistigen Komponenten und des Höchsten in ihm: des Persönlichen und des Nationalen, führen. Marx auf diesem Wege zu folgen, lehnen wir ab.

(§ 12) Ergebnisse des Ersten Abschnitts.

Es ist recht weit ausgeholt worden, und eine große Reihe sehr verschiedener Wissenschaften, die ungleiche Wissensziele, -inhalte und -methoden verkörpern, mußten auf ihre Eignung für sozialpolitische Gedankengänge herangezogen werden. Führt das nicht zu weit? ist der aufgestellte Rahmen nicht zu groß, um mit den gegenwärtigen Mitteln der Sozialpolitik theoretisch und praktisch ausgefüllt zu werden?

Die endgültige Antwort wird der Leser sich nach Abschluß der Lektüre selbst geben. Für den Verfasser aber kann kein Zweifel daran bestehen, daß Umwege gegangen werden müssen, will man sich den innersten Triebfedern und Zwecken sozialpolitischer Handlungen und Wertungen nähern. Die gestörte Wirtschaft, das in seine Atome zurückgeworfene Sozialleben unserer Zeit scheint doch darzutun, daß einige Dinge vorhanden sind, sie sich der Schulweisheit noch entziehen. Vom sozialpolitischen Spezialisten, der einzelne Zweige der sozialen Praxis genau, andere wenigstens annähernd kennt, können die komplizierten Zusammenhänge schwerlich überblickt werden. Ebensowenig ist das mit rein theoretischen Mitteln möglich. Die Gefahr besteht, daß hier vorwiegend nur die Mechanismen, die Apparate und Werkzeuge der Sozialpolitik, dort aber nur Idealbilder gesehen werden. Stellt sich heraus, daß die Mechanismen und der ganze sozialpolitische Apparat anderen Bedürfnissen und Möglichkeiten entsprechen, als sie heute gegeben sind, so ist die bloße Berufung auf die Praxis nicht weniger unpraktisch als die ausschließliche Betonung ideeller Zukunftsmöglichkeiten. Wohl sind die heute vorhandenen Tatsachen wichtig, und sie werden ausgiebig zur Behandlung kommen; sie wollen aber im Flusse, in der Entwicklung begriffen, verstanden werden, legen in fast allen Fällen die Frage nach ihrer Entstehung, ihrer Notwendigkeit und Möglichkeit nahe und verlangen zu diesem Behufe neue Wege und neue Methoden der Erklärung und Wertung.

Soll zu diesem Zwecke aber wirklich fast das Gesamtgebiet der Wissenschaft, von Biologie, Philosophie und Psychologie angefangen, über Wirtschaftswissenschaft, Geschichte und Rechtswissenschaft hinweg zur Soziologie, Statistik und Politik, durchschritten werden? Das könnte ein reichlich großes Werk werden, das ein Zusammenarbeiten berufener Fachleute verlangen würde. Als solches bleibt es der Zukunft vorbehalten. Aber es handelt sich ja für uns nicht um selbständige Forschung in den genannten Hilfsdisziplinen, sondern um die gelegentliche Nutzbarmachung des von ihnen schon Erreichten, um eine Anleihe bei ihren Methoden. Nochmals sei an Mommsen erinnert, der eine eigentliche historische Methode ablehnt: der Historiker müsse mit den Stoffen der Geschichte, besonders mit Recht und Sprache, vertraut und fähig zu intuitiver Erfassung des Wirklichen sein. Auf unseren Fall angewandt, bedeutet das: der Sozialpolitiker wird vor allem den Stoff kennen müssen; das sind aber nicht in erster Linie die besonderen sozialen Apparate, die sich eine Zeit, bestimmten Notwendigkeiten folgend, zugelegt hat, sondern das ist das gesellschaftliche Leben und Bedürfnis als solches. Wer aber kann zweifeln, daß die Gesellschaft gleichmäßig in Philosophie, Geschichte, Wirtschaft und Recht hineinragt, daß sie zugleich ein Sonderfall biologischen Geschehens ist, statistisch zu erfassende Massentatsachen aufweist und doch auch individuelle Vorgänge, denen die Psychologie nachgeht, kennt? Wie kann also eine „reine" Sozialpolitik möglich sein, wie kann man verzichten wollen auf das, was Philosophen, Ökonomen, Politiker, Rechtsgelehrte, Naturwissenschaftler über das Thema, das sie alle in irgendeiner Beziehung angeht, zu sagen haben? Sind die Wissenschaften Selbstzweck oder dienen sie schließlich der e i n e n gemeinsamen großen Aufgabe, unsere Erkenntnis als solche weiter zu erstrecken und Maßstäbe für unsere Wertungen abzugeben?

So rechtfertigt sich das weite Ausholen; der nächste Weg ist eben nicht immer der kürzeste und einer so verheißungsvollen Aufgabe gegenüber, wie sie die Sozialpolitik enthält, ist überhaupt kein Weg zu weit und zu beschwerlich. Denn es handelt sich um ein Letztes und Größtes: um die Einordnung wissenschaftlicher Erkenntnis in ein System praktischer Aufgaben, das, wenn gelöst oder doch der Lösung zugeführt, den Wert des Lebens eines Jeden steigert, die soziale Gemeinschaft von neuem schafft, dadurch übrigens erst den Unterbau für wirksame wissenschaftliche Arbeit wieder bietet

Gilt das Faustwort

Habe nun, ach! Philosophie,
Juristerei und Medizin,
Und leider! auch Theologie,
Durchaus studiert, mit heißem Bemühn.
Da steh ich nun, ich armer Tor,
Und bin so klug als wie zuvor...

für alle Ewigkeit? — In dem Sinne, daß wir nie zum Ende der Erkenntnis gelangen werden und daß der Irrtum nie aus der Welt geschafft wird, unbedingt. Es gibt aber noch ein anderes Ziel der Wissenschaft: es gipfelt in der praktischen Arbeit, in der Tat, wir dürfen heute bestimmter sagen: in der sozialpolitischen Tat. Faust selbst wird diese Erkenntnis; sein Drama endigt in der Stunde, die ihm den Erfolg seiner Arbeit, seines Strebens, andere zu beglücken, verheißt. „Im Vorgefühl von solchem hohen Glück Genieß ich jetzt den höchsten Augenblick.“ So mag uns der sozialpolitische Gedanke als Führer dienen, dem alle Wissenschaft, vor allem die gesellschaftliche, sich unterordnet, der aber nur durch Zusammenfassung aller theoretischen, ideellen und praktischen Kräfte der Menschheit zu seiner Führerrolle tauglich wird.

Die folgende Darstellung bringt erst den Ersten Teil dessen, was dem Verfasser vorschwebt, wenn er sich, noch von weiter Ferne, dem gekennzeichneten Ziele zu nähern sucht: Die „Theorie der Sozialpolitik“. Hier kann von Werturteilen noch nicht die Rede in dem Sinne sein, wie ihn die später darzustellende „Praxis der Sozialpolitik“ verlangt. Wenn trotzdem Werturteile auch in diesem Ersten Teile eine Rolle spielen, so deshalb, weil bei aller Bemühung, den persönlichen Standpunkt zurückzudrängen, nach früheren Ausführungen eine völlig werturteilsfreie Betrachtung sozialer Stoffe als psychisch unmöglich gelten muß. Aber noch in einem anderen Sinne spielen Wertungen auch schon in die theoretische Grundlegung hinein: als Objekt nämlich, insoweit sie Verlautbarung sozialer Gruppenanschauungen, Niederschlag von Empfindungen, Wünschen und Vorstellungen sind, die für einen Teil des Sozialkörpers Bedeutung erlangten. Ganz unabhängig stehen daneben die eigentlichen gesellschaftlichen Tatsachen und Zusammenhänge, denen das Augenmerk in bevorzugtem Maße gilt.

Vollständigkeit wird nicht erstrebt und kann im Rahmen der „Theorie“ am wenigsten beabsichtigt sein. Vieles entzieht sich der sozialpolitischen Deutung noch im allzu starken Maße. Was auf seinen theoretischen Inhalt hin klargelegt werden kann, ist manchmal durch zufällige Ereignisse und nur vorübergehend in den Vordergrund gerückt. Die Überschriften der einzelnen Abschnitte und Kapitel kennzeichnen meist nur e i n e s von mehreren Momenten, die alle wichtig und Bedingung einer sozialen Erscheinung sind. Man abstrahiert und isoliert, um einigermaßen in die Tiefe zu dringen; aber es darf nicht übersehen werden, daß die sozialen Komplexe als solche sich nichts um solche Überschriften und Isolierungsmaßnahmen kümmern und tatsächlich meist nur in enger Verbindung mit anderen Komplexen vorkommen.

Das hat übrigens seine Parallele in der Naturwissenschaft, wo uns Atome und Moleküle auch zumeist nicht als solche entgegentreten. Erst die Retorte isoliert sie, und auch nicht immer restlos. Was hier immerhin durch das Experiment zu wirklichem Leben erhoben werden kann, bleibt im Bereich der Gesellschaft auf einen gedanklichen Isolierungsprozeß, der aber nicht weniger notwendig ist als das Experiment, und auf quantitative Feststellung des Rahmens, innerhalb dessen er gilt, angewiesen.

Unter diesen Gesichtspunkten sei an die Arbeit herangetreten. Die Synthese des ersten analytischen Teils wird, an seinem Ende, in der vorliegenden „Theorie" selbst versucht werden; in noch höherem Maße aber stellt die später darzustellende „Praxis der Sozialpolitik" die Integrierung, besser gesagt: die Re-Integrierung des Differenzierungsprozesses dar, den die theoretische Grundlegung nunmehr im einzelnen in Angriff nimmt; diese kennzeichnet und beschreibt die Bausteine, aus denen die Gebilde der praktischen Sozialpolitik erstehen.

Zweiter Abschnitt.

Von Arbeit und Arbeitsteilung über Beruf und Unternehmung zur Arbeitsgemeinschaft.

(§ 13) Übersicht des Zweiten Abschnitts.

Eine Reihe von Gegenständen, denen sämtlich gemeinsam ist, daß sie von der Arbeit ausgehen und Formen entfalteter Arbeit darstellen, sollen hier in organischer Entwicklung, von Einfachem über Schwierigeres zu wirklich Kompliziertem aufsteigend, vorgeführt werden. Das Wesen menschlicher Arbeit steht voran; es läßt physiologische, psychologische, wirtschaftliche, gesellschaftliche Deutungen zu, ist Gegenstand der Politik, Statistik und einer (freilich auf diesem Gebiet besonders rückständigen, erst später, §§ 60 ff., in ihrer Gesamtheit darzustellenden) Rechtsauffassung. Einer der wichtigsten wirtschaftswissenschaftlichen Grundbegriffe, jener der Arbeitsteilung, entsteht fast unbemerkt und von selbst aus der Analyse der Arbeit heraus, die als gesellschaftliche Erscheinung in fast allen Fällen schon „geteilte" Arbeit ist. Das Arbeitsverhältnis, die Tatsache der abhängigen, vom Arbeitenden nicht mit seinen eignen Zwecken erfüllten Arbeit, ist auch ein Erzeugnis arbeitsteiliger Faktoren, wenngleich es sich darin nicht erschöpft. Aus Arbeit und Arbeitsteilung heraus werden zwei komplexe Tatbestände erkennbar: Beruf und Berufstätigkeit auf der einen, Betrieb und Unternehmung auf der anderen Seite. Der Beruf gibt diejenige gesellschaftliche Abgrenzung, die wohl von allen die wichtigste ist. Die Arbeit erlangt erst als Berufsarbeit ihre entscheidende sozialpolitische Bedeutung; Beruf ist wiederum für Standes- und Klassenbildung maßgebend, wenn auch nicht allein entscheidend; durch diese Medien hindurch wirkt er auf fast alle Lebensäußerungen der Einzelnen und der Sozialen Gruppen ein. Den Beruf aus den Arbeitsleistungen heraus zu verstehen, ihn nicht als deren Summe aufzufassen, aber doch auch den Einfluß der einzelnen Verrichtung — ebenso ob geistig oder körperlich — auf den Beruf zu kennzeichnen, das ist Thema der einschlägigen Kapitel dieses Abschnitts. — Auf der anderen Seite ist Betrieb am ehesten als die technische, Unternehmung als die kaufmännisch-organisatorische Einheit zu verstehen, innerhalb deren und für deren Zwecke die einzelne Arbeitsverrichtung bei einem gewissen Maß von Arbeitsteilung, Volksgröße und Technik erst zur Geltung kommt. Hier stellt sich ein Unpersönliches, ein „-Ismus" ein, von dem zunächst nicht ausgesagt werden kann, ob er ein Organismus oder Mechanismus ist. Mit Unternehmung ist der Unternehmer gegeben, keineswegs einfache Überlegungen gelten seiner Begriffsbestimmung, die insbesondere in der vergesellschafteten Großunternehmung nicht ohne weiteres erkennbar ist. Wie ein Brennspiegel fängt dieser, bis auf weiteres größte Typ von technisch-wirtschaftlicher Arbeitsorganisation alle um die Arbeit und um den Arbeiter gruppierten Probleme auf, um sie in größeren Dimensionen, die manchmal die Wesenheit moderner Arbeit erst richtig erkennen lassen, zurückzustrahlen. Das Persönliche des Berufs findet sich mit dem Unpersönlichen des Betriebs und mit der Unternehmung, die beides sein kann, in den höchsten sozialen Gestaltungen der Arbeit, in Arbeitsgemeinschaft und Arbeitsverfassung, zusammen. Die hier liegenden Aufgaben können aber, weil mit zu vielem noch nicht Gewürdigten zusammenhängend, erst einmal andeutungsweise behandelt werden. Die Darlegung schließt also als Torso und weist damit von vornherein auf die Notwendigkeit, die sozialpolitischen Endziele auch auf anderen Fundamenten zu begründen, hin. Das kann und darf nicht anders sein, weil die hier gewählte Methode der Isolierung einzelner sozialpolitischer Tatbestände mit Bewußtsein stets nur eine Seite des Problems sieht, somit der späteren Zusammenfassung bedarf.

Der Zusammenhang des Themas der Arbeit mit philosophischen Gedankengängen wird nur in den „Ergebnissen" kurz gestreift; das geschieht wiederum mit Absicht, um die Fehler derer zu vermeiden, die das Problem vorwiegend mit philosophisch-spekulativen Mitteln angepackt haben. Die Philosophie, vor allen Dingen als Ethik, gehört mehr an den Schluß des ganzen Werkes, dahin, wo es sich um die Anwendung der Theorie auf die „Praxis der Sozialpolitik" handelt.

Dem Gesamtproblem der „Arbeit" ist neben gegenwärtigem auch der gesamte Dritte Abschnitt: Produktion und Konsumtion der Arbeit und der Arbeitskraft gewidmet; erst dort kann, fußend auf den zunächst folgenden, leichter zugänglichen Erörterungen über Formen und augenfällige Äußerungen der „Arbeit", ihr wechselnder, sozialpolitisch entscheidender Inhalt geklärt werden.

(§ 14) 1. Die Arbeit.

Wenn der „Arbeiter" lange Zeit als einziges oder wenigstens wichtigstes Objekt der Sozialpolitik — die insoweit mit „Arbeiterpolitik" zusammenfiel — gegolten hat und erst neuerdings die Erweiterung der Sozialpolitik auf die übrigen Bevölkerungsklassen, auf die Gesellschaft schlechthin, sich durchsetzt, so erhellt, daß die „Arbeit" ein besonders wichtiger sozialpolitischer Inhalt sein muß. Sie ist es darüber hinaus in dem Sinne, daß „Arbeit" weiter reicht als der davon abgeleitete Begriff „Arbeiter": indem wir in bezug auf zahlreiche Vorgänge von „Arbeit" sprechen, ohne daß uns der, der sie leistet, im prägnanten Bilde des „Arbeiters", im „Arbeitskittel" gewissermaßen, entgegentritt. Beleg für diese Auffassung ist auch Lotmars „Arbeitsvertrag". Arbeit leistet z. B. — entgegen freilich der Marxschen Annahme — auch der Unternehmer, unter Umständen selbst der Kapitalist, jedenfalls aber der selbständige Bauer und Handwerker, über den in einer „Arbeiterfrage" dennoch wenig oder nichts ausgesagt sein wird. In der sozialpolitischen Praxis, von deren Bedürfnissen und Zwecksetzungen unsere theoretische Grundlegung stets ausgeht, hat sich eben der Begriff „Arbeit" nicht nur in den Begriff „Wirtschaftliche Arbeit" (der auch noch zu eng sein würde), sondern zumeist in die Vorstellung von „Abhängiger Erwerbsarbeit" gewandelt. Ebenso ist die Arbeitsteilung zu einem fast selbstverständlichen Unterbegriff der Arbeit, geradezu zur Voraussetzung der modernen Arbeitsleistung geworden; die wichtigsten sozialpolitischen Probleme entstehen tatsächlich erst durch den arbeitsteiligen Vorgang, von dem die abhängige Arbeit, das Arbeitnehmerverhältnis, uns schon als Unterfall begegnete. Denn es ist als Arbeitsteilung, wenn auch freilich in einseitigem Sinn, aufzufassen, wenn jemand für einen andern, auf dessen Auftrag und nach dessen Anordnung, meist auch auf dessen Risiko hin arbeitet.

Indem die Arbeitsteilung derart in den Vordergrund des Arbeitsprozesses überhaupt tritt, bleiben doch eine Reihe von Beziehungen, in denen die „Arbeit" schon als solche sozialpolitisch wichtig ist. Manche von diesen Beziehungen gehören an eine andere Stelle unseres Systems. So das Verhältnis zwischen Arbeit, Ernährung und Lebenshaltung, wobei die Arbeit als Kräfteverzehr erscheint, der durch Nahrungsaufnahme und Ruhe ausgeglichen werden muß. Hiervon sprechen die Abschnitte Konsumtion und Lebenshaltung (§§ 23 ff.). Soweit ferner die Arbeit, freilich meist schon in arbeitsteiliger Funktion, als eine der Grundlagen der modernen Berufsorganisation und anderer Vergesellschaftungen, auch der Klassenbildung, auftritt, ist ihr Standort im Sechsten Abschnitt unserer „Theorie" gegeben. Die Beziehung endlich zwischen Arbeit und Leistung, Arbeit und Lohn, ist in den Kapiteln über Einkommensbildung zu verfolgen. Auch sonst wird in diesem oder jenem Sinne viel von Arbeit die Rede sein. An gegenwärtiger Stelle interessieren einige ganz allgemeine, vorzugsweise biologisch-physiologische und psychologische Bestimmungen des Arbeitsvorgangs, der dabei noch als Ganzes, ohne das Moment der Arbeitsteilung, gesehen wird.

Es ist üblich geworden, den Erläuterungen über „Wirtschaftliche Arbeit“ eine solche über „Arbeit“ schlechthin voranzustellen. Wir werden uns aber darüber klar sein müssen, daß der Nationalökonom als solcher nur zum ersten, nicht zum zweiten, allgemeineren Problem aus Eignem etwas aussagen kann, es sei denn, daß die Begriffsbestimmung der „Wirtschaftlichen Arbeit“ zur allgemeinen Vorstellung und begrifflichen Deutung des Arbeitsvorgangs überhaupt etwas beizutragen hätte. Man denke auch daran, daß die Erscheinung der „Wirtschaftlichen Arbeit“ bereits einen Anfang von Arbeitsteilung bedeutet, insofern ihr die „Nichtwirtschaftliche Arbeit“ begrifflich gegenübersteht; es wird damit eine, vielleicht noch sehr primitive, soziale Gruppierung vorausgesetzt, bei der Einzelne gesellschaftliche Funktionen mit Arbeitscharakter, aber ohne wirtschaftliche Zwecksetzung, übernehmen: Priester, Medizinmänner, vor allem Krieger; nur daß die kriegerische Arbeit auch eine wirtschaftliche sein kann, auf bestimmten Stufen der Entwicklung sogar den bevorzugten Erwerb darstellt. An diese Gesichtspunkte wird die spätere Darlegung über Arbeitsteilung anknüpfen.

Suchen wir nun den allgemeinen Begriff der Arbeit aus der Vorstellung der wirtschaftlichen Arbeit, diese wiederum aus den geläufigen Tatsachen der sozialen Praxis heraus zu entwickeln, so können wir von dem zunächst Sicht- und Greifbaren, dem Arbeitserfolg, ausgehen. Das ist ein der Mechanik und Technik verwandtes Vorgehen, aus dem wohl Rückschlüsse auf das Wesen der Arbeit selbst möglich werden. Es sieht nun so aus, als ob Arbeitserfolge in der körperlichen Welt unmittelbar, in der seelischen nur mittelbar, durch Analogieschlüsse, wahrgenommen werden könnten. Im Wirtschaftsleben z. B. erkennen wir im Produkt, aber auch im Einkommen den Arbeitserfolg. Doch ist die Wahrnehmung des äußerlichen, körperlichen Arbeitseffekts in Wahrheit doch auch bereits ein psychischer Vorgang, denn es bedarf eines bestimmten kausalen Erkennens und einer dafür geeigneten seelischen Disposition, um die veränderte Lage körperlicher Dinge im Raum als Effekt mechanischer Einwirkungen zu erfassen, um etwa das Fertigfabrikat als Ergebnis von Arbeitsleistung, meist im Zusammenhang mit sachlichen Produktionsmitteln, festzustellen. Erst auf einer gewissen Kulturhöhe wird man diese kausale Beziehung überhaupt wahrnehmen, der Wilde wird an Zauberei, das Kind an Heinzelmännchen denken, und bei manchen Vorgängen moderner Arbeitstechnik wird auch der Volkswirt, der nicht selbst Fachmann ist, noch nicht die geringste Vorstellung von den zugrundeliegenden Faktoren haben.

Wir haben also zweierlei zu unterscheiden: die mechanische oder chemische Wirkung selbst, welche die veränderte Lage von Dingen (auch Molekülen, Atomen) im Raume veranlaßte, und die seelische Erkenntnis, daß hier „Arbeit geleistet" wurde. Die Natur zeigt nur mechanische — oder chemische — Veränderungen, der Arbeitserfolgbegriff wird erst durch den Menschen in diese Vorgänge hineingetragen. In diesem allgemein übertragenen Sinne sprechen wir dann ganz folgerichtig der Natur selbst die Fähigkeit zu, Arbeit zu leisten; wir sollten aber klar darüber sein, daß wir den Begriff der Arbeit nicht aus der Außenwelt, der Mechanik oder Chemie, sondern aus unserem eignen Erleben, unseren Bewußtseinsinhalten heraus schöpfen. Anders organisierte Naturbeobachter, die nicht von sich selbst her wissen, was „Arbeit" ist, werden die mechanischen oder chemischen Vorgänge wahrscheinlich mit ganz anderen Eindrücken verfolgen und begrifflich anders terminieren. Wenn also Wundt als mechanische Arbeit jede Wirkung bezeichnet, welche die Lage ponderabler Massen im Raume ändert, wenn auf solche Vorgänge — die auch von Menschen ausgehen können — die Gesetze der Energetik angewendet werden, so liegt doch eine anthropozentrische Begriffsbestimmung vor. Wohl wird man zweckmäßig das, was die Energetiker, Mechaniker, Chemiker über die mechanische Kraftäußerung und -übertragung zu sagen haben, darauf prüfen, ob und inwieweit es auf menschliche Arbeit anwendbar ist; die primäre Überlegung ist aber doch die, welche den uns aus eigner Arbeit erfahrungsgemäß bekannten Arbeitsvorgang auf die Natur und auf mechanische oder chemische Prozesse überträgt; erst sekundär findet dann eine Rückübertragung des naturwissenschaftlich Festgestellten auf die menschliche Arbeit statt.

Diese Überlegung hat nicht nur theoretischen Wert. Indem wir den Arbeitsbegriff zunächst in der empirischen Vorstellung, die jeder durch eigne Arbeit und nur dadurch erlangt, verankern, gewinnen wir eine psychische Realität dieses Begriffs, die vielleicht in höherem Grade gesichert ist als das, was die Naturwissenschaft von der Arbeit, stets nur im übertragenen Sinn, aussagen kann. Nur die seelische Erfahrung, auf die sich unsere psychische Vorstellung von Arbeitsvorgängen stützt, ist unmittelbar wirksam, sie wird von Änderungen, welche der Begriff Arbeit in der Naturwissenschaft fast unausgesetzt — neuerdings durch die Relativitätstheorie — erfährt, nicht alteriert. Allerdings liefert uns die eigene seelische Erfahrung noch nicht die quantitativen Maße, welche erst durch Mechanik, Chemie, Physiologie geschaffen werden. Aber mindestens die Imponderabilien, die uns vor allem mit der sozialpolitischen Bedeutung der Arbeit eng verbunden entgegentreten, können wir aus unserer Erfahrung viel besser und unmittelbarer würdigen, als wenn wir uns stets des übertragenen, mechanischen oder chemischen Arbeitsbegriffs bedienen wollten. Arbeitsfreude, Arbeitsunlust, Ermüdung, Erschöpfung, Übung — das alles läßt gewisse physiologische und psychotechnische und insofern naturwissenschaftliche Messungsmethoden zu und ist zum Teil auf unmittelbaren physischen Tatbeständen begründet. Indessen blieben die exaktesten Ergebnisse solcher Messungen toter Ballast, würden niemals für die praktische Sozialpolitik nutzbar gemacht werden können, wenn wir nicht selbst an uns und unserer Arbeitsleistung erlebten, was Arbeitsfreude, Arbeitsunlust, Ermüdung, Erschöpfung, Übung ist. So ist denn der Weg über die Naturwissenschaften insoweit höchst wichtig, als er uns erst Quantitäten und Maße für die Beurteilung des Arbeitsprozesses kennen lehrt; ein Umweg bleibt er aber doch, und er kann niemals unser Bewußtsein und Erleben von der Arbeit, ihren physischen und psychischen Voraussetzungen, Begleit- und Folgeumständen ersetzen.

Aus der Vielheit der mit Arbeitvorgängen zusammen auftretenden Erscheinungen, von denen erst die wenigsten mit den Mitteln moderner Forschung durchgearbeitet sind, seien zunächst die folgenden herausgegriffen: Der Rhythmus der Arbeit, die Ermüdung, die Arbeitsfreude und -unlust, die Erschöpfung bei der Arbeit.

In allen diesen physisch-psychischen Erscheinungen sei einstweilen die Arbeit als solche ins Auge gefaßt, ohne Rücksicht darauf, ob sie Erwerbszwecken dient oder nicht. (Sie kann auch im letzteren Falle eine „wirtschaftliche“ sein.) So wichtig das Unterscheidungsmerkmal des Erwerbszwecks für die späteren sozialpolitischen Probleme ist, so sehr können doch Rhythmus der Arbeit, Arbeitsfreude, Arbeitsermüdung usw. vorerst als technisch-organisatorisch bedingte, psychische und physiologische Einzelfragen ausgeschieden werden. Auch die Arbeit des nicht in erster Linie auf Erwerb sinnenden Gelehrten oder Künstlers, auch jene des Schülers, dem die Beziehung zwischen seinem Lernaufwand und den dadurch eröffneten späteren Erwerbsmöglichkeiten noch sehr undeutlich ist, sie alle können einem größeren oder kleineren Rhythmus unterliegen, auch für sie tritt in bestimmten Zeitpunkten mit Sicherheit die Ermüdung ein, ist das durch die Arbeit als solche ausgelöste Lust- oder Unlustgefühl für Fortgang und Erfolg der Arbeit wichtig.

Was ist Arbeit in diesem allgemeinen, die ökonomische Arbeit umschließenden, aber von dem einen wirtschaftlichen Zweck der Arbeit, dem Verdienst, einstweilen noch losgelösten Begriffe?

Aus den mannigfachen, zumeist psychologisch-physiologischen Grenzgebieten entsprungenen Deutungen soll jene besondere Erwähnung finden, die in der Arbeit Überwindung von Widerständen sieht. Gleichgültig, welcher Art diese, ob sie im Menschen oder außerhalb des Menschen gegeben sind. Die für die Gegenwart einigermaßen verständlich gemachte (von Harms im Handwörterbuch der Staatswissenschaften überraschenderweise ins Gegenteil verkehrte) Annahme, daß alle Menschen von Natur aus arbeitsunlustig sind, wird (nicht ohne Widerspruch) durch den Hinweis auf den Primitiven bewiesen, der erst unter unmittelbarem Zwang (ob er nun von den Bedürfnissen oder von einem Gebieter ausgeht) zu arbeiten beginnt; sie kann psychologisch, wie fast jeder an sich selbst erfahren wird, jederzeit bestätigt werden. Die Fälle, in denen Arbeit aus besonderem Interesse oder aber nur infolge der Gewöhnung ohne Auslösung auch nur des geringsten Unlustgefühls, vielleicht sogar mit wahrer und reiner Freude, geleistet wird, mögen die Regel nur bestätigen. Und auch in diesen ethisch hoch zu bewertenden Fällen wird meist beim Übergang vom Nichtstun zur Arbeit das Gefühl gesteigerter Aktivität und Konzentration, der „Aufraffung" zur Arbeit vorhanden, wenn auch nicht stets bewußt sein. Ob dabei Lust oder Unlust überwiegt, kann nicht allgemein gesagt werden, sicher aber ist, daß (was Harms a. a. O. bestreitet) die Unlust nur ein psychischer Tatbestand sein kann. Ist bisher mehr von Arbeit als Überwindung der im Innern des Menschen selbst, körperlich und geistig bedingten „Hemmungen" die Rede gewesen, so trifft die gleiche Vorstellung in noch stärkerem Maße zu, wenn wir an außerhalb des Menschen liegende Hindernisse in Gestalt natürlicher oder technischer Schwierigkeiten denken.

Ihrer Zahl ist Legion; sie scheint sich auf den ersten Blick zu verringern, insofern der Mensch, auf den Schultern seiner Vorfahren stehend, in der Technik die größten Schwierigkeiten beseitigt zu haben scheint. Aber neue türmen sich vor ihm auf, er sieht sich zur Arbeit der Danaiden verurteilt. Man wird nur an das bekannte ökonomische Gesetz vom abnehmenden Bodenertrag — das vielleicht ein Gesetz des abnehmenden Ertrags überhaupt ist — zu denken haben, um zu ermessen, daß immer neue Widerstände auftreten werden. Wenn sie rein technisch überwunden sind, so werden sie volks- und privatwirtschaftlich in der Inkongruenz von Aufwand (Kosten) und Erfolg in die Erscheinung treten oder den Massen als Teuerung, als Unterkonsumtionskrise deutlich werden. Soweit die Intensivierung der Leistung entscheidend ist, wie bei jener des Gelehrten, des Künstlers, des großen Unternehmers und Politikers, wird die Frage der Aufnahmefähigkeit und der Anerkennung durch andere wichtig sein; manche Kraftanstrengung wird hieran scheitern, manche Erfindung und Entdeckung ihrer Zeit vorauseilen. Auch hierin liegen Widerstände.

Die Arbeitsteilung, von der später eigene große Kapitel handeln, wurde zweifellos vorzugsweise zu dem Zwecke „erfunden", um die natürlichen Schwierigkeiten des Lebens leichter zu überwinden. Sehr primitive Erfahrungen und einfachste Überlegungen ergaben, daß die ausschließliche Zuwendung einzelner Stammesgenossen zu bestimmten Beschäftigungen die Leistung steigern werde. So finden wir den Begriff der Arbeit als Überwindung von Hemmungen durch das Wesen der Arbeitsteilung bestätigt. Und auch der physikalische Arbeitsbegriff scheint sich dem unsrigen anzupassen; denn die vom elektrischen Strom geleistete Arbeit pflegt nach den Zählungseinheiten des Widerstands gemessen zu werden.

Was ist nun der „Rhythmus" der Arbeit? Bücher hat in seinem berühmten Buche „Arbeit und Rhythmus" sehr deutliche Vorstellungen davon erweckt: gemeint ist, daß die Arbeit wie auch andere gesellschaftliche Prozesse nicht in völligem Gleichmaß, in Monotonie zu verlaufen brauchen, sondern daß sie, einer Melodie vergleichbar, Intervalle, Takte, Höhen und Tiefen kennen; ja, daß der Rhythmus sogar zur Quelle der Arbeit wird. Man hat dieses Rhythmische besonders stark aus der Tätigkeit primitiver Völker herausgelesen und darauf hingewiesen, daß sie von Gesängen, von rhythmischem Füßestampfen oder Händeklatschen usw. begleitet zu werden pflegt. Ähnliches treffen wir aber auch in der modernen Arbeit; so wird es z. B. an gegenseitigen, regelmäßigen, rhythmischen Aneiferungen, in schwierigen Augenblicken zumal, nie ganz fehlen. Eine andere Art Rhythmus wird durch die Verwendung von Maschinen, denen sich der Arbeiter anzupassen hat, veranlaßt werden. Im ganzen wird der Rhythmus als etwas gelten, was die Arbeit fördern soll und nicht selten wirklich fördert. Mit Arbeitsteilung wird der rhythmische Vorgang meistens verbunden sein, häufig setzt er die Zusammenarbeit mehrerer geradezu voraus.

„Rhythmus der Arbeit" interessiert den Sozialpolitiker vor allem insoweit, als das Zusammenwirken von Menschen, oder aber von Menschen und sachlichen Produktionsmitteln, rhythmisch bedingt oder wenigstens beeinflußt ist. Andere sozialpolitisch wichtige rhythmische Beziehungen liegen vorwiegend auf dem Gebiete der Konsumtion und sind im Abschnitt „Lebenshaltung und -kosten" zu behandeln. Die regelmäßige Nahrungseinnahme fällt ja auch im weiteren Sinn hierunter. Auf der anderen Seite scheiden rhythmische Vorgänge rein technischen Inhalts ebenso wie solche überwiegend wirtschaftlichen Gepräges aus der Theorie der Sozialpolitik aus, wenn natürlich sozialpolitische Fern- und Wechselwirkungen auch hier unterlaufen. Aus dem Kreis dessen, was für die Sozialpolitik in bevorzugtem Maße wichtig ist, sei ein wenig beachteter Gegenstand — mehr beispielsweise — herausgegriffen: das rhythmische Verhalten von Leistung und Gegenleistung im Arbeitsverhältnisse, d. i. von Arbeitsleistung und Arbeitslohn. Das Recht spricht hier von „Zug-um-Zug-Leistung". Indessen soll diese Untersuchung einstweilen nur bis zu dem Punkte geführt werden, wo die, einem besonderen Abschnitt (V) vorbehaltene theoretische Untersuchung des Lohnproblems und der Lohnpolitik anhebt.

Zweifellos: zwischen Arbeitslohn und Arbeitsleistung besteht ein Verhältnis, dem rhythmischer Charakter, wenigstens im übertragenen, aber eigentlich auch im buchstäblichen Sinne, innewohnt. Denn schon wenn wir an die Geldeinheiten des Nominallohnes denken, tritt uns in der Art und Häufigkeit der Lohnzahlung, in der Abschlagszahlung beim Akkord etwa, ein Rhythmus entgegen. In höherem Maße noch beim Sachlohn, der doch entscheidend ist; hier nehmen wir sehr deutlich die Abhängigkeit der

Arbeitsleistung von der sie erst ermöglichenden Gewährung von Unterhaltsmitteln, zumal Lebensmitteln, wahr. Innerhalb gewisser Grenzen liegt sogar eine unmittelbar meßbare Abhängigkeit derart vor, daß die quantitative und qualitative Verbesserung der Ernährung zu ähnlicher Steigerung des Arbeitsertrags in Menge und Güte führt. Wir werden ein rhythmisches Verhalten beider Größen selbst physisch und, mittels Arbeitsfreude und Arbeitsunlust, auch psychisch jederzeit feststellen können. In den gleitenden Lohnskalen früherer Zeit, die nichts mit der heute so genannten Ordnung gemein haben, begegnen uns die „Schwingungen" von Lohn und Leistung als Grundlage der nach den Produktpreisen bemessenen Löhne. Biologisch-physiologisch handelt es sich in allen Fällen um energetische Größen. Freilich wird ein größerer oder kleinerer Teil der in der Nahrung zugeführten Energiemenge nicht für die Arbeitsleistung, sondern bereits für Aufrechterhaltung der organischen Funktionen, für das „Leben" schlechthin — Atmung, Bewegung, Verdauung usw. — verausgabt. Darf man diese Energiemenge (mit Fehler) als relativ konstant und vorwiegend nur vom Alter, Geschlecht und der allgemeinen Körperverfassung abhängig denken, so bleibt für den „variablen" Teil der aufgenommenen Energie eine quantitative Beziehung zur Arbeitsleistung gegeben. Eintritt und Grad von Ermüdung und Erschöpfung, die Möglichkeit der „Aufraffung" zur Arbeit, die mit ihr verbundene Freude oder Unlust — das alles stellt sich hier als zum physiologisch bedingten rhythmischen Kreislauf gehörig ein. Als sozialpolitische Forderung bleibt, das optimale Verhältnis dieser Beziehungen, den für Mensch und Leistung gleich günstigsten Radius und das „Schwingungstempo" des gedachten Zirkels, der Leben und Arbeit einschließt, herauszufinden. Man sieht, daß sozialpolitische Problemstellungen autonom, ohne Anleihe bei metaphysischen Annahmen, möglich und fruchtbar sind. Die besonderen hier erwachsenden Fragen gehören aber nicht mehr in diesen Abschnitt.

Die Ermüdung, dieser wichtigste Hemmungsfaktor der Arbeitsleistung, wird von der Physiologie als Häufung von Stoffwechselerzeugnissen, gewissermaßen als Schlackenbildung, angesehen; Kohlensäure und Milchsäure sind darin enthalten, man faßt sie als Toxine zusammen. So wichtig der rein physiologische Prozeß in seinen sozialpolitischen Wirkungen ist, so ist doch auch sein Zusammenhang mit dem seelischen Begleitumstand der abnehmenden Arbeitslust zu beachten. Freilich gibt die Arbeitslust und -unlust allein für sich keine sicheren Unterlagen für das, was der Sozialpolitik an Aufgaben erwächst; denn die Arbeitsfreudigkeit kann ja trotz tatsächlicher und zunehmender Ermüdung eine längere Zeit noch bestehenbleiben, wenn der Arbeitswille künstlich durch Narkotika aller Art, durch das unmittelbare Interesse an der Arbeit oder durch Aussicht auf größere Einnahme, auf Lob, Fortkommen usw. über die Ermüdungs-, ja über die Erschöpfungsgrenze hinaus sich aufrechterhält. So wenig der beginnende physiologische Ermüdungsprozeß an sich schon die unbedingte Grenze sozialpolitisch erwünschten Schaffens bedeutet — die biblische Losung: Im Schweiße deines Angesichts sollst du dein Brot essen, ist für die Sozialpolitik durchaus nicht aufgehoben —, so gibt es natürlich doch Ermüdungsgrade, die an sich schon die erstrebte Qualitätsarbeit aufheben, die ganz unwirtschaftlich sind und in den sozialpolitischen Mitteln gegen ihre Folgen eine viel größere Belastung der Gesamtheit erfordern, als der mögliche Gewinn für die Wirtschaft ist. Hier liegt das ganze Gebiet des Arbeiterschutzes offen, Wohlfahrtspflege, Bevölkerungspolitik, Politik überhaupt werden von solchen Erwägungen grundsätzlich beeinflußt. Führt die Ermüdung zur Erschöpfung, für die die Unfähigkeit des Ersatzes von Substanz — an roten Blutkörperchen besonders infolge Mangels an Sauerstoff — bezeichnend ist, so liegen sehr deutliche Grenzen für die Arbeit des Einzelnen, ganzer Berufe und Klassen und schließlich der Volksgesamtheit vor. Da die Arbeitsleistung im kapitalistischen System für Einzelne, die an ihrem Effekt zunächst privatwirtschaftlich, d. h. anders als die Allgemeinheit, interessiert sind, geschieht, so ist die Gefahr einer Übernahme und frühzeitigen Erschöpfung nicht von der Hand zu weisen. Durch sie wird bereits die Sozialpolitik gerechtfertigt. Das Gespenst des alternden, frühzeitig „verbrauchten“ Arbeiters und Angestellten taucht im Hintergrund solcher Vorgänge auf. Die Armenpflege, die Alters- und Invalidenversicherung sind wirksame, aber nicht in erster Linie berufene Mittel des Gefahrenausgleichs. Die Prävention, in der Arbeiterversicherung allmählich als Schadenverhütung heimisch, aber auf alle Gebiete des gesellschaftlichen Lebens zu übertragen, birgt die wirksamsten Mittel.

Aber nicht nur die Sozialpolitik, auch der Arbeitsvorgang als solcher, in rein physischem Sinn, bietet Mittel gegen die Ermüdung. Sie sind als „Gewöhnung“ und „Übung“ bekannt genug, was uns aber nicht einer theoretischen Prüfung ihres Aktionsvermögens als Gegenwirkung gegen die Ermüdung enthebt. Wiederholung derselben, in Muskelbewegungen und begleitende Nervenvorgänge auflösbaren körperlichen Arbeit bewirkt, wie die Physiologen annehmen, Veränderungen in den Eigenschaften und in der Struktur des Gewebes. Es sind also schließlich funktionell-morphologische Vorgänge, für die günstigste Konstellationen auch experimentell nachgewiesen werden können. Ob Ähnliches bei geistiger Arbeit zutrifft, wird von der Psychologie nicht mit gleicher Sicherheit ausgesagt. Man wird aber annehmen dürfen, daß die Assoziationsvorgänge, auf denen seelische Wirkungen beruhen, durch Wiederholung und Übung leichter und wirksamer vor sich gehen, als wenn sie ein erstes Mal stattfinden. Man denke an das Gedächtnis und an die Steigerungsfähigkeit der Konzentration.

Das würde die Mühelosigkeit, mit der sich die meisten des „Schlagworts“, der „Formel“ bedienen, erklären. Gewiß handelt es sich auch hier um rhythmisch zu bewertende Dinge. Wenn Herkner, den wir in obigem wiederholt folgten, darauf hinweist, daß „der Arbeitende erst in ‚Zug' oder in ‚Schwung' kommen muß und der Einfluß der Übung erst allmählich auftritt", daß „die besten Leistungen in der Regel nicht schon in der ersten Stunde des Arbeitstages, sondern erst nach 2—3 Stunden erreicht werden", so ist das gewiß nicht weniger richtig, als die Schlußfolgerung des gleichen Autors: „Das Optimum beruht darauf, daß die fördernden Momente zu voller Geltung gelangen, während die Hemmungseinflüsse der zunehmenden Ermüdung und Erschöpfung noch gar keine oder nur sehr schwache Wirkungen ausüben" (Grundriß der Sozialökonomik). Bei der Frage der Arbeitsteilung ist hieran anzuknüpfen.

Ein entscheidender Faktor zur Erzielung optimaler Arbeitsleistungen liegt schließlich darin, daß sie nicht mehr ausschließlich als „Arbeit" empfunden werden. Das bleibt eine sittliche Forderung, kann aber auch zur sozialen und wirtschaftlichen werden. Höchste sportliche Leistungen werden dann entstehen oder als solche gewürdigt werden, wenn sie sich „spielend leicht" produzieren. Bedingung ist jedenfalls die Freiheit der Arbeit. Sie „adelt" nur, wenn sie „an freiem Hange wächst". Dem suchte die Aufhebung der Sklavenarbeit Rechnung zu tragen, zu der schon die rein wirtschaftliche Überlegung führen mußte, daß Sklavenarbeit stets teuer und schlecht ist. Freilich ist durch den „freien" Arbeitsvertrag noch wenig gewonnen, denn er trägt ja oft nur formell diese Bezeichnung; der Zwang zu arbeiten blieb, meist sogar in verstärktem Umfang, bestehen, wenn sich ihm auch Einzelne und selbst ganze Völker, durch Auswanderung oder gar durch Selbstmord, entzogen. Dieser Zwang zur Arbeit erwies sich auf der anderen Seite als ein Kulturmoment ersten Ranges; wo glückliches Klima und üppige Natur ihn nicht aufkommen ließ, blieb die Gesellschaft auf mehr oder weniger primitivem Standpunkt. Und nicht um Aufhebung dieser Nötigung als solcher handelt es sich, — kann es sich handeln: in keinem Zukunftsstaat wird sie beseitigt sein; sondern darum: daß das ursprünglich als Zwang Empfundene sittlich und ästhetisch gehoben werde und alle Begleitumstände einbüße, welche den unfreien Charakter der Arbeit unnötig verstärken und zuspitzen. Nicht alles kann hier die Sozialpolitik leisten, sie kann, mißverstanden, durch Lähmung von Initiative und Verantwortungsgefühl selbst in erheblicher Weise schaden. Sehr Vieles aber wird ihr in gegenwärtiger Untersuchung als ureigenstes Gebiet, als unmittelbare Kompetenz nachgewiesen werden können.

(§ 15) 2. Die sozialpolitische Bedeutung der Arbeitsteilung.

Die Arbeitsteilung erscheint in folgendem nicht eigentlich als ein wirtschaftlicher und technischer Vorgang; in dieser Hinsicht hat

Adam Smith, obwohl er Vorgänger auch hier besitzt, bekanntlich die klassische Formel gefunden, zu der spätere, auf Grund reicherer Erfahrungen und vertiefteren Einblickes in den Prozeß, freilich noch Wesentliches hinzufügten; man wird Karl Bücher nennen, der dem Wesen der Arbeitsspezialisierung, -zerlegung und -vereinigung so nahe wie möglich gekommen ist. Die heute allmählich entwickelten und neuerdings auch amtlich geförderten arbeitsphysiologischen, -psychologischen und sonstigen betriebswissenschaftlichen, zum Teil experimentellen Versuche werden unsere Kenntnis des wirtschaftlichen, organisatorischen und technischen Vorgangs der Arbeitsteilung gewiß noch vertiefen und erweitern; der Verein für Sozialpolitik mit seinen Untersuchungen über Auslese und Anpassung der Arbeiterschaft, der Centralverein für das Wohl der arbeitenden Klassen mit seinen Monographien über Löhnungsmethoden, die Gesellschaft für soziale Reform mit zahlreichen Spezialarbeiten, besonders über die jugendlichen Arbeiter, sind auf diesem Weg ernster Einzelforschung vorangegangen.

Für uns ist die Arbeitsteilung vorzugsweise wegen der Einflüsse und Begleiterscheinungen wichtig, die von ihr auf die soziale Differenzierung und Gruppenbildung sowie auf die gesellschaftlichen Funktionen Einzelner und Sozialer Gruppen ausgehen. Die später darzustellende Berufsbildung ist eine Teil- und Folgeerscheinung dessen, was hier zu prüfen ist. Eine sehr große Zahl von gesellschaftlichen Erscheinungen, die Gegenstand der Sozialpolitik sind: Berufsergreifung und Berufswechsel, Stellung im Berufe, Arbeitsmarkt und Arbeitslosigkeit, Arbeitskämpfe, Arbeitsentlohnung, Klassenbildung und Klassenkampf sind von der Arbeitsteilung unmittelbar oder mittelbar, nur durch verschiedene wirtschaftliche und soziale Zwischenwirkungen hindurch, abhängig, können aber auch ihrerseits auf die Arbeitsteilung Einfluß gewinnen. Während die Fälle der ersten Art ziemlich einleuchten, übrigens in allen wesentlichen Einzelheiten dargelegt werden sollen, mag zur Illustrierung der umgekehrten Einwirkung (eines der genannten Vorgänge auf die Arbeitsteilung) einstweilen nur auf folgendes hingewiesen werden: ein Streik kann dem Unternehmer die Notwendigkeit einer völlig neuen Fabrik- und Arbeitsorganisation, durch die der Einfluß von Ausständen weniger fühlbar gemacht werden soll, vor Augen führen; das bedeutet dann eine quantitative und qualitative Änderung der bis dahin üblichen Arbeitsspezialisierung im Betrieb.

Die Klassiker haben, hierin über ihren Meister A. Smith hinausgehend, fast stets nur die Lichtseiten der Arbeitsteilung gesehen oder sehen wollen; soweit sie Optimisten waren und an die Harmonie der Interessen aller glaubten, die Carey und Bastiat später so beredt schilderten, war das verständlich und folgerichtig. Da das ökonomische und gesellschaftliche System der Zukunft auf Arbeitsteilung ausschließlich zu beruhen schien, mußte man die Augen vor bedenklichen Erscheinungen, die im Gefolge jenes Prozesses wahrlich nicht fehlten, verschließen oder aber in ihnen lediglich vorübergehende Kinderkrankheiten zu erblicken bemüht sein. Stimmte man aber Malthus in seinen pessimistischen Grundanschauungen bei, so war der Blick doch in höherem Grade auf die Übelstände gerichtet, die auf Arbeiterseite im Übermaß der Kinderzeugung wurzelten; die Arbeitsteilung aber war weit davon entfernt, als eine der Ursachen der sozialen Not zu gelten, vielmehr wurde bedauert, daß es durch diese glückliche Errungenschaft doch nicht möglich sei, den Einklang zwischen Bevölkerungsgröße und Unterhaltsmitteln herbeizuführen. Einzelne abweichende Meinungen, einige gegenteilige Stellen bei den Meistern selbst fallen diesen Grundanschauungen gegenüber nicht entscheidend ins Gewicht.

Diese einseitig-technisch-wirtschaftliche Geltung der Arbeitsteilung hat sich in der ökonomischen Wissenschaft lange behauptet. Sie ist auch bei den Sozialisten zu finden, die in dieser Hinsicht, wie ja auch sonst, treue und etwas kritiklose Anhänger der Klassiker sind. Eine dogmengeschichtliche Darlegung, die hier nicht beabsichtigt sein kann, würde das im einzelnen bestätigen, würde insbesondere auch Karl Marx im Banne dieser einseitigen Beurteilung zeigen. So sehr sich sein flammender Protest gegen den Kapitalismus wendet, der Mehrwert heckt, die Arbeiter auspowert und verelendet, Kapital auf Kapital akkumuliert, so sehr läßt Marx doch den technischen und organisatorischen Vorgang, auf Grund dessen der Kapitalismus erst möglich wird, eben die Arbeitsteilung, unangetastet, ja, er fordert ihn für die sozialistische Gesellschaft nicht weniger; alle Kundgebungen des revolutionären Sozialismus, vom Kommunistischen Manifest angefangen bis zu Ballods „Zukunftsstaat", stimmen im wesentlichen in diesen Grundton ein, aus dem nicht selten geradezu eine Verherrlichung der Arbeitsteilung spricht; und man wendet sich scharf gegen diejenigen Glieder der Wirtschaft, in denen sich die Arbeitsteilung nur langsam und unvollkommen durchsetzt, wo sich — wie in Landwirtschaft und Handwerk — der kleine und mittlere Betrieb behauptet, gelegentlich selbst an Boden gewinnt. Das ist wiederum nur folgerichtig: denn der Weg zum Sozialismus scheint ja nur über ein zur höchsten kapitalistischen Entwicklung fortgeführtes arbeitsteiliges System zu gehen; erst muß der Kapitalismus sich technisch und organisatorisch zu seinen extremsten Bildungen ausgewirkt haben, bevor die Morgenröte einer neuen besseren Zeit leuchten, die Expropriation der auf eine Minderzahl zusammengeschmolzenen Expropriateure die große sozialistische Peripetie einleiten kann. Also Arbeitsteilung, -zerlegung, -spezialisierung und -vereinigung bis zu den letzten Konsequenzen.

Kühler und abwägender standen die Kreise der sozialen Praxis, wo man die Entwicklung als Reform, Anpassung und Evolution dachte, dem vielgepriesenen System gegenüber. Man war nicht blind für seine unübertrefflichen Vorzüge, dachte wirtschaftlich genug, um einzusehen, daß die Bedingungen für die Arbeitsteilung nicht willkürlich gesetzt sind, sondern in der Volksvermehrung und Zunahme des Bedarfs liegen, und daß unter gewissen, heute gegebenen Voraussetzungen ohne entfaltete Arbeitsteilung überhaupt nicht an geregelte Bedarfsbefriedigung gedacht werden kann. Wer wollte für die ungezählten Massen von Konsumenten eine Rückkehr zu einfacheren Methoden der Bedarfsdeckung gutheißen, wer selbst nur die primitivere Art der Arbeitsteilung, jene der Zunftzeit nach dem Produkt, empfehlen? Dazu kamen augenfällige sozialpolitische Vorzüge des Großbetriebs, der mit Arbeitsteilung steht und fällt: die Möglichkeit, „Wohlfahrtseinrichtungen" großen Stils zu schaffen, beträchtliche sozialhygienische Einrichtungen den Fabriken anzugliedern, den Arbeitsprozeß in helle, freundliche, gesunde, vielleicht selbst architektonisch erfreuliche Räume zu verlegen. Verglich man die durchschnittlichen Werkstätten des Handwerks oder gar der Heimindustrie mit den Arbeitspalästen moderner Riesenbetriebe, sah man die langen Reihen der von Künstlerhand entworfenen Werkwohnungen (freilich meist, ohne die zugehörigen Mietverträge mit zu inspizieren), so konnte überhaupt kaum ein Zweifel an der auch sozialpolitischen Überlegenheit arbeitsteiliger Methoden, die jene Wunder doch erst möglich machten, entstehen.

Aber man erkannte in den genannten Kreisen doch auch gewisse Kehrseiten: die raschere Ermüdung des zu regelmäßig wiederkehrenden, oft äußerst monotonen und geisttötenden Verrichtungen bestimmten Arbeiters; man hörte von einem schnellen Verbrauch der Arbeitskraft da, wo die Arbeitsteilung auf die Spitze getrieben war; man war Augen- und Ohrenzeuge zunehmender Arbeitsunlust und einer ohnmächtigen Erbitterung, die den Arbeiter des Großbetriebs rascher als den des Kleinbetriebs in die Arme der klassenkämpferischen Genossen führte; man erlebte eine Entpersönlichung und Entseelung der Arbeit, die in diesem Umfang von keiner früheren Zeit gemeldet worden war; sie legte die Frage nahe, ob denn nicht die Schuld an dem lag, was die neueren Arbeitsmethoden von früheren schied: eben Maß und Eigenart der Arbeitsteilung, die im Taylorismus auf die Spitze getrieben wurde. Schließlich sah man in vielen Fällen die „Ware Arbeit" zur schlechthin „vertretbaren" Ware werden, die ökonomische Unsicherheit zumal des ungelernten Arbeiters wuchs und wurde zu einer öffentlichen Angelegenheit, der die kleineren und größeren Mittel der Sozialpolitik: Organisation des Arbeitsnachweises, Arbeitslosenfürsorge,

Notstandsarbeiten, in Zeiten der Krisis zumal, kaum mehr zu begegnen in der Lage waren.

Einstweilen scheint dieses festzustehen:

Die Arbeitsteilung, von welcher Seite man sie auch betrachtet, äußert neben ihren unmittelbar beabsichtigten technischen und wirtschaftlichen Wirkungen solche gesellschaftlicher, sozialer Natur, und ist insofern nicht nur bevorzugter Gegenstand der Sozialökonomie in ihren privat- und volkswirtschaftlichen Teildisziplinen, sondern in ebensolchem Maße auch Objekt der Sozialpolitik. Um aber in dieser zweiten Richtung eine breitere theoretische Unterlage zu gewinnen, ist es geboten, gewisse gesellschaftliche Vorgänge, die sich in und mit der Arbeitsteilung tatsächlich abspielen oder wenigstens abspielen können, in ihren Grundzügen darzulegen.

Zu diesem Behufe kehren wir den Blick von den bisher betrachteten hochentwickelten Systemen der Spezialisierung, Arbeitszerlegung und -vereinigung ab und zurück zu den Anfängen der Arbeitsteilung, die Bücher in seiner „Entstehung der Volkswirtschaft" so unübertroffen geschildert hat. Es ist aber gar keine neue Schilderung, die nach Büchers Leistung zwecklos wäre, zu geben, sondern die Frage nach den allgemein-gesellschaftlichen Voraussetzungen und Folgen der Arbeitsteilung im Hinblick auf das sozialpolitische Bedürfnis zu beantworten. Da nehmen wir vor anderem wahr, daß die Arbeitsteilung bereits in ihren ersten Anfängen gesellschaftsfördernd wirkte; sie veranlaßte eine wesentliche Annäherung der Glieder einer Gesellschaft und beeinflußte insofern das Wesen der Gesellschaft selbst in entscheidender Weise.

Zweifellos ist erst ein Zustand des arbeitsteiligen Zusammenwirkens für bestimmte Zwecke, die nicht ausschließlich solche der Wirtschaft zu sein brauchen, geeignet, das Nebeneinanderleben der Menschen zu einem, wenn auch zunächst primitiven und vielleicht einseitigen, Für- und Miteinanderleben zu gestalten. Die Koexistenz wird nun erst zu einer wirklichen Verflechtung, bei der jeder einzelne Bedingungen für das Dasein seiner selbst, aber auch der anderen und der Gesamtheit setzt. Wenn wir uns die biologisch begründete Blutsgemeinschaft als den Ausgangspunkt jeder Gesellschaft, oder mindestens der weitaus meisten unter ihnen, denken, so bedeutet Arbeitsteilung und-vereinigung schon einen höheren Grad der gesellschaftlichen Organisation. Und selbst wenn sie in einseitigster und willkürlichster Gestalt lediglich Arbeitsüberhäufung des einen Teils, der Frauen und Sklaven etwa, darstellt, der andere Teil dafür „auf der Bärenhaut liegt und immer noch eins trinkt", — auch dann ist das gesellschaftliche Band, das sich um die Einzelnen schlingt, fester gezogen, als wenn jeder seine eignen Wege geht; übrigens obliegt auch in den häufig beobachteten Fällen dieser einseitigen Arbeitsteilung, dieser auf die Spitze getriebenen „societates leoninae" des römischen Rechts, den von der wirtschaftlichen Arbeit mehr oder weniger befreiten (meist männlichen) Mitgliedern der Gesellschaft das Kriegshandwerk, der Schutz der Gesamtheit gegen feindliche Einwirkungen, oft auch die Verwaltung des Kults und die Rechtsprechung; so mag selbst hier, in weiterem Sinne, von Anfängen wirklicher Arbeitsteilung, wenn auch nicht auf die Wirtschaft beschränkt, gesprochen werden.

Die Blutsverwandtschaft tritt uns, wie in anderem Zusammenhang schon gesagt wurde, als erstes gesellschaftswirkendes Moment entgegen; derart, daß uns die auf Banden des Bluts beruhende Gentil- und Sippengemeinschaft überhaupt als erste greifbare Form nicht nur vergesellschafteten, sondern allgemein menschlichen Lebens und menschlicher Betätigung erscheinen muß; der „Einzelne", der Individualbegriff „Mensch", ist gegenüber diesen primitivsten Formen der Vergesellschaftung das zeitlich Spätere. Einen Robinson in Reinkultur als regelmäßige Erscheinung am Anfang der Entwicklung hat es nur in der Vorstellung der Persönlichkeitsfanatiker des 18. Jahrhunderts gegeben. Ist aber die Vorstellung einer „Sozialen Gruppe" mit der Urgeschichte der Menschheit untrennbar verbunden, so fragt es sich weiter, ob die allerersten Anfänge von Arbeitsteilung nicht ebenso alt sind wie jene auf Blutsverwandtschaft beruhenden, meist nach Mutterrecht geordneten Gentilverbände und Sippen selbst, die zwischen 100 und 1000 Köpfen im Durchschnitt gezählt haben mögen. Ist das der Fall, dann ist Arbeitsteilung nicht etwas erst von der Gesellschaft für gesellschaftliche Zwecke Erfundenes, sie ist dann gleichzeitig mit den gesellschaftlichen Anfängen ins Leben getreten, hat vielleicht sogar die ältesten gesellschaftlichen Gruppen selbst mit geschaffen oder wenigstens beeinflußt. Man würde in diesem Sinne zu zweifeln haben, ob die Bande des Bluts allein stark genug waren, um das Zusammenleben in Gentilverbänden und Sippen herbeizuführen; ob nicht die Vorteile des arbeitsteiligen Zusammenlebens zum Schutz gegen Feinde und wilde Tiere und bei der Nahrungssuche neben dem gleichen Blute als erstes wichtigstes Bindemittel gelten mußten. Dann hätte ein bloßes Nebeneinanderleben ohne gegenseitige Beeinflussung überhaupt nicht stattgefunden, vielmehr wäre das arbeitsteilige Für- und Miteinanderleben untrennbar von jeder Art menschlicher Gemeinschaft. Man kann selbst die einfachste Form menschlichen Zusammenlebens, die monogame Ehe — die freilich oft erst später als Zeichen kultureller Entwicklung auftritt — unter dem Gesichtspunkt der Arbeitsteilung begreifen wollen und die Institute der Vielehe mögen auch gelegentlich der wirtschaftlichen Verwendbarkeit der mehreren Ehegenossen entsprungen sein.

Die verschiedenen hier vorgetragenen Möglichkeiten schließen sich aber nicht aus, sie sind der Urgeschichte und Ethnologie, die wir hier vorzugsweise zu befragen haben, gleichmäßig geläufig. Der gesellige und arbeitsteilige Trieb war eben bei den frühen Menschen ebenso unterschiedlich entwickelt wie bei den heutigen. In nicht seltenen Fällen, etwa bei den Völkern des hohen Nordens, bot Klima und Boden wohl auch nur sehr geringe Möglichkeiten für die Behauptung gesellschaftlicher Gruppen, die an Zahl wesentlich über den Umfang der Familie im engeren Sinn — also nicht der Großfamilie — hinausragten. Unter besonders ungünstigen Lebensbedingungen konnte sich gegenüber den Vorteilen arbeitsteiligen Zusammenschlusses wohl auch der Gesichtspunkt behaupten, daß „der Starke am mächtigsten allein" sei. Bei solchen kleinen Gruppen aber wird, unbeschadet des oben über Arbeitsteilung in der Ehe Gesagten, überhaupt nur bedingt von Vergesellschaftung die Rede sein können, ihr gelegentliches Vorkommen scheint nichts dagegen zu beweisen, daß für die Masse der primitiven Menschen größere Vereinigungen und mit ihnen auch die Bedürfnisse der Arbeitsteilung die Regel bilden. In diesem Sinn steht Arbeitsteilung an der Spitze des sozialen Lebens schlechthin, sie wurde niemals „erfunden“, sondern entsprang dem instinktmäßen Gefühl für das Nützliche und für die Arterhaltung.

Die Arbeitsteilung aus den ersten Anfängen heraus zu den großartigen Systemen hinauf zu verfolgen, die heute in ihr ihren Ausgangspunkt haben, ist Aufgabe der folgenden Darstellung, die dabei aber, wie bisher, das Historisch-Individuelle hinter dem Soziologisch-Typischen zurücktreten lassen muß und vor allem keine Geschichte der Arbeitsteilung beabsichtigt. Ein erster wichtiger Gesichtspunkt wird durch die anschließende biologische Einstellung des Problems geboten.

(§ 16) 3. Die Einwirkung der Arbeitsteilung auf Körper und Geist.

Lust- und Unlustgefühle des Einzelnen bestimmen die psychische (und mittelbar die körperliche) Verfassung, mit der dieser Einzelne auf wirtschaftliche, technische oder soziale Tatsachen des Außenlebens „reagiert“; wenn sehr viele „Einzelne“, die in ihrer Gesamtheit vielleicht sogar den größeren Teil des Volkes ausmachen, von gleichen oder, je nach dem Temperament und den besonderen Einwirkungen, verwandten Empfindungen und Stimmungen beseelt sind, so ist damit der Nährboden für soziale Bewegungen gegeben. Die Lust- und Unlustgefühle sind aber ihrerseits in entscheidendem Maße durch die Bedingungen bestimmt, die in der Arbeit, im Berufe gesetzt werden. Insofern ist die Arbeitsteilung, von der Arbeit und Beruf abhängen, mittelbar eine Ursache für die körperliche und seelische Grundverfassung und damit für die soziale Gruppierung und Bewegung selbst. Keineswegs kann diese ausschließlich so verstanden werden; erst im Zusammenwirken all der einzelnen, in diesem Buche zu besprechenden und sozialpolitisch zu wertenden Faktoren kommt die Gesamtheit von Vorgängen, die wir in der Sozialpolitik begreifen, zustande; Lebenshaltung, Einkommen, Bildungs- und sonstige Kulturfragen, politische Erwägungen und der Grad der Organisierbarkeit einer Sozialen Gruppe sind für Standes- und Klassenbildung und für die anderen sozialpolitischen Probleme nicht weniger wichtig als Arbeitsteilung. Aber nur durch bewußt einseitige Fragestellung, durch gedankliche Isolierung dessen, was auf unserem Gebiete leider nur unvollkommen und gelegentlich mit experimentellen Mitteln bloßgelegt werden kann, wird man den tieferliegenden Verursachungen des sozialen Lebens gerecht werden.

Die Einwirkungen der Arbeitsteilung auf Körper und Seele des im arbeitsteiligen Prozeß Stehenden gehören zwei verschiedenen Wissenschaften als Forschungsgegenstand an: der Physiologie und Biologie auf der einen Seite, der Psychologie und Psychotechnik auf der anderen Seite. Über die Art des Zusammenwirkens dieser verschiedenen Wissenschaften, die für den Sozialpolitiker — unbeschadet ihrer methodischen Selbständigkeit — nur Hilfsdisziplinen sein können, ist im Ersten Abschnitte und im vorigen Kapitel alles Wesentliche gesagt worden. Auch hier können wir nur mehr oder weniger fertige Tatsachen oder wenigstens fruchtbare Fragestellungen und Hypothesen aus jener anderen Forschungswelt herübernehmen. Der theoretisch gerichtete Sozialpolitiker kann im allgemeinen nicht selbst wissenschaftlicher Psychologe und Physiologe sein wollen, er hat genug zu tun, wenn er sich aus so zerstreuten Wissensinhalten ein Bild von dem, was er für sein Gebiet braucht und wofür er dann auch allein zuständig ist, gestalten will.

Arbeitsteilung und Arbeitsteilung ist auch für den Physiologen und Psychologen etwas sehr Verschiedenes, je nachdem ihre — vorwiegend wirtschaftlich-technisch bedingte — Intensität größere oder geringere Beanspruchungen des menschlichen Körpers und Geistes im Gefolge hat. Die Skala der möglichen Einwirkungen wird von der Auslösung reiner Lustgefühle zu einer fast ausschließlichen Betonung des Unlustmomentes hinüberführen. Der große Unternehmer, der seinem kühnsten Gedankenflug folgt und längst das Verdienen hinter der Freude an der Macht über Menschen und Dinge hat zurücktreten lassen, ist ebensosehr ein Ergebnis arbeitsteiliger Faktoren wie der ungelernte Arbeiter, der kleinste und untergeordnetste, vielleicht aber besonders mühselige und nervenzerrüttende Verrichtungen durch den arbeitsteiligen Prozeß, dessen Sinn und Zweck er innerlich ganz fern steht, zugewiesen erhalten hat. Und nicht nur der Intensitätsgrad der menschlichen Berufsarbeit, auch die Begleitumstände, Ort und Zeit, wo und wann sie geleistet wird, sind wichtig für die körperlichen und geistigen Einwirkungen. Der Arzt, der militärische Führer, der Staatsmann werden dabei andere Gesichtspunkte sehen als der Arbeitgeber oder der Arbeiter selbst; die Gefahr der Degenerierung des Einzelnen, vielleicht aber auch der Rasse (vgl. hierzu § 3), wird dem Arzte, der zunächst auf das Individuum, als Sozialhygieniker aber auch auf die Gesamtheit achten muß, als besonders bedrohlich erscheinen; der militärischen Auffassung hat in den Anfängen der Sozialgesetzgebung ein preußischer Kommandierender General Rechnung getragen, wenn er seine vorgeordnete Stelle auf die Gefahren der damaligen Fabrikarbeit für die militärische Leistungsfähigkeit, für die Qualität der auszuhebenden Rekruten, aufmerksam machte; große Staatsmänner haben in Preußen-Deutschland früher als in irgendeinem anderen Staate das Bedenkliche der Lage erkannt und die soziale Gesetzgebung eingeleitet. Hören wir noch den Lehrer über die geringen Schulleistungen der Kinder sprechen, die zu früh in den arbeitsteiligen

Prozeß, der für sie besondere Verwendungsmöglichkeiten kennt, hineingeschickt werden; oder den Geistlichen, wenn er seine Aufgabe nicht nur in der Vorbereitung auf das „Jenseits" sieht, sondern schon in dieser Welt Bedingungen für, in seinem Sinn, bessere und gesündere Menschen zu schaffen bestrebt ist.

Mens sana in corpore sano; das unendlich abgegriffene Wort bewährt seine Wahrheit auch in diesem Zusammenhang und gibt Maßstäbe, die für die sozialpolitische Beurteilung der Arbeitsteilung stets entscheidend sein werden.

Insoweit die Arbeitsteilung nun Ausgangspunkt des Berufs ist und erst eine ungefähre Kenntnis der modernen Berufsentwicklung die besonderen, an die Eigenart der einzelnen Berufe geknüpften Einwirkungen ermessen läßt, bedarf die Untersuchung noch eines Aufschubs. Zunächst können nur Gesichtspunkte vorgekehrt werden, die der Arbeitsteilung als solcher und ihren verschiedenen Intensitätsgraden eigen sind. Sie hängen mit allem, was oben (§ 14) über Arbeit, Arbeitsintensität, Arbeitsrhythmus, Arbeitsermüdung, Arbeitsfreude und Arbeitsunlust ausgeführt wurde, auf das engste zusammen und stellen zum Teil nur eine Anwendung der allgemeinen, mit der Arbeit verbundenen Prinzipien auf den sozialpolitisch besonders wichtigen Sonderfall der Arbeitsteilung dar.

Die Arbeitsteilung als gesellschaftliche Tatsache erschien uns übrigens auch als Beleg für die Richtigkeit einer oben erwähnten Begriffsbestimmung der Arbeit selbst: als Überwindung von Schwierigkeiten und Hemmungen. Ist die Arbeitsteilung auch für diesen Zweck nicht eigentlich „erfunden" worden, da sie ja mit fast jeder Art von Vergesellschaftung organisch verbunden auftritt, so müssen doch sehr primitive Erfahrungen und einfachste Überlegungen schon frühe dahin geführt haben, daß man von der Zuwendung einzelner Stammesgenossen zu bestimmten Beschäftigungen die leichtere Überwindung der natürlichen Schwierigkeiten und eine Ertragssteigerung der Arbeit erwartete.

Wirkungen der Arbeitsteilung werden ebenso sehr zu suchen sein in einer Steigerung des rhythmischen Arbeitsvorgangs wie in einer Beeinflussung des physischen Prozesses der Ermüdung und Erschöpfung und der psychischen Begleitumstände: Arbeitsfreude und Arbeitsunlust. Wirkungen der ersten Art betreffen zunächst die technische Seite des Arbeitsprozesses, sie sind sozialpolitisch hauptsächlich deshalb wichtig, weil vom Rhythmus der Arbeit ebenso der Arbeitserfolg, wie die psychische und physische Verfassung des Arbeitenden bestimmt werden kann.

Die vorwiegend technischen Vorgänge beim Arbeitsrhythmus brauchen hier ebensowenig wie die rein physischen der Arbeitsermüdung oder die rein psychischen der Arbeitsfreude und Arbeitsunlust im einzelnen dargelegt zu werden. Wichtig ist dagegen der Vergleich zwischen den einschlägigen Wirkungen einer relativ geringen und einer sehr gesteigerten Arbeitsteilung; denn ein Vergleich zwischen Zuständen mit und ohne Arbeitsteilung ist schon theoretisch kaum möglich, weil Ansätze zur Arbeitsteilung fast immer gegeben sein werden; für praktisch-sozialpolitische Zwecke wäre eine solche Gegenüberstellung in noch höherem Maße gegenstandslos und es kann sich immer nur um die Frage handeln, welche Bedeutung graduelle Steigerungen oder Abschwächungen des arbeitsteiligen Verfahrens auf den Rhythmus der Arbeit, auf Ermüdung und Erschöpfung, auf Arbeitsfreude und Arbeitsunlust zu zeitigen vermögen. Wobei die graduellen Änderungen natürlich nicht nur quantitativ zu fassen sind, sondern auch Qualitätsverschiebungen, die infolge neuer Arbeitsmethoden oder einer völlig neuen Betriebsorganisation auftreten können, umschließen.

Eindeutige Wirkungen auf Rhythmus der Arbeit, Ermüdung, Arbeitsfreude usw. wird man keineswegs von zunehmender Intensität der Arbeitsteilung erwarten; man wird nicht annehmen dürfen, daß sie in jedem Falle gesteigerten Rhythmus, geringere oder aber größere Ermüdung, größere oder aber geringere Arbeitsfreude zur Folge haben müsse; die Auflösung einer ursprünglich einheitlichen Verrichtung in ihre Teile kann in einem Falle den Rhythmus steigern, im anderen Falle verringern; ersteres, wenn die Teilverrichtungen völlig monoton verlaufen und keinen Zusammenhang unter den Arbeitsgenossen mehr aufweisen; letzteres z. B., wenn eine neu in den Arbeitsprozeß eingeschobene Mittelsperson oder Maschine ihren eignen Rhythmus auf die Mitwirkenden überträgt. — Die Ermüdung kann mit zunehmendem Arbeitsteilungsgrade wachsen, wenn die Tätigkeit einförmig, langweilig, geisttötend wirkt oder aber einzelne Organe und Glieder derart einseitig angestrengt werden müssen, daß ein Ausgleich durch Gewöhnung nicht einzutreten vermag. — Wenn aber die neue arbeitsteilige Methode, was durchaus nicht ausgeschlossen zu sein braucht, gegenteilige Wirkungen zeitigt, wenn die neueingeführte Maschine etwa ein hohes Maß von Vielseitigkeit in der Bedienung verlangt oder gerade die anstrengendsten Elemente der früheren Arbeitsleistung in Wegfall kommen, wird die Ermüdung eher geringer sein. Die Beseitigung des Puddelprozesses kann hierfür erwähnt werden. — Die Arbeitsfreude endlich wird häufig, wenn auch nicht immer, ein reziproker Wert der Ermüdung sein; sie wird außerdem durch die Intensivierung der Arbeitsteilung gesteigert werden, wenn in dem neuen Arbeitsprozesse größere Verdienste erzielt werden können. Im ganzen aber wird zunehmende Arbeitsteilung die Tendenz haben, den Weg, den das Produkt bis zu seiner Fertigstellung zu durchlaufen hat, zu verlängern, den Enderfolg somit der Sehweite des einzelnen Arbeiters zu entziehen; das wird im allgemeinen die Freude an der Arbeit als solcher, selbst wenn die Verdienstaussichten günstigere geworden sind, beeinträchtigen.

Etwas Allgemeines läßt sich also nicht sagen, demgemäß kann die Beurteilung der Arbeitsteilung vom sozialpolitischen Standpunkte aus eine sehr verschiedene sein. Lediglich eine gleichbleibende Tendenz wird ihr beigemessen werden können: sie besteht darin, daß ein Maximum (das freilich nicht stets Optimum ist) der Beanspruchung und Leistung erreicht werden solle. Hierunter fällt die oben erwähnte Tätigkeit des großen Unternehmers, des gewiegten Finanzmanns,

Waren- und Börsenkenners ebensosehr wie die auf kleinste Verrichtungen beschränkte Handreichung des an unterster Stelle im arbeitsteiligen Prozeß stehenden, ungelernten Arbeiters. Ein Unterschied liegt nur darin, welchen Aktionsradius die Tätigkeit hier und dort erreicht und welche Verdienstmöglichkeiten mit ihr verbunden sind. Das Wort aber, daß die moderne arbeitsteilige Entwicklung Menschen züchte, bei denen nach Fortnahme des „Berufsmenschen" oft nicht mehr allzuviel Menschliches übrigbleibt, gilt in Kreisen der Industriemagnaten und Börsenkönige in kaum geringerem Maße wie für den im arbeitsteiligen Betrieb stehenden Arbeiter; wahrscheinlich noch in höherem Grade; denn der Arbeiter bleibt — gerade wegen der Verödung seines Arbeitslebens — politisch und gewerkschaftlich in höchstem Grade interessiert und opferfreudig, was für den Unternehmer und Kapitalisten durchaus nicht immer zutrifft.

Deutschland hatte neben Amerika in der Züchtung solcher „Teil-Persönlichkeiten", solcher Ergebnisse eines auf die Spitze getriebenen arbeitsteiligen Systems, einen Rekord erreicht, hatte England mit seinem alten gesättigten Reichtum weit hinter sich gelassen und mit Frankreich längst die Fühlung verloren. Das gesteigerte Tempo des Lebens führte jetzt ausschließlich über die Arbeitsteilung, das rhythmische Ideal des Humanismus und der Renaissance, das noch den Zeitgenossen Goethes vorschwebte, war auf der ganzen Linie verlassen worden. Innerhalb Europas hat in dieser Beziehung wohl keine andere Stadt den Vergleich mit den Menschen und Methoden Berlins aushalten können.

Der Sozialpolitiker kann nicht daran vorbeigehen, daß diese Entwicklung zwar keine Vollmenschen schuf, aber doch höchste persönliche Intensitätssteigerungen nach bestimmten Richtungen zuerst ermöglichte. Da der sozialpolitische Fortschritt an den wirtschaftlichen geknüpft ist, dieser aber bei höchster Intensität der Arbeitsteilung in besonderem Maße auf seine Rechnung zu kommen schien, so mochte man seine sozialpolitischen Bedenken auf die Fälle beschränken, in denen die Arbeitsteilung unmittelbar greifbare Nachteile für die Arbeiter zu bieten begann. Ob der Unternehmer durch den gleichen Prozeß zum einseitigen Geld- oder Machtmenschen wurde, schien von hier aus eine interessante Frage der Unternehmerpsychologie, aber nicht ein Thema der Sozialpolitik zu sein. Und doch ist es ein solches nicht weniger wie das Schicksal des Arbeiters im arbeitsteiligen Arbeitsprozeß. Denn mit der Herausarbeitung jenes einseitigen Unternehmer- und Kapitalistentyps wuchs die Gefahr für die Vertiefung der sozialen Gegensätze, für die Auseinandersetzung zwischen Kapital und Arbeit; verringerte sich die Möglichkeit des Verständnisses, der Versöhnung; gewannen sogenannte „Wohlfahrtseinrichtungen“ auf Kosten der Tarifverträge Raum; sank die Kunst der Menschenbehandlung, die dem Unternehmer eigen sein muß, oft auf ein Minimum.

Von Unternehmern, die, wie Abbe, Öchelhäuser, Merton, Freese, Rösicke, die wachsende Entfremdung zwischen den Parteien des Arbeitsvertrags erkannten, mochte wohl darauf hingewiesen werden, daß die „menschenökonomischen“ Fragen mehr und mehr zu den schwierigsten der Betriebsführung wurden. Man war in den Kreisen der Standesgenossen geneigt, die Schwierigkeiten nur dem Einfluß der „Hetzer“ zuzuschreiben und übersah, daß sie vor allem in den erwähnten Momenten der Arbeitsintensivierung und Arbeitsteilung begründet waren. Es ist das Wort gefallen, der deutsche Unternehmer verstehe alles, nur seine Arbeiter zu behandeln verstehe er nicht.

Freilich unterlagen diese Arbeiter selbst den tiefstgehenden Wirkungen des arbeitsteiligen Prozesses. Wenn rühmend auf ihr politisches Interesse und ihre gewerkschaftliche Opferfreudigkeit hingewiesen wurde, so bedarf dies doch einer Einschränkung; denn der Einfluß arbeitsteiliger Methoden, welche die Leistung der persönlichen Geltung nach stark beschränkten, dem wirtschaftlichen Nutzeffekt nach ebensosehr erhöhten, griff über die Berufstätigkeit weit hinaus, er äußerte sich auch darin, daß das politische und gewerkschaftliche Denken des Arbeiters verengt, einseitig gestaltet wurde, oft nurmehr privatwirtschaftliche und soziale Fragen umschloß, sich von der Weite der großen Politik und der Weltwirtschaft zurückzog, in dieser selbstgewählten Enge aber zu erstarren drohte. Das einzige, was noch größere Ausblicke zu gewähren, Hoffnungen zu erwecken, für verlorengegangene religiöse Bedürfnisse einen Ersatz zu bieten schien, war Weltanschauung: vor allem die sozialistische Klassenkampfidee. Die letztgenannte ist, bei all ihrer ungeheuren Tragweite, psychologisch-soziologisch sehr enge mit dem, was der modernen Fabrikarbeit seinen Stempel verleiht, mit der Arbeitsteilung, verknüpft. Der entpersönlichte, zu einem kleinen Partikelchen des Produktionsprozesses herabgedrückte Arbeiter wird, wenn nicht starke Gegenwirkungen vorhanden sind, der gegebene Verfechter des Klassenkampfgedankens sein. Er hat nach dem Kommunistischen Manifest nichts zu verlieren als seine Ketten — die Ketten, die ihn an den angeblich nur-kapitalistischen, in Wahrheit aber arbeitsteiligen Betrieb fesseln; er hat, durch Klassenkampf, nach der gleichen Quelle eine Welt zu gewinnen.

Man wird das durch den Hinweis darauf bestreiten, daß es ja gar nicht die Arbeitsteilung und die Fabrikarbeit überhaupt sei, was der Sozialismus bekämpfe; daß sich der Kampf gar nicht gegen technische Faktoren, zu denen die Arbeitsteilung gehöre, sondern gegen die privatkapitalistische Basis der Produktion, gegen Mehrwert und Kapitalakkumulation wende; daß, im Gegenteil, der Sozialismus selbst die Erhaltung und Vervollkommnung des arbeitsteiligen, großindustriellen Prozesses fordere. Auf diese Einwände kann erst später, wenn eine Reihe weiterer Einzelfragen beantwortet sind, endgültig eingegangen werden. Einstweilen möge nur folgende Überlegung Platz greifen:

Was ist es, was der Arbeiter vor anderem drückend empfindet? Ist es wirklich der „Mehrwert“? Angenommen, es gäbe einen solchen im marxistischen Sinn, was bekanntlich von Marxisten selbst bestritten wird: ist es wirklich das größere Einkommen des Unternehmers, was der Arbeiter bemängelt, sieht er nicht, wie wenig gesichert es ist, welche Gegenleistungen und Verzichte seitens des Unternehmers verlangt, wie wenig gerade die großen Unternehmer ihres Gewinnes wirklich froh werden und wieviele auf der Strecke des Konkurrenzkampfes liegenbleiben? — Tiefer greift die Antwort, welche auf den großen Aktionsradius der Unternehmertätigkeit, auf seine Macht über Menschen und Dinge verweist und hierin vornehmlich den Angriffspunkt sieht. Ist aber nicht die Proletarierklasse als solche auch politisch mächtig? Gewähren nicht gerade die modernen Arbeitsverhältnisse die Möglichkeit zum Aufstieg? Weniger zum Aufstieg als Unternehmer, denn das sind doch nicht allzu zahlreiche Fälle; man sollte sich hüten, sie zu verallgemeinern und die ziemlich fragwürdige Moral Carnegies für bare Münze zu nehmen; vielmehr handelt es sich um den Aufstieg innerhalb der Arbeiterbewegung, der, wie F. Naumann richtig erkannte, zu großen politischen Möglichkeiten schon vor dem Kriege führte, heute in noch viel größerem Umfang führt. — Will endlich nicht auch der Sozialismus, soweit er sich wirtschaftliches Denken bewahrt hat, die leitenden Beamten der Produktion erhalten, ihr Aktionsvermögen durch Erweiterung der Betriebe und Steigerung ihrer Aufgaben noch erweitern? Hierin also kann der eigentliche Gegenstand der Unzufriedenheit, des Hasses, kann der Nährboden des Klassen- und Klassenkampfgedankens schwerlich erblickt werden.

Tatsächlich handelt es sich auch meistens, ob bewußt oder unbewußt, ist nicht entscheidend, um das Gefühl der Enge und der Entpersönlichung, das durch die Einweisung in den arbeitsteiligen Großbetrieb notwendig erweckt werden muß. Der Gedanke, daß der Mensch in der besten Zeit seines Lebens nicht sich selbst und einer, wenn nicht freigewählten, so doch ihn körperlich und geistig ausfüllenden Arbeit gehören darf, wirkt niederschmetternd und aufreizend zugleich auf ungezählte Millionen. Der Gedanke, daß ihre Kinder dem gleichen Schicksal verfallen, treibt sie zu stärksten Mitteln. — Und doch werden diese Mittel das, was am meisten gehaßt und gefürchtet wird, nicht beseitigen, und der arbeitsteilige Prozeß wird im sozialistischen Zukunftsstaate grundlätzlich nicht anders aussehen, wie im verhaßten kapitalistischen System. Die von vielen im stillen gehegte Hoffnung, die neue Wendung der Dinge werde dem Tüchtigen freie Bahn machen, d. h. gerade sie oder ihre Kinder zur Höhe emporführen, kann naturgemäß nur für eine kleine Minderzahl zur Wirklichkeit werden. Die meisten werden auch dann noch durch Fabriktore zu ihrer engen und einseitigen Arbeit schreiten, werden wohl mehr Rechte an der Verwaltung, vielleicht auch bessere Lebensbedingungen und Verdienstaussichten erlangen: die zentrale Frage aber hat sich für sie nicht geändert, die sozialistische Bureaukratie wird nicht weniger als die kapitalistische Autokratie oder ein zwischen beiden stehendes Konstitutionelles System, ja wohl noch in gesteigertem Maße den Arbeitsprozeß bis in die letzten Möglichkeiten hinein teilen und mechanisieren, die Leistung verengen, einseitig und unpersönlich gestalten.

(§ 17) 4. Beruf und Berufstätigkeit.

Der Beruf, diese sozialpolitisch in so vielen Richtungen entscheidende Grunderscheinung unseres gesellschaftlichen Zusammenlebens, ist in seiner Entstehung nur aus der Arbeitsteilung heraus verständlich; und man kann hinzufügen: jedes entwickeltere arbeitsteilige System wird seine Berufsentwicklung haben; das der Zunft mußte notwendig ein anderes Berufsschema zur Folge haben, als es der Arbeitszerlegung und -vereinigung im heutigen Großbetrieb entspricht. Insofern ist der gegebene Standort für die Besprechung der mit Beruf und beruflicher Tätigkeit gegebenen und verbundenen Tatsachen im Anschluß an die Arbeitsteilung zu wählen, ohne daß freilich die Gesamtheit der einschlägigen Fragen durch die Arbeitsteilung allein eine ausreichende Klärung finden würde.

Denn der Beruf und die von ihm ausstrahlende Tätigkeit steht in denkbar engster Wechselwirkung mit fast allen übrigen Erscheinungen des wirtschaftlichen, sozialen, kulturellen Lebens. Wir können uns fast keine menschliche oder gesellschaftliche Einwirkung vorstellen, bei der der Beruf ganz ausgeschaltet wäre. Will man die Augen vor dieser Tatsache verschließen und z. B. die politische Gruppierung der Parteien zu würdigen versuchen, ohne der vorhergegangenen Berufsgruppenbildung Rechnung zu tragen, so ergibt sich Selbsttäuschung und, gewollt oder ungewollt, Täuschung anderer: denn in den meisten Vertretern des generis humani steckt eben zuerst der Berufsmensch, jedenfalls soweit, daß die politischen Anschauungen und Entschließungen bewußt oder unbewußt von beruflichen Erwägungen mit beeinflußt, oft aber in erster Linie motiviert werden. Es ist dabei wohl möglich und trifft sicher oft zu, daß der Beruf erst mittelbar, durch das Medium des Einkommens, der Lebenshaltung, der Vorbildung oder anderer wirtschaftlich-kultureller Komplexe hindurch sich politisch auswirkt; insoweit der Beruf aber für Einkommen, Lebenshaltung, Bildung und kulturelles Milieu mit entscheidend ist, setzt er auch eine notwendige Bedingung für das politische Verhalten. Wird, statt von hier aus die Politik berufständisch zu orientieren oder mindestens zu beeinflussen, an der Fiktion einer wirtschaftlich und sozial uninteressierten Parteibildung und Parteipolitik festgehalten, so ist eine Verfälschung der politischen Grundsätze und Willensäußerungen die meist unentrinnbare, wenn auch gewiß nicht erwünschte Folge.

Von „Beruf" sprechen wir zunächst generalisierend als dem Charakteristikum einer größeren Sozialen Gruppe; die „Kaufleute", die „Techniker", die „Beamten" stellen in diesem Sinne „Berufe" dar, die „Berufung" der einzelnen Mitglieder jener Gruppen erfolgt in Hinblick auf bestimmte gesellschaftliche Zwecke, deren Vorhandensein auf eine immerhin schon fortgeschrittene Arbeitsgliederung im Bau des sozialen Körpers schließen läßt. Ist die Arbeitsteilung, die ja als früheste gesellschaftliche Differenzierung zu gelten hat, eine zufällige, willkürliche, wechselnde, vorübergehende, so wird von Berufen und Berufstätigkeit noch nicht eigentlich die Rede sein. Indessen ist die rechtliche Fixierung der einzelnen Berufe durchaus nicht Vorbedingung; ist sie gegeben, wie das für die Zunftzeit galt, wird damit der Beruf gewissermaßen zur offiziellen Grundlage der meisten gesellschaftlichen Betätigungen jedes Einzelnen erhoben, dann wird allerdings dem Beruf eine besondere Rolle zufallen. Indessen ist auch der Fall theoretisch möglich und geschichtlich erwiesen, daß ein äußerlich nach Berufen gegliedertes Rechtssystem dennoch in Wahrheit ganz anderen Grundsätzen folgt: es können nämlich die Berufe tatsächlich längst innerlich sich gewandelt haben, es kann eine weitgehende Inkongruenz zwischen den Berufsbenennungen, denen das Rechtssystem folgt, und der tatsächlichen Berufsausübung eingetreten sein. Das traf gegen Ausgang der Zunftzeit zu; vielleicht kann man gerade aus dem Eindringen von Rechtsvorschriften in das Berufsleben schließen, daß nun durch äußerliche Mittel etwas zum Scheine und für politische Zwecke aufrechtzuerhalten versucht wird, was sich aus zwingenden technischen, wirtschaftlichen oder sozialen Gründen schon längst innerlich gewandelt und fortentwickelt hat. Hier liegt dann eine ähnliche — gewollte oder ungewollte — Täuschung vor, wie in dem erwähnten Falle, wo man politische Gruppen (Parteien) ohne Rücksicht auf berufliche Differenzierung zu organisieren bemüht ist. Und noch ein weiteres sei zum Kapitel der mangelnden Kongruenz auf dem Gebiete der Berufsentwicklung angefügt: Berufsbenennungen können sich erhalten, auch wenn die damit ursprünglich verbundenen Inhalte und Unterscheidungsmerkmale längst anderen Platz gemacht haben. Das gilt in hohem Umfang von der großindustriellen Entwicklung, die in die alten handwerksmäßigen Berufsbenennungen längst ganz andere Aufgaben und Zweckbestimmungen hineingelegt hat, als ursprünglich damit gemeint waren: ein „Schlosser", „Schreiner", „Schmied" war im alten Handwerk etwas völlig anderes wie in der heutigen Großindustrie, und auch der Inhalt dieser Berufe im heutigen Handwerk deckt sich nicht mehr mit dem, der ihnen früher zukam. Diese Verschiebung im Wesen des Berufs ist wichtig für eine Reihe später zu würdigender Unterscheidungen: das Organisationsprinzip der Gewerkschaften wird z. B. stark hiervon berührt.

Wir werden den Begriff des Berufs, der in tatsächlicher und rechtlicher Beziehung so mannigfachen Einwirkungen unterliegt, zunächst möglichst formal fassen, möglichst von den wechselnden Inhalten absehen müssen, um ihn in seiner allgemeinen Bedeutung für gesellschaftliche, sozialpolitisch wichtige Vorgänge verstehen zu lernen. So sehr erst die Würdigung der mit den einzelnen Berufen verbundenen Besonderheiten ein Urteil über die soziale und wirtschaftliche Bedeutung des einzelnen Berufs und der jeweiligen Berufsgliederung eines Volkes zuläßt, so muß doch fürs erste das Gemeinsame, was allen Berufen grundsätzlich, wenn auch in unterschiedlichem Maße, eigen ist, aufgesucht werden. Dieses Allgemeine wird uns entgegentreten, wenn wir die Soziale Gruppe, welche vom gleichen Berufe ihrer Mitglieder Namen und Bedeutung ableitet, und wenn wir den Einzelnen selbst als Träger der beruflichen Betätigung ins Auge fassen.

Diese Betrachtungsweise muß sich, soll ihr Raum gegeben werden, als fruchtbar für sozialpolitische Zwecke erweisen; denn nur unter diesem Gesichtspunkte sind soziologische Erwägungen dieser Art für eine Theorie der Sozialpolitik geboten. Gehen wir also wie in anderen Fällen vom praktischen Leben aus und suchen wir ihm Maßstäbe für die wissenschaftliche Behandlung des Berufs im allgemeinsten Sinn abzugewinnen.

Ein solcher Maßstab scheint dadurch gegeben zu sein, daß man einmal die Bevölkerung in beruflich Tätige und Beruflose teilt; das bedeutet zugleich eine Gliederung nach demologischen Merkmalen: nach Geschlecht, Alter, auch gelegentlich Familienstand, und nach sozialwirtschaftlichen Merkmalen: diejenigen, für welche der Beruf zugleich die einzige oder wenigstens partielle Erwerbsquelle darstellt, stehen denen gegenüber, welche aus irgendwelchen Gründen ohne berufliche Tätigkeit leben können: Rentner, Kapitalisten (soweit sie nicht Unternehmer sind), privilegierte Personen, die aus öffentlichen Mitteln unterhalten werden (die Mitglieder der regierenden Familie, soweit nicht selbst zum Regiment berufen oder sonst beruflich, militärisch etwa, tätig). Es gibt Mittelstellungen: Mitglieder von Mönchorden etwa, soweit ihre Regel die Berufstätigkeit ganz oder teilweise ausschließt: Insassen von Arbeits- und Zuchthäusern, die unfreiwillig auf Berufsausübung verzichten; die von der öffentlichen Armenpflege Unterstützten, Erwerbslose usw.

Das Heer dieser „Beruflosen", über die die Berufsstatistik manche Aufschlüsse gewährt, wird nur durch ein negatives Moment, das Fehlen eines eigentlichen Berufs, zusammengehalten. Im Einzelfall wird die Zugehörigkeit oder Nichtzugehörigkeit zu einer Gruppe schwierig zu erweisen sein; besonders da, wo ein sog. „Nebenberuf" in Frage kommt, wo jemand etwa ein kleines Landgut bewirtschaftet, aber nicht eigentlich von dessen Erträgen lebt, wo umgekehrt ein Bauer während des Winters Heimarbeiter ist, oder da, wo ein „Beruf" mehr aus sportlichen oder gesellschaftlichen Gründen betrieben wird; wenn jemand ausschließlich repräsentative Verpflichtungen pflegt, so wird er doch nicht stets als „berufslos" zu gelten haben. Das Schachspiel und fast jedes andere gesellschaftliche Spiel kann zur „Berufstätigkeit" werden. Die rein sportlich oder gesellschaftlich am Spiel Interessierten werden stets bemüht sein, die Grenze zwischen dem „Liebhaber" und dem „Berufsspieler" oder „Berufssportler" möglichst genau zu ziehen, ohne damit in jedem Falle zum Ziele zu kommen. Daß diese Abgrenzungsversuche überhaupt gemacht werden, entspringt aber einer wohlbegründeten gesellschaftlichen Auffassung von dem, was als „Beruf" im engeren, gesellschaftsfördernden Sinne anzusehen ist. Bei Berufen, deren gesellschaftliche Notwendigkeit und Erwünschtheit feststeht, wird es zu solchen Abgrenzungsversuchen schwerlich kommen.

Schwierigkeiten liegen auch da vor, wo die Berufstätigkeit äußerlich wenig oder gar nicht in die Augen springt. Wenn oben der „Nur-Kapitalist", einer häufigen und wohl auch berechtigten gesellschaftlichen Auffassung gemäß, den „Beruflosen" zugeteilt wurde, so mag ein Einspruch dagegen doch auch beachtlich sein; denn je nachdem die feste und sichere Kapitalanlage, in der die „Arbeit" sich auf Kuponabschneiden beschränkt, oder aber die werbende und spekulative Kapitalanlage erstrebt wird, wird der Grad der Tätigkeit doch beträchtlich variieren. Die kalkulierende und rein spekulierende Tätigkeit aber von vornherein als für die Gesellschaft wertlos zu verwerfen, mag wohl bestimmten ethischen Anschauungen, die in der Sozialpolitik weit verbreitet sind, entsprechen; den wirtschaftlichen Anforderungen, die auch für den Sozialpolitiker maßgebend sind, genügt dieser Standpunkt nicht.

Gemeingut aller bisher behandelten Unterscheidungen dürfte sein, daß sie den Beruf mit Leistung von Arbeit (aber auch anderer als „wirtschaftlicher" Arbeit) entweder gleichstellen oder aber wenigstens Arbeit als Voraussetzung der Berufstätigkeit anerkennen. Soll aber nur die gesellschaftlich wichtige Arbeit, etwa die „gesellschaftliche notwendige" Arbeit von Marx', gelten? Wo liegen die Maßstäbe für deren Abgrenzung? Daß wirtschaftliche Arbeit zur Begriffsbestimmung des Berufs keinesfalls ausreicht, geht unmittelbar daraus hervor, daß niemand der Tätigkeit des Arztes, des Geistlichen, des Lehrers, des Richters die Eignung, Berufsunterlage zu sein, absprechen wird. Soll aber entscheidend sein, ob der Beruf zum Lebensunterhalt nötig ist? Das wäre sicher viel zu eng, würde dem, was wir uns gemeinhin unter Beruf vorstellen, Zwang antun und ließe gerade die ethische Funktion des Berufs unberührt. Wenn sich neuerdings eine Tendenz dahin kundtat, die nicht auf Arbeitserwerb Angewiesenen vom Berufe auszusperren, diesen den Erwerbsbedürftigen vorzuenthalten, so ist diese Richtung doch mit Recht auf entschiedenen Widerspruch gestoßen. Man sieht, wie eine sozialpolitisch viel erörterte, von Anton Menger auch theoretisch begründete Frage: das „Recht auf Arbeit", hier einschlägt. Die Zunftzeit hatte hierfür eine ganz bestimmte Lösung an der Hand, die aber kaum die der Gegenwart sein wird.

Sehen wir von den Grenzfällen ab, so können wir dahin zusammenfassen: als Beruf gilt uns Arbeitsleistung für gesellschaftlich erwünschte Zwecke, und diese Arbeitsleistung wird zwar nicht ausschließlich durch den privatwirtschaftlichen Zweck der Arbeit, den Erwerb, qualifiziert sein, regelmäßig aber damit verbunden gedacht werden müssen. Ein sozialpolitisch sehr wirksames Argument wird für dieses Verbundensein von Berufsarbeit und Berufserwerb sprechen: nur dadurch kann die Unterbietung der auf Beruf und Berufserwerb tatsächlich Angewiesenen durch den Amateur vermieden werden. Ehrenamtliche Betätigung in Fällen, wo andere auf Erwerb rechnen müssen, wird von einem verfeinerten gesellschaftlichen Empfinden nicht immer als „ehrenhaft" erachtet werden können, so sehr sie im Sinn höchster Persönlichkeitsentfaltung liegen mag. Freilich erschien auch das entgegengesetzte Extrem bedenklich, das die auf Erwerb nicht Angewiesenen von der Berufsarbeit ausschließen will; mit der Kritik einer dahin zielenden Gesetzgebung befaßt sich die „Praxis der Sozialpolitik".

Eine große Reihe sozialpolitischer Probleme werden durch diese Begriffsabgrenzungen erschlossen; zahlreiche soziale Konflikte haben im Gegensatze der Auffassungen über Beruf und Berufsarbeit geradezu ihren Ausgangspunkt. Für nicht wenige gesellschaftliche Gruppierungen ist dieser Gegensatz entscheidend.

Die soziale Berufsgruppe wird sich nach dem Gesagten charakterisieren als eine Gruppe von solchen, welche wenigstens nominell gleiche (oder ähnliche, je nachdem man den Berufsrahmen enger oder weiter zieht) Arbeit leisten, und zugleich von solchen, welche aus dieser Arbeitsleistung ihren — ausschließlichen oder nicht ausschließlichen — Erwerb ziehen. Damit sind aber für die Bestimmung der Berufsgruppe zwei inhaltlich recht verschiedene Maßstäbe angelegt.

Denn je nachdem der Schwerpunkt des Gruppenzusammenhalts und der Gruppengefühle auf der gleichen (verwandten) Berufsausübung, d. h. auf der Arbeitsleistung, oder aber auf dem Streben, im Berufe den (ganzen oder teilweisen) Lebensunterhalt zu finden, ruht, wird die Gruppe selbst ein anderes Aussehen haben, wird sie verschiedene Zwecke zeitigen, verschiedene Anforderungen an die Mitglieder stellen, wird ihre Bindegewalt eine ungleiche sein, wird sie sozialpolitisch verschieden beurteilt werden müssen.

Der Arbeitstarifvertrag z. B. entspringt in erster Linie sicherlich den Interessen der in gleicher Arbeitstätigkeit Verbundenen; er setzt wirtschaftlich eine gleiche oder wenigstens ähnliche Arbeitsleistung aller voraus. Hier liegen dann zünftige Erinnerungen in modernem Gewande vor. Aber der nämliche Arbeitstarifvertrag kann dazu führen, daß Arbeit und Arbeitsleistung die Gruppenglieder nur mehr äußerlich verbindet, daß in Wirklichkeit das Streben vorherrscht, den Erwerb zu tarifieren, zu nivellieren, jedem Einzelnen wohlerworbene Rechte, keinem aber ein Mehr zu sichern. Das braucht noch nicht ungünstig zu sein. Wie aber im Fünften Abschnitt zu zeigen ist, kann der Tarifvertrag sehr wohl die Unterlage für Pfründenstellen werden; wenn sich nämlich seine Beziehung auf die Arbeitsleistung (die ursprünglich ebensosehr wie der Arbeitserwerb gesichert werden soll) verflüchtigt, wenn die Zugehörigkeit zu einer Tarifposition als solche schon praktisch das „Recht auf Arbeit", das Recht auf ein bestimmtes Einkommen gewährleisten soll. Vieles aus der modernen Tarifentwicklung und aus dem Gewerkschaftsleben, wo das „Ca' canny" („Laß' dir Zeit") geprägt wurde, ist ohne diese grundsätzlichen Problemstellungen kaum zu verstehen. Sie zu betonen, bedeutet den Versuch, eine Vielheit widerspruchsvoller Erscheinungen der Sozialpolitik auf gewisse, meist wiederkehrende Grundprinzipien zurückzuführen.

Organisiert sich die soziale Berufsgruppe, die zunächst nur eine durch Abstraktion wahrnehmbare Differenzierungserscheinung der Gesellschaft ist, so treten neue Gesichtspunkte hinzu.

Der eben erwähnte Tarifvertrag z. B. ist eine Lebensäußerung der in diesem Sinne „organisierten" Sozialen Gruppe. Das Wesen der gesellschaftlichen Organisation, die etwas anderes als die gedankliche Konstruktion der „Gruppe" ist, kann an dieser Stelle noch nicht besprochen werden; genug, daß durch das Herausarbeiten der „Berufsgefühle" und „Berufsinteressen" etwas Neues zu dem ursprünglich auf Arbeitsteilung zurückführenden Begriff der Berufseinheit hinzutritt. Die organisierte Gruppe ist ein qualifiziertes Gebilde, das, einmal zustande gekommen, auf die Berufsentwicklung selbst sehr erhebliche Einflüsse zeitigt. Diese Einflüsse werden sich als berufliches Ehrgefühl, als Berufstreue und Liebe zum Berufe äußern können und dann in höchstem Maße sozialpolitische Bedeutung erlangen. Aber auch Berufsegoismus, ein mit Unterschätzung anderer Berufsbetätigungen verbundener Eigendünkel, wird so entstehen und nicht selten wird dasjenige, worauf das einzelne Mitglied der organisierten Gruppe besonders stolz ist, nicht mehr der Beruf und die Berufsarbeit selbst sein; man ist vielmehr stolz und zufrieden, einer so gut organisierten, starken, den Arbeitsertrag des Einzelnen mehrenden Organisation anzugehören, und wie vorhin beim Tarifvertrag, wird die Beziehung auf das, wodurch die Gruppe erst möglich wurde, die gesellschaftliche Arbeitsleistung, in den Hintergrund treten. Das ist das Schicksal der Berufsorganisationen der Zunftzeit gewesen. Der Formalismus, pedantische Gesellen- und Meisterregeln sind an Stelle des Sicheinfühlens in eine lebensvolle Gemeinschaft getreten; die neuere Zeit mit ihren auflösenden Bestrebungen, ihren individuellen, rein vertragsmäßigen Bindungen hatte gegenüber den erstarrten Mechanismen des ausklingenden Zunftzeitalters leichtes Spiel. Heute mehrt das Streben nach gesellschaftlichem Rang, Titel, äußeren Ehren usw. die Differenzgefühle, die von der organisierten Berufsgruppe ausstrahlen.

Wiederholt sich heute, bei den modernen Berufsorganisationen, Ähnliches? Angesichts ihrer ungeheuren Bedeutung für Gesellschaft, Recht und Wirtschaft der Gegenwart wäre das von geradezu erschütternder Bedeutung. Es kann erst später im einzelnen untersucht werden. Einstweilen muß es genügen, gewisse Grenzen für die Berufsorganisation, die heute fast allmächtig zu sein scheint, anzudeuten.

(§ 18) 5. Berufe überwiegend körperlicher oder geistiger Arbeit.

Nicht die körperliche und geistige Arbeit als solche beschäftigt uns hier; über sie war in den Kapiteln über die Arbeit selbst zu handeln; die verschiedenen biologischen und physiologischen Bedingungen, unter denen die Arbeitsleistung in beiden Fällen vor sich geht; ihre ungleich liegenden Ermüdungs- und Erschöpfungsgrade; das Maß der ausgelösten Arbeitsfreude, die rhythmische Gestaltung des Arbeitsprozesses selbst; schließlich die Möglichkeit der Arbeitszerlegung und -vereinigung, alles Dinge, in denen sich körperliche und geistige Arbeit ungleich auswirken: — dafür war der Standort bei Besprechung der Arbeit selbst gegeben, und nur weniges bleibt in dieser Hinsicht zur Ergänzung übrig. Die sehr ungleichen Anforderungen ferner, welche beide Arten von energetischer Betätigung zwecks Ersatzes der verausgabten Wärme- und Kraftmenge an die Ernährung, an die Lebenshaltung überhaupt, stellen, sind wiederum an anderer Stelle, unter Lebenshaltung und Konsumtion, zu würdigen. Es bestätigt sich, daß nur durch Isolierung der einzelnen, sozialpolitisch bedeutsamen Erscheinungen eine tiefere Auffassung, die der geläufigen Schlagworte entraten kann, möglich wird.

Was hier untersucht werden soll, ist der Beruf, je nachdem geistige oder körperliche Arbeit in ihm vorherrscht. Nun ist bereits nach Früherem deutlich, daß es rein-körperliche Arbeit so wenig wie rein-geistige gibt, daß alle Muskelbewegungen mit Innervationen, diese aber mit vorhergehenden, parallelen und nachfolgenden psychischen Vorgängen verbunden sind; daß umgekehrt jede aus dem Innenleben an die Außenwelt hervortretende „geistige“ Tätigkeit körperlich bedingt ist: durch den Standort bereits, dann durch die gesamte Körperverfassung, weiter aber auch durch die Mittel, deren sich der geistig Arbeitende zur Einwirkung auf Dritte bedienen muß. Es bleibt dabei durchaus offen, ob man die letzten Ursachen körperlicher und geistiger Funktionen dualistisch oder monistisch begreifen will; jedenfalls ist einstweilen die monistische Auffassung noch nicht fähig, uns die Brücke zwischen geistigem und körperlichem Geschehen begreiflich zu machen. Alles Nähere hierüber enthält der einleitende Abschnitt über Biologie und Sozialpolitik, Philosophie, Psychologie und Sozialpolitik (§§ 3, 8).

Gibt es keine ausschließlich geistige und ebensowenig eine nurkörperliche Arbeit, so wird von rein geistigen und rein körperlichen „Berufen“ noch viel weniger die Rede sein können. Denn „Beruf“ umschließt, im Gegensatz zur einzelnen Arbeitsleistung, deren eine größere Zahl. Denkt man sich die Arbeitsprozesse im Sinn der im Taylorsystem auf die Spitze getriebenen Arbeitszerlegung als einfachste, wissenschaftlich studierte und abgesteckte kleinste Teilverrichtungen: als Heben und Senken des Armes etwa im Zusammenhang mit dem rhythmischen Gange einer Maschine, so ist durch Summierung dieser Teilarbeiten der „Beruf“ des sie Verrichtenden doch noch lange nicht erschöpft. Er umfaßt auch dasjenige, wodurch die einzelne Arbeitsleistung erst in den arbeitsteiligen Gesamt-Produktionsprozeß hineingestellt wird. Freilich wird der Überblick über diesen Prozeß selbst dem einzelnen Teilarbeiter nur in seltenen Fällen möglich sein, und gerade darin liegt die Tragik der modernen Fabrikarbeit (eine Tragik, die sich aber keineswegs auf sogenannte körperliche Arbeit beschränkt). Immerhin ist eine Überlegung dahingehend, daß die eigne Arbeitsleistung an frühere Arbeitsphasen anknüpft und ihrerseits die Bedingungen für nachgeordnete Arbeitsprozesse setzt, doch in den allermeisten Fällen selbst mit untergeordneten Verrichtungen unlösbar verknüpft. Zumal dann, wenn in Gruppenakkorden — etwa im Bergbau — der Arbeitseffekt einer Gesamtheit von jeder einzelnen Teilleistung unmittelbar und meßbar abhängt, liegt jene Überlegung nahe, sie wird hier durch das Moment der Kameradschaftlichkeit und Solidarität verstärkt, sie gilt dann ebensosehr für den Vorarbeiter und den gelernten Hauer wie für den Schlepper und sonstigen ungelernten Hilfsarbeiter. Man erwäge ferner das Maß geistiger Leistung, das vom letzten Gelegenheitsarbeiter eines Großbetriebs verlangt werden muß, damit er sich die allgemeinen Regeln der Arbeitsordnung, des Tarifvertrags usw. zu eigen macht. Das Betriebsrätegesetz fügt diesem Mindestmaß geistiger Arbeit, das auch dem mit mechanischsten Verrichtungen Betrauten beschieden ist, weiteren Spielraum für geistige Betätigung an. In dieser Richtung, einer Wiederbeseelung des mechanisierten Prozesses, liegt vielleicht seine Hauptaufgabe und eine Aufgabe aller Sozialpolitik.

Wenn ferner selbst die geringste körperliche Leistung den rein psychischen Vorgang der Arbeitsfreude auszulösen und den Sinn für rhythmische Einfühlung zu wecken vermag, so ist damit ein weiteres Bindemittel zwischen körperlichen und geistigen Funktionen gegeben. Umgekehrt bedeutet der Vorgang der Ermüdung und Erschöpfung nach früheren Ausführungen eine psychotechnisch nicht nur wahrnehmbare, sondern auch meßbare Erscheinung; daß sie bei geistiger Arbeit ebensosehr wie bei körperlicher in die Erscheinung tritt, ist eine ausgemachte Tatsache, die ebenso wie jene der Arbeitsfreude bei physischen Vorgängen für das Verbundensein von Körper und Geist spricht. Wenn man nun seinen Beruf beklagt, ihn unerträglich, zermürbend, aufreibend findet oder aber — viel seltener! — seines Berufes sich freut, so hat man meist nicht nur die Arbeitsleistung, die im Beruf dominiert, im Auge, sondern auch das unterschiedliche Maß der Ermüdung und Arbeitsunlust auf der einen, der „Leichtigkeit" der Arbeit und der Arbeitsfreude auf der anderen Seite; letzten Endes wird nicht die einzelne Arbeitsleistung beklagt oder begrüßt, entscheidend ist vielmehr, welche Rolle sie in der gesamten Berufstätigkeit spielt: nicht das einmalige Heben und Senken des Armes, sondern die vielhundert- oder tausendmalige Wiederholung dieses Vorgangs während eines Arbeitstages ist wichtig. Was, gelegentlich oder wenigstens mit Unterbrechung ausgeübt, als angenehm empfunden wird, erscheint im geisttötenden Mechanismus der ewigen Wiederholung als unerträglich. Und während der „geistige" Arbeiter dankbar ist für jede Gelegenheit, sich zu erheben, zu gehen, kleine turnerische Bewegungen zu machen, sind die gleichen körperlichen Vorgänge dem „körperlichen" Arbeiter, der sie unausgesetzt zu repetieren gezwungen ist, der Gipfel des Abscheus, eine einfache, vorwiegend „geistige" Tätigkeit, des elementaren Zählens etwa, kann ihm beglückendes Ausruhen werden, er wird sie oft automatisch am Arbeitsvorgange üben. Dem „geistigen" Arbeiter, der sie stets wiederholen muß, bleibt sie ein Greuel. Erst die Zusammenfassung der einzelnen Arbeitsvorgänge in der „Berufsarbeit", im Berufe überhaupt, ist also entscheidend für die Reaktion des Arbeiters auf geistige und körperliche Arbeit und für deren Bewertung. Deshalb werden Berufsfremde stets nur unvollkommene, oft geradezu irreführende Eindrücke von der Berufsarbeit empfangen. Man mag eine längere oder kürzere Zeit als Arbeiter tätig sein, man wird doch kaum in das innerste Empfindungsleben des Arbeiters eindringen, das dem Außenstehenden eine fremde Welt bleibt. Der Techniker, der sein praktisches Jahr als Maurer oder Schlosser erledigt hat, ist in den manuellen Prozeß eingedrungen; die Gefühle, die dieser Prozeß bei dem dauernd mit ihm Befaßten auslöst, wird er im ganzen doch nur nachempfinden. Noch viel weniger wird, wer aus sportlichem oder ehrlich wissenschaftlichem Interesse eine Zeitlang in der Werkstatt oder auf dem Fabrikhof geweilt hat, in der Lage sein, den Arbeiter voll zu verstehen, wenngleich nützliche Einzelkenntnisse auch hier erworben werden mögen. Die Sache liegt ähnlich wie beim früheren Einjährig-Freiwilligen und Offiziersaspiranten, den Dienstleistung und militärischer Rang mit dem Gemeinen verband; auch wenn er in der Kaserne schlief und aß, hat er niemals so sich in den Kommiß eingelebt, als wer im Kriege, ohne die schwarzweißen oder blauweißen Schnüre zu tragen, das Wohl und Wehe der Kompagnie oder Eskadron teilte. Man vgl. zu obigem Levenstein, Göhre u. a.

Alles bisher Ausgeführte diente dem Zwecke, die zentrale Bedeutung des Berufs klarzustellen, ihn als etwas zu bezeichnen, was zwar durch die einzelne Arbeitsleistung mit bedingt, von ihr aber nicht ausgefüllt wird. Erwägen wir in diesem Zusammenhang ferner: da man den bis ins letzte geteilten und spezialisierten untersten Verrichtungen immerhin nur ein relativ geringes Maß parallellaufender, geistiger Betätigung zumessen wird, so mag gerade dieses Mindermaß einen ganz bestimmten Einfluß auf die geistige Verfassung dieses „Teilarbeiters" zu äußern; ist er nicht bereits rettungslos entgeistigt, so wird er die Muße, die das Gleichmaß seiner Verrichtungen dem Geiste läßt, möglicherweise zur Erhöhung seiner geistigen Gesamtlage verwerten; gleichzeitig wird sich Zweifel, Opposition, Haß gegen die Arbeit und gegen die soziale Ordnung, durch die sie veranlaßt wird, in der Zeit erzwungener geistiger Askese immer mächtiger regen. Diese Art entpersönlichter Arbeit ist die große Schule von Klassengefühl und Klassenhaß; ihnen unterliegt der gelernte Arbeiter im ganzen weniger; nicht nur, weil er zumeist vielseitiger gebildet und wirtschaftlich bessergestellt ist; sondern vorzugsweise deshalb, weil seine (wenn auch körperliche) Arbeit positive geistige Werte, nicht nur Negationen in sich birgt. Im Sinn des marxistischen Sozialismus ist freilich der klassenbewußte Genosse eine ganz andere Nummer. Wir stimmen mit dieser Auffassung, der wir im übrigen so fern wie möglich stehen, darin überein, daß auch für uns die scheinbar rein körperliche Arbeit nicht bar des stärksten geistigen Einschlags ist, der sich oft freilich im Widerspruch gegen die bestehende Ordnung der Arbeit äußern wird. Übrigens kann die weitgetriebene Zerlegung einer Arbeit, die ursprünglich eine geistige war und als solche auch nach der Zerlegung für die letzten Teilleistungen fälschlich in Anspruch genommen zu werden pflegt, sehr ähnliche Gefühle wie eine körperlich-mechanisierte auslösen.

Als zweifelfreies Ergebnis wird bisher anzusehen sein: für den Beruf als Ganzes genommen kann von einer ausschließlich geistigen oder ausschließlich körperlichen Betätigung noch viel weniger die Rede sein, als für die einzelnen Arbeitsverrichtungen selbst, die Summanden des arbeitsteiligen Prozesses. Wir dürfen darüber hinaus sagen: ob ein Beruf vorwiegend als körperlich oder als geistig erachtet wird, ist durchaus nicht nur davon abhängig, ob die den Beruf ausmachenden Arbeiten vorwiegend körperliche oder vorwiegend geistige sind. Maß gibt in noch höherem Maße die rhythmische Aufeinanderfolge der einzelnen Verrichtungen, ihr innerer Zusammenhang und ihre Zwecksetzung.

Kein Zweifel, daß die Arbeit des Monteurs, der irgendwo im Ausland, weitab vielleicht von den Mitteln der Heimat, die komplizierte Maschine zusammensetzt, sich äußerlich vorwiegend als körperliche ausweist; man sieht und erlebt den Fortschritt in Raum und Zeit und am konkreten Gegenstand. Liegen aber dieser Arbeit nicht komplizierte geistige Prozesse zugrunde, die nur zum Teil erlernbar und durch Übung zu verbessern sind, die nicht selten Intuition, Vorstellungs- und Urteilskraft, unter Umständen schöpferische und künstlerische Fähigkeit verlangen? — Dagegen die Arbeit mancher Verkäuferin, in einem Warenhaus vielleicht, wo die Arbeitszerlegung weiter fortgeschritten ist als in den Spezialgeschäften: gewiß ist diese Tätigkeit des geistigen Moments nicht bar, es sind aber meist einfachste, erlernbare, durch Übung zu vervollkommnende „geistige" Funktionen im Spiel, die mit der „körperlichen" Arbeit eines Monteurs wirklich keinen Vergleich aushalten. Indes findet dieser sein Recht in der Gewerbeordnung und nicht etwa in deren auf Techniker und andere Angestellte zugeschnittenen Abschnitten, sondern im Arbeiterrecht im engeren Sinne; für die „Handlungsgehilfin" aber soll das für „geistige", in Vertrauensstellungen befindliche Angestellte erdachte Handelsgesetzbuch entscheiden. Gewisse Handlungsgehilfenorganisationen haben in einseitiger Parteinahme die „Kopfarbeit" von der körperlichen Arbeit abzugrenzen versucht; in der Angestelltenversicherung findet sich der Niederschlag dieser Anschauungen, ohne daß man freilich den aussichtslosen Versuch einer begrifflichen Abgrenzung des „Angestellten" gemacht hätte. Einen etwas abwägenderen Standpunkt nimmt dagegen die Berufsstatistik ein, wenn sie die Verkäufer und Verkäuferinnen in offenen Ladengeschäften den c-Personen, das sind die Arbeiter, zurechnet. Ganz allgemein bietet die Berufsstatistik der verschiedenen Länder manche sehr beachtenswerte Gesichtspunkte zur Bezeichnung und Einordnung der Berufe; die Lohnstatistik, Arbeitsmarkt-, Arbeitsnachweis-, Arbeitslosenstatistik, jene der Lebenshaltung und der Organisationen, — sie alle, für die der Beruf zur Abgrenzung der statistischen Zähleinheit wichtig ist, haben manch Bedeutsames zu unserem Thema zu sagen. Es sei ausdrücklich auf die einschlägigen Teile von Meerwarth, Statistik, in unserem „Handbuch" verwiesen.

Obwohl eine einigermaßen sachgemäße Abgrenzung zwischen „geistigen" und „körperlichen" Berufen unmöglich und völlig aussichtslos erscheinen muß, ist die Unterscheidung doch wichtig, weil eine Reihe von Organisationsprinzipien hieran anknüpfen, weil das Recht sich bisher von diesem Unterschied leiten ließ, das soziale Gemeinschaftsgefühl und die soziale Gruppenbildung hieraus Anregungen erfuhr. Wenn vorhin von einer (vom Deutschnationalen Handlungsgehilfenverbande geleiteten), die „geistige" Arbeit überwertenden Organisationsrichtung unter den Angestellten und von einer wenig in die Tiefe dringenden Unterscheidung im geltenden Arbeitsrecht die Rede war, so muß in folgendem mit ganz besonderem Nachdruck bei der entgegengesetzten sozialen Strömung verweilt werden: jener des „klassenbewußten" Proletariats. Sie kann hier noch nicht in all den Kraftäußerungen, die ihr eignen, sondern nur in Hinblick darauf gewürdigt werden, daß der marxistische Sozialismus in der Theorie nur die Partei der Handarbeit vertritt; wenn er in der Praxis aus taktischen Gründen auch an die Organisierung der „geistigen" Arbeiter ging, so konnte ihm als Vorwand dienen, daß es sich ja auch bei diesen Arbeitnehmergruppen letzten Endes um Hand- und körperliche Arbeiter handle. Wo sich die monistische Auffassung von der Identität geistigen und körperlichen Lebens, oft genug in recht seichter

Form, mit der proletarischen Klassenbewegung verband, bot sich ja auch theoretisch die sehr erwünschte Gelegenheit, geistige und körperliche Arbeit in eins zusammenschmelzen zu lassen und auch für die erstere die Klassenkampfparole der Handarbeit zur Geltung zu bringen.

Hier wäre an sich ein Kapitel aus der Theoretischen Nationalökonomie einschlägig: jenes vom Wert, soweit er allein auf Arbeit zurückgeführt und in diesem Sinne objektiv gefaßt wird. Smith und Ricardo sind ja Väter oder wenigstens Paten des Marxismus, der in der Werttheorie der Klassiker die Grundlage seiner Mehrwerttheorie wohlvorbereitet fand. Nun ist bestritten, ob die Klassiker nur die Handarbeit als wertschaffend gelten ließen; für die meisten Sozialisten dagegen steht das außer Frage, ihre monistisch-materialistische Philosophie hätte jede andere Möglichkeit ausgeschlossen.

Selbstvertänsdlich liegt eine nur einigermaßen in die Tiefe gehende Würdigung des Wertproblems als solchen ganz außer unserer Absicht; sie würde dem auf die theoretische Begründung der Sozialpolitik gerichteten Zweck zuwiderlaufen, den Zusammenhang unliebsam unterbrechen und dem von Keßler bearbeiteten Band des „Handbuchs" vorgreifen, der als Theoretische Nationalökonomie zur Behandlung dieser Fragen legitimiert ist. So müssen wir uns nicht leichten Herzens darauf beschränken, auf den u. a. von Wieser und Böhm-Bawerk glänzend begründeten Widerspruch der Grenznutzenschule gegen die objektive Wertlehre und, in nicht ganz gleichem Maße, auf die Einwendungen hinzuweisen, welche die Historische Schule mit guten Gründen gegen das Lohnfondsgesetz und manch andere damit zusammenhängende klassische Lehre geltend gemacht hat.

An dieser Stelle nur eins: die Unmöglichkeit, mittels der objektiven, auf die Würdigung der Handarbeit beschränkten Werttheorie die Tätigkeit des Unternehmers auch nur von weiter Ferne zu erfassen, war dem auf Leugnung der Unternehmerleistung abgestellten marxistischen Sozialismus ebenso wie modernen sozialistischen Utopien von sehr viel geringerer Bedeutung willkommen. Für denjenigen aber, der die Augen nicht gewaltsam vor den Tatsachen verschließt, ist jene Unmöglichkeit ein Grund mehr, diese ganze Werttheorie fallen zu lassen. Daß die marxistische Mehrwerthypothese mit dem Schicksal der objektiven Werttheorie unlösbar verknüpft ist, daß der Herzog fällt, wenn der Mantel gefallen ist — darüber wird kaum ein Zweifel bestehen. Es gibt aber immerhin Gründe in hinlänglicher Zahl gegen den Mehrwert auch in dem Falle, daß an der objektiven Wertgrundlage festgehalten werden sollte. Damit hat sich ein anderer Abschnitt in dem Ausmaß, welches durch die Zwecke dieser Grundlegung geboten ist, zu befassen.

Die Ablehnung einer ausschließlich-geistigen und nur-körperlichen Arbeit berechtigt nicht dazu, Eigenarten des vorwiegend auf den Kopf oder vorwiegend auf die Hand abgestellten Berufs zu leugnen. Nur sollte die scharfe, gewissermaßen begriffliche Abgrenzung beider Tätigkeiten als unmöglich und der häufig gemachte Versuch, sie vorzunehmen, als zwecklos nachgewiesen werden. Für sehr viele Fragen der praktischen Sozialpolitik, gerade für solche, welche im Brennpunkt der Organisationsarbeit, der Gesetzgebung, Rechtsprechung und Verwaltung stehen, ist jetzt erst eine Grundlage gefunden. Die Reformen des materiellen und prozessualen Arbeiterrechts und der Arbeitnehmerversicherung sind hierauf angewiesen. Viele interne, privatwirtschaftliche Fragen der Fabrikorganisation (z. B. das optimale Zahlenverhältnis zwischen Arbeitern und Angestellten) hängen damit zusammen. Diese praktischen Erwägungen rechtfertigten das längere Verweilen bei Gegenständen, mit denen die Sozialpolitik bisher mehr als etwas Feststehendem, denn etwas Problematischem operiert hat. Die Probleme überhaupt zu sehen, ist vorwiegend Aufgabe einer „Theorie".

(§ 19) 6. Betrieb und Unternehmung.

Erzeugnisse des arbeitsteiligen Produktionsprozesses, setzen Betrieb und Unternehmung auch ihrerseits Bedingungen für Umfang und Intensität der Arbeitszerlegung und Arbeitsvereinigung. Die technisch-organisatorischen Vorgänge, die Entstehung, Wesen und Aktion des Betriebs und der Unternehmung ausmachen, sind Gegenstand vielseitiger Betrachtung, denen das „Handbuch" vor allem durch Ausscheidung der technologischen, privatwirtschaftlichen, gewerbe- und handelspolitischen Stoffe gerecht zu werden strebt. Auch die Wirtschaftsgeographie — als Lehre von Standort, Materiallager, Transportbedingungen und Absatzmarkt —, die Wirtschaftsgeschichte, die das Werden der modernen Unternehmung nachweist, die Theoretische Nationalökonomie, wenn sie etwa das Wert-, Preis- und Rentenproblem in die durch die Unternehmung geschaffene Beleuchtung rückt, — sie alle und andere Einzelbände des Handbuchs befassen sich mit dem einzigartigen und komplizierten Vorgang der Unternehmung, der durch die Mehrwert- und Akkumulationstheorie natürlich nicht erschöpft, besser gesagt, überhaupt nicht erkannt wird. Uns verbleibt eine an den praktischen Erfordernissen der Sozialpolitik orientierte theoretische Auffassung, die weniger die sachlich-materialen Vorgänge, als die Einwirkung auf die agierenden Personen zum Gegenstand hat. Ganz allgemein betrachten wir dabei als „Betrieb" die technische, als „Unternehmung" die kaufmännische Einheit der Einzelwirtschaft; der Betriebszweck ordnet sich dem der Unternehmung unter. Von den Akteuren steht etymologisch, weil die Unternehmung von ihm ihren Namen entlehnt, der Unternehmer voran. Wir sahen früher: er ist nicht weniger wie die Unternehmung oder wie der abhängige Arbeiter selbst Erzeugnis des arbeitsteiligen Prozesses. Licht und Schatten, höchste Persönlichkeitsentfaltung und tiefste Entpersönlichung wechseln mit den Zwecken und Graden der Arbeitsteilung, sind mit ihr aber von einer gewissen Intensität an notwendig verbunden. Man möchte sagen: was dem einen zugewendet wird, wird dem andern genommen, und gewiß ist diese Auffassung in tieferem Sinn berechtigt als die nur auf das Gewinnmoment abgestellte marxistische Mehrwerttheorie. Man wird den Haß des in der Arbeitsteilung weit unter den Wirkungsgrad der Maschine herabgedrückten Arbeiters gegen den menschlich verstehen, den der gleiche Vorgang zu unerhörten Möglichkeiten des Sich-Auslebens (vorwiegend im geistigen, aber auch im materiellen Sinn), des Machtgefühls und der persönlichen Geltung emporführt; man würde sogar, wo bereits die Empfindung für die im arbeitsteiligen Prozeß entstandene Distanz der Persönlichkeitsgeltung verloren ging, von einer Verkümmerung wichtiger menschlicher, männlicher Fähigkeiten sprechen müssen, auch wenn man natürlich die sich mit jenen Distanzgefühlen verbindende Bitterkeit bedauert. Und vor allem: man sieht nur bestätigt, was oben angedeutet wurde: die Auflehnung verfehlt ihr richtiges Ziel, wenn sie sich gegen die Person des Unternehmers, statt gegen die unpersönliche, wirtschaftlich bedingte Erscheinung der Arbeitszerlegung und gegen deren Produkt, die Unternehmung selbst, kehrt; freilich müßte dem Einblick in den tatsächlichen Zusammenhang sich die Einsicht gesellen, daß kein kommunistischer Zukunftsstaat gegen die zunehmende Arbeitsteilung als solche aufkommen kann, daß vielmehr der Großbetrieb gerade im Rahmen dieses Zukunftstaates seine letzte und höchste Steigerung erfährt, die unpersönliche Arbeitsleistung somit verewigt wird.

Das schon wiederholt der Begriffsbestimmung Simmels entlehnte Bild der Sozialen Gruppe verdient unbedenklich auch auf die Unternehmung angewandt zu werden. Nur mit der Maßgabe, daß es sich bei ihr nicht um eine jener instinktmäßig gebildeten Gruppen handelt, bei denen undifferenzierte Gruppengefühle das Wesentliche der Gruppe selbst ausmachen. Entscheidend ist vielmehr, daß die Unternehmung erst durch bewußte Willensvereinigung mehrerer, durch Zwecksetzung und Organisation geschaffen wurde. Daß der größere Teil der in einer Unternehmung Vereinigten und an den Produktionszweck Gebundenen erst durch Notwendigkeit und Zwang, durch die „Arbeits- und Nahrungssuche“ zu Gliedern der Unternehmung werden, daß diese an der Organisation und Zwecksetzung selbst meist unmittelbar nicht beteiligt sind, ist nicht entscheidend dafür, ob eine planmäßige Organisation vorliegt, sondern nur für die Gefühle, welche die zwangsläufig der Unternehmung Zugeführten, die Arbeiter, dieser Art der Organisation entgegenbringen.

Die „Soziale Gruppe" des Betriebs und der Unternehmung wird durch andere „Soziale Gruppen" teils begrenzt, teils in ihrem Aktionskreis durchschnitten. Soweit das letzte zutrifft, müssen sich, wenn man im geometrischen Bilde bleibt, Segmente bilden, innerhalb deren die Zugehörigkeit zu verschiedenen Gruppen gegeben ist, somit ungleiche und entgegengesetzte Gruppengefühle und -zwecke entstehen. Bemächtigt sich die „Organisation" dieser verschiedenen, meist sich entgegenstehenden, gelegentlich auch wohl zusammenwirkenden Gruppen und ihrer Angehörigen, so wird es zu besonders scharfen Auseinandersetzungen kommen. Die Arbeitskämpfe, Streiks, Aussperrungen, Verrufserklärungen finden so ihre unmittelbare Standortserklärung. Indessen ist es durchaus nicht unmöglich, den einzelnen Gruppen und Organisationen ihr bestimmtes Arbeitsgebiet, ihren Aktionsradius und die Grenzen ihrer Betätigung aufzuzeigen. Und es wird im glücklichsten Falle dahin kommen, daß die ursprünglich verschiedenen, ja entgegengesetzten Ziele und Zwecke in einer höheren Einheit sich zusammenfinden, sodaß an Stelle sich befehdender Kräfte solche treten, welche nunmehr auf verschiedenen Wegen gleiche oder wenigstens ähnliche Ziele verfolgen. Die Gewerkschaften sind zunächst zweifellos Gegner der Unternehmung und zumal einer einseitigen Art von Unternehmung, die den patriarchalischen Wohlfahrtszweck und Herrn-im-eignen-Hause-Standpunkt vertritt. Tarifvertrag und Einigungswesen können eine Versöhnung, eine Synthese aus den ursprünglich entgegengesetzten Organisationsinhalten zuwege bringen. Ob sie es tun, ist wesentlich wiederum Organisationssache, und der Staat wird diesen organisatorischen Aufgaben nicht ferne stehen dürfen.

Das alles kann hier einstweilen nur angedeutet werden. Nur durch gedankliche Isolierung der einzelnen sozialpolitischen Tatbestände wird ihre theoretische Durchdringung möglich. Zur Unternehmung zurückkehrend, haben wir, nachdem vom Unternehmer und Arbeiter als den — freilich sehr ungleich — beteiligten Personen die Rede war, das mit der Unternehmung gegebene materiale Element in den Kreis der Betrachtung einzubeziehen. Diese Betrachtung hat ihre Grenzen schon zugewiesen erhalten und beschränkt sich darauf, die materialen Bedingtheiten der sozialen Organisation, Unternehmung genannt, und der in ihr zutage tretenden menschlich-gesellschaftlichen Beziehungen aufzuzeigen.

Gehen wir vom Arbeitnehmer als dem sozialpolitisch weitaus wichtigsten Gliede der Unternehmung aus: durch Abschluß eines „freien" Arbeitsvertrags tritt er in den Kreis der Arbeitsgenossen, wird seine

Tätigkeit jener der Maschine verbunden, verzichtet er für den wertvolleren Teil eines jeden Tages auf die freie Verfügung über sich selbst, verpflichtet er sich zu gewissen Handlungen, die nicht immer Leistungen zu sein brauchen, unterwirft er sich der Ordnung des Betriebs. Eine ungeheure Fülle von Beziehungen und Bindungen, die dadurch in ihrer erstaunlichen Mannigfaltigkeit nicht beeinträchtigt werden, daß Millionen unter gleichen Bedingungen stehen und daß die Lebens- und Arbeitsverhältnisse andauernd mehr uniformiert und nivelliert werden. Dieser Uniformierungs- und Nivellierungsprozeß ist wichtig, weil er Bedingungen für das Entstehen anderer Sozialer Gruppen: des Berufs, des Standes, der Gewerkschaft, der Klasse usw. setzt. Man darf aber, was heute vielfach geschieht, nicht über der „Arbeiterklasse" und „den Arbeitern" als Kollektiverscheinung den „Arbeiter" als beseelten Einzelnen vergessen. Das Rein-Menschliche ist auch hier entscheidend. Seine Vernachlässigung zeitigt jene absolute Unkenntnis über das Arbeiterleben, das ein Verstehen ebensosehr wie eine psychologisch richtige Sozialpolitik erschwert.

Von den Beziehungen, in die der Arbeiter durch Vertragschließung zur Unternehmung tritt, werden einige an anderer Stelle besprochen; so die rein rechtlichen Bindungen des „freien" Arbeitsvertrags und ihre Fortbildung durch den Tarifvertrag und das neuere Arbeitsrecht; ebenso waren die durch das Arbeitsverhältnis ausgelösten Lust- oder Unlustgefühle des Arbeiters Gegenstand anderweitiger Überlegungen. Lohn, Arbeitszeit, Arbeitsbedingungen scheiden auch vorläufig aus. Für uns ist hier das Verhältnis wichtig, das durch den Arbeitsvertrag zwischen den persönlichen und sachlichen Produktionsfaktoren, zwischen Arbeiter und Sachkapital, geschaffen wird. Der Begriff „Kapital" ist dabei im volks-, nicht im privatwirtschaftlichen Sinne gemeint und begreift die Maschinen und Werkzeuge ebenso in sich wie die Rohstoffe, Halb- und Fertigfabrikate, die aus jenen durch den Arbeiter oder mit Hilfe des Arbeiters produziert werden.

Die Worte „durch den Arbeiter" und „mit Hilfe des Arbeiters" sind mit Bedacht einander gegenübergestellt worden. Dem theoretisch Unterrichteten ist dabei ohne weiteres deutlich, daß das an erster Stelle gewählte Partikel den klassisch-marxistischen Standpunkt vertritt; er wird natürlich erst dadurch möglich, daß man annimmt, auch das dem Arbeiter an die Hand gegebene Sachkapital der Maschinen, Werkzeuge usw. sei ausschließlich „durch den Arbeiter" früherer Produktionsstufen geschaffen worden. Das bedeutet also die Unterwerfung unter das Verdikt der objektiven Wertlehre der Klassiker und Marxens. Für die Praxis und für die Gefühle, die den Arbeiter im Umgang mit der Maschine und dem sonstigen Sachkapital beseelen, ist es nun freilich ziemlich gleichgültig, ob diese Produktionsmittel ausschließlich nur früher aufgewendete Arbeit in sich verkörpern; der durch eine neueingeführte Maschine freigestellte Arbeiter wird deshalb nicht freundlicher auf sie blicken, weil sie auch lediglich auf die Arbeit früherer Arbeitsgenossen zurückführen soll; ebensowenig wird, wem der spezifische Rhythmus der von ihm bedienten Maschine innerlich nahegetreten ist oder wer dadurch seine Erwerbsaussichten gebessert sieht, sich von dem Gedanken beeinflussen lassen, daß bei der Konstruktion und beim Absatz dieser Maschine „Mehrwert" aus den Arbeitern herausgesogen worden sei.

Man sollte sich hüten, vorbehaltlos anzunehmen, daß das Verhältnis zwischen Arbeiter und sachlichem Produktionsmittel lediglich oder auch nur vorzugsweise im Sinn der marxistischen Lehre konstruiert werden müsse. Das wäre ein blutleeres Schema. Der Arbeiter mag überzeugter Genosse sein und deswegen doch ein sehr persönliches Empfinden für „seine" Maschine, ja, für die Werkstatt und den ganzen Betrieb haben. In diesem Falle gehört er eben zwei Sozialen Gruppen an, der Unternehmung und der Gewerkschaft oder Partei, und wenn sich die Umkreise dieser Gruppen auch berühren, so bleibt doch die Möglichkeit starker seelischer Einwirkung jeder einzelner Gruppe auf ihre Angehörigen. Es sind nicht immer die qualitativ besten Arbeiter gewesen, die sich in Werkvereinen für „wirtschaftsfriedliche" Zwecke zusammenschließen ließen. Mancher Unternehmer hat gerade seinen frei oder christlich organisierten Arbeitern nachgerühmt, daß sie in der Werkstatt von niemand sonst übertroffen würden. Das ist aber nur möglich, wenn das Verhältnis von Mensch und Maschine in der Praxis eine ganz andere Gestalt annimmt, als der marxistischen Regel nach anzunehmen wäre. Die Dialektik verblaßt vor der Wirklichkeit.

Natürlich ist von größtem Einfluß, ob man es mit gelernten, an- oder ungelernten Arbeitern zu tun hat. Im Wesen ungelernter Arbeit liegt es, daß eine engere Verknüpfung zwischen Mensch und sachlichem Produktionsmittel relativ seltener sein wird. Hochwertige Maschinen wird man, ganz abgesehen von der Schwierigkeit ihrer Bedienung, Gelegenheitsarbeitern nicht gern zur Bedienung überlassen. Qualitätsübereinstimmung der sachlichen und persönlichen Produktionsmittel wird stets zu pfleglicher Behandlung der einen und persönlicher Interessierung der anderen führen. Es ist geradezu eine Hauptaufgabe des Unternehmers und seiner Vertreter, die optimale Kombination zwischen Mensch und Maschine ausfindig zu machen und immer an der Verbesserung dieser Kombination zu arbeiten. Soweit technische Mittel eine Rolle bei solchem Bemühen spielen, muß ihre Praxis dem technischen Fachmann, ihre theoretische Durchdringung der Technologie überlassen bleiben; soweit sozialpolitische Methoden dabei in Anwendung kommen, hat sie später unsere „Praxis der Sozialpolitik" zum Gegenstand, und es soll an dieser Stelle nur allgemein auf die Bedeutung der Akkordbemessung und der Entlöhnungsmethoden, der Fabrikorganisation überhaupt, der richtigen Wahl von Arbeitszeit und Arbeitspausen, der Schutzmaßnahmen gegen Unfall und gegen frühzeitige Ermüdung usw. verwiesen werden; ein vorzugsweise zu lösendes Problem besteht natürlich darin, den richtigen Mann an die richtige Stelle zu bringen; vorausgesetzt wird dabei die Regelung des Arbeitsnachweises; ein besonders wichtiges Thema der praktischen Sozialpolitik.

Zu den Kernproblemen der Unternehmung gehört ferner die Frage nach ihrer Leitung; ob autokratisch, ob parlamentarisch-demokratisch, gegebenenfalls, welche besonderen Systeme der Demokratie zu wählen sind. Man wird aber zweckmäßig zwischen den einzelnen Aufgaben des Unternehmers unterscheiden und darnach erst untersuchen, welche Aufgaben sich für ausschließlich oder vorwiegend autokratische, welche Aufgaben sich für demokratische Leitungsprinzipien eignen. Das Betriebsrätegesetz trifft in diesen Richtungen wichtige Maßnahmen. Schon indem es den Wirkungsbereich der Betriebsvertretung nach Unternehmungen mit und ohne Erwerbszweck verschieden abgrenzt, indem es ferner die Betriebsvertretung für größere und kleinere Betriebe ungleich zusammensetzt und ihr ein ungleiches Maß von Einfluß zumißt, vermeidet es eine einheitliche Stellung zu der Frage der Herrschaftsform; es unterscheidet weiterhin zwischen Funktionen, die dem Unternehmer ausschließlich verbleiben, z. B. der Annahme und Entlassung des einzelnen Arbeiters, und den für Einstellung und Entlassung maßgebenden Direktiven, wobei der Einfluß des Arbeiter- oder Angestelltenrats ungleich abgegrenzt wird.

Theoretisch läßt sich die Unternehmertätigkeit zumeist in der Weise gliedern, daß die Sphäre der engeren Produktions- und Preispolitik von jener der Lohnpolitik abgegrenzt wird.

Natürlich berühren sich die beiden Sphären, decken sich zeitweise sogar vom privatwirtschaftlichen Standpunkt aus. Und stets wird das Streben des Unternehmers darauf gerichtet sein, freie Hand auch in der Lohnpolitik zu behalten, während umgekehrt die organisierten Arbeiter nicht nur bei der Festsetzung der Löhne und sonstigen Arbeitsbedingungen mitwirken oder auch allein entscheiden, sondern ihre Herrschaft auf die anderen Unternehmerfunktionen erstrecken wollen — freilich, ohne damit das Unternehmerrisiko auf sich zu nehmen. Hier sind die „Gleitenden Lohnskalen" der früheren englischen Baumwollindustrie wichtig. Wird aber versucht, die beiderseitigen Einflußsphären auf ein der Gegenpartei erträgliches Maß zurückzuführen, so wird dieses im allgemeinen darin zu finden sein, daß die Fragen des Arbeitsverhältnisses und der Lohnpolitik tunlichst aus den übrigen Betriebsfragen ausgeschieden und zum Gegenstand einer Verständigung werden, für die man den Namen „Konstitutionelles Fabriksystem" erfunden hat. Tarifverträge sind hierfür ein sehr wichtiges, aber nicht das allein mögliche Mittel, dagegen hat man Arbeiterausschüsse, Arbeitsordnungen usw. früher überschätzt.

Würdigt man die Auseinandersetzungen um die Herrschaft in der Unternehmung vom tieferen, gesellschaftlichen Standpunkt aus, so hat man es wiederum mit Kraftäußerungen und Expansionswirkungen verschiedener Sozialer Gruppen zu tun. Es ist nicht nur der Gegensatz privatwirtschaftlichen, das man im Unternehmer, und sozialen Denkens, das man in den Arbeitern konzentriert sehen mag. Im Einzelfall mögen sich die Gesichtspunkte sogar derart verschieben, daß man privatwirtschaftliches Denken mehr auf Arbeiterseite, soziale Einsicht mehr auf Unternehmerseite findet; dann etwa, wenn eine von stark organisierten Arbeitern verlangte Lohnerhöhung zu unerträglicher Belastung des Konsums, zum Erlahmen der Konkurrenzfähigkeit auf dem Weltmarkte und zu weiterer Inflation führen müßte, und der weiterblickende Unternehmer sich dem entgegenstellt. Man wird sich vor Augen halten, daß das Wort „sozial" mehrdeutig ist und nicht selten zur Maskierung privatwirtschaftlicher Interessen verwendet wird. Das alles kann im einzelnen erst in den Abschnitten über Lohn, Lebenshaltung, Organisation, zum großen Teil überhaupt erst im Praktischen Teil näher aufgeschlossen werden. An dieser Stelle nur noch der Hinweis darauf, daß es oft gar nicht materiell, sondern ideell begründete Meinungsverschiedenheiten über die Betriebsleitung geben wird. Man weiß, daß die um solcher ideeller Ziele willen geführten Arbeitskämpfe meist schwerer wogen als solche, bei denen Lohndifferenzen auszugleichen waren. Wenn etwa der Unternehmer Hausherrenrechte über den unmittelbaren Betrieb hinaus üben, Mißliebige, „Hetzer" entfernen, Maßregelungen anderer Art vornehmen oder aber — etwa durch „Wohlfahrtseinrichtungen" — Einfluß auf das private Leben, die gewerkschaftliche oder politische Betätigung „seiner" Arbeiter gewinnen wollte, war die Reaktion meist eine gewaltige. Umgekehrt kämpfte manch große Unternehmernatur, aus starkem Persönlichkeitsgefühl heraus, in höherem Maße um die Macht als solche, als um den Gewinn und die Rente. Konflikte, die so entstanden oder von solchen Auseinandersetzungen wenigstens begleitet waren, führten nicht selten zu tödlichem Ringen.

Abschließend soll noch auf die große Ungleichheit der sozialpolitischen Probleme hingewiesen werden, je nachdem man es mit Unternehmungen verschiedener Größenausdehnung und verschiedener innerer Struktur zu tun hat. Ein mächtiger, mit Banken verbundener, kartellierte oder aber „gemischte" Betriebe umfassender Konzern stellt für die Sozialpolitik etwas ganz anderes dar als eine mittlere oder kleinere Unternehmung. Nach Quantität und Qualität differieren in solchen Fällen die Arbeitskräfte selbst, ihre Organisierbarkeit und tatsächliche Organisation ist ungleich, selbst größte Arbeitnehmerorganisationen sind den ganz starken Kapitalmächten unterlegen. Besonders ist auch die Lage einer Unternehmung auf dem flachen Lande, wo die Arbeiterschaft isoliert ist, gegenüber der großstädtischen Unternehmung. Unternehmungen verschiedenen Produktionszweckes und verschiedener Produktionsmethoden, einer verschieden fortgeschrittenen Technik etwa, bergen ebenfalls die erheblichsten Unterschiede.

Ist das fixe Kapital gegenüber dem umlaufenden sehr groß, kann der auf sachliche Produktionsmittel entfallende Anteil gegenüber dem auf Arbeitskräfte entfallenden beliebig gemehrt, die Bedeutung der Handarbeit für den Betriebserfolg entsprechend herabgesetzt werden, so hat man wiederum mit recht gegensätzlichen sozialpolitischen Aufgaben und Lösungen zu tun. Ebenso, wenn der Ersatz angelernter Arbeitskräfte aus dem großen Reservoir der Ungelernten heraus beliebig möglich ist. Landwirtschaftliche, gewerbliche und Handelsbetriebe zeigen eine sehr ungleiche Abhängigkeit von der Arbeit, Weltmarktindustrien und solche mit örtlichem Absatz (der sich vielleicht auf die Arbeiterkreise beschränkt) desgleichen. Da, wo den Arbeitermassen verhältnismäßig wenig Angestellte gegenüberstehen, liegen die Einzelfragen wesentlich anders als da, wo der Angestellte zahlenmäßig dominiert. In allen diesen Richtungen läßt sich von vornherein nur sehr wenig über das Kräfteverhältnis von Kapital und Arbeit, über die Vertretbarkeit von sachlichen und persönlichen Produktionsmitteln, über die Aussicht eines Streiks oder über die Sozialpolitik im allgemeinen sagen.

So ist auch die These von der unbedingten Unterlegenheit des Arbeiters in dieser Allgemeinheit nie ganz richtig gewesen, galt nicht einmal in jedem Fall für den einzelnen Arbeiter, den Geschicklichkeit und Erfahrung bis fast zur Monopolstellung emporführen konnten, geschweige denn für den organisierten. Die Aufgabe der sozialpolitischen Theorie muß gegenüber diesen und angrenzenden Fragen vor allem darin bestehen, Schlagworte zu beseitigen, einseitige Auffassungen auf das richtige Maß zurückzuführen, die Kompliziertheit und Komplexität alles dessen, was sich um die moderne Unternehmung gruppiert, erst einmal einzugestehen, um dann differenzierte Problemstellungen und vielleicht mit der Zeit auch -Lösungen aufzusuchen. Leider kann die Theorie in dieser Hinsicht nicht an allzu viele Vorarbeiten anknüpfen. Ist doch der Begriff Unternehmung weder privat- noch volkswirtschaftlich hinreichend geklärt, hat doch insbesondere die Statistik noch nicht vermocht, die Begriffe „Unternehmung“ und „Betrieb“ in einwandfreier Weise abzugrenzen. So hat man fast in jedem Einzelfall der praktischen Sozialpolitik neu zu prüfen, welcher Art von Unternehmung man sich gegenüber sieht, wie die Kräfte verteilt, welches vor allem die privatwirtschaftlichen Möglichkeiten sind, innerhalb deren sich die Sozialpolitik, wenn anders sie praktisch bleiben will, allein auswirken kann.

(§ 20) 7. Die vergesellschaftete Großunternehmung.

Die sozialpolitischen Probleme der Unternehmung, an sich schon groß genug, wachsen in der vergesellschafteten Großunternehmung — der

Aktiengesellschaft im besonderen, aber auch der Gesellschaft mit beschränkter Haftpflicht, der Kommanditgesellschaft, bergrechtlichen Gewerkschaft, selbst schon in der Stillen und Offenen Handelsgesellschaft — ebenso in die Weite wie in die Tiefe. Der theoretischen Untersuchung dessen, was aus der sozialen Praxis her als bedeutsam bekannt ist, erschließen sich ganz neue Problemstellungen, andere ändern sich. Vor allem: Im Bilde der organisierten „Sozialen Gruppe", das uns für die Unternehmung bereits geläufig ist, treten neue Farbentöne auf: die Basis derer, denen Unternehmerqualität zugeschrieben werden kann, scheint sich zu verbreitern, bei der Aktiengesellschaft, der „société anonyme" des französischen Rechts, ganz ins Ungewisse hinein. Mittels der Aktie ist die Unternehmung gleichsam einer unbekannten, stets dem Wechsel unterliegenden Unternehmerschaft verbunden; es bleibt zunächst offen, inwieweit das wirklich zutrifft. Jedenfalls erhoffte man sich von dieser weitestgehenden und zugleich losesten Form der Vergesellschaftung eine „Demokratisierung" des Besitzes und der Betriebsform, und heute geht die populäre sozialpolitische Forderung nach Schaffung kleiner Aktien (die eigentlich, als Folge der Geldentwertung, in der normalen 1000 Mark-Aktie schon erfüllt ist) von den gleichen, anscheinend sehr begründeten Erwägungen aus.

Der „Unternehmer" scheint somit in die „Unternehmerschaft" gewandelt, die ihrerseits als selbständige Soziale Gruppe mit eignem, im Aktien- und sonstigen Gesellschaftsrecht geregelten gesellschaftlichen Leben gedacht werden müßte. Wir haben zugleich eine weitere Entwicklung des arbeitsteiligen Prinzips vor uns. Denn der Zusammenfluß der größeren und kleineren Beträge, die in ihrer Gesamtheit das Aktien-, Stamm- oder sonstige Gesellschaftskapital ausmachen, setzt eine arbeitsteilige Organisation des Kredits und Kapitalmarktes voraus. Die Gründer und sonstigen bei der Organisation der Gesellschaft tätigen Personen sind zunächst im rein kapitalistischen Sinn Unternehmer, die das Geldbeschaffungsproblem zu lösen haben, bevor sie an das eigentliche Produktionsproblem herantreten können. Aus Hunderttausenden und Millionen Quellen heraus fließt das für Gesellschaftszwecke verfügbare Kapital. Diese arbeitsteilige Funktion des Kapitalmarktes ist ihrerseits bedingt durch die Überschüsse des vorher- und parallelgehenden Erzeugungsprozesses, im Sinne von Marx: die Akkumulation führt auf die Mehrwertbildung zurück. So wenig wir uns diese Formel zu eigen machen, so liegt ihr doch der Tatbestand zugrunde, wonach jeder einzelne Produktionsprozeß gleichmäßig als Geldgeber und Geldnehmer mit der kapitalistischen Organisation verbunden ist. Eine gegenseitige Verstrickung von ungeheuren Dimensionen und Wirkungen.

Der Prozeß, der vom persönlichen zum Gesellschaftsunternehmen führt, den wir, eingebürgertem Sprachgebrauche folgend, „Vergesellschaftung“ nennen, ist in Wahrheit nur ein besonders wichtiger Unterfall des allgemeinen gesellschaftlichen Geschehens, der Gruppenbildung; dieser Unterfall wird äußerlich dadurch sehr deutlich, daß die Rechtsordnung die Formen dieser Art von „Vergesellschaftung“ genauer als andere analoge Prozesse umschrieben und festgelegt hat. Das geschah wegen der beträchtlichen ökonomischen Interessen, die in Aktiengesellschaften usw. verfolgt werden. Wohl können Aktiengesellschaften und andere Gesellschaftsformen auch Platz greifen, wenn eine gemeinnützige Organisation ohne Erwerbszweck ins Leben treten soll. Regelfall ist aber, daß für wirtschaftliche Zwecke auf dem Wege des Kredits Mittel erschlossen werden sollen, die dem ursprünglichen „Unternehmer“ nicht zu Gebote stehen. Dieser Regelfall ist es, der für die Sozialpolitik die größte Bedeutung erlangt; das rechtfertigt die Beschränkung der theoretischen Untersuchung auf die an der Erwerbsunternehmung zutage tretende „Vergesellschaftung“, d. h. die Überführung dieser Unternehmung in Gesellschaftseigentum.

Entstehen nun dadurch, daß eine größere oder kleinere Zahl Aktionäre oder sonstige Gesellschafter ihr Geld für den Unternehmungszweck hergeben, in diesen Geldgebern selbst „Unternehmer“? Rein juristisch wird das wohl zutreffen, denn jede Aktie und jeder Anteilschein verkörpert einen Besitztitel an der Unternehmung, unmittelbar freilich nur an ihren sachlichen Produktionsmitteln, dem Geld- und Sachkapital, denn im Zeichen des freien Arbeitsvertrags gibt es natürlich kein Eigentum an den persönlichen Produktionsfaktoren, sondern nur den Anspruch auf Erfüllung ihrer Vertragsverpflichtungen. So war wohl auch die ursprüngliche Absicht und so ist heute die Absicht derer, welche allzu optimistisch das Sozialisierungsproblem auf dem Wege der kleinen Aktien und der Gewinnbeteiligung von Angestellten und Arbeitern anbahnen, vielleicht selbst lösen möchten. Rein theoretisch läßt sich gegen diese Auffassung einstweilen nicht allzuviel einwenden; sie würde in ihrem Extrem dazu führen, daß die Arbeitnehmer selbst mit der Zeit zu Unternehmern werden müßten. Hier greift indessen die, auf ihren theoretischen Inhalt hin zu untersuchende historische Entwicklung der Unternehmung ein. Verfolgen wir sie, so geschieht es aus sehr starkem praktisch-sozialpolitischem Interesse. Es soll für uns gelten, was Simmel mit nachdrücklicher Klarheit in seiner „Soziologie“ verlangt: „nur in irgendeiner funktionellen Beziehung zur Tatsächlichkeit kann der Schutz gegen unfruchtbare Fragestellungen, gegen einen Zufallscharakter der wissenschaftlichen Begriffsbildung liegen“. Galt dies für das rein-theoretische Unterfangen einer „Soziologie“, so ist es für eine „Theorie der Sozialpolitik“ noch in ungleich höherem Maße geboten und auch möglich.

Immerhin könnte bereits theoretisch gegen die Meinung, daß der Unternehmerbegriff auf eine Personenvielheit, deren einzelne Glieder bei der

Aktiengesellschaft noch dazu oft unbekannt sind und stark fluktuieren, übertragen werden könne, eingewendet werden: dieser Begriff ist sosehr wie die ihm zugrunde liegende Unternehmerfunktion singulärer Natur. Innerhalb einer Unternehmung gibt es nur einen Unternehmer. Man würde den historischen und auch den privatwirtschaftlichen Nachweis für diese Auffassung anzutreten haben und er würde wahrscheinlich zu führen sein. Es scheint aber methodisch richtiger, statt von der strittigen Person des Unternehmers, vom Wesen, Inhalt und Zweck der Unternehmung auszugehen; sie ist es, was unmittelbar als Zusammenfassung sachlicher und persönlicher Produktionsmittel zum Produktionszweck in die Erscheinung tritt; sie ist ein Konkretum des sozialen, wirtschaftlichen und technischen Lebens; ein Organismus oder auch ein Mechanismus, je nachdem man ein lebensvoll sich entwickelndes oder ein starres System ins Auge faßt. Sie ist, wiederum nach Simmel, der Niederschlag des Vergesellschaftungsvorganges und insofern nicht mehr eigentlich Gegenstand soziologischer Überlegung — die es mit dem Vergesellschaftungsvorgang selbst zu tun hat —, sondern der Technologie, Privat- und Volkswirtschaftslehre, Volkswirtschaftspolitik, Rechtslehre und — vor allem anderen — der Sozialpolitik selbst. — Die als Unternehmer- (oder besser: Unternehmungs-)gewinn bzw. Unternehmerlohn bekannten Erträge der Unternehmung beschäftigen uns erst später (in § 43).

Sehen wir die Unternehmung, statt wie bisher als typischen Fall von Gruppenbildung und Organisation, nunmehr als geschichtliches — relativ-individuelles — Gebilde und fragen wir, welche Entwicklungstendenzen die wirtschaftsgeschichtliche Betrachtung diesem Gegenstand zuerkennt. Wir blicken dabei über das Nächstliegende, trotz der in ihm sich auswirkenden gigantischen Größenverhältnisse, hinweg, und haben einstweilen nicht die Kapitalienakkumulation und die Vergrößerung der Unternehmung als solche im Auge, obwohl dieser Aspekt hernach noch wichtig genug werden wird: wir fragen vielmehr, ob die Unternehmung im Laufe längeren Einwirkens der Vergesellschaftungsfaktoren morphologisch und funktionell sich gleichgeblieben ist, und, wenn dies nicht zutrifft, nach welcher Richtung die Wandlung vornehmlich eingesetzt hat. Da finden wir an einer sehr großen Reihe von Einzeltatsachen erhärtet: Die Unternehmung, ursprünglich das Geschöpf ihres Gründers und inhaltlich sich mit der von ihm hervorgerufenen Organisation deckend, gewann eigenes Leben, konsolidierte und verselbständigte sich.

Soziologisch nun wäre eine Betrachtungsweise, welche diesen Verselbständigungs- und Autonomierungsprozeß als ein allgemeines oder wenigstens sehr häufiges Kennzeichen aller Gruppenbildung und gesellschaftlichen Organisation nachweisen würde. Dieser Gedanke ist gerade für die Sozialpolitik ungeheuer fruchtbar, er begegnet uns ebenso bei anderen sozialpolitisch wichtigen Gruppen: den Gewerkschaften, Genossenschaften, Tarif- und Arbeitsgemeinschaften, bei der Klasse und selbst bei Volk und Staat. Eine andere Ausdrucksweise für das nämliche Geschehen wäre, wenn auf die „Bureaukratisierung“ und „Mechanisierung“ solcher ursprünglich freier

Personengemeinschaften hingewiesen werden würde, ein Gesichtspunkt, dessen wir uns noch häufig bedienen. — Hier aber, wo eine ganz besondere Fragestellung vorliegt, genügt der Hinweis auf analoges Verhalten anderer Gruppen und Organisationen keineswegs, hier haben wir uns mit dem spezifischen Inhalte dessen zu befassen, was wir den Verselbständigungs- und Autonomierungsprozeß der Unternehmung, ihre scheinbare Loslösung vom Persönlichen — das in anderer Beziehung für sie doch entscheidend bleibt — nannten.

Die Einzel- (Privat-) Wirtschaftslehre enthält sehr wichtiges Material zur Verdeutlichung und fast restlosen Erklärung dieses Vorgangs.

Das Buchführungswesen und die ganze kaufmännische Technik der Unternehmung wird neuerdings mit Recht als Niederschlag bestimmter ökonomisch-organisatorischer Zwangsläufigkeiten erkannt; darauf haben zumal Sombart und Schumpeter hingewiesen. Entscheidend ist die restlose Trennung des Unternehmungsbesitzes, der Betriebseinnahmen und -ausgaben von allen Besitztiteln des Betriebsunternehmers. Bekanntlich liegen auch auf diesem Gebiet unmittelbare sozialpolitische Probleme: z. B. die Mitwirkung der Betriebsvertretung bei Aufstellung der Bilanz und der Gewinn- und Verlustrechnung, worüber ein eignes Gesetz im Anschluß an das Betriebsrätegesetz erlassen wurde. — Diese scharfe Trennung der ökonomischen Unterlagen der Unternehmung von jenen des Unternehmers geht Hand in Hand mit der kapitalistischen Entwicklung überhaupt und bedeutet die Einleitung zu dem tiefgreifenden Vorgang, den wir nun weiter zu verfolgen haben.

Wenn schon die in persönlichem Besitz befindliche und persönlich geleitete Unternehmung eine solche organisatorische Scheidung aufweist, so tritt sie in der vergesellschafteten, in der Aktiengesellschaft etwa, noch viel deutlicher in die Erscheinung. Wenn jemand an hundert und tausend Gesellschaften gleichzeitig, aber vielleicht in jedem Fall nur in kleinem Umfang, beteiligt ist, verflüchtigt sich die Identität des Unternehmungsvermögens mit den Besitztiteln der einzelnen Gesellschafter völlig. Schon hieraus folgt, daß die Unternehmung nun auch tatsächlich zu dem wird, was sie rechtens ist: zur „Persönlichkeit"; zur „juristischen" im Rechtssystem, zur „ökonomischen" im Wirtschaftssystem. Aber gerade die Rechtsordnung, die doch diese Persönlichkeit eben erst schuf, damit übrigens der alten deutschen Rechtsidee folgte, tut nun alles, um das persönliche Leben der Unternehmung zu beschränken, um den einzelnen Aktionär gegen die Gesellschaft auszuspielen, unter dem Vorwande, ihn gegen Majorisierung schützen zu wollen. Unser Aktien- und übriges Gesellschaftsrecht ist einstweilen nur scheinbar auf die deutschrechtliche Korporationsidee abgestellt, dient — ähnlich wie der ältere Teil des Arbeitsrechts — in Wahrheit vorwiegend individualistisch, römischrechtlich orientierten Interessen.

Die Unternehmung aber ließ sich durch solche Rückständigkeiten nicht gängeln. Sie lebte, praeter und selbst contra legem, ihr eignes Leben und schuf sich angesichts der weitmaschigen Gesetzgebung durch Mittel der Selbsthilfe selbst eine eigne Rechtssphäre. Das wird besonders deutlich, wenn wir uns später den höchsten Vergesellschaftungsformen, den Kartellen, Trusts, kombinierten Unternehmungen zuwenden und die Frage des Organisationszwangs in die Betrachtung ziehen. Um nicht aus dem Gleise unserer augenblicklichen Fragestellung, die das Verhältnis zwischen Unternehmer und Unternehmung zum Thema hat, gedrängt zu werden, muß einstweilen von diesen kompliziertesten Vorgängen der sozialen Gruppenbildung und -organisation noch abgesehen werden. — Besonders klar wurde der Gegensatz zwischen Unternehmungs- und Aktionärinteresse, wenn die Frage der Dividendenausschüttung auftrat: der einzelne Gesellschafter, der die Aktie, den Kux oder Anteilschein vielleicht eben erst — unter Umständen im Hinblick auf die bevorstehende Bilanzveröffentlichung — auf der Börse oder Bank gekauft hatte, wehklagte, wenn kaufmännischer Weitblick und privatwirtschaftliche Notwendigkeit die Ausschüttung der Dividende ausschloß oder doch wenigstens den erwarteten Betrag minderte; die „Unternehmung" — in Wahrheit natürlich der für sie Verantwortliche, der eigentliche „Unternehmer", um dessen Identitätsfeststellung es sich handelt — glaubte größere Summen für den vorgeschriebenen oder freiwilligen Reservefonds, für Bauten und Betriebserweiterungen, Wohlfahrtseinrichtungen oder Prämien verwenden zu sollen, sie tat, was der wirtschaftlich denkende persönliche Besitzer unweigerlich getan hätte: auch dieser hätte darauf verzichtet, die fraglichen Beträge auf sein Privatkonto herüberzuziehen. So geschieht innerhalb der wirklich kaufmännisch geleiteten Aktiengesellschaft begrifflich nichts anderes als in derjenigen, über die ein Einzelner persönlich verfügt. Es gibt eben auch für vergesellschaftete Unternehmungen keine anderen privatwirtschaftlichen Gesetze als für die Einzelfirma.

Schon aus dem bisher Gesagten erhellt, daß die Masse der nur durch papierne Besitztitel mit der Unternehmung verbundenen Gesellschafter und Aktionäre nicht selbst „Unternehmerqualität" hat oder „Unternehmerfunktion" ausübt. Im Gegenteil, ihr Interesse ist der Unternehmung häufig strikt entgegengesetzt. Das würde bereits genügen, die Forderung, durch Mobilisierung und weitere Demokratisierung des Aktienbesitzes (Kleine Aktien!) „Sozialisierung" und Ausgleich der sozialen Gegensätze zu erzielen, skeptisch zu betrachten. Das Interesse des mit dem Produktionsprozeß verflochtenen Arbeiters oder Angestellten an der Unternehmerpolitik ist ein völlig anderes als das Interesse der gleichen Personen, wenn sie sich als Aktionäre der gleichen Unternehmung fühlen! Und nur dann kann Unternehmungs- und Gesellschaftervorteil verschmelzen, wenn der Gesellschafter die Mehrheit oder wenigstens eine qualifizierte Minderheit der Aktien oder Anteilscheine sein Eigen nennt. Das ist aber das gerade Gegenteil der auf Kleinaktie, Gewinnbeteiligung und Mobilisierung des Unternehmungskapitals gerichteten Bestrebungen! Die sozialpolitischen Folgerungen beschäftigen uns noch.

Nun muß die Frage der Unternehmung und des „Unternehmers" noch von andern Gesichtspunkten aus gesehen werden; das bisher absichtlich vernachlässigte Größenmoment wird wichtig. Groß- und Kleinbetrieb unterscheiden sich natürlich nicht nur durch die ungleichen Dimensionen in Betriebsführung und Unternehmungszweck, sondern auch morphologisch und, wiederum, funktionell. Lassen wir die verschiedenen technischen Möglichkeiten, das ungleiche Maß des Eindringens privatwirtschaftlicher Grundsätze, das ganz verschieden liegende, übrigens schon berührte Arbeiter- und Angestelltenproblem einstweilen noch beiseite und fragen wir, ob im Produktionszweck nicht entscheidende, sozialpolitisch wichtige Ungleichheiten zwischen Groß- und Kleinbetrieb entstehen können, ja müssen.

Leitend ist für die große Unternehmung, wie für jede Unternehmung, das Gewinnstreben; wir wollen dabei mit einem gewissen Fehler die große Unternehmung der Unternehmung in Gesellschaftsform, die kleine Unternehmung der persönlichen gleichsetzen.

Dem Gewinnstreben ordnet sich auch jene Unternehmungspolitik unter, deren Gegensätzlichkeit zum Aktionärinteresse wir bereits erkannten. Denn Rücklagen für künftige Betriebszwecke sollen eben nur den künftigen gegenüber dem augenblicklichen Gewinn mehren, können also sehr wohl auch vom Gewinnstreben motiviert sein, und es handelt sich dann nur um eine verschiedene, für den spekulierenden Einzelgesellschafter freilich unter Umständen verhängnisvolle Auffassung über Methode und Zeit der Gewinnerzielung.

Stellen wir uns nun aber einmal die ganz großen Konzerne vor, die, als kombinierte Unternehmungen, Kartelle oder Trusts Marktbeherrschung anstreben können und vielfach anstreben: müssen hier nicht in dem Maße, in dem das Konkurrenzmoment ausscheidet, volkswirtschaftliche an Stelle von privatwirtschaftlichen Überlegungen in der Leitung Platz greifen? Das wird deutlich werden auf jenem wichtigsten Gebiete der Unternehmungspolitik, wo diese sich mit den Interessen anderer Sozialer Gruppen kreuzt, vor allem in die Konsumentensphäre eingreift: in der Preispolitik.

Der mit anderen gleichwertigen und ähnlich starken Produzenten konkurrierende Unternehmer kann sich darauf verlassen, daß der Preis schließlich nach den bekannten Bestimmungsgründen von Angebot und Nachfrage bemessen sein wird; für diesen Unternehmer gilt es vor allem, die Produktionskosten zu senken, um im Preiskampfe zu bestehen. Ist der preisregulierende Faktor der Konkurrenz beseitigt, indem die Wettbewerber niedergekämpft, aufgekauft oder zum freiwilligen Anschluß an die Großen bestimmt worden sind, dann treten ganz neue Erwägungen in den Gesichtskreis des „Unternehmers", der vielleicht jetzt erst die höchsten Qualitäten entwickeln muß, freilich oft weit davon entfernt ist. Denn die Entwicklung kann dahin führen, daß die Preispolitik des Kartells auf die Produktionskosten des am ungünstigsten produzierenden Betriebs abgesteckt wird und reine Differenzialgewinne erstrebt werden. Man kann sich aber auch die Entwicklung dahin zugespitzt denken, daß man einen Konzern, der dann stets in Gesellschaftsform auftritt, im vollkommenen Besitz und unumschränkter Kontrolle des Marktes voraussetzt und im Sinne voriger Überlegung fragt, wie in diesem Falle die Unternehmungspolitik verlaufen wird. Man wird dazu gelangen, anzunehmen, daß an Stelle des Wettbewerbs jetzt das Konsumenteninteresse und das der Volkswirtschaft schlechthin in irgendeiner Weise regulierend eingreifen wird. Das kann in sehr ungleichem Maße der Fall sein, je nachdem der Markt als unbedingt sicher gilt oder mit Abwanderung der Konsumenten zu rechnen ist; ersteres wird zutreffen, wenn es sich um absolut notwendige, nicht substitutionsfähige Gegenstände des Massenkonsums handelt. Natürlich ist auch die Frage des ausländischen Wettbewerbs und der Handelspolitik einschlägig, durch diese ist ja die Kartellierung der Industrie manchmal erst herbeigeführt, sicher aber beschleunigt worden.

In jedem Falle aber: die Unternehmung sieht sich vor größte Aufgaben gestellt, die nurmehr auf volkswirtschaftlicher Basis wirklich gelöst werden können und einen sehr hohen Begriff von Unternehmungszwecken voraussetzen.

Dann erfährt die „Persönlichkeit" und Autonomie der Unternehmung stärkste Förderung; das Interesse des Einzelaktionärs ist jetzt ganz zurückgetreten. Zur Fülle der Aufgaben gesellt sich der Machtwille und das Bewußtsein der eignen Kraft und Verantwortung. Und erst von hier aus gewinnen wir den richtigen und für alle Sozialpolitik maßgebenden Standpunkt zum Unternehmer: muß überhaupt erst ausgesprochen werden, daß nur höchste persönliche Leistung Einzelner solchen Aufgaben gewachsen ist, daß ihnen gegenüber Majoritätsbeschlüsse und Kompromisse versagen? Der Seltenheitswert der ganz großen Industriekapitäne tritt in die Erscheinung; auch sie sind Erzeugnisse des arbeitsteiligen Verfahrens, nur möglich bei unerhörter Konzentration und Spezialisation der Talente und genialen Begabungen, der intuitiven Fähigkeiten; nur möglich aber auch, wenn die Arbeitsvereinigung in den großen Konzernen auf die Spitze getrieben wurde und dem gesteigerten Unternehmerwillen Massenwirkung schafft. — Freilich kann, wie in § 43 bei Besprechung des Unternehmereinkommens noch zu besprechen ist, die an sich gegebene natürliche Seltenheit der Unternehmerqualität auch künstlich geschaffen oder wenigstens gesteigert werden: indem eine Klique etwa alle ihr nicht Genehmen fernhält und die Plätze vielleicht nur einem engen Kreis Gleichgesinnter, Blutsverwandter oder Befreundeter offenhält. Immerhin wollen wir das, wenigstens in Deutschland, nicht als Regelfall gelten lassen; solcher bleibt einstweilen noch die tatsächliche Seltenheit der für große Unternehmungen erforderlichen Anlagen.

Jetzt endlich ist es möglich, eine Antwort auf die Frage zu geben, wer denn eigentlich „Unternehmer" dieser größten Unternehmungen sei. Es sind und können sein nur Einzelne, allenfalls ihrer zwei, drei, vier in der Leitung, oft der Einzelne schlechthin. Höchste Persönlichkeitsgeltung tritt der Massenwirkung zur Seite, beseelt den ins Ungeheure gewachsenen mechanischen Apparat. Wo Licht ist, wird Schatten sein. Und so sehr der sachliche Apparat der großen vergesellschafteten Unternehmung durch die Zusammenfassung in einer Hand an Geschlossenheit und Schwergewicht gewinnt, so sehr kann sich jener Teil des Produktionsprozesses komplizieren, in dem Menschen gegen Menschen stehen. Die Frage der Unternehmung als Kombination sachlicher Produktionsmittel wäre gelöst; die Frage der Unternehmung als Sozialer Gruppe und Organisation von Menschen bleibt offen. Diese Frage wird ungleich beantwortet werden, je nachdem der Unternehmer selbst Besitzer der zur Unternehmung vereinigten Sachkapitalien oder aber Generaldirektor ist. Die Ungleichheiten sind vorwiegend psychologisch begründet und könnten nur in einer Monographie über Unternehmerpsychologie voll ausgeschöpft werden. Nur dieses: So sehr durch die Großartigkeit der Produktionszwecke der selbst im Angestelltenverhältnis stehende Leiter des Konzerns dem persönlichen Besitzer grundsätzlich gleichgestellt oder wenigstens angenähert ist, so wenig wird das doch im Verhältnis zu den persönlichen Produktionsfaktoren, den Arbeitnehmern, der Fall sein. Der Eigenbesitzer kann sozialen Beweggründen weit mehr folgen als der Generaldirektor. Dieser bleibt in höherem Maße dem ursprünglichen Produktionszweck, der Erzielung von Überschüssen, unterworfen. Seine Lohn- und Wohlfahrtspolitik wird hiervon beeinflußt sein. Und selbst wenn der Unternehmungszweck im vorhin geschilderten Sinne vom privat- auf das volkswirtschaftliche Gebiet übergleitet, die privatwirtschaftliche Grundlage der Kalkulation, die Notwendigkeit, Unkosten zu beschränken, bleibt davon entweder unberührt, oder aber, der neue Produktionszweck erfordert sogar eine besonders strenge Beachtung privatwirtschaftlicher Zwangsläufigkeiten der Betriebsorganisation. Schließlich könnte der persönliche Besitzer eine nur auf die Arbeiterinteressen abgestellte Politik treiben; der Generaldirektor kann das niemals. Ein Abbe mochte im Jenaer Zeißwerk die „Konstitutionelle Fabrik“ errichten; die Gesellschaft, die sein Erbe übernahm, konnte das einmal Geschaffene, begünstigt von ihrer Monopolstellung, bestenfalls aufrechtzuerhalten suchen, aber nicht verhindern, daß die ursprünglichen Absichten des Stifters, nicht zuletzt auch durch Schuld der Arbeiter, verdunkelt wurden.

Da nun die Spitzen der industriellen Entwicklung in fast allen Fällen Gesellschaftsform aufweisen, sind gerade für diese technisch, wirtschaftlich und organisatorisch großartigsten Gebilde die Arbeiterfragen schwierig, oft fast unlösbar geworden. Wenn an anderer Stelle die Lösung der „menschenökonomischen“ und sozialpolitischen Probleme als Prüfstein der Unternehmerfähigkeit bezeichnet wurde, so finden wir hier Schranken, über die bester Wille und höchstes Können nur selten völlig hinwegkommen wird. Der Aktionsradius, den die große Unternehmung für ihren Leiter in Anspruch nehmen muß, ist den sachlichen Faktoren der Produktion gegenüber voll gegeben; wo Menschen, Massen in Frage kommen, versagt er oft dann, wenn der Leiter selbst Angestellter ist. Dann droht die Unternehmung nicht mehr als höchste Persönlichkeitsleistung, sondern als unpersönlicher Mechanismus den mitwirkenden Personen gegenüberzutreten.

Das Problem „Massen und Führer“ nimmt in der großen, vergesellschafteten Unternehmung einen besonderen Charakter an. Ist bisher vom Unternehmer und den technischen und psychologischen Voraussetzungen der Unternehmerleistung die Rede gewesen, so muß nun noch von den Massen der in der Großunternehmung vereinigten Arbeitskräfte gesprochen werden.

Wichtig ist hier zumal das Nebeneinanderwirken von Arbeitnehmern, die — als Arbeiter, Betriebs- oder Bureaukräfte — ausschließlich manuelle, technische oder kaufmännische Einzelleistungen zu erfüllen haben, mit solchen, denen eine Vertretungsbefugnis zukommt, die zur Aufsicht berufen sind; man denkt an die Werkmeister und Vorarbeiter, an die Chefs der Zeichen- und Konstruktionssäle, der Werkstätten, kleineren und größeren Betriebseinheiten, an die „Leitenden Beamten“ bis zu den Direktoren und Prokuristen hinauf. Das sind alles auch Erzeugnisse des arbeitsteiligen Prozesses, der die Grenze zwischen Hand- und Kopfarbeit, geleiteter und leitender Tätigkeit andauernd neu zieht. Der Spezialisierung der Einzelleistung wird Spezialisierung der Aufsicht und Leitung zur Seite treten. Dabei ist der ältere Unterschied zwischen „Angestellten“ und „Arbeiter“ längst überholt; die in Konstruktionsbureaus vereinigten Techniker und Ingenieure, die mit speziellen Analysen beauftragten Chemiker, das Heer der Kontorangestellten, — sie alle, gleichviel ob akademisch, mittelschulmäßig oder nur elementar vorgebildet, sind auf ihre bestimmten Sonderaufgaben so gut beschränkt wie der einzelne Handarbeiter; im Einzelfall mag der gelernte Arbeiter selbst eine umfassendere Tätigkeit zugewiesen erhalten als der Techniker oder gar der Zeichner, in geringerem Maße „vertretbare“ Arbeit leisten. Die gleiche Vorbildung, zumal auf der Fachschule genossen, steigert im ganzen die Nivellierung. Auch das Recht, unter dem die einzelnen Arbeitnehmer stehen, unterscheidet diese nicht mehr, überdies haben die meist grundlosen Ungleichheiten von Gewerbeordnung und Handelsgesetzbuch wohl die längste Zeit bestanden. — Entscheidend ist heute in ungleich größerem Maße die Frage, ob die Arbeiter- oder Angestelltentätigkeit mit aufsichtsamtlichen Befugnissen ausgestattet ist, ob der Arbeitnehmer zugleich Vertreter des Arbeitgebers ist.

Trifft das letztere zu, so ist in den Riesenbetrieben die Beamtenhierarchie und Bureaukratie mit all ihren Schattenseiten und Willkürlichkeiten unabwendbar. Da der Unternehmer selbst unmöglich alles einzelne selbst leisten und übersehen kann, ist er auf den Bericht des Mittelsmannes angewiesen und seine Hauptaufgabe ist nur, die richtige Auswahl aller derer zu treffen, welche irgendwelche Vertretungs- und Anordnungsbefugnis übertragen erhalten. In persönlich geleiteten Betrieben ist — ähnlich etwa, wie in der aufgeklärten Despotie eines Friedrich des Großen — der persönliche Einfluß des Unternehmers vielleicht noch nicht ganz ausgeschaltet; Freiherr v. Stumm, der Typ eines aufgeklärten Fabrikherrschers, hat für jeden der Tausende von Arbeitern seiner Werke die Möglichkeit persönlicher Aussprache und Beschwerde in der allen zugänglichen regelmäßigen Sprechstunde offengehalten; es wird erzählt, er habe sich stundenlang mit einem einfachen Arbeiter unterhalten, wohl auch streiten können. Hier liegen die Grenzen für den Generaldirektor, mag er auch vom besten Willen beseelt sein, viel enger, das persönliche Vertrauen zwischen ihm und dem Arbeiter wird sich, wenn überhaupt, schwerer einstellen. Mindestens fehlt das Vertrauen darauf, daß der im Angestelltenverhältnis stehende Unternehmer eine Arbeiterpolitik nach seinem Herzen zu treiben auch in der Lage sei.

Hier rückt die Gefahr der Mechanisierung des großen Betriebs in greifbare Nähe; sie schien überwunden, soweit der sachliche Produktionsfaktor in Frage kam und gerade die Massenhaftigkeit des in der Großunternehmung vereinigten Sachkapitals erforderte als Gegengewicht stärkste Persönlichkeitsgeltung. Wo aber die persönlichen Produktionsfaktoren der Arbeiter in Betracht kommen, bedeutet die zunehmende Größe der Unternehmung zunehmende Entpersönlichung der Einzelleistung, Zunahme des Beamten- und Aufsichtsapparats und der damit eng verbundenen Reibungsmöglichkeiten zwischen Gleich-, Nach- und Übergeordneten, zunehmende Entfernung des Einzelnen von Produktionszweck und Produktionsleitung. Alles Dinge, die in vergesellschafteten Unternehmungen noch viel tiefer empfunden werden müssen. Liegt nicht der Schluß nahe, daß im sozialisierten Betrieb, der doch auch nur eine Form der Vergesellschaftung, wenn auch unter Ausschluß des privaten Gewinns, darstellt, die genannten Schwierigkeiten nicht geringer sein werden? Staats- und Gemeindebetriebe lassen das schon heute zur Genüge erkennen.

Die geplante Spezialuntersuchung der vergesellschafteten Großunternehmung ist zu Ende gediehen. Es war möglich, eine Reihe von sozialpolitisch wichtigen, oft entscheidenden Fragen durch Überlegungen, die auf Werturteile verzichten konnten, der Klärung nahezubringen. Auf die soziologische Eingangsformel, die sich schon oft als fruchtbar erwies, bezogen, ließen sich die funktionellen Voraussetzungen für Leben und Entwicklung der organisierten Sozialen Gruppe, Unternehmung genannt, erkennen, vor allem erwies sich die Notwendigkeit höchstgesteigerten persönlichen Einsatzes; diese Persönlichkeitsleistung war aber unfähig, die rein-menschlichen Beziehungen, die innerhalb der Großunternehmung äußerst kompliziert liegen, ebenso glücklich zu lösen wie die sachlichen Probleme. Es ist natürlich kein Zufall, daß, unter Erwägungen dieser Art stehend, die Produktionspolitik der großen, zumal der vergesellschafteten Unternehmung im ganzen auf eine Stärkung des sachlichen Produktionsfaktors bedacht ist; wo es gelang, durch Verwendung von Maschinen und neuen Arbeitsmethoden, durch Anwendung aller kapitalistischen Mittel sich von dem schwierigsten Unternehmungsproblem, dem sozialpolitischen, unabhängiger zu machen, wurde und wird (soweit die neuere Gesetzgebung dem nicht entgegensteht) dieser Weg beschritten. Soweit das Menschenmaterial aber doch für den Produktionserfolg wichtig und entscheidend ist, setzte eine besondere Sozialpolitik der großen Betriebe und Konzerne ein, für die einstweilen nur „Wohlfahrtseinrichtungen", „Werkvereine", „Arbeitsnachweise", Arbeitgeberverbände", „Aussperrungen" genannt sein sollen. Vieles von dieser Art Sozialpolitik ist heute — einstweilen wenigstens — als überwunden anzusehen, späte, allzu späte Neigung für Tarifvertrag, Arbeitsgemeinschaft, Schlichtungswesen hat sich, dem Druck der Zeit folgend, eingestellt. Das alles gehört, soweit nicht im einzelnen Stoff für andere theoretische Fragen darin enthalten ist, vor allem in die „Praxis der Sozialpolitik". Nur die Voraussetzungen, von denen ein großer Teil der typischen Sozialpolitik des vergesellschafteten Großbetriebs geleitet war und z. T. noch ist, sollten hier zusammenhängend aufgeführt werden.

(§ 21) 8. Arbeitsgemeinschaft und Arbeitsverfassung.

(Vorläufige Gesichtspunkte.)

„Arbeitsgemeinschaft" ist heute ein technischer Begriff für bestimmte gesellschaftliche Bildungen, nämlich für Vereinigungen der organisierten Arbeitgeber und Arbeitnehmer, für ein früher vergeblich aufgestelltes Postulat der Sozialpolitik im Arbeitsverhältnisse. Von ihm ist noch in vielen Richtungen zu handeln, gleichmäßig in der „Theorie“ wie in der „Praxis der Sozialpolitik“. Hier aber, wo wir immer noch an der Schwelle des theoretischen Begreifens sozialpolitischer Vorgänge stehen, wird der Begriff „Arbeitsgemeinschaft“ weiter verstanden, zwar auch theoretisch formuliert, aber als eine historische Kategorie im Wechsel der Zeiten aufgefaßt. Betrieb, Unternehmung, Vergesellschaftete Großunternehmung, die Themen also der eben abgeschlossenen Kapitel, sind ja auch „Arbeitsgemeinschaften“, freilich noch mehr im technisch-wirtschaftlichen als im sozialen Sinn des Wortes. Tarifvertrag und -gemeinschaft, Arbeiterausschuß, Betriebsrat, Arbeitskammer, Schlichtungsausschuß, Berufsorganisation, — das alles und manches weitere reiht sich dem erweiterten Begriffe ein, entweder, indem es ihn inhaltlich bereits auf einer bestimmten Stufe der sozialen Entwicklung auszufüllen strebt, oder aber, indem es Bausteine für eine spätere, wahrhaft organische Auffassung von Arbeitsgemeinschaft liefert. Ein zutreffender Name für dieses neue Organon des gesellschaftlichen Lebens ist dann: „Arbeitsverfassung“.

Für diese Begriffe, Hilfsbegriffe und Teilerscheinungen kann einstweilen nur der Standort gewahrt werden. Denn es bedarf vorher der Würdigung sehr vieler anderer einzelner Probleme, zu denen nur isolierende Methoden durchdringen können, um alles das nicht nur prägnant zu kennzeichnen, sondern auch mit lebensvollem Inhalt zu erfüllen, was als „Arbeitsgemeinschaft“ und „Arbeitsverfassung“ ja erst sehr bedingt und bestenfalls in Anfängen zum Erleben der Gegenwart gehört. Es handelt sich freilich auch nicht nur um Zukunftsträume. Zu viele praktische Ansätze, zu klares theoretisches Erkennen dessen, was aller Sozialpolitik als Ziel vorschwebt, ist ja schon Gemeingut der heutigen Zeit.

„Arbeitsgemeinschaft“ kennzeichnet sich als etwas vorwiegend „Zuständliches“; freilich können mit dem gleichen Begriff, wie wir sahen, auch bewußte Organisationsformen und -inhalte gemeint sein; aber man kann sich auch eine zufällig zustandegekommene Vereinigung von Arbeitskräften, mit und ohne sachliche Produktionsmittel, zu bestimmten, vielleicht nicht weniger zufälligen, jedenfalls vorübergehenden Zwecken als „Arbeitsgemeinschaft“ vorstellen. Jeder Einzelne von uns ist zeitweilig Glied einer solchen. Dann haben wir aber eine gesellschaftliche Gruppe ohne ausgeprägtes Eigenleben vor uns. — Der Begriff „Arbeitsverfassung“ ist dagegen nicht denkbar ohne bewußte und konzentrierte Willensstrebungen, welche eine bestimmte optimale Lagerung der einzelnen Kräfte, ihre Zusammenfassung zu gegebenen Zwecken, die Unterordnung des Einzelnen unter diese Zwecke, aber auch Sicherung gegen Ausbeutung dieses Unterordnungsverhältnisses zum Gegenstand haben.

Die so aufgefaßte Vorstellung von „Arbeitsverfassung" ist augenscheinlich dem, was die Politik an „Verfassungen" geschaffen hat, wenn nicht unmittelbar entlehnt, so doch jedenfalls nicht fremd. Wir können gewiß auch den physischen Begriff der „Körperverfassung" und den seelischen der „Geistesverfassung" für die Verständlichung des verwandten gesellschaftlichen Vorgangs heranziehen; in beiden Fällen ist auch eine gewisse gegenseitige Lagerung der einzelnen Glieder, Organe, körperlichen und seelischen Funktionen gemeint und wir sprechen von „günstiger" Verfassung des Körpers und des Geistes, wenn wir ein möglichst vollkommenes, optimales Verhältnis der verschiedenen Zentren menschlicher Fähigkeiten und Betätigungen im Auge haben. So bedarf es durchaus nicht der Anleihe bei der hohen Politik, um unsere Absicht deutlich zu machen; die zumal der älteren Soziologie geläufigen Analogieschlüsse zwischen körperlichen, seelischen und gesellschaftlichen Vorgängen würden bereits ausreichen. Nur daß wir wahrscheinlich auf diesem Wege über Analogien nicht allzuweit hinausgelangen und die begreiflichen Irrtümer eines Herbert Spencer, Schäffle, Marlo, ja auch eines Comte, kaum vermeiden würden; das wäre angesichts des praktisch-systematischen Zwecks unserer Darlegung verhängnisvoller als für die rein theoretische Absicht der früheren Soziologen.

Deshalb werden wir das, was der politische Verfassungsgedanke mit allen Mitteln der Rechts- und Staatswissenschaft klarer als irgendeine andere Disziplin herausgearbeitet hat, mit besonderem Vorteil unserer sozialtheoretischen Untersuchung zu erschließen versuchen.

Mit der politischen Verfassung eines Staats, Staatenbundes oder einer Gemeinde und eines Gemeindeverbands ist die Vorstellung der „Arbeitsverfassung" auch durch den Umstand verbunden, daß politische Vorgänge ja auch gesellschaftliche sind, daß der Ziehung dieser Parallelen jedenfalls die Ebene gemeinsam ist. Allerdings müssen wir den Begriff der „Politischen Verfassung" weiter nehmen, als er gewöhnlich gebraucht wird; denkt man nur an „konstitutionelle" Verfassung, so wäre der Rahmen zu eng. Es liegt aber gar kein Grund vor, nicht auch die politische Ordnung einer Autokratie oder einer Aristokratie als „Verfassung" im allgemeinen Sinne zu würdigen und der Begriff der „Konstitutionellen Verfassung" besagt ja an sich kaum mehr als eine Tautologie, er wird erst durch seinen spezifischen Inhalt zu dem, was mit ihm gemeint wird. Diese Erweiterung des Begriffs ist um so unbedenklicher, als ja der abgestempelte Titel einer politischen Verfassung noch wenig genug besagt für den tatsächlichen Zustand. Staatsrecht und Wirklichkeit werden sich hier oft gegenüberstehen, und eine formell demokratische Verfassung kann in Wahrheit bekanntlich ebensosehr Despotie sein (Frankreich unter Napoleon), wie Oligarchie bestimmter Gruppen, der Besitzenden etwa, aber auch der Nichtbesitzenden, zum Wesen mancher zeitgenössischen Staatssysteme zu gehören scheint.

Diese sehr einfache Überlegung soll übrigens nicht ohne Nutzanwendung für das, was anschließend über „Arbeitsverfassung" gesagt werden muß, bleiben: auch in der sozialen Ordnung des Arbeitsverhältnisses kann Theorie und Wirklichkeit, Form und Inhalt auseinanderfallen, wird erst durch Eindringen in das Tatsächliche, in den Geist der gesellschaftlichen Beziehungen, deren Kern herausgeschält werden. Ein formell autokratisches Gebilde, selbst die patriarchalische Unternehmung, kann im praktischen Ergebnis für den Arbeiter ein größeres Maß von Freiheit und ungehemmter Bewegung darstellen, als eine formell „konstitutionelle" Fabrik; es kann z. B. infolge einer Veränderung der Machtverhältnisse, des Arbeitsmarkts oder der Produktionszwecke, also durch wirtschaftliche und außerwirtschaftliche Einwirkungen, der Rahmen einer bestimmten „Arbeitsverfassung", gesprengt werden, nurmehr leere Form ohne Inhalt übrigbleiben. Und gerade den Organisationen, die wichtig für Schaffung eines „freien" Arbeitsverhältnisses sind, wird nicht selten ein sehr hohes, fast unbeschränktes Maß von Herrschaftsgelüsten innewohnen: Organisationszwang und Gewerkschaftsbureaukratismus wird im Mittelpunkt der Darlegungen eines anderen Abschnitts (§ 57) stehen. Schließlich bleibt es eine offene Frage, welche wirkliche Freiheit der sozialisierte Betrieb der Zukunft, begrifflich gewiß die großartigste Arbeitsgemeinschaft eines ganzen Volkes, dem Einzelnen läßt. — Trotz dieser Einwendungen sind die Formen, unter denen sich die Arbeitsgemeinschaft vollzieht, nicht gleichgültig, ist der Verfassungsgedanke auch im rein formalen Sinn von größter Bedeutung. Nur, daß er den Inhalt des mit der Arbeit verknüpften gesellschaftlichen Geschehens allein für sich nicht zu erschöpfen vermag.

Arbeitsgemeinschaft und Arbeitsverfassung sollen in folgendem nicht in der Einstellung auf eine bestimmte Form organisierter Gemeinschaftstätigkeit, sondern vorwiegend allgemein gewürdigt werden; die Inhalte, die dieser Begriff in der Praxis schon angenommen hat oder theoretisch zugewiesen bekommen kann, setzen die anderwärts zu gebende Darstellung zahlreicher anderer sozialpolitischer Gegenstände voraus. Gewisse Grundfragen des organisierten Arbeitsverhältnisses aber kehren in allen seinen Gestaltungen wieder, vertragen demgemäß eine allgemeine Würdigung.

Dazu gehört u. a. die Frage, die schon das Kapitel über die „Unternehmung" beschäftigte: Welche wirtschaftliche Funktionen sind ihrer Natur nach an den „Einzelnen" gebunden, welche vertragen das Mehrheitsprinzip? Damit hat sich eine längere Beweisführung beschäftigt, sie ist zu einem bestimmten Ergebnisse gediehen. Indem gewisse Betätigungen, und zwar solche volks- und privatwirtschaftlicher Zielsetzung, dem Einzelwillen und der Einzelverantwortung allein überliefert werden mußten, verengerte sich der Rahmen für Betätigung von Massenwillen und Mehrheitsbeschlüssen.

Man kann psychologisch zu dem gleichen Ergebnis kommen, wenn man, die Bedeutung der Verantwortung und des Verantwortlichkeitsgefühls anerkennend, fragt, ob eine Personenmehrheit diese qualifizierte Aufgabe lösen, die zugrunde liegenden Gefühle überhaupt besitzen kann. Auch ein sozialistischer Zukunftsstaat kann der persönlichen Leitung und dessen, was sie allein möglich macht, des persönlichen Verantwortlichkeitsgefühls, nicht entraten; die ersten sozialistischen Erscheinungen, Gewerkschaftsbewegung und Genossenschaftsbewegung, haben darauf durchaus nicht verzichten können. Stets werden nur die Formen der Unterordnung, die der Zweck kombinierter Arbeit fordert, wechseln, sie werden mit der Zeit sich vermenschlichen, auf andere, höherstehende gesellschaftliche Triebe sich stützen. Unterordnung als solche aber wird bleiben, in ihrer Ausdehnung nur noch wachsen; vielleicht ist eine Triebfeder des Sozialismus darin zu suchen, daß man die unentbehrliche Unterordnung Aller statt nur einer Klasse wünscht.

Hier sind also bestimmte, nicht starre, aber bei aller Nachgiebigkeit doch feste Grenzen für die Fortentwicklung des Arbeitsverhältnisses zur wirklichen Arbeitsgemeinschaft und Arbeitsverfassung gegeben. Nur der verbleibende, an sich noch reichlich große Rest gesellschaftlicher Beziehungen bleibt der Organisierung offen. Ein Grundproblem, dessen Verbescheidung für alles weitere entscheidend ist, drängt sich dabei vor: handelt es sich bei den Bemühungen, das Arbeitsverhältnis „organisch“ zu gestalten, um eine Vergrößerung der Individualsphäre gegen die Gemeinschaftssphäre — wie es auf den ersten Blick aussieht —, oder aber kreuzen sich die Sphären (in einem früheren Bilde = die Segmente) verschiedener Sozialer Gruppen oder Organisationen? Man erinnere sich an die Geschichte des Arbeitsverhältnisses: der entscheidende Fortschritt zeigt sich vielen in der Ersetzung des individuellen Arbeitsvertrags durch den auf korporativ geschaffenen Normen (z. B. dem Tarifvertrag) gegründeten Arbeitsvertrag. Wenn das allgemein zutrifft, dann haben wir es gar nicht eigentlich mit dem Kampf zwischen dem Individuum und der Organisation (d. i. hier der Unternehmung), sondern um die Auseinandersetzung zwischen Organisationen zu tun: zumal zwischen der als Unternehmung organisierten sozialen Arbeitsgruppe und der aus Arbeitskräften gleicher oder verwandter Zweckbestimmung zusammengesetzten Berufsgruppe, der Gewerkschaft.

Weiter kann die Untersuchung einstweilen noch nicht geführt werden. Denn das theoretische Verständnis der hier um die Herrschaft ringenden Kräfte muß auch von anderen Gesichtspunkten aus gewonnen werden. Die Arbeit, von der dieser nun abgeschlossene Abschnitt ausging, gab nur eine von vielen Einstellungen eines Kernproblems der Sozialpolitik, dem wir uns, nach Zurücklegung weiterer Etappen, mit besseren Mitteln, mit genauerer Terrainkenntnis nähern werden.

(§ 22) Ergebnisse des Zweiten Abschnitts.

Versuchen wir, auch an dieser Stelle gewisse Ergebnisse zusammenzustellen, so können diese nur vorläufige sein. Denn von den großen Querschnitten, die wir durch das sozialpolitisch interessante Gesellschaftsgefüge zu legen versuchen, ist der nunmehr ausgeführte der erste; er konnte sich einstweilen nur auf die allgemeine Orientierung des vorhergehenden Abschnitts stützen und muß zunächst Fragment bleiben. So wichtig Arbeit, Arbeitsteilung, Beruf, Betrieb und Unternehmung, zumal auf das ferne Ziel der Arbeitsgemeinschaft und Arbeitsverfassung abgestellt, für die Sozialpolitik sind, so wenig erschöpfen sie doch auch nur eines der in Frage kommenden Probleme. Die Querschnitte werden niemals in der Lage sein, die massenhaften Züge und Farbentöne einer so reich gegliederten und auch so problematischen Wirklichkeit wiederzugeben; sie sollen aber im Sinn der Physiognostik jede einzelne Nuance markieren und für die spätere synthetische Darstellung reifen lassen.

Dem von diesen Gedanken ausgehenden Beschauer bot sich allerdings kein näherliegendes Objekt als das der Arbeit in allen ihren Verästelungen. Von ihr trägt ein großer Teil der Sozialpolitik, die Arbeiterpolitik, den Namen; zu ihr führen die meisten übrigen möglichen Betrachtungsweisen. Von hier aus greift die Untersuchung erst tiefer; indem sie das von der Arbeit Ausgehende und auf sie Zurückstrahlende an erster Stelle isolierte, wird sie am ehesten vermeiden, sich zu wiederholen. Ein Ruhepunkt für die ganze Untersuchung ist gegeben, etwas, worauf immer wieder als etwas Bekanntes verwiesen werden kann.

Zugleich erwies sich das im Ersten Abschnitte über Methode, Systematik und Hilfsdisziplinen Gesagte im wesentlichen als fruchtbar. Anleihen bei Biologie und Physiologie, Geschichte und Rechtswissenschaft, Politik, Nationalökonomie, Soziologie und Statistik sind reichlich gemacht worden, das Zusammenwirken der Teilwissenschaften war geradezu Voraussetzung unseres Vorhabens. Verhältnismäßig wenig dagegen haben wir uns philosophischer Gedankengänge bedient, die sich doch gerade auf dem Gebiet der Arbeit in reichster Fülle anbieten. Die Zurückhaltung ist eine bewußte gewesen; denn gerade in den hier behandelten Fragen liegt die Gefahr, über der philosophischen Überlegung das Tatsächliche und Nächstliegende aus dem Auge zu verlieren, nicht fern. Es ist nicht immer von Berufenen über Arbeit philosophiert worden; die Hegelsche dialektische Methode schuf in der Hand Marxens das größte gedankliche System der Arbeit, das je entstand, verlor aber gerade dadurch die Fühlung mit der breiten Masse der Tatsachen und Zusammenhänge, in die sich der Arbeitsvorgang hineingestellt sieht, deren Würdigung für die Arbeit selbst entscheidend ist. Auch schon Adam Smith hat sich in den auf die Arbeit und ihre werterzeugende Leistung bezüglichen Teilen seiner „Untersuchung" vielleicht allzusehr als Verfasser einer „Theorie der moralischen Gefühle", als Philosoph, erwiesen. In seiner sonst so klaren Darstellung ist die nicht einmal einheitlich durchgeführte Arbeitswerttheorie, die alle übrigen Sünden, einschließlich des Mehrwerts, erst möglich machte, nahezu ein Fremdkörper. Ganz allgemein ist die Arbeit einer derjenigen Teile der Nationalökonomie, wo das wirtschafts- und gesellschaftswissenschaftliche Besinnen sich am wenigsten rein und voraussetzungslos entwickelte. Hier hat erst die Grenznutzenschule befreiend gewirkt, auch die Historische Schule ist nicht frei von Einseitigkeiten, die sich im ethischen Gewande recht gut ausnahmen, aber der Forschung nicht eben förderlich waren. So liegt Grund genug dafür vor, eine philosophische Einkleidung und Begründung der um die Arbeit im weitesten Sinne des Wortes gelagerten Probleme der Synthese aus isolierenden und analysierenden Einzeluntersuchungen vorzubehalten, ihr statt der Einleitung, den Schluß des Werkes zu reservieren.

Nur ganz gelegentlich ist bisher von sittlichen und ethischen Maßstäben und Ausgangspunkten der Arbeit die Rede gewesen. Gerade wer glaubt, daß schließlich doch dem Sittlichen — über das noch ein Wort zu sagen ist — der Primat gehört, wird sich hüten, seine Argumente zu frühzeitig in den Kampf zu werfen. Arbeit, Arbeitsteilung, Beruf, Unternehmung, Arbeitsverfassung: das alles greift längst ins Ethisch-Sittliche hinüber, empfängt von hier aus seine letzten und höchsten Inhalte. Dadurch wird Sozialpolitik überhaupt erst möglich, sonst bleibt sie rettungslos mit den Eierschalen der Interessenpolitik und einer sehr primitiven Nützlichkeitsmoral behaftet. Das aber, was wir an der Arbeit als solcher und an den Formen, in denen sie geleistet wird, als sittlich empfinden, was uns am stärksten auffällt, wenn es, wie gegenwärtig, vielfach fehlt, — das ist doch nur eine spezifische Lagerung der einzelnen biologischen, historischen, politischen, wirtschaftlichen, gesellschaftlichen Komponenten, aus denen Wesen, Lebensäußerung und Zweck der Arbeit hervorgehen. Diese Komponenten kennen zu lernen, in ihrer gegenseitigen Bedingtheit festzustellen, auf das Gesamtbild der Arbeit zu beziehen, war die Aufgabe des hiermit abgeschlossenen Abschnitts; ihn soll, nach ganz besonderen, zum Teil entfernter liegenden Seiten des Problems hin, der nächste Abschnitt ergänzen.

Dritter Abschnitt.

Produktion und Konsumtion der Arbeit und der Arbeitskraft.

(§ 23) Übersicht des Dritten Abschnitts.

Während die Produktion seit je ihre gesicherten theoretischen Unterlagen hatte, sie neuerdings durch die Privatwirtschaftslehre erheblich verbesserte, beginnt die Konsumtion erst allmählich die ihr zukommende Rolle in den Sozialwissenschaften in Anspruch zu nehmen — von einer Befriedigung dieses Anspruches ist noch lange nicht die Rede. Dühring hat in seiner „Kritischen Geschichte der Nationalökonomie und des Sozialismus" mit guten Gründen von der Konsumtionslehre gesagt, daß sie, wenn einmal zur wirklichen Theorie erhoben, „nicht ein nebensächlicher dritter Bestandteil" wird sein dürfen, sondern „an die Spitze wird treten und sich den beiden tatsächlichen Hauptabteilungen der bisherigen Volkswirtschaftslehre wird überordnen müssen". Dabei wird auf die alte J. B. Saysche Einteilung der Nationalökonomie in Produktion, Distribution und Konsumtion Bezug genommen, die sich mit einem unerhörten Schwergewicht in den meisten systematischen Darstellungen der späteren Zeit behaupten konnte; an die Spitze tritt dort meistens ein Abschnitt über Bedürfnisse und Bedarf — also über Gegenstände, die bereits in die Lehre vom Verbrauch hineinführen; den Schluß machen Darlegungen über diesen selbst, die freilich, wie Dühring mit geläufigem Scharfsinn erkannte, tatsächlich selten über eine Besprechung des Luxus', vielleicht auch der Mode, der Reklame und anderer doch mehr untergeordneter Fragen der Konsumtion hinauszuführen pflegen.

Ich pflichte der Anschauung Dührings über die Stellung der Konsumtion in der Sozialökonomie völlig bei, glaube ihr auch schon durch Spezialarbeiten Rechnung getragen zu haben. Dementsprechend tritt auch für die sozialpolitischen Zwecke der Gesichtspunkt der Konsumtion selbständig neben den der Produktion; es wird zu zeigen sein, daß die Betrachtung der Konsumtionsseite uns im allgemeinen tiefer führt. Um so wichtiger ist die theoretische Begründung der Konsumtionslehre, die erst so unvollkommen gelungen ist.

Die Theorie der Produktion und Konsumtion selbst kann an dieser Stelle nicht gegeben werden; das würde ein Übergreifen in die Theoretische Sozialökonomie bedeuten, obwohl sich das Interesse an den Verteilungs- und Verbrauchsvorgängen ganz gewiß nicht auf ihre wirtschaftliche Seite beschränkt, sondern ein gesellschaftliches Interesse überhaupt darstellt. Ein Interesse der Sozialpolitik im besonderen, und so ist ein Standort der Produktions- und Konsumtionslehre in der „Theorie der Sozialpolitik" sicher gegeben. Diese Lehre selbst behält dabei ihren durchaus theoretischen Charakter und bedarf zu dessen Herausarbeitung nur einer gewissen Rahmenerweiterung, die wir unbedenklich vornehmen können. Dabei wird zu zeigen sein: für die Theorie der sozialpolitischen Erscheinungen als Konsumtionsvorgängen bleibt, trotz Marx, noch sehr viel zu leisten, während die gleiche Theorie, auf die parallelen Prozesse der Produktion bezogen, bereits einen sehr breiten Unterbau, in der Privatwirtschaftslehre vor allem, besitzt.

Konsumtion, Verbrauch, Verzehr — sie spielen als Grundlage sozialpolitischer Erscheinungen und Vorgänge eine entscheidende, das Verständnis erschließende Rolle vor allem in folgenden Rücksichten:

1. Als Konsumtion von unmittelbaren Bedarfsbefriedigungsmitteln (Nahrungsmitteln usw.) im Verbrauchshaushalt des Einzelnen; Gliederungen dieser ersten Gruppe werden später (IV.) angegeben;
2. Als Konsumtion von Bedarfsbefriedigungsmitteln im öffentlichen Haushalt;
3. Als Verbrauch von nicht konsumreifen Gegenständen („Produktionsmitteln") in den einzelnen Phasen der Erzeugung, wobei weniger der unter privat- und volkswirtschaftliche Beleuchtung zu rückende Vorgang selbst, als seine sozialpolitischen Voraussetzungen, Wirkungen und Begleiterscheinungen wichtig sind;
4. Theoretisch Unterabteilung von 3., ist doch die Konsumtion der Arbeit im Produktionsprozeß der sozialpolitisch wichtigste, deshalb gesondert und ausführlich zu besprechende Teil dieser Art Konsumtion; er erfährt aber eine Erweiterung, indem
5. die Konsumtion von Arbeitsleistungen auch außerhalb des wirtschaftlichen Gütererzeugungsprozesses anzureihen ist: Konsumtion häuslicher Dienstleistungen, geistiger und organisatorischer Arbeit zu außerwirtschaftlichen Zwecken usw.
6. Neben der Konsumtion der einzelnen Arbeitsleistung steht selbständig, als sozialpolitisches Zentralproblem, die Konsumtion der Arbeitskraft, d. i. des Arbeitenden, des Menschen selbst; sie ist nicht gleich der Summe der einzelnen Arbeitskonsumtionen, sondern eine von ihnen unterschiedene, mit physiologischen, psychologischen, historischen, wirtschaftlichen Mitteln besonders zu prüfende Größe, von deren Erschließung wir die Öffnung zahlreicher dunkler und sich widersprechender Vorgänge des Gesellschaftslebens und der Sozialpolitik erwarten dürfen.

Abgesehen davon, daß ihrer in den einleitenden Worten über Konsumtion zu gedenken war, scheiden die Punkte 2 und 3 als solche aus unserer Betrachtung aus. Punkt 2 ist bevorzugter Gegenstand der Finanzwissenschaft und dort zu behandeln; gewiß ergeben sich aus der Eigenart der Konsumtion im öffentlichen Haushalt auch wertvolle Gesichtspunkte für die Sozialpolitik; so wird die Lebenshaltung durch Zölle, direkte und indirekte Steuern, also wie wir vereinfachend sagen wollen, durch Gegenstände der „öffentlichen Konsumtion" wesentlich beeinflußt; der Grad dieser Beeinflussung liegt aber in den privaten Verbrauchshaushalten sehr verschieden, kann also nicht von der Finanzwissenschaft und Finanzstatistik allgemein, sondern nur von der Haushaltsstatistik und Theorie der Lebenshaltung im einzelnen bestimmt werden und beschäftigt uns dort noch. — Punkt 3 dagegen ist die eigentliche Domäne der „Produktion"; so gewiß feinere Beobachtung fast alle Vorgänge der Produktion — was ja nicht mit „produktiven" Vorgängen zusammenfällt — zugleich als Vorgänge der Konsumtion begreifen kann, so sehr überwiegt doch in der praktischen Betrachtung bei diesen Prozessen der Gesichtspunkt des Erzeugens über dem des Verzehrs; dementsprechend wurde schon betont, daß die Methoden der Produktionsforschung, besonders durch Mittel der Privatwirtschaftswissenschaft, besser durchgebildet sind, so daß man den Verbrauch bzw. die Abnutzung von Rohstoffen, Halb- und Fertigfabrikaten so gut wie den von Kapitalien und Kredit und die als „Gebrauch" erscheinende Bodennutzung unbedenklich aus unserem Fragenkreise ausschließen kann; nur werden freilich sozialpolitisch wichtige Erscheinungen an die einzelnen Phasen der „erzeugenden Konsumtion", wie man richtiger anstatt „produktiver" Konsumtion sagt, in reicher Fülle anknüpfen, werden aber auch gewisse soziale Tatsachen Voraussetzung dieser Art von Konsumtion sein.

Wenn z. B. die hohen Löhne für gelernte Arbeiter deren Ersetzung durch Maschinen nahelegen, so liegt ein erweiterter Bedarf für diese und für anderes Sachkapital vor, das also „konsumiert" werden wird. Umgekehrt kann dieser gesteigerte Konsum sachlicher Produktionsmittel wiederum für den Arbeitsmarkt wichtig werden, der Anstoß zur Veränderung und „Versachlichung" der Produktionsmethoden wird möglicher-, ja wahrscheinlicherweise auch auf andere Arbeitsverrichtungen übergreifen, also wiederum die Konsumtion von Arbeitsleistungen durch solche mechanischer Energie ersetzen. Die eine Maschine zieht die andere nach sich, das zeigt die kapitalistische Wirtschaft zur Genüge. Dabei liegt aber im tieferen Sinne durchaus keine reine Ersetzung der Menschenkraft durch die Maschine vor; denn zur Erzeugung der Maschine mußte ja auch persönliche Arbeit aufgewendet, „konsumiert" werden; es handelt sich also mehr um eine Verschiebung innerhalb der Konsumtion der Arbeitskräfte, eine Ersetzung von Berufen durch andere; in diesem Sinne hat Punkt 4, gelegentlich auch Punkt 5 und 6 einzugreifen. Wenn etwa Ersetzung der Arbeit des Handarbeiters durch Maschinenverwendung zu einem größeren Konsum geistiger Tätigkeit, von Erfinderleistung, Konstruktions- und Organisationsarbeit usw. führt, so mag das weiterhin die Verwendung von Hausangestellten, also den Konsum häuslicher Dienstleistungen, im Haushalt der „in Brot gesetzten", zahlungskräftig gewordenen Erfinder, Techniker, Unternehmer steigern.

Punkt 1 ist derart Hauptgegenstand sozialtheoretischer Überlegungen, daß ihm ein eigener (Vierter) Abschnitt, „Lebenshaltung und Lebenskosten", zuerkannt werden muß.

Die von uns konsequent angewandte isolierende Methode wird freilich bei dieser Trennung der „Konsumtion" von ihrem bevorzugten Teilgebiet, der „Lebenshaltung", auf Schwierigkeiten stoßen. Dennoch erfordert die Bedeutung des an erster Stelle erwähnten Forschungsgebietes seine räumliche Verselbständigung. Es ist eingehend zu zeigen, wie alle übrigen aufgeführten Gruppen von Konsumtionsvorgängen zentral um Punkt 1, die „Lebenshaltung" und ihren statistischen Unterbegriff, die „Lebenskosten", gelagert sind.

Punkt 4—6 sind demnach das eigentliche Untersuchungsthema des vorliegenden Abschnitts, brauchen in dieser Übersicht also noch nicht besprochen zu werden.

Hier ist zum Abschluß nur noch in Kürze auf die engen Beziehungen zu verweisen, die zwischen allen Vorgängen der Konsumtion und denen der Verteilung spielen. Das muß besonders unterstrichen werden, nachdem oben Produktions- und Konsumtionsvorgänge vielfach als identisch bezeichnet wurden (ein Gesichtspunkt, der für das Verhältnis zwischen Verbrauch und Verteilung nicht in ganz gleichen Sinne gilt). So schließen sich die drei überlieferten Hauptunterscheidungen der Produktion, Konsumtion, Distribution zusammen, freilich nur, um durch andere Isolierungsmaßstäbe von neuem, in zweckmäßigerer Weise, geschieden zu werden. Sicher ist die Lebenshaltung, durch die Beziehung zwischen Real- und Nominallohn, mit Einkommensbildung und -schichtung, von der später ein eigner Abschnitt (V.) handelt, unlösbar verbunden, sie setzt auch die Bedingungen, unter denen die Konsumtion der einzelnen Arbeitsleistung und schließlich die der Arbeitskraft selbst erfolgt; weitere Bedingungen sind im Zweiten Abschnitt über Arbeit und Arbeitsteilung, Beruf und Unternehmung bereits erörtert worden.

Sind bisher die Vorgänge der Konsumtion, für sich und in ihren Wechselbeziehungen zur Produktion und zur Verteilung, übersichtsweise dargestellt worden, so bleibt übrig, die sozialpolitisch wichtigen Stoffe, vor allem die Arbeit, selbst, auch als Gegenstand der Produktion und der Produktionstheorie zu würdigen.

Eine Aufzählung, ähnlich der oben für die Konsumtion vorgenommenen, ergibt (unter stillschweigender Anerkennung der Tatsache, daß der folgenden Einteilung dieselben Erscheinungen, nur in anderer theoretischer Beleuchtung gesehen, zugrunde liegen) dieses Schema:

1. Das eigentliche Gebiet der Erzeugung. Man mag hierbei an die „hervorbringenden" Gewerbe — Landwirtschaft, Bergbau — oder an das Gewerbe schlechthin, mit Einschluß der Industrie im engeren

Sinne und des Kleingewerbes, denken; so sehr hier sozialpolitisch wichtige Gegenstände in Masse vorliegen, so hat doch eine wohlbegründete Arbeitsteilung in der Sozialökonomie dazu geführt, nicht die Vorgänge der Produktion als solche, sondern nur gewisse ihrer sozialpolitisch besonders wichtigen Voraussetzungen, Begleit- und Folgeerscheinungen der theoretischen und praktischen Sozialpolitik zuzuweisen. Gewiß lassen sich auch sehr viele, ja die meisten spezifisch sozialpolitischen Fragen mittelbar auf die Produktion beziehen; ein Interesse nach selbständigen sozialtheoretischen und -politischen Methoden wird aber nicht immer gegeben sein. Der Marxsche Versuch, die ganze Produktion sozialtheoretisch zu begreifen und zu begründen, sie auf den Mehrwert und die Ausbeutung der Arbeitskräfte durch die Unternehmer zurückzuführen, tut den Tatsachen zu viel Zwang an, um als geglückt gelten zu können. Auch die volkswirtschaftliche Betrachtungsweise der Produktion, in der das sozialpolitische Moment, je nach Stellung des Beschauers, eine ungleiche Rolle spielt, hat, weder im klassischen noch im historischen System, zu einwandfreien Lösungen geführt. Nunmehr erhebt die Privatwirtschaftslehre den Anspruch, unter kluger Beschränkung auf das Rentabilitäts- (statt auf das Produktivitäts-) Moment, neue Unterlagen der Produktionstheorie zu begründen.

2. Trägt man diesen Auffassungen von Produktion Rechnung, so ergibt sich eine jeweilig besondere Einstellung auch der sozialpolitischen Fragen; sie erscheinen dann, vor allem, soweit sie um die Arbeit und den Arbeitslohn gelagert sind, im Bilde der Produktionsmittel, des Produktionsaufwands oder der Produktionskosten; dieser Standpunkt war den Klassikern, die die Arbeitskostentheorie des Werts geschaffen haben, nicht fremd, aber erst die Privatwirtschaftslehre arbeitet ihn in voller Schärfe heraus.

3. Eine weitere Gruppierung wird nach dem Produktionszwecke unterscheiden.

So wird u. a. auch die Frage zugrunde gelegt, ob die Verwendung von Arbeitskraft für gewisse Produktionszwecke in Einklang gebracht werden kann mit der Auffassung, daß der Mensch innerhalb gewisser Grenzen als Selbstzweck betrachtet, seine Verwendung für bestimmte Aufgaben demgemäß abgelehnt werden müsse. Hier liegt der Schwerpunkt auf Dingen, die ebensosehr der Produktion wie der Konsumtion angehören. In diesen Zusammenhang gehört auch die Frage, ob bestimmte notwendige Zwecke — in Ablehnung des Prinzips der „Wirtschaftlichkeit", des „kleinsten Mittels" — vielleicht nur unter breitester Berücksichtigung sozialpolitischer Forderungen verwirklicht werden können.

4. Ein letzter Einteilungsgrund ergibt sich, wenn man die Bedingungen der Produktion von Arbeit und Arbeitskraft ins Auge faßt. Über das erste ist schon im vorigen Abschnitt gehandelt worden, denn man konnte wissenschaftlich nichts über „Arbeit" aussagen, ohne von den physischen und psychischen Voraussetzungen und Vorgängen des Arbeitsprozesses zu sprechen. Dagegen ist die Frage der Produktion der Arbeitskraft, d. i. des Menschen selbst

unter sozialpolitisch-ökonomischer Beleuchtung, erst gelegentlich in den Kreis der Untersuchung einbezogen worden. Sie ist aber ein Zentralproblem von geradezu entscheidender Bedeutung, zugleich dasjenige, für welches die oben erwähnte, geläufige Betrachtung von Produktionsvorgängen keinen rechten Standort aufweist.

Handelt es sich dabei doch notgedrungen um ein Übergreifen auf außerwirtschaftliche Bestimmungsgründe, für die sich in der Sozialökonomie erst allmählich Verständnis findet, denen sich die sonst so sehr kompetente privatwirtschaftswissenschaftliche Auffassung zumeist sogar grundsätzlich verschließt. Hier hat die Theorie der Sozialpolitik in besonderem Maße einzusetzen; und während die in 1—3 aufgeführten Gegenstände — mit Ausnahme der Lehre von der Arbeit als Produktionsaufwand — eine, selbständigen Zwecken der Sozialpolitik dienende Untersuchung nicht rechtfertigen, weil hier die volks- oder privatwirtschaftlichen Gesichtspunkte weitaus überwiegen, haben wir in 4 geradezu eines unserer theoretischen Hauptthemen vor uns. Ihm ist hernach ein eigenes Kapitel zu widmen. Die Lehre von der Arbeit als Produktionsaufwand dagegen wird zweckmäßig in den Betrachtungen, die die Konsumtionsseite der Arbeitsvorgänge herauszuarbeiten bemüht sind, untergebracht werden. Der Unternehmer erscheint in dieser Hinsicht als Konsument der Arbeit, der den für ihn dabei entstehenden Aufwand selbstverständlich in den Preis hineinkalkulieren muß. Hier tritt der unzweifelhaft gegebene Produktionsvorgang für die theoretische Betrachtung sogar vorwiegend als Konsumtionsprozeß auf. Vgl. aber auch VIII. — Es bewendet also im wesentlichen bei Punkt 4, der das Produktionsproblem der Arbeitskraft zu untersuchen unternimmt.

An die Untersuchungen über Konsumtion und Produktion der Arbeit und der Arbeitskraft, die wegen ihrer grundsätzlichen Bedeutung und wegen der ziemlich ungewohnten Fragestellung und Methode in dieser Übersicht etwas breiter eingeleitet wurden, schließt der gegenwärtige Abschnitt noch eine Reihe geläufigerer sozialpolitischer Fragen in theoretischer Einstellung an: alle Begleit- und Folgeumstände und Voraussetzungen der Konsumtion oder Nichtkonsumtion der Arbeit: also Arbeitsmarkt, Arbeitslosigkeit, Arbeiterwanderungen, Absatzkrisen der „Ware Arbeit" und ähnliche Tatbestände.

(§ 24) 1. Produktion von Arbeit und Arbeitskraft.

Die Marxsche Formel, wonach das Kapital, um Wert und Mehrwert zu hecken, selbst sich die Arbeits-(Produktiv-) Kräfte bereitstellen, sie „produzieren" muß, ist gewiß Ausfluß glänzender Dialektik, in der ein Begriff den andern, die Thesis ihre Antithesis „heraustreibt", — aber sie ist auch nicht mehr. Späterer Zeit bleibt es vielleicht vorbehalten, zu zeigen, daß Systeme dieser Art lediglich „Begriffsentwicklungen“ aus Axiomen, Postulaten heraus darstellen. Der an den Eingang des Systems gestellte Begriff enthält, als eine Art Mantelbegriff, bereits alle weiteren; es wird dann eben nur bewiesen, „quod erat demonstrandum“, was begrifflich schon feststand; wie eine Knospe die künftigen Blätter bereits im Stadium nascendi enthält, sie nur „entfaltet“, „heraustreibt“, um diese Wendung nochmals anschaulich zu gebrauchen: so kann im dialektischen System, das reine Logik „entwickelt“, kein Raum für eine Erscheinung oder einen Vorgang sein, der in dem Oberbegriff nicht schon logisch enthalten ist. Die Verwandtschaft der marxistischen Lehre mit bestimmten Teilen des klassischen Lehrgebäudes ist ja bekannt und tritt auch in dieser formalen Beziehung zutage, nur daß allerdings Adam Smith einen viel offeneren Blick für die Tatsachen, Ricardo bei allem Scharfsinn eine natürliche Zurückhaltung vor Konstruktionen im luftleeren Raum hatte. Nicht weniger kann eine Verwandtschaft des Marxismus mit dem euklidischen System der Geometrie, das man heute auch als Begriffsentwicklung aus postulierten Vordersätzen heraus begreift, oder mit der großartigsten Äußerung axiomatisch-philosophischer Weltanschauung, mit dem Spinozismus, als vorhanden angesehen werden.

Das war vorauszuschicken und soll gleichzeitig als Begründung dafür dienen, daß die weiteren Darlegungen über „Produktion der Arbeit und der Arbeitskraft“ der Beziehung auf Marx völlig entraten werden; solche Beziehung würde doch nur rein kritisch-ablehnend verlaufen können, und es ist viel fruchtbarer, die positiven Unterlagen einer entgegengesetzten Auffassung zu bieten. Auch die Leistung von Marx, deren gedankliche Bedeutung niemand bestreiten kann, ist ja vorwiegend eine positive gewesen. Indem wir nunmehr aus dem Begriff „Produktion“ heraus, der so elementar wie möglich gefaßt wird, in Zusammenhalt mit den früheren Feststellungen über „Arbeit“ und ihre Erscheinungsformen, das Thema dieses Kapitels angreifen, sind wir uns bewußt, einstweilen noch nicht den ganzen Inhalt dieses Vorgangs zu erschöpfen; vielmehr beleuchten wir erst seine eine Seite, während die andere, wichtigere Seite, der parallellaufende Prozeß der Konsumtion, später verdeutlicht wird. Wir isolieren wiederum bewußt, um hernach zusammenfassen zu können. Es ist das aber ein anderes als das Konstruieren aus mehr oder weniger willkürlich gesetzten Ober- und Mantelbegriffen heraus. Unsere Isolierungen und Idealisierungen sind, im Sinne von Wiesers, durchaus der Erfahrungswelt entnommen und haben keine andere Absicht als die, diese Erfahrungswelt auf einfachste Grunderscheinungen zurückzuführen, typisch zu bezeichnen.

Die Produktion der einzelnen Arbeitsleistung ist von der Produktion der Arbeitskraft auseinanderzuhalten und bietet nicht gleich viel theoretisches Interesse. Wie später zu zeigen, kann man sich den einzelnen Arbeitsvorgang nur im Bilde des „Verbrauchs" vorstellen, während für die Arbeitskraft ebensowohl ein „Gebrauch" wie ein „Verbrauch" möglich ist, zwischen welchen beiden graduelle Annäherungen vor sich gehen. Das ist aber bereits eine Wertung der Arbeit und der Arbeitskraft vom Standpunkt der Konsumtion aus, während es sich hier zunächst um den parallelen Vorgang der Produktion handelt. Wir können uns kurz fassen, da die Konsumtionsseite des Arbeitsprozesses die wichtigere ist und hernach sehr eingehend dargelegt wird. In der einzelnen Arbeitsverrichtung verschmilzt der Produktions- und Konsumtionsvorgang zu einem. Denn was vor der Verrichtung liegt, die Disposition, aus der heraus sie geschieht, die oft über Menge und Güte der Arbeit entscheidet, gehört ebensowenig zur Arbeitsverrichtung als solcher wie der durch sie herbeigeführte Zustand, den wir Arbeitserfolg nennen. Gewiß produziert die Arbeit, indem sie geschieht, zugleich den Arbeitserfolg, von dem aus die Freude an der Arbeit auf den Arbeitenden zurückstrahlt oder der, wenn mißlungen oder außer Verhältnis zum Arbeitsaufwand, Unlust hervorruft. Der Arbeitserfolg ist aber der aufgewendeten Mühe nicht unbedingt kongruent, er wird auch von anderen Umständen bedingt, die sich häufig — wie z. B. die Beschaffenheit des Materials und Werkzeugs — der Beeinflussung durch den Arbeitenden entziehen, also auch nicht die Möglichkeit allgemeiner theoretischer Würdigung gewähren. Praktische Fragen, der Fabrikorganisation, der Arbeitsmethoden, der Kreditbeschaffung, sind hieran in großem Maße interessiert, die Sozialpolitik insoweit, als sie die optimalen Bedingungen für das Zusammenarbeiten von Unternehmer und Arbeiter, sowie von persönlichen und sachlichen Produktionsfaktoren — Arbeitern und Kapital — schaffen soll. Hier ist das früher über Arbeitsverfassung und Arbeitsgemeinschaft Ausgeführte (§ 21) einschlägig. Davon unterscheidet sich das augenblickliche Thema, das es nur mit der Produktion der einzelnen Arbeitsleistung zu tun hat, für die der später zu würdigende Arbeitsaufwand die wichtigste Größe darstellt. Gewiß kann dem Arbeitsaufwand, dem konsumtiven Element des Arbeitsvorgangs also, auch ein unmittelbarer Gewinn, in dem durch die Arbeit möglicherweise herbeigeführten Lust- und Persönlichkeitsgefühl und in der Arbeitsübung, zur Seite treten. Indessen wächst dieses psychisch-physische Plus nicht der Arbeitsleistung als solcher, sondern dem Arbeitenden und seiner Arbeitskraft zu, die hier also produktiv beeinflußt werden. Die Disposition für künftige Arbeiten wird günstiger oder auch ungünstiger werden — ungünstiger in dem früher behandelten Fall der Unlust, Ermüdung und Erschöpfung; der einzelne Arbeitsvorgang hat damit aber nichts mehr zu tun, es sei denn, daß er über längere Zeit erstreckt ist. Insofern schafft jeder gut verlaufene Teilarbeitsprozeß eine günstigere Disposition für die folgenden; ein theoretisches Interesse knüpft sich an die abgelaufene Verrichtung jedenfalls nicht mehr; indem sie „produziert" wird, wird sie zugleich „konsumiert" (hierin kann man Marx z. T. folgen) und verschwindet damit als solche aus dem Gesichtskreis.

Viel wichtiger ist, was über die Produktion der „Ware Arbeit" in Verbindung mit der Produktion der „Arbeitskraft" zu sagen bleibt. Läßt man beides nach Marx und Engels zusammenfallen, dann vereinfacht sich die Untersuchung; etwas komplizierter gerät sie, wenn wir uns Arbeit — nun nicht mehr, wie vorhin, als einzelne Arbeitsleistung, sondern als potentielle, aufgespeicherte Energiemenge gedacht — als von ihrer Quelle, der „Arbeitskraft", dem Menschen selbst, verschieden vorstellen. Wenn man dabei, was für uns gilt, der von Brentano entwickelten Auffassung folgend die „Arbeit" als „Energievorrat", nicht aber die „Arbeitskraft", als den Menschen selbst, in den Besitz des Arbeitgebers übergehen läßt, ist die begriffliche Scheidung zwischen „Arbeit" als Energiemenge und „Arbeitskraft" als „Energiequelle" besonders geboten. Doch wird die Untersuchung beider Tatbestände in den entscheidenden Punkten mit gleichen Mitteln arbeiten und mit ähnlichen Ergebnissen schließen.

Die „Produktion" der „Arbeit", als zunächst latenter, in der einzelnen Arbeitsverrichtung sich auswirkender, gewissermaßen „ausgestrahlter" oder in mechanische Wirkung überführter Energiemenge, ist sicher abhängig von der dahinterstehenden „Arbeitskraft". Wie man aber in der Biologie auf den Begriff der „Lebenskraft", der früher herrschend war, mehr und mehr verzichtete, um an seine Stelle die einzelnen Funktionen des Lebens zu setzen und hierfür im selbständigen Leben der „Zelle" die Voraussetzungen zu finden, — so wird vielleicht auch die allgemeine Vorstellung der „Arbeitskraft" an Deutlichkeit gewinnen, wenn wir einmal die davon abhängige Arbeitsenergie loslösen, dann aber die einzelnen möglichen Betätigungen der „Arbeitskraft" ins Auge fassen. Eine rein energetische Betrachtungsweise des Inhalts, daß wir die „Arbeitskraft" selbst als Energie auffassen, ist für den gegenwärtigen Stand der Forschung abzulehnen; Diese vermag uns bis auf weiteres den Übergang eines organischen Prozesses in einen mechanischen noch nicht deutlich zu machen, wird dazu vielleicht niemals imstande sein.

Die Energiemenge, die wir „Arbeit" schlechthin nennen, ist mindestens zweifach unterschieden, je nachdem wir an geistige oder körperliche Arbeit, denen verschiedenartige Energien korrespondieren müssen, denken. Diese Zwiespältigkeit des energetischen Arbeitsgehalts ist aber nicht so zu verstehen, daß die beiden Qualitäten der Energie, jede für sich, isoliert aufzutreten vermöchten. Wie vielmehr das Kapitel über „Berufe vorwiegend körperlicher und geistiger Arbeit" (§ 18) ausführte, ist in der Praxis der Arbeit, ist bei jeder einzelnen Teilverrichtung eine Gemengelage körperlicher und geistiger Energie gegeben. Physische und psychische Prozesse treten hier an einander gebunden, in engster Wechselwirkung auf, wenn natürlich auch das körperliche oder seelische Moment ungleich vertreten und eine Verschiebung zwischen beiden möglich sein wird. Die Summe von Energie, die wir uns als Gesamtleistung eines Arbeiters denken, ist also das Ergebnis körperlicher und seelischer Erzeugungsprozesse. Der Begriff der Erzeugung ist dabei der bekannte: einer Form- oder Lageveränderung, ohne daß Materie neu geschaffen würde. Grundlage ist die „Arbeitskraft" als Summe der individuellen, seelischen und körperlichen Dispositionen und Kapazitäten, die ihrerseits vorwiegend durch die Erbmasse (vgl. Ersten Abschnitt, erstes Kapitel) bedingt und bestimmt sind. Alle Kultur, Erziehung, Sozialpolitik hat es zunächst nur mit einer möglichst günstigen Gestaltung und Entwicklung der vorhandenen Dispositionen zu tun; es bleibt offen, ob und inwieweit der Erbmasse hierbei etwas angefügt oder weggenommen werden kann. Auch wenn wir die heute überwiegende Lehre von der Konstanz der Erbmasse und der Nichtvererbung erworbener Eigenschaften bedenklich und unfruchtbar finden, können wir mit den Mitteln der Soziologie, Sozial- und Kulturpolitik nur Indizien für eine gegenteilige Auffassung anführen. Die Entwicklungstheoretiker mögen sie immerhin beachten.

Das schrittweise Werden der für die Arbeit verwendbaren Energiemenge und die Einzelheiten dieser „Produktion" sind als solche ebenfalls kein unmittelbarer Vorwurf der Sozialpolitik. Physiologie, Biologie, Psychologie und die Wissenschaft von den korrespondierenden krankhaften Zuständen — die wir uns ja vielfach nicht als Gegensätze des Gesundseins, sondern als graduelle Verschiebungen vorstellen müssen — sind berufen, Aufschlüsse über die „Lebensbahn" und die sich dabei entwickelnden Energien zu geben. Sozialpolitische Tatbestände greifen in das Gebiet des naturwissenschaftlich Festzustellenden vor allem da ein, wo es sich um Aufgaben der Sozialhygiene handelt. Erst wenn und insoweit die Gesellschaft, als das soziale Mit- und Füreinandersein der Menschen, und die Wirtschaft, als Verwendung persönlicher Energien für Befriedigung von Sachbedarf, in den autonomen Lebens- und Energiebildungsprozeß des Einzelnen eingreifen, entwickeln sich die eigentlichen sozialpolitischen Tatbestände. Freilich findet jener Eingriff von Gesellschaft und Wirtschaft nicht erst während des individuellen Menschenlebens statt, als „Milieu" wirkt Gesellschaft und Wirtschaftsverfassung schon vorher; jeder wird in einen bestimmten, gesellschaftlich und wirtschaftlich bestimmten und bedingten Umkreis hineingeboren, ist insofern samt der Energiemenge, die er später als Arbeitender zur Verfügung stellen wird, „Produkt" der Gesellschaft und Wirtschaft. Er ist es in noch viel höherem Maße, wenn man eine Vererbung erworbener, ihrerseits durch Milieueinflüsse beeinflußter Eigenschaften, somit eine Fortentwicklung der „Erbmasse" annehmen darf — eine, um es nochmals zu betonen, sozialhygienisch und sozialpolitisch nahezu unerläßliche Annahme (vgl. § 3).

Wir sind bereits unversehens auf das Gebiet der „Arbeitskraft" und ihrer „Produktion" hinübergekommen, und es bewahrheitet sich, daß die begriffliche Abgrenzung von „Arbeit" als „Energiemenge" und „Arbeitskraft" als „Energiequelle" in der Durchführung des theoretischen Gedankens nur bedingt aufrechterhalten bleibt.

Nach allem bisher Ausgeführten kann es für den theoretisch interessierten Sozialpolitiker nur Aufgabe sein, diejenigen „Produktionsfaktoren" von Arbeit und Arbeitskraft zu untersuchen, die der Beeinflussung durch die Gesellschaft, also auch durch die Politik der Gesellschaft, zugänglich sind. Es liegt kein Grund dafür vor, mit der Skepsis vieler Klassiker, eines Malthus etwa, die gesellschaftlichen Bedingtheiten der Arbeit und der Arbeitskraft als unabänderliche zu betrachten; die Historische Schule hat ein mehr als hinlängliches Material zusammengetragen, um das, was den Klassikern als Wirken von Naturgesetzen erschien, soziologisch zu begreifen und in der Gesellschaft selbst nach dem Organ zu suchen, das durch zielbewußte Politik der Willkür und dem Zufall entgegenarbeitet. „Willkür" und „Zufall" verstehen wir hierbei natürlich nicht in dem Sinne, daß dadurch die kausale Verursachung bestimmter Ereignisse ausgeschlossen werde; als „Willkür" und „Zufall" erscheinen an sich streng kausale Vorgänge und Zusammenhänge vielmehr dann, wenn wir zu ihren Triebfedern nur instinktmäßig-egoistische Gefühle des Einzelnen und Sozialer Gruppen zählen dürfen und die bewußt zwecksetzende, ordnende und organisierende Tätigkeit des Einzelnen, der Gesellschaft und des Staates vermissen: wenn a-soziale und anti-soziale Beweggründe vorherrschen, „Hunger und Liebe" nach dem bekannten Dichterwort allein die Geschicke der Individuen, Gruppen und Völker bestimmen. Differenzierung und Höherentwicklung der sozialen Gefühle ist geradezu entscheidend dafür, ob „Willkür" und „Zufall" oder Ordnung und Zweckbestimmung im Gesellschaftsgefüge vorherrschen, — denn um ausschließliche Herrschaft der einen oder anderen Ursächlichkeit wird es sich nur selten handeln.

Für jede Produktion, nicht nur im wirtschaftlichen Sinne, ist an sich ihr Bedarf maßgebend. So auch, im übertragenen Sinne, für die Produktion der Arbeit und Arbeitskraft. Doch ist noch zu zeigen, daß und warum zwischen beiden Größen, Bedarf und Erzeugung, eine so starke Ungleichheit besteht. Die Notwendigkeit, beide einander anzupassen, wird besonders deutlich, wenn man an die Produktion berufsmäßig ausgeübter Arbeit denkt und nach den Gründen forscht, die Quantum und Quale der den einzelnen Produktionen zugeteilten Berufsarbeit letzten Endes bestimmen. Sie können nur in der Nachfrage liegen. Man wird dabei an eine Art Auslese für besondere Arbeitsleistungen zu denken haben, die soziologisch, aber nicht selten bereits biologisch erfolgt.

Es gibt Beweise für das Bestehen von „Berufsfamilien", in denen sich durch viele Generationen und in einer weit ausgebreiteten Sippschaft derselbe Beruf erhält und das für seine Ausübung bereitstehende Arbeitsquantum ein sehr hohes, sonst nicht erreichtes ist. Hier schafft sich ein gegebener Bedarf unmittelbar durch Produktion besonders qualifizierter Arbeitskraft und Arbeit die Mittel der Deckung. — Im übrigen ist hierauf später, bei Besprechung der „Konsumtion von Arbeit und Arbeitskraft" (§§ 25, 26) zurückzukommen. Auch die sozialpolitisch hochwichtige Frage des Produktionsaufwandes, der Produktionskosten der Arbeit, ist erst Thema dieser späteren Untersuchung.

Die Produktion von Arbeit und Arbeitskraft trägt im übrigen noch Aspekte, die, gleichfalls von größter sozialpolitischer Bedeutung, doch auch erst später, zum Teil erst in der „Praxis der Sozialpolitik", ihre endgültige Klärung erfahren werden. Die Formel kann natürlich nicht sein, daß ein Maximum, sondern daß ein Optimum an Arbeitskraft und -energie produziert werde; ein solches, welches auf lohnende Tätigkeit (nicht nur im materiellen Sinne) auch wirklich rechnen, das vom Arbeitsmarkt (den man sich freilich nicht als ein für allemal feststehende Größe denken wird) aufgenommen werden kann, das Arbeitslosigkeit ebenso wie Mangel an produktiver Arbeitsdisposition tunlichst ausschließt. Hier liegen ja unmittelbare Aufgaben der Sozialpolitik. Das Optimum dieser Art Produktion soll aber auch ein Optimum an Arbeits- und Lebensfreude und Lebensmöglichkeiten für jeden Einzelnen umschließen. Dabei stehen sich Quantität und Qualität der Erzeugung von Arbeitskraft, nun auf den Menschen selbst bezogen, in einem noch wenig geklärten Verhältnis gegenüber, hier hat die Bevölkerungspolitik einzusetzen. Man kann vom nationalen und vom sozialistischen Standpunkt ebenso wie von dem einer anderen, etwa kirchlichen Weltanschauung aus die Möglichkeit eines Standpunkts begründen, der — entgegen der eben erwähnten vom Optimum — das Maximum der Arbeitskraft- und Menschenproduktion schlechthin fordert: das Expansionsbedürfnis des Staates, der Klasse, der Kirche, dreier so gewaltiger und in manchem wesensähnlicher, sozialer, organisierter Gruppen, kann gleichmäßig dieses Maximum — der Volksgenossen, der klassenkämpferischen Proletarier, der „Seelen" — verlangen. Darauf ist besonders bei den Darlegungen über Mittel zur Regelung der Arbeitskonsumtion (des Arbeitsmarktes, § 30), sowie bei Erläuterungen über die Klasse und über den Staat (§§ 52, 67) zurückzukommen. Für den Sozialpolitiker ist der Gedanke der Macht, der im Maximum der Bevölkerung, der Arbeitskraft und Arbeit zum Ausdruck kommt, nicht gleichgültig, aber auch nicht allein entscheidend.

Denn der Tieferblickende sieht im Hintergrund der Machtentfaltung, des von Staat, Klasse oder Kirche ausgehenden imperialistischen Herrschaftstrebens, die schweren Kämpfe, die für die Gesellschaft und für jeden Einzelnen entstehen müssen; von ihnen hat der Kulturkampf, das Sozialistengesetz, der Krieg und die Revolution eine sehr deutliche Vorstellung erweckt. Es fragt sich einstweilen noch, ob der Sozialpolitiker diesen Machtstrebungen sein eignes autonomes Ideal entgegenzusetzen hat oder ob er sich mit einer rein utilitarischen Erklärung begnügen muß, indem er das „Optimum" von Volkszahl, Arbeitskraft und Arbeitsmenge im wirtschaftlichen Sinn: gemessen an den Unterhaltsmitteln, festlegt.

Wir verlassen das Thema lediglich, um es unter Einstellung auf die der Produktion parallellaufenden konsumtiven Vorgänge anschließend fortzuführen, während andere, einstweilen nur angedeutete Zusammenhänge später aufzugreifen sind.

(§ 25) 2. Die Konsumtion der einzelnen Arbeitsverrichtung.

Nicht die Arbeit als solche in ihren verschiedenen Formen und Inhalten: Arbeitsteilung, Beruf, Betrieb, Unternehmung, Arbeitsgemeinschaft usw., interessiert uns in folgendem: Darüber hat der vorige Abschnitt alles Nötige zusammengestellt. Vielmehr steht die „konsumierte Arbeit" zur Behandlung. Die Begriffe „Arbeit" und „Konsumtion oder Verbrauch der Arbeit" sind freilich gedanklich nur schwer zu trennen; wohl kann ich mir ein „Abstraktum" Arbeit, aus zahlreichen Einzelwahrnehmungen zustandegekommen, etwa in dem Sinne, wie es Marx gebraucht, vorstellen; die Einzelwahrnehmungen aber, die den Arbeitsbegriff erst lebensvoll gestalten, müssen sich stets auf wirklich „geleistete", tatsächlich „verbrauchte", „konsumierte" Arbeit beziehen, wenn über einen allgemeinen Begriff hinaus ein bestimmter Inhalt gewährleistet, etwas über Quantitäten und Qualitäten ausgesagt werden soll. Man wird nun Arbeitsteilung, Beruf, Betrieb, Unternehmung, Arbeitsgemeinschaft als Rahmenbegriffe bezeichnen können, innerhalb deren sich die tatsächlichen Arbeitskonsumtionen vollziehen. Diese Rahmenbegriffe sagen an sich noch nicht alles über die Besonderheiten der einzelnen „Arbeit verbrauchenden" Vorgänge aus. Insbesondere lassen sie einstweilen noch völlig offen, welche physischen und psychischen Vorgänge sich tatsächlich im Einzelfall abgespielt haben und immer von neuem abspielen. Die im vorigen Abschnitt dargelegten Begleiterscheinungen der Arbeit: Ermüdung, Erschöpfung, Arbeitslust und -unlust, Rhythmus der Arbeit, sie sind sämtlich wiederum Verallgemeinerungen, die wohl auch einen Rahmen um die einzelnen Arbeitskonsumvorgänge schließen, sie aber doch nicht erschöpfen.

Indem wir voll anerkennen, was diese allgemeinen Begriffsbestimmungen der Arbeit für die gedankliche Feststellung des Arbeitskonsums auszusagen in der Lage sind, bleibt es doch ein dringendes Bedürfnis, aus dem Wesen der Konsumtion selbst heraus eine Vorstellung von der speziellen Konsumtion, die bei und mit der Arbeit vor sich geht, zu gewinnen. Es liegt im Begriff und Wesen aller Konsumtion, allen Verzehrs oder Verbrauchs, daß Etwas konsumiert, verzehrt, verbraucht werde. Dieses „Etwas" kann weder Materie sein noch auch sich in der Arbeit selbst erschöpfen; denn diese bleibt ja als Arbeitseffekt deutlich sichtbar, ihre Spuren lassen sich an den Produktionsvorgängen greifbar nachweisen; ihre „produktive" Fähigkeit ist ja auch Ausgangspunkt der Arbeitswerttheorie und Mehrwerttheorie; übrigens würde Arbeit weder gefordert noch geleistet werden, wenn nicht „Produktion", d. i. wertsteigernde Form- oder Lageveränderung von Materie resultieren oder wenigstens erwartet würde. Wir sehen: es muß das „produzierende" vom „konsumierenden" Element der Arbeitsleistung streng geschieden werden; für uns bleibt, nachdem der Zweite Abschnitt in Arbeitsteilung, Beruf, Unternehmung usw. Formen und Inhalte der schaffenden Arbeit namhaft gemacht hat und im ersten Kapitel des vorliegenden Abschnitts Ergänzendes über die „Produktion" von Arbeit und Arbeitskraft hinzugefügt wurde, nunmehr übrig, vom konsumierenden Inhalt des Arbeitsprozesses, von den Werten zu handeln, die durch ihn verzehrt, vernichtet, oder wenigstens — infolge Abnutzung — gemindert werden. Der als Überschrift zu diesem Kapitel dienende Ausdruck: „Die Konsumtion der einzelnen Arbeitsleistung" soll der Entscheidung darüber, was tatsächlich konsumiert wird, nicht vorgreifen und nur deutlich machen, daß es sich um eine Konsumtion gelegentlich der einzelnen Arbeitsleistung handelt.

Welches sind diese Werte, welche gewissermaßen auf der Passivseite des Arbeitsvorgangs zu buchen sind? Wir sehen von den eigentlichen Werttheorien ab und suchen das, was konsumiert werden kann, unmittelbar aus dem Arbeitsvorgang heraus zu begreifen, dessen sozialpolitisch wichtigster Fall die abhängige, an den Arbeitsvertrag gebundene Arbeitsverrichtung ist.

Äußerlich betrachtet, scheint zunächst die auf die Arbeit verwendete Zeit konsumiert zu werden. Die auf Begrenzung des Arbeitstages oder auf Urlaub, Pausen usw. gerichteten sozialpolitischen Forderungen haben diesen Tatbestand vor anderem im Auge. Sie mögen, zumal in der Gegenwart, daneben noch sonstige Ziele verfolgen, solche des Arbeitsmarkts etwa, der bei Arbeitszeitverkürzung Raum für ein Mehr von Arbeitskräften zu bieten scheint (eine Auffassung, die freilich irreführen kann). Gemeinsam ist dieser Art Sozialpolitik doch aber das Gefühl dafür, daß die Zeit einen einzig dastehenden „Wert" hat, dessen Konsumtion über ein gewisses Maß hinaus alle menschlichen Fähigkeiten zu verkümmern droht. Für viele in den arbeitsteiligen Prozeß verstrickte Hand- und Kopfarbeiter beginnt das eigentliche

„Leben“ erst nach Ablauf der durch den „Arbeitstag“ bezeichneten Arbeits- und Zeitkonsumtion, erst dann gehört der Arbeiter wieder sich selbst, seiner Familie, seiner Berufsgruppe und Partei, dem Staate, der Natur. Man wird das bedauern und durch Reformen innerhalb des arbeitsteiligen Verfahrens entweder das Maß der Zeitkonsumtion selbst oder wenigstens der den Arbeiter beanspruchenden Begleitumstände auf ein zulässiges Maß herabsetzen; besser noch, den Arbeitsvorgang so zu gestalten bemüht sein, daß das werterzeugende Element der Arbeitsleistung dem Arbeitenden in höherem Umfange bewußt wird als das wertkonsumierende Element. Tatsache aber bleibt, daß für viele Teilarbeiter die Arbeit mehr als Konsumtions- denn als Produktionsfaktum empfunden wird und wohl stets werden wird; denn, wie schon gezeigt wurde, auch der sozialistische Zukunftsstaat ist an die weitestgehende Arbeitsteilung gebunden, ihren „konsumierenden“ Folgen also ausgesetzt. Der sozialistische Wahn, im Zukunftsstaat werde eine Reduktion der zwangsläufigen, tatsächlich unfreien Arbeit auf einen Bruchteil der gegenwärtig nötigen, ja auch schon stark herabgesetzten möglich sein, werde sich die Arbeit vielleicht auf wenige Stunden täglich belaufen, wird noch besprochen werden müssen.

Die Zeit also scheint es zu sein, die verbraucht wird. Denken wir an die durchschnittliche Lebensarbeitszeit eines Arbeiters, dann haben wir in deren Konsumtion zugleich die Konsumtion des Arbeiterlebens selbst, von der gesondert zu sprechen ist. Einstweilen haben wir noch nach anderen Werten zu suchen, deren Verbrauch oder wenigstens wertmindernder Gebrauch durch Arbeit nachweisbar ist. Vielleicht stellt sich dabei heraus, daß die Zeit nicht der eigentliche Gegenstand der Konsumtion ist.

Es sind physische und psychische Umstände dabei zu beobachten. Sie sind mit der Zeit derart verbunden, daß die körperlichen und geistigen Funktionen in der Zeit ablaufen, die somit nicht eigentlich als solche, sondern als rhythmische Aufeinanderfolge des geistigen und körperlichen Lebensprozesses für den in der Arbeit sich vollziehenden Konsumtionsvorgang von Bedeutung ist.

In der Tat ist mit dem bloßen Abstraktum „Zeit“, gleichviel, ob man ihm eine bestimmte Reellität oder (mit Kant) nur formale Bedeutung für unser Anschauungsvermögen zuerkennt, nicht viel anzufangen. Jedenfalls würde die Zeit, als unendliche Ausdehnung gedacht, schon nach allgemeinen theoretischen Erwägungen keinen „Wert“ haben, der nur beschränkt vorhandenen Dingen eignet. Lediglich in der Beziehung auf das begrenzte menschliche Leben ergibt sich für die Zeit ein unmittelbarer Wertmaßstab. Indem jede Arbeitsverrichtung einen bestimmt meßbaren Lebensabschnitt ausfüllt, somit während dieses Abschnitts die an sich mögliche anderweitige Verwendung von Fähigkeiten, ihre Beziehung auf andere, unmittelbare

Genüsse bietende Lebenszwecke unmöglich wird, entsteht ein Verlustfaktor, der als „Konsumtion“ gedeutet werden kann, wenn er den Konsumtionsvorgang auch nicht erschöpft. Deshalb ja auch die Ideenverbindung zwischen Arbeit und Arbeitserfolg; wo in der Arbeit selbst kein hinlänglicher „Wert“ gesehen wird, wird er in dem durch die Arbeit verbürgten Maß von äußerem Erfolg, von Gewinn, Einkommen, Ehre, Anerkennung durch andere, gesucht und erstrebt werden.

All dies liegt mehr auf seelischem als auf körperlichem Gebiet. Bezieht man die Arbeit auf dieses, so liegt der „Wertverlust“, die „Konsumtion“, zweifellos im Energieverbrauch. Das muß auch für geistige Arbeit gelten, da sie ja an den Körper gebunden ist. Hierfür gibt es quantitative Maßstäbe, die zum Teil schon im Ersten Abschnitt erwähnt wurden, zum Teil im nächsten Abschnitt unter „Lebenshaltung“ und „Lebenskosten“ namhaft zu machen sind. Wir wollen hier den theoretischen Gedankengang nicht durch physiologische oder statistische Einzelangaben, die für Feststellung des Wesens der Arbeitskonsumtion nur Beispielswert haben, unterbrechen. Genug, daß wir in der für Arbeitsleistung und Ernährung gleichmäßig wichtigen energetischen Kalorienberechnung Unterlagen haben, mittels deren weitgehende quantitative Vorstellungen von dem an den Arbeitsvorgang geknüpften Konsumtionsvorgang möglich werden. Der „Ersatz“ verlorengegangener, „konsumierter“ Energien wird zum quantitativen Maßstab für den Energieverlust selbst. Hier liegt die unmittelbarste und greifbarste Wirkung der „Arbeitskonsumtion“ vor. Für jede einzelne Verrichtung können hier „Verlustkonten“ ermittelt werden, die mit dem Aktivposten, dem unmittelbaren und mittelbaren Arbeitserfolg, in Zusammenhang gebracht werden können. Der Arbeitsphysiologie erschließt sich so ein weites Feld, von dem erst Bruchstücke bestellt sind. Wichtig ist aber, festzuhalten, daß eine normale Arbeit nicht als dauernder Energieverlust anzusehen ist, wenn Ernährung und Ruhe für den Energieersatz sorgen; daß vielmehr erst ein normales Arbeitsmaß die größtmögliche Garantie für Gesundheit und Kraft bietet. Ein solches Arbeitsmaß ist ja sogar notwendig, wenn der optimale Gebrauch der Arbeitskraft, die richtige körperliche, seelische, soziale Betätigung eines jeden Menschen erzielt werden soll.

Die Vieldeutigkeit des Wortes „Arbeitserfolg“ wird Veranlassung zu einer Untersuchung darüber geben, welche Teilmengen des in der Arbeit stattfindenden Werteverlustes durch die einzelnen Komponenten des „Arbeitserfolges“ ausgeglichen werden. Für Marx gab es nur eine Gegenüberstellung von „Arbeitswert“ und „Arbeitslohn“; die dem Unternehmer zufallende Differenz zwischen beiden ergab den berüchtigten Mehrwert. So einfach liegen die Dinge nicht. Vielmehr kann zum Lohn, der den für den Arbeiter unmittelbar sich einstellenden Erfolg der Arbeit bedeutet, ein größeres oder geringeres Maß von physischem Gewinn und seelischer Befriedigung des Arbeiters durch den Arbeitsvorgang selbst und durch den erreichten Produktionszweck hinzutreten; mag diese Seite des Arbeitserfolges, die einen Teil des in der Arbeit liegenden Werteverlustes ausgleichen kann, im arbeitsteiligen Prozeß des Großbetriebs auch nicht groß sein, mit ihrem Vorhandensein ist zu rechnen. Ziel der Sozialpolitik würde sein, diese Seite zu einem Optimum auszugestalten. Arbeiterschutz und -hygiene, Prämien, richtige Lohnbemessung, Gewinnbeteiligung sind hier einschlägig. Bei anderen Arbeitsbetätigungen, des Gelehrten, des Künstlers oder Politikers, wird die innere Zufriedenstellung nicht selten der Arbeitserfolg schlechthin sein und den Konsum bereits ersetzen. — Anerkennung durch andere, durch Vorgesetzte, Berufs- und Standesgenossen, kann eine weitere Quelle des Arbeitserfolges darstellen, gewisse Konsumtionen, Arbeitsaufwendungen, Wertverluste oder -minderungen mögen so ausgeglichen werden. Bestimmte qualifizierte Arten von Arbeit werden ihr Genüge und ihren Gewinn in sich selbst tragen; wiederum wäre es Aufgabe der Sozialpolitik, durch Abwechslung in der Arbeit ihre Reibung, durch Einschalten von Ruhepunkten die Ermüdung zu mildern, den Rhythmus zu fördern. Je mehr es gelingt, die Arbeit nicht mehr als „Arbeit" empfinden, sie „um ihrer selbst willen" geschehen zu lassen, um so eher würden gegen den alsdann in der Arbeitsverrichtung selbst liegenden Arbeitserfolg die Verlustposten des Arbeitsaufwands zurücktreten. Das ist wohl das Geheimnis der ehrenamtlich oder sportlich ausgeübten Arbeit, daß sie — außer um der Anerkennung und Ehre willen — auch als Selbstzweck geleistet wird. In allen diesen Fällen wird der konsumtive Inhalt der Arbeit gegenüber ihrem werterzeugenden Inhalt geschmälert, wird demgemäß der äußere Arbeitseffekt nicht mehr allein berufen sein, den Verlust auszugleichen. Man kann dann von einer Maschine mit geringerer Reibung sprechen, die nunmehr in geringem Maße der Schmiermittel bedarf.

Von hier aus ergeben sich letzte Einblicke in die Aufgaben, die zu lösen der praktischen Sozialpolitik im Zusammenhalt mit Privatwirtschaftslehre, Technologie und Volkswirtschaftspolitik obliegt. Jedenfalls enthält die ausschließliche Beziehung des in der Arbeit entstehenden Werteverlustes auf dem äußeren Erfolg, den Lohn, eine dogmatisch-willkürliche, in der Sache selbst schiefe und unfruchtbare Einengung des Themas. Nur da, wo für die verschiedenen Möglichkeiten des „äußeren" und „inneren" Arbeitserfolges ein optimales Verhältnis gegeben ist, wird der durch Arbeit entstehende Konsum von Kräften und Werten voll und in günstigster Weise gedeckt werden. Diese Anschauung wird natürlich nicht dazu verführen dürfen, nunmehr die Lohnhöhe gering einzuschätzen und den in abhängiger Stellung Arbeitenden auf reinmoralische Werte: Pflichterfüllung, Arbeitsfreude, zu verweisen. Ein derartiges Verfangen würde die ungeheure Wichtigkeit des äußeren Arbeitserfolges, zumal des Lohns, für die große Masse der Arbeitenden verkennen und vergessen, daß die technischen Bedingungen der Arbeit, die auf die Spitze getriebene

Arbeitszerlegung und -spezialisierung, den „inneren“ Arbeitserfolg häufig genug nicht aufkommen lassen; solche Ansicht wäre zur selben Unfruchtbarkeit verurteilt wie die einseitige marxistische Mehrwertformel.

Wesentlich anders zeigt sich der Vorgang der Arbeitskonsumtion oder des „Arbeitsaufwandes“, vom Standpunkt des Unternehmers aus: Er ist es, der die Arbeit unmittelbar konsumiert, für den der Arbeitsaufwand und der so entstehende Werteverlust einen Vorteil, eine Wertsteigerung bedeutet oder doch bedeuten soll. Im Sinn von Marx zieht er, wie oben erwähnt, „Mehrwert“ aus der Arbeit. Die Mehrwerttheorie verträgt eine recht verschiedene Einstellung; geht man lediglich davon aus, daß der Effekt jeder Art von Arbeit größer sein müsse als der Aufwand, daß die Werterzeugung, die Produktion, die parallellaufende Wertverminderung, die Konsumtion, übertreffen müsse, so wird man sicher recht haben; was sich schon aus dem Produktionszweck und aus dem privatwirtschaftlichen Erzeugungsprozeß heraus ergibt, findet seine Bestätigung in der allgemeinen Überlegung, daß die wirtschaftliche Arbeit in einem arbeitsteiligen System auch für die Honorierung der nichtwirtschaftlichen, aber gesellschaftlich notwendigen Funktionen aufkommen muß: Richter, Verwaltungsbeamte, Ärzte, Lehrer, Dienstboten usw. können nur aus Produktionsüberschüssen, die insofern Mehrwert enthalten müssen, bezahlt werden, sie müssen bezahlt werden, wenn die Gesellschaft ihre Dienste wünscht und sich dauernd sichern will. Freilich ergibt sich hier für die praktische Sozialpolitik die heute sehr aktuelle Frage, welches das Maß der Belastung der wirtschaftlichen Arbeit durch außerwirtschaftliche Berufe günstigenfalls ist, wie hoch es steigen darf. — Diesem allgemein-volkswirtschaftlichen Begriff steht der privatwirtschaftliche Marxens gegenüber. Ohne uns auf seine Prüfung im einzelnen einzulassen, an Stelle deren auch hier lieber positive Theorie geboten werden soll, mag nur auf die Ablehnung hingewiesen werden, die jene Hypothese selbst bis weit ins sozialistische Lager hinein erfahren hat, wo die schärfste Kritik von Bernstein unternommen wurde; mag, im Vorbeigehen, Marx im dritten Band des Kapitals als Kronzeuge gegen sich selbst erwähnt werden, wenn er der klassischen Theorie vom Ausgleich der Gewinne huldigt; mit ihr ist die Mehrwerttheorie wirklich nicht verträglich. Denn der Mehrwert, fälschlich als einzige Wertquelle gedacht, hat doch die Tendenz, sich andauernd zu vervielfachen, was mit der Ausgleichstheorie unvereinbar ist. Marx sah eben Konkurrenz nur auf Arbeiterseite; hier, wo sie aber doch auch durch Organisation gemindert und selbst ausgeschlossen werden kann, wo sie ferner an die unerwiesene

Voraussetzung zunehmender Geburtenzahlen infolge steigender Löhne geknüpft ist, kann sie in der Tat dazu dienen, den Lohn in Höhe des Existenzminimums zu halten; die gleiche Konkurrenz aber bei den Unternehmern muß, wenn nicht durch Kartellierung usw. ausgeschlossen, den „Mehrwert" auf ein durchschnittliches, nicht einmal allzu großes Maß herabdrücken. Die Statistik des Profits zeigt ferner, daß dieser in regelmäßigen Verhältnissen nicht annähernd so gewachsen ist, wie Marx annahm.

Was konsumiert der Unternehmer in der Arbeit? Konsumreife Produkte, die er nurmehr auf dem günstigsten Markte zum günstigsten Preise verkaufen müßte? Gewiß nicht; Teilleistungen sind es, die erst durch die sie organisierende, Sachgüter bereitstellende Unternehmung als solche möglich, erst durch die arbeitsvereinigende, vorausschauende und spekulative Unternehmertätigkeit absatzfähig werden. Rein juristisch leistet dabei der Arbeitnehmer voraus; der Lohn ist die Gegenleistung des Unternehmers, die Zug um Zug erfolgt. Sozialökonomisch sieht die Sache ganz anders aus. Die Annahme der Lohnfondstheoretiker, die dem Sozialismus zumeist recht erwünscht sein mußte und z. B. von Lassalle vorbehaltlos anerkannt wurde, hatte freilich ein großes X angenommen, aus dem der Arbeitslohn in jedem einzelnen Produktionsabschnitte zu entrichten, bei dessen Kenntnis der durchschnittliche Arbeitslohn jederzeit zu errechnen sei; gleichviel, ob man in den Zähler des Bruches, in dessen Nenner in jedem Falle die Zahl der verfügbaren Arbeitskräfte steht, mit A. Smith das Gesamtkapital, mit Ricardo den umlaufenden, mit Marx nur den variablen — für persönliche Produktionsmittel verausgabten — Kapitalanteil einstellt: — immer besteht die ganz abwegige Meinung, als ob der Lohn eine unmittelbare Funktion der Kapitalgröße darstellen müsse. In Wahrheit wird er gar nicht aus dem Kapital, sondern aus den Preisen des Produkts bezahlt, in Wahrheit gibt es einen Durchschnittslohn im Sinn der Lohnfondstheorie überhaupt nicht, zeigt uns vielmehr die Lohnstatistik eine ganz andere Wirkung der Lohnbestimmungsgründe; tatsächlich leistet denn auch der Unternehmer den Lohn nur vorschußweise, in Hinblick auf den zu erwartenden Preis und Gewinn. Und es kann gar nicht anders sein, denn die Leistung des Arbeiters betrifft ja fast in keinem Fall das konsumreife Produkt, für das doch der Unternehmer erst den Preis erzielt.

Auch hier erweist sich der „konsumzentrische" Ausgangspunkt als fruchtbar. Er zeigt uns den Unternehmer als Konsumenten einer Teilleistung, für die der Lohn ausbezahlt wird, der Absatzmarkt aber ist Konsument des Fertigprodukts, ist ebenso auch „letzter" Konsument aller einzelner

Teilleistungen, auch jener der Arbeiter. Der Preis honoriert in diesem Sinne nicht etwa nur die Fertigkeit des Arbeiters, sondern die vereinigten Funktionen des Unternehmers, des Grundbesitzers, der Kapitalisten und des Arbeiters, wobei es einstweilen gleichgültig ist, ob diese Funktionen sämtlich auf Arbeit beruhen oder nicht. Völlig verschiedene Arten von Konsumtionen liegen somit vor, völlig ungleiche Aufwendungen und Wertverluste; und welches die Quelle des Kapitalzinses immer sein mag; ob man an „Entsagung“, an unmittelbare Produktivkraft, an die Böhm-Bawerksche Formel, wonach das zeitlich entferntere Gut weniger hochgeschätzt wird als das gegenwärtige, glaubt: jedenfalls wird doch durch Überlassung des Kapitals für Produktionszwecke auch hier ein Wert zerstört, der in der Nutzung des Kapitals für andere, unmittelbar konsumtive Zwecke oder für andere Produktionen jederzeit realisiert werden könnte. Daß der Unternehmer Arbeit leistet, qualifizierte Arbeit, die gleichfalls einen Aufwand, eine Konsumtion, eine Zerstörung von Werten (z. B. der ruhigen Sicherheit, des Gut-Schlafen-Könnens) in sich schließt, — das sollte nicht bezweifelt werden. Insofern ist der Produktionsgewinn der Ausgleich für viele ungleiche Aufwände, zahlreiche Konsumtionen und Wertverluste. Unter diesen ist der Aufwand des einzelnen Arbeiters, dessen „Arbeitsverlust“, soweit er überhaupt eintritt, nur ein Fall. — Auf die hier erst angedeuteten Elemente der Arbeitstätigkeit, unter dem Unternehmungszweck gesehen, geht der Fünfte Abschnitt (§§ 41 ff.) gelegentlich der Feststellungen über Unternehmerlohn und Arbeitslohn des Näheren ein.

Von wahrhaft nationaler Bedeutung wird dieser Fall freilich dann, wenn ein vorzeitiger Verbrauch der Arbeitskraft, d. i. des Arbeitenden selbst, gegeben ist. Man muß damit rechnen, daß dieser Fall trotz allen Arbeiterschutzes häufig genug war. Wurde er früher, in den Anfängen des Fabriksystems und des Kapitalismus, mehr durch Mangel an sanitären Einrichtungen und durch übermenschlich lange Arbeit verursacht, war der frühzeitige Verbrauch vor allem mit Kinder- und Frauenarbeit verknüpft, so lagen die Ursachen in späterer Zeit, die mit diesen Übelständen aufgeräumt, sie jedenfalls gemildert hatte, liegen sie auch in der Gegenwart mehr im arbeitsteiligen Betrieb selbst begründet. Die Monotonie und Entpersönlichung der Arbeit wird auch bei weitgehender Hygiene in dieser Richtung wirken, und man kann zweifeln, ob es in einem sozialistischen Zukunftsstaat viel anders aussehen wird, der das arbeitsteilige Prinzip ja nur weiter ausbilden und auf bisher von ihm weniger berührte Gebiete (Landwirtschaft, Handwerk) übertragen will. Indes liegen für die praktische Sozialpolitik hier immer noch sehr große Betätigungsmöglichkeiten offen, denen gerade der hochentwickelte Fabrikbetrieb entgegenkommt, wenn er die menschliche Arbeit immermehr zur Aufsichtstätigkeit über maschinelle Prozesse umgestaltet. Nicht vorübergehen wird man dabei an den Vorwürfen, die gegen die Akkordarbeit gerichtet werden, die in ihr schlechthin „Mordarbeit“ sehen. So sehr hier das Schlagwort sein Unwesen treibt, so wenig wird man doch den berechtigten Kern übersehen; man wird insbesondere anerkennen, daß die Klagen über Akkordkürzung als Folge von Mehrleistung und Mehrgewinn des Arbeiters nicht unberechtigt sind. Aber es handelt sich hierbei doch weniger um das Prinzip der Entlohnung nach dem Arbeitserfolg als um Auswüchse, die zu bekämpfen der praktischen Sozialpolitik wirklich möglich ist. Hierauf ist später (in § 45) bei Gelegenheit der Entlohnungsmethoden zurückzukommen, und nur soviel sei hier angemerkt: der Arbeiter muß eines bestimmten Arbeitserfolgs unbedingt versichert sein, wenn er seine einzige „Ware“ konsumieren läßt; es darf also der Akkord, wie jedes Prämiensystem, nur einen Anreiz zu Mehrleistung enthalten, und dieser Anreiz darf nicht zu frühzeitiger Konsumtion der Arbeitskraft selbst führen. Er darf auch nicht nur auf gesteigerte Menge, er muß gleichzeitig auf Erhöhung der Qualität der Leistung gerichtet sein; endlich darf die Auszahlung des Mehrertrags nicht an Klauseln gebunden werden, die die Freiheit des Arbeitsverhältnisses bedrohen: wenn etwa eine durch Mehrarbeit redlich verdiente Prämie erst nach Jahresschluß ausgezahlt wird, bindet sie den Arbeiter weit über die Vertragszeit hinaus — ein früher in der Industrie nicht seltener, häufig sogar als „Wohlfahrtseinrichtung“ bezeichneter Fall. Für die Gewinnbeteiligung, deren theoretischer Standort aber hier noch nicht gegeben ist, trifft das sinngemäß zu. Unter allen Umständen aber soll gelten; jede früh- und vorzeitig verbrauchte Arbeitskraft ist ein Geschenk der Allgemeinheit an den, der aus dieser Konsumtion zunächst Vorteil zog — den Arbeitgeber; denn die Allgemeinheit muß, in Gestalt der Armenpflege oder der Sozialversicherung, für den Raubbau aufkommen, der allzu früh Rentenempfänger an Stelle von Arbeitenden setzt.

Hier liegt auch so recht ein „Lohnverlust“ der Volkswirtschaft vor; wir gebrauchen dabei einen Begriff, der der Privatwirtschaftslehre, mehr freilich in ihrem technischen Teil als in der neuerdings mit großem Erfolg angestrebten wissenschaftlichen Stoffdurchdringung, geläufig ist, der eine bestimmte, aber nicht ganz zutreffende Einstellung des in der Arbeitsleistung liegenden Konsumvorgangs ersehen läßt: man spricht in der Buchführung vom „Lohnverlustkonto“ und verbindet damit die Vorstellung, daß die ausgezahlte Lohnsumme einen „Verlust“ in sich berge; es liegt darin ungefähr die gegenteilige Auffassung dessen, was wir als Gemeingut der Lohnfondstheoretiker und der meisten Sozialisten antrafen; natürlich kann im Einzelfall die Lohnzahlung, die der Preiserzielung regelmäßig zeitlich vorgeht, zu einer Verlustquelle werden; das kann entweder die Folge falscher privatwirtschaftlicher Kalkulation oder aber unvorhergesehener Umstände, einer plötzlich einsetzenden Absatzkrise etwa, sein. Diese Möglichkeit aber, mit der jeder Kaufmann natürlich rechnen muß, zum Ausgangspunkt der theoretischen Beurteilung des Lohnkontos und des Lohns überhaupt zu machen, ist gewiß nicht richtiger, wie wenn man in jedem Falle mit einem „Lohnverlustkonto“ auf Arbeitnehmerseite rechnen, ein solches aber nicht wie oben in den Aufwendungen des Arbeiters, sondern in der privatwirtschaftlichen Mehrwertbildung erblicken würde. Sowenig der Arbeiter allgemein sagen kann, daß seine Teilleistung einen höheren Wert darstellt als der dafür erzielte Lohn, sowenig darf der Unternehmer allgemein in der Lohnzahlung einen Verlust buchen wollen; er leistet voraus, abschlagsweise gewissermaßen, und erst der später erzielte Preis wird erkennen lassen, ob seine Lohnbemessung die richtige war. Man sieht aus dieser Gegenüberstellung jedenfalls, daß ähnlich irrige Anschauungen über den Lohn und die mit ihm verknüpften Aufwendungen und Konsumtionen in beiden Lagern zu finden sind.

Abschließend ist zu diesen beiden Kapiteln und ihren nicht immer einfachen Gedankengängen zu sagen: die Arbeit, als Vorgang der Produktion und der Konsumtion gleichmäßig begriffen, vorwiegend aber unter dem zweiten Gesichtswinkel betrachtet, zeigt alle Besonderheiten konsumtiver Prozesse, vor allem den der Wertvernichtung oder Wertminderung. Sind bisher nur die einzelnen Arbeitsleistungen unter diese Beleuchtung gerückt worden, so erschließt die gleiche Lichtquelle doch noch größere, ungleich wichtigere Möglichkeiten der Erkenntnis von Vorgängen, die nicht, wie bisher, die Konsumtion von Teilverrichtungen, sondern des Arbeitenden selbst, den Gebrauch und Verbrauch der Arbeitskraft des Menschen zum Gegenstand haben; im Zusammenhang mit dem im vorigen Abschnitt Vorgebrachten scheint sich hier erst das Geheimnis des Arbeitsvorgangs, mit ihm aber das eigentliche Thema der Sozialpolitik, zu enthüllen.

(§ 26) 3. Die Konsumtion der Arbeitskraft.

Wir werden den Verbrauch der Arbeitskraft zunächst allgemein für jede Tätigkeit überhaupt, dann im besonderen für die im Arbeitsverhältnis verwendete und konsumierte Arbeitskraft ins Auge fassen. So wichtig die für alle Arten von Arbeitskraftverbrauch festzustellenden Tatsachen sind, so hat es die Sozialpolitik doch in besonderem Maße mit dem Verzehr der Arbeitskraft des abhängigen Arbeiters zu tun. Das schon einmal gestreifte Problem des alten, noch mehr das des frühzeitig „verbrauchten“ Arbeiters oder Angestellten taucht auf und erheischt diesmal gründlichere Darstellung. Nicht die einzelnen Erscheinungen, nicht die beruflich, zeitlich und regional verschieden liegende Alters- und Verbrauchsgrenze ist dabei entscheidend, sondern die Tatsache des Verbrauchs als solche und die des vorzeitigen Verbrauchs.

Zwei Dinge sind vorweg zu verbescheiden:

1. Ist ein Urteil darüber zu fällen, ob es die Arbeit oder aber die Arbeitskraft des Arbeitenden ist, die vom Arbeitgeber im Arbeitsvertrage „gekauft" wird.

Die schon einmal flüchtig gestreifte Streitfrage besteht zwischen Brentano, der von Vermietung der Arbeitskraft und Verkauf ihrer Nutzung, der Arbeitsleistung oder Arbeit schlechthin, spricht, und Marx-Engels, denen die Arbeitskraft als Gegenstand eines Kauf- oder Mietvertrags gilt; die Mehrzahl derer, die sich mit der Frage befaßt haben, scheint Marx beizupflichten; ihnen gegenüber hat die Formel Brentanos den Vorzug, klar zwischen dem Arbeitsvertrag des formell freien Lohnarbeiters und der rechtlich erzwungenen Arbeit des Sklaven zu unterscheiden. Da die Arbeitskraft mit ihrem Träger, dem Menschen, untrennbar verbunden ist, bedeutet Verkauf von Arbeitskraft im Sinne Marxens tatsächlich Verkauf des Menschen selbst. Mag in zahlreichen Fällen, besonders der beginnenden kapitalistischen Ära, tatsächlich solcher Verkauf die Regel gewesen sein, durch das Recht würde er heute jedenfalls nicht mehr legitimiert, wo er noch faktisch besteht, entspricht er nur dem Zwang der Nahrungssuche. Für die Theorie aber kommt es hier auf eine möglichst scharfe, den jeweiligen Rechtszustand zugrundelegende Scheidung an; wir nehmen sie im Sinne Brentanos vor.

2. An eine in der Konsumtionslehre beheimatete Fragestellung anknüpfend haben wir zu fragen, ob es sich bei den die Konsumtion der Arbeitskraft betreffenden Vorgängen um einen, gegebenenfalls auf die Spitze getriebenen, Gebrauch, oder aber um einen typischen Verbrauch handelt.

Der Unterschied ist aber nur gradueller, nicht grundsätzlicher Natur. Von Verbrauch sprechen wir, wenn der Gebrauch einer Sache unmittelbar deren Form, damit den ihr in dieser Form innewohnenden Wert verzehrt; man „verbraucht" Nahrungsmittel. Beim Gebrauch, z. B. von Kleidern, ist die Formveränderung und Wertezerstörung eine mehr oder weniger langsame, allmähliche; sie kann, etwa bei Wohnungen, sehr lange Zeit in Anspruch nehmen, tritt aber auch hier, wie die Wohnungsfrage (§ 34) und der Häuserzustand gegenwärtig sehr deutlich zeigt, auf und hat jedenfalls stets, gleich dem Verbrauche, die Tendenz der Formveränderung und Wertvernichtung. Bei der Arbeitsleistung als einzelnem Faktum wird man, wie schon erwähnt, nur von Verbrauch sprechen können; dagegen ist gegenüber der Quelle der Arbeitsleistung, der Arbeitskraft, die Frage, ob sie gebraucht und nur durch Gebrauch verbraucht oder aber unmittelbar „verbraucht" werde, berechtigt und nötig. Normalerweise wird Gebrauch, de erst am Lebensende oder jedenfalls nach längerer Zeit zum Verbrauch wird, vorhanden, jedenfalls sozialpolitisch erwünscht sein. Es gibt aber gewisse Arbeitsverrichtungen, die einen sehr raschen, unter Umständen, bei Überanstrengungen und ungünstigen Arbeitsbedingungen, fast plötzlichen Verbrauch der Arbeitskraft in sich schließen. Wir sprechen in diesen Fällen von Raubbau an der Arbeitskraft, von mangelnder „Menschenökonomie", und denken hieran beim frühzeitig abgenützten Arbeiter oder Angestellten. Aber auch hier sehen wir Gebrauch in Verbrauch graduell übergehen und nur eines unterscheidet sie: daß der Gebrauch der Arbeitskraft notwendig und erwünscht ist, bei geregelter Ernährung und hinreichender Ruhe den Ersatz der verloren gegangenen Energien unmittelbar in sich schließt, für den

Menschen meist eine körperliche und seelische, jedenfalls eine sittliche Notwendigkeit darstellt. Auf der anderen Seite kann es Fälle geben, wo auch der rasche, vielleicht sofortige Verbrauch der Arbeitskraft in einer einmaligen Handlung zur sittlichen Pflicht wird: wenn z. B. anßerordentliche Anforderungen an den Einzelnen herantreten, wie das im Weltkriege für viele der Fall gewesen war. Indessen sind das innerhalb des Wirtschaftslebens und der Sozialpolitik durchaus Ausnahmefälle. Man kann dahin zusammenfassen, daß der allmähliche Kräfteverbrauch an sich keineswegs unorganisch und unwirtschaftlich zu sein braucht, daß nur die frühzeitige Abnutzung einen sozialpolitischen Vorwurf abgibt. Wenn also im folgenden von „Verbrauch der Arbeitskraft" die Rede ist, so wird an solche vorzeitige Abnutzung gedacht. Indessen sind gewisse theoretische Grundfragen allgemein für den Verbrauch der Arbeitskraft, auch für den mit regelmäßigem Gebrauch verbundenen, darzulegen, ohne daß dabei stets an einen frühzeitigen, unwirtschaftlichen, unsozialen Verbrauch gedacht werden müßte.

Es handelt sich bei diesem durch Gebrauch stattfindenden Verbrauch der Arbeitskraft um etwas anderes wie bei der Konsumtion einzelner Arbeitsleistungen, von der im vorigen Kapitel die Rede war. Wir haben gesehen, daß den werterzeugenden Vorgängen bei der Arbeitsleistung wertverzehrende, Fälle von Aufwand und Einbuße, gegenüberstehen. Hier, wo es sich um die Quelle der Arbeitsleistung und des Arbeitserfolges, um die Arbeitskraft, d. i. um den Menschen selbst, handelt, steht sich allerdings auch Wertsteigerung und Werteverzehr gegenüber, aber bezogen auf ein und dasselbe Objekt, eben den Menschen. Die Werterzeugung der einzelnen Arbeitsverrichtung kann entweder am Menschen oder — regelmäßig — an äußeren Dingen, normalerweise am Produktionserfolg, in die Erscheinung treten: aus Rohstoff wird Halbfabrikat, aus Halbfabrikat Fertigfabrikat. Oder aber, der Arbeitende gewinnt durch die Verrichtung Übung, Lohn, Auszeichnung, Anerkennung, ihm wird die Arbeit zur Freude. — Dagegen wird der werterhöhende oder -erzeugende Vorgang, auf die Arbeitskraft bezogen, lediglich in einer Verbesserung der physischen und psychischen Leistungshöhe des Arbeitenden, der wertmindernde oder -zerstörende Vorgang in einer Senkung oder Vernichtung der Leistungsfähigkeit bestehen. Wir haben es also immer noch mit komplizierten, aber doch, gegenüber der Konsumtion der einzelnen Arbeitsleistung, einfacheren Tatbeständen zu tun. Viele von ihnen lassen sich auf quantitative Maße zurückführen, manche auch experimentell nachweisen. Wo Experimente als solche nicht möglich sind, ist das soziale Leben selbst der große, mit unerschöpflichen Mitteln, aber auch unerhörter Verschwendung arbeitende Experimentiersaal. Die Sozialstatistik, unter anderem getragen von den Organen der Sozialversicherung, besonders den Krankenkassen, die Sozialhygiene usw. gibt hinreichend Aufschlüsse. Besonders wichtiges Material haben die schon einmal genannten Untersuchungen des Vereins für Sozialpolitik, der Gesellschaft für soziale Reform, des Centralvereins für das Wohl der arbeitenden Klassen beigesteuert; Gewerkschaftsberichte, die Mitteilungen der Gewerbeinspektionen, Wohnungsenqueten usw. sind im einzelnen heranzuziehen. Von all dem ist in der „Praxis der Sozialpolitik“ die Rede.

Ein ganzes Teil dessen, was man an den bestehenden Verhältnissen auszusetzen hatte, ist in die Formel von der „Verelendung der Arbeiter“ zusammengefaßt worden. Als man auf Grund der Tatsachen über Lebenshaltung und Lebenskosten, des Arbeiterschutzes und der Arbeiterversicherung den Begriff der Verelendung nicht mehr so buchstäblich nehmen konnte, wie er ursprünglich — wohl mit Recht — gemeint war, sprach man von „relativer“ Verelendung und meinte damit den tatsächlich, bei aller Hebung der Lebenshaltung der unteren Klassen, immer größer gewordenen Unterschied in den Lebensmöglichkeiten der einzelnen Volksschichten; vor allem aber wandte man den Begriff der Verelendung auf den frühzeitigen Kräfteverbrauch der Arbeiter an; und es muß zugegeben werden, daß diese allzu frühe Abnutzung vielfach Tatsache war und ist, und daß die zweifelsfrei ermittelte Besserung der Lebenshaltung hierdurch bis zu einem gewissen Grade in ihrer Wirkung aufgehoben wird.

Für diese Vorgänge ist es nun wichtig, sich an die Auffassung von Arbeitskraft im ersten, die Produktion der Arbeitskraft behandelnden Kapitel (§ 24) zu erinnern. Der Begriff wurde dort entweder rein physisch verstanden und sprach dann für sich; ebensowenig waren Schwierigkeiten grundsätzlicher Natur gegeben, wenn man ihn seelisch zu fassen bemüht war, was für den geistigen Arbeiter wichtig wird, aber, angesichts des früher gewürdigten Zusammenhangs zwischen körperlicher und geistiger Arbeit, auch beim Handarbeiter eine Rolle spielt. Indessen verträgt der gleiche Begriff auch eine ökonomische Wertung, welche in der Arbeitskraft der Bevölkerung den wichtigsten Aktivposten der Volkskraft und zugleich des Volksvermögens versteht und nach Maßstäben sucht, dies zahlenmäßig zum Ausdruck zu bringen; derart, daß der Verbrauch dieser Werte auch als eine Abgabe von Volkskraft und Volksvermögen, gegebenenfalls als dessen Vergeudung anzusehen ist.

Produktion und Konsumtion von Arbeitskraft treffen, ebenso im körperlichen und seelischen, wie im sozialen und wirtschaftlichen Sinne, im Begriff der Produktionskosten, des Erzeugungsaufwands der Arbeit zusammen. Erschöpft dieser Begriff die möglichen Einstellungen des Problems auch keineswegs, so ist er doch außerordentlich fruchtbar; durch ihn werden quantitative Maßstäbe in die Darstellung eingeführt. Es ergeben sich nicht weniger fruchtbare Beziehungen zum Arbeitserfolg, insbesondere zum Arbeitseinkommen, dem Lohne; privatwirtschaftliche Methoden, welche die Verzinsung und Amortisierung aufgewendeten Produktionskapitals zum Gegenstand haben, einschließlich des privatwirtschaftlichen Rentabilitätsbegriffs, können verwendet werden. Dies ist angesichts der theoretischen Bedenken günstig, die heute mit dem alten „Produktivitätsbegriff" verbunden sind.

Was „kostet" die „Produktion" der Arbeitskraft? — Das, was von ihr „konsumiert" wird. Es überwiegt also der Konsumtionsgesichtspunkt. Der „Kosten"-Begriff schließt einen Verlust, also ein konsumtives Moment, ein: den Aufwand. Es ist also der gegebene Standort zur Erörterung dieser Probleme hier gegeben.

Das Wichtigste zu dieser Frage muß indessen einstweilen noch offen bleiben: alle mit Lebenskosten und Lebenshaltung zusammenhängende Aufwendungen, also das, was auf den ersten Blick als unmittelbare Kosten der Arbeit bezeichnet wird.

Hierüber berichtet eingehend und in selbständiger Fragestellung der nächste Abschnitt: „Lebenshaltung und Lebenskosten". Und zwar wird dort nicht nur von den materiellen Bedingungen und Zuständen der Lebensführung, sondern auch von ihren ideellen Voraussetzungen und Begleiterscheinungen die Rede sein. Die Reihenfolge, in der die verschiedenen körperlichen, geistigen und gesellschaftlichen Bedürfnisse Befriedigung erheischen, die Dringlichkeit selbst, mit der diese Bedürfnisse empfunden werden, ihre mögliche gegenseitige Surrogierung, der kulturell beeinflußte Wechsel der Bedürfnisse, alles das gehört in einem weiteren Begriffe zur Lebenshaltung, ist, soweit es auf quantitative Maße gebracht werden kann, Teil der Lebenskosten, scheidet somit einstweilen aus. Der ganze nächste Abschnitt liefert in diesem Sinn erst die Antwort auf die Frage nach den Kosten der Arbeit, nur systematische Gründe und die Besonderheit der Methoden veranlassen uns, einstweilen nur gewisse, neben Lebenshaltung und Lebenskosten wichtige Aufwendungen beim Arbeitsprozeß heranzuziehen. Es wird sich aber, da auch diese entfernter liegenden Gesichtspunkte mittelbar mit Lebenshaltung und Lebenskosten in Zusammenhang stehen, mehr um eine Aufzählung, denn um eine begründete Darlegung der einzelnen Kostenpunkte der Arbeit handeln.

Hierbei ist wichtig: als Kosten der Arbeit sind nicht nur die für unmittelbare Kräfteerzeugung und -erneuerung erforderlichen anzusehen, sondern auch alle diejenigen Aufwendungen gehören hierher, welche die Reproduktion der Arbeitskraft zum Gegenstand haben. Da bis zur Arbeitsleistung Altersstadien durchlaufen werden müssen, in denen Arbeit noch nicht möglich oder — aus sozialpolitischen Gründen — noch nicht erwünscht ist, muß der für Aufziehung des Nachwuchses erforderliche Aufwand zu den Kosten der Arbeit selbst gerechnet werden. Ob er, wie heute vorwiegend, im Arbeitslohn seine Deckung finden oder etwa von der Gesellschaft aus allgemeinen Mitteln zu tragen ist, braucht an dieser Stelle noch nicht entschieden werden. Eine gewisse Tendenz geht zweifellos dahin, die Kosten nicht mehr dem Einzelnen allein aufzuerlegen, sondern, durch Übernahme gewisser Ausgaben auf Staat und Gemeinde, Garantien für sachgemäße Aufzucht und Reproduktion der Arbeitskraft zu gewinnen: Schule, Sozialversicherung (besonders als Mutterschaftsversicherung, Schwangeren- und Wöchnerinnenunterstützung), auch z. T. die Armenpflege zählen hierher: in einem bestimmten Sinn erscheint das als eine öffentliche Auflage, die u. a. dadurch nötig wird, daß der Staat den allzufrühen Eintritt Jugendlicher in das Erwerbsleben verbietet und, etwa im Kinderschutzgesetz, selbst vor Eingriffen in die Sphäre des Familienlebens nicht zurückschreckt. Der Hauptteil der Kosten für Reproduktion der Arbeitskraft liegt freilich auf den Einzelnen. Reicht der Lohn für Familiengründung und Unterhalt von Frau und Kindern nicht aus, so wird die Reproduktion von Arbeitskraft gehemmt sein, größte Störungen werden Platz greifen, die Verelendungstheorie erwacht zu neuem Leben. Verbrechen und Prostitution werden ihre Häupter erheben, uneheliche Geburten zahlreicher sein.

Neben dieser reproduzierenden Leistung kommen noch weitere in Betracht: so gehören die Kosten der Bestattung zu denen, die der Kulturmensch zu den „Lebenskosten" schlechthin rechnet, auch sie stellen also Arbeitskosten dar, die im Arbeitsentgelt ihren Ausgleich finden müssen. Die Sorge für Krankheit, Invalidität, Alter und Hinterbliebene stellt nicht weniger einen Kostenfaktor dar; er ist durch die Sozialversicherung in großem Umfang einem Teil der Arbeitenden, den in abhängiger Stellung befindlichen, den Arbeitnehmern, abgenommen und auf die Allgemeinheit übertragen. Hier ist einer der Standorte der Sozialversicherung in der Theorie der Sozialpolitik belegen. Aber wenn auch der Einzelne mit diesen Aufwendungen nicht mehr allein belastet ist, wenn der Arbeitgeber und zum Teil der Staat hierzu Leistungen entrichten: die Volkswirtschaft als solche bleibt mit diesen Aufwendungen doch in vollem Umfang belastet, ist solidarisch zur Tragung dieser Kosten verhaftet. Es vollziehen sich nur andauernd Verschiebungen in der Art, wie die Einzelnen und die Gesellschaft zu den Arbeitskosten herangezogen werden, Verschiebungen, die zugleich Verteilungsvorgänge sind.

Ein vorläufig letzter Kostenfaktor ist dadurch gegeben, daß die „Ware Arbeit" nicht in jedem Fall und für die ganze Dauer ihrer Produktion und Reproduktion auf Abnahme rechnen kann, vielmehr mit einem bestimmten, meist regional und beruflich abgegrenzten Arbeitslosenrisiko zu rechnen ist. Davon handelt das übernächste Kapitel. Selbstverständlich müssen die Unterhaltskosten während der Zeit der Nicht- oder Nichtvollbeschäftigung in den Preis der Arbeit eingerechnet werden.

Die Arbeitskosten sind somit, insbesondere als Kosten der Reproduktion der Arbeitskraft, ebensosehr wirtschaftliche wie soziale Erscheinungen; man mag sie, im früher gebrauchten Bilde, selbst als privatwirtschaftliche Posten, Konten gewissermaßen, auffassen, sie unter den Begriff der doppelten Buchführung bringen, jedem Gewinn- ein Verlustkonto gegenüberstellen, schließlich die Bilanz aus Aktiven und Passiven ziehen.

Die Volkswirtschaft, mittelbar selbst die Weltwirtschaft, kann so im Bilde der Einzelwirtschaft gesehen werden; nur, daß die verschiedenen Posten der Gewinn- und Verlustrechnung und der Bilanz nicht ausschließlich ökonomische Werte darstellen, sondern, indem sie Menschen repräsentieren, auch physische und psychische, vor allem sittliche Werte umschließen. So sind denn in den privatwirtschaftlich aufgemachten Gleichungen einige sehr komplizierte Potenzen und zahlreiche Imponderabilien mit enthalten. Darin liegt eine Grenze für diese Art Betrachtung. Indessen kann ihr jedenfalls der Gedanke entnommen werden, daß die Arbeitskraft, d. i. der Mensch selbst, im Lichte der Kostenberechnung, -deckung, ja der Abschreibung gesehen wird. Wir können insbesondere an das oben nur Angedeutete über die Notwendigkeit, den Arbeitskraftaufwand zu amortisieren, anknüpfen. Amortisieren heißt in diesem Sinne, in der Lohnzahlung einen Koeffizienten von wechselnder Größe einführen, der eine Entschädigung bietet nicht etwa für die Bereitstellung der einzelnen Arbeitsleistung, sondern für die Beschaffung der Disposition und Kapazität, aus der heraus die einzelne Verrichtung erst möglich wird; das muß auf dem Gebiet der Lohnpolitik fruchtbar werden, enthält unmittelbar die Begründung für unterschiedliche Löhne selbst bei scheinbar gleicher Einzelleistung, schließt die Möglichkeit aus, nur die Arbeitszeit als Maßstab gelten zu lassen und beschäftigt noch die „Praxis der Sozialpolitik". Und ebenso, wie der Unternehmer im Preise nicht nur die Auslagen für die einzelne Produktion ersetzt, sondern auch die allgemeinen Unkosten der Regie, Verwaltung, die mit Unrecht so genannten „unproduktiven Löhne" usw. herein bekommen muß: so wird der Arbeiter, gleichviel ob selbständig oder unselbständig, nicht nur nach dem unmittelbaren Wert der einzelnen Verrichtung, sondern dafür bezahlt, daß er die Disposition, den Energievorrat geschaffen hat, der die einzelne Leistung erst ermöglicht. Die Kosten der Vorbildung, allgemeiner und beruflicher Natur, gehören in diesem Betracht unzweifelhaft zu den Kosten der Arbeitskraft, die darauf verwendete Zeit ist, wenn auch nicht buchstäblich im Sinne von Marx, „gesellschaftlich notwendige" Arbeitszeit, die im Entgelt der später stattfindenden Arbeitsleistung mit ihre Deckung finden muß. Man mag sich das in dem Bilde denken, daß ein zur Erzielung einer bestimmten Vorbildung aufgenommenes Kapital verzinst und amortisiert werden muß.

So ist der Gedanke der Produktionskosten der „Ware Arbeit" und der „Arbeitskraft", gleichmäßig, ob man diese Begriffe trennt oder zusammenfallen läßt, in vielen Hinsichten fruchtbar. Wieder erwies sich die „Konsumtion" als eine Führerin durch nicht einfache Tatbestände. Sie wird dieselbe Qualität in noch gesteigertem Maße bei den anschließenden Untersuchungen über Arbeitsmarkt und Arbeitslosigkeit bewahren.

(§ 27) 4. Die Konsumtion der Arbeit auf dem Arbeitsmarkte.

War bisher von der Konsumtion der Arbeit durch den unmittelbaren Konsumenten, für dessen Zwecke und Bedarf sie produziert wird — bei abhängiger Arbeit durch den Arbeitgeber — die Rede, so denken wir jetzt an die Gesamtmenge der in einem bestimmten Augenblicke potentiell vorhandenen Arbeitsenergie, die sich auf dem „Arbeitsmarkte" anbietet und im Zeichen des „Freien Arbeitsvertrags" eines mehr oder weniger ungewissen Abnehmers harrt. Indem die einzelne Arbeitsverrichtung abgenommen wird, wird sie auch konsumiert und damit dem Arbeitsreservoir (nach Marx: Arbeitskraftreservoir) entzogen. Der berufstätige Arbeiter entlastet den Arbeitsmarkt, der arbeitslose belastet ihn. Das sind also zugleich Vorgänge der Konsumtion der Arbeit, bei denen sozialpolitisch besonders interessiert, welche größere oder geringere Aussicht die Arbeit und der Arbeiter hat, angefordert, insofern konsumiert zu werden. Wohl bieten Arbeitsmarkt und sein reziproker Begriff: Arbeitslosigkeit, bieten die gesellschaftlichen und technischen Mittel der Beeinflussung des Arbeitsmarkts: Arbeiterwanderungen, gewerkschaftliche Maßnahmen, Arbeitsnachweis usw., noch andere, später zu würdigende Möglichkeiten, in eine Theorie der Sozialpolitik eingereiht zu werden; es bietet sich sicher aber auch schon hier, in engem Anschluß an die unmittelbaren Vorgänge der Arbeitskonsumtion, ein besonders geeigneter Standort. Nur daß neben der Konsumtion vor allem die Nicht-Konsumtion Maß gibt; nur daß die hier zu erörternden Dinge nicht, wie die der vorhergehenden Kapitel, mit jeder Arbeit und jeder Arbeitsverfassung gegeben sind, da sie nicht wie jene aus dem Begriff der Arbeit selbst heraus entwickelt werden, vielmehr eine ganz bestimmte Art Arbeit, die des abhängigen Lohnempfängers, und eine bestimmte Art von Arbeitsverfassung (das Wort hier denkbar weit gefaßt) zur Voraussetzung haben: den Arbeitsmarkt auf Grundlage des „Freien

Arbeitsvertrags", der grundsätzlich unbeschränkten Arbeitssuche und des eben so freien Arbeitsangebots.

Was hier weiter zu sagen ist, erscheint historisch bedingt und somit in besonderem Maße als Gegenstand der Sozialpolitik. Bekanntlich hat es die heutige Arbeitsmarktverfassung nicht stets gegeben; abgesehen von der prinzipiell völlig anders gelagerten Sklavenarbeit, bei der Arbeits- und Warenmarkt eins waren: auch in der Zunftzeit war von freier Arbeit und freier Arbeitsnachfrage oder freiem Angebot von Arbeit nicht die Rede. Die Gegenwart weist ferner gewisse Tendenzen einer Beschränkung der Vertragsfreiheit und der rein ökonomischen Gestaltung des Arbeitsmarktes auf, die allerdings erst in der „Praxis" voll in die Erscheinung treten können, aber, soweit theoretisch wichtig, doch auch schon hier erwähnt werden sollen. Gemeint ist die Einschränkung des den Freien Arbeitsvertrag, die Kündigungs-, Einstellungs- und Entlassungswillkür proklamierenden § 105 der Gewerbeordnung durch das Betriebsrätegesetz und einige, später in Gesetzesform zusammengefaßte Verordnungen der Demobilmachungszeit. Dadurch erfahren die Umstände, die für den Arbeitsmarkt und die Abnahme der „Ware Arbeit" bestimmend sind, eine wesentliche Änderung. Ihre „Konsumtion" wird in neue Bahnen gelenkt, die man zu regeln hofft.

Der Arbeitsmarkt entscheidet bekanntlich nicht nur über die Konsumtion der Arbeit, sondern auch über den als Gegenleistung zu entrichtenden Preis, den Arbeitslohn. Die hierfür maßgebenden Bestimmungsgründe sind teils die allgemeinen der Preisbestimmung, teils solche, welche durch die Eigenart der „Ware Arbeit", ihre Verknüpftheit mit dem Menschen selbst, gegeben sind.

Es handelt sich eben auf dem Arbeitsmarkte, wie auf jedem Markte, nicht darum, daß die Arbeit überhaupt einen Abnehmer, der Arbeitnehmer überhaupt einen Arbeitgeber findet, sondern daß beide Teile unter einer bestimmten Preisvereinbarung zusammenkommen. Nun gilt es seit den Untersuchungen Brentanos im allgemeinen für ausgemacht, daß der Verkäufer der „Ware Arbeit" insofern in anderer Lage sei wie ein anderer Verkäufer, als er nur diese Ware besitze, mit ihrem Verkauf also nicht zurückhalten könne. Er sei in der Lage eines Produzenten, eines Unternehmers, der unter allen Umständen auf einen Konsumenten angewiesen sei. Andernfalls Arbeitslosigkeit, wirtschaftlicher, sozialer, sittlicher Verderb, Verelendung, Verbrechen, Prostitution. Daraus wird die Folgerung gezogen, daß der isolierte, unorganisierte Arbeiter um jeden eben noch die Produktionskosten (s. oben) deckenden Preis, gegebenenfalls auch erheblich darunter, sich anbieten müsse.

Diese Theorie war gewiß fruchtbar, sie ebnete dem Gewerkschaftsgedanken auch in Kreisen die Bahn, die an sich nichts für ihn übrig hatten; indem erst der organisierte Arbeiter als wirklich „freier Verkäufer" im „freien" Arbeitsvertrag erschien, konnte die Theorie Brantanos gerade mit liberalen Anschauungen in Einklang gebracht werden. Sie bleibt dennoch nachzuprüfen. Man wird fragen, ob denn nicht auch manch anderer Warenverkäufer wenigstens gelegentlich, vielleicht aber oft um jeden Preis losschlagen müsse, ob der kapital- und kreditarme kleine Mittelstand, der im Preise seines Produkts doch vorwiegend auch Lohn empfängt, in wesentlich anderer Lage, ob also wirklich ein grundsätzlicher Unterschied zwischen dem Arbeiter und jedem anderen Warenverkäufer vorhanden sei. Umgekehrt mag man auch beim isolierten Arbeiter nicht ganz selten Fähigkeiten finden, die einen gewissen Seltenheitswert darstellen, ihrem Träger also eine bevorzugte Stellung auf dem Markte sichern; das „Können" ist an sich gegenüber bloßem „Wissen" ein großer individueller Vorzug, besondere Übung und Erfahrung, Einblick in den Betrieb, seine Eigentümlichkeit und seine Geheimnisse stellen ferner auch Vorteile dar. Vielleicht trifft man diese Bevorzugungen beim — gelernten — Handarbeiter sogar in höherem Maße als beim durchschnittlichen Angestellten, wo die ähnliche Vorbildung möglicherweise ein stärkeres Nivellement von Leistung und Lohn in sich schließt. Die moderne Fabrikorganisation hat, trotz oder wegen der weitgetriebenen Arbeitsteilung, das Vorkommen solcher Fälle faktischer Seltenheit, die allein für sich fast zur Monopolstellung führen können, nicht aufgehoben.

Starke Konkurrenz der Arbeitgeber untereinander vermag die Position auch des unorganisierten Arbeiters weiterhin zu bessern. Nur werden die Unternehmer früher oder später zur Kartellierung und gemeinsamen Regelung auch der Löhne und Arbeitsbedingungen übergehen. In jedem Fall, und da ist Brentano recht zu geben, bietet deshalb erst die gewerkschaftliche Organisation die Möglichkeit, auf die Konsumtion der Leistungen und die Bedingungen, unter denen sie geschieht, weitgehenden Einfluß zu üben. Wir haben den Organisationsgedanken und die Möglichkeiten, die er eröffnet, später zusammenhängend zu verfolgen und deuten einstweilen nur an, daß auch für ihn Grenzen vorhanden sind. Denkt man sich nämlich die Organisation der Arbeitgeber und Arbeitnehmer auf der ganzen Linie vollständig durchgeführt — ein Zustand, dem wir uns heute nähern —, so fragt es sich, ob die Lage der Einzelnen eine sehr wesentlich andere sein wird als bei völligem Fehlen der Organisation. Es kann sein, daß die Organisationsmächte sich gegenseitig aufheben. Hier kommt noch ein anderes in Betracht: in der ersten Zeit der Revolution vermochten die organisierten Arbeiter die gewonnene politische Machtlage zu einem Druck auf die Arbeitgeber auszunutzen, der in seiner Wirkung fast der Geltendmachung eines Monopols glich.

Das hatte sich schon im Kriege vorbereitet, wo gewisse Arbeitergruppen: Frauen, Jugendliche, Militärdienstunfähige und lange Zeit hindurch auch Militärdienstunwürdige (mit Zuchthaus Vorbestrafte) eine fast unbestrittene Alleinherrschaft auf dem Arbeitsmarkte hatten. Das hat auf die Löhne der

Frauen, Jugendlichen und der Rüstungsarbeiter beträchtlich abgefärbt. Das Hilfsdienstgesetz hat den Bestrebungen der organisierten Arbeiter und Angestellten, diese Stellung zu behaupten und zu erweitern, Vorschub geleistet. So zeigten sich nach dem Umsturze eine Reihe ausgesprochen monopolistischer Gesichtspunkte auf dem Arbeitsmarkt, sie reichen z. T. in die Gegenwart herein. Wenn sie hier besprochen wurden, so geschah es deshalb, weil an der sozialpolitischen Praxis die Geltung einer Theorie (Brentanos) geprüft werden sollte, die immerhin als bahnbrechend auf diesem Gebiet gelten muß. Sie erwies sich uns als nur bedingt richtig, jedenfalls an bestimmte Tatbestände gebunden.

Der Arbeitsmarkt nun also ist die Stätte, wo nicht nur die einzelnen Leistungen in gegenseitiger Konkurrenz zum Konsum angeboten werden, sondern wo auch eine Vielheit sich kreuzender sozialer Gruppenbildungen und -bewegungen statthat, Druckmomente ausgeübt werden, über gesellschaftliche und wirtschaftliche Zentralprobleme gleichmäßig entschieden wird. Nur der prinzipielle Standort der hier einschlägigen Einrichtungen praktischer Sozialpolitik, des Arbeitsnachweises z. B., kann einstweilen angedeutet werden. Die Erkenntnis von der Besonderheit dieses Marktes hat sich heute durchgesetzt, sie beeinflußt alle Maßnahmen Einzelner und organisierter Gruppen.

Der Arbeitsmarkt kann als eine Angelegenheit der Wirtschaft schlechthin erachtet werden und ist in diesem Sinne rein-ökonomischen Überlegungen zugänglich. Er kann weltwirtschaftlich verstanden werden, bedeutet dann eine Parallelerscheinung zum Weltmarkt überhaupt: Waren-, Kapital- und Arbeitsmarkt sind dessen wesentliche Teilerscheinungen, erst die Kenntnis ihrer gegenseitigen Beziehungen und Verflechtungen ermöglicht die Einsicht in Umfang und Grad der weltwirtschaftlichen Abhängigkeiten. Schließlich bleibt noch eine volks- (national-) wirtschaftliche Betrachtung übrig; sie ist im wesentlichen Ausgangspunkt der sozialpolitischen Fragestellungen, die den Arbeitsmarkt oder seine Organisierung zum Gegenstand haben.

Denn Sozialpolitik ist gewiß auch eine Menschheitsangelegenheit; insoweit sind sozialpolitische Problemstellungen auch für die rein wirtschaftlichen und für weltwirtschaftliche Auffassungen des Arbeitsmarkts von Belang. Die Wanderungen, vor allem als Arbeiterwanderungen, verbinden ja die einzelnen Teilweltmärkte miteinander, sie folgen, wenn auch nicht ausschließlich, dem ökonomischen Prinzip, der Richtung des schwächsten Widerstands, der Politik des kleinsten Mittels. Die Nominal-, noch mehr die Reallöhne auf den verschiedenen Arbeitsmärkten wirken aufeinander ein, Systemen kommunizierender Röhren vergleichbar: Insofern sind alle Maßnahmen Internationaler Sozialpolitik hier fruchtbar, sie werden uns noch beschäftigen. Nur wird die Internationale Sozialpolitik wesentliche ihrer Ziele und Mittel erst durch die Nationale Sozialpolitik erlangen, wird der internationale Arbeitsmarkt erst durch die Bedürfnisse des nationalen bestimmt und geregelt werden. Es gilt, den Arbeitsmarkt als großes, nationales Kulturmoment, als entscheidend für den größten Teil der Bevölkerung und ihre Lebensaussichten, zu begreifen. Auf keinem anderen Gebiet müßte eine rein-ökonomische, atomisierende Auffassung so sehr autonome Lebensprozesse der Gesellschaft stören wie auf dem Gebiete des Arbeitsmarkts.

Machen wir uns das theoretisch deutlich: der Arbeitsmarkt als reinwirtschaftliche Erscheinung ist bedingt durch die Standorte, Agglomerationen, Absatzgebiete der Produktion.

Es kann sein, daß die Produktion den aus irgendeinem Grunde bereits vorhandenen Menschenzusammenballungen, als die sich Arbeitsmärkte ausweisen, folgt, in diesem Fall (nach Alfred Weber) arbeitsorientiert ist; es kann aber auch sein, daß die Produktion die für sie nötigen Arbeitskräfte erst an sich zieht und ziehen muß, um überhaupt produzieren zu können. Für diesen Zweck müssen eben persönliche und sachliche Produktionsmittel in räumliche Nähe gebracht werden. Ist die Marktbildung ausschließlich ökonomisch geleitet, so werden die billigsten Produktionskosten auch für den einzelnen Arbeitsmarkt, für seine Lage, Größe, seinen Aktionsradius, seine Aufnahmefähigkeit und seine „Umschlagsverhältnisse“ Maß geben; die Konsumtion der Arbeit ist damit festgelegt. Das ökonomische Prinzip wird an sich die nationalen Grenzen nicht achten, sich über sie hinweg Geltung verschaffen, — es sei denn, daß Maßnahmen der Wanderungs- oder auch der Handels- und Verkehrspolitik sich dagegen stemmen. Die letzte Konsequenz dieses Prinzips der Wirtschaftlichkeit (das man sich hier eher als Rentabilitäts- denn als Produktivitätsprinzip zu denken hat) wird also eine Neu-Agglomerierung der Menschen und Bevölkerungen nach rein wirtschaftlichen Maßstäben sein. Neue soziale Gruppenbildungen werden die alten ablösen. Die Arbeitsteilung, an der alle Länder, Standorte, Märkte der ganzen Erde teilnehmen, wird den nationalen Arbeitsmarkt auflösen, um an seine Stelle einen Teilbezirk des Weltarbeitsmarktes zu setzen. Ganze Berufe werden verschwinden, andere neu auftauchen. Die Lagerungsverhältnisse der ganzen Industrie werden neu gestaltet, auch Städte und selbst Groß- und Weltstädte werden verschwinden und neu erstehen. Die Geschichte zeigt uns ja im Untergang Ninives, Athens und Roms, in der Verdrängung der mittelalterlichen Emporien, in der Entstehung der heutigen Weltstädte und im langsamen Sterben Wiens Belege für dieses Entstehen und Vergehen; nur freilich, daß dafür nicht ausschließlich wirtschaftliche, sondern auch politische und allgemeingesellschaftliche Motive maßgebend waren.

Dieser Prozeß mag zur denkbar günstigsten Regelung von Weltproduktion und Weltkonsum, zur Ausschaltung aller unnötigen, an ungünstige Standorte geknüpften Produktionsverteuerungen und Zwischengewinne, zur Möglichkeit, noch viel mehr Menschen mit

Unterhaltsmitteln zu versehen, führen: er vernichtet doch auch in der Eigenart des Nationalen Arbeitsmarktes die Besonderheit eines Volkes, die Harmonie seiner Arbeitstätigkeit, die erworbene nationale Kultur- und Wirtschaftshöhe. Ja, das Volk selbst als selbständige Soziale Gruppe, Rasse, Bluts- und Kulturgemeinschaft und historische Bildung wird im Gefolge solcher Entwicklungen verschwinden, übrigbleiben wird eine Teilgruppe von der Menschheit, nivelliert und uniformiert gleich den übrigen, vielleicht mit Menschheitsidealen erfüllt, aber unfähig, sich als Nation mit bestimmten nationalen Kultur- und Wirtschaftsaufgaben zu fühlen. Dagegen werden die Klassenbildungen als Folge des Zusammenströmens abhängiger Arbeitermassen stärker betont sein. Gemäß rein-wirtschaftlichen Überlegungen wird die Arbeitsteilung ganz neu geregelt werden, mächtige Zusammenballungen der Erzeugung an den jeweils günstigsten Standorten müssen stattfinden, ungeheure Konzentrationen von sachlichen und persönlichen Produktionsmitteln (Arbeitskräften) werden in Anschluß hieran statthaben; bewirkt das schon eine Auflösung der „Volkswirtschaft" in die „Weltwirtschaft" und wahrhaft weltwirtschaftliche Arbeitsteilung, Standort- und Klassenbildung, so werden auf der anderen Seite Wanderungen von unerhörter Ausdehnung zu den neuen, günstigen Standorten und Arbeitsmärkten hin Platz greifen und das Klassenmoment verstärken. Von zwei Seiten aus also wird das Volk und die Volkswirtschaft mit Auflösung bedroht: durch die einseitige Berufs- und Standortentwicklung hier, durch die Wanderungen dort. Wir haben einen Vorgeschmack dessen, was so entstehen kann, in den Vorgängen und Folgen der deutschen Auswanderung nach Amerika, wo neue günstige Arbeitsmärkte aufgetan worden waren, und in der „Industrialisierung", die, im Zusammenhang mit der Großstadtbildung, eine durchgreifende Berufsänderung, mit ihr ganz neue Grundlagen für Kultur und Wirtschaft geschaffen hat. Geschah das noch innerhalb der nationalen Grenzen, so kann man sich ein Bild davon machen, was es bedeutet, wenn die Welle einmal über die Grenzpfähle hinaus brandet und sich die gesamte Wirtschaftsverfassung der Erde unterwirft.

Man wird sich grundsätzlich entscheiden müssen, welche Entwicklung man wünscht und zu wünschen Veranlassung hat. Je nachdem ist das Problem des Arbeitsmarktes vorwiegend ein solches der Internationalen oder der Nationalen Sozialpolitik. Wir wollen keinen Zweifel darüber lassen, daß wir den einschlägigen Fragenkomplex zuerst vom nationalen und erst dann vom internationalen Sehwinkel aus sehen und alle Einzelheiten, mit denen sich die „Praxis der Sozialpolitik" zu befassen haben wird, diesem Gesichtspunkt ein- und unterordnen. Hier, in der Theorie, mußte aber auch die Möglichkeit und Begründbarkeit des anderen Standpunkts gezeigt werden. Bei der Abweichung beider Auffassungen handelt es sich nicht um Denkfehler, sondern um Werturteile, und zwar nur zum Teil um solche, die aus der Sozialpolitik selbst gefolgert werden können: zumeist werden sie der Sozialpolitik vorausgehen und in der Bewertung der nationalen Forderung wurzeln. Aber es soll auch betont werden, daß diejenigen, die Nationale Sozialpolitik wollen, mit den Befürwortern der internationalen Solidarität auch in Angelegenheit des Arbeitsmarkts eine längere Strecke zusammengehen können.

Die verschiedenen, eben vorgetragenen Auffassungen sind besonders deutlich bei denen, welche an der Regelung des Arbeitsmarktes, als ihres Warenmarktes, ein hervorragendes Interesse haben: bei den Arbeitnehmern und ihren Organisationen; zwei Gesichtspunkte, die auch für die spätere Beurteilung der Organisation und Organisationspolitik festgehalten zu werden verdienen, kreuzen sich: der streng gewerkschaftliche, der, auch wenn er sich weltwirtschaftlichen Beweggründen nicht versagt, doch zunächst ein Interesse am nationalen, oft auch nur am örtlichen Arbeitsmarkt (einer Stadt z. B.) hat, und der sozialistisch-proletarische Standpunkt, der insofern mit dem weltwirtschaftlichen Berührungspunkte aufweist und schlechthin nur „Arbeiter" gegenüber dem „Kapital" sieht. Die oben als Folge einer rein-weltwirtschaftlichen Orientierung des Arbeitsmarktes bezeichnete Klassenbildung liegt in der Absicht vornehmlich dieses Teiles der Sozialisten. Die Fanatiker der Internationale werden nimmermehr die nationalen Interessen einzelner Arbeitsmärkte und der auf ihnen Verwendung suchenden Arbeiter zugeben, werden rückhaltlos die Grenzen öffnen, sich gegen Einwanderungserschwerungen und sonstige Mittel der Protektions- und Prohibitivpolitik wenden. Dem deutschen sozialistischen Gewerkschafter blieb es vorbehalten, diesen internationalen Gesichtspunkt zu verwirklichen, die Interessen des nationalen Arbeitsmarktes hinter denen des internationalen zurückzustellen. Dagegen haben amerikanische, englische, französische, japanische Sozialisten die Nutzanwendung aus der auch von ihnen theoretisch anerkannten Idee internationaler Solidarität vielfach abgelehnt, in der Gegenwart findet sie nirgends, weder beim Völkerbund noch bei den nationalen Gewerkschaftszentralen, ernsthafte Beachtung. Der deutsche Arbeiter sieht überall Mauern gegen die Einwanderung errichtet, seine dogmatische Auffassunig blieb dennoch unerschüttert.

Indem die besonderen organisatiorischen Fragen teils auf später, teils erst auf die „Praxis der Sozialpolitik" verschoben werden, bleibt nurmehr übrig, an den hohen Grad von Anschaulichkeit zu erinnern, der durch den Ausbau geeigneter statistischer Methoden für den Arbeitsmarkt erreicht worden ist. Einzelheiten hierüber bringt der Band „Statistik" des „Handbuchs", von R. Meerwarth. Viele der hier eröffneten statistischen Wege haben aber ihr gesondertes sozialpolitisches Interesse. Wenn der Zusammenhang zwischen Teilerscheinungen des Geld-, Waren- und Kapitalmarktes deutlich gemacht wird, so spricht sich darin die Gebundenheit sozialpolitischer Mittel an solche der Produktion und Zirkulation aus, zeigt sich umgekehrt der Einfluß einer sozialpolitischen Beeinflussung des Arbeitsmarkts auf rein wirtschaftliche Erscheinungen. Wirtschafts- und Sozialpolitik durchdringen und begrenzen sich insoweit, eine Sozialpolitik gewissermaßen im luftleeren Raum wird unmöglich und wäre unwirksam. Wenn wir durch andere statistische Methoden, die auf die Sozialversicherung, vor allem auf das Material der Krankenkassen, zurückgreifen, wertvolle Aufschlüsse über die Bewegung auf dem Arbeitsmarkte erlangen, so zeigt sich die wechselseitige Befruchtung sozialpolitischer Maßnahmen. Die Sozialversicherung kann darüber hinaus für den Arbeitsmarkt wichtig werden, indem sie durch die zu leistenden Arbeitgeber- und Arbeitnehmerbeiträge die Löhne und indirekt die Produktionskosten erhöht. Daraus wird unmittelbar die Forderung der Internationalen Sozialpolitik abgeleitet, In- und Ausländer in der Versicherung gleichmäßig zu behandeln. Schließlich soll die Statistik der Arbeitsnachweise als weiteres Auskunftsmittel über den Arbeitsmarkt wenigstens erwähnt werden. Der Arbeitsnachweis selbst gehört vorzugsweise den Themen der Praktischen Sozialpolitik an, nur insoweit er selbständige methodisch-theoretische Probleme in sich birgt, ist er hernach (§ 30) kurz zu behandeln; sind diese auch nicht Selbstzweck für die Sozialpolitik, so wenig, wie etwa die Theorien und Methoden der Sozialstatistik im einzelnen, so ist doch ihr Verständnis auch für die sozialpolitische Theorie von Bedeutung. Denn indem man Arbeitsnachweise schafft, bekennt man sich zu der Notwendigkeit, den Arbeitsmarkt zu organisieren.

(§ 28) 5. Die Arbeitslosigkeit als Nichtkonsumtion der Arbeit.

Arbeitslosigkeit ist gleichbedeutend mit Nichtkonsumtion bereitgestellter Arbeit. Vom Konsumtionsstandpunkt aus treten die Schwierigkeiten, denen der Begriff Arbeitslosigkeit sonst begegnet, zurück. Da der kranke oder sonst arbeitsunfähige Arbeiter wohl auch „ohne" Arbeit ist, solche aber gar nicht anbietet, da der Streikende zwar Arbeit anzubieten vermag, dies jedoch (vorbehaltlich späterer theoretischer Erörterung des Streikproblems) im konkreten Fall ablehnt, — so scheiden beide aus der Begriffsbestimmung des Arbeitslosen aus. Diese ist mit obiger Definition in der Tat restlos gegeben.

So einfach der Begriff, so vielgestaltet das mit ihm gedachte Problem. Für seine theoretische Klärung und systematische Einreihung in die „Praxis der Sozialpolitik" gibt es mindestens so viel Ausgangspunkte, als Gründe für die Arbeitslosigkeit, d. i. für das Nicht-konsumiert-werden der Arbeit. Solche Gründe liegen vor allem auf wirtschaftlichem Gebiet: Absatzkrisis auf dem Warenmarkt wird solche auf dem Arbeitsmarkt unmittelbar hervorrufen können. Denn wenn kein Preis für bestimmte Erzeugnisse vorhanden ist, wird man den Lohn, der erst die Erzeugung dieser Dinge ermöglicht, nicht erst vorschießen wollen. Man schränkt den Betrieb ein und entläßt, da die sachlichen Produktionsmittel einmal beschafft sind und nicht beliebig vermindert werden können, zuerst die persönlichen Produktionsfaktoren, die Arbeitnehmer. Tiefer als der Gedanke der „Überproduktion" greift somit jener der „Unterkonsumtion": er macht den Tatbestand der Arbeitslosigkeit sehr deutlich; Unterkonsumtion von Waren ruft Unterkonsumtion von Arbeit unmittelbar hervor, auch dann, wenn es den auf Organisierung des Arbeitsmarkts gerichteten Bemühungen im Einzelfall gelingt, die Folgen der Unterkonsumtion von Arbeit abzuschwächen oder gar nicht in Erscheinung treten zu lassen.

Die Arbeitslosigkeit erschien als ein mit dem „Arbeitsmarkt" verbundener, in gewissem Sinn ihm entgegengesetzter, reziproker Begriff. Das wird deutlich, wenn man etwa aus der Entwicklung der Arbeitslosenziffern positiv auf den Grad der Arbeitslosigkeit, negativ auf die Gestaltung des Arbeitsmarktes schließt. Hohe Zahlen von Arbeitslosen in den Berufsvereinen oder bei speziellen Arbeitslosenzählungen sind insofern bezeichnend für einen Tiefstand des Arbeitsangebots, für Unausgeglichenheit des Arbeitsmarktes. In der Arbeitsnachweisstatistik werden andere Ziffern produziert, die, indem sie etwa das zahlenmäßige Verhältnis zwischen Nachfrage nach Arbeit und Angebot offener Stellen festlegen, den „Druck" oder „Andrang" auf den Arbeitsmarkt ermitteln.

Uns interessiert hier nicht die Statistik der Arbeitslosigkeit, auch nicht unmittelbar die Möglichkeit, die Arbeitslosigkeit zu bekämpfen, sondern die Arbeitslosigkeit als gesellschaftliche Erscheinung. Sie fällt nicht mit Beschäftigungslosigkeit schlechthin zusammen. Die Zahlen der heutigen „Erwerbslosigkeit" sind nicht solche der „Arbeitslosigkeit" im technischen Sinn; den Tatbestand der Krankheit und sonstigen Arbeitsunfähigkeit schieden wir schon aus, ebenso den des Streiks, des mangelnden Willens zu einer — konkreten — Arbeitsleistung; ebensowenig ist der beruflose Rentner, selbst wenn er infolge der Geldnot Mangel leidet, „arbeitslos", ebensowenig der Strafgefangene, dem die äußeren Bedingungen, „freie" Arbeit zu Markt zu bringen, fehlen. Beschäftigungslosigkeit in diesem weiteren Sinne hat es stets gegeben, sie unterschied sich aber in der gebundenen Gewerbeverfassung der hörigen Arbeit und des zünftigen Handwerks sehr scharf von der heutigen Arbeitslosigkeit. „Arbeit" in dem unpersönlichen Sinn, wie er vielfach — nicht ausschließlich — der heutigen Auffassung eignet, ist „abhängige Lohnarbeit", ihr Fehlen ist verschieden von der „Auftraglosigkeit“ des Handwerkers und der „Absatzlosigkeit“ der Erzeugnisse auf dem Warenmarkte. Arbeitslosigkeit im heutigen Sinn, als eines der gewaltigsten Gesellschaftsprobleme unserer Zeit, ist nur aus dem Wesen der modernen „Arbeit“ heraus verständlich; sie setzt die Produktion und Bereitstellung der Arbeitskraft, die Disposition des Arbeiters für unbekannte, oft, aber nicht stets, streng beruflich begrenzte Arbeit voraus; entsteht somit erst, wenn auch für die Arbeit an Stelle der „Kundenproduktion“ die „Marktproduktion“ getreten ist, wenn sich die Arbeitsgemeinschaft von Kapital, Kopf und Hand nur für wechselnde, oft selbst nur für vorübergehende Zwecke zusammenfindet. Sie ist in diesem Sinn das Erzeugnis weitestgetriebener Arbeitsteilung und des atomisierenden „Freien Arbeitsvertrags“, allerdings schwerlich letztes und höchstes Erzeugnis. Sie hängt ferner auf das engste mit der beruflichen Eigenart und der Inanspruchnahme der einzelnen beruflichen Leistungen durch den Unternehmer, ihrer spezifischen Konsumtion auf dem Arbeitsmarkt zusammen. Das Arbeitslosenrisiko ist also beruflich verschieden, was für Arbeitslosenfürsorge und -versicherung wichtig ist.

Das Mißverhältnis zwischen Angebot und Nachfrage auf dem Arbeitsmarkt entsteht, indem die Produktion von Arbeitskraft, d. i. der Menschen selbst, fortgesetzt wird, die Arbeitskonsumtion aber dauernd oder vorübergehend pausiert. Automatische Anpassung der Produktion an die Konsumtion der Arbeit ist im allgemeinen nicht möglich. Sie wäre in wirksamster Weise nur durch Massenselbstmord herbeizuführen. Viele einzelne, temporäre und dauernde Mittel haben freilich die Anpassung der Produktion an die Konsumtion zum Gegenstand; alles das, was den Arbeitsmarkt reguliert: also Arbeitsnachweis, Notstandsarbeit, genaue Erfassung des Arbeitsmarkts durch statistische Mittel, die gewerkschaftliche Einwirkung auf den Arbeitsmarkt, — es soll auch unmittelbare Wirkung auf dem Umfang der Arbeitslosigkeit üben. Indessen ist die Wirkung vielfach auf lokale Störungen des Arbeitsmarkts beschränkt; in solchen Fällen kann vor allem die organisierte, von den Gewerkschaften durch Reise- und Umzugsunterstützung geförderte Wanderung der überschüssigen Arbeitskräfte viel erreichen. Entsteht die Krisis auf dem ganzen nationalen oder gar auf dem Weltarbeitsmarkte, dann werden diese Mittel, wird selbst die organisierte Aus- und Einwanderungspolitik oft versagen. Dann enthüllt sich das Problem als ein solches, das mit einem bestimmten, nicht-organischen Arbeitsverhältnisse, mit dem „Freien Arbeitsvertrage“, mehr oder weniger untrennbar verbunden ist.

Hiergegen richten sich die erbittertsten Anklagen besonders von sozialistischer Seite. Marx und Lassalle, aber schon Sismondi, Blanc, Chevallier, Proudhon, Fourier und St. Simon haben dagegen die stärksten Worte gefunden, auf ihrer Palette die glühendsten Farben gemischt. Die „Reservearmee" der Arbeitslosen erscheint im Hintergrund dieses gesellschaftlichen Zustands; kein Wunder, daß dieser Desorganisation der Arbeit gegenüber das Thema „Organisation der Arbeit" zu den bevorzugten nicht nur der sozialistischen Literatur gehört. Und nicht nur die Tatsache der Nichtkonsumtion bereitgestellter Arbeit, auch die Möglichkeit, ja Wahrscheinlichkeit der Unterbietung Arbeitender durch Arbeitslose, des Lohndrucks, der andauernden Gefährdung erworbener Lohnhöhe und Arbeitskultur erscheint im Gefolge der Arbeitslosigkeit als eines gesellschaftlichen Dauerproblems.

Die sozialpolitische Theorie hat, alles weitere der Praxis überlassend, die Aufgabe, zu untersuchen, ob die Arbeitslosigkeit tatsächlich als Dauerwirkung einer bestimmten Stufe gesellschaftlicher Organisation (oder besser Desorganisation) aufzufassen oder an bestimmte, theoretisch isolierbare Voraussetzungen gebunden ist, mit deren Beseitigung oder Reform auch die Arbeitslosigkeit als regelmäßige Erscheinung verschwinden würde.

Die Beweisführung kann keine rein historische in dem Sinne sein, daß es zeitweise gelungen ist, die Arbeitslosigkeit mindestens sehr einzuschränken, sie auf ein erträgliches Maß zurückzuführen; denn es wäre ja möglich, daß diese praktische Zurückdrängung des Problems ihrerseits an bestimmte wirtschaftliche und populationistische Bedingungen gebunden war, die keinesfalls als regelmäßig und dauernd wirksame angesehen werden können. Man pflegt wohl darauf hinzuweisen, daß es die deutsche Industrie in den letzten Jahrzehnten vor dem Kriege verstand, nicht nur die früher so häufige Auswanderung fast ganz zu unterbinden, sondern, bei starker Bevölkerungsmehrung des eignen Landes, noch Platz für Hunderttausende ausländischer Wanderarbeiter zu schaffen. Ging diese günstige Entwicklung des Arbeitsmarkts mit Raubbau auf wirtschaftlichem Gebiete einher, war sie etwa an einen unerhörten, nicht dauernd aufrecht zu erhaltenden Entwicklungsgrad der bergmännischen Produktion und an eine auch nicht auf Ewigkeit berechnete ungeheure Absatzsteigerung deutscher Ware auf ausländischen Märkten gebunden, so fiel mit dem Zurückgehen der künstlich forcierten Konjunktur auch die Kurve des Arbeitsmarktes, tauchte das alte Arbeitslosenproblem wieder auf. Die Annahme, daß wir uns auch ohne Krieg und Revolution Grenzen der Entfaltung unserer Erzeugung näherten, kann hier nicht im einzelnen begründet werden, sie ist aber nicht von der Hand zu weisen. So kann man der Geschichte wohl Fälle entnehmen, in denen die Eindämmung, ja zeitweise selbst die Beseitigung der Arbeitslosigkeit gelang, theoretisch bleibt diese doch bestehen, solange die Konsumtion der Arbeit nicht gewährleistet ist und die reine Marktproduktion der Arbeit besteht.

Offenbar sind hierfür die Bedingungen, an welche die Produktion nicht nur der einzelnen Arbeitsleistung, sondern die der Arbeitskraft, d. i. des Menschen selbst, gebunden sind, wichtig. Die Theorie von der „Reservearmee" der Arbeitslosen und der mit ihr gegebenen Verewigung von Arbeitslosigkeit, Verelendung und Lohndruck ist bekanntlich schon den Klassikern geläufig und die Sozialisten haben auch auf diesem Gebiete mehr Schüler-

als Forscherinstinkt entwickelt. Diese Theorie hat nun eine Voraussetzung, die, wenn erschüttert, die Theorie selbst bedroht: jede Lohnerhöhung müsse zur Vermehrung der Geburten, also zu gesteigerter Produktion künftiger Arbeitskraft, zur Vertiefung des Mißverhältnisses zwischen Produktion und Konsumtion auf dem Arbeitsmarkte, führen.

Die statistisch gestützte Beobachtung der tatsächlichen Bevölkerungsbewegung hat diese Theorie nicht bestätigt; zwar fand, wie schon erwähnt, eine Bevölkerungsmehrung statt, sie war aber das Ergebnis zweier rückläufiger Reihen, sinkender Geburten- und noch stärker sinkender Sterbeziffern. Da, wie noch zu zeigen ist, die letzten Jahrzehnte abnehmender Geburtenhäufigkeit von steigenden Nominal- und Reallöhnen, verbesserter Lebenshaltung und verminderten Lebenskosten begleitet waren, so ist der geschichtliche Gegenbeweis gegen die Annahme der Lohnfondstheoretiker, der Sozialisten und Gleichgesinnter erbracht, wonach steigender Lohn mit wachsender Geburtenzahl verbunden auftreten müsse. Aber auch hier soll sich der historischen Beweisführung eine kurze theoretische Überlegung gesellen. Sie macht auf das gesteigerte Verantwortungsgefühl der sozial und wirtschaftlich Bessergestellten aufmerksam, auf den psychologisch unmittelbar verständlichen und wirtschaftlich nun erst realisierbaren Wunsch, den Kindern gute Erziehung und Bildung zu vermitteln, ihnen möglichst etwas zu hinterlassen: das wirkt aber als Tendenz zur Geburteneinschränkung ebensosehr, wie aus der schlechten ökonomischen Situation das ungehemmte Walten des Geschlechtstriebs folgt und sich in großen Familien äußert. Aus entwickelten sozialen und kulturellen Gefühlen, die ihrerseits an die Verbesserung der Einkommensverhältnisse gebunden sind, folgt also eingeschränkte Produktion von Menschen, d. i. von disponibler, Verwertung suchender Arbeitskraft; so ist der Auffassung doch Boden entzogen, daß wir in der Überproduktion und Unterkonsumtion von Arbeit, d. h. in der Arbeitslosigkeit, eine Dauererscheinung der Gesellschaft zu sehen hätten. Das Problem bleibt gewiß noch in seinem vollen Ernst bestehen, denn es ist ja an die Unorganisiertheit des Arbeitsmarktes, an die Marktproduktion der Arbeit und die völlige Ungewißheit von Zeit und Grad ihrer Konsumtion gebunden. Aber es besteht jetzt doch die Möglichkeit, durch gesellschaftliche Mittel — vor allem durch Sozialpolitik — einen Zustand energisch anzugreifen, der in höherem Maße Ausfluß eines bestimmten wirtschaftlichen und sozialen Systems als einer biologischen Zwangsläufigkeit ist.

Indem die klassisch-sozialistische Anschauung vom positiven Einfluß der Lohnsteigerungen auf die Geburtenhäufigkeit, also auf die

Produktion der Arbeitskraft, als hinfällig dargetan wurde, bietet sich zugleich die Möglichkeit, die einschlägigen Probleme optimistisch zu begründen. Denn mindestens birgt die Grundlage jeder Sozialpolitik, Einkommenssteigerung und Verbesserung der Lebenshaltung der Arbeiterklasse, indem sie Geburteneinschränkung zur Folge hat, die Mittel zur Behebung der Unterkonsumtion der Arbeit, der Arbeitslosigkeit. Zwei hohe, entscheidende Zielpunkte der Sozialpolitik liegen also auf gleicher Sehlinie. Gewiß enthalten sie kein Allheilmittel, deren es in der Sozialpolitik überhaupt keine gibt. Aber der Schatten, der über der Frage lag, erscheint doch jetzt weniger drohend. Man kann sich bereits sogar den gegenteiligen Zustand denken, in dem die Arbeitslosigkeit dem Mangel an Arbeitskräften weicht. Amerika bot hierfür schon lange Beweise, bei uns wird auch bereits ähnliches sichtbar, zwar nicht im Mangel an Arbeitskräften überhaupt, aber in einem Defizit an solchen, die bestimmte unbequeme, unangenehme, schwere oder unsaubere Arbeiten verrichten sollen. Daraus können mit der Zeit ganz eigne Störungen der Wirtschaft und Gesellschaft entstehen, sie liegen auf einem anderen Gebiet der Theorie und beschäftigen uns noch. —

Zur Frage des Geburtenrückganges als solcher wird hier nicht Stellung genommen, sie ist in erster Linie ein bevölkerungspolitisches Problem. Natürlich liegt stets die Gefahr nahe, daß die Geburten außer allem Verhältnis zu dem sozialpolitisch vielleicht erwünschten Maß eingeschränkt werden. Die Nation als solche kann hierdurch uneinbringliche Einbußen erfahren. Das Optimum wird hier, wie so oft auf einem bestimmten Punkte zwischen Maximum und Minimum der Volkserneuerung liegen und drückt sich besonders in günstigen Sterbeziffern, zumal Kindersterbeziffern, aus.

Ist weiterhin die Unterkonsumtion der Arbeit nur vorwiegend oder ausschließlich gesellschaftlich und rechtlich — durch die Marktproduktion der Arbeit und den Freien Arbeitsvertrag — bedingt, so können sozialpolitische Maßnahmen reformierend eingreifen, ohne daß man an Revolutionierung der Arbeitsverfassung überhaupt zu denken hätte. Die Möglichkeit der Entwicklung und Evolution auf diesem Spezialgebiet steht grundsätzlich offen, Wege ihrer Verwirklichung hat die „Praxis der Sozialpolitik“ zu zeigen.

Der im vorigen Abschnitt (letztes Kapitel) entwickelte Gedanke der Arbeitsgemeinschaft kann für diese Reformversuche fruchtbar gemacht werden. Nie hat es ganz an Bemühungen gefehlt, Abnahme und Konsumtion der Arbeit zu regeln, dem Arbeiter die Aussicht auf festen Erwerb zu sichern, ihn zugleich — und das ist die notwendige Kehrseite — an eine Produktionsstätte zu „binden“. Patriarchalismus, Wohlfahrtseinrichtungen — echte und solche, die man besser als „Betriebseinrichtungen zur

Gewinnung und Erhaltung eines festen Arbeiterstamms“ bezeichnet —, hohe Löhne, Tarifverträge, Arbeitsgemeinschaften im engeren Sinne, neuerdings die Maßnahmen des Betriebsrätegesetzes und die Bestimmungen über Einstellung und Entlassung von Lohnempfängern, endlich das Gesetz gegen Stillegung von Betrieben, das alles sind — bei aller Ungleichheit der Methoden — Etappen auf dem Wege zu einem ähnlichen Ziele. Freilich kommt es sehr auf die Methoden an. Die Besprechung im einzelnen gehört noch nicht hierher. Es bleibt uns nur die Frage: inwieweit sind diese und andere Maßnahmen praktischer Sozialpolitik grundsätzlich berufen, das Problem zu lösen, vor allem, inwieweit sind sie mit der privatwirtschaftlich-kapitalistischen Wirtschaftsorganisation vereinbar? Setzen sie deren Ablösung durch andere Systeme etwa voraus?

Einschlägig ist hier: Freie oder Planwirtschaft?

Entscheidet man sich für die erste, geht man zugleich soweit, auch den selbstgewählten Organisationen der Industrie — den Kartellen z. B. — die Existenzberechtigung abzusprechen, will man also das wirtschaftliche Leben völlig unorganisiert lassen und nur nach Organisationsformen des sozialen Geschehens suchen: so zeigen sich größte, wahrscheinlich unauflösbare Schwierigkeiten auch für das letztere Unterfangen. Denn im Wesen reiner Privatwirtschaft, die alsdann gilt, liegt es, allein die Produktionskosten entscheiden zu lassen, sich nur dem Rentabilitätsgedanken unterzuordnen. Schon wurde gezeigt, daß das zu verzinsende und zu amortisierende Sachkapital viel geringere Möglichkeiten der Einschränkung (seiner Konsumtion) zuläßt als der persönliche Produktionsfaktor, die Arbeit. Hier kann man sparen, kann man, durch sofortige Einstellung oder Entlassung von Arbeitskräften, die Produktion dem Aufträgebestand unmittelbar anpassen. Ganz große, etwa kombinierte Unternehmungen, die auch ohne Kartellierung auf Marktbeherrschung ausgehen und insofern, in Sinn früherer Ausführungen, bereits von der privat- zur volkswirtschaftlichen Auffassung überlenken, mögen sich dem Walten privatwirtschaftlicher, an der Rentabilität orientierter Motive etwas verschlossener zeigen, — im übrigen gelten diese Motive entweder in vollem Umfang oder sie gelten nicht. — Anders, wenn Planwirtschaft, einem der vielen Systeme oder, besser noch, neuen Wegen folgend, die Produktion auf den Konsum bezieht, dadurch regulierend auch auf die Konsumtion der Arbeit und der Arbeitskraft wirkt. Erinnern wir uns der Tatsache, daß die Arbeiter nicht nur Produzenten der Arbeitsleistung, sondern als Konsumenten auch wichtigster Bestandteil derer sind, die die von ihnen selbst mit geschaffenen Produkte abnehmen. Sollte es ganz ausgeschlossen sein, zwischen diesen, zweifelsohne zusammenhängenden Produktionen und Konsumtionen von Waren und Arbeitskräften zu vermitteln, Waren- und Arbeitsmarkt gleichmäßig zu organisieren (wobei der Kapitalmarkt nicht zu vergessen wäre). Ich habe versucht, die hier einschlagenden Gesichtspunkte in meiner Preisschrift „Rückkehr zur Weltwirtschaft" durchzuführen. Ist manches davon auch durch die neuere Wendung der Politik überholt, so verbleibt den dort entwickelten Prinzipien doch ein bestimmter theoretischer, vielleicht einmal auch praktischer Wert. Im übrigen gehört das Nähere über die Planwirtschaft und über Parallelmaßnahmen auf wirtschafts- und sozialpolitischem Gebiet zum Teil in andere Abschnitte dieser Grundlegung, zum Teil ins praktische System. Es genügte, Ausblicke zu zeigen, die, das Problem in seiner gesellschaftlich-wirtschaftlichen, nicht mehr naturwissenschaftlichen Bedingtheit würdigend, nicht ganz der optimistischen Tönung zu entraten brauchen.

(§ 29) 6. Die Arbeiterwanderungen als Folge der Arbeitssuche.

Eine Folgeerscheinung der zur Arbeitssuche verengten Nahrungssuche, war die Wanderung seit jeher wirtschaftlich motiviert, wenn auch im Einzelfall andere Beweggründe hinzutraten; die Nahrungssuche nimmt für den abhängigen Arbeiter die Gestalt einer Suche nach Arbeitsgelegenheit, nach dem günstigsten Arbeitsmarkt, nach Absatz, „Konsumtion" seiner „Ware Arbeit", an. So ist der Standort für Besprechung von „Arbeiterwanderungen", im Anschluß an Arbeitsmarkt und Arbeitslosigkeit, in gegenwärtigem Abschnitte gegeben.

Es liegt indes noch ein anderer Tatbestand als der einer Verschiebung von Arbeitskraft in Richtung der geringsten Widerstände und günstigsten Ziele vor: Arbeiterwanderungen, die modernen Völkerwanderungen, haben für Wirtschafts- und Sozialpolitik auch in vielen anderen Hinsichten Bedeutung. Sie verändern in radikalerer Weise als irgendein anderer Vorgang die Bevölkerungsgrundlagen, die ihrerseits die Bedingungen für Produktion und Konsumtion, für den Anteil der einzelnen Völker an Welterzeugung und Weltverbrauch setzen. Betrachtet man das einzelne Volk als ein Arbeitsenergiereservoir von gewisser Größe, dessen Erneuerung die Befriedigung eines bestimmten Bedarfs voraussetzt, so bedeutet quantitative und qualitative Änderung der Volkssubstanz Veränderung von Produktion, Verteilung und Konsumtion auf dem Weltmarkte. Die Bevölkerungspolitik zeigt uns dies alles mehr vom quantitativen Standpunkt aus, erst die Sozialpolitik vermag den mindestens gleich wichtigen Qualitätsänderungen Rechnung zu tragen. Sie geht davon aus, daß die Auswanderer nicht zufällig herausgerissene Teile der Bevölkerung sind, daß dementsprechend etwas ganz anderes als nur eine verminderte Bevölkerungsgröße aus den Wanderungen resultiert; daß vielmehr das Quale der Bevölkerung entscheidend, und zwar fast ausschließlich ungünstig, beeinflußt wird. Die physisch und seelisch tüchtigeren, unternehmungsfreudigeren, tatkräftigeren Persönlichkeiten werden sich an der Wanderung stärker als die anderen beteiligen, die Geschlechter werden in ihr sehr ungleichmäßig vertreten sein, von den verschiedenen Altersstufen sind die dem Kindesalter eben entwachsenen jüngeren, allenfalls noch die in der Vollkraft der Jahre stehenden zur Wanderung disponiert. Wenn das Einwanderungsland vorwiegend Bedarf an gelernten, qualifizierten Kräften hat, wenn ein gewisser Kapitalbesitz zur Gründung einer Existenz im Ausland nötig ist — beides trifft heute im allgemeinen zu —, so wird der Verlust des Heimatlandes ein noch größerer werden. Gewiß werden auch zweifelhafte Personen, Scharlatane, Hochstapler und das internationale Verbrecher- und Dirnentum sein regelmäßiges Kontingent zur Wanderung stellen. Diese „fahrenden Leute" des Mittelalters sind aber doch heute nur Oberflächenerscheinungen des Wanderungsproblems, das in Gestalt der „Arbeiterwanderungen" allein in seiner ungeheuren Bedeutung gewürdigt wird, übrigens die Wanderungen von technisch, kaufmännisch, auch wissenschaftlich und künstlerisch geschulten Kräften zwanglos in diesem engen Begriffe mitbegreift.

Wieder ist es der, in vorliegendem Abschnitt schon als theoretisch fruchtbar empfundene Gesichtspunkt der „Konsumtion" und der „Produktionskosten", der auch einen Teil des Wanderungsproblems aufschließt. Wenn ein Land junge, eben erst in das Berufsleben eingetretene Leute und Qualitätsarbeiter aller Art an ein anderes Land abgibt, so ist ein Doppeltes möglich: entweder handelt es sich um „Wanderarbeiter" — die aus dem Deutschland der Vorkriegszeit her geläufigen „Sachsengänger" und ihre polnischen, ruthenischen, italienischen Kollegen.

Dann ist im wesentlichen nur eine Form von Standortveränderung der Arbeit, von zeitweiliger Änderung des Arbeitsmarkts, gegeben; auch sie ist sozialpolitisch nicht gleichgültig: die geringere Lebenshaltung der Einwandernden, ihre meist niedrigere Kultur, die Gefahr der „Überfremdung", des „Lohndrucks" und „Kulturdrucks" als Folge des Ineinanderfließens ungleicher Volks-, Wirtschafts- und Kulturniveaus — das sind sozialpolitische Vorwürfe von großem Ernst; der Rückfluß von Arbeitslöhnen bedeutet geänderte internationale Verteilungsmaßstäbe, die sehr verschiedene Wirkungen üben können, die dann, wenn mit den ersparten Löhnen zu Hause landwirtschaftlicher Besitz erworben oder arrondiert wird, auch nationalwirtschaftlich und machtpolitisch wichtig werden. Der „Kranz blühender Bauerndörfer", den man mit gutem Grund für die beste Grenzsicherung erklärt hat, ringt sich dann um die Grenzpfähle des Auswandererlandes, und dort, woher die Löhne geflossen sind, greift vielleicht gleichzeitig — oft als unmittelbare Folge der billigeren Wanderabeit — Landflucht und Entvölkerung der Randprovinzen um sich. Das erlebten wir leidend und reichlich passiv in Deutschland.

Noch viel wichtiger aber ist der Zustand endgültiger Auswanderung, dauernden Entzugs wertvollen Blutes und unersetzlicher Arbeitskraft, der eintritt, wenn der Auswanderer nicht nur vorübergehend Arbeitsgelegenheit, sondern eine neue Heimat sucht.

Vom Sehwinkel der „Produktionskosten der Ware Arbeit" ausgesehen, stellt sich dann die Sache als ein höchst ungleiches und einseitiges internationales Rechtsverhältnis, als wahrer „Löwenvertrag", dar: das eine (Heimat-) Land zieht den Arbeiter auf, „produziert" seine Arbeitskraft, „konsumiert" zu diesem Zwecke wichtige Teile des Volkseinkommens, vielleicht selbst des Volksvermögens — das andere (Einwanderungs-) Land kommt in den mühe- und kostenlosen Besitz frischer Lebens- und Arbeitskraft, verwertet sie zur Steigerung seines Volkstums und seiner Erzeugung, ohne mit Zinsen und Amortisationsverpflichtungen für diese Arbeitskraft belastet zu sein, kann also ohne vorausgegangene „Konsumtion" flott drauflos „produzieren". Der Gipfel der Ungleichheit ist erreicht, wenn sich das in fremdes Volkstum übergegangene heimische Blut später selbst gegen die frühere Heimat wendet; dann haben wir den Fall des Weltkriegs, wo Deutschland nur bezwungen werden konnte, nachdem es durch viele Jahrzehnte hindurch seine besten Landeskinder dem späteren Gegner, Amerika, kostenlos überlassen hatte. Dafür ist ihm hernach eine sehr eigenartige „Kostenrechnung" überreicht worden.

Die besondere Einstellung des Wanderungsproblems, wie sie eben durch den Ausgang des Weltkriegs herbeigeführt wurde, wird in der „Praxis der Sozialpolitik" Gegenstand bestimmter Überlegungen sein. Theoretisch ergibt sich hier allerdings auch manches, was aus früheren geschichtlichen Situationen her nicht geläufig war.

Denn im ganzen lag doch die Sache so: übervölkerte Länder, die aus eignem den Lebensunterhalt ihrer Landeskinder nicht sicherzustellen vermochten, speisten, als die eigentlichen Quellen, die Wanderung, gleichviel, ob es sich um vorübergehende oder dauernde Arbeitssuche drehte. Gewiß konnte der Begriff „Übervölkerung" hierbei verschieden verstanden werden: als absolute (wenn es solche überhaupt gibt) im Falle von China oder Indien, vielleicht auch von Italien, als „relative" im Falle von Rußland und Österreich. Unter „relativer" Übervölkerung (um welchen Begriff sich A. Wagner und F. Oppenheimer verdient gemacht haben) versteht man hierbei den Fall, daß zwar an sich die Unterhaltsmittel des Landes mindestens zur Ernährung der gegebenen, vielleicht selbst zur Aufzucht einer größeren Bevölkerung ausreichen, daß aber geringe Entwicklung des Verkehrs, der Bildung, der Arbeitsteilung und Produktion die volle Ausnutzung der vorhandenen Naturkräfte unmöglich macht; in diesem Sinn ist es ganz richtig, wenn Oppenheimer „relative" Übervölkerung oft mit tatsächlichem Defizit an Volkszahl, also absoluter „Unterbevölkerung" vereint auftreten läßt; denn eine gewisse Bevölkerungsgröße und gleichmäßige Bevölkerungsdichtigkeit ist Voraussetzung für die Entwicklung des Verkehrs, der Arbeitsteilung, der Produktion und der Sozialpolitik.

War damit die mächtigst fließende Quelle von Volks- und Arbeiterwanderungen offengelegt, bringt die Wirtschaftsgeschichte überwiegend Fälle dieser Art, wo die Wanderungen aus Ländern „starken Drucks", geringer Kultur, zurückgebliebener Wirtschaft, ungünstiger sozialer Lage heraus erfolgen und nach Gegenden „geringen Drucks", großer wirtschaftlicher, sozialer, kultureller Möglichkeiten streben: — so ist das gegenwärtige Deutschland ein in diesem Umfang wenigstens theoretisch neue Erscheinung: ein Land höchst entfalteter Arbeitskraft, großer Wirtschafts- und Kulturleistung, Sitz der stärksten und diszipliniertesten Arbeiterbewegung, Hort der Sozialgesetzgebung, —

es kann infolge der unerhörten Leistungen, Leiden und Wertvernichtungen einer einzigartigen, mit Deutschlands Niederlage endigenden Weltkatastrophe seine Stellung in der Weltwirtschaft nicht mehr behaupten, verliert den durch mühsamste Arbeit dränierten Boden unter seinen Füßen, sieht sich vor der Möglichkeit, seine besten Arbeitskräfte abgeben zu müssen. Das wäre, theoretisch gesehen (worauf es hier noch allein ankommt) eine völlige Anomalie zum Naturgeschehen. Es ist, wie wenn das Wasser aufwärts fließen müßte; wie wenn die natürlichen „Druckverhältnisse" ins Gegenteil verkehrt wären; denn dieses Deutschland soll die zu Hause errichteten Werkplätze, die eine ganze Welt mit Qualitätsware versorgten, entvölkern, den dort angesammelten sachlichen Produktionsmitteln die zugehörigen personalen Produktionsmittel, die Arbeitskräfte, entziehen, soll diese, die an gute Lebenshaltung gewöhnt waren und zur Zeit das entfaltetste Sozialrecht besitzen, auf unbekannten Arbeitsmärkten der Konkurrenz mit feindlich gesinnten, engherzig organisierten, imperialistisch gerichteten „Kollegen" aussetzen. (Das „Kollegialgefühl" ist meist nur ein Vorzug deutscher Arbeiter gewesen.) Das in einer Zeit der allgemeinen Weltkrisis.

Gewiß braucht man für die geistigen, kulturellen und sittlichen Güter angesichts der Bildungs- und Kulturhöhe deutscher Arbeiter — trotz der Wirkungen des Weltkriegs — nichts zu fürchten; treten somit auch Bedenken zurück, die man gegenüber dem Normalfall der Einwanderung schlecht entlohnter, kultur- und rechtloser Arbeiter, den uns die Geschichte fast ausschließlich zeigt, hegen müßte, so ist doch die Gefahr eines Raubbaues an ungeheuren sachlichen und menschlichen Werten gegeben. Die phrasenreiche Deklaration der „Arbeit" im Versailler Friedensvertrag — sie soll keine „Ware" sein dürfen und wurde im gleichen Atemzuge deutschen Kriegsgefangenen abgepreßt — wird nicht darüber hinwegtäuschen, daß das Schicksal vieler auswandernder deutscher Arbeiter das von Unerwünschten, Unfreien, Bastarden sein wird — im bolschewistischen Rußland nicht weniger wie im revanchelüsternen Frankreich, im England der engherzigen Tradeunions nicht minder wie im imperialistischen Amerika.

Führt das auch schon zu Erwägungen historisch-politischer Natur, so lag hier doch einer der im Ersten Abschnitt (fünftes Kapitel) erwähnten Fälle vor, in denen die Geschichte erst zu richtigen theoretischen Erkenntnissen leitet. Gewisse Dinge, wie der Weltkrieg und seine Folgen, konnten eben von keiner, noch so „ausschweifenden", phantasiebegabten Theorie in Betracht gezogen werden.

Zurückkehrend zur rein-theoretischen Fragestellung, bleibt übrig, neben der bisher gewürdigten Ein- und Auswanderung als einem Weltmarktproblem noch die damit zeitlich vielfach zusammenfallenden Innenwanderungen ins Auge zu fassen. „Binnenwanderungen" im buchstäblichen Sinn sind sie dann, wenn sie innerhalb einer geschlossenen Landfläche, eines Kontinents etwa, vor sich gehen; Wanderungen in diesem geographischen Begriffe können freilich auch, wirtschaftlich gesehen, Ein- und Auswanderungen sein. Entscheidend ist für uns, daß wir es mit Verschiebungen der Volks- und Arbeitskraft innerhalb eines Staates zu tun haben; zweckmäßig werden, je nach der Richtung der Wanderungsbewegung, Ab- und Zuwanderungen (im Gegensatz zu Aus- und Einwanderungen) unterschieden. Nicht als einzige, aber als wichtigste Erscheinung dieser Art von Wanderungen tritt uns die Groß- und Weltstadtbildung entgegen. Mit ihr erscheint die „Landflucht", die uns bereits als eine Folge der (dauernden oder zeitweisen) Einwanderung Landesfremder begegnete; der einheimische Landwirt, noch viel mehr der Landarbeiter, zieht sich vor dem Wettbewerb mit Lohndrückern und Kulturlosen zurück, ihm öffnet die Stadt ihre Tore.

Das Problem der Stadt und der Städtegründung kann uns als solches nicht befassen. Allerdings gehört es nicht etwa nur der Geschichte und Wirtschaftsgeschichte an, es verträgt sehr wohl auch eine rein theoretische Einstellung und wird dann besonders befruchtet durch eine „konsumorientierte" Auffassung. Gewiß sind nicht alle Städte als Konsumplätze, Märkte, entstanden, wird es oft strittig bleiben, ob der Markt, die Befestigung, die Produktions- und Vertriebsstätte oder ein weiteres (z. B. die Hofhaltung, die freilich auch einen Markt schuf) das Primäre war; — im allgemeinen dürften diese Vorgänge der Städtegründung in engster gegenseitiger Wechselwirkung gewissermaßen „Zug um Zug" vor sich gegangen sein, insofern ist nicht alles fruchtbar, was seit Hüllmann auf dem vielbeackerten Gebiet der Städteforschung geschrieben wurde. — Den Sozialpolitiker interessiert das Thema der „Stadt" überhaupt weniger, als das der modernen Großstadt.

Die Großstädte sind, wie die Ausweise der Bevölkerungsstatistik zur Genüge dartun, nur zum kleineren Teil durch natürliche Bevölkerungsmehrung entstanden; sie verdanken der Zuwanderung nicht nur unmittelbar, sondern auch dadurch das meiste von ihrem Wachstum, daß viele der vom Lande oder von kleineren Städten Zugewanderten jene qualitativen Vorzüge aufwiesen, die oben an den Einwanderern gerühmt wurden: für Zeugung und Arbeit gleich geeignete Kraft, unverbrauchte Nerven, Mägen, Muskeln und Gehirne, Zugehörigkeit zu den „produktiven" Altersstufen und in größerer Zahl zum männlichen Geschlecht. Indessen treten alle diese Vorzüge nicht so stark in die Erscheinung wie bei Ein- und Auswanderern; um in die benachbarte Stadt überzusiedeln, dazu gehört weniger Entschlußfähigkeit, als um die Klein- und Mittel- mit der Groß- und Weltstadt zu vertauschen; und wiederum gehört ein weit größeres Maß von Selbstvertrauen und Unternehmungsfreude (freilich auch von Egoismus) dazu, dem Vaterland überhaupt den Rücken zu kehren; es findet also eine Art Siebung statt und das Menschenmaterial, das sich dabei für die große Stadt ergibt, wird neben manchen Vorzügen auch Nachteile aufweisen. Oft wird nicht der Arbeits-, sondern der Vergnügungsmarkt der Stadt angestrebt werden, dann liegt zwar auch „Konsumtion", Bedarfsdeckung vor, aber in wirtschaftlich gewiß unerwünschtem Sinne. Für viele ist der Militärdienst, ist das damals angebahnte Verhältnis zu einem Mädchen entscheidend für den Domizilwechsel geworden (auch ein Sonderfall von „Konsumtion"). Ferner werden sich ihrer selbst unsichere, wenig lebensfähige, nervöse Naturen von der Stadt mit ihren Kulturgenüssen und von der Möglichkeit, in ihr „unterzugehen", angezogen fühlen; das gegenüber der Landbevölkerung besondere moralstatistische Verhalten der Stadtbevölkerung, die relative Häufigkeit von Ehescheidungen, Selbstmorden, von Prostitution und Kriminalität in der Großstadt ist nicht nur auf die größeren Reibungen, die stärkere Zermürbung des Städters, sondern auch auf die besondere Disponiertheit gewisser zuziehender Volksschichten zurückzuführen. Verbrecher, Dirnen, „fahrendes Volk" finden ihre besonderen „Märkte" in der Groß- und Weltstadt, auch sie werden durch Konsumtionszwecke dorthin geführt. Gegenüber der Ein- und Auswanderung, wo diese Personenkreise nur als „Oberflächenbewegungen" galten, spielen sie im Zuzug zu den Großstädten doch schon eine beträchtliche, rein zahlenmäßig wichtige Rolle. Am Zuzug sind ferner Schichten wie das Ostjudentum in großem Umfange beteiligt, das heute vielleicht allein das Judentum noch aufrechterhält.

So entsteht erst die eigentümliche, hochinteressante Gliederung und Mischung der großstädtischen Bevölkerung; sie enthält größte sozialpolitische Probleme und Aufgaben, die einstweilen erst angedeutet werden können, um dann der kommunalpolitischen Praxis ein weites Feld zu erschließen. Von ihr wird in unserer „Praxis der Sozialpolitik" nur insoweit die Rede sein, als nicht Spezialfragen vorliegen, die in dem von Oberbürgermeister Most behandelten Band des Handbuchs (Kommunalpolitik) dargestellt werden. Es sei in diesem Zusammenhang einstweilen nur kurz hingewiesen darauf, daß auf dem entvölkerten Lande teilweise entgegengesetzte, man möchte sagen: supplementäre Erscheinungen der sozialen Gliederung und Schichtung entstehen müssen.

Die einschlägigen Probleme und Aufgaben in Stadt und Land können ebensosehr vom Standpunkt der Wanderung, des Arbeitsmarkts und der Arbeitskonsumtion, wie von jenem der Produktion, der Zirkulation und der Arbeitsteilung aus gesehen werden. Die Sozialpolitik hat in ihrer praktischen Anwendung das alles und noch vieles andere — z. B. die oben erwähnte, ungleiche Einkommens-, Gruppen- und Klassenbildung in Großstadt und Land — in Betracht zu ziehen. Für die isolierenden Methoden der theoretischen Betrachtung ergibt sich aber doch das Problem der städtischen und großstädtischen, ebenso wie das der ländlichen Sozialpolitik vorwiegend als ein „konsumorientiertes". Denn die Sozialpolitik hat es mit den Menschen selbst zu tun, ihre Wanderungen und die dadurch verursachten gesellschaftlichen Bewegungen und Stagnationen sind uns sozialpolitisch wichtiger wie selbst die Arbeitsteilung, die den großstädtischen Markt erst möglich macht, oder wie die Erscheinung des großstädtischen Handels, die verkehrspolitische Bedingtheit der Städte und andere mehr wirtschaftliche Probleme.

Im Gefolge der großstädtischen Arbeitsmarktentwicklung geht auch eine sehr einschneidende berufliche Differenzierung der Bevölkerung, die ihrerseits Grundlage bestimmter Gruppenbildungen auf gewerkschaftlichem, genossenschaftlichem und parteipolitischem Gebiete wird; die Großstadt als zeitweilige Domäne der Sozialdemokratie wird erst so verständlich. Eine weitere sozialpolitische Frage, die an die Bevölkerungsgruppierung in Stadt, Großstadt und Land anknüpft, ist die besondere Entwicklung der ländlichen und städtischen Grundrente und des Wohnungswesens, das heute so große, ungelöste Aufgaben aufweist. Indem der Arbeiter seine Arbeit in der Stadt absetzt, sie dort zum Konsum dem Unternehmer zur Verfügung stellt, ist er im gleichen Augenblicke und mindestens im gleichen Umfang auch Konsument von marktproduzierten Unterhaltsmitteln, die Entfernung vom Naturallohn ist damit gegeben. Davon wird im Abschnitt über Lebenshaltung gehandelt, wo auch die besondere Art der städtischen Ernährungsbedürfnisse begründet werden soll.

Ein weiteres sozialpolitisches Problem der Wanderung ist in der Industrialisierung gegeben. Es wäre müßig, darüber zu streiten, ob die Bedürfnisse der Industrie, der relativ, gegenüber der Landwirtschaft, kompakteren und an den kleineren Standort gebundenen Art der Produktion, die Menschenansammlungen hervorrufen, oder ob aus diesen heraus die Notwendigkeit des Übergangs zu industriellen Methoden entsteht. Beides trifft gleichmäßig zu, die Menschen sind eben Produzenten und Konsumenten in einer Person, eines setzt die Bedingungen des anderen und ist in gleicher Weise vom anderen abhängig.

Industrialisierung und Großstadtbildung schienen eine Zeitlang wesensverwandt zu sein; so lange, als die Industrie die großen Städte und die mit ihnen gegebenen Produktionsmöglichkeiten, Arbeits-, Waren- und Kapitalmärkte aufsuchte. Als dann die Abwanderung der Industrie aus dem Emporien größere Dimensionen annahm, als bei Neugründung vielfach, auch da, wo kein unmittelbarer Zwang vorlag wie bei der Zeche oder Hütte, das flache Land (und zwar buchstäblich; denn früher folgte die ländliche Industrie mehr den Höhenzügen und Flußtälern) bevorzugt wurde, da erstanden neue sozialpolitische Probleme von ungeheurer Wirkung. Die Lage der Arbeiterschaft in örtlich isolierten Unternehmungen, die Werkswohnungen bauten und sonstige „Wohlfahrtseinrichtungen" schufen, ward nun eine grundsätzlich andere als die in den Großstädten. Die organisatorischen Stärkeverhältnisse lagen völlig ungleich, aus dem sozialen Übergewicht des Unternehmers der isolierten Großunternehmung wurde nicht selten ein politisches; die Folge war, daß — man denke an das Saargebiet — auch politische Zuständlichkeiten sich völlig veränderten, daß vor Wahlbeeinflussung nicht immer zurückgescheut und der Standpunkt des „Herrn im eignen Hause“ in schroffster Form und mit denkbar stärksten Mitteln aufrechterhalten wurde. Von hier aus nimmt der Unterschied zwischen dem großstädtischen und ländlich-industriellen Arbeiter seinen Ausgangspunkt, er beschäftigt uns noch wiederholt, ist auch heute durchaus nicht verwischt. Am letzten Ende ist er Folge verschiedener, in der Arbeitsteilung und Marktbildung wurzelnder Verursachungen; oft ist er auch unmittelbar durch die relativ hohen Löhne, die Tarifverträge und die radikale Organisation städtischer Arbeiter hervorgerufen.

In jedem Falle liegen diesem für die praktische Sozialpolitik besonders wichtigen Unterschiede auch verschiedene Richtungen und Beweggründe der Bevölkerungsbewegung zugrunde; denn, gleichviel welches die jeweiligen technischen Voraussetzungen sind: Großstädte und Industriezentren sind fast stets künstliche Agglomerationsgebilde, Ergebnisse nicht vorwiegend eigner Bevölkerungsbewegung, sondern mehr oder weniger planvoller Wanderung. Es genügte einstweilen, sie in dieser Eigenart, insofern als Ausfluß der Arbeitssuche, der Nachfrage nach dem Konsumenten der Arbeit, der Arbeitsstelle, zu markieren. Die sich aufdrängende Frage der Organisation der Arbeiterwanderungen wird zu einer zusammenfassenden Besprechung aller Mittel, die den Arbeitsmarkt zu organisieren bemüht sind, im nächsten Kapitel dieses Abschnitts führen.

(§ 30) 7. Regelung der Produktion und Konsumtion der Arbeit.

Der Zweite Teil, „Praxis der Sozialpolitik“, weist zahlreiche Maßnahmen zur Organisierung des Arbeitsmarkts, zur Bekämpfung der Arbeitslosigkeit, zur Regelung der Arbeiterwanderungen auf — sämtlich Gegenstände, deren Bedeutung für die Konsumtion der Arbeit deutlich wurde. Kaum weniger umfassend sind die Einrichtungen, die der optimalen Wirkung der Produktion von Arbeit dienen sollen. Die ganze moderne Arbeitsteilung gehört hierher, der Taylorismus sucht den Wirkungsgrad der Arbeit auf das äußerste zu erhöhen; eigne Entlöhnungsmethoden sind zu diesem Zwecke erfunden worden, Akkord, Prämiensysteme, Gewinnbeteiligung sollen in gleicher Richtung Einfluß üben. Diesen, für Konsumtion und Produktion wirksamen Mitteln ist mehr oder weniger eigentümlich, daß sie sich vorwiegend auf die einzelne Arbeitsverrichtung, nicht auf die Arbeitskraft, deren Produktion und Konsumtion, beziehen. Es wird beispielsweise sehr viel getan, um jeder Arbeitsverrichtung einen Konsumenten zu sichern, der Ausbau des Arbeitsnachweises dient dieser Bemühung neben anderem; wenn dabei natürlich auch an eine möglichst langdauernde Arbeitsverrichtung gedacht und Sorge getragen wird, daß der richtige Mann an die richtige Stelle kommt und der Stellenwechsel tunlichst beschränkt wird, wenn somit die Konsumtion nicht nur einer, sondern einer Summe von Arbeitsleistungen durch den Unternehmer erstrebt wird; so wird auf der anderen Seite doch nicht hinreichend darauf hingearbeitet, daß die Konsumtion der Arbeitskraft, des ganzen Arbeitslebens, eine möglichst vorteilhafte, frühzeitigen Verbrauch verhindernde sei, und noch viel weniger daraufhin, daß die Produktion der Arbeitskraft in einwandfreiem Verhältnis zur Nachfrage nach Arbeit erfolge. In diesen, eigentlich erst entscheidenden Rücksichten verläßt sich auch der zielbewußte Sozialpolitiker vielfach auf die „ausgleichende" Wirkung von Angebot und Nachfrage auf dem Arbeitsmarkt, auf die wirtschaftliche Einsicht des Arbeitgebers und allenfalls noch auf die Einwirkungen der Arbeiterorganisationen. Es gilt als ein unveräußerliches Menschenrecht, soviel Kinder — künftige Arbeitskräfte — in die Welt zu setzen, als man will; wohl besteht die Unterhaltspflicht der Eltern (und in viel beschränkterem Umfang der unehelichen Väter); wo aber nichts ist, und das trifft für viele Proletarier zu, da verläßt man sich auf die Armenpflege, die in einzelnen Punkten durch Sozialversicherung abgelöst wird. Diese, in Gestalt der Invaliden- (zum Teil auch der Unfall-) Versicherung, ist neben dem Arbeiterschutz das Mittel, dem verbrauchten Arbeiter zu helfen und frühzeitigem Verbrauch der Arbeitskraft entgegenzuwirken. Wir haben somit gegenüber der Konsumtion von Arbeitskraft immerhin noch weit einschneidendere Maßnahmen wie gegenüber ihrer Produktion. Die Arbeitskraft, einmal ins Leben gesetzt, wird zum Rechtsgut, das innerhalb gewisser Grenzen geschützt wird. Der stärkste und gewissermaßen automatisch wirkende Schutz der Arbeitskraft, der in der Anpassung ihrer Produktion an den Bedarf liegt, wird verweigert.

Man hat sich auf sozialistischer Seite noch wenig um die hiermit gegebene Problemstellung gekümmert, und wenn man es tat, nur in einseitiger Weise. Der Individualismus, der in den meisten sozialistischen Systemen trotz aller Leugnung enthalten ist, weist noch heute auf die französische Revolution und den ihr vorausgegangenen Rationalismus als gemeinsame Quellen liberaler und sozialistischer Weltanschauung hin; ihm würde es als unerträgliche Fessel erscheinen, wollte man die Produktion von Menschen, künftigen Arbeitskräften, nicht als unbedingtes Recht jedes Elternpaares ansehen. Der Sozialismus, soweit er nicht von gewerkschaftlichen Zielen beherrscht ist, hat aber, wie wir sahen, noch einen anderen Grund, jeder Einschränkung der Volksvermehrung entgegenzutreten: er stützt sich auf Massen und berauscht sich an Massenwirkungen, braucht sie für seine politischen Zwecke und ordnet den einzelnen und sein Glück dem Klasseninteresse unter, das viele Einzelne, wenn auch nur als Kanonenfutter, braucht. Nicht nur der Kapitalismus im Sinne von Marx, auch der ihm entgegengesetzte, aber doch auf gleichem Boden entstandene Sozialismus bringt die ungezählten Proletarierexistenzen hervor, die sich als Produktionsmittel gewissermaßen selbst konsumieren. Und noch zwei andere Machtfaktoren begegneten uns als auf Massen und Massenwirkungen bedacht: der nationale, besonders der imperialistische Staat und die seelenhungrige Kirche.

Solange eine dieser Kräfte wirkt, kann Mißverhältnis zwischen Bevölkerungsgröße und Unterhaltsmitteln im Sinne von Malthus bestehen, was, auf unsere Auffassung von Produktion und Konsumtion bezogen, besagt; die Produktion von Arbeitskräften hat die Tendenz, den Konsumtionsmöglichkeiten vorauszueilen; Folge ist auf der einen Seite unzulängliche Konsumtion der Arbeitsleistungen — Arbeitslosigkeit, Nötigung zur Arbeiterwanderung —, auf der anderen Seite frühzeitige Konsumtion der Arbeitskraft — der verbrauchte Arbeiter. Alle einzelnen Mittel hiergegen werden nicht die Quelle der sozialen Not, sondern nur Symptome treffen; man hat sie, die hernach in ihrem theoretischen Zusammenhang mit dem Thema darzustellen sind, deshalb vielfach angegriffen, ja verworfen, weil sie dem Übel ja nicht zu steuern, es vielmehr durch teilweise Beschneidung der Auswüchse zu verewigen vermöchten. Und doch hat die Sozialpolitik, indem sie, als Ganzes genommen, Lohn und Lebenshaltung hob, ein viel stärkeres Gegenmittel gezeitigt, als jene kleineren technischen Maßnahmen, ein stärkeres auch, als der Sozialismus und die Verelendungstheorie je vermochten: indem Lebenshaltung und Kultur stieg, minderte sich, wie schon einmal dargetan wurde, der stärkste Antrieb zu unüberlegter, maßloser Kinder- und Arbeitskrafterzeugung; der Geburtenrückgang griff als wirksamer Regulator des Arbeitsmarkts ein. Das Elend steigerte die Produktion der Arbeitskraft, minderte die Konsumaussichten der Arbeit und verbrauchte die Arbeitskraft frühzeitig; materielle und ideelle Höherentwicklung minderte umgekehrt die Produktion der Arbeitskraft, steigerte entsprechend ihre Verwendungsmöglichkeit und hinderte die allzufrühe Konsumtion der Arbeitskraft, eines nunmehr recht wertvollen, nicht mehr beliebig vermehrbaren Wirtschaftsfaktors und Sozialgutes.

Die Maßnahmen, von denen man möglicherweise eine Verbesserung des Verhältnisses zwischen Produktion und Konsumtion von Arbeitskraft erwarten darf, liegen nur zum Teil auf dem Gebiete der eigentlichen Sozialpolitik; sie sind im übrigen ebensosehr bevölkerungs- und wirtschafts- wie kulturpolitischer und politischer Natur schlechthin. Man wird technische Fortschritte ebenso wie solche der kaufmännischen Organisation hierher rechnen, wird darauf hinweisen, daß die politische Verfassung und Verwaltung eines Staates, daß die Lösung der Bildungs- und Erziehungsprobleme, der Grad weltwirtschaftlicher Verflechtung und vieles andere Einfluß haben auf Quantum und Quale der Erzeugung von Menschen und Arbeitskraft; alle diese Umstände sind gleichzeitig wichtig für die wirksamste Vereinigung sachlicher und persönlicher Produktionskräfte im Erzeugungsprozeß, für das „Optimum" der Verwendung der Arbeitskraft, wobei ihr Brachliegen ebenso vermieden werden muß, wie ihre frühzeitige Abnutzung. Da Bevölkerungspolitik und Wohlfahrtspflege, sowie alle einzelnen Fächer der Wirtschaftspolitik besondere Darstellungen im Rahmen des „Handbuchs" erfahren, kann auf diese Maßnahmen hier nicht eingegangen werden; „Sozialpolitik" ist in der Theorie von „Sozialer Politik" auseinanderzuhalten, die das ganze Gefüge der Politik durchdringt, eben deshalb aber kein Gegenstand arbeitsteiliger Spezialforschung ist. In folgendem soll vielmehr eine Beschränkung auf das eintreten, was bei feststehender Größe der Produktion von Arbeitskraft zwecks ihrer Verwendung in Szene gesetzt werden kann. Im einzelnen handelt es sich auch hier um höchst umfangreiche Maßnahmen der sozialen Praxis, die ihre eigene Theorie, ihre selbständigen Methoden und Techniken besitzen, in weitestem Maße die Statistik als Grundlage anerkannt und ausgebaut haben, in der „Praxis der Sozialpolitik" dargestellt werden und hier nur interessieren, insoweit sie ihren Ausgangspunkt in der Theorie der Sozialpolitik haben und diese Theorie selbst weiterzuentwickeln in der Lage sind.

Aus der fast unerschöpflichen Fülle der Gesichte hebt sich Berufsberatung und Arbeitsnachweis heraus; theoretisch verstanden, ist die Berufsberatung ebensosehr ein pädagogischer Gegenstand wie ein Mittel, die einmal produzierte Arbeitskraft möglichst frühzeitig dorthin zu lenken, wo Bedarf vorliegt, mit relativ sicherer Konsumtion der Arbeitsleistung gerechnet und doch auch eine pflegliche Verwendung der Arbeitskraft, unter Ausschluß ihrer vorzeitigen Konsumtion, erwartet werden darf. Gedanklich stellt sich also die Berufsberatung mit allem, was an sie anschließt und aus ihr heraus entsteht, als Mittel zur Beeinflussung zwar nicht der Produktion von Arbeitskraft als solcher, aber doch der von beruflicher Arbeitskraft dar; ein gegebener Vorrat, auf dessen Größe selbst man keinen Einfluß übt, wird derart gegliedert, daß für die einzelne Arbeitskraft die zweckmäßigste Verwendung, ein möglichst günstiges Verhältnis zum Gesamtbedarf nach Arbeitskraft erzielt wird.

Kenntnis der beruflichen Gliederung einer Volkswirtschaft reicht als solche noch nicht aus, um die Berufsaussichten richtig zu beurteilen. Denn bis die auf einen bestimmten Beruf hingelenkten und in diesem erzogenen Personen ins Berufsleben treten werden, kann sich ja die Volkswirtschaft, können sich die Berufsaussichten wesentlich geändert haben. Vielleicht wird die Berufsberatung und -Erziehung selbst, wenn ihr die hinreichende Organisation und Zentralisation fehlt, für die Überfüllung einzelner Berufe, das Defizit von Arbeitskräften in anderen Berufen, verantwortlich werden.

Das sind bereits Fragen der praktischen Organisation dieser Zweige der Sozialpolitik, theoretisch ist nur wichtig, festzuhalten, daß sie es nicht mit feststehenden Größen der Arbeitskonsumtion zu tun haben. Auch ohne einschneidende Veränderungen auf dem Markt der Welt- oder Volkswirtschaft können technische und privatwirtschaftliche

Prozesse schwerwiegende Verschiebungen bringen: die Fortschritte der Arbeitszerlegung z. B. mögen im Zusammenhang mit Maschinenverwendung persönliche Produktivkräfte durch sachliche, gelernte Arbeitskräfte durch ungelernte ersetzen, stets aber die Verwendungsmöglichkeit der Berufsarbeit ändern. Wanderungen können den beruflichen Arbeitsmarkt verschieben, Absatzstockungen ihn lahmlegen. Niemals werden also diese Mittel restlos oder auch nur annäherungsweise in der Lage sein, jeder Arbeitsverrichtung ihren Konsumenten anzugliedern. Im allgemeinen sind die Unsicherheitskoeffizienten um so größer, je mehr eine Volkswirtschaft mit dem Weltmarkt verflochten ist. Der Übergang eines vorwiegend landwirtschaftlich oder bergmännisch tätigen Volkes zu den Methoden der Fertigfabrikation, die bisher anderen Nationen älterer Arbeitskultur überlassen worden waren, wird bei diesen eine völlige Neuorientierung des Arbeitsmarkts und der Berufstätigkeit hervorrufen. Innerhalb einer Nationalwirtschaft dagegen, die dem Ziele der partiellen Autarkie nicht fernsteht, wird es viel eher gelingen, die Berufe mit einem Optimum an Arbeitskräften auszustatten. Man mag dann in diesem Zusammenhang von „Schutz der nationalen Arbeit" sprechen und die erworbene Berufsgliederung des Volkes als ein hohes Gut betrachten, dessen Veräußerung für die Volkssubstanz selbst bedeutungsvoll werden kann; zumal wenn Erwerbszweige und Berufe, die ein relativ großes Maß von Persönlichkeitsentfaltung zulassen, von der nivellierenden Arbeitszerlegung und -spezialisierung noch nicht so stark bedroht und deshalb, menschlich und völkisch, wichtig sind, wie Landwirtschaft oder Handwerk; wenn sie durch weltwirtschaftliche Arbeitsteilungsvorgänge oder Preisrevolutionen in ihrem Gedeihen gehindert werden, mag man, je nach der grundsätzlichen politischen Stellung, darin ein nationales Verhängnis oder aber wirtschaftlichen und technischen Fortschritt des Menschheitsgedankens sehen. Wir neigen der ersten Auffassung zu.

Sind somit die Grenzen für alle auf Organisation der Berufsgliederung bedachten Maßnahmen deutlich, so gilt ähnliches für jenes großartige System der Arbeitsmarktorganisation, das im Arbeitsnachweis seinen Mittelpunkt hat, zugleich aber auch die Bekämpfung der Arbeitslosigkeit beabsichtigt, die Wanderungen zu regeln unternimmt und mit seiner Fülle unmittelbar praktischer Aufgaben so recht ein Lieblingsthema der modernen Sozialpolitik geworden ist. Alles Einzelne, Technische, Organisatorische gehört in die „Praxis der Sozialpolitik". Uns interessiert nur der theoretische Standort dieser Summe von Maßregeln, die ihre eignen Methoden entwickelt haben, über weitreichende statistische Mittel (die ihrerseits Gegenstand eigner methodischer Hilfswissenschaften sind) verfügen und deutlich machen, wieweit die soziale Selbstbestimmung der Zeit geführt hat; nur ihr ist es zu danken, wenn z. B. der Arbeitsnachweis nicht mehr Mittel der sozialen Auseinandersetzung zwischen Arbeitgebern und Arbeitnehmern ist, sondern seiner theoretisch-technischen Bestimmung zugeführt wurde.

Hier muß, um den Aufgabenkreis der Praxis richtig zu umgrenzen, methodologisch folgendes beachtet werden: die oft sehr verwickelten Fragen der zweckmäßigen Organisation von Arbeitsnachweisen, Fürsorgemaßnahmen für Arbeitslose usw. scheinen oft genug solche rein theoretischer Natur zu sein; sie gehören aber auch in diesem Falle nicht in eine theoretische Grundlegung der Sozialpolitik. Nur soweit durch Arbeitsnachweis, Arbeitslosenversicherung usw. selbst bestimmte Anstöße für die soziale Struktur eines Volkes vermittelt werden, oder soweit es gilt, die Grenzen ihrer möglichen Wirkung aufzuzeigen, ist ein eigentlicher Vorwurf für die Theorie gegeben. Sonst sind es Themen der Praktischen Sozialpolitik. Im einzelnen gibt es natürlich Grenzgebiete, über deren Zuteilung man streiten mag.

Ein Thema, das immerhin noch der Theorie angehört, wenn es auch erst durch die Praxis gelöst werden wird, ist, ob die Arbeitslosigkeit die technischen Möglichkeiten der übrigen Versicherungsarten bietet; ob, mit anderen Worten, die Häufigkeit der — beruflich unterschiedenen — Arbeitslosigkeit Berechnungen zwischen Leistung und Gegenleistung ähnlich denen der Bevölkerungs-, zumal der Sterblichkeitsstatistik zuläßt. Da man aber auch die übrigen, alteingesessenen Teile der Sozialversicherung eher als Wohlfahrtseinrichtung denn als eigentliche „Versicherung" auffassen zu sollen glaubte — wir kommen darauf zurück —, würde der Nachweis, daß die Arbeitslosigkeit kein Risiko ähnlich dem Sterbefall, der Krankheit und Invalidität umfaßt, sie noch nicht aus dem Versicherungssystem auszuschließen vermögen. Hier ist manche von den Ausführungen des fünften Kapitels dieses Abschnitts einschlägig. — Was ferner den Arbeitsnachweis angeht, so ist seine beste und durchgebildetste Organisation natürlich nicht fähig, allen Erschütterungen des Arbeitsmarkts zu begegnen. Nur solche partieller Art, die einzelne Berufe oder Landesteile ausschließlich oder in besonderem Maße berühren, werden in ihrer Wirkung abgeschwächt oder selbst aufgehoben werden können.

Einige Jahre vor dem Kriege hat die „Internationale Vereinigung gegen die Arbeitslosigkeit" nicht nur die Mittel der Statistik auf dem Gebiete des Arbeitsmarktes, des Arbeitsnachweises, der Arbeitslosigkeit und der Arbeiterwanderungen bereichert, sondern auch manches zur Förderung der theoretischen Probleme geleistet. — Alle diese Maßnahmen aber sind an den „Freien Arbeitsvertrag", an die jederzeit oder doch nach kürzester Kündigung mögliche Annahme oder Entlassung von Arbeitskräften gebunden.

Vorwiegend zwei sozialpolitische Möglichkeiten zur dauernden Aufrechterhaltung einer bestimmten Arbeitsnachfrage, zur Sicherung der

Arbeitskonsumtion, bestehen daneben: Einmal die Überführung von Privatbetrieben in staatliche oder gemeindliche — ein Vorgang, der früher als „Verstaatlichung“ oder „Kommunalisierung“ galt, heute als „Sozialisierung“ oder „Nationalisierung“ angesprochen wird und zur Folge hat, daß aus „freien“ Arbeitern Beamte oder wenigstens dem Beamtencharakter angenäherte Lohnempfänger werden; an zweiter Stelle erscheinen dann Maßnahmen, die nur wenig Vorgänge in der älteren Sozialgeschichte aufweisen, um so mehr aber heute von sich reden machen: der auf den Unternehmer ausgeübte Zwang, bestimmte Arbeitskräfte — Kriegsteilnehmer, Schwerbeschädigte usw. — in den Betrieb aufzunehmen und zu beschäftigen; die mildere Form dieses, z. B. in den Verordnungen vom 4., 9. und 24. Januar 1919, später im Gesetz vom 12. Februar 1920 ausgesprochenen Zwangs sind dann die Vorschriften des Betriebsrätegesetzes, die sich aus der ersten Regelung des „Mitbestimmungsrechtes“ in der Verordnung vom 30. Mai 1919 heraus entwickelt haben und in der „Praxis der Sozialpolitik“ darzustellen sind. Auch die Bestimmungen über gekürzte Arbeitszeit, über den Achtstundentag und gegen das Stillegen von Betrieben gehören in einem gewissen Umfange hierher. Ihnen allen ist gemeinsam, daß die Verwendung von Arbeitskräften nicht mehr allein im Belieben des Unternehmers steht; man mag von einer „Sozialisierung“ des Arbeitsmarktes sprechen, auch davon, daß die Arbeiter gewisse Beamtenqualitäten zugewiesen erhalten.

Man muß sich nach der theoretischen Bedeutung dieser und anderer Maßnahmen fragen. Glauben sie den Arbeitsmarkt dauernd regeln, „sanieren“ zu können? Oder sollen es nur vorübergehende Einrichtungen einer gestörten Volkswirtschaft sein? Keines von beiden trifft restlos zu; indem die ursprünglich von Demobilmachungsbehörden erlassenen und durchgeführten Maßregeln später zum Teil in Gesetzesform aufgenommen wurden, ist ihnen eine nicht nur vorübergehende Wirkung gesichert; und das entspricht ja auch allein den Wünschen der großen Arbeitnehmerorganisationen, hinter denen heute soviel politische Macht steht. Damit aber, daß bestimmte sozialpolitische Einrichtungen als dauernde gewollt und gedacht werden, ist noch nichts ausgesagt darüber, ob sie auch wirklich dauernd aufrechterhalten bleiben werden, ob das Wirtschaftsleben, auf das doch jede Sozialpolitik abgestellt ist; solche Belastungen und Einengungen der privatwirtschaftlich-technischen Möglichkeiten auf die Dauer wird ertragen können.

Zu diesen Belastungen und Einengungen ist auch, und in ganz besonderem Maße, die Gewerkschaftsbewegung zu rechnen; das gilt unmittelbar, weil ja die heute sehr großen Beiträge zu den Gewerkschaftskassen aus der Produktion heraus bestritten werden müssen, also direkt meßbare „Produktionskosten“ darstellen. Mittelbar gilt es, weil durch die Gewerkschaft der Wohlfeilheit des Arbeitsfaktors am wirksamsten begegnet wird.

Vielleicht das wichtigste Instrument zur Regelung des Arbeitsmarktes, zur Schaffung geordneter und vorteilhafter Konsumtionsmöglichkeiten für die „Ware Arbeit", ist nämlich das „Kartell" ihrer Unternehmer und Verkäufer, die gewerkschaftliche Organisation der Arbeitnehmer.

Von ihr ist in einem besonderen Abschnitt sehr eingehend zu handeln, die Gewerkschaft wie überhaupt die soziale Organisation erschöpft ihren Aufgabenkreis nicht in der Regelung des Arbeitsmarktes, der Einrichtung und Mitverwaltung von Arbeitsnachweisen, der Gewährung von Arbeitslosen-, Umzugs- und Reiseunterstützungen an die Mitglieder, aber diese Dinge sind doch entscheidend für die Eigenart gewerkschaftlicher Organisation gewesen; sie stehen auch heute, wo neuartige Aufgaben, vorzugsweise genossenschaftlichen und produktionspolitischen Charakters hinzugetreten sind, im Vordergrund, sind Ausfluß des „Berufsprinzips" der Organisation, das in harten Kämpfen gegen Andersgesinnte in den eignen Reihen und gegen Arbeitgeber behauptet wurde; es ist das der Gedanke, die Arbeiter einer Berufsgruppe über alle Betriebe und Unternehmungen hinweg, wo sie beschäftigt sind, zu einer Front zusammenzufassen.

Dieses Prinzip ist heute von den Unternehmern anerkannt, auf seiner Grundlage sind Arbeitsgemeinschaft und Arbeitstarifvertrag wichtigste Vertragstypen des sozialen Lebens geworden, aber die Arbeiter selbst neigen heute mehr dem „Betriebsprinzip" zu, wollen in Betriebsvertretungen die partielle Sozialisierung einleiten und bauen einstweilen die alten Berufsvereine zu „Industrieverbänden" aus. Fast wäre man versucht, im „Betriebsrat" eine Wiederkehr des alten, von den zielbewußten Arbeitern befeindeten, gelben „Werkvereins" zu sehen, der niemals in der Lage war, gewerkschaftliche Aufgaben zu erfüllen, da ja die Mitgliedschaft im Verein an das Arbeitsverhältnis im Werk gebunden war. Indem diese Gesichtspunkte hier nur angedeutet werden, um andernorts für eine Theorie der gewerkschaftlichen Organisation fruchtbar gemacht zu werden, bleibt übrig, die grundsätzliche Bedeutung des Berufsvereins für alle die Konsumtion der Arbeit betreffenden Fragen hervorzuheben. Durch ihre Hilfe allein tritt der einzelne Arbeiter oder Angestellte aus der Isolierung, die ihn in vielen Fällen zum Abschluß eines Arbeitsvertrags unter ungünstigen, eben noch die Lebenshaltung ermöglichenden Bedingungen zwang, ihn nicht selten sogar unter dieses Maß herabgedrückt hatte. Freilich sind dieser Wirksamkeit der Gewerkschaft auch Grenzen gezogen, die, schon einmal angedeutet, später erörtert werden müssen. Aber nicht nur auf die Konsumtion der Arbeit, auch auf ihre Produktion kann die Gewerkschaft Einfluß üben; das unmittelbar, indem sie fremden Arbeitskräften den Zugang zum heimischen Arbeitsmarkt verwehrt, eine Politik, die freilich, wie wir sahen, der deutschen Arbeiterbewegung fremd, der auswärtigen zum Teil sehr geläufig ist. Zum anderen wird eine spezifisch gewerkschaftliche Weltanschauung, die natürlich nicht als fixiertes Dogma, sondern als „Stimmung“ und „Milieu“ praktisch werden wird, der sozialistischen, nationalistischen, kirchlichen Populationistik insofern entgegengesetzt sein, als sie auf absichtliche Beschränkung der Kinderzahl, künstliche Regelung der „Produktion von Arbeitskraft“ gerichtet sein kann. Das müßte dann stärkste Wirkungen auf die Konsumtionsmöglichkeiten der verbleibenden Arbeit ausüben.

Eine weitere Frage von Bedeutung geht dahin, ob vielleicht mittels der allgemeinen Erwerbslosenfürsorge eine günstige Regelung des Verhältnisses von Produktion und Konsumtion auf dem Arbeitsmarkt möglich sei.

Diese Fürsorge war, was nicht allgemein bekannt ist, die letzte sozialpolitische Maßnahme des alten Regimes gewesen und belastet die Revolution nur insofern, als man eine rechtzeitige Neugestaltung der ursprünglich nur ganz vorübergehend gedachten Einrichtung unterließ. Zuzugeben ist, daß durch sie die Bereitstellung von Arbeitskraft auf dem Arbeitsmarkt wenigstens äußerlich vermindert, auf diese Weise unerwünschte Konkurrenz der Arbeitskräfte und Lohndruck ausgeschaltet werden kann.

Daran hat man die Hoffnung geknüpft, das Gespenst der „Reservearmee“ zu bannen; indessen übersah man, daß nur eine Neuordnung der Verteilung resultierte; die Volkswirtschaft als solche hat natürlich auch für die Erwerbslosen aufzukommen; was früher als Armenunterstützung für den einzelnen hart, demütigend und unauskömmlich machte, wird nunmehr als Rechtstitel nicht immer ungern in Anspruch genommen, verringert aber zugleich den tatsächlich an die Arbeitenden gezahlten Lohn um den vollen Betrag der Erwerbslosenunterstützung; denn jeder Arbeiter läßt als Lohn nurmehr das gelten, was über die Erwerbslosenunterstützung hinaus gezahlt wird. Insofern bleibt etwas von dem Druck auf den Arbeitsmarkt und den Lohn tatsächlich bestehen, um so mehr, als die durch die Erwerbslosenfürsorge wesentlich gemehrte Geldwertsenkung (Inflation) die Kaufkraft jeder dem Arbeiter bezahlten Nominallohneinheit mindert. Eine tatsächlich wirksame Entlastung des Arbeitsmarktes liegt insofern nicht vor, der Demoralisierung aber sind die Tore weit geöffnet; ein Zustand, ähnlich der bekannten „Unfallneurose“, hat sich bei manchen Unterstützungsempfängern eingestellt, sie wurden sich ihrer tatsächlichen Pfründenstellung bewußt und wenn sie Arbeit suchten, geschah es nicht selten zum Zwecke einer „Ergänzung“ der Erwerbslosenunterstützung. Die so entstehende illegitime Konkurrenz kann die allenfalls möglichen günstigen Wirkungen auf dem Arbeitsmarkte endgültig aufheben; der „Ergänzungslohn" aber entzieht sich jeder steuerlichen Erfassung und arbeitet seinerseits kräftig an der Geldentwertung mit.

Nicht völlig unähnlich verhält es sich mit dem Kapitel der Notstandsarbeiten, das man heute vielfach unter den Begriff der „Produktiven Erwerbslosenfürsorge" bringt. Natürlich stellen sie gegenüber der unmittelbaren Unterstützung, die, soweit in barer Form gewährt, besonders bedenkliche Wirkungen für die Inflation zeitigt, einen sehr großen Fortschritt dar; denn der sittliche Wert der Arbeit kommt doch endlich wieder zur Geltung. Für das tatsächliche Verhältnis von Produktion und Konsumtion der Arbeit aber, für das Kräfteverhältnis des Arbeitsmarktes, wird nur diejenige Notstandsarbeit eine Besserung bringen, welche die Produktion wirklich fördert, und, wenigstens in der Zukunft, ihren Gegenwert in sich trägt. Nur da, wo die sozialpolitische Maßnahme den Gesamtwert der Wirtschaft steigert, zumal wo sie die für das gegenwärtige Deutschland entscheidende Erhöhung der Exportleistung bewirkt, kann von einer Verbesserung der Konsumtionsmöglichkeiten der Arbeit, durch Erweiterung ihres Aktionsradius, gesprochen werden.

Angesichts so vieler und z.T. wirksamer Mittel zur Regelung von „Produktion und Konsumtion der Arbeit und der Arbeitskraft" kann nur die allgemeine sozialpolitische Theorie Wegweiser aufstellen. Sehr viele und ungleiche Wege sind gangbar, und man wird nicht daran denken, mit einem Schlagwort alle Zweifel, alle Für und Wider zu beseitigen. So viele Vorteile z. B. der Achtstundentag bietet, so bleibt doch offen, ob die in ihm geförderte Arbeitsleistung heute für die Lösung der volkswirtschaftlichen Aufgaben nicht nur Deutschlands, sondern der Weltwirtschaft überhaupt, ausreicht; so sehr man die Arbeitszeitkürzung begrüßen mag, um durch solche Streckung der verfügbaren Arbeit möglichst Viele der Erwerbslosenfürsorge zu entziehen, wieder an regelmäßige und fruchtbare Arbeit zu gewöhnen: die dadurch eintretende Überfüllung der Bureaus und Werkstätten mit überzähligen, nicht voll beschäftigten Arbeitskräften, die sich gegenseitig im Wege stehen und sehr viel Zeit zum „Raten" haben, ist auf die Dauer ein sehr ernstes technisch-organisatorisches Hindernis der Entwicklung; der relativ zu große Angestelltenanteil gegenüber dem Arbeiteranteil in den Belegschaften ist auch nicht bedenkenfrei. Keine sozialpolitische Maßnahme als solche aber vermag auf andere Weise als durch Erhöhung der Gesamtleistung auf die Dauer die Wirtschaft zu befruchten, die gesamte zur Verteilung stehende Gütermenge einer Nation zu erhöhen. Früher hat man der Sozialpolitik attestiert, daß sie den Leistungseffekt der Volkswirtschaft mehre. Heute ist dieser Gesichtspunkt noch wichtiger. Maßnahmen aber, die darauf berechnet sind, möglichst Viele an einer sehr mäßigen Verteilungsmenge teilnehmen zu lassen und an die „Futterkrippe" heranzuführen, die ferner nicht auf Erhöhung der Leistungs- und Verteilungsmenge selbst gerichtet sind, müssen unter Umständen als dem Fortschritt entgegen, als unzeitgemäße Reminiszenzen an zünftige Einrichtungen erachtet werden; sie werden sich nur deshalb, weil sie in einem ganz falschen, schlagwortartigen Sprachgebrauche als „sozial" etikettiert sind, nicht halten können. Man kann eben nicht ein Mittelding zwischen Privat- und Gemeinwirtschaft einseitig durch sozialpolitische, in der Verteilung und bei der Arbeitskonsumtion einsetzende Mittel erreichen wollen. Der früher aufgezeigte Weg der organischen Arbeitsgemeinschaft ist mit Maßnahmen dieser Art nicht zu verwechseln, die Verfassung der Arbeit, auf die es ankommt, soll nicht nur berechtigten demokratischen Wünschen, sondern auch wirtschaftlichen Forderungen Rechnung tragen, die immer nur durch Einheitlichkeit der Leitung und Verantwortung erfüllt werden können.

Damit sind Grenzen für Maßnahmen gleich den erwähnten festgelegt; diese selbst können zu ihrer Zeit und an bestimmten Ort dennoch günstig wirken. Nur soll man nicht glauben, allein durch Einrichtungen bureaukratischer Sozialpolitik die ganz großen Linien der Entwicklung zu beeinflussen. Vor allem ist wichtig, daß man alle Sozialpolitik daraufhin prüft, was an ihr Selbstzweck, was Mittel zum Zweck ist und sein kann. Selbstzweck ist nur die Zielsetzung, niemals der Weg zum Ziel, nur die Gesamtheit, nicht der Einzelne und am wenigsten der, der als Beamter einer sozialpolitischen Stelle oder Behörde bestimmte Verwaltungsaufgaben löst. Niemals darf das Interesse einer Organisation dem der Sozialpolitik gleichgesetzt werden.

(§ 31) Ergebnisse des Dritten Abschnitts.

Die zusammenfassende Darlegung einiger Hauptergebnisse soll auch am Schlusse dieses Abschnitts nicht fehlen, sie hat aber nur vorläufigen Charakter; denn erst der nächste Abschnitt schließt in seiner Darstellung der „Lebenshaltung" den Ring der auf Produktion und Konsumtion von Arbeit und Arbeitskraft bezüglichen Vorgänge und Überlegungen. So beschränkt sich dieser Rückblick auf einiges, was weder in der Übersicht zu Beginn des Abschnitts noch in seinen einzelnen Kapiteln hinreichend gewürdigt werden konnte.

Der Gesichtspunkt der Konsumtion war, gemäß der Grundanschauung des Verfassers, maßgebend, auch Vorgänge der Produktion wurden in der Einstellung auf konsumtive Parallelerscheinungen — z. B. Produktionsaufwand, Kosten — deutlicher. Es galt, das Wesen der Produktion und Konsumtion von Arbeit und Arbeitskraft zu erläutern, dann aber auch

das besondere sozialpolitische Problem zu umreißen, das in der Ungewißheit der Arbeitsabnahme, des Konsums der Arbeit, ebenso wie in den sozial und wirtschaftlich unerwünschten Formen frühzeitigen Verbrauchs wurzelt.

Dieses Problem, ursprünglich nur für einen Bruchteil der Bevölkerung wichtig, gilt heute für ihren größeren, andauernd in Zunahme begriffenen Teil. Wenn sich aber ein ganzes Volk in Schuldknechtschaft und Abhängigkeit vom Auslande, das ihm noch dazu feindlich gesinnt ist, befindet, so kann man weitergehend ähnliche Bedingungen für die ganze nationale Arbeitsproduktion und -konsumtion in Anspruch nehmen, das Problem also nicht nur sozial-, sondern nationalpolitisch deuten. Wir werden deshalb, weil es uns heute in so besonderem Maße angeht, nicht glauben, daß unser Volk das erste sei, dessen Arbeitskraft für andere als die eignen Interessen produziert und konsumiert wird, dem ein feindliches Ausland Maß und Rhythmus der Arbeitsleistung und ihres Verbrauchs vorschreibt. Gleichviel, ob wir Waren oder Menschen exportieren, in jedem Falle arbeiten wir heute für Fremde, verbrauchen uns früher oder später in ihrem Dienst. Was in diesem Abschnitt zunächst für die arbeitende Klasse entwickelt wurde, es gilt tatsächlich für das ganze Volk und für manche seiner Schichten vielleicht eher noch in stärkerem Maße als für die Arbeiter, denen als teilweiser Ausgleich wenigstens die Nationale Sozialgesetzgebung Hilfe angedeihen läßt, denen die Internationale Sozialpolitik künftig auch vielleicht unter die Arme greifen wird.

Ein Teil der Maßstäbe, die innenpolitisch das Verhältnis von Arbeitnehmer und Arbeitgeber oder von Produzent und Konsument der Arbeit bestimmen, läßt sich also über die nationalen Grenzen hinaus international verwerten. Es gibt dann arbeitproduzierende und arbeitkonsumierende Völker, und man kann in diesem Falle die soziale Gliederung des einzelnen Volkes nicht als entscheidend für die soziale Gliederung der Weltwirtschaft gelten lassen. An Stelle der marxistischen Antithese: Internationales Kapital — Internationale Arbeit tritt nach dieser Auffassung das Nationale Kapital an der Seite der Nationalen Arbeit den gleichen Verbindungen in anderen Ländern gegenüber. Nicht in allen Beziehungen ist diese Gruppierung entscheidend, ihre auf Burgfrieden zwischen Arbeitgebern und Arbeitnehmerm abzielenden Folgerungen sind von der Verwirklichung noch weit genug entfernt, vielmehr erblicken wir das Kapital und ebenso die Arbeit auch unter sich durch internationale Bande verknüpft. Das Maß der tatsächlichen Abhängigkeiten, innerhalb deren Produktion und Konsumtion der Arbeit vor sich gehen, wird eindeutig weder durch die marxistische Formel, noch durch den nationalen Gegensatz bestimmt. Es liegt in der Mitte, tritt dann am stärksten auf, gewissermaßen als Summe aller außen- und innenpolitischen Zwangsläufigkeiten, wenn die bereits durch Arbeitsteilung und moderne Produktion erzwungene Abhängigkeit der Arbeit vom Kapital zu einer Abhängigkeit der Arbeit von fremdem, imperialistisch und aggressiv geleitetem Kapital wird, von dem das heimische Kapital „überfremdet" worden ist. In diesem Fall kann Sozialpolitik so recht züm Schutz der „Nationalen Arbeit" werden.

Die Geschichte überliefert uns, daß ganze Völker im Kampf ums Dasein „konsumiert" wurden, lange bevor ihre natürliche Kraft und ihr Selbsterhaltungstrieb erschöpft waren. Daneben kommt, ebenso wie im Einzelleben, eine natürliche Erschöpfung, die man auch als „Konsumtion" gelten lassen wird, vor. Diese Hinweise leiten bereits auf das über, was im nächsten Abschnitt unter „Lebenshaltung" zusammenfassend vorgetragen werden soll. Der biologische Lebensprozeß selbst tritt vor uns, der zunächst für das individuelle Leben entscheidet, aber von soviel soziologisch bedingten Faktoren abhängt, daß Lebenshaltung nur als Kollektivbegriff, aus biologischen, wirtschaftlichen, historischen, politischen und sozialen Elementen bestehend, deutlich wird. Die vielseitigen Erscheinungen der Konsumtion erfahren erst durch ihn ihre letzte Deutung; der Motor, der das Ganze treibt, ohne den kein Leben und keine Arbeit, keine Produktion und Konsumtion von Arbeit des Einzelnen, der Nation, der menschlichen Gesellschaft überhaupt möglich ist, muß angekurbelt vorgeführt, in der Folge auch in all seinen internen Einzelheiten offengelegt werden.

Vierter Abschnitt.

Lebenshaltung und Lebenskosten.

(§ 32) Übersicht des Vierten Abschnitts.

In der Übersicht zum Dritten Abschnitt (§ 23) ist die Lebenshaltung als wichtigster Tatbestand der auf die Arbeit und Arbeitskraft bezogenen Produktions- und Konsumtionslehre bezeichnet worden; dabei konnte der Begriff erst angedeutet werden; es gilt hier, ihn einwandfrei festzulegen.

Dem gewöhnlichen Sprachgebrauch nach, der auch für wissenschaftliche Definitionen nicht gleichgültig ist, liegt im Begriff „Lebenshaltung" bereits ein Werturteil. Diesen Sinn haben frühere Bearbeiter dieses Themas, Hermann und Brentano, zugrunde gelegt. Wenn ich nämlich von „meiner" Lebenshaltung spreche, so charakterisiere ich dadurch nicht nur einen bestimmten Inbegriff von Bedürfnissen, Konsumgewohnheiten, Ansprüchen an das Leben, sondern es schwebt mir dabei, ausgesprochen oder unausgesprochen, vor, daß diese Lebenshaltung für mich notwendig, ihre Aufrechterhaltung nicht nur persönliche, sondern auch Angelegenheit der sozialen Schicht — „Gruppe" — sei, der ich mich zurechne; das Verlassen dieser Lebenshaltung schließt also die Möglichkeit einer „Deklassierung" in sich. Ganz allgemein soll hier angefügt werden: man braucht sich heute viel weniger darüber zu verständigen, daß „Arbeit nicht schändet", als darüber, daß auch ein Verlassen der durch Herkunft und Milieu diktierten Lebenshaltung keine soziale „capitis deminutio" zur Folge zu haben braucht.

Der „Bund der Erneuerung wirtschaftlicher Sitte und Verantwortung" hat dafür die besten Gründe geltend gemacht, auf die bei Darstellung der praktisch-sozialpolitischen Fragen noch eingegangen wird. Hier handelt es sich einstweilen nur um die theoretische Überlegung, daß mit dem gebräuchlichen Begriff der Lebenshaltung und dem mit ihm verknüpften Werturteil noch nichts Endgültiges über diesen Gegenstand ausgesagt ist; immerhin wird bereits jetzt das Flüssige, Grenzenhafte dieses Begriffs deutlich, der biologische und soziologische Tatsachen und Zusammenhänge gleichmäßig enthält, mit Mitteln der Physiologie, Psychologie, Gesellschaftslehre und Statistik, historisch und in seiner politischen Bedeutung gefaßt werden müßte und auch viele Beziehungen zum Recht (Arbeitsrecht, Steuerrecht usw.) aufweist. Da wir schließlich auch einen für die Privat-, Volks- und Weltwirtschaft wichtigen rein-ökonomischen Inhalt dieses Begriffs herausdestillieren können, so sind alle jene Gesichtspunkte gegeben, die § 2, das Einleitungskapitel zu den gesellschaftstheoretischen Darlegungen des Ersten Abschnitts, entwickelte. Von den damit gegebenen möglichen Einstellungen des Problems ist zuerst dasjenige herauszugreifen, was, der Biologie und Soziologie angehörig, notwendige Voraussetzung jeder weiteren Erörterung ist, aber das Problem selbst noch keineswegs erschöpft.

Das Problem soll aber auch gar nicht erschöpft werden, und es ist stets zu beachten, daß hier nicht die Theorie der Konsumtion und Lebenshaltung als solche, sondern nur als Grundlage und Bestandteil einer Theorie der Sozialpolitik geschrieben werden soll. Soweit also die Lebenshaltung ausschließlich oder vorwiegend wirtschaftliche Bedeutung hat und, vermittels des Reallohnbegriffs und der Lebenskosten, bestimmend für den Nominallohn und die Produktionskosten auf der einen Seite, für Umfang und Aufnahmefähigkeit des Innern Marktes auf der anderen Seite ist, liegt kein eigentlich sozialpolitischer Stoff vor, und es ist im Einzelfall sehr sorgsam die Grenze zwischen dem für unser Problem Notwendigen und dem zu ziehen, was zwar auch interessant, aber doch für die Aufgabe nicht entscheidend ist. Größte Beschränkung hat sich auch die statistische Begründung der Lebenshaltungsfragen aufzuerlegen; ein geradezu riesenhafter Stoff, den vor allem die Haushaltsstatistik lieferte und zu dem Verfasser wesentliches beizusteuern in der Lage war, kann höchstens angedeutet werden.

Soweit er sich auf die quantitativen Maße der Lebenshaltung, die Lebenskosten, bezieht, schließt ja bereits die Revolutionierung des Geldwertes die Verwendung statistischer, auf Geld bezogener Ergebnisse aus, es sei denn, daß es sich lediglich um Vergleiche relativer Zahlen handle; aber auch diese sind nur sehr eingeschränkt verwendbar, denn der Weltkrieg liegt seit ihrer Aufstellung in Mitte, mit ihm eine ungeheure Änderung der Konsumgewohnheiten und Bedarfsdeckungsmöglichkeiten. Bekanntlich aber sind Relativzahlen ohne Rücksicht auf die zugrunde liegenden absoluten Werte überhaupt nur mit Vorsicht anzuwenden. Über Methode und Technik der einschlägigen Erhebungen ist das Literaturverzeichnis im Zweiten Band heranzuziehen; sie sind auch Gegenstand des die Statistik darstellenden Einzelbandes von Meerwarth. Nur da, wo sich die statistische Methode eng mit der Theorie der Lebenshaltung berührt, wird es gelegentlich nötig sein, statistisch-methodische Fragen anzudeuten.

Oberster Erkenntnissatz der Lebenshaltungstheorie ist: in kaum einem Falle läßt sich die Lebenshaltung ausschließlich auf „natürliche", biologisch erfaßbare Bedürfnisse zurückführen, so gut wie immer ist sie zugleich der Ausdruck gesellschaftlicher Bedürfnisse. Selbst die sozialpolitisch wichtige Untergrenze der Lebenshaltung, das Existenzminimum, bedeutet kein individuelles, nur aus der materiellen Disposition, aus Defizitgefühlen wie Hunger, Durst, Blöße heraus verständliches Bedürfnis des Begehrenden und Konsumierenden. Stets tritt der Mensch als vergesellschaftetes Wesen den Bedarfsgütern gegenüber, und diese sind ebenfalls in ihrer allergrößten Mehrheit nicht das Ergebnis individueller Erzeugung, sondern der gesellschaftlich-arbeitsteiligen Verkehrswirtschaft; sie werden im Produktionsprozeß bereits auf die bekannten und vorausgesetzten gesellschaftlichen Bedürfnisse hin zugerichtet. Das gilt selbst für den Bauern, der selbstgeerntetes Brot und selbstgezogenes Gemüse ißt, der seine Familie — ein freilich immer seltener werdender Fall — mit selbsterzeugtem Linnen kleidet und auch andere Bedürfnisse naturalwirtschaftlich befriedigt; denn in tausend sonstigen Hinsichten ist er ja von der Wirtschaft anderer abhängig; nicht nur dadurch, daß er deren Erzeugnisse für unmittelbare, „letzte" Konsumzwecke abnimmt, sondern auch durch den Bedarf an Maschinen, Werkzeugen, Stoffen, durch Kreditbeziehungen, und vor allem auch dadurch, daß er an andere verkaufen muß. — Die gesellschaftliche Bedingtheit der Lebenshaltung ist ferner Folge davon, daß der Einzelne — wie im Ersten Abschnitt dargelegt wurde — „Sozialen Gruppen" angehört, sich in diesen behaupten, oft aber auch hervortun will. Luxus und Mode sind nicht die einzigen, aber die wichtigeren dieser gesellschaftlichen Bindungen, die nirgends so stark wie in der Lebenshaltung die individuelle Bewegungsfreiheit einengen, ja aufheben.

Die zu verwendenden Begriffe können hier als solche nicht erklärt, sie müssen aus der Theoretischen Nationalökonomie — die im „Handbuch" von Keßler bearbeitet ist — als geläufig übernommen werden. Dazu gehört die Unterscheidung von Bedürfnis als einem Unlustgefühl und Bedarf, den man entweder mit Oldenberg als durch Kaufkraft gestützte Summe der Bedürfnisse oder als die Gütermenge, deren Konsumtion den Bedürfnissen Genüge tun würde, definieren mag. Von der Konsumtion ist schon im vorigen Abschnitt die Rede gewesen, sie erschien uns nicht allein als Bedarfsbefriedigung, sondern als ein aller Produktion (Werterzeugung) korrespondierender Vorgang der Wertevernichtung. Schließt man sich der erstgenannten engeren, üblicheren, neuerdings von Oldenberg gut formulierten Auffassung an, so hat man Mühe, die Grenze zwischen Produktion und Konsumtion zu finden. Soll der Güterverzehr nur insoweit „Konsumtion" sein, als er das Unlustgefühl des Mangels beseitigt, aber „Produktion", insoweit er Wille und Fähigkeit zur Arbeit hervorruft? Soll das, was durch den Konsumtionsprozeß selbst der Produktion zugeführt wird, von der „Konsumtion" in diesem engen Sinne abgezogen werden? Wenn beispielweise im fernen Osten die Requisite des menschlicher Verdauungsprozesses unmittelbar zur Düngung der Landwirtschaft zugeführt werden, die, mangels hinreichender Großviehhaltung, sonst nicht kultiviert werden könnte: ist dann der Nahrungsmittelverzehr insoweit Konsumtion, als der Hunger gestillt wird, insoweit Produktion, als die vom Körper ausgeschiedenen organischen Substanzen der Erzeugung neuer Nahrung zugeführt werden? — Diesen und anderen Zweifeln scheint die hier vertretene

Auffassung in höherem Maße zu begegnen; nach ihr ist „Produktion" und „Konsumtion" stets nur die spezifische Auffassung ein und desselben Prozesses, eine abstrakte Isolierung von Vorgängen, die stets nur verbunden vorkommen, eine gedankliche Hilfskonstruktion, die ihre Berechtigung, aber auch ihre Grenze hat.

Die hier vorgetragene Auffassung von Konsumtion wurde praktisch bereits im vorigen Abschnitte verwendet; ohne sie wäre es unmöglich gewesen, von einer „Konsumtion der Arbeit und der Arbeitskraft" zu sprechen, denn allein als Befriedigung eines Bedürfnisses und eines Bedarfs konnten die dort erwähnten, gewiß sehr gegenständlichen Vorgänge unmöglich gelten. Aber erst hier, wo von Lebenshaltung, damit von Bedürfnis und Bedarf als natürlich-gesellschaftlichen Gegebenheiten zu handeln ist, war eine theoretische Abgrenzung zur „Konsumtion" geboten. Was weiterhin darzulegen ist, entfernt sich von dem, was sonst unter diesem Titel vorgetragen zu werden pflegt, so weit, als eine Teilerscheinung vom Gesamtkomplex eines Problems auch dann verschieden ist, wenn sie eine sehr wichtige, vielleicht die wichtigste Teilerscheinung ist.

Auf der anderen Seite aber bietet erst unsere Auffassung die Möglichkeit, die Lebenshaltung noch von anderen Gesichtspunkten als von jenen der Konsumtion aus zu begreifen: sie ist uns auch als Bedingung und Ziel der Produktion, als Lebensäußerung von Sitte und Kultur, endlich, um von Geringerem zu schweigen, als Maßstab bevölkerungspolitischer Vorgänge wichtig. Sie ist gleichzeitig, als Lebensgestaltung des einzelnen Individuums, nicht nur Ergebnis gesellschaftlicher Schichtung, sondern auch entscheidendes Merkmal sozialer Gruppierungen (des Standes, der Klasse, des Volkes); sie gehört in ökonomischer Hinsicht ebenso der Lehre von der Produktion und Distribution wie jener der Konsumtion an. Das alles wird erst deutlich, wenn nach unserem Vorschlage die enge Begriffsbestimmung des Verbrauchs zugunsten einer solchen aufgegeben wird, die endgültig mit dem alten Sayschen Schema bricht; zwar gilt auch ihr das Bedürfnis und damit der Mensch selbst als Ausgangspunkt jeder Wirtschaft, die Bedarfsbefriedigung als deren Zielpunkt, sie erkennt aber nicht allein den physiologischen Vorgang der unmittelbaren letzten Bedarfsbefriedigung, den Nervenkitzel und die Beseitigung des Unlustgefühls als maßgebend an, sondern läßt die sogenannte „technische Quasikonsumtion" so gut wie die „Meinungskonsumtion" als echte Fälle des Werteverzehrs gelten.

Es soll nun der Versuch gemacht werden, zu zeigen, welche besonderen Aspekte die „Lebenshaltung" für Zwecke der Sozialpolitik aufweist. Die spätere Darstellung selbst wird den hier gezogenen Rahmen aus Zweckmäßigkeitsgründen um so weniger genau einhalten können, als manche seiner Posten schon in früheren Abschnitten mit Inhalt erfüllt werden konnten, andere Gegenstände aber noch engere Beziehungen zu anderen Teilen der „Theorie" oder zur „Praxis der Sozialpolitik" aufweisen. Stets ist das überwiegende systematische und methodische Interesse für die Wahl des endgültigen theoretischen Standorts entscheidend. Aber es mag doch auch nützlich sein, einmal die wichtigeren Gesichtspunkte zusammenzufassen, die für einen so vieldeutigen und komplexen Begriff wie den der Lebenshaltung wichtig werden können. Vor allem wird aus diesem Schema deutlich werden, wie reichhaltig, zugleich aber unübersichtlich die Gemengelage aus natürlichen (biologischen) und gesellschaftlichen (soziologischen) Problemen ist.

Unterscheidungen innerhalb der Lebenshaltung.

a) Die biologischen Grundtatsachen der Lebenshaltung. — Die Ernährung: Kalorien; Eiweiß, Kohlenhydrate, Fette und sonstige Komponenten der Ernährung. — Das Existenzminimum. — Unterschiede, bedingt durch biologische Faktoren: Alter und Geschlecht (auch Familienstand, Familienbesitz) und geographische Faktoren: Klima, Höhenlage, Nähe von Wasser oder Gebirge, Verkehrsbedingungen, Stadt und Land usw. — Der Reiz und seine Gesetze (Gossen). — Zusammenhang von Ernährung und Beschäftigung, weiterhin Beruf; soziologische Einflüsse auf die Ernährung (erst im allgemeinen).

b) Kleidung und Wohnung (nebst Beheizung und Beleuchtung): Ursprung und Zweck der Kleidung, Zusammenhang mit dem Schmuckbedürfnis. — Reihenfolge der Bedarfsbefriedigung, bedingt durch soziologische Momente: Erhaltung in der Sozialen Gruppe, der man angehört, Bestreben, sich in ihr und außerhalb hervorzutun.— Der Wandel der Kleidung. — Mode und Luxus, an Kleidung und Wohnung erprobt. — Das Wohnbedürfnis im allgemeinen, seine Wandlungen, Einfluß des Bodenbesitzrechts auf die Wohnverhältnisse. — Das Großstadtproblem.

c) Die wichtigsten übrigen Komponenten der Lebenshaltung: Die Kulturbedürfnisse, Umgrenzung und Ableitung dieses Begriffs. — Umgekehrtes Verhältnis zwischen notwendigen und Kulturausgaben. — Wichtige Bedürfnisse, insbesondere solche, die aus egoistischen, und solche, die aus altruistischen Trieben entspringen (keine unbedingte Gegensätzlichkeit beider Gruppen). — Die ausgesprochen gesellschaftlichen Bedürfnisse (z. B. Berufszusammenschluß).

d) Zusammenhang zwischen biologischen und soziologischen Kriterien der Lebenshaltung: Biologische Gesetze und Hypothesen (Entwicklung, Entartung, Rassentheorie u. a.) auf die Lebenshaltung übertragen. — Deren Gesetze in statistischer Beleuchtung. Engelsches und Schwabesches Gesetz. — Hinweis auf Steuerfragen.

e) Lebenshaltung und Beruf: Die Anforderungen der verschiedenen Arten von Arbeit und ihrer Begleitumstände an die Lebenshaltung. — Zusammenhänge mit der Arbeitsteilung (s. o. § 15 f.). — Beruf und Erkrankung als Unterlage für Arbeiterschutz und -versicherung. — Männliche und weibliche, jugendliche Berufe und die besonderen Berufseinflüsse auf die körperliche und geistige Entwicklung, gemessen an der Lebenshaltung.

f) Lebenshaltung, Standes- und Klassenbildung (von diesen unten im Sechsten Abschnitt). — Gegenseitige Beeinflussungen.

g) Lebenshaltung und Einkommen (von diesem im engeren Sinn unten im Fünften Abschnitt). — Nominal- und Realeinkommen. — Lohn, Gehalt und Preis.

h) Die Lebenshaltung der für die Sozialpolitik besonders wichtigen Gruppen: Arbeiter unter Ausscheidung der Gelernten, An- und Ungelernten, der Frauen und Jugendlichen. — Angestellte. — Beamte. — Heimindustrie. — Mittelstand. — Landarbeiter. — Gesinde. — Geistige Arbeiter und andere besondere Gruppen. — Statistische Ergebnisse, Vergleiche zwischen Stadt und Land, verschiedenen Berufen und Ländern. Einfluß des Krieges und der Revolution auf alle Lebenshaltungsfragen.

i) Besondere Komplikationen der Lebenshaltung: Krankheit. — Abnutzung (s. o. § 26). — Frühzeitiger Tod. — Arbeitslosigkeit. — Wanderung. — Alkohol. — Volkskrankheiten. — Hygienische Zustände usw.

k) Die genossenschaftlichen Bestrebungen zur Verbesserung der Lebenshaltung, theoretische Grundlegung. — Genossenschaften als Mittel der Sozialisierung?

(§ 33) 1. Die Ernährung; das physische Existenzminimum.

In den Ernährungsfragen ist ein sozialpolitischer Vorwurf allerersten Ranges gegeben; derart, daß die Schwierigkeit vor allem in der Auswahl des Dringlichsten besteht. Dabei ist eine Beschränkung auf das im engeren Sinn Sozialpolitische unerläßlich. Produktionsfragen z. B., die zweifellos auch ihren ernährungspolitischen Hintergrund haben, können als solche keine Besprechung finden; Fragen der Ernährungshygiene nur insoweit, als nicht technische Einzelprobleme im Vordergrund stehen; physiologische Gesichtspunkte nur in allgemeinsten Umrissen, ohne daß auf interessante wissenschaftliche Streitfragen der Ernährungslehre, der Nahrungsmittelchemie usw. anders als ganz flüchtig eingegangen werden könnte; angrenzende Steuerfragen von zweifelsohne sozialpolitischer Bedeutung können auch nur gestreift, die feineren Methoden der einschlägigen Statistik nur insoweit herangezogen werden, als relative Werte ohne Bezugnahme auf die Geldbasis immerhin auch heute noch Vergleiche zulassen und Maßstäbe bieten. Einzelne wichtige Spezialprobleme, wie das des Alkohols, der Fleisch- und Pflanzennahrung, der Nahrungsmittelfälschung und des Nahrungsmittelersatzes usw. werden auch lange nicht in dem ihnen an sich gebührenden Umfang vorgetragen werden können; z. T. nehmen sich ihrer auch die von Zimmermann und Elster verfaßten Einzelbände des „Handbuchs" („Wohlfahrtspflege" bzw. „Bevölkerungspolitik und Gesellschaftshygiene") an. Ferner ist auf die „Praxis der Sozialpolitik" zu verweisen.

Zunächst entspricht es einer früher — im Dritten Abschnitt — geäußerten Auffassung, wenn die Ernährung als konsumtiver Faktor, als Verzehrung der in den Nahrungsmitteln vorhandenen Werte angesehen wird. Diese Verzehrung findet statt, um das Leben selbst und um die Arbeitskraft zu erhalten bzw. zu erneuern; Wärmeeinheiten, Kalorien, sind gleichmäßig zur Messung des Ernährungs- und des Arbeitsaufwandes geeignet. Auch wenn gegen die Kalorienberechnung gewichtige Einwendungen von Fachleuten erhoben und mit dem Schematischen dieser Messung begründet werden, haben wir einstweilen noch keine bessere Methode; denn die daneben notwendige Zurückführung der Nahrung auf Eiweiß, Fette, Kohlenhydrate und einige weniger wichtige, zwischen den drei Grundstoffen vermittelnde Komponenten bietet zwar sicherlich tiefere Einblicke, läßt aber den einheitlichen Nenner vermissen, der allein unmittelbar historische und örtliche Vergleiche ermöglicht und eine allgemeine Beurteilung der Ernährungsfrage zuläßt.

Die Maßstäbe, die von den Ernährungsphysiologen an den Kalorienkonsum angelegt worden waren, sind niemals gleichmäßig gewesen, sie können für die Gegenwart zumeist nur einen hypothetischen Wert haben. Der Krieg hat alle sozialpolitischen Fortschritte der Ernährung ins Gegenteil verkehrt. Welcher Teil des allgemeinen Rückgangs an Leistung und Moral auf Unterernährung zurückzuführen ist, wird in einwandfreier Weise wohl nie ermittelt werden. Jedenfalls besteht ein Zusammenhang zwischen den nicht geleisteten Kalorien der Arbeit und denen, die an der auskömmlichen Ernährung fehlen.

Daß die Ernährung sobald als irgendmöglich gebessert werde, mit dem Ziele, sie dem Stand vor dem Kriege möglichst nahezubringen, für für einige Schichten der Bevölkerung aber noch darüber hinaus zu steigern, ist keine sozialpolitische Frage, sondern die Bedingung jeder Sozial-, Wirtschafts-, Kultur- und Bevölkerungspolitik schlechthin. Fraglich können nur die zu beschreitenden Wege sein. Sie sind es tatsächlich auch in dem Maße, daß die ganze Sozial- und Wirtschaftspolitik an den Zweifeln beteiligt ist. Soll die Ernährung — zunächst im wörtlichen Sinn als Bereitstellung der nötigen landwirtschaftlichen Erzeugnisse gedacht — aus der heimischen Erde heraus geleistet oder durch Einfuhr bestritten werden, und wie ist diese zu fördern? Soll planwirtschaftlich verfahren oder Freie Wirtschaft verkündet werden? Ist der Verbraucher- oder der Produzentenstandpunkt der richtige? Ist das Augenmerk vorzugsweise auf auskömmliche Ernährung um jeden Preis oder auf Senkung der Preise, die wahrscheinlich mit Senkung der Erzeugung einhergeht, vor allem anderen zu richten? Wie ist die Teuerung überhaupt zu bekämpfen? Leben zwanzig Millionen Deutsche zuviel auf der heimischen Erde? — Das ist erst ein Ausschnitt aus der Zahl der möglichen Fragen, und fast Jeder ist auf Grund eigner Erfahrung imstande, die Reihe ungelöster Probleme um mehrere zu vermehren.

Augenscheinlich kann die Sozialpolitik in dem engern Begriffe, der ihrer Würdigung hier zugrunde liegt, nur auf verhältnismäßig wenige diese Fragen eine Antwort allein aus Eigenem heraus geben. Überall hätte sie bei angrenzenden Disziplinen Anleihen aufzunehmen, und von systematisch-wissenschaftlicher Arbeitsteilung wäre dann keine Rede mehr. Aber es scheint einer „Theorie“ der Sozialpolitik auch gar nicht gemäß zu sein, sich mit den gestörten Verhältnissen der Gegenwart und einer (kürzeren oder längeren) Zukunft anders als in der Weise zu beschäftigen, daß die Linien, die von der Vergangenheit zur Gegenwart und Zukunft führen, aufgesucht und nach Knotenpunkten abgetastet werden, die, bei aller Verschiedenheit des Gestern, Heute und Morgen, doch gemeinsame theoretische Kernprobleme erkennen lassen.

Bei allem Furchtbaren, das uns Krieg und Revolution brachten, liegt doch kein Grund vor, die Ernährungsfrage der Gegenwart als ein völliges sozialpolitisches Novum, ohne jede Parallele in der Geschichte, zu behandeln. Neu sind, neben den Größenverhältnissen, die Gegensätze zwischen der unmittelbaren Vorkriegszeit und der Gegenwart: es gibt schlechterdings keinen Maßstab für einen Sturz aus so großer Höhe, den vor allem die unterlegenen Mittelmächte, den aber, in abgeschwächtem Maße, auch neutrale und Siegerstaaten durchgemacht haben. Denn wenn auch die einige Jahre vor dem Krieg eingetretene Teuerung und manche frühere Wirtschaftskrisis den Aufstieg der Lebenshaltung aufzuhalten vermochte, im ganzen war er doch ein stetiger und bedeutender gewesen.

Das wird bestritten und muß bestritten werden, wenn die Anerkennung den Verzicht auf ein liebgewordenes Dogma oder Schlagwort in sich schließen würde. Man erinnert sich an die sozialistische, insbesondere auch marxistische Formel, die schon durch die Lohnfondstheorie vorbereitet war und uns in anderem Zusammenhange bereits beschäftigte; hiernach kann der Lohn günstigstenfalls das Existenzminimum, vor allem also die notwendige Ernährung, gewährleisten. Anstatt daß auf diese Hypothese eingegangen wird, soll zweckmäßig der Anteil, den die Ernährung an der Lebenshaltung, der Ernährungsaufwand an den Lebenskosten innerhalb der verschiedenen Einkommensstufen beträgt, besprochen werden; der Nachdruck liegt beim Existenzminimum; je nachdem sich dies zum größeren oder größten Teil im Ernährungsaufwand erschöpft, fällt das Problem der Lebenshaltung auf den untersten Verteilungsstufen mit dem der Ernährung teilweise oder ganz zusammen.

Eines der gesichertsten „Gesetze“ der einschlägigen statistischen Forschung ist durch Engel derart genau und einwandfrei formuliert worden, daß alle späteren Untersuchungen — an denen sich Verfasser wiederholt beteiligt hat — eigentlich nur Erfahrungsbeweise, die mit der Theorie übereinstimmten, lieferten. Nur die jüngste Zeit fügt sich dieser Induktionskette nicht ganz ein. Das „Engelsche Gesetz“ besagt, daß die anteilige Ausgabe für Ernährung um so größer ist, je kleiner die Gesamtausgabe ist. Das leuchtet, wie fast jede schlüssige Beweisführung in den Sozialwissenschaften, schon dem unbefangenen Urteil ein. Dem Einkommen, von dem die Gesamtausgabe abhängt, ist in der Wirkung auf die Nahrungsausgabe die zu unterhaltende Personenzahl, die Größe der Familie, annähernd indirekt proportional; das will sagen, daß die anteilige Ernährungsausgabe im allgemeinen um so größer sein wird, je mehr hungrige Münder befriedigt werden müssen. Das Engelsche Gesetz ist nach vielen Richtungen hin wichtig, es läßt bereits auf ein besonderes Verhalten der indirekten, auf den Verbrauch gelegten Steuern und der Zölle schließen, die den ärmeren Haushalt mit seinem relativ größeren Ernährungsaufwand stärker belasten müssen als den bessergestellten; die so entstehenden Fragen, Grenzgebiete der Sozial- und Steuerpolitik, sind später noch aufzugreifen, sie deuten auf die Gefahr hin, daß die (innerhalb gewisser Grenzen) als gerecht empfundene Progression der direkten Steuern durch das entgegengesetzte Verhalten der indirekten Steuern beeinträchtigt und selbst aufgehoben wird.

Welcher Anteil vom Gesamtaufwand entfällt nun auf die Ernährung, besonders in den sozialpolitisch interessanten minderbemittelten Schichten, deren Einkommen sich dem Existenzminimum nähert? Man konnte vor dem Krieg mit einigem Recht annehmen, daß der in Frage kommende Anteil um Zwei Drittel gelagert war. Er stieg aber, entsprechend dem oben genannten Gesetze, in den untersten Einkommenstufen bis auf neun Zehntel, konnte auf der anderen Seite, bei großen Einkommen oder sehr geringer Verbraucherzahl, auf die Hälfte der Gesamtausgabe und darunter sinken. Das hat sich in der Kriegszeit und in der Gegenwart geändert. Zwar stieg der Nahrungsanteil zuerst noch, da ja die Nahrungsmittel vielfach nur zu Schleichhandelspreisen zu haben waren und in diesen Preisen sich die Geldentwertung am raschesten durchsetzte. Hernach aber, als sich der allgemeine Preisspiegel auf dem neuen Geldwert eingestellt hatte und eine Reihe von Waren, vor allem Bekleidungsgegenstände, noch erheblich mehr im Preise anzogen, veränderte sich das anteilige Verhältnis der wichtigsten Verbrauchsgruppen, und selbst das Engelsche Gesetz trat nicht mehr rein in die Erscheinung. Natürlich bleibt aber die Nahrungsausgabe in jedem Falle der wichtigste Posten des Haushalts.

Wir sind also berechtigt, den sozialpolitisch besonders wichtigen Grenzfall des Existenzminimums bei Gelegenheit der Ernährung zu besprechen. Hier ist die Beziehung zwischen der Leistung des Arbeitenden und der Gegenleistung, die er dagegen im Lohne empfängt, besonders deutlich. Wenn man durch den „Geldschleier" hindurch sieht, so werden in beiden Leistungen Werte und Gütermengen kompensiert und zum Vergleich gestellt; für sie hat man in der Kalorie ein gemeinsames Maß; denn der Arbeitserfolg wie auch der Ernährungsgrad können gleichmäßig in Kalorien ausgedrückt werden, während der durch Kleidung, Wohnung usw. erreichte Nutzeffekt dieser Berechnung zwar auch nicht ganz verschlossen ist, von ihr aber, wie noch zu zeigen, nicht erschöpft wird. Nur die Wärmezufuhr, die Kleidung, Wohnung, Beheizung dem Verbraucher leisten, könnte, gleich der Ernährung, unmittelbar in Kalorien gemessen werden und vermag einem Teil der durch Nahrung vermittelten Erwärmung zu surrogieren; aber in dieser Wärmezufuhr erschöpft sich der Nutzen jener Konsumgüter nicht. Übrigens ist der Anteil der einzelnen Ausgabengruppen an der Gesamtausgabe auch von klimatischen Umständen abhängig; in warmen Ländern liegt er ganz anders als in unseren Breiten.

Der Ausdruck „Existenzminimum" ist nicht einwandfrei; denn es genügt nicht, daß der Lohn, oder das sonstige Einkommen den zum Leben nötigen Aufwand decke, der Ersatz der „Arbeitskonsumtion", von der im vorigen Abschnitt die Rede war, muß hinzukommen. In der Tat zeigt die Physiologie, daß der Nahrungsbedarf des ruhenden Menschen ein anderer, geringerer ist, als jener des arbeitenden, daß dieser Aufwand in einigem Verhältnis zur Schwere und zur Länge der Arbeit steigt, daß auch Unterschiede zwischen dem Nahrungsbedarf des vorwiegend körperlich und des vorwiegend geistig arbeitenden Menschen vorliegen. Insofern muß das Existenzminimum auch ein Minimum von Ersatz des durch Arbeit erlittenen Werteverlustes enthalten, und es muß theoretisch möglich sein, beide Arten von „Minimum" zu trennen. Wieder bewahrheitet sich die Fruchtbarkeit der Auffassung, die im vorigen Abschnitt für den Konsumtionsvorgang eingeführt wurde.

Sozialpolitisch liegt die Sache also so, daß das Existenzminimum zunächst eine Funktion des „Lebens", d. i. der physischen Gestaltung und des Bedarfs des menschlichen Organismuses, ist; ein großer Körper wird im allgemeinen ein anderes Existenzminimum haben als ein kleiner; zugleich aber ist dieser niedrigste Grad der Lebenshaltung auch Funktion der Arbeit schlechthin, darüber hinaus der Besonderheit der Arbeit und der Umstände, unter denen sie geleistet wird, die eine an sich schwere Arbeit leicht, eine an sich leichte schwer gestalten und insofern durch Sozialpolitik wesentlich beeinflußt werden können. Aber es muß, nach früheren Ausführungen, dem Existenzminimum des Arbeitenden noch zugerechnet werden, was er zur Aufzucht der Kinder aufwenden muß; bis sie in das schaffende Alter eintreten, muß der Lohn des Vaters oder der Mutter sie mit ernähren. Nicht weniger ist der Nahrungsaufwand während Alter, Krankheit und Arbeitslosigkeit im Existenzminimum zu berücksichtigen; allerdings nehmen Versicherungseinrichtungen, nimmt unter Umständen die Armenpflege dem Einzelnen diese Last ganz oder teilweise ab; aber sie wird doch nur auf breitere Schultern verteilt; der Arbeitnehmerbeitrag zur Alters- und Krankenversicherung muß insofern unmittelbar als Teil des Gesamtlohns betrachtet und gewürdigt werden, und auch den Arbeitgeberanteil wird man volks- und privatwirtschaftlich nicht anders bewerten können.

Die Lebenshaltung und ihre Untergrenze, das Existenzminimum, fügen sich also zwanglos der oben begründeten Vorstellung von der Konsumtion ein, nicht weniger sind sie der korrespondierenden Auffassung zugänglich, die die gleichen Vorgänge von der Produktions-, Werterzeugungsseite aus betrachtet. Der Wertevernichtung im Konsum der Nahrungsmittel geht ein Werteerzeugungsprozeß zur Seite, der nicht nur die Lebensenergie wieder schafft oder erhöht, sondern auch die Disposition zur Arbeitsleistung zeitigt oder steigert. Das sind ja Vorgänge, die jeder an sich selbst beobachten kann, die besonders in der Gegenwart, wo sich die Unterernährung in einem früher ganz ungeahnten Maße breitmacht, sehr geläufig sind. Von beiden Standpunkten aus, dem der Konsumtion und dem der Produktion, lassen sich wichtige Probleme der praktischen Sozialpolitik begründen. Der Lohn, das Arbeitseinkommen überhaupt, ist nun längst nicht mehr die Menge von Geld oder Geldsurrogat, das, was man den „Nominallohn" nennt; sondern er erscheint als „Reallohn", „Kaufkraft", als Gütermenge, deren Konsumtion neue, tunlichst größere Werte erzeugt. Alle Maßnahmen der sozialen Rechtsordnung, die den Lohnschutz bezwecken, bezwecken in Wahrheit ein hemmungsloses Funktionieren dieses Austausches von Werten, dieser Konsumtionen und Produktionen. Ein länger dauerndes Unterschreiten des Existenzminimums ist jetzt nicht mehr nur eine ethische Angelegenheit oder gar nur ein Schönheitsfehler, der um erheblicher anderer Vorteile willen in den Kauf genommen werden müßte, sondern ein schwerer Strukturfehler der wirtschaftlichen, ja der natürlichen Ordnung, eine Störung des Kreislaufes der Wertevernichtung und Wertebildung, die dem Zwecke der Mehrwertbildung dient.

Mehrwert!? — Ganz gewiß nicht im privatwirtschaftlichen, im marxistischen Sinn, der in keiner Weise aus den bisherigen Ausführungen, aus der Gegenüberstellung von Nahrungskonsumtion und Arbeitskonsumtion, aus dem Vergleich zwischen der Produktion von Arbeitskraft und der Produktion von Arbeitseffekt herausgelesen werden kann. Denn diese Mehrwerthypothese wird doch erst durch die ganz willkürliche Annahme, daß der Wettbewerb der Arbeiter den Lohn stets auf das Existenzminimum herabdrücken und auf diesem erhalten müsse, eingeführt.

Mehrwert vielmehr in jenem volkswirtschaftlichen Sinn, der uns früher begegnete, der allein das arbeitsteilige Getriebe der Wirtschaft, das Abseitsstehen erheblicher, aber nicht nur berufsfloser Kreise vom wirtschaftlichen Erzeugungsprozeß ermöglicht. Welcher Teil des so gewonnenen Mehrwerts dem Arbeiter, dem Arbeitgeber, dem Dritten zufällt, welcher konsumiert, welcher erspart und zur Kapitalbildung verwendet wird, darüber ist einstweilen noch keine Aussage möglich. Nur der Wunsch besteht, daß der Arbeiter (mit ihm aber jeder Schaffende) einen Entgelt über das Existenzminimum hinaus finden möge. Mit diesem Wunsch allein, sei er auch noch so berechtigt, läßt sich noch keine Theorie der Verteilung und der Sozialpolitik begründen.

Vielmehr muß die Lebenshaltung, der wir uns bisher von ihrem Hauptposten, der Ernährung, und von ihrem Grenzbegriff, dem Existenzminimum, aus näherten, noch unter anderen Sehwinkeln betrachtet werden. Da alle Wirtschaft vom menschlichen Bedürfnis aus orientiert werden muß, so stellt sich die Lebenshaltung des ganzen Volkes als der Innere Markt dar, der den produzierenden Kräften als Absatz dient. Jede Gütermenge, die als Lohn an den Arbeiter fließt, hat damit einstweilen ihre Zweckbestimmung erreicht. Wird die Lebenshaltung gehoben, ist der innere Markt aufnahmebereiter, so geschieht der Warenabsatz glatter, die Wirtschaft entwickelt sich reibungsfreier. Das hat der Marxismus übersehen; ihm ist das Wachstum kapitalistischer Wirtschaft stets nur verständlich als Mehrwert, Steigerung des konstanten Kapitalanteils, Akkumulation, Ausbeutung und Verelendung. Es wurde geflissentlich auf die gewiß nicht fernliegende Einsicht verzichtet, daß der größte Teil des Wirtschaftsbedarfs Massenbedarf ist, daß mit fortschreitender Entwicklung immer zahlreichere Güter aus der Luxussphäre heraus- und in jene des Volksbegehrs übertreten. Bereits diese Überlegung reicht hin, den Marxismus in diesem Punkt zu widerlegen; das Wachstum der Wirtschaft muß im Regelfalle vom Steigen der Lebenshaltung begleitet sein, diese geradezu zur Bedingung haben, — es sei denn, daß die Produktionssteigerung nur Folge und Ursache einer durch zahlreichere Geburten bedingten Bevölkerungsmehrung war; ist dagegen die Volksmehrung das Ergebnis längeren Lebens des einzelnen, so ist das auch nur ein Beweis für gesteigerte Lebenshaltung. Wie wir nun aber sahen, war bis zum Kriege die Tatsache der Lebensverlängerung, des Geburtenrückgangs, der gesteigerten Lebenshaltung, der erhöhten Wirtschaftsleistung gegeben; das alles hängt untereinander zusammen, eins bedingt das andere, und man sollte für die Zeit vor dem Kriege wirklich nicht mehr mit dem Ladenhüter der Verelendung — im absoluten Sinne der Lebenshaltungsverschlechterung — kommen. Die gegenwärtige Ernährungs- und Lebenshaltungskrisis kann aber auch nicht als Beleg für die Verelendung gelten, denn sie ist natürlich nicht Folge des Kapitalismus, sondern des Kriegs und der Revolution. Nur im relativen Sinne, wenn man darunter die Verbreiterung des Abstands zwischen den Volksschichten meint, kann man allenfalls darüber reden, ob etwas der Verelendung entfernt Ähnliches vorlag. Das hat aber mit dem Ernährungsproblem keine unmittelbaren Beziehungen, denn der Abstand zwischen Volksgruppen zeigt sich auf anderen Gebieten der Lebenshaltung deutlicher als innerhalb der Ernährung.

Was für die Lebenshaltung im ganzen gilt, trifft für ihren wichtigsten Faktor, die Ernährung, durchaus zu. Wir brauchen uns in dieser Hinsicht gar nicht auf die Deduktion zu verlassen, haben nur Länder gesteigerter Wirtschaftlichkeit mit solchen geringen wirtschaftlichen Tempos zu vergleichen, um im Unterschied des Ernährungsstandes der breiten Massen unmittelbar die Zusammenhänge zwischen wirtschaftlichen, sozialen, kulturellen und bevölkerungspolitischen Tatsachen zu erkennen.

Immerhin aber wirken bei der Ernährung bestimmte psycho-physische Tatsachen einer beliebigen Erweiterung des Inneren Marktes entgegen und ebenso scheint es eine Kulturtendenz zu sein, daß höhere Bildungen den Nachdruck vom Vielessen — gourmand — auf Gutessen — gourmet —, schließlich aber vom Essen und Trinken hinweg auf Genüsse feineren Grades legen, sodaß als Maß für die Besserung der Lebenshaltung bis zum Kriege keineswegs nur die Ernährung gelten durfte.

Das erwähnte psycho-physische Gesetz aber (das in seiner Allgemeingültigkeit dem von Engel angereiht werden muß, mit diesem übrigens auch innere Zusammenhänge aufweisen dürfte) geht in seiner ersten Formulierung auf die Begründer der Grenznutzentheorie zurück: Jevons, Walras, Gossen. Es betont den abnehmenden Reiz der Bedürfnisbefriedigung, damit in Zusammenhang den stetig abnehmenden Grenzwert der nacheinander zum Verbrauch herangezogenen Nahrungseinheiten. Daraus bereits folgt, daß die Ernährung an engere Grenzen gebunden ist, früher den Sättigungsgrad — der Begierde in Ekel verwandeln kann — erreicht, als andere, höhere Konsumtionen. Das gilt in vollem Umfang auch für die Sozialpolitik, die verkannt wird, wenn man ihr — mit Marx — überhaupt nur wirtschaftlich-materielle Motive unterschiebt. So wichtig die Ernährungsfragen sind, so wenig vermögen sie doch den Spannrahmen der sozialen Kämpfe und Zielsetzungen auszufüllen, schon deshalb nicht, weil das Nahrungsverlangen begrenzt, das sonstige Wunschleben fast unbeschränkt ist. Es bewahrheitet sich, was früher schon ausgeführt wurde: daß viel Idealismus in den Auseinandersetzungen zwischen Arbeitgeber und Arbeitnehmer enthalten war, daß die „Machtfrage" von beiden Parteien über die „Magenfrage" gestellt wurde.

Hierbei ist aber noch folgendes zu beachten: Lohnbewegungen und Ausstände haben, soweit sie materielle Forderungen betreffen, formell im allgemeinen nur den Nominallohn, die Menge der als Gegenleistung vom Arbeitgeber gewährten Geld- oder Geldsurrogatzeichen, zum Gegenstand. Das ist die Folge der Geldverkehrswirtschaft, die trotz Untergrabung ihrer Unterlagen bei uns weiter besteht. Allerdings mehren sich die Fälle, in denen durch Nebenabreden des Arbeitsvertrags oder durch freiwillige Zuweisung des Arbeitgebers der Lohn in Gestalt von Nahrungsmitteln eine Rolle spielt. Tatsächlich steht aber auch hinter jeder Nominallohnforderung stets die Gütermenge, besonders die Menge von Nahrungsmitteln, die der Arbeiter dafür kaufen kann. Sie allein entscheidet letzten Endes über die Annahme eines Schiedsspruchs, über Beginn und Abbruch eines Streiks. Der Arbeiter sieht im Arbeitgeber denjenigen, der ihm die Verfügung über eine Gütermenge, die mindestens das Existenzminimum erreichen muß, verschafft, danach richtet er seine Lohnpolitik. Für den Arbeitgeber umgekehrt tritt der Lohn wohl unmittelbar als Nominallohn im Lohnkonto in die Erscheinung, aber auch der Arbeitgeber muß bei genauerer Überlegung wünschen, daß dem Arbeiter mindestens der Ersatz seiner Arbeitskonsumtion werde. Ohne diesen Ersatz wäre die Reproduktion der Arbeitsleistung ausgeschlossen, die Arbeitskraft selbst würde konsumiert. Der Preis der mit Hilfe des Arbeiters erstellten Ware qualifiziert sich in diesem Sinne auch als Gütermenge, die den Aufwand, die Konsumtion der arbeitenden Faktoren ersetzen soll. In jedem Falle sind alle Parteien des Arbeitsprozesses primär daran interessiert, diese Gütermenge möglichst groß zu gestalten, und erst sekundär kommt die Verteilung der Gütermenge auf Kapital, Unternehmer und Arbeit in Betracht. Von hier aus mag im Vorbeigehen bei der Frage verweilt werden, ob der Arbeiter an niedrigen oder hohen Geldpreisen interessiert sei. Das läßt sich nicht eindeutig beantworten, nicht einmal für die Nahrungsmittelpreise. Wenn nämlich der Arbeiter durch Organisation oder sonstige Monopolstellung (§ 47) stark genug ist, in Teuerungszeiten seine Ansprüche auf eine bestimmte Gütermenge und Aufrechterhaltung einer bestimmten Lebenshaltung durchzusetzen, so kann es sein, daß er in seiner Produzenteneigenschaft die Nachteile, die hohe Nahrungsmittelpreise für ihn als Konsumenten haben müssen, ausgleicht; und es ist nicht abzuweisen, daß er als Produzent anderer Waren, deren Preis von der allgemeinen Teuerung auch höhergetrieben wird, über den Ausgleich hinaus noch Vorteile haben kann. Das dürfte genügen, um Schlagworten, die sich gerade auf dem Gebiete der Ernährung und der Teuerung eingenistet haben, zu kennzeichnen; der Arbeiter ist eben, im Gegensatz zum Festbesoldeten, unmittelbar in der Lage, die Konsequenz einer Geldwertsenkung und Inflation zu ziehen und die drohende Belastung von sich auf andere abzuwälzen. Auf wem sie schließlich liegen bleibt, ist Tatfrage und kann kaum allgemein entschieden werden. Natürlich werden bei Geldwertänderungen stets Zwischengewinne entstehen, der Schuldner wird von einer Geldverschlechterung, der Gläubiger von einer Geldwertsteigerung Vorteil haben. Je nachdem der Arbeiter Gläubiger oder Schuldner ist, wird er also Vorteil oder Nachteil während der Übergangszeit, in der sich noch nicht alle Preise auf das neue Geldniveau eingestellt haben, ziehen. Ebenso negativ muß endlich auch die Frage, ob der Arbeiter Freihändler oder Schutzzöllner sein müsse, beantwortet werden. Es kommt nicht allein auf die niedrigen oder höheren Preise der Lebensmittel, es kommt auf das gesamte Preisniveau, insbesondere auch auf den Beschäftigungsgrad der Volkswirtschaft und die Möglichkeit, Preissteigerungen infolge des Schutzzolls durch erhöhte Nominallöhne auszugleichen, an. Die Vorläufer des Sozialismus in England, die Chartisten, haben es aus diesen Überlegungen mit Recht abgelehnt, vorbehaltlos als Sturmtrupp der Antikornzolliga zu gelten, und kein geringerer als Engels hat dies Verhalten sozialistisch begreiflich gefunden.

Die Ernährungsfrage gibt noch folgende Möglichkeiten, sie der Lösung näherzuführen, an:

1. Durch bessere Ausnutzung der Nahrungsmittel beim Verzehr, gründlicheres Kauen, „Fletschern".

So kann der Nutzeffekt gesteigert werden; das ist mehr ein Erziehungsproblem, als ein solches der eigentlichen Sozialpolitik.

2. Der Nutzeffekt der Ernährung kann insofern gesteigert werden, als die Überbleibsel des Verdauungsprozesses, statt unseren Flüssen zugeleitet zu werden, produktiv als Dungmittel Verwendung finden; entgegen der bekannten Annahme von der selbsttätigen Flußreinigung werden nämlich die Flüsse tatsächlich verunreinigt, das Fischsterben verschlechtert die Ernährungsfrage weiterhin; das ist nur insofern Thema der Sozialpolitik, als mancher scheinbar-sozialhygienische Fortschritt heute auf seine wirtschaftliche Zulässigkeit untersucht werden muß.

3. Die hauswirtschaftliche Unterweisung kann Entscheidendes für pflegliche Behandlung der Nahrungsmittel, bessere Ausnutzung, sparsameren Konsum leisten; hierfür hat die Wohlfahrtspflege bestimmte Möglichkeiten zu schaffen, ein sozialpolitisches Problem im engeren Sinne liegt auch hier nicht vor.

4. Der genossenschaftliche Zusammenschluß der Verbraucher.

Er spielt nicht nur für die Ernährung eine Rolle; er ist aber immerhin hier von besonderer Wichtigkeit. Der Konsumverein, die Genossenschaft überhaupt, beschäftigt uns noch in anderer Richtung, als Teil und Ziel der sozialen Gruppenbildung (§ 56). Sozialpolitisch liegt die Bedeutung der Genossenschaft darin, daß sie einen gegebenen Vorrat von Gütern nach neuartigen, genossenschaftlichen Gesichtspunkten zur Verteilung bringt, hierdurch Schäden und Mängel der spezifisch privatwirtschaftlichen Wirtschaftsordnung mildert oder selbst aufhebt. Insoweit die Genossenschaft selbst zur Produktion übergeht, wie das fast alle größeren Organisationen dieser Art tun, haben wir bereits einen Ausschnitt aus dem Sozialisierungsproblem vor uns, der an anderer Stelle zu erörtern und darauf zu prüfen ist, ob er, wie manche meinen, Möglichkeiten einer Sozialisierung auf anderer Unterlage als durch Verstaatlichung der Unternehmung enthält.

5. Ganz besondere Verwicklungen erfährt das Ernährungsproblem dadurch, daß sich im arbeitsteiligen Verkehr so viele Berufstätigkeiten völlig von der landwirtschaftlichen Basis entfernen; während der

Bauer den Entgelt für seine Arbeit unmittelbar in der gegenüber der Aussaat gesteigerten Gütermenge empfängt, tritt für alle gewerblichen, besonders aber für die städtischen Berufe diese nächstliegende Beziehung ganz in den Hintergrund. Aber nicht nur die Produktion geht so ihrer natürlichen Unterlage verlustig, auch die Konsumtion des gewerblichen Arbeiters, die Konsumtion des Städters geht neue Richtungen.

Der Fleischkonsum tritt in den Vordergrund. Physiologische Gründe sind hierfür ebenso wie die Gewöhnung wichtig. Das alles hat ungeheure Folgen für die Ernährungslage der städtereichen Industrieländer, verbreitert den Unterschied der Berufe, trägt in gleichem Maße auch zur Gruppen- und Klassenbildung und zum politischen Gegensatz bei. Die „Praxis der Sozialpolitik“ hat sich damit zu beschäftigen, es genügte, hier einen Standort der einschlägigen Probleme zu markieren.

6. Besondere Fragen entstehen aus dem Genußmittelkonsum. Er steht unter wesentlich anderen Tendenzen als der Nahrungsmittelkonsum, unterliegt z. B. dem Engelschen Gesetz, wenn überhaupt, so nur in geringerem Maße, weist allgemein einen größeren Spielraum für die Konsumgewohnheiten auf.

Die Möglichkeit, von Alkohol, Tabak und sonstigen Genußmitteln ganz oder teilweise Abstand zu nehmen, führt auch zu einer anderen Bewertung von Zöllen und indirekten Steuern. Der Alkoholismus als Krankheitserscheinung des Einzelnen und des Volksganzen ist überhaupt kein Problem mehr in dem Sinne, daß man grundsätzliche Fragen aufzuwerfen hätte, problematisch sind nur die Wege zur Bekämpfung; sie zu beschreiben, ist Aufgabe vor allem der von Elster im „Handbuch“ darzustellenden „Gesellschaftshygiene“. Sozialpolitisch fruchtbar ist höchstens noch die Auffassung, wonach jedenfalls der über ein gewisses Maß hinaus gesteigerte Alkoholkonsum, wenn überhaupt, nur in geringerem Maße werterzeugend ist, vielmehr sich vorwiegend als Wertvernichtung, als eigentliche Konsumtion darstellt.

Es bleibt schließlich nurmehr übrig, abschließend auf die gesellschaftliche Bedingtheit des Nahrungsmittel-, noch mehr des Genußmittelkonsums hinzuweisen. Sitte, Gewohnheit, Herkommen, aber auch Mode und Reklame wirken hier zusammen, wenn auch im ganzen bei der eigentlichen Ernährung in geringerem Maße als bei anderen Sparten der Lebenshaltung. Dort, wo der Nahrungskonsum, oft in engem Zusammenhang mit der beruflichen Arbeitsleistung, an bestimmte örtliche Gepflogenheiten gebunden ist, und dort, wo er bereits in Luxuskonsum übergeht, tritt die soziale Gebundenheit der Ernährung stark in den Vordergrund. Dann ist das Ziel vorwiegend gesellschaftlich und nicht mehr rein physisch bestimmt, dann kann es sein, daß selbst weniger wichtige Konsumtionen der Ernährung den Rang streitig machen.

(§ 34) 2. Wohnungsbedarf und Wohnungsfrage.

Nicht die Wohnungsfrage der Gegenwart kann eigentliches Thema der sozialpolitischen Theorie sein, obwohl sie natürlich auch gestreift werden muß. Denn wir leiden unter Störungen, die in diesem Umfang von keiner Theorie geahnt werden konnten, die sich zugleich der Praxis fast völlig versagen. Besteht doch einstweilen nicht einmal die Möglichkeit, sich zu entscheiden, ob durch reichliche Wohnungserrichtung in den von der Wohnungsnot besonders stark betroffenen Großstädten einem Bedarf Rechnung getragen werden soll, über dessen Dauer eine Feststellung unmöglich ist. Wer weiß, ob die großen Industrie- und Handelsstädte aufnahmefähig für Zuzug bleiben werden? Ist das Schicksal des sterbenden Wien ein Ausnahmefall? Und war es überhaupt richtig, wenn der Milliardensegen der Bauzuschüsse vielfach in den Städten niederging, ohne daß dort etwas Greifbares herausgekommen ist, während das Siedlungswesen mit diesen Mitteln vielleicht wesentlich gefördert werden konnte? — Angesichts so vieler Ungewißheiten muß sich die Theorie der heutigen Wohnungsfrage auf gewisse, unmittelbar zu übersehende Tatbestände beschränken. Ihr bietet sich ein Ausgangspunkt, wenn sie die Verschiebung des Wohnungs**bedarfs** in Rechnung zieht und nach ihren Gründen fragt.

Man muß annehmen, daß der Wohnungsmangel nicht ausschließlich durch das jahrelange Stocken jeder Bautätigkeit, sondern auch durch die Vergrößerung der Nachfrage hervorgerufen wurde. Diese aber führt nur zum Teil auf den Zustrom Verdrängter und auf das Heranwachsen der Kinder, die jetzt ihen eignen Haushalt begründen wollen, zurück; daneben erweiterte sich infolge der vollkommenen Veränderung der Einkommensschichtung der Wohnungsbedarf der arbeitenden Klassen. Da der Mietpreis infolge der Höchstmietordnungen nicht beliebig der Geldwertsenkung folgte, konnte man sich den freilich nur scheinbaren „Luxus" verbesserter Wohnungsverhältnisse, einer größeren und besseren Wohnung, weit eher gestatten als früher; die Wohnungsausgabe blieb auch dann noch weit hinter dem Fünftel der Gesamtausgabe, an das man im Frieden gewöhnt gewesen war, zurück.

Ohne einstweilen zu anderen theoretischen Problemen der gegenwärtigen Wohnungsfrage Stellung zu nehmen, ohne insbesondere zu erörtern, ob auf die Dauer vereinzelte Preise, wie die der Wohnungen, unter die der Geldentwertung entsprechende Höhe herabgedrückt werden können, sei nun allgemein bei der Frage des Wohnungsbedarfs verweilt. Sie ist zugleich eine solche der Produktion und der Konsumtion; wenn auch der zweite Gesichtspunkt für die Lebenshaltung, für die Sozialpolitik überhaupt, der entscheidende ist, können gewisse konsumtive Erscheinungen des Wohnungswesens doch nicht verstanden werden, wenn man nicht die ihnen parallelgehenden Tatsachen der Produktion einbezieht. Zugleich ist das Wohnen und seine Qualität auch Funktion der Verteilung und in besonders großem Umfange der gesellschaftlichen Bedingungen.

Wir sprechen von „Wohnungskultur" und haben ein sehr deutliches Gefühl dafür, daß sich auf diesem Gebiete schwerwiegende soziale Differenzierungen als Folge des persönlichen, aber milieuhaft bedingten Geschmacks, der Sitte, des Herkommens und des gesellschaftlichen Zwangs entwickelt haben. Jedenfalls in höherem Maße als innerhalb der Ernährung. Nur die Kleidung bietet noch ähnliche Möglichkeiten unterschiedlicher Lebenshaltung, der Betonung sozialer Zugehörigkeit. Der bekannte Satz: Über seinem Stande wohnen, nach seinem Stand sich kleiden, unter seinem Stand essen, entsprach geläutertem Distanzempfinden, er wird aber in der Gegenwart, der die Wichtigkeit der Ernährung deutlich geworden ist, nicht mehr ohne weiteres eingehalten werden; Wohnungsrationierungsvorschriften, die weniger leicht zu umgehen sind als solche hinsichtlich der Ernährung, lassen den früher gesellschaftlich betonten Wohnungsbedarf ohnehin fast auf das Existenzminimum zurücksinken. Ein Irrtum wäre es nun freilich, wollte man annehmen, daß gesellschaftliche Einflüsse auf die Wohnung an die kulturell führenden Schichten gebunden gewesen wären. Die „kalte gute Stube" war gerade von den „besseren" Arbeiterkreisen, vom „kleinen" Mittelstand gefordert worden, in Wohnungen dieser Art fand man daneben die starke Belegung der, selbstverständlich auf den Hof hinausgehenden, eigentlichen Wohn- und Schlafräume. Und noch heute soll der Widerstand gegen eine sozialhygienisch so einwandfreie Kombination des nötigen Bedarfs, wie sie die Wohnküche darstellt, kein geringer sein.

Umfangreiche Statistiken haben uns über das Wohnen der breiten Massen vor dem Kriege unterrichtet, und man kennt die ungeheure Tragweite der sogenannten „Wohnungsfrage". Die statistisch und monographisch ermittelten Einzeltatsachen geben natürlich nur in ihrer Einordnung unter zusammenfassende theoretische Absichten Stoff für unsere Darstellung ab, die in vielen Einzelheiten durch die „Praxis der Sozialpolitik" ergänzt werden wird. Vielleicht wirksamer als alle groß angelegten Wohnungserhebungen der Stadtgemeinden und der Krankenkassen beleuchten einige Zahlen des vom früheren Kaiserlichen Statistischen Amt herausgegebenen Bandes über „Wirtschaftsrechnungen minderbemittelter Familien" die Sachlage; nach ihnen sank die Wohnungsausgabe der weniger Bemittelten mit steigender Kopfzahl der Konsumenten nicht nur relativ, an der Gesamtausgabe bemessen; das wäre noch verständlich gewesen, weil im vorigen Kapitel das Steigen der Ernährungsausgabe als notwendige, aus dem Engelschen Gesetz abzuleitende Folge der Familienvergrößerung festgestellt worden war; für die Wohnungsausgabe blieb also weniger Spielraum übrig; wenn diese Ausgabe nun aber auch ihrem a b s o l u t e n Betrag nach zurückging, wenn somit die Verschlechterung des Wohnens als Funktion der größeren Familie deutlich wurde, war allerdings eine unübertreffliche Charakterisierung der einschlägigen Verhältnisse gegeben.

Vor dem Kriege lagen bestimmte statistische Anzeichen dafür vor, daß auch die relative Wohnungsausgabe — d. i. ihr Anteil an der Gesamtausgabe — dem Engelschen Gesetz folge. Doch hat Schwabe eine andere Formel zu finden geglaubt, indem er eine ungleiche Entwicklung dieses Anteils annahm, je nachdem eine bestimmte Wohlhabenheitsgrenze unter- oder überschritten wurde. Die fraglichen Ermittlungen reichen nicht aus, um ein abschließendes Urteil zu ermöglichen, und es bewahrheitet sich, daß der Aufwand für die Wohnung in höherem Maße als die Ernährung von gesellschaftlichen Auffassungen, die geradezu zwingenden Charakter annehmen können, abhängt; insofern ist er aber quantitativen Berechnungen nur bedingt zugänglich.

Im ganzen war mit zwei Extremen zu rechnen: einer Reduktion des Wohnungsaufwands in den untersten Volksschichten, weit unter das Existenzminimum herab, und einer Überspannung der Wohnungsüppigkeit über alle ökonomischen Maßstäbe hinaus bei den „Oberen Zehntausend". Sie war dadurch möglich, daß die Konsumtion der Wohnung in ihrem G e b r a u c h e, n i c h t V e r b r a u c h e, besteht, die Sättigungsgrenzen, die für den letzteren gelten, also für den Wohnungsbedarf nicht in Betracht kommen. Beide Extreme sind, wie schon angedeutet, zurückgebildet worden. Theoretisch gesehen war der übertriebene „Wohnungs"aufwand eigentlich kein solcher mehr, denn ein „Wohn"bedürfnis sollte durch ihn ja nicht mehr befriedigt werden. Ebensowenig konnte die Art der Behausung, die in manchen Arbeitervierteln der Großstädte üblich war, die übrigens historische Vorbilder im alten Rom ebenso sehr wie in mittelalterlichen Emporien hatte, als „Wohnen" bezeichnet werden.

„Wohnen" ist überhaupt kein eindeutiger Tatbestand; in wärmeren Gegenden ist das Wohnbedürfnis im engern Sinn ein anderes als in unseren oder in noch höheren Breiten. Wenn während des größeren Teils des Jahres der Aufenthalt im Freien, in Vorhöfen, auf öffentlichen Plätzen und Straßen klimatisch möglich und gesellschaftliche Gewohnheit ist, können die Anforderungen an die Wohnung unter Umständen im Ausmaß der Schlafstelle erfüllt werden. Einen weiteren grundsätzlichen Unterschied macht es aus, wo die Arbeitsstätte belegen und wie sie ausgestattet ist. Die dem Heimarbeiter zugleich als Werkstatt dienende Wohnung müßte an sich ganz anderen Ansprüchen genügen wie der nur für Wohnzwecke verwendete Raum, freilich liegen auf diesem Gebiet die ärgsten Mißstände, die aber theoretisch nicht ausschließlich zum Kapitel der Wohnungsfrage und Wohnungspolitik gehören. Wichtig ist endlich auch, ob der Schulzwang die Kinder kürzere oder längere Zeit der elterlichen Wohnung fernhält und welches Lage und Ausstattung der Schulräume ist. Prächtige Schulpaläste, die im Zuge der Zeit lagen, können freilich ebenso wie Arbeitspaläste das Mißverhältnis zu den ungenügenden Wohnräumen besonders verdeutlichen und das Gefühl für die Notwendigkeit der Wohnungsreform schärfen.

Die statistischen Methoden, welche der Aufhellung des Wohnungsproblems dienen sollten, sind von den hierzu vor allem berufenen kommunalen statistischen Ämtern in großer Vollendung ausgebildet worden. Sie können als solche hier nicht dargestellt werden. Die Berechnung der Wohndichtigkeit — des Flächeninhalts oder kubischen Raumes, der auf den einzelnen Wohnungsinsassen entfällt — gibt, in Anbetracht der oben erwähnten und anderer Unterschiede des Wohnungsbedürfnisses, natürlich nur ein schematisches Bild. Aber ein solches ist dem Verzicht auf quantitative Klarlegung doch weit vorzuziehen. Durch weitgehende Gliederung der so gewonnenen Angaben nach Stadtteilen, durch Unterscheidung besonders der City von den Wohnvierteln, läßt sich den Tatsachen in beträchtlichem Umfange Rechnung tragen. Diese Statistik erstreckte sich im übrigen noch auf die Bautätigkeit, auf die Zählung der leerstehenden Wohnungen, auf die Wohnungspreise, auf die besonderen Leistungen der gemeinnützigen Wohnungserstellung.

Von diesen Fragen bieten die letztgenannten besonderes theoretisches Interesse. Während aber die Aufgabe der gemeinnützigen Wohnungserstellung in noch höherem Maße der Praxis angehört, ist das Problem der Preisbildung der Wohnungen vorzugsweise ein solches der Theorie. Wir haben in ihm einen bevorzugten Standort grundsätzlicher Auseinandersetzungen; es scheint fast unmöglich, trotz oder gerade wegen der großen geleisteten Vorarbeit, zu einem einigermaßen befriedigenden Ergebnisse zu gelangen. Die Auffassung de er um Schmoller, Fuchs und Eberstadt steht doch in einem allzu starken Gegensatz zur Meinung von Pohle, A. Voigt, Adolf Weber. Dieser fast hoffnungslose Streit zwingt den, für den das Wohnungsproblem nur eines von vielen gleich wichtigen sozialpolitischen Problemen ist, zur Selbstbescheidung. Wer genaueres erfahren will, muß sich mit der im Zweiten Band erwähnten Literatur selbst vertraut machen, er wird an Adolf Weber den relativ objektivsten Führer haben.

In folgendem soll mit einigen eignen theoretischen Ansichten nicht ganz zurückgehalten werden, deren positive Vorführung der polemischen Auseinandersetzung mit den einzelnen Lehrmeinungen immer noch vorzuziehen ist. Der nächstliegende Gedanke wird immer der sein, daß man fragt, ob hinreichende Gründe für eine Sonderauffassung der Wohnungspreisbildung, also dafür sprechen, daß man in ihr nicht nur einen Spezialfall der allgemeinen Preisbildung sieht. Die Bodenreform glaubt solche Gründe zur Hand zu haben; sie hat sich freilich noch nicht eben viel damit beschäftigt, ob die Ricardosche Theorie der Grundrente auf die Landwirtschaft beschränkt sei oder aber, darüber hinaus, überall da gelte, wo die Bildung von Rente als Differenzialrente möglich und wahrscheinlich ist. Die Nutzanwendung der Formel Ricardos, die noch von keiner Seite ernstlich bestritten werden konnte, führt bekanntlich dazu, die Rente nicht mehr als Ursache, sondern als Folge hoher Preise anzusehen. Denn sie ist nichts als jener privatwirtschaftliche Vorteil, der dem mit Produktionskosten weniger Belasteten mühe- und arbeitslos in den Schoß fällt, wenn ein bestimmter Bedarf die mit höherem Erzeugungsaufwand beschwerte Ware noch in Anspruch nimmt. Dem Vorteil der billigeren Kosten steht hierbei der Vorteil der Lage zur Seite. Er ist für die städtische Bau- und Wohnungsfrage entscheidend; da der städtische Boden nicht, gleich dem ländlichen, Produktionsfaktor, sondern nur Standort ist, wird für die städtische Wohnungspreisbildung das Moment der ungleichen Produktionskosten meist nur als das ungleicher Verkehrs- und Transportkosten ins Gewicht fallen. Mittelbar freilich werden diese ungleichen Verkehrsaufwendungen zu einer Differenz zwischen den Arbeitsaufwendungen der Wohninsassen führen.

Auf diese Weise wird einstweilen nur ein Teil der städtischen Preisbildung, die Differenzialrentenbildung, erklärt. Und es bleibt auch die Möglichkeit, daß durch die Entwicklung des großstädtischen Verkehrswesens der Unterschied der Lage, zwar nicht für die Geschäfts-, aber für die Wohnviertel einigermaßen ausgeglichen, jedenfalls gemildert werde. Die entscheidende Streitfrage ist damit noch nicht angeschnitten, sie liegt nicht in den Differenzialrenten, sondern in der absoluten Mindesthöhe der Wohnungspreise. Sie geht dahin, ob hierfür Angebot und Nachfrage auf dem Wohnungsmarkte — besser: die, Angebot und Nachfrage quantitativ bestimmenden Gründe — oder aber autonome Preisfestsetzungen durch die Grundbesitzer und Bauunternehmer wirksam sind.

Zweifellos ist das Maß der Anziehungskraft, die eine Stadt auf die weitere oder nähere Umgebung äußert, für die Entwicklung der Wohnungspreise wichtig. Ebenso wird jede Veränderung der Intensität des Wohnungsbedürfnisses und der Wohnungssitten von Einfluß werden. Zweifelhaft ist nur, ob diese Gesichtspunkte die Frage bereits beantworten oder aber, ob die im Besitz baureifen Geländes Befindlichen eine selbständige, von der Nachfrage nicht unmittelbar abhängige Preispolitik zu treiben in der Lage sind. Der Streit geht schließlich um die Anerkennung einer „freien" und einer „monopolistischen" Preisbildung, und ist insofern eigentlich nur ein Ausschnitt aus einem größeren Problem. Die auf beiden Seiten, besonders aber von Eberstadt, mit viel Scharfsinn angebotenen induktiven, statistischen und Beobachtungs-, Beweise haben das Problem nicht soweit gefördert, daß die Theorie sich bestimmten Behauptungen der Praxis zu fügen hätte. Im ganzen wird der Streit mit einem Non liquet zu beenden sein; es ist insbesondere nicht einzusehen, warum nicht beide Gruppen von Beweggründen tatsächlich nebeneinander wirksam sein können. Daß der Anstoß zur Mietpreiserhöhung im ganzen von der Nachfrage kommt, ist unserer Auffassung, welche das konsumtive Element stets betont, sicher nicht unerwartet; daß aber daneben monopolistische Interessen wirksam sein können, kann doch auch nicht in Abrede gestellt werden.

Die sich von hier aus ergebenden sozialpolitischen Fragen lassen sich etwa wie folgt fassen:

Ist eine Senkung der Mietpreise durch Gewährenlassen der „freien“ Preisbestimmungsgründe möglich? Würde trotzdem das Wohnbedürfnis auf seine Rechnung kommen? Welche Rolle spielt hierbei die Tätigkeit des Staats und der Gemeinde, der genossenschaftliche Zusammenschluß? Ist Wesentliches durch die Vorschläge der Bodenreform, besonders durch Besteuerung und Enteignung, zu erwarten?

Die Beantwortung dieser und angrenzender Fragen würde bereits das Gebiet der Praktischen Sozialpolitik beschreiten. Allgemeine theoretische Antworten versagen angesichts der Vielheit der örtlichen und geschichtlichen Beeinflussungen der Aufgabe. Man kann z. B. auf sehr ungleiche Erfolge kommunaler und gemeinnütziger Versuche hinweisen. Zu eng ist unter allen Umständen die Annahme, daß die Wohnungs- und Bauspekulation allein die Schuld an der Gestaltung der Wohnungsverhältnisse, besonders an der Mietverteuerung, trug. In einzelnen Fällen ist demgegenüber der Nachweis gelungen, daß die Spekulation durch ihre Konkurrenz sogar verbilligend gewirkt, durch ihren Unternehmungsgeist, nicht selten mit Opfern, die Stadterweiterung überhaupt erst möglich gemacht hat. Der „Schöneberger Millionenbauer“, der, auf angestammtem Erbe sitzend, der Entwicklung mit der Seelenruhe des beatus possidens entgegensah, ist kein erfreulicheres Exemplar von Monopolisten als der gewerbsmäßige Spekulant, der wenigstens etwas riskiert und insofern doch auch volkswirtschaftlich nützliche Arbeit leisten kann.

Alle diese Fragen sind nun, wie eingangs dieses Kapitels gesagt wurde, durch die neueste Entwicklung des Wohnungswesens überholt. Theoretisch aber führt immerhin eine gewisse Verbindung von der früheren zu der heute gebotenen Auffassung; dann, wenn man gegenüber den bisher einseitig betonten Bodenpreisen die Baukosten zu ihrem Rechte kommen läßt. Sie sind immer wichtiger gewesen, als die Bodenreform zugeben wollte, in der Gegenwart geben sie sogar fast den Ausschlag. Dadurch erhält die Wohnungsfrage ein ganz neues Gesicht.

Die durch Materialpreis und Lohnhöhe gleichmäßig bedingte Höhe der Baukosten schließt heute das Bauen, soweit nicht ungeheure Beihilfen eintreten, so gut wie ganz aus. Die Höchstpreise verurteilen das für Neubauten aufgewendete Kapital nicht nur zur Zinslosigkeit, sondern, privatwirtschaftlich gesehen, zur Vergeudung. Theoretisch kann nur das Verlassen der Höchstpreispolitik normale Zustände anbahnen. In der Praxis stehen ihm fast unübersteigliche Hindernisse im Wege; ebenso offen bleibt einstweilen auch die Frage, ob das Wohnungserstellen in den Großstädten, auf die es vernehmlich ankommt, nicht zu teuer erkauft ist, ob mit dauernder Nachfrage gerechnet, die Bautätigkeit auf sie abgestellt werden kann. Die theoretische Überlegung ist, indem das ausgesprochen wurde, bereits hart an die Fragen der sozialen Praxis herangeführt. Die Nachfrage auf dem Wohnungsmarkte ist Funktion der Nachfrage nach Arbeit auf dem Arbeitsmarkte; Wohnungsproduktion setzt Arbeitskonsumtion im Sinn des vorigen Abschnitts voraus. Die speziellen Fragen des Wohnungswesens sind insofern in den größeren der allgemeinen Volkswirtschafts- und Sozialpolitik verankert.

Hier muß ein kurzes Wort über gewisse Arten der nicht-erwerbsmäßigen Wohnungsfürsorge angeschlossen werden; soweit es sich bei ihr um Wohnungsbereitstellung durch Arbeitgeber, gelegentlich auch in der Form der Baudarlehne und der Errichtung von Kleinhäusern, handelt, liegt ein Ausschnitt aus der auch für andere theoretische Fragen wichtigen Wohlfahrtspflege vor.

Wenn der Werks-Wohnungsmietvertrag des Arbeitnehmers, wie das der Praxis häufig entsprach, mit Klauseln belastet war, oder auch nur die Gleichheit der Kündigungsfrist für Arbeits- und Wohnungsvertrag vorsah, so ergab sich in der Praxis vielfach eine Verschärfung der Unfreiheit des Arbeitsverhältnisses. Das lag nicht selten in der Absicht von Unternehmern, die sich auf diese Weise einen festen Arbeiterstamm sichern, und eine, allerdings sehr einseitige, Arbeitsgemeinschaft (vgl. letztes Kapitel des Zweiten Abschnitts) schaffen wollten. Der theoretische Standort dieser Fragen ist nicht eigentlich im Wohnungswesen belegen; nur negativ gehören sie hierher, weil man angesichts der erwähnten Nebenwirkungen nicht zuviel von dieser Art der Wohnungsfürsorge wird erwarten dürfen. Allerdings gibt es, wie in Praktischen Teil auszuführen ist, doch auch Möglichkeiten, die Mitwirkung der Arbeitgeber, die Nutzbarmachung ihres Kapitals der Wohnungserrichtung zu erhalten, ohne jene Bedenken in den Kauf nehmen zu müssen. Das ist durch Anschluß der Unternehmungen an die Bau- und Wohnungsgenossenschaften möglich, denen sie Darlehne oder auch Schenkungen mit der Maßgabe vermitteln, daß eine gewisse Anzahl ihrer Arbeiter in den genossenschaftlich erstellten Wohnungen zu bestimmten Mietsätzen aufgenommen werde. Auch in der Gegenwart steht dieser Weg offen.

Die gemeinnützige, genossenschaftliche Wohnungserstellung ist gleichfalls nicht eigentlich eine Aufgabe der Theorie. Theoretisch gesehen liegt eine besondere Anwendung des Solidaritätsmoments vor, über dessen Stellung in der sozialen Gruppierung an anderer Stelle (§ 56) zu handeln ist. Die Verwandtschaft der hier entstehenden gesellschaftlichen Bildungen mit den früher erwähnten Konsumvereinen ist offensichtlich. Wenn Mittel der Sozialversicherung und der Sparkassen für diese Art Wohnungspolitik bereitgestellt werden, wird der solidarische Gedanke ganz besonders deutlich.

(§ 35) 3. Die Einwirkung des Geschlechtstriebs und der Vergesellschaftung; das gesellschaftliche Existenzminimum.

Neben Nahrung und Wohnung pflegt die Haushaltsstatistik mindestens noch drei Arten von Bedarf und ihm entsprechenden Bedarfsgütern namentlich festzuhalten: Kleidung, Beheizung und Beleuchtung; hierzu tritt eine große, mehr oder weniger untergeteilte Sammelgruppe. Von den drei erstgenannten Bedarfsarten gilt, daß sie für bestimmte geographisch-klimatische Verhältnisse Lebensnotwendigkeiten bedeuten, daß aber damit ihre Bedeutung für Lebenshaltung und Lebenskosten noch nicht restlos zum Ausdruck kommt; am wenigsten für die Kleidung, die zugleich andersartigen Bedürfnissen Rechnung trägt.

Sehen wir hiervon aber zunächst ab, so fragen wir in unserem Klima nach Kleidung, Beheizung und Beleuchtung als Gegenständen, deren gänzliche Verweigerung das Existenzminimum selbst bedrohen müßte. Beheizung und Beleuchtung stellen zugleich erst denjenigen Gebrauch der Wohnung sicher, der, wie schon einmal gestreift wurde, gleich der Ernährung die dynamischen Zwecke des Kalorienersatzes erfüllt. Wenn die warme Wohnung auch keinen Ersatz der Ernährung bedeutet, so kann sie doch das zum Lebensunterhalt notwendige Maß von Nahrungseinnahme herabdrücken; der Zusammenhang von Wärme und Energie ist ja geläufig. Für die Beleuchtung trifft das nicht unmittelbar zu, es muß aber ein günstiger psychophysischer Einfluß des Lichtes auf Lebens- und Arbeitsfähigkeit angenommen werden. Die Kleidung endlich hat, soweit sie überhaupt den Schutz des Körpers gegen Kälte und nicht ganz anderes bezweckt, ähnliche Funktionen wie die Beheizung der Wohnung. Es würde physiologisch wahrscheinlich nicht unmöglich sein, den Grad von Substitutionsvermögen zu kennzeichnen, der den genannten Bedarfsbefriedigungsmitteln zukommt.

Hier soll eine begriffstheoretische Bemerkung eingeschaltet werden: Wie wir schon bei „Nahrung" und „Wohnung" sahen, wie eben erst bei „Beheizung, Beleuchtung, Kleidung" deutlich wurde, ist der Sprachgebrauch kein eindeutiger: derselbe Ausdruck kann im Sinne des „Bedarfs" und der „Befriedigung des Bedarfs" verwendet werden. In jedem Falle bezieht er sich auf eine Gütermenge. Von der Abgrenzung zwischen „Bedürfnis" und „Bedarf" ist dagegen schon die Rede gewesen, sie rechtfertigt sich auch bei gegenwärtiger Überlegung. Denn das „Bedürfnis" nach Kleidung, ob man diese nun als „Bedarf" oder „Bedarfsbefriedigungsmittel" ansieht, ist (wiederum von anderen Zwecken abgesehen) die Blöße oder, genauer gesagt, das von der Blöße als physischer Tatsache ausgehende psychische Unlustempfinden; jenes nach Beheizung der Frost bzw. das Frostempfinden; jenes nach Beleuchtung die Unlust, die Dunkelheit oder mangelnde Helligkeit hervorrufen kann (nicht stets hervorruft). Die Scheidung zwischen dem physischen und psychischen Tatbestand wird hier nicht leicht sein. Diese Unlustgefühle haben uns weiterhin an erster Stelle zu beschäftigen. Sie lassen eine viel schärfere Begriffsbestimmung zu, als die wirtschaftlichen Begriffe „Bedarf" und „Bedarfsbefriedigungsmittel", deren gegenseitige Substituierung uns ja als Tatsache entgegentrat; sie allein erschwert schon eine scharfe Abgrenzung der Begriffe. Der theoretische Sozialpolitiker operiert also mit den subjektiven Tatbeständen und unterscheidet sich dadurch von der Auffassung v. Wesers, der in seiner „Theorie der gesellschaftlichen Wirtschaft" ausschließlich den Bedarf, nicht das Bedürfnis der sozialökonomischen Auffassung zugrunde legt.

Es war geboten, an dieser Stelle die psychische Verankerung der Lebenshaltung vorzunehmen, bei der wir uns im übrigen in Gesellschaft fast aller Theoretiker dieses Gebiets befinden; neben den Vorläufern und Vertretern der Grenznutzenschule (s. aber oben) ist auf Oldenberg, St. Bauer und vor allem auf Brentano zu verweisen. Kann man aber nicht einwenden, daß das Zurückgehen auf Unlustgefühle an den Beginn einer Darlegung über Lebenshaltung überhaupt gehörte, da ja für Ernährung und Wohnung dieselben Gesichtspunkte anzunehmen seien?

Gerade das kann indes nicht vorbehaltlos zugegeben werden. Sicher ist der Hunger auch ein Unlustgefühl (das ist für uns im Gegensatz zu Harms — im HdStW. — ein rein psychischer Zustand) und im selben Augenblick ein physischer Zustand. Die Tatsache nun, daß das kleine Kind instinktmäßig die Mutterbrust sucht, macht aber doch eine unmittelbare Beziehung zwischen dem physischen Zustand des Hungers und der Befriedigung deutlich, ohne daß hier ein psychisches Zwischenglied als Vermittlung einzuschieben wäre; ebensowenig dürfte man eines solchen benötigen, um die Löschung des Durstes durch den Verschmachtenden verständlich zu machen; eine Parallele hierzu, ein gleich seelenloses, rein reagenzmäßiges Verhalten scheint sich aber bei keinem anderen Bedürfnis zu zeigen. Man mag immerhin annehmen, daß der Gegensatz kein schroffer, sondern ein gradueller sei; in jedem Falle aber eignet der Ernährung eine Sonderstellung, die in der Stoffanordnung zum Ausdruck kam. Die besondere Behandlung von Wohnung und Wohnungsfrage aber empfahl sich schon der praktischen Bedeutung und der Größe dieses Problems wegen.

Aber noch andere Gesichtspunkte scheiden die beiden bisher besprochenen Bedürfnisse von den in diesem Kapitel zusammenfassend darzustellenden. Dem Nahrungsbedürfnis kann sich der Mensch nur durch Selbstmord entziehen, als dessen Grenzfall (trotz anderer metaphysischer Zweckbestimmung) die bei indischen Fakiren bekannte Erscheinung allmählichen Verzichts auf normale Ernährung angesehen werden mag. Dem Bedürfnis nach Wohnung im letzten, elementaren Sinn dieses Wortes, wo eigentlich nurmehr von räumlicher Berührung mit der Erde, von „Standort", die Rede ist, bleibt der Mensch auch, gleichviel welches seine kulturelle und soziale Lage ist, ausgeliefert; dagegen kann dem Bedürfnis nach Erwärmung und Kleidung, so elementar es selbstverständlich in unserem Klima empfunden wird, durch Auswanderung nach milderen Himmelsstrichen Rechnung getragen werden; die Beleuchtung und die meisten übrigen Komponenten der Lebenshaltung, von denen anschließend zu handeln ist, stellen überhaupt kein naturnotwendiges Bedürfnis dar, das in allen Breiten und unter allen Bedingungen der Vergesellschaftung gleich empfunden würde. So war die begriffliche Unterscheidung aus mehreren Gründen gerechtfertigt. Sie wird weiterhin fruchtbar gemacht werden, indem alle Bedürfnisse auf ihren physischen und individuell-psychischen Inhalt geprüft werden sollen. Dabei sind sie schrittweise auch einer sozial-psychologischen, gesellschaftlichen und historischen Deutung zu unterwerfen.

Indes ist der Rahmen menschlicher Bedürfnisse hier weiter zu ziehen, als die statistische Fundierung der Lebenshaltung, die sich bisher brauchbar erwies, erkennen läßt. Nicht die Haushaltsstatistiken, von quantitativen Feststellungen nur solche der Moralstatistik geben Maßstäbe für jenes ungeheuer wichtige Elementarbedürfnis, das den Menschen als geschlechtliches Wesen mit all den Organismen verbindet, die den Fortpflanzungsapparat der Art nicht dem einzelnen Individuum allein aufbürden. Wenn wir das geschlechtliche Bedürfnis gegenüber anderen Bedürfnissen seiner Intensität und seinem elementaren Charakter nach abzugrenzen unternehmen, findet es in vielen Fällen seine Stellung unmittelbar neben der Ernährung; nicht einmal hinter ihr; denn das Geschlechtsbedürfnis hat sich auch schon als stärker erwiesen als Hunger und Durst. Aber, um das gleich hier erstmalig anzufügen, der Geschlechtsbetrieb hat doch eine geringere Widerstandskraft gegen gesellschaftliche, kulturelle Einflüsse bewiesen als das Ernährungsbedürfnis; er hat sich ihnen in höherem Maße angepaßt (s. u.); auch ist das geschlechtliche Verhalten der Individuen schon in primitiven Zuständen ein ungleiches, geschlechtliche Gleichgültigkeit wie auch Abnormität sind nicht nur Ergebnis von Erziehung und kultureller Beeinflussung, sie sind auch in primitiver Wildheit beobachtet worden und wahrscheinlich nicht einmal auf den Menschen beschränkt.

Die Abgrenzung dessen, was anthropologisch, ethnologisch und sittengeschichtlich interessant ist, von dem, was zu den Grundlagen einer „Theorie der Sozialpolitik" gehört, ist auf diesem Gebiete nicht leicht vorzunehmen, aber unerläßlich. Daß ein theoretisch-sozialpolitischer Stoff von sehr großer Bedeutung vorliegt, wird allerdings nicht in Frage gestellt werden wollen; vielmehr weist das Gebiet des Geschlechtlichen auf jene biologische Einstellung gesellschaftlicher Probleme zurück, die im Ersten Abschnitt (erstes Kapitel) zu geben versucht wurde. Die Gesellschaft selbst als biologische, von den Vererbungsgesetzen beherrschte Erscheinung ist schließlich das Ergebnis sexueller Vermischungen, und eine Sozial- (d. i. Gesellschafts-) Politik kann an dieser Grundtatsache am wenigsten vorbeigehen. Um so weniger, als eine ungeheure Fülle einzelner sozialpolitischer Probleme und Aufgaben immer wieder darauf zurückweist. So sehr man den Geschlechtstrieb kulturell und ethisch zu vertiefen und zu entwickeln vermag, so sehr er schließlich in Familiensinn und mittelbar in die höchsten und letzten Vorstellungen von Volksstaat, Menschheit überleitet, so sehr trägt er doch gerade in hochentwickelten Stadien auch atavistische Merkmale, so enge liegen doch seine idealsten und sozial bedeutsamsten Inhalte hart neben Menschlichem, Allzumenschlichem, schließlich neben Tierischem oder, richtiger gesagt, neben dem Reinvegetativen. Prostitution und geschlechtliche Kriminalität sind doch gewiß sexuell terminierte Stoffe der Sozialpolitik nicht weniger wie Erziehungsfragen, wie der Geburtenrückgang, wie eine nach der Kinderzahl abgestufte Lohn- und Steuerpolitik oder das Ehe- und Familienrecht.

Diente das zur Kennzeichnung des Problems als eines für alle Sozialpolitik geradezu entscheidenden, so kann im Augenblick doch nicht daran gedacht werden, die Gesamtheit geschlechtlicher und sozialpolitischer Zusammenhänge hier aufzurollen. Es sollte nur grundsätzlich die Gemengelage dieser Erscheinungen gekennzeichnet werden. Vieles ist erst später, wenn von sozialen Gruppierungen, vom Eigentum und Erbrecht, von Ehe und Familie die Rede ist, nachzuholen. Für den Augenblick erscheint das geschlechtliche Bedürfnis nur als eins von vielen, die in ihrer Gesamtheit die Lebenshaltung bestimmen und insofern unmittelbarstes sozialpolitisches Interesse haben. Dabei wird zuerst zu fragen sein: steht das geschlechtliche Bedürfnis ganz unvermittelt neben anderen? oder, ist es zwar auch in diesem isolierten Sinne wichtig, muß es aber doch vor allem als Hintergrund anderer Bedürfnisse, als besondere Modifikation sonstiger, die Lebenshaltung beeinflussender Triebe angesehen werden? Im einzelnen Fall würde dann zu entscheiden sein, ob der Geschlechtstrieb oder das andere Bedürfnis, das ihm als Vorspann dient oder dem er umgekehrt Schlepperdienst leistet, das Primäre und Entscheidende ist.

Dabei wäre festzuhalten: Das geschlechtliche Empfinden leitet, so stark egozentrisch es in die Welt treten mag, doch sehr oft, ja in der Regel, und keineswegs nur in der Beschränkung auf den Menschen, zum ersten Ausdruck des sozialen, gesellschaftlichen Empfindens über. Der Altruismus begegnet nämlich zuerst wohl im Verhältnis zwischen Mutter und Kind, sehr viel später erst im Verhältnis zwischen den Gatten oder zwischen Vater und Kind. Mutterrecht ist der älteste formale Niederschlag sozialer Gefühle. Die Beziehung zwischen Mutter und Kind aber ist von sexuellen Voraussetzungen und Untergefühlen nicht wohl lösbar, ist deren reife und schöne Frucht. Der sexuelle Vorgang ist also weniger als solcher schon „sozial" zu bewerten, obwohl auch für diese Auffassung vieles (z. B. das Vorkommen der Monogamie und der geschlechtlichen Treue in primitivsten Verhältnissen, ja schon bei den Tieren) spricht; entscheidend wird er erst, indem er den mütterlichen Instinkt wachruft.

Es können jedenfalls sehr verschiedenartige Empfindungen und Vorstellungen sein, die der Mensch mit dem Geschlechtstrieb verbindet, der ja auch sehr ungleiche Werte und Risiken für die beiden Geschlechter birgt. Zwischen wahlloser Geschlechtsvermischung und der strengen Monogamie liegen bereits unendlich viele Möglichkeiten und Grade. Wird das Geschlechtliche gleichzeitig auch zum Gegenstand des Kults, des Rechts und der Religion gemacht oder wenigstens von Sitte und Herkommen beeinflußt, so durchdringt es in den mannigfachsten Gestalten, die oft das Sexuelle abgestreift zu haben scheinen, das Leben und die Gesellschaft. Der Tanz und die Geselligkeit, selbst der Rhythmus der Arbeit, die gesamte Literatur und Kunst, — alles wird zum Träger mehr oder weniger idealisierter geschlechtlicher Auffassungen; selbst Bedürfnisse entwickelter, geistiger Natur, denen Literatur- und Kunsterzeugnisse dienen, sind im Ausgangspunkt oft sexuell orientiert; für das Vereinsleben und die ihm entspringenden Bedürfnisse gilt ähnliches. Alles in allem, wir müssen den Geschlechtstrieb in vielen scheinbar weit von ihm abliegenden Lebensäußerungen und -bedürfnissen erkennen und können abschließend vielleicht soviel sagen: in dem Maße, wie die Sitte sich verfeinert, die Vergesellschaftung sich durchsetzt und die Triebe idealisiert werden, tritt der Geschlechtstrieb aus der primitiven Isolierung, in der er nur eindeutige, grobmaterielle, aber zugleich auch physisch begrenzte Möglichkeiten der Befriedigung hatte gelten lassen; er tritt nun aber, weit davon entfernt, zu verschwinden oder auch nur an Intensität einzubüßen, in unendlich vielen Formen auf und gestaltet das vergesellschaftete Leben nach seinen Interessen; ja, die Vergesellschaftung ist mit sein Werk, wenn natürlich auch noch andere Motive in ihr Maß geben. Zugleich erweitern sich die Grenzen, die den unmittelbaren Geschlechtstrieb nach dem bekannten Gesetz der Bedürfnisbefriedigung (Gossen) eingeengt haben; dem verfeinerten Geschlechtsempfinden ist ein viel größerer Spielraum gegeben.

Diese allgemeinen Hinweise müssen einstweilen genügen, es wird insbesondere nicht möglich sein, alle einzelnen Bedürfnisse daraufhin zu untersuchen, welche primäre oder sekundäre Rolle das Geschlechtsinteresse in ihnen spielt; an der Hand der gegebenen Hinweise wird eine derartige Unterscheidung in vielen Fällen unschwer zu treffen sein. Es gibt nun aber noch weitere Bedürfnisse, die, gleich dem Geschlechtstriebe, ebenfalls mit anderen gemeinsam auftreten, die darüber hinaus das Besondere an sich haben, daß sie überhaupt nur durch Vermittlung anderer, konkreter Bedürfnisse in die Erscheinung treten können. Der Wunsch, nicht unter seinesgleichen herabzusinken, nicht „deklassiert“ zu werden, kreuzt sich mit dem Bedürfnis, sich hervorzutun, zunächst innerhalb eines engeren, dann aber auch innerhalb eines weiteren Kreises sich auszuzeichnen oder auch nur aufzufallen. Die unter anderen von Oldenberg vertretene Auffassung, als gehöre das zweite Bestreben im wesentlichen der neueren Zeit an, als werde die mehr demokratische Willensrichtung der Behauptung im Milieu durch den aristokratischen Auszeichnungswillen verdrängt, kann nicht allgemein anerkannt werden. Im Gegenteil, guter Geschmack äußert sich heute mehr darin, nicht aufzufallen, als in dem primitiven Bedürfnis nach besonderen Schmuck und auffallender Kleidung. So möchten wir der Auffassung, die Brentano in seinem „Versuch einer Theorie der Bedürfnisse" vertritt, eher beipflichten.

Wenn der Einzelne sich heute über die Schicht, der er durch Geburt, Interesse oder Wahlverwandtschaft angehört, zu erheben bemüht, so wird das weniger durch Aufzeigen besonderer Bedürfnisse, als besonderer Leistungen geschehen. Nun kann man gewiß auch das Bedürfnis, eine besondere Leistung zu vollbringen, unter die das Menschenleben bestimmenden Motive zählen, man überschreitet hierbei aber jedenfalls den Rahmen der Lebenshaltung, der nicht auf aktives Verhalten, sondern auf Empfang gerichteten Bedürfnisse.

Mindestens für diese gilt, daß heute der Auszeichnungstrieb nicht unbedingt stärker entwickelt zu sein braucht, als der auf Einordnung in eine soziale Schicht gerichtete Wille. Bei der sehr großen Wucht und bei dem Umfange, mit dem die Vergesellschaftung aller Grade und Ziele heute wirkt, wäre es auch überraschend, wenn der Einzelne, statt sich mit der Mitgliedschaft in der Gruppe zu begnügen, darüber hinaus unbedingt einen individuellen Vorrang beanspruchen müßte. Die Selbstverständlichkeit, mit der zu Ministern avancierte Gewerkschaftsführer nach ihrem Sturz oder Verzicht wieder ihre frühere Tätigkeit aufnehmen, ist nicht selten ein Beweis für die Stärke des Solidaritätsempfindens; das Emporsteigen des Einzelnen über die Gruppengenossen ist in diesem Sinne weniger persönliche, als Gruppenangelegenheit. Aber es ist zuzugeben, daß sich auch die entgegengesetzten Erscheinungen finden, und es sollte ja auch nur negativ bestritten werden, daß heute der Auszeichnungstrieb stärker wirken müsse als das Gruppenbewußtsein.

Welches das Motiv im Einzelfalle immer ist, unter allen Umständen sind beide Triebe soziologisch gerichtet, sie empfangen Inhalt und Ziel nicht nur aus dem Interessenkreis der Einzelnen heraus; gilt solches für das Bedürfnis, sich auf dem Niveau einer sozialen Schicht zu erhalten, unmittelbar, so gilt es gleichwohl auch für das differenziertere, aristokratische Auszeichnungsbedürfnis. Denn die Maßstäbe der Auszeichnung werden eben doch auch in diesem Falle Gruppen, und zwar ebenso der Gruppe, die man überragen will, wie der höheren, in die man eintreten will, entnommen. Der Emporkömmling verrät seine tatsächliche Zugehörigkeit zu der von ihm preisgegebenen, ja verachteten Gruppe in tausend Formen und Handlungen seiner Lebensführung, die eine höhere sein soll und bestenfalls eine Mischung zwischen der Lebenshaltung zweier sozialer Schichten sein wird. Vielleicht erst in der dritten oder vierten Generation wird dieses Schwanken ausbalanciert sein, und zwar, wenn kein wirtschaftlicher Rückschlag stattgefunden hat, mit der Wirkung nach oben. Dafür wird Erziehung und Blutmischung bürgen, für die immer Möglichkeiten vorhanden sein werden. Männer und Frauen werden in solchen Prozessen ein ungleiches Bild abgeben, Männer werden dann, wenn sie berufstätig sind, den Schritt vorwärts unbefangener und mit größerer Sicherheit tun. Allgemein ist ja wichtig, daß in der Arbeit die sozialen Gruppenunterschiede sehr rasch ausgeglichen und verwischt werden, daß sie sich um so länger erhalten, je stärker die Bedürfnisse, die Momente der Lebenshaltung, überwiegen.

Darauf ist noch bei Besprechung der „Klasse" zurückzukommen, die uns keineswegs nur oder auch vorwiegend durch den Gegensatz zwischen Kapital und Arbeit, also durch arbeitsterminierte Gesichtspunkte bestimmt ist, für die vielmehr die Gleichheit der Lebenshaltung, das Übereinstimmen der Bedürfnisse mit entscheidet.

Ohne die soziologischen Erörterungen fortzuführen, sei nun auf dasjenige verwiesen, was, aus der gesellschaftlichen Bedingtheit der Lebenshaltung fließend, für die Theorie der Sozialpolitik wichtig wird. Homogenität des Innern Marktes und der Ansprüche, denen durch Mittel der Sozialpolitik Geltung verschafft wird, sind Folgen jener gesellschaftlichen Beeinflussung der Lebenshaltung. Wenn eine Lohnerhöhung ganz verschiedene Spannrahmen der Bedürfnisbefriedigung zeitigen würde, so würde jene Gemeinsamkeit der Interessen nicht mehr gegeben sein, die als ein so starker Machtfaktor in den sozialen Auseinandersetzungen wirksam ist, die der Lohnbewegung und dem Streik recht eigentlich erst die Unterlagen schafft und aus der gleichen Bedarfsfront heraus die einheitliche soziale Angriffs- und Abwehrfront gestaltet. Das gemeinsame Interesse ist allerdings auch dann vorhanden, wenn hinter ihm das physische Existenzminimum steht und ein Existenzkampf geführt wird um Bedürfnisse, die nurmehr das nackte Leben verbürgen, insofern physische, nicht gesellschaftliche Bedürfnisse sind und nicht unterschritten werden können. Je höher sich die Lebenshaltung einer Gruppe über dieses physische Existenzminimum hinaus entwickelt, um so geringer ist an sich die Aussicht, dem Solidaritätsmoment gegenüber dem egoistischen Einzelinteresse zum Sieg zu verhelfen. Eins der wirksamsten Mittel, die Solidarität dennoch zu wahren, ist darin gegeben, daß die höheren Bedürfnisse nunmehr als Untergrenze dessen, was die Gruppe fordern muß, angesehen werden, daß sich aus dem physischen das gesellschaftliche Existenzminimum entwickelt. Wenn man in der Gegenwart nicht selten erlebt, daß Streiks von sehr gut gelohnten Gruppen mit den alten Schlagworten des Existenzkampfs, des Kampfs ums nackte Leben, der Abwehr von Hungerlöhnen und Sklavenbedingungen geführt werden, so ist sehr deutlich, daß hier der Begriff des Existenzminimums nicht vom Standpunkt des Einzel-, sondern von dem des Gruppeninteresses betrachtet wird. Dagegen helfen Hinweise auf die relativ gute Lage solcher Gruppen wenig und auch das Argument, daß sie heute vor vielen anderen Schichten bevorzugt sind, ist nicht beweiskräftig; soweit es sich nicht nur um Agitationsbedürfnis handelt, haben wir eben theoretisch Klassenkampf vor uns; freilich richtet er sich häufig nicht mehr gegen den ursprünglichen Gegner, das Kapital, mit dem man vielleicht zu paktieren verstanden hat, mit dessen preispolitischen Bestrebungen die erwünschte Lohnerhöhung vielleicht recht gut in Einklang zu bringen ist; Gruppenkampf vielmehr ist es, der die Lebenshaltung einzelner Gesellschaftsschichten aufrechterhalten und bessern will und wenig darnach fragt, ob andere, weniger gut organisierte, politisch weniger mächtige Gruppen — der geistigen Arbeiter, des kleinen Mittelstands usw. — in diesem, den Geldwert untergrabenden Ringen mitkommen. Klassen- und Gruppenegoismus auf Grundlage des gesellschaftlichen Bedürfnisses!

Diese Umbildung des mit Existenzminimum verbundenen Begriffs, dieses Verlassen der Individual- zugunsten der Sozialsphäre ist sozialpolitisch verschieden zu bewerten, je nachdem die einer Volkswirtschaft zur Verfügung stehenden Mittel den höheren gesellschaftlichen Bedarf der Gruppen zu tragen in der Lage sind oder nicht. In einer sich normal entwickelnden Volkswirtschaft sind gesellschaftliche Untergrenzen für die Lebenshaltung geradezu notwendig, sie werden durch Verbreiterung des Inneren Marktes sogar unmittelbar eine günstige Rückwirkung auf die Erzeugung äußern. Hierüber ist noch einiges bei den Kapiteln der Verteilung zu sagen, wo auch die Grenzen der Lebenshaltung in einer absteigenden, vielfach nurmehr mit papiernen Werten rechnenden Volkswirtschaft wie der heutigen aufzuzeigen sind. Diese Grenzen können natürlich nicht darin bestehen, daß man das physisch Notwendige verkürzt; aber es bleibt zu fragen, ob die Überspannung von Gruppenansprüchen nicht das physische Existenzminimum anderer Gruppen in Frage stellt. Der Weg, auf dem die Unterdrückung berechtigter Interessen Anderer, mit oder ohne Absicht, erreicht werden kann, ist in den letzten Jahren der Geldentwertung klar aufgezeigt worden, man glaubte ja sogar schon in der Geldentwertung eine Art „Sozialisierung" sehen zu sollen. Manches Einschlägige wird hierzu auch der Abschnitt über die sozialen Gruppen und Organisationen enthalten.

Im nächsten Kapitel aber sollen, in engem Anschluß an das bisher Vorgebrachte, einzelne besonders wichtige Bedürfnisse und besonders solche, die unter dem Einfluß von Vergesellschaftung stehen und Gruppengefühle ausdrücken, untersucht werden.

(§ 36) 4. Die übrigen Bestandteile der Lebenshaltung.

Die Kleidung ist, wie schon angedeutet, nicht allein aus dem Erwärmungsbedürfnis heraus zu erklären, sie ist wahrscheinlich in ältesten Zeiten und unter primitiven Verhältnissen zuerst als Schmuck ins Leben getreten, entsprach somit dem Auszeichnungstriebe; sie ist dann lange der äußere Ausdruck der Gruppenzusammengehörigkeit, und zumal im Mittelalter strengen Ge- und Verboten unterstellt gewesen, die auf Herausarbeitung und Stabilisierung der Standesunterschiede bedacht waren. Dementsprechend ist die Farbe als wichtig empfunden worden, und erst ein feineres Empfinden legte von ihr hinweg den Nachdruck auf das weniger Auffallende, die Güte, den Zuschnitt usw. Sozialpolitisch wichtig ist die Kleidungsfrage deshalb, weil sie das bevorzugte Gebiet der Mode darstellt. Diese, zunächst ein gesellschaftlicher Begriff, ist im Laufe der Zeit ein mächtiges Instrument der Erzeugung geworden, die sich einen regelmäßigen, stets neu aufnahmefähigen Markt sichern wollte. Kleidermode ist von Tracht insofern unterschieden, als die letztere lediglich das gesellschaftliche, nicht aber das spekulative Moment zum Ausdruck bringt. Äußerlich unterscheiden sich Tracht und Mode meistens auch dadurch, daß die Tracht konservativ ist, beim einmal Gegebenen beharrt, aus diesem Grund dauerbare Stoffe und beste Qualitäten vorzieht, während das Eigentümliche der Mode bekanntlich im Wechsel besteht, dementsprechend die Qualität keine gleichgroße Rolle spielen kann; andernfalls wäre der Materialverbrauch ein unzweckmäßig hoher. Die Tracht ist heute von der Mode vielfach verdrängt; diese trägt äußerlich nicht mehr dem Gruppengegensatz Rechnung, unterscheidet nicht mehr nach Ständen, ist vielmehr der Ausdruck einer demokratischen, nivellierenden Zeitströmung; indessen ist dem schärferen Blick doch deutlich, daß auch die Mode Unterschiede, wenn auch nur solche in Nuancen, kennt; wenn, wie erwähnt, in der Kleidung der Zuschnitt an Stelle der Farbe getreten ist, so war das eben ein Kompromiß zwischen dem gleichmachenden Zeitgeiste und dem Unterscheidung- und Auszeichnungsbedürfnis, das unausrottbar ist.

Das Eindringen der Mode in Kleidererzeugung und -Bedarf wird heute durch die wichtige Stellung der Konfektion gekennzeichnet. Sie ist wiederum enge verbunden mit Hausindustrie und Heimarbeit, die allein dem Modewechsel folgen können und kostspielige, unrentable Umstellungen im Fabrikbetrieb ersparen. Damit ist ein großes Gebiet der Sozialpolitik offen gelegt und unmittelbar mit einer besonderen Art von Konsumtion, der modisch beeinflußten, verbunden. Der oft behauptete Umstand, daß die Konfektion und verwandte Industrien ohne Heimarbeit nicht leben, jedenfalls nicht exportieren können, würde an sich natürlich noch nicht beweiskräftig dafür sein, daß die Heimarbeit verewigt werden muß. Man kann grundsätzlich sehr wohl prüfen, ob das Verschwinden einer Industrie mit ungünstigen Arbeitsbedingungen das größere Übel wäre. Indessen liegt die Sache doch schwieriger; denn die mit Heimarbeit zusammenarbeitende Modekonfektion befriedigt gerade den Bedarf der breiten Massen. Das Schneiderkleid gehört in diese Konsumsphäre nicht hinein, wer es bezahlen kann oder seiner gesellschaftlichen Stellung zuliebe dieses Opfer bringen zu müssen glaubt, ist nicht oder jedenfalls nicht im gleichen Maße angewiesen auf die rasch wechselnde Herstellung von billigen, modischen Massewaren, welche die Konfektion liefert. Es ist also in der Hauptsache der Haushalt des Arbeiters einschließlich des kleinen Mittelstandes, der als Abnehmer der Konfektion und damit als Auftraggeber der Heimarbeit auftritt; man muß sich, will man die Heimarbeit nicht nur reformieren, sondern beseitigen, die Frage vorlegen, ob und wie dieser Massenbedarf in ganz neue Bahnen geleitet werden kann. Mit Heimarbeitsausstellungen allein, so sehr sie geeignet sind, das öffentliche Gewissen zu wecken, wird die Angelegenheit nicht erledigt. Die entscheidende Reform kann nur im Bedarf, in den Bekleidungssitten selbst einsetzen, und es hat nicht den Anschein, als ob man auf diesem Wege in den letzten Jahren demokratischer Erfolge weiter gekommen wäre. So sehr der Sozialismus vorgibt, mit den alten Anschauungen zu brechen, einen neuen Geist an ihre Stelle zu setzen, so wenig ist davon in den die Lebenshaltung, besonders die Kleidung, betreffenden Fragen zu merken, am wenigstens, soweit Frauen beteiligt sind. Die Bluse aus billiger Seide, der „modische“ Hut, die hundert Nichtigkeiten des Putzes, das alles gibt den Ton an und erhält die Heimarbeit. Und, der Masse unbemerkt, ist dem Kenner der Klassenunterschied aus kleinen Merkmalen heraus stets deutlich, vielleicht mehr, als wenn es sich um scharf umrissene Standesabzeichen handeln würde. Die Kleidungsfrage ist hierbei symptomatisch; es ist eben bisher noch nicht gelungen, neue Menschen zu schaffen.

Heizung und Beleuchtung. — Das Wesentlichste über diesen Bedarf ist schon erwähnt worden. Wenn er doch noch eine kurze Besprechung erfordert, so deshalb, weil die Art der Befriedigung dieses Bedarfs vorbildlich für andere Konsumtionen ist. Zentralheizung, Gas, Elektrizität usw. stellen sich als Mittel sozialisierter Bedarfsbefriedigung dar; ihre Verwendung auch in kleinsten Haushalten zeigte die weitgespannten sozialpolitischen Möglichkeiten der Vorkriegszeit. Der Vorteil zentralisierter Bedarfsdeckung war hier unmittelbar deutlich geworden. Die Entwicklung war die entgegengesetzte wie bei der Kleidung gewesen und konnte es sein, weil es sich bei Heizung und Beleuchtung mehr um ein physisches, als ein gesellschaftliches Existenzminimum handelte.

Die sogenannten Kulturausgaben. Ein späterer Abschnitt wird sich mit den Zusammenhängen zwischen Kultur- und Sozialpolitik befassen; ihm soll hier vorausgearbeitet werden, indem gewisse Momente der Lebenshaltung auf diese Zusammenhänge hin untersucht werden. Der Begriff der „Kultur“ wird hierbei nicht als feststehend angesehen; vielmehr halten wir uns seiner Bedingtheit und Begrenztheit und des Wechsels der Anschauungen über „Kultur“ versichert.

Eine Abgrenzung ist indes vorwegzunehmen; Kultur und Vergesellschaftung sind zwar angrenzende, aber keineswegs übereinstimmende Begriffe. Wenn Kultur ohne ein gewisses Maß von Vergesellschaftung, insbesondere von Arbeitsteilung, nicht denkbar ist, so entstehen die feineren Kulturbildungen doch auf gewissen Stufen erst durch Besinnung des Individuums auf sich selbst, durch Ablehnung nivellierender, uniformierender Einflüsse, die zwar nicht eigentlich von der „Kultur“, aber von ihrem materiellen Niederschlag, der „Zivilisation“, ausgehen. Wenn die Charakterbildung nach dem Dichterwort im Getriebe der Welt vor sich geht, so erfordert die persönliche Kultur nicht weniger wie das Talent eine gewisse Sammlung und Besinnung, für die die Stille wichtig wird.

Man sieht es den mannigfachen Ansprüchen, über die uns eine Haushaltsstatistik oder der unmittelbare Einblick in eignes und fremdes Leben belehrt, nicht unmittelbar an, ob sie der Ausdruck persönlicher „Kultur“ oder aber nur ein Zugeständnis an bestimmte äußere Kulturformen sind und vielleicht nur den Wunsch verraten, sich in einer kulturell abgegrenzten Schicht zu behaupten. Die ganzjährige Theaterloge kann in viel geringerem Maße den Rückschluß auf kulturelles Verständnis zulassen als die gelegentliche Ausgabe für einen Stehplatz in der Oper. Man sagt ja, daß auf der Galerie oft die eigentlichen Kenner der Partitur sitzen. Auch die Herstellung der Beziehung zwischen Einkommen, Gesamtausgabe und Kulturausgabe genügt tieferen Einblicken noch nicht. Denn es kommt eben auf den Grad der „Konsumtion“ eines Kulturgenusses an; stellt sie einen andauernden Prozeß des Reifens und der inneren Reproduktion dar, so ist sie gewiß höher zu bewerten, als wenn die Eindrücke rasch verfliegen und um so schneller wieder erneuert werden müssen. Die statistischen Methoden sind also auf diesem Gebiet nicht gerade schlüssig. Da die Grenzen des Kulturgenusses sehr weit über die des materiellen Genusses (der Nahrungseinnahme z. B.) hinausgerückt sind, einer Abnutzung und Entwertung des Genusses durch Variation des Gebotenen in wirksamster Weise entgegengearbeitet werden kann, der Kulturbedarf grundsätzlich also ein ungemessener ist, so gibt es Grenzen wie das Gossensche Gesetz auf diesem Gebiete fast gar nicht. Die Hauptaufgabe der Forschung wird der Sozialpsychologie zuzuweisen sein. Zugleich ist von der historischen Auffassung, für die Sombart viel geleistet hat, eine Bereicherung des Materials zu erwarten. „Kultur" und „Kulturbedarf" sind eben „Historische Kategorien".

Für die Sozialpolitik liegt nun aber der Rahmen enger; sie ist nicht dafür verantwortlich, daß der Einzelne zu einem Höchstmaß von Kulturleistung und -genuß (Produktion und Konsumtion sind hier oft eins) gelangt, sondern dafür, daß die *äußeren Bedingungen hierfür möglichst günstig* liegen.

Diese Begrenztheit der Sozialpolitik wird vielfach übersehen, sie liegt aber im Begriffe einer auf die „Gesellschaft" bezogenen, mit gesellschaftlichen Mitteln arbeitenden, von gesellschaftlichen Voraussetzungen ausgehenden Politik. Viel Mißverständnis wäre in dem Augenblicke beseitigt, wo man diese Bedingtheit allgemein anerkennen würde. Sozialpolitik unterscheidet sich in diesen Hinsichten auch vom sozialistischen Utopismus, der von einer Lösung der sozialen Aufgaben unmittelbar das größtmögliche Glück jedes Einzelnen erwartet. „Glück" ist wie „Kultur" Privatsache, ist in höherem Maße von innerlichen als äußerlichen Umständen abhängig. Die Sozialpolitik kann nur dann Kulturpolitik sein welchen Anspruch sie doch erhebt), wenn sie den individuellen Bedingungen Spielraum läßt und nicht alles von der Gestaltung des Außenlebens erwartet.

Immerhin sind die sozialpolitischen Aufgaben, auch bei dieser Begrenzung, noch ungeheure, und nichts liegt ferner, als aus der Einsicht in die persönlichen Entwicklungsgesetze wahrer menschlicher Kultur ein „Laisser faire"-Prinzip folgern zu wollen. Vor allem hat die Sozialpolitik dafür zu sorgen, daß die Linie, die mitten durch das Volk geht und eine Scheidung in verschiedene Grade von Bildung bewirkt, nicht zum Riß werde, oder, wo bereits dazu geworden, sich zurückbilde. Unmöglich und unfruchtbar freilich ist das Bemühen, jede Scheidewand überhaupt niederlegen zu wollen. Der Anspruch, *allen* das gleiche Maß Bildung und Erziehung zu ermöglichen, ist von wahrer Sozialpolitik ebensoweit entfernt wie von verständiger Kulturpolitik. Kulturelle Differenzierung ist in dem Maße nötig, daß ihr Fehlen die Kultur überhaupt in Frage stellt. Selbstverständlich vertragen die arbeitsteiligen Methoden der modernen Volkswirtschaft diese Nivellierung ebensowenig; sie würde das Ende jeder Wirtschaftsleistung sein. Im allgemeinen pflegen die Forderungen denn auch nicht in dieser absoluten Gestalt aufzutreten, sondern mit der Parole: Freie Bahn dem Tüchtigen; sie richten sich nicht gegen ein Bildungsprivileg schlechthin, sondern dagegen, daß dieses Privileg bestimmten, wirtschaftlich und sozial bevorzugten Gruppen zustehe.

Die Allgemeine Schulpflicht ist der unbestritten größte sozialpolitische Fortschritt auf diesem Gebiete gewesen. Aber es ist ohne weiteres zuzugeben, daß er nicht allen berechtigten Wünschen genügt. Man kann vollstes Verständnis dafür haben, daß prinzipiell jeder Begabung die Möglichkeit des intellektuellen Aufstiegs gewährleistet sein müsse, und doch ein Gefühl dafür besitzen, daß durch diesen Grundsatz noch nicht allen Forderungen einer kulturell gesättigten Sozialpolitik Rechnung getragen würde. Denn die der Erhaltung würdigen kulturell-sozialen Werte liegen nicht nur in dem individuellen Gut der Bildung, sondern auch, und ganz vornehmlich, in der Summe physischer und psychischer Eigenschaften, die in letzter Linie auf das Blut und die Tradition zurückführen. Eine soziologische Betrachtung kann an dem Besitze nicht vorbeigehen, den Rasseeigenschaften für den Einzelnen und für das Ganze bedeuten. Man wird es auf das entschiedenste zurückweisen, wenn auf Grund solchen ererbten Besitzes politische Herrschaftsansprüche oder Privilegien irgendwelcher Art geltend gemacht werden. Vielmehr muß betont werden, daß Adel irgendwelcher Art verpflichtet. Auf der anderen Seite kann der Staat nicht daran vorbeigehen, daß sich in den Angehörigen bestimmter Gruppen Instinkte gesammelt haben, die der Allgemeinheit erschlossen werden sollen. Man denkt an die Leistung, die der preußische Adel seinen Königen bot, die die englische Aristokratie als Führerin der Demokratie vollbrachte. Die Erhaltung solchen Besitzes ist unter Umständen ein Staats- und Kulturinteresse hohen Grades, aber es ist möglich, daß es mit dem oben gekennzeichneten Anspruch kollidiert, der auf Nivellierung und vorbehaltlose Anerkennung des Individualanspruchs (auf Bildung usw.) gerichtet ist.

Das mußte hier vorgebracht werden, um Maßstäbe für den Kulturbedarf zu geben, der nicht nur einseitig vom individuellen Gesichtspunkt aus gesehen werden kann. Im übrigen gilt das im vorigen Kapitel über „Gesellschaftliches Existenzminimum" Gesagte sinngemäß. Die einzelnen gesellschaftlichen Gruppen legen demgemäß Wert darauf, daß ein Mindestmaß geistiger und kultureller Ansprüche von ihren Mitgliedern erhoben und, so gut es geht, befriedigt wird, ein Herabsinken unter diesen Standard würde in mindestens ebenso hohem Maße als Deklassierung empfunden werden wie die Vernachlässigung gewisser materieller Ansprüche in Kleidung und Wohnung usw. Im ganzen werden höhere kulturelle Bildungen dieses geistige Moment immer stärker betonen als das materielle, das schließlich ganz ins Hintertreffen kommt. So günstig man diesen Prozeß bewerten wird, so muß doch gesagt werden, daß er noch nicht die größte und letzte Entwicklung darstellt, welche als Inhalt von Gruppengefühlen nurmehr zwei Dinge gelten lassen würde: Charakter und ehrliche Arbeit, beides Dinge, die ohne ein bestimmtes Bildungs- und Kulturmaß geleistet werden können. In dem Maß, in dem eine Soziale Gruppe das aktive Verhalten des Mitglieds den Aufgaben des Lebens gegenüber entscheidender bewertet als das passiv-rezeptive, die Lebenshaltung, wird der im vorigen Absatz angedeutete Gegensatz aufgelöst werden können.

Der Luxusbedarf. — Die Frage des Luxus, bereits gelegentlich angedeutet, kann hier nicht unter all den mannigfachen Gesichtspunkten, welche an sich möglich und von der Konsumtionslehre entwickelt worden sind, aufgerollt werden. Nur das unmittelbar sozialpolitisch Wichtige ist vorzukehren. In dieser Richtung ist zunächst festzuhalten, daß der Luxus ein relativer Begriff ist; wäre der Gütervorrat unermeßlich groß, die Zahl der Konsumenten entsprechend gering, so würde von Luxusbedarf überhaupt nicht gesprochen werden können. Ein Blick auf die gestörte wirtschaftliche Gegenwart besagt dasselbe. Sehr viel von dem, was breitesten Schichten früher offen stand, ist heute ein auf Wenige beschränkter Luxus. Die Relativität dieses Begriffs ist also nicht nur in Hinblick auf Volkseinkommen und Volksvermögen, sondern noch mehr in Hinblick auf den eignen Geldbeutel vorhanden.

Die Formel, daß „der Luxus Geld unter die Leute bringe", ist in dieser Allgemeinheit sicher falsch; mindestens müßte unterschieden werden, ob die Erzeugung für den heimischen Luxusbedarf arbeitet, ob für diesen eingeführt wird oder ob umgekehrt Luxusartikel ausgeführt werden. Eine weitere Vorfrage ist, ob die Existenzminima der Gesamtheit befriedigt, oder ob vielleicht Gegenstände, die hierfür geeignet wären, dem Luxuskonsum vorbehalten sind. Existenzminimum ist hierbei zunächst im physischen Sinne gebraucht, aber auch gesellschaftliche Mindestansprüche werden vorhergehende Befriedigung heischen müssen, wenn sie für die Erhaltung staatlich oder wirtschaftlich wichtiger Gruppen notwendig sind. Nun ist der Luxus freilich fast stets gesellschaftlich bedingt; auch soweit sich jemand durch Luxusausgaben über seine Schicht erheben will, geben ihm die durchschnittlichen gesellschaftlichen Mindestansprüche seiner Gruppe Maßstäbe für seinen individuellen Bedarf (s. o.). Praktisch wird die Sache oft so liegen, daß die Luxusansprüche verschiedener Gruppen miteinander kämpfen, und es ist Angelegenheit der Verteilung, zu entscheiden, welche Interessen dann vorgehen. Wenn z. B. die Erhaltung einer bestimmten gesellschaftlich notwendigen Arbeitsleistung nur durch Konservierung einer bestimmten Arbeitskultur und einer bestimmten Lebenshaltung möglich ist, dann wird diese Lebenshaltung, auch wenn sie Luxuskonsum in sich schließt, sozialpolitisch gefordert werden müssen. Dabei ist zu bedenken, daß die sozialen Klassen auf kaum einem anderen Gebiete so empfindlich sind, wie eben in der Lebenshaltung, und daß die Ablehnung selbst eines nebensächlichen Bedürfnisses vielleicht schwerwiegende Folgen für die Arbeitsfreudigkeit einer Schicht zeitigt.

Luxusausgaben werden, an der Gesamtaufgabe und am Gesamteinkommen gemessen, sich stets anders verhalten wie notwendige Ausgaben; sie werden also einen um so größeren Anteil der Gesamtausgabe ausmachen, je größer diese, oder aber, je geringer die Zahl der Konsumenten ist. Allerdings muß auch die Ersparung in Rechnung gezogen werden, die uns gleich beschäftigt, von der es aber nur bedingt möglich ist, Aussagen zu machen.

Die Ersparung. — Augenscheinlich ist ein theoretischer Standort des Sparvorgangs hier, im Zusammenhang mit der Lebenshaltung, gegeben. Denn die Ersparung wird unter sonst gleichen Verhältnissen um so größer sein, je geringer die Lebenshaltungsansprüche sind; allerdings haben diese eine natürliche Grenze am physischen Existenzminimum, das nicht unterschritten werden kann; findet die Unterbietung doch aus Geiz oder aus anderen, zwingenden Gründen statt, so wird sie sich früher oder später rächen; Ausgaben für Arzt und Arznei werden dann oft an Stelle der „ersparten" Kalorien treten. Abgesehen hiervon ist die Ersparung ein sozialpolitisch und wirtschaftlich wichtiger und wünschenswerter Vorgang, er ist das Korrelat der volkswirtschaftlichen Mehrwertbildung in einem früher (§ 33) besprochenen Sinn und ermöglicht erst die Kapitalbildung. Hier liegen bedeutende, später noch aufzugreifende Stoffe der Verteilung vor, die aber auch für Lebenshaltungsfragen entscheiden. Da alle physischen Bedürfnisse Grenzen der Befriedigung aufweisen, ist die Ersparung von einem gewissen Realeinkommen an aufwärts an sich ein geradezu selbstverständlicher Vorgang, dem umsoweniger Grenzen aufgewiesen zu sein scheinen, als die Freude an Zurücklegen sich mit der Menge des Zurückgelegten nicht nur nicht mindert, sondern steigert. Das ist ja auch die Triebfeder des Geizes. Wenn somit das physische Bedürfnis der Ersparung keine Schranken setzt, so ist dies umsomehr seitens der gesellschaftlichen Ansprüche der Fall, für die wir ungleich weitere Spannrahmen der Befriedigung feststellten. Das Maß der Ersparung wird oft geradezu durch den Widerstreit des Spartriebs mit dem Wunsche, sich in seiner Schicht zu behaupten oder über sie hinauszuragen, bestimmt sein. Wenn eine gesellschaftliche Gruppe nun gerade auf das Sparen Wert legt, die an das einzelne Mitglied dieser Gruppe sich richtenden sozialen Forderungen mit dem individuellen Spartrieb zusammenfallen, wird dieser ganz besonders auf seine Rechnung kommen. Das ist der Grund, warum sich Soziale Gruppen, ja ganze Völker durch Ersparung und Kapitalbildung Macht und Ansehen errungen haben, die sie durch ihre bescheidene Lebenshaltung, vielleicht auch durch ihre Arbeitsleistung nicht erworben haben würden.

Die Sozialpolitik ist am Sparprozeß erheblich interessiert und hat dies Interesse durch Einrichtungen, die in der „Praxis der Sozialpolitik" noch gewürdigt werden müssen, bekundet. Die Sparkasse ist der Mittelpunkt dieser Bestrebungen, die auch Genossenschaft und Versicherung einbeziehen.

Egoistische und altruistische Bedürfnisse. — Eine vorläufig letzte Unterscheidung der Lebenshaltung geht davon aus, ob die in ihr zu realisierenden Bedürfnisse überwiegend als egoistische oder altruistische anzusprechen sind. Überwiegend: denn absolute Maßstäbe wird man hierfür ebensowenig wie für den Luxus zu finden in der Lage sein. Es ist ja nicht einmal unbestritten, ob man das auf die Familie, auf die Ernährung von Frau und Kindern bezogene Bedürfnis als egoistisch oder altruistisch zu werten hat. Gruppenansprüche, denen der Einzelne in seiner Lebenshaltung Rechnung trägt, unterliegen einer größeren Schwierigkeit der Beurteilung. Natürlich kann auch kein Werturteil derart in Frage kommen, daß überwiegend egoistische Bedürfnisse unbedingt geringer zu bewerten seien, als überwiegend altruistische, obwohl die Vermutung immerhin meist dafür spricht. Indessen ist sozialpolitisch sicher ein Interesse an der Befriedigung auch der egoistischen Bedürfnisse, innerhalb eines gewissen Rahmens wenigstens, gegeben, anderenfalls entfiele ja die Unterlage für Arbeit und Arbeitskraft und in den durch Unterkonsumtion geschädigten Individuen würden Staat und Wirtschaft selbst geschädigt sein. Die Maßstäbe der Sozialpolitik differieren hier also von denen der reinen Ethik, eine grundsätzlich wichtige Angelegenheit. die aber an dieser Stelle noch nicht weiter verfolgt werden kann. (Indessen scheint die Darlegung von Lipps in seinen „Grundfragen der Ethik" hier das Richtige zu treffen; in ihr wird zwischen den Lust- und Unlustgefühlen als solchen und ihren sittlichen oder unsittlichen Beweggründen unterschieden.)

Auf einem Gebiet widersprechen sich Egoismus und Altruismus in besonderem Maße; da, wo es sich um die Familiengründung und Familienvergrößerung handelt. Mehreinkommen kann für diesen Zweck, es kann aber auch zu besserer Lebensführung des Einzelnen oder der vorhandenen Familie dienen. Der Geburtenrückgang hat insofern in der Lebenshaltung eine wichtige Voraussetzung, und es ist kaum ein Zufall, daß die Festbesoldeten, die zu rechnen gelernt und zu rechnen nötig haben, über relativ kleine Familien verfügen und unverhältnismäßig viel Unverehelichte zählen. Hier ist eben eine Überwälzung der durch Familiengründung oder -vergrößerung entstehenden Mehrbelastung im geringsten Grade möglich, jedenfalls in geringerem Maße als bei den Arbeitskräften des Freien Arbeitsvertrags. Dabei spielt es eine Rolle, ob Kinder nur als Konsumenten, also nur als Belastung gelten, oder aber relativ bald produktive Arbeit zu leisten vermögen; welche Distanz zwischen „Produktion der Arbeitskraft" und „Konsumtion der Arbeit" besteht. Man hat feststellen zu können geglaubt, daß das deutsche Kinderschutzgesetz zum Geburtenrückgang beigetragen habe, weil es die Möglichkeit der frühzeitigen, gewinnbringenden Beschäftigung von Kindern einengte.

Die Möglichkeit, der Konzeption wirksam vorzubeugen, bedeutet gewissermaßen eine Emanzipation des Einzelnen vom Malthusschen Gesetz. Der Sozialpolitiker kann hierzu nicht leicht Stellung nehmen. So wünschenswert ihm aus nationalen und auch sozialen Gründen die Volksvermehrung erscheint, so wenig kann er sie durch Unterschreitung des Existenzminimums erkauft sehen wollen. Auch ist die absolute große Zahl niemals Ziel der Sozialpolitik. Auf der anderen Seite ist geläufig, daß erst eine gewisse Mindestvolkszahl, erst eine gewisse Dichtigkeit der Bevölkerung die nationale Selbstbehauptung, die Entwicklung von Produktion und Verkehr, die Behauptung einer normalen Lebenshaltungsnorm möglich macht.

Die Abgrenzung der verschiedenen Interessen, die Entscheidung über die wünschenswerte Mischung von Selbsterhaltungstrieb und sozialem Interesse, zwischen den egoistischen und altruistischen Bestimmungsgründen der Lebenshaltung, ist also in jedem Falle gesondert, unter Würdigung der Gesamtverhältnisse eines Volks und einer Volkswirtschaft, neu zu treffen. Entscheidend für das Vorherrschen der einzelnen Motive ist aber auch, daß die altruistischen Gesinnungen im allgemeinen zur Vergesellschaftung führen und dann erst, vom Standpunkt bestimmter Sozialer Gruppen aus, wieder eine egoistische Färbung annehmen können. Der Gruppenegoismus aber ist wohl stets eine ethisch höhere Form als der individuelle. Auf diese Weise entstehen die wichtigsten sozialethischen Triebkräfte, sie sind es, die letzten Endes in der Lebenshaltung wie in fast allen anderen sozialpolitischen Fragen entscheiden. Sie sind in ihren wichtigsten Formen, zu denen die Klasse gehört, Gegenstand des Sechsten Abschnitts.

(§ 37) 5. Lebenshaltung, Volk und Rasse.

Zweifel daran, ob die Höherschraubung der Bedürfnisse ausschließlich oder selbst nur vorwiegend günstig zu bewerten, ob sie insbesondere eine Verbesserung von Volk, Rasse und Art zu bewirken in der Lage sei, haben nie ganz gefehlt, sie sind gegen die Fortführung der Sozialpolitik geltend gemacht und in dem bekannten Werke Ludwig Bernhards über „Unerwünschte Folgen der Sozialpolitik“ konzentriert und einseitig ausgesprochen worden. Diese Zweifel sind sicher polemisch und auch agitatorisch übertrieben worden, müssen aber in einer „Theorie der Sozialpolitik“ nichtsdestoweniger gewürdigt werden. Eine Disziplin muß sich in jedem Augenblick ihres Wollens bewußt sein; das heißt soviel, daß sie sich auch an ihre Grenzen erinnern muß; mögen diese noch so entfernt liegen, mag die Praktische Sozialpolitik einstweilen einen noch so großen Spielraum haben: Selbstbesinnung und Selbstkritik ist doch unausgesetzt nötig, wenn nicht die Organisation als solche zum Selbstzweck werden, der Mechanismus über eine lebensvoll-organische Auffassung den Sieg davontragen, die

Idee in bureaukratischer Enge erstarren soll. Das gilt zumal von einer Zeit, welche die ökonomischen Unterlagen gegenüber früher so vollkommen verschoben sieht und willens ist, die Neugestaltung der Wirtschaft gerade auf sozialpolitischen Wegen herbeizuführen. Es gilt für eine Zeit, in der Sozialpolitik, wie schon die Vorbemerkung (§ 1) ausführte, zur vornehmsten Staatsaufgabe erklärt und mit ungeheuren Mitteln vorwärtsgetrieben wird, wo man sich durch sie auch dem internationalen Gedanken nähern zu können glaubt und doch gerade auf internationalem Gebiete soviel ungleiche, ja widersprechende Anschauungen wahrnimmt. Was in der Sprache der gelben und schwarzen Völker, die durch die Zeitereignisse zu gewaltigen Aktionsradien gelangt sind, „Sozialpolitik" heißt, ist wahrscheinlich etwas ganz anderes, als was eine alte, kulturell gesättigte, wirtschaftlich aber weit zurückgeworfene Rasse sich unter „Sozialpolitik" vorstellt.

Im Brennpunkt der Auseinandersetzung stehen volks- und rassenpolitische Fragen. Das ist zulässig, auch wenn über den Begriff der Rasse selbst (nach den Ausführungen des § 3) keine Meinungsgleichheit vorhanden ist. Selbst wenn wir uns nur auf die unmittelbar wahrnehmbaren Unterschiede der einzelnen Völker und Völkergruppen beziehen, finden wir darin soviel konstante, soziologisch einstweilen „letzte" Tatsachen, daß von biologischen Gegensätzen die Rede sein muß. Der Glaube, sie durch „Kultur" und Kulturgemeinschaft, überhaupt durch soziologische Auffassungen überbrücken zu können, ist nur gering; einstweilen sehen wir nur eine gewisse Übereinstimmung auf dem technischen Gebiete der Zivilisation, während die Menschheitskultur (wenn es eine solche gibt) weit davon entfernt ist, sich auch nur innerhalb der einzelnen Völker durchgesetzt zu haben, geschweige denn, den Erdball zu beherrschen.

Fördert Sozialpolitik Volk und Rasse? Fördert sie das Beharrungsvermögen, die Selbstbehauptung und Entwicklung völkischer Eigentümlichkeit? Oder, umgekehrt, sind Degenerationserscheinungen wahrnehmbar, die schließlich Verweichlichung, Kraftminderung, selbst Vernichtung der Substanz im Gefolge haben können? — In dieser Allgemeinheit ist hierauf eine Antwort unmöglich. Denn „Sozialpolitik", der „Gesellschaftspolitik" gleichgesetzt, enthält als solche noch kein Merkmal, das, auf Volk und Rasse bezogen, konstruktiv oder destruktiv zu werten wäre. Wenn der Inbegriff staatlicher, gruppenorganisatorischer und individueller Maßnahmen, den man als Sozialpolitik begreift, auf Förderung des Ganzen, nicht des Einzelglücks, im biologischen Sinn auf Erhaltung der Erbmasse statt der Individuen gerichtet ist und selbst zu bewußter Zurückstellung der Einzelinteressen gelangt, so ist es möglich, daß neben einem Mindestmaß individueller Kultur und persönlichen Glücks ein Höchstmaß völkischer, rassiger Leistung gezüchtet werden kann. Vielleicht haben wir Erfolge dieser Art in den Kulturkreisen des fernen Ostens, wo der Einzelne gegenüber der Familie, den Ahnen und dem Staate nichts, die Aufrechterhaltung der „Gesellschaft“ und „Tradition“ alles ist. Es liegt gar kein Grund dafür vor, solchen Bestrebungen die Anerkennung als „Sozialpolitik“ zu verweigern, sie ist eben dann nur eine andere als bei uns. In nicht unähnlicher Weise fordert auch der an Kommunismus grenzende Sozialismus den Verzicht auf Berücksichtigung des Individuellen; dabei ist freilich nicht deutlich, wie Kommunismus sich gegen Anarchismus abgrenzt, und die jüngste Zeitgeschichte enthält Belege dafür, daß die Grenzen zwischen beiden Auffassungen höchst flüssig sind. Es sind eben einstweilen nur Gedankengebilde, die mit den gewachsenen Tatsachen ostasiatischer Kultur in keiner Weise verglichen werden können.

War es geboten, diesen etwas weit ausholenden Bemerkungen im gegenwärtigen, die Lebenshaltung betreffenden Abschnitte Raum zu geben? Dies muß bejaht werden: denn die Lebenshaltung ist uns ein höchstpersönliches Gut, um das der Kampf vornehmlich geht. Nicht in den Theorien, in den Tatsachen der Lebensführung prägt es sich aus, ob ein Volk oder eine Rasse mehr individualistisch oder mehr sozialistisch orientiert ist. Wie in einem Hohlspiegel vereinigen sich hier die verschiedenen Strebungen und Motive menschlich-gesellschaftlichen Handelns, stärker, als sie eingetroffen sind, werden sie zurückreflektiert. Die Sozialpolitik aber muß an den Lebenshaltungsfragen eine ernste Prüfung bestehen, muß sich entscheiden, ob ihr die Förderung persönlichen Glücks das Endziel oder bestenfalls nur Mittel zum Zweck ist, das in dem Augenblicke preisgegeben wird, wo das Allgemeininteresse über den Individualinteressen steht.

Wir werden im folgenden mit einem spezielleren Begriff von „Sozialpolitik“ arbeiten müssen, ohne freilich noch im einzelnen ausführen zu können, welches der Inhalt dieses Begriffs ist. Er wird erst im Zweiten Teil, der „Praxis der Sozialpolitik“, klar gezeichnet werden können. Indessen ist doch auch im gegenwärtigen Band schon soviel von Abgrenzungen die Rede gewesen, daß es nicht schwer sein wird, uns begrifflich zu verständigen. Unzweifelhaft bietet die uns geläufige soziale Praxis eine große Menge von Tatsachen, Bestrebungen und Theorien, deren vornehmster Zweck auf Förderung der individuellen Wohlfahrt und insbesondere auf Besserung der individuellen Lebenshaltung gerichtet ist. Für die Beurteilung ist es nun freilich nicht allein und nicht einmal vorzugsweise maßgebend, welcher Zweck eingestandenermaßen mit einer sozialpolitischen Einrichtung verfolgt, sondern welches ihr praktisches Ergebnis ist. Ebenso also, wie aus den individuellen Zwecksetzungen dasjenige auszuscheiden ist, was im praktischen Ergebnis die Gesamtheit stärker fördert als das Individuum, ebenso muß aus den das Allgemeininteresse betonenden Zwecksetzungen dasjenige ausgeschlossen werden, was unter diesem Deckmantel tatsächlich nur Individual- oder Gruppen-, kurz Interessentenpolitik enthält. Es ist die Frage, welcher Subtrahent der größere ist. Man wird heute gezwungen sein, den Teil der „Sozialpolitik", der in Wahrheit nur Interessentenpolitik ist, reichlich groß zu erachten. In jedem Falle aber wird doch theoretisch deutlich, welchen besonderen Begriff wir fernerhin (zunächst nur für die Zwecke dieses Kapitels) mit „Sozialpolitik" verbinden: wir meinen die Summe von Maßregeln, die dem Einzelnen im Daseinskampfe helfen sollen; sie qualifiziert sich als eine Unterstützung, welche der Selbsterhaltungstrieb und das Eigeninteresse aus gesellschaftlichen, „sozialen" Gründen und Machtmitteln heraus erfährt. Die Endfrage aber wird sein, ob durch solche gesellschaftliche Hilfe das Individuum gestärkt, für seine gesellschaftlich-wirtschaftlichen Aufgaben besser gerüstet wird, oder aber, ob die Gesellschaftshilfe, die „Sozialpolitik" in diesem begrenzten, an Wohlfahrtspolitik erinnernden Sinn, das Gegenteil erreicht: eine Schwächung des Einzelorganismus, der sich nunmehr auf fremde Hilfe verläßt, unter Umständen, wie gewisse Arten von Rentenempfängern, ein Parasitendasein der Arbeit vorzieht; mittelbar aber eine Schwächung der Volksgesamtheit und der Rasse, deren Blüte mit der Leistungsfähigkeit und dem Leistungswillen der einzelnen Volks- und Rassegenossen untrennbar verbunden ist.

Die Sache kompliziert sich aber noch dadurch, daß sich nicht nur Individual- und Allgemeininteresse gegenüberstehen, sondern eine Reihe abgestufter Gruppeninteressen dazwischentreten. Solche Gruppeninteressen können auf der einen Seite, wie wir sahen, zum Vorspann des Einzelinteresses werden, auf der anderen Seite den Anspruch geltend machen, als Allgemeininteresse hingenommen zu werden.

Dieser Anspruch wird z. B. von der größten Sozialen Gruppe, der organisierten Arbeiterschaft, erhoben und, außer mit klassenkämpferischen Theorien, mit dem Hinweis auf die Überlegenheit der Zahl begründet. Wenn diese Gruppenpolitik, die uns später noch unter dem Gesichtspunkt der Klasse beschäftigen soll, ihr Augenmerk vor allem auf die Lebenshaltung ihrer Mitglieder richtet, so verbinden sich Individualinteressen mit ihr; die Verquickung von Macht- und Lohnkämpfen, von politischen und gewerkschaftlichen Streiks ist damit in viel höherem Grade verständlich gemacht, als man gemeinhin glaubt. Die Summe aufgerührter, auf Besserung der Lebenshaltung gerichteten Einzelwünsche wird auf diese Weise zum wichtigen Hintergrund der sozialpolitischen Gruppenaktion, die Mitglieder aber, die zunächst Arbeitslohnerhöhung oder Arbeitszeitverkürzung im Auge haben, werden für die Organisationszwecke gefügig und mobil gemacht; sie übersehen dabei, daß die Erhöhung des Nominallohnes rasch eine Preiserhöhung zur Folge hat, sodaß sich die ursprüngliche Lage nicht wesentlich, jedenfalls nicht im erhofften Ausmaße, ändert. Nur Zwischengewinne für die Zeit der Inkongruenz zwischen Lohn- und Preisniveau können als wirkliche Vorteile der Aktion gelten, die in Wahrheit Gruppen-, nicht individualistische Zwecke verfolgte; sie kann von diesem Standpunkt aus als erfolgreich selbst dann erscheinen, wenn eine materielle Verbesserung der Lage der einzelnen Mitglieder nicht erreicht wurde.

Die Lebenshaltung steht also im Mittelpunkt sehr vieler sich kreuzender Interessen und ist das Ergebnis vieler ungleicher Kausalreihen ebensosehr wie der Ausgangspunkt zahlreicher, tiefgehender, nicht einheitlicher Wirkungen. War bisher von den kausalen, die Lebenshaltung bedingenden Umständen die Rede, so soll jetzt von ihren Wirkungen auf die Gesamtheit, auf Volk und Rasse die Rede sein. Biologische Tatsachen — das physische Existenzminimum z. B. — sind besprochen worden in ihrer Wirkung auf den Komplex biologischer und soziologischer Erscheinungen, der die Lebenshaltung ausmacht, für den besonders der Begriff des „Gesellschaftlichen Existenzminimums" wichtig geworden war. Nun wird diese Gemengelage natürlich und menschlich beeinflußter Dinge umgekehrt zum Ausgangspunkt einer Betrachtung, die im Endergebnis biologische Zwecke verfolgt, welche für die Fragen der Vererbung und Entartung nutzbar gemacht werden soll. Freilich verbietet Raum und Zweck ebenso wie die Kompetenz des Verfassers, diese Probleme bis zu den letzten biologischen Grenzen zu überdenken; Hauptaufgabe ist vielmehr, Anregungen zu geben; sie sollen die eigentlichen Spezialisten und Fachmänner in die Lage versetzen, die Dinge weiter zu verfolgen, ohne daß sie nun ihrerseits daran gehen müßten, die ihnen ferner liegenden soziologisch-sozialpolitischen Voraussetzungen im einzelnen zu prüfen.

Die folgende Darstellung gründet sich auf das im ersten Kapitel des Ersten Abschnitts Ausgeführte; auch für den Fall, daß sie mehr offene Fragen als Lösungen aufweist, ist sie ein integrierender Bestandteil der sozialpolitischen Theorie, die die Einzelfragen auf die großen Ebenen des Volks-, Rasse- und Menschheitsgedankens projizieren muß.

Indessen ist für das Verständnis noch anderes heranzuziehen, was großenteils bereits seine theoretische Begründung erfahren hat. So vor allen Dingen die Tatsache der modernen *Arbeit* und *Arbeitsteilung*. Offenbar wird die Frage, ob und inwieweit durch Sozialpolitik dem Einzelnen Gesellschaftshilfe zugeführt werden soll, davon abhängig sein, welchen Grad die Vergesellschaftung, d. i. die gesellschaftliche Verflechtung der individuellen Interessen auf einer bestimmten Wirtschaftsstufe erreicht hat. Wo die Individuen noch in primitiveren Zuständen leben, weniger durch arbeitsteilige Methoden unter sich und mit dem gemeinsamen Produktionszweck verbunden sind, wo die Landwirtschaft, und, innerhalb dieser, die Bauernwirtschaft überwiegt, wo geringere Dichtigkeit der Bevölkerung den Verkehr unentwickelt ließ, wo die Volksmehrung gering ist, — da ist die Sozialpolitik an engere Grenzen gewiesen als in einem aufstrebenden Volke, wo der Fabrikbetrieb und die Großunternehmung für die Mehrzahl der Volksgenossen Mittelpunkt der Arbeitsleistung sind, wo sich gleichzeitig, im Gegensatz zum ersten Fall, eine weitgehende Nivellierung und Uniformierung der Lebenshaltung ergab. Wenn sich damit ein unterschiedliches Maß der Sozialpolitik, als Gesellschaftshilfe gedacht, ergibt, so wird auch die Art der sozialpolitischen Unterstützung unter beiden Umständen, zwischen denen eine Menge von Grenzfällen vermitteln, ungleich sein: im ersten Fall wird das Individualinteresse, wenn es aus Mitteln der Gesamtheit gestützt wird, meist unmittelbar berücksichigt werden: in einem überwiegend bäuerlichen Volke wird Sozial- als Agrarpolitik auftreten, den Siedlungsgedanken entwickeln und allenfalls noch der Genossenschaft den Weg ebnen; in einer Industriebevölkerung aber werden die Einzelnen vorzugsweise durch Vermittlung der Sozialen Gruppen und Organisationen, denen sie angehören, unterstützt werden, die Klassenpolitik liegt hier nicht ferne, muß freilich auch auf ihre Grenzen verwiesen werden. Die Sozialversicherung stellt, gegenüber der Armenpflege, den typischen Fall einer Gruppen- an Stelle einer Individualhilfe dar.

Schon diese Unterschiede machen eine restlose Beantwortung unserer Frage unwahrscheinlich; unter Beschränkung auf das Industrievolk — das für Deutschland heute gilt — wird es immerhin möglich werden, einiges weitere zu sagen, doch ist damit der Verzicht auf Vollständigkeit verbunden. Im übrigen muß die theoretische Erwägung an dieser Stelle durch historische Überlegungen unterbrochen und, wie zu hoffen steht, gestützt werden. Wenn sich in der Praxis der Sozialpolitik bedrohliche Wirkungen auf Volk und Rasse gezeigt haben, so ist das immerhin ein nicht unbeachtlicher Indizienbeweis auch für die Theorie.

Ludwig Bernhard hat in seinem bereits erwähnten Werke eine Reihe von Fällen zusammengetragen, die hier nicht darauf zu untersuchen sind, ob sie unvermeidbare „unerwünschte Folgen der Sozialpolitik" darstellen, sondern nur, ob in ihnen biologische Einwirkungen der Sozialpolitik vorliegen. Das Werturteil kann hier in der Tat zurücktreten. Die Unfallneurose z. B. kann rein objektiv betrachtet werden; es handelt sich um jenen, schon in anderem Zusammenhang besprochenen Fall, wo die Besorgnis, die Unfallrente zu verlieren, Arbeitsunfähigkeit, nicht aber nur mangelnden Arbeitswillen hervorruft, ohne daß an Simulation zu denken wäre. Es liegen psycho-physische Wirkungen vor. Ähnliches ist bei Kriegsverletzten bemerkt worden und auch längerer Bezug von Erwerbslosenunterstützung wirkt in dieser Richtung, sodaß das Problem heute weit über seine unmittelbare Herkunft hinaus wichtig ist.

Es empfiehlt sich als Beispiel auch deshalb, weil die Verursachung hier immerhin einfacher liegt als in vielen anderen Fällen. Mindestens kann man sagen, daß ohne die Unfallversicherung auch keine Unfallneurose gegeben wäre. Für das Hauptproblem freilich ist der Fall nicht ganz beweiskräftig. Denn auch dann, wenn die Unfallneurose unheilbar wäre, müßte entschieden werden, ob sie biologische Wirkungen, etwa im Sinne der Entartung, äußert. Man wird das bestreiten, solange es sich nur um Einzelfälle handelt.

Verallgemeinerung der Erscheinung ist aber doch nicht ausgeschlossen. Es handelt sich dann um den gegen die Sozialpolitik generell erhobenen Vorwurf, sie verweichliche, entwöhne von der Arbeit, schaffe ein arbeitsunfähiges und -unwilliges Rentnertum. Man mag die Unfallneurose als eine besondere Unterart diesen allgemeinen Wirkungen eingliedern und hat es dann sicher mit einem zeitgemäßen Problem zu tun, das uns in der „Praxis der Sozialpolitik“ noch hinreichend beschäftigen wird.

In der Tat bedeutet die Gewöhnung an Hilfe, gleichviel von welcher Seite diese ausgeht, außer wenn es sich um Erziehung handelt, eine Schwächung der individuellen Leistungsfähigkeit, indem der Leistungswille und das Verantwortlichkeitsgefühl herabgesetzt werden. Ob sich aus diesen zunächst individuellen Leistungsminderungen solche im biologischen Sinn ergeben, ob z. B. eine geringere Leistung des Volkes und der Rasse im Kampf ums Dasein resultiert, kann erst entschieden werden, wenn man die Vererblichkeit erworbener Eigenschaften anerkannt oder abgelehnt hat. Die letzte Frage muß also dem Biologen zur Beantwortung verbleiben, der Sozialpolitiker hat seine Aufgabe erfüllt, wenn er den Nachweis einer überindividuell, massenhaft auftretenden sozialen Einwirkung geführt hat. Eine solche Einwirkung auf den Leistungswillen, und in der Folge auf den Leistungserfolg, kann nun aber auch von anderen sozialpolitischen Maßnahmen und Einrichtungen ausgehen.

So wird sie mit dem „Ca' canny“ der englischen (auch mancher deutscher) Gewerkschaften verbunden sein: die auf Beschränkung der individuellen Leistung gerichtete gewerkschaftliche Politik hat schließlich eine Senkung der individuellen Leistungskurve auch da zur Folge, wo die Gewerkschaft solches nicht beabsichtigte, weil eben eine Gewöhnung an das Mindermaß stattgefunden hat. Der Tarifvertrag kann ähnlich wirken, wenn er durch seine schematischen Einteilungen sichere Stellungen schafft, ohne daß der Leistungserfolg garantiert wäre, ohne daß den Mindestlöhnen Mindestleistungen zur Seite zu treten hätten. Es können unter Umständen, wenn (wie heute) Einstellung und Entlassung unter gesetzlichem Zwang steht oder von Betriebsräten überwacht wird, selbst Pfründenstellungen entstehen und die Arbeiterbewegung wird noch Mühe haben, sich gegen den zünftlerischen Geist zu wehren, der allen diesen Maßnahmen anhaftet, der innerhalb gewisser Schranken berechtigt ist, aber zur größten Gefährdung der wirtschaftlichen Leistung führen kann. — Freilich gilt ähnliches auch für die Kartelle der Industrie. — Aber nicht nur positive, staatliche und gewerkschaftliche Sozialpolitik kann dieses Herabschrauben der Leistung unter das mögliche und nötige Maß, diese Selbstunterbietung der Arbeit zeitigen. Wenn — eine nicht seltene Erscheinung — der Akkord gekürzt wird, um ein zu hohes „Herauskommen" des Arbeiters zu verhindern, so reagiert der durch Erfahrung gewitzigte Arbeiter dadurch, daß er stets unter der ihm möglichen Arbeitsleistung zurückbleibt. Auch hier ist die Folge eine Senkung der wirtschaftlichen Leistungskurve, biologisch gesehen aber eine nicht notwendige Kräfteersparung, die, auf die Spitze getrieben, zur Verweichlichung führen kann und jedenfalls jene Arbeitsfreude nicht aufkommen läßt, die, der beste Lohn, eine Höchstleistung voraussetzt. Schließlich sind alle diejenigen Umstände im modernen Arbeitsprozeß, die der Höchstentwicklung der Leistung entgegenstehen, im gleichen Sinne zu bewerten, z. B. unnötige Reibungsflächen sachlicher oder personaler Natur. Über die optimalen Bedingungen der Arbeitsleistung ist demgegenüber im Zweiten Abschnitt, besonders im Kapitel über „Arbeitsverfassung und Arbeitsgemeinschaft", gehandelt. Auch das im Dritten Abschnitt über Arbeitskonsumtion Ausgeführte ist hier einschlägig. Das ebendort (im vorletzten Kapitel) über Arbeiterwanderungen Gesagte mag zugleich dahin erweitert werden, daß manche Zuwanderungen bereits als Zeichen der Ermattung, Leistungsminderung, ja Unfähigkeit der einheimischen Arbeiter angesehen werden müssen.

Die leistungsherabsetzenden Faktoren müssen also nicht notwendig auf sozialpolitische Einwirkungen zurückführen; ihnen steht eine Fülle leistungserhöhender Wirkungen der Sozialpolitik gegenüber. Im Gegensatz hierzu entspringen viele Leistungsminderungen einem Defizit an Sozialpolitik (wie es sich in der „Akkordkürzung" und in unhygienischen Arbeitsbedingungen äußert); das alles ist wichtig für die grundsätzliche Verbescheidung des Problems. Man kann es jedenfalls nicht in dem Sinne lösen wollen, daß man allgemein die Sozialpolitik für gesellschaftlich und biologisch unerwünschte Zustände verantwortlich macht. Dann müßte man auch ein Zuviel von Arbeit ablehnen, das Einkommen schafft, die Lebenshaltung steigert und schließlich auch zur Üppigkeit und Verweichlichung führen kann. Ein Zuviel an Sozialpolitik kann unter Umständen genau im selben Sinne wirken wie ein Zuwenig, in jedem Falle kommt es sosehr auf die Absicht, als auf die Bedingungen ihrer Ausführung an. Dies zugegeben, muß aber immerhin auch mit der Möglichkeit einer Leistungssenkung durch sozialpolitische Einflüsse gerechnet werden, die oft zugleich kulturpolitische Einflüsse sind, — wobei dann offen bleibt, ob in der „Vergesellschaftung" oder in der „Kultur" die letzte Ursache zu suchen ist. Der Sozialpolitiker hat also jedenfalls Grund, die Wirkungen seiner Maßnahmen genau zu berechnen. Bei Schaffung der ursprünglich nur auf einen, dann auf drei Monate Dauer berechneten Erwerbslosenfürsorge war der Gedanke, daß die Gewöhnung an bare Bezüge von beträchtlicher Höhe eine Entwöhnung von der Arbeit zur Folge haben könne, nicht abzuweisen. Stets ist auch der Umfang einer sozialen Einrichtung wichtig: Der Versicherungsgedanke enthält ebenso wie der des Arbeiterschutzes die Tendenz der Erweiterung, wird aber, über die Schichten der Minderbemittelten hinaus erstreckt, nicht nur quantitativ, sondern auch qualitativ ein anderer werden; denn, was vorher Zuweisung an Bedürftige unter Verwendung von Mitteln der Gemeinschaft war, wird andernfalls zur Neuordnung des Verteilungsvorgangs selbst, für die aber unter Umständen nicht mehr sozialpolitische, sondern nur machtpolitische Motive organisierter Gruppen ins Feld geführt werden können (s. § 65).

Wir haben heute die begründete Neigung, auf sozialpolitischem Wege nicht nur unmittelbare soziale, sondern darüber hinaus wirtschaftliche Aufgaben lösen zu wollen; wir verschreiben uns dem Gedanken Internationaler Sozialpolitik nicht nur, weil vielleicht unsere Auswanderer Vorteil davon ziehen werden, sondern auch deshalb, weil wir auf diese Weise die Produktionskosten angleichen, dem auswärtigen Arbeitgeber die Lasten des deutschen auferlegt wissen wollen; schließlich, wir treiben Internationale Sozialpolitik auch deshalb, weil sie allein im Ringen der Völker und Rassen gerechte Bedingungen zu setzen vermag. Wir können hinter ein gewisses Maß von Sozialpolitik heute nicht mehr zurück, wollen wir uns nicht selbst und unsere Kultur aufgeben; wir erkennen aber auch die Gefahren, die ein stark bevormundendes System von politischen Maßnahmen, wie es unsere Sozialpolitik darstellt, für die Behauptung von Individuum, Volk und Rasse bedeuten kann. Wir sehen gleichzeitig, zu welcher Bedeutung, aber auch zu welcher Gefährdung des Ganzen die Gruppenbildung, die Interessenorganisation, werden kann. Da wir auch hier nicht zurück können und wollen, da wir die Vorteile der sozialen, gruppenweisen Entwicklung im ganzen viel höher stellen als die möglichen Nachteile, handelt es sich darum, daß auch den anderen Völkern und Rassen ihre Soziale Frage, ihre Arbeiterbewegung erwachse. Der Menschheitsgedanke, wenn er überhaupt angesichts von Halbheiten, wie des Völkerbunds, noch entwicklungsfähig ist, setzt eine gewisse sozialpolitische Übereinstimmung voraus; insofern kann die Sozialpolitik über das früher unmittelbar zuständige, nationale Gebiet hinaus fruchtbar werden; sie kann neue Grundlagen für Volk und Rasse setzen, kann, durch internationale Verbreitung ihrer Ideen und Systeme, das Schwächemoment mindern und ausgleichen, das sie, durch Erschlaffung der Individualleistung und Steigerung des Individualanspruchs, für die einzelne Nationalwirtschaft sein kann. Die Auseinandersetzung zwischen den Völkern und Rassen darf nicht erfolgen unter der Parole: für oder gegen Sozialpolitik; sie darf sich nicht vollziehen zwischen nationalen Gruppen, die in ihrer sozialpolitischen Auffassung auseinandergehen und die Spuren sozialpolitischer Einwirkung in ungleichem Maße an sich tragen: sie soll, unbeschadet der nationalen Note aller Sozialpolitik, möglichst derart erfolgen, daß wenigstens auf diesem Gebiete der in jeder Sozialpolitik enthaltene echte Menschlichkeitsgedanke obsiegt.

(§ 38) 6. Berufliche, gesellschaftliche und technische Bedingungen der Lebenshaltung.

War die Lebenshaltung im vorigen Kapitel, als Ausgangspunkt völkischer und rassentheoretischer Fragen, in biologische Gedankenreihen eingestellt, so ist nun eine Untersuchung über Zusammenhänge der Lebenshaltung mit innerstaatlichen Gruppierungen geboten: mit Beruf und Klasse als Vorgängen der Vergesellschaftung, mit der Technik und dem Geschäftsinteresse als Folgen der privatwirtschaftlichen Verfassung. Zwar wurde schon an einzelnen Stellen auf die hier obwaltenden Beziehungen verwiesen; es ist zumal deutlich geworden, daß die Lebenshaltung stärkste Bindekraft für die Angehörigen einer Gruppe schafft, ja, selbst gruppenbildend auftritt. Klassengefühle insbesondere sind oft der Ausdruck gemeinsamer Lebensbedürfnisse, Klassenkämpfe werden um das „Gesellschaftliche Existenzminimum“ geführt. Auf der anderen Seite war auch schon von dem geschäftlich-technischen Moment, das sich in der Mode äußert, die Rede. Indessen bedarf es noch einiger zusammenfassender und ergänzender Begründungen, die ihres Umfangs wegen an früherer Stelle nicht untergebracht werden konnten.

Von Beruf ist in den Kapiteln über Arbeit und Arbeitsteilung die Rede gewesen; dort wurde darauf hingewiesen, daß es rein-körperliche und rein-geistige Berufe nicht gibt; diese Unterscheidung, die nicht einmal gegenüber der einzelnen Arbeitsverrichtung streng durchgeführt werden kann, versagt gegenüber dem „Beruf“ als einem Inbegriff von Arbeitsverrichtungen; zu ihm gehört die gesamte Arbeitsdisposition, die seelische Aufnahme dessen, was der Betrieb erfordert, darüber hinaus heute auch die durch das Betriebsrätegesetz ermöglichte aktive Teilnahme an den Betriebsangelegenheiten, Dinge, die selbst zur körperlichen Leistung des ungelernten Arbeiters ein Mindestmaß psychischer Inanspruchnahme, und zwar des Intellekts nicht weniger wie des Willens, gesellen. Die Berücksichtigung solcher Faktoren schließt es aber nicht aus, für theoretische Zwecke Berufe vorwiegend körperlicher von Berufen vorwiegend geistiger Arbeit zu trennen; und diese Unterscheidung ist auf dem Gebiet der Lebenshaltung besonders nötig.

Einschlägig ist hier auch das im vorigen Abschnitt über Produktion und Konsumtion von Arbeit und Arbeitskraft Vorgebrachte. Die Reproduktion der in der Arbeitsleistung (der „Arbeitskonsumtion") verbrauchten Energien erfordert je nach Maß und Art der Arbeit verschiedene Mengen von Kalorien, für welche in erster Linie die Ernährung, in zweiter Linie auch Beheizung und Kleidung aufzukommen hat. Einen Anhaltspunkt für den ungleichen Bedarf mögen folgende, der Zusammenstellung bei St. Bauer im HDStW. entnommenen Zahlen geben:

Arbeitergruppe	Fett g	Kohlenhydrate g	Eiweiß g	Kalorien K
Sächsischer Handweber	49.0	485.0	65.0	2703.0
Russischer Fabrikarbeiter	79.7	583.8	131.8	3675.2
Münchener Arbeiter	81.5	457.4	131.9	3174.1
Schwedischer Arbeiter	79.4	522.8	134.4	3436.0
Angestrengter Arbeiter	71.0	570.0	184.0	3752.0
Bergmann	113.0	634.0	133.0	4196.0
Münchener Brauknecht	60.6	754.8	148.6	4267.0
Italienischer Ziegelarbeiter	117.0	675.0	167.0	4540.0
Feldarbeiter	108.0	788.0	143.0	4821.0
Schwedischer angestrengter Arbeiter	110.0	714.0	189.0	4726.0
Siebenbürgischer Feldarbeiter	75.0	940.0	150.0	5167.0
Italienisch. Arbeiter	26.0—43.7	500.0—858.0	115.0—165.0	.

Nach anderen Berechnungen erfüllen 2304 Kalorien im Ruhestande dieselbe Zweckbestimmung, die bei der leichteren körperlichen Arbeit des Arztes oder des Mechanikers 2445, bei schwerer über-achtstündiger Arbeit 3362, bei bergmännischer Arbeit erst 4790 Kalorien zu leisten imstande sind.

Anscheinend sind diese Feststellungen nicht allzusehr beweiskräftig; in der Tabelle sind, abgesehen davon, daß für viele Arbeiterkategorien die genaueren Qualifikationen fehlen, große Unstimmigkeiten vorhanden, zum Teil wohl durch die Art der Materialbeschaffung entstanden. Ferner ist es mehr als fraglich, ob die Arbeit des Arztes und des Mechanikers als „leichtere körperliche Arbeit" einander gleich gesetzt werden könne.

Jedenfalls kommt es dabei sehr auf das die körperliche Arbeit begleitende Maß der geistigen Arbeit an; wo diese, wie beim Arzt, die Hauptsache ist, erscheint es überhaupt nicht als angängig, die körperliche Anstrengung für den Ausgangspunkt der Nährwert- und Kalorienberechnung zu erklären.

Wichtig ist ferner, ob die Arbeit im Freien oder in geschlossenen Räumen geleistet wird; erfordert der Weg von und zur Arbeitsstätte Zeit, Kraft und Kosten, so sind auch sie für die Lebenshaltung bedeutsam. Ganz allgemein bietet die Berufsarbeit im spezialisiert-arbeitsteiligen Betrieb ganz andere Voraussetzungen für die Lebenshaltung als etwa die in der Landwirtschaft, vor allem im eignem Betrieb geleistete, wo die an Jahreszeiten- und Wetterfolge gebundene Abwechslung dem zu großem Kräfteverbrauch entgegensteht und die Lebenshaltung ungeheuer beeinflußt. Fleischnahrung ist in höherem Maße an Stadt und geistige Berufe gebunden, fettreiche, aber auch viel Kohlenhydrate enthaltende Nahrung findet sich auf dem Lande, wo indes der Unterschied zwischen Tief- und Hochland auch noch stark ins Gewicht fällt.

Und das sind erst die die Ernährung bestimmenden Einflüsse! Daneben variieren Wohnung, Kleidung und andere Bedürfnisse in kaum geringerem Grade je nach der Berufstätigkeit, die in ihrer Gesamtheit die ganze Lebenshaltung entscheidend beeinflußt. Das mag zur Kennzeichnung des Tatsächlichen genügen, das bei uns ja hinter den theoretischen Zusammenhängen durchaus zurücktritt.

Eine Entscheidung darüber, ob der Beruf allein oder aber die Zugehörigkeit zu anderen Gruppen, zumal einer Klasse, auf die Lebenshaltung einwirkt, kann erst getroffen werden, wenn in einem späteren Abschnitt die sozialen Gruppierungen überhaupt untersucht sind. Als sicher kann aber gelten, daß, je nach Gebürtigkeit, Vorbildung, sozialem Zugehörigkeitsgefühl und dem Maß der Inanspruchnahme, derselbe Beruf zu ganz ungleicher Lebenshaltung Anlaß geben kann; Berufswechsel, eine heute — gegenüber dem zünftig gebundenen Mittelalter — wichtige und häufige Erscheinung, wird nicht ohne weiteres die Lebenshaltung ändern, die ja viel konservativer und konstanter, viel mehr an Sitte und Gewöhnung gebunden ist, als die Arbeitsleistung; diese ist für weite Bevölkerungskreise vorwiegend nurmehr Quelle des Einkommens, wird nach der Höhe des Lohns beurteilt und entscheidet als solche nicht unbedingt über die Art, wie man sich das Leben einrichtet. Nur die oben angedeuteten physischen Untergrenzen, welche der Beruf infolge des mit ihm verbundenen Stoffwechsels zeitigt, sind einigermaßen festgelegt; sie gelten aber zunächst nur für den Berufstätigen selbst, also für das Familienoberhaupt, nicht für die Familie, auf die sich doch der größte Teil der Lebenshaltungsfragen bezieht.

Von den besonderen Einwirkungen der Klasse auf die Lebenshaltung der ihr Angeschlossenen ist schon die Rede gewesen; der Begriff des „gesellschaftlichen" Existenzminimums gab hierüber Aufschluß. Die Lebenshaltung ist Folge der Klassenschichtung, aber nur in dem Maße, wie sie selbst auf diese Einfluß übt.

In diesem Zusammenhang soll nun der Technik Erwähnung getan werden, die in Verbindung mit der sozialen Gruppierung, aber auch in scharfem Gegensatz zu ihr, durch mannigfache Mittel, von denen Reklame und Mode nur Teile sind, auf die Lebenshaltung wirkt. Auch als Technik der Geburtenverhütung gewinnt sie in dem Umfang Einfluß, als die Geburtenhäufigkeit mit der Lebenshaltung verknüpft ist.

Ein mehr oder weniger großes Maß mechanischer Einwirkungen auf die Lebenshaltung ist damit gegeben; hinter den Mechanismen aber sucht der tiefer schürfende Blick wiederum geläufige Erscheinungen des modernen Lebens in Wirtschaft, Vergesellschaftung und Kultur oder Unkultur. Für die Sozialpolitik ist nicht alles von dem, was hier erschlossen werden kann, gleich wichtig; negativ fällt am meisten in Betracht, daß dieselben sozialpolitischen Maßnahmen sehr ungleich auf die Lebenshaltung wirken, weil die ihnen zugrunde liegenden gesellschaftlichen und technischen Vorgänge selbst ungleich sind; ein Grund mehr, gerade auf diesem Gebiete das Schlagwort zu meiden und sich überhaupt der Bedingtheit aller sozialpolitischen Wirkung zu vergewissern. Steht doch fest, daß heute vieles von dem, was zum gesicherten Besitz der Sozialpolitik zu gehören schien, in Frage gestellt ist.

So scheint es auf den ersten Blick, als ob die Technik die Aufgabe habe, die Lebenshaltung zu verbessern; nur so konnte man hoffen, den finsteren Deutungen des Malthus'schen Bevölkerungsgesetzes zu entgehen. Indem die Technik aber sich dem privatwirtschaftlichen Rentabilitätsinteresse unterwarf, sah sie eine Hauptaufgabe darin, neue Bedürfnisse zu schaffen, den gesellschaftlichen Ehrgeiz, das soziale Einordnungs- und Auszeichnungsverlangen den Zwecken des Marktes, des gesteigerten Umsatzes, des erhöhten Gewinns dienstbar zu machen. Wo die Mittel zur Befriedigung des auf Qualität gerichteten Bedürfnisses nicht hinreichten, trat das Surrogat als willkommener Lückenbüßer ein; dem „höheren" Stande verblieb so, indem er die echte Ware und gute Qualität bevorzugte, die erwünschte soziale Differenzierung, dem „niedrigeren" war häufig damit gedient, wenn wenigstens äußerlich die Gleichheit hergestellt war. Man muß die Technik des Warenangebots auf diesem Gebiete in engem Zusammenhang mit der sozialen Gruppierung überhaupt betrachten, und es bleibt selbst die Frage möglich, ob diese technischen Einwirkungen auf die Lebenshaltung nicht oft die entscheidenden sind; ob, mit anderen Worten, die „Lebenshaltung" nicht in höherem Grade das Werk der Industrie, des privatwirtschaftlichen Interesses, als das der sozialen Differenzierung ist.

Betrachtete man eine Reihe von „Errungenschaften moderner Lebenshaltung" vor dem Kriege, so war das Überwiegen des rein Technischen sehr deutlich; man kaufte und konsumierte, was sich als geeignet, praktisch, billig darbot. Eine Zeitlang lebten wir im Zeichen der vom Geschäftsgeist eingegebenen „Kategorischen Imperative": „Schmücke dein Heim", „Bade zu Hause", „Koche mit Gas" usw. Die Verbilligung der Fertigwaren trug dazu bei, daß sich die am Geschäftsinteresse orientierte Technik zur Beherrscherin der Lebenshaltung aufschwang; bis zum Kriege ist die Verbilligung gerade der industriellen Massenartikel eine regelmäßig fortschreitende gewesen, Rohstoffe und Nahrungsmittel haben dagegen im Preise eher angezogen. Die Lebenshaltung war insofern kein reines Ergebnis der Vergesellschaftung mehr. Mehrere Kräfte kämpften um sie, zum physischen und gesellschaftlichen Existenzminimum gesellte sich ein technisches: eine Reihe von Bedürfnissen wurde befriedigt, nicht weil sie physisch oder sozial notwendig schienen, sondern weil die Technik geeignete Verbrauchs- und Gebrauchsgegenstände geschaffen hatte und alles daran setzen mußte, dem Angebot einen Markt, dem Bedarfsbefriedigungsmittel ein Bedürfnis zur Seite zu stellen.

Vieles davon hat sich heute geändert. Durch den Krieg und seine Folgen ist das physische Existenzminimum wieder an die erste Stelle gerückt, der gesellschaftliche Bedarf, noch mehr der technisch aufgezwungene traten immermehr zurück. Das ist aber wahrscheinlich nicht von Dauer, schon machen sich Anzeichen dafür geltend, daß Vergesellschaftung und Technik wieder in ihren früheren Stand eingesetzt werden. Gerade der Mangel an Deckungsmitteln des physischen Bedarfs und die vollkommene Auflösung der früheren sozialen Gruppierungen züchtet die Nachfrage nach technisch leicht zu produzierenden Gütern; die aufgeblähte Kaufkraft leistet dem Vorschub. Sehr viel Unnötiges wird gekauft und der Konsum jeder Art zeigt einen ästhetischen und vielfach auch sittlichen Tiefstand. Ja, eine ganze Reihe von Gebrauchsgütern dienen, anstatt des Geldes, als Wertaufbewahrungsmittel. Der Kauf von Luxusware hat jetzt ein doppeltes Gesicht; auch der Bedürfnislose, der Geizige, beteiligt sich daran, um sein Geld „anzulegen".

Was die Sozialpolitik hier zu leisten hat, ist erst im praktischen Teil darzustellen. Jedenfalls kann sie sich nicht darauf beschränken, die

Verteilung so zu beeinflussen, daß ein möglichst umfangreicher Konsum möglich wird; er würde mit „gehobener Lebenshaltung" durchaus nicht zusammenfallen. Die Konsumtion selbst, nicht nur, wie früher, die Verteilung, ist heute ein Hauptgebiet der Sozialpolitik.

(§ 39) 7. Lebenskosten.

Solange das Währungsgeld noch eine brauchbare Unterlage für historische und geographische Vergleiche der Lebenskosten bot, war auf diesem Gebiete wissenschaftlich fruchtbare Arbeit zu leisten. Es braucht heute nicht begründet zu werden, warum diese Unterlage ihre Tragfähigkeit eingebüßt hat. Vergleiche sind auch heute nicht vollkommen ausgeschlossen, soweit eine Reduktion der einzelnen Währungen auf eine gemeinsame Basis möglich ist. Da sich aber nicht nur Einkommen und Preis, sondern das ganze Gefüge der Lebenshaltung verschoben hat, so steht das praktische Ergebnis solcher Untersuchungen außer Verhältnis zu der auf sie verwendeten Mühe; bestenfalls werden auch, da sich der Umwertungsprozeß an allen Komponenten der „Lebenskosten" unausgesetzt vollzieht und da Materialsammlung und -verarbeitung auf diesem Gebiete sehr lange Zeit beansprucht, nur geschichtliche Tatbestände aufgedeckt.

Immerhin wird früher oder später wieder an die sehr umfangreichen Arbeiten angeknüpft werden müssen, die vor dem Kriege der Feststellung und dem Vergleich der Lebenskosten galten; Sache des statistischen Einzelbandes unseres Handbuches ist es, die in Frage kommenden, zu großer Vollkommenheit entwickelten statistischen Methoden und Techniken klarzulegen. Vor allem in England und in den Vereinigten Staaten von Amerika hatte man in dieser Richtung viel geleistet, wenn auch im einzelnen an den Massenerhebungen über „Cost of living" methodisch manches bemängelt werden mußte. Der „extensiven", auf möglichst große Massen von Haushalten und sonstigem Beobachtungsmaterial abgestellten Statistik war in neuerer Zeit eine „intensive", mehr monographische, nicht nur auf Quantitätsfeststellungen beschränkte, sondern auch die Qualität und Verursachung der Lebenshaltung in Betracht ziehende Forschung zur Seite getreten; dieses Fach ist schon früh in Frankreich, von Le Play und seinen Schülern, ist in Deutschland besonders von den Städtestatistikern mit Erfolg gepflegt worden. Auch das frühere Kaiserliche Statistische Amt hat sich daran beteiligt, heute werden die Ermittlungen auf Grund regelmäßiger Umfragen in den Gemeinden vom Statistischen Reichsamt fortgesetzt.

Welches Interesse nimmt die sozialpolitische Theorie an den „Lebenskosten"? Der methodische Standort ist nicht eindeutig zu bestimmen. Denn „Lebenskosten" spielen als quantitativer, auf das Geld bezogener Ausdruck der bisher behandelten „Lebenshaltung" eine Rolle ebenso in der Produktion (Produktionskosten) wie in der Verteilung, wo sie vom Begriff des Reallohns zu dem des Nominallohns herüberleiten, wie endlich, und, ganz besonders, in der Konsumtion. Augenscheinlich muß über das Geld als die Basis der Lebenskosten Klarheit bestehen, will man sich deren theoretische Bedeutung deutlich machen; eine geldlose Wirtschaft würde mit den früher besprochenen Begriffen „Lebenshaltung“ und „Existenzminimum“ auskommen, für die Geldverkehrswirtschaft kompliziert sich die Sache besonders dadurch, daß das Geld seinen eignen Gesetzen folgt, daß sich jeder „Preis“ als Ergebnis zweier Paare von Einwirkungen kennzeichnet: Warenangebot und Warennachfrage, Geldangebot und Geldnachfrage.

Auf recht viele der hier einschlägigen, die Sozialpolitik interessierenden Fragen kann wohl der nächste Abschnitt über Besitz und Einkommen, Lohn und Lohnpolitik Auskunft geben. Augenblicklich ist nur eine kurze Orientierung beabsichtigt, die gewissermaßen die Verbindung zum genannten Abschnitt bringen soll. Insbesondere können die geldtheoretischen Fragen, kann das Geldwesen selbst, das zur Karikatur eines „Geldsystems“ geworden ist, nicht zur Darstellung gelangen. Das Geld ist ja sozialpolitisch nicht nur in Hinblick auf die Kosten der Lebenshaltung, sondern auch in anderen Rücksichten wichtig (vgl. auch § 62, am Schluß).

Eine besondere Einstellung des Problems „Lebenskosten“ ist im vorigen Abschnitte vorgenommen worden, wo vom „Kostenfaktor der Arbeitskonsumtion“ die Rede war. Es wurde dort deutlich, daß die Arbeitsverrichtung von konsumtiven Vorgängen begleitet ist, die unter Umständen auch die Substanz des Arbeitenden, seine Arbeitskraft, in Mitleidenschaft ziehen; allzu häufiger und intensiver „Gebrauch“ dieser Arbeitskraft wird zu ihrem, unter Umständen vorzeitigen, „Verbrauche“ führen.

Nun kann, wie auch schon erörtert wurde, die Arbeitskraft eines Menschen — unter der Voraussetzung eines annähernd gleichbleibenden Geldwerts — auf eine geldliche Basis gebracht werden; hierfür ist dann der Begriff der Produktionskosten einschließlich dem der Amortisation nicht unfruchtbar, sowenig selbstverständlich die sozialpolitischen Probleme mit dieser, gewissermaßen „privatwirtschaftlichen“ Auffassung ihre Erledigung finden können. „Lebenskosten“ nun werden im Sinne dieser Auffassung als diejenigen geldlichen Opfer anzusehen sein, die gebracht werden müssen, damit das produzierte „Kapital“ der Lebens- und Arbeitskraft regelmäßig, innerhalb der ihm gesetzten Lebensdauer, funktionieren, d. i. „arbeiten“ kann. Die „Lebenskosten“ schließen insofern die Kosten der jeweilig notwendigen Arbeitsleistung ein; wir sahen, in welchem Umfange die Arbeit auf die Lebenshaltung, auf das physische Existenzminimum einwirkt, wir erkennen also unmittelbar die Abhängigkeit der Lebenskosten, des quantitativgeldlichen Ausdrucks der Lebenshaltung, vom Grade und von der Häufigkeit der Inanspruchnahme durch Arbeit.

Die von Marx eingeführte „Gesellschaftlich notwendige Arbeit" gibt, freilich in einem von ihrem Autor nicht gemeinten Sinn, ein Maß für die „Lebenskosten", die nun zu „Arbeitskosten" erweitert sind, ab. Hier ist wiederum vieles von den Ausführungen des vorigen Abschnittes einschlägig, in den ja alle Lebenshaltungs- und Lebenskostenfragen einbezogen worden wären, wenn ihr Umfang und ihr theoretisches Interesse nicht eine gesonderte Zusammenfassung geboten hätte. Diese Seite des Problems sollte denn auch nur in Erinnerung gebracht, soll weiterhin nicht verfolgt werden.

Auch als „Produktionskosten" im Sinne der Warenerzeugung sind die Lebenskosten aufgefaßt worden. Da der Lohn bestimmte mindeste Grenzen der Lebenshaltung, d. i. der Reproduktion der Arbeit, garantieren muß, sind die Preise der Lebensmittel und sonstigen Massenbedarfsartikel für die privatwirtschaftliche Kalkulation des Unternehmers wichtig.

Die Tarifverträge geben dem Ausdruck, in neuartigen „Gleitenden Lohnskalen", die sich freilich von ihren geschichtlichen Vorbild weit entfernen, sucht man die Beziehung automatisch zu gestalten. Nicht weniger aber sind die Lebenskosten auch bestimmend für den Inneren Markt, für seine Aufnahmefähigkeit an Waren aller Art. Reichen sie nicht einmal zur Befriedigung des physischen Existenzminimums aus, so werden viele andere Artikel des Absatzes entbehren. Die am Privatinteresse orientierte Technik bemüht sich, wie wir sahen, durch Mode, Reklame und sonstige Beeinflussungen, den Absatzmarkt günstig zu gestalten; indem sie zahlreiche an sich entbehrliche Gegenstände zu solchen des notwendigen Konsums zu stempeln bemüht ist, belastet sie die Gestehungskosten der eigenen Produktion freilich in entsprechendem Maße; der nächste Tarifabschluß wird bereits das neue Bedürfnis deutlich machen und in der Erhöhung des Nominallohnes die Befriedigung auch künstlich gezüchteten Bedarfs zu erreichen versuchen.

In einer Zeit gestörten Geldwerts sind diese Vorgänge um so bedenklicher, je mehr sie sich unter dem „Geldschleier" verbergen. Weitere Inflation und Geldentwertung ist schließlich das Ergebnis der vereinigten Bemühungen von Produzenten und Konsumenten; wer außerhalb des Rings steht, keinen Rückhalt an mächtigen Berufsverbänden hat, kommt bei dieser Entwicklung unfehlbar unters Rad.

Das Gesagte mag dartun, welche Aufgaben die Praktische Sozialpolitik hier zu lösen hat; sie sind höchst verwickelt, setzen zu ihrer günstigsten Lösung Einblick in die tatsächlichen Verursachungen voraus und entziehen sich zumeist einer grundsätzlichen Besprechung; was in dieser Richtung zum Schlusse des vorigen Kapitels gesagt wurde, kann hier nur bestätigt werden. Neben der Sozialpolitik im engern Sinn hat die Wirtschaftspolitik, vor allem die des Geldwesens, entscheidend mitzusprechen. Das Thema der Theoretischen Sozialpolitik ist insofern ein weiteres als das der praktischen, deren genaue Begriffsabgrenzung dem Zweiten Teile vorbehalten bleibt. Jedenfalls wird man sich von schlagwortartigen Lösungen, die etwa die Ausschaltung des Geldes empfehlen, dadurch die Fragen der Lebenskosten zu solchen der Lebenshaltung machen möchten, nichts versprechen. Dieselbe Zurückhaltung ist den Absichten des utopischen Sozialismus gegenüber geboten, er mag noch so sehr in dogmatisch-apodiktischem Gewande auftreten. Nicht der Priester irgend einer Weltanschauung, der Arzt, d. i. hier der Sozialpolitiker, hat das letzte Wort zu sprechen, solange der Organismus lebt und nur Störungssymptome, wenn auch noch so bedenkliche, aufweist.

Die Lebenskosten, international gesehen, bieten auch die Möglichkeit weit ausschauender Aspekte. Von ihnen sei nur einer in die Untersuchung einbezogen.

Der Wanderarbeiter verkörpert in sich ein Doppeltes: die Lebenshaltung der Heimat und den Anspruch an die Lebensaussichten des Wahllandes. Unterschiede der Lebenshaltung sind, neben der unmittelbaren, durch Nichtkonsumtion der Arbeit in der Heimat veranlaßten Arbeitssuche, das Hauptmotiv der in einem früheren Abschnitte (§ 29) dargestellten Ab- und Auswanderung. Wo an Rückwanderung gedacht wird, wird die heimische Lebenshaltung, werden die früheren niedrigeren Lebenskosten auch in der Fremde Maß geben, damit nach Möglichkeit auf Grund des höheren Nominallohns Ersparnisse gemacht werden.

Wo dauernde Übersiedlung geplant ist, wird die fremde Lebenshaltung, werden die, höhere Genüsse gewährleistenden Lebenskosten des Wahllandes allmählich übernommen werden. Ungleiche Kultur, ungleiche Grade der Vergesellschaftung werden sich in den verschiedenen Lebenskosten äußern, werden der einheimischen Arbeiterschaft die Gefahr des Lohndrucks deutlich machen, der durch Verhinderung der Einwanderung oder durch Assimilierung der Einwanderer vorzubeugen versucht werden wird.

Abgesehen vom Falle der Wanderung aber sind die Lebenskosten mehr eine Angelegenheit der nationalen Kultur und der nationalen Wirtschaftslage. Der Aufstieg zu höherer Lebenshaltung geschieht viel weniger in Hinblick auf das höhere Niveau der sozial gleichgestellten Gruppen im Auslande, als in Hinblick auf die günstigere Lage anderer Schichten des eignen Volks. Die Lebenskosten sind dementsprechend als einer der wichtigsten quantitativen Maßstäbe für die Beurteilung der verschiedenen Völker und Volkswirtschaften wichtig. Auf diesem Gebiete liegen dann entscheidende Wechselwirkungen zwischen Sozial- und Weltwirtschaftspolitik vor. Vor allem müssen die Lebenskosten in ihrer Gesamtheit auch als Maß für die Leistungsfähigkeit der einzelnen Völker gelten. Das Land wird unter sonst gleichen Bedingungen am besten gestellt sein, wo die Lebenskosten als Aufwand und Opfer für ein Optimum von Arbeitserfolg gelten, gleichzeitig aber ein Optimum an Lebenshaltung, im physischen und gesellschaftlichen Sinn des Wortes, gewährleisten.

(§ 40) Ergebnisse des Vierten Abschnitts.

In Kürze sei hier an den engen methodischen Zusammenhang der beiden letzten Abschnitte erinnert. „Lebenshaltung und Lebenskosten" sind im Grunde genommen ein integrierender Bestandteil der „Produktion und Konsumtion von Arbeit und Arbeitskraft".

Wenn man, J. B. Say folgend, in Produktion und Konsumtion die beiden, durch die Verteilungslehre verbundenen Hauptabschnitte der Theoretischen Nationalökonomie sieht, so ist auch für die Theoretische Sozialpolitik ein Wesentliches geleistet, wenn hier Produktion und Konsumtion der Arbeit, dieser wichtigste Vorwurfs aller Sozialpolitik, zusammenfassend abgehandelt wurde. Der grundsätzliche Unterschied aber zur alten schematischen Einteilung lag für uns darin, daß wir uns der Wesensverwandtschaft, ja Wesensgleichheit „produktiver" und „konsumtiver" Arbeitsvorgänge ebenso bewußt blieben, wie des Schlüssels, den der Konsumtionsstandpunkt für fast alle Probleme liefert. Dieser Gesichtspunkt ist auch gegenüber den Lebenshaltungs- und Lebenskostenfragen durchzuführen versucht worden. Auch die Verteilung spielte an wesentlichen Punkten herein, auch sie ist mit fast allen Vorgängen der Lebenshaltung organisch und methodisch verknüpft; und wieder entscheidet nur die Rücksicht auf Klarheit der Darstellung und Bewältigung eines ungeheuren Stoffes, wenn die Verteilung, als die Lehre von Besitz und Einkommen, von Lohn und Lohnpolitik, einem selbständigen, dem nächsten Abschnitte zugewiesen wurde.

Eine größere Reihe von Einzelfragen ließ die Lebenshaltung als Gemengelage biologisch, soziologisch und technisch bedingter Einflüsse und Strömungen erkennen, ähnlich, wie dies auch für andere Gegenstände der Sozialpolitik erwiesen wurde. Vieles von dem im Ersten Abschnitte über die Gesellschaft Ausgeführten konnte unmittelbar für die Lebenshaltung fruchtbar gemacht werden, die im gleichen Maße als Funktion von Arbeit und Arbeitsteilung, den Themen des Zweiten Abschnitts, erkannt wurde.

Die Arbeit ist an einem Wendepunkte angelangt, der Ausblicke auf die künftig zu lösenden Fragen ermöglicht. In höherem Maße als bisher werden diese, den nächsten Abschnitten vorbehaltenen Probleme sich Gegenständen der praktischen Sozialpolitik, des Zweiten Teils der Gesamtdarstellung, nähern, ohne freilich deshalb ihren theoretischen Charakter zu verlieren. Vielleicht kann man in den bisher abgehandelten Gesichtspunkten in höherem Grade die Elemente einer Theorie der Sozialpolitik sehen, aus denen dann Wege zu neuen, noch mehr komplexen Problemlagen empor führen: zur Einkommensbildung und

Lohnpolitik, zur Sozialen Gruppenbildung, zu Zusammenhängen zwischen sozialer, kultureller, nationaler Differenzierung und Integrierung, zwischen Sozial-, Kultur- und Volkspolitik. Für manche dieser Fragen ist der theoretische Standort schon in den Ausführungen über „Lebenshaltung und Lebenskosten" angedeutet worden. „Leben" ist schließlich Ausgangs- und Zielpunkt jeder, wie immer gearteten politischen Sinnes- und Willensrichtung, „Lebenshaltung" und „Lebenskosten" sind für sie im gleichen Ausmaß Bedingung und Zwecksetzung. Dieser geradezu zentralen Bedeutung des nunmehr abgeschlossenen Abschnitts konnte mit Rücksicht auf den verfügbaren Raum nicht immer im wünschenswerten Maße Rechnung getragen werden; der Verfasser verweist deshalb, besonders hinsichtlich der statistischen Belege, auf seine auf dem gleichen Gebiete liegenden Spezialarbeiten über die Lebenshaltung.

U. a. war Verfasser an der Materialsammlung für die vom Kais. Statistischen Amte herausgegebenen „Wirtschaftsrechnungen minderbemittelter Familien" beteiligt, die er (in der „Soz. Praxis") kritisch beleuchtete. — Seine umfangreichen lohnstatistischen Arbeiten (für Münchener Gewerbe 1906—1908, für Techniker und Werkmeister 1911—1818) streiften in den Nominal- auch die Reallohnfragen. — Ein Vortrag in der Gehestiftung (Teubner) behandelte 1914 „Das Problem der Lebenshaltung"; — ungefähr gleichzeitig erschien ein Beitrag über „Preise" und „Lebenshaltung" zu dem vom Kais. Statistischen Amte herausgegebenen Werk „Gebiete und Methoden der amtlichen Arbeitsstatistik in den wichtigsten Industriestaaten". — Schmollers Jahrbuch brachte 1917 zwei Aufsätze über „Lebenshaltung und Lebenskosten", Band 156 der „Schriften des Vereins für Sozialpolitik" zur „Neuordnung des deutschen Finanzwesens", 1918, einen Beitrag: „Die Belastung kleinerer und mittlerer Einkommen durch Verbrauchsabgaben" (Duncker u. Humblot). — Heft 66 der „Schriften der Gesellschaft für soziale Reform" (G. Fischer, Jena) behandelte 1919: „Kriegslöhne und -preise in ihrem Einfluß auf Kaufkraft und Lebenskosten". — Den Beschluß machte, von kleinerem abgesehen, Band 146/II der „Schriften des Vereins für Sozialpolitik": „Lebenshaltung des Mittelstandes". — In den genannten Vereinsschriften erschienen auch die das gleiche Gebiet behandelnden Arbeiten mehrerer Schüler des Verfassers.

Fünfter Abschnitt.

Besitz und Einkommen; Lohn und Lohnpolitik.

(§ 41) Übersicht des Fünften Abschnitts.

Die sozialpolitischen Probleme sind bisher als Auseinandersetzungen innerhalb der „Gesellschaft" gesehen, auf Arbeit und Arbeitsteilung, Beruf und Unternehmung bezogen, als Produktions- und Konsumtionsvorgänge erkannt, schließlich auf Lebenshaltung und Lebenskosten zurückgeführt worden. Besitz und Einkommen hat dabei erst gelegentlich als Unterscheidungsmerkmal sozialpolitischer Vorgänge erachtet werden können; so, als der Arbeitserfolg (zum Teil) in der Entschädigung, die der Arbeiter erhält, erblickt wurde; so auch, als die Abhängigkeit der Lebenshaltung von der Verteilung deutlich wurde und es möglich war, sich dabei auf quantitative Vorstellungen (Engelsches Gesetz) zu beziehen. Einzelne Bemerkungen über den Lohnfonds und über die Eigenart des Lohns überhaupt unterliefen hierbei. Aber auch in vielen anderen Beziehungen erweist sich Einkommen und Besitz als wichtiges Differenzierungsmerkmal; die gegenwärtige sozialpolitische Praxis ist von ihm entscheidend beeinflußt, es wird kaum irgendeinen Gegenstand von aktuellem sozialpolitischen Interesse geben, der nicht mittelbar oder unmittelbar für den Besitzenden und Nichtbesitzenden, für das große und kleine Einkommen verschiedene Aspekte aufweist. Dem an anderer Stelle näher gekennzeichneten Zwecke unserer „Theorie" kann es nun nicht genügen, daß auf Besitz und Einkommen lediglich als Bestandteile irgendeines sozialpolitischen Problems verwiesen wird; vielmehr soll der Raum, den diese Bestandteile tatsächlich einnehmen, abgemessen, es soll ihre Einwirkung von jener anderer Bedingungen und Modalitäten möglichst exakt abgegrenzt werden. Wieder isolieren und analysieren wir, des Fehlers bewußt, der darin liegt, daß die Welt der Tatsachen diese Isolierzellen und Retorten der Theorie nicht kennt, daß ein sozialpolitischer Gegenstand niemals nur Funktion der Verteilung ist; diese tritt vielmehr mit den schon früher erwähnten und später noch darzustellenden sonstigen Gesichtspunkten der sozialpolitischen Theorie mehr oder weniger eng verbunden auf.

Das ist breiter ausgeführt worden, als dem Zweck einer Übersicht zu entsprechen scheint; einmal, um die Notwendigkeit eines eigenen Abschnitts über Besitz und Einkommen zu begründen; dann deshalb, weil bekanntlich Besitz und Einkommen von vielen, zumal den sozialistischen, Theorikern als ausschließliche oder doch vorwiegende Voraussetzungen der sozialen Frage unserer Zeit erachtet werden. Materialistische Geschichtsauffassung, objektive Wert- (Arbeits-, Arbeitskosten- und Mehrwert-) Theorie und ein unzeitgemäßer Rückfall ins Naturrecht verbanden sich in dem größten sozialistischen System, bei Marx, zu der Ansicht, daß die Expropriation der arbeitenden Massen durch das Kapital die entscheidende Bedingung für alles, was wir als soziale Störung und Unausgeglichenheit empfinden, gesetzt habe, und nur durch die „Expropriation der Expropriateurs" wieder beseitigt werden könne. Aber es bedurfte natürlich nicht erst der Leistung Marxens, um das Gefühl für die Härten des Daseins, für das Elend und die Ungleichheit der äußeren Glücksgüter zu wecken; spätere, Kautsky vor allem, haben es darüber hinaus unternommen, die Störungen innerhalb der Gesellschaft, und zwar auch solche vorwiegend geistigen Inhalts wie die Reformation, auf materielle Beweggründe zurückzuführen. Wenn auf der anderen Seite der „liberale Sozialist" Oppenheimer das Thema durch Einführung des Monopolbegriffs in glänzender Weise präzisiert, so bleiben Verteilungsfragen doch auch ihm entscheidend für die Sozialpolitik. Uns stehen sie nicht in gleichem Sinne vornean, und wir sind nicht geneigt, in der Sozialpolitik nur eine Auseinandersetzung über Besitz, Einkommen und Monopol zu sehen. Inwieweit wir insbesondere von der sozialistischen Auffassung abweichen, soll gerade in diesem Abschnitt deutlich werden; aber gerade weil und insoweit wir viele sozialistische Gedankengänge ablehnen, soll doch die Wichtigkeit der Verteilungsvorgänge festgehalten werden. Wir holen unsere Beweisführungen nicht aus der Welt des Ideals und sozialen Friedens, wo Eigentum, Monopol, arbeitsloses Renteneinkommen unbekannte Dinge, überwundene Standpunkte sind; im Gegenteil, wir erkennen die bevorzugte Stellung der Verteilungsvorgänge an und lehnen es nur ab, in ihrer Kritik schon die Gesamtheit aller möglichen Sozialpolitik zu erblicken.

Ein Mittelpunkt der Darlegungen wird im Arbeitslohn und seiner Konfrontierung mit der Rente erblickt werden müssen. Die hier einschlägigen Partien sind indessen keine solchen der reinen Ökonomik; es ist nicht unsere Hauptaufgabe, für die statische oder dynamische Wirtschaft die rein wirtschaftlichen Beziehungen zwischen Lohn, Zins, Grundrente und Unternehmergewinn darzulegen, hierbei vielleicht die umfangreiche vorhandene Literatur durch einige neue Gesichtspunkte zu bereichern; sondern Lohn und Rente sind für uns zugleich und sogar vorzugsweise gesellschaftliche Kategorien. Es muß also auf der einen Seite über die Ökonomik hinausgegangen, auf der anderen Seite kann manches von dem außer Betracht gelassen werden, was bei den wirtschaftlichen Betrachtungen vorwiegend privatwirtschaftlich und technisch oder nur formal-logisch und historisch ist. Immerhin enthält die wirtschaftliche Auffassung des Einkommens einige allgemein interessierende Gesichtspunkte, die gewürdigt werden müssen, auch wenn es wahrscheinlich niemals gelingen wird, mit nur-wirtschaftswissenschaftlichen Mitteln einen sozialpolitischen Komplex zu erklären. Marxismus und Privatwirtschaftslehre sind einseitige, nur-ökonomische Auffassungen gesellschaftlicher Vorgänge, wobei freilich der soziale Prozeß gänzlich verschieden gesehen, hier (in der Wirtschaftslehre) bewußt verengt, dort (im Marxismus) unbewußt verzerrt wird. Der Gegensatz zwischen jeder rein-ökonomischen und sozialpolitischen Behandlung der Verteilungsvorgänge liegt indessen tiefer; er wird deutlich, wenn man sich zu „Lohn“, „Grundrente“, „Unternehmergewinn“ und „Kapitalzins“ die Menschen, die in dieser Gestalt Einkommen beziehen, d. i. Anweisung auf den Gütervorrat zugewiesen erhalten, hinzudenkt. Natürlich nicht als „homines oeconomici“, die im Sinn der Klassiker von den korrektesten Vorstellungen über das „Ökonomische Prinzip“ ihrer Einkommensgestaltung beseelt und motiviert sind. Eigentlich ist die sozialpolitische Beurteilung der Einkommensarten die nächstliegende, geradezu die selbstverständliche, die an der Praxis orientierte; Ausgangspunkt ist ihr nämlich mein eigener Besitz, mein eigenes Einkommen, die Gütermenge, die durch dieses mein Einkommen in den Gesichtskreis meiner Bedürfnisbefriedigung rückt; ein psychischer Bewußtseinsinhalt also. Aus dem selbsterlebten Verhältnis oder Mißverhältnis zwischen Einkommen und Bedarf heraus würdige ich die ähnliche Lage Anderer; graduell entwickelt sich, übrigens meist schon in frühem Kindheitsalter, das Gefühl für soziale Differenzen, für den „Reicheren“ und „Ärmeren“, erst mittelbar das Gefühl für „Reich“ und „Arm“ als absolute Maße (insoweit sie das überhaupt sein können); noch später kommt das Verständnis für die Abstrakta des „Reichtums“, der „Wohlhabenheit“, der „Armut“, des „Elends“. Die rein-ökonomische Auffassung von Lohn oder Rente ist dann ein Fortschreiten auf gedanklicher Grundlage, ein logisches Ausgestalten isolierter, von der Wirklichkeit bewußt abgeschiedener Begriffe. Außerordentliches wurde durch solche Abstraktion und Analyse, die in v. Wiesers „Theorie der gesellschaftlichen Wirtschaft“ einen vorläufigen Höhepunkt erreicht hat, geleistet, aber der Sozialpolitiker darf in seiner theoretischen Bemühung dabei nicht stehenbleiben; und in voller Kenntnis und Schätzung dessen, was die reine Ökonomik aus den Verteilungsvorgängen gemacht hat, muß er doch den Weg zur Wirklichkeit zurückfinden, d. h. die Verteilung in ihrer gesellschaftlichen Wirkung, in ihrem Einfluß auf den und die Menschen untersuchen. Die von der Ökonomik vollzogene analytische Leistung gestattet dem theoretisch interessierten Sozialpolitiker bereits synthetische Folgerungen, die sonst niemals in seinen Gesichtskreis treten würden. Da unser Handbuch sich — zwar nicht ausschließlich, aber vorwiegend — an nationalökonomisch Interessierte wendet, wird die Entwicklung der sozialpolitischen Inhalte der Verteilung aus ihren ökonomischen Vorstellungen heraus auch didaktisch der richtige Weg, vom genauer Bekannten zum weniger Bekannten führend, sein.

Zu den rein ökonomischen Überlegungen, die an dieser Stelle nicht näher begründet werden können, gehört, daß man als „Einkommen" in erster Linie das „Sach-(Real-)Einkommen", einen zur Bedarfsbefriedigung geeigneten Gütervorrat, einen Teil des Gesamtgütervorrats (eines Volkes oder der „Welt") gelten läßt und den Begriff genau von dem der „Einnahme" scheidet; „Nominaleinkommen" ist, daraus abgeleitet, der in Geld ausgedrückte Anteil des Einzelnen an der „Verteilung". Im Zweifel ist, wenn der Begriff ohne nähere Kennzeichnung gebraucht wird, immer das erste anzunehmen. Zwischen beiden Auffassungen steht das „Geld" mit seinen besonderen Bestimmungsgründen. Ist dies heute, im Zeichen der Geldrevolution, unmittelbar deutlich, jedem Einzelnen zum persönlichen, oft schmerzlichen Erlebnis geworden, so gilt dieselbe Unterscheidung doch auch für eine Zeit relativ konstanten Geldwerts. Die Folgerungen hieraus sind besonders für die Lohnpolitik wichtig, aber auch die (in § 42 vorzunehmende) Abgrenzung des Begriffs „Kapitalist" leitet sich größtenteils aus diesen Erwägungen ab (s. auch § 62, am Schlusse).

Die Soziologie als Beziehungslehre scheint über die hier angedeuteten Fragen am meisten aussagen zu können.

Besitz und Einkommen werden in diesem Sinne als Beziehungen gesehen, zunächst zwischen Menschen und Sachgütern, im weiteren Verlauf aber auch zwischen Menschen oder Gruppen solcher; denn die ausschließliche Verfügung über einen Gegenstand — das Eigentum oder eine davon abgeleitete Rechtskategorie — enthält, über die Beziehung zwischen meinem Bedürfnis und dem seine Befriedigung verbürgenden „Gut" hinaus, mindestens auch die „Beziehung" zu anderen Angehörigen der Gesellschaft, daß diese durch meine Verfügungsgewalt oder -berechtigung von der Verfügung über das gleiche Gut ausgeschlossen werden. Weiter aber kann ich diese Dritten gerade infolge meines — obligatorischen oder sachenrechtlichen — Anspruchs unter Umständen zwingen, bei mir Stellung als abhängige Arbeitskräfte zu nehmen, sich meinen Anordnungen zu unterwerfen, meinen privatwirtschaftlichen Zwecken zu dienen. Der Arbeitsvertrag ist wichtigster Ausdruck solcher als „Abhängigkeiten" zu kennzeichnenden Beziehungen, die übrigens, gemildert, auch im umgekehrten Sinn gelten: denn der Kapitalbesitzer ist vom Arbeitnehmer nicht minder abhängig, der bloße Besitz von an den Zweck gebundenen Produktionsmitteln bewirkt bereits diese reziproke, wenn schon nicht gleichwertige „Beziehung" und „Abhängigkeit"; und zwar wird, schon wegen des möglichen Zinsverlustes, diese Abhängigkeit um so größer sein, je beträchtlicher die im Unternehmen festgelegten Sachkapitalien sind; die von Marx mit Recht vorausgesetzte Vermehrung des „konstanten" Kapitalfaktors (welchen Begriff wir freilich ablehnen) führt also nicht unbedingt zu den sozialpolitischen Folgerungen dieses Autors. — Eine weitere Beziehungsgruppe ergibt sich aus der gegenseitigen Abhängigkeit der Produzenten und Konsumenten.

Eigentum und Erbrecht sind die Eckpfeiler der privatwirtschaftlich-privatrechtlichen Verfassung; sie sind nicht naturrechtlich, sondern historisch und gesellschaftlich zu verstehen. Angriffe, die sich gegen sie richten, fließen besonders aus sozialpolitischen Quellen, verdichten sich in den sozialistisch-kommunistischen Systemen, sind aber auch den Sozialreformern geläufig. An manches im I. und VII. Abschnitt (§§ 8, 62) Gesagte sei erinnert. Man argumentiert, daß der Inhalt des Eigentums und des Erbrechts durch gesellschaftliche Kräfte, die sich des „Rechts" bedienten, geschaffen worden sei; jeder Gesellschaft müsse folgerichtig überlassen bleiben, jenen Inhalt ihren Bedürfnissen neu anzupassen, unter Umständen vor seiner Negierung nicht zurückzuschrecken. Zur Verteidigung von Eigentum und Erbrecht ist dann entweder auf ethische oder wirtschaftliche Beweisgänge zurückgegriffen worden; man betonte insbesondere den nicht wegzuleugnenden Zusammenhang zwischen der wirtschaftlichen Höherentwicklung und den Formen des Privatrechts und der Privatwirtschaft, in denen sie sich vollzog. Zu diesen letzten Erörterungen kann die Theorie der Sozialpolitik nicht schweigen; sie wird die Für und Wider erörtern und gegeneinander zu bewerten haben; indessen ist ihre Aufgabe damit noch nicht erschöpft, vielmehr haben auch die einzelnen sozialen Verteilungserscheinungen, die sich in einem privatwirtschaftlich-privatrechtlich ausgebauten System ergeben — der Arbeitslohn zumal — Anspruch auf eine theoretische Untersuchung, gleichviel, welches die Entscheidung in den übergeordneten grundsätzlichen Fragen sein wird. Um so stärkerer Nachdruck wird gerade auf der theoretischen Behandlung dieser Einzelstoffe ruhen, weil hier immerhin befriedigendere Lösungen zu erwarten sind als da, wo letzten Endes Weltanschauungsprobleme (vgl. auch VIII.) zu verbescheiden sind.

(§ 42) 1. Kapitalistisches und nichtkapitalistisches Einkommen.

Die Unterscheidung zwischen Einkommen, das aus Kapitalnutzung irgendwelcher Art fließt, und nichtkapitalistischem Einkommen ist für alle Sozialpolitik wichtig; an sie schließt die finanzpolitische Sonderbehandlung des fundierten und des nichtfundierten Einkommens an, ohne übrigens in allen Einzelheiten mit der vorerwähnten Einteilung zusammenzufallen. Für nichtkapitalistisches Einkommen wird gemeinhin auch Arbeitseinkommen gesagt, dessen wichtigster, aber nicht ausschließlicher Sonderfall der Arbeitslohn ist. Folgt man einstweilen dieser Gleichsetzung, die sich aus mehrfachen Gründen zu empfehlen scheint, so wird man sich doch einer im Zweiten Abschnitt (§§ 17, 18) geltend gemachten, auch für einige Untersuchungen im

Dritten Abschnitt wichtigen Erweiterung der Begriffe „Arbeitsleistung“ und „Berufstätigkeit“ erinnern: hiernach konnte auch in der Verrichtung des Kapitalisten, soweit sie auf Organisation und Spekulation beruht und volks-, mindestens aber privatwirtschaftliche Werte schafft, „Arbeit“ erblickt, die darauf abgestellte Lebensstellung als „Beruf“ anerkannt werden. An anderer Stelle (§ 27) ist ferner schon angedeutet worden, daß die Entlohnung des Arbeiters auch außer jedem Verhältnis zu seiner Arbeitsleistung stehen, monopolistische Elemente bergen, sich damit dem Kapitaleinkommen nähern kann. Die häufige Gleichsetzung von Kapitalist = Besitzendem = Bezieher fundierten Einkommens trifft ebensowenig regelmäßig zu, wie die Verweisung des Arbeiters auf die ausschließliche Geltendmachung seiner individuellen Arbeitskraft. Oben (§ 41) ist das Verhältnis von Kapitalbesitzer und Arbeiter als gegenseitige, wennschon ungleichartige Abhängigkeit bezeichnet worden, die Ansicht, daß die schwächere Position, die größere Abhängigkeit unbedingt auf Arbeiterseite sei, war nie ganz richtig und ist den gegenwärtigen Verhältnissen gegenüber sicher nicht in vollem Umfang aufrechtzuerhalten.

Nicht einfach sind ferner diejenigen Einkommensformen zu übersehen, bei denen Kapitalnutzung mitspielt, ohne allein oder auch nur vorzugsweise Maß zu geben: das Einkommen des Bauern und des Land besitzenden Landarbeiters, das des Handwerkers und kleinen Handelstreibenden fällt ebensosehr unter diesen gemischten Begriff wie der Unternehmergewinn, von dem später besonders ausgiebig zu handeln ist. Immerhin lassen sich diese Einkommen gedanklich analysieren, ihre Bestandteile isolieren, was hinsichtlich eines durch gewerkschaftliche Organisation und Beherrschung des Arbeitsmarkts überhöhten Arbeitslohns weniger leicht möglich ist.

Unsere Untersuchung wird, nach früherem, die rein ökonomischen Begriffe der Verteilung, als solche und in ihrem gegenseitigen Verhältnis, übernehmen können. Die eigentlichen Standorte der theoretischen Sozialpolitik liegen ja nicht im Rein-Ökonomischen, sondern da, wo sich wirtschaftliche und gesellschaftliche Sehlinien kreuzen. Wir erinnern aber daran, daß die Begriffe: „Kapitalist“, „Arbeiter“, „Unternehmer“ usw. abstrakte Gruppenvorstellungen sind, abgeleitet aus wirtschaftlichen Funktionen und den sie begleitenden gesellschaftlichen Umständen. In diesen kombinierten Begriffen spiegeln sich also nicht nur die ökonomischen Vorstellungen von den Verteilungsvorgängen, sondern bereits Berufs-, Standes- und Klassenmerkmale, nationale Differenzen, kurz, die Einflüsse „Sozialer Gruppen“. Man ist „Kapitalist“ nicht nur, wenn man Kapital nutzt, sondern auch, insoweit man dadurch zu einer bestimmten Lebenshaltung gelangt und bestimmten, sozialen oder unsozialen, Gruppengefühlen huldigt.

Deutlich hebt sich vom „Kapitalisten“ schon jetzt der kleine und mittlere Rentner ab, obwohl doch vielleicht auf ihn in besonderem Maße zutrifft, daß er ausschließlich auf Kapitalnutzung angewiesen ist und nicht daneben (wie möglicherweise der spekulierende Kapitalist großen Stils) noch Arbeit leistet. — Noch viel entschiedener ist der Begriff „Arbeiter“ von der gesellschaftlichen Seite zu fassen; der Umstand, daß er in einem weiteren Begriff Arbeitslohn verdient, mag ihm mit anderen Erwerbstätigen (dem Bauern, Handwerker) gemein sein, trotzdem hebt er sich sozial scharf von jenen ab. Dieser Gegensatz gründet aber (nach § 27) nicht darin, daß der Arbeiter, allein von allen Warenverkäufern, außerstande sei, mit seinem Warenangebot zurückzuhalten. Einschlägig ist hier noch, was der Abschnitt über soziale Gruppen und Organisationen ausführen wird.

Von den vier gemeinhin bekannten Verteilungsarten:

Kapitalzins,
Grundrente,
Unternehmergewinn,
Arbeitslohn

ist die an letzter Stelle genannte die sozialpolitisch wichtigste. Ein sehr großer Teil aller Sozialpolitik ist, im engern oder weiteren Sinne, Lohnpolitik; insoweit es sich dabei um den Reallohn handelt, ist die Preis- und Lebenshaltungspolitik nicht weniger einschlägig wie die oft ausschließlich in den Vordergrund gestellte Nominallohnpolitik. Doch bleiben dies Spezialfälle der Real- und Nominaleinkommenspolitik. Die besondere Bedeutung der einschlägigen Fragen beim Arbeitslohn veranlaßt uns, diesem in seinen mannigfachen Gestalten hernach besondere Kapitel zu widmen.

Für unsere Untersuchung ist ferner die Grundrente als solche insofern Gegenstand, als von ihr unerwünschte Einwirkungen auf den Preis, den Konsum und mittelbar auf die soziale Lage der breiten Massen erwartet zu werden pflegen. Die Bodenreform hat ja gerade diese Seite des Verteilungsvorgangs scharf hervorgehoben und mehr oder weniger für alle sozialen Unstimmigkeiten verantwortlich gemacht. Freilich gibt die seit Ricardo überwiegend anerkannte Theorie der Grundrente als einer Differenzialrente, die den Preis nicht beeinflußt, sondern umgekehrt aus einer bestimmten Preishöhe automatisch folgt, keinen rechten Anhaltspunkt für die Berechtigung des Hasses, mit der die Bodenreform gerade die Grundrente verfolgt; der einfache ökonomische Tatbestand ist aus der Theoretischen Sozialökonomie her bekannt und wurde früher einmal (§ 33) gestreift: Übergang zu schlechterem Boden, durch Vermehrung der Bevölkerung erzwungen, bemißt den Preis nach den Produktionskosten des unter den ungünstigsten Umständen arbeitenden, für die Befriedigung des Bedarfs noch notwendigen Grundstücks; für die mit geringeren Kosten produzierenden Böden muß sich hieraus eine Rente ergeben. Inwieweit daneben noch eine absolute Grundrente möglich oder selbst die Regel ist, ist davon abhängig, ob und inwieweit allgemein monopolistische Einflüsse auf den Preis stattfinden (§ 47). Man hat darüber hinaus die Grundrente überhaupt als einen Sonderfall des Monopols erachtet, hat die Entstehung von Grundrente zunächst für den Bergbau festgestellt und ähnliche Verteilungsvorgänge auch für die Industrie in Anspruch genommen. Kartellgewinne, die auf Grund der nach den höchsten Selbstkosten eines Kartellmitglieds bemessenen Preise für die günstiger produzierenden Genossen entstehen, fallen tatsächlich am ehesten unter den Begriff eines der Grundrente analogen Einkommens. Jedenfalls sind sie als Zins, Unternehmergewinn oder Arbeitslohn nicht zu bezeichnen. Wenn sich gegen diese Monopolgewinne Erwägungen der praktischen Sozialpolitik richten und mit den praktischen Zielen der Bodenreform vielfach zusammenfließen, so ist das doch kein Grund, deren theoretische Grundlegung allgemein anzuerkennen.

Nun aber sei an das Vorkommen von Monopolstellungen der Arbeiter, von Monopolelementen in den Löhnen gewerkschaftlich und politisch stark organisierter Arbeiter erinnert. Was uns oben schon auffiel, erfährt so, vom Gesichtspunkt der Rente (Differenzialrente) aus, eine besondere Beleuchtung, die damit eröffnete Parallele zwischen Gewerkschaft und Kartell wird uns übrigens noch beschäftigen. Ist aber, wennschon in sehr ungleichem Umfange, monopolistisches Einkommen nicht nur beim Kapitaleinkommen zu finden, kann es vielmehr auch beim Arbeitseinkommen unterlaufen, dann reicht die Unterscheidung: Kapital- und Arbeitseinkommen nicht mehr für alle sozialpolitischen Zwecke aus. Noch weniger genügt sie, wenn man, den vorhin erwähnten Absichten gemäß, allein die tatsächliche soziale Lage der Gesellschaftsgruppen mit Kapital- oder Arbeitseinkommen berücksichtigt. Eine unüberlegte Praxis glaubt mit dieser oberflächlichen Unterscheidung sogar schwerwiegende Eingriffe in die Bewegungsfreiheit des Einzelnen begründen zu können.

In einem früheren Kapitel (§ 17) sind z. B. Verwaltungsbestimmungen angeführt worden, welche darauf hinauslaufen, den Nichtkapitalbesitzern ein Monopol auf bestimmte, nicht einmal hinreichend abgegrenzte Arbeitsverrichtungen zuzuwenden; zieht man den Kreis des „Kapitalisten" in diesem Sinn hinreichend weit, so bedeutet das eine Aussperrung erheblicher Bevölkerungsbestandteile von heute relativ gutentlohnten Beschäftigungen. Die Monopolstellung der Arbeit wäre damit auch äußerlich dokumentiert, es wäre dann auch möglich, von Fall zu Fall eine künstliche Knappheit der „Ware Arbeit" zu schaffen und ihren Preis, den Lohn, genau so hochzuhalten oder zu steigern, wie ein Verkäuferkartell die Preise seiner Waren hochhält oder steigert.

Die Tatsache, daß das kapitalistische Einkommen in wesentlich größerem Umfang monopolistische Elemente enthält, bleibt daneben natürlich bestehen. Will man die Angriffe, die hauptsächlich (aber nicht nur) um dessentwillen gegen das Kapitaleinkommen gerichtet werden, würdigen, so muß man das, was von ihm wirklich oder vermeintlich auf monopolistische Quellen zurückführt, von dem zu trennen versuchen, was — wie die einfache Kapitalrente — nur aus der Tatsache von Privatkapital folgt, nicht in dessen monopolistischer Ausnutzung begründet zu sein braucht.

Gewiß verschließen wir uns der Auffassung, daß das Privateigentum an Kapital bereits einen Ausschluß anderer von seiner Nutzung, insofern eine Monopolstellung des Kapitalbesitzers bedeute, nicht (vgl. § 41). Die reinökonomische Forschung kann daran sicher nicht vorbeigehen. Für die Theorie der Sozialpolitik ist der Forschungsrahmen aber enger zu spannen: ihr kommt es, als Unterlage für den Praktischen Teil, vor allem darauf an, Kapital, das (als Sach- oder Geldkapital) werbend in der Produktion tätig ist und die eigentlich monopolistischen Einwirkungsmöglichkeiten gewährt, von dem nur sog. „Kapital" — jetzt ausschließlich „Geldkapital" — zu scheiden, das ein mehr oder weniger begrenztes, reines Renteneinkommen ermöglicht. Die Sach- und Personalseite des Kapitalbegriffs, „Kapitalist" und „Rentner" müssen theoretisch getrennt werden. Daß es sehr viele Übergänge zwischen beiden und zwischen der festen Rente und dem „Profit" im allgemeinen gibt, wird hierbei natürlich nicht bestritten. Um aber durch das Labyrinth der sich bekämpfenden sozialpolitischen Meinungen und Strömungen hindurchzufinden, soll der Versuch, „Kapitalisten" und „Rentner" zu unterscheiden, immerhin gemacht werden.

Wenn jemand den Zins eines Kapitals, zumal eines solchen von mittlerer Größe, einnimmt und verzehrt, so findet er sich in der Rolle eines Gläubigers, der auf das Gebaren seines Schuldners keinen oder doch nur einen geringen Einfluß übt. Scharf ist für alle sozialpolitischen Gedankengänge — im Sinne früherer Überlegungen — zwischen diesem rentenbeziehenden Gläubiger und dem Kapital selbst, aus dem die Rente fließt, zu unterscheiden: dieses Kapital steht seinerseits im Geld- und Kreditverkehr, kann werbend angelegt werden, monopolistische Wirkungen anderer Kapitalien steigern oder solche selbst hervorrufen. Von allen diesen wirtschaftlich-politischen Machtäußerungen ist die Witwe, die die Erziehungskosten ihrer Kinder aus der Rente bestreitet — ein gar nicht seltener Grenzfall eines sog. „Kapitalisten" — völlig ausgeschlossen. Hat sie Aktien statt Obligationen, so mag sie in beschränktem Umfang immerhin an den besseren Kapitalerträgen partizipieren, sie muß aber dann auch ein für sie sehr bedenkliches Risiko tragen; und dieser Umstand wird sie häufig genug bestimmen, die festrentierliche, sichere, aber gewinnbeschränkte Anlageform ihres „Kapitals" vorzuziehen. Worauf wir bei diesen Darlegungen, die hier leider nicht nach allen erwünschten Richtungen hin ausgestaltet werden können, abzielen, ist: die von der ökonomischen sehr erheblich abweichende gesellschaftliche Auffassung von „Kapital“ und „Kapitalbesitzer“ zu begründen. Für die Sozialpolitik aber ist die gesellschaftliche Bedeutung der Begriffe mindestens in dem Maß wichtig, wie die ökonomische Theorie des Kapitals; der „Kapitalist“ ist theoretisch überhaupt nur Gegenstand der über das Nur-Ökonomische hinaus erweiterten Sozialwissenschaft.

In unserer Zeit der Revolution des Geldwerts sollte die erwähnte begriffliche Abgrenzung ohne weiteres aus den Tatsachen heraus verstanden werden: die „Teuerung“ wird vorwiegend vom kleinen „Kapitalisten“ und Sparer, von „freien“ Berufen und Festbesoldeten (die noch nicht gewerkschaftlich organisiert sind) als solche empfunden. Wer in der Lage ist, sein Nominaleinkommen den Preisen anzupassen, der vermag unter Umständen, wenn ihm irgendeine Monopolstellung zu Hilfe kommt, seine Kaufkraft sogar (mindestens der Gesamtheit von Kaufkraft gegenüber, also relativ) zu steigern, sie jedenfalls den geänderten Verhältnissen anzupassen. In dieser Lage aber ist der eigentliche „Kapitalist“ ebenso wie der organisierte „Arbeiter“; ihre Preis- und Lohntreibereien haben vielfach am gleichen Strange der Geldentwertung, der Inflation, gezogen, ihre Interessen gehen in der Tat vielfach grundsätzlich zusammen. Sich darüber zu beschweren, daß der Profit steigt, wenn die Löhne anziehen, das ist kein Zeichen großer ökonomischer Einsicht. Größere Einsicht haben die schon einmal erwähnten englischen Arbeiter bewiesen, als sie in der Chartistenbewegung vom Anfang des vorigen Jahrhunderts es ablehnten, gemeinsam mit der Antikornzoll-Liga gegen die agrarischen Brotverteuerer vorzugehen. — Mit der Unterscheidung zwischen „Arbeiter“ und „Kapitalisten“ ist es also für sozialpolitische Zwecke auch nicht getan; dem Rentenbezieher, und nicht einmal nur dem ganz kleinen, ist vielmehr sozial, zumal in der Gegenwart, eine Sonderstellung gegenüber denen einzuräumen, die ihr Kapital oder ihre Arbeitskraft ungehemmt durch Preisrevolution und Teuerung zu verwerten, ja vielleicht zu überwerten in der Lage sind. Wenn das alles an den gigantischen Verhältnissen der Gegenwart unmittelbar deutlich wird, so bleibt die grundsätzliche Wahrnehmung doch nicht auf die Verhältnisse einer gestörten Wirtschaft beschränkt.

Damit erwies sich die Einteilung dieses Kapitels in „kapitalistisches“ und „nichtkapitalistisches“ Einkommen als zwar grundsätzlich wichtig, aber als nicht genügend für die tiefergehenden Absichten einer „Theorie der Sozialpolitik“. Es wird nötig sein, nun einzelne wichtige Sonderfälle zunächst des aus Kapitalbesitz fließenden Einkommens ins Auge zu fassen. Unter ihnen ist der Unternehmergewinn besonders interessant, er stellt möglicherweise sogar einen Grenzfall zwischen Kapital-

und Arbeitseinkommen dar. An diesem Begriff, der sich von dem der Unternehmung und des Unternehmers (§§ 19, 20) ableitet, aber doch selbständig entwickelt werden muß, wird manches deutlich werden, was bisher erst vermutet werden konnte.

(§ 43) 2. Unternehmungsgewinn und Unternehmerlohn.

Diese Untersuchung knüpft an an die Ausführungen der beiden letzten Kapitel, insbesondere an die — für feinere Zwecke freilich nicht ausreichende — Unterscheidung zwischen „kapitalistischem" und „nichtkapitalistischem" Einkommen, und an breitere Darlegungen, zumal in §§ 19 und 20, über die Unternehmung und den Unternehmer. Es empfiehlt sich, diese Erörterungen ins Gedächtnis zurückzurufen; sie sind zum Verständnis des Folgenden unerläßlich. Auch auf sonstige Teile der vier abgeschlossenen Abschnitte wird Bezug genommen. U. a. ist wichtig das in § 25 über die Leistung des Arbeiters und die Leistung des Unternehmers Gesagte; was dort zur Verständlichung des Vorgangs, den wir die „Konsumtion der einzelnen Arbeitsverrichtung" nannten, bemerkt wurde, ließ zugleich den Arbeitslohn als partiellen (oft aber auch als ausschließlichen) Arbeitserfolg erkennen und bereitet eine Begriffsabgrenzung des Lohnes gegenüber dem Unternehmergewinne und dem Unternehmerlohne vor. Was hier, im Gegensatz zur Fassung der Überschriftsworte des Kapitels, einstweilen noch, nicht eindeutig genug, als Unternehm**er**gewinn bezeichnet wird, ist auch darzulegen.

Unternehmung und Unternehmer sind als wechselseitig aufeinander angewiesene, aber begrifflich doch streng auseinanderzuhaltende Erzeugnisse des arbeitszerlegenden und -vereinigenden Wirtschaftsprozesses erachtet worden; zu den Unterscheidungsmerkmalen gehört vor allem die Kennzeichnung des Umfangs, in dem der „Unternehmer" — hier als Person oder begrenzte Personenmehrheit gedacht — und die „Unternehmung" — als Inbegriff der vom Unternehmerwillen dirigierten Sachkapital- und Personalvereinigung — am Verteilungsprozeß partizipieren.

Bekanntlich ist der Begriff des „Unternehmergewinns" der klassischen Schule fremd, wird in England und Frankreich auch heute noch zumeist abgelehnt und entspricht vor allem einem in Deutschland, dem klassischen Lande höchstgesteigerter Unternehmerleistung, empfundenen theoretischen Bedürfnis. Der Unternehmergewinn in diesem noch näher zu kennzeichnenden Sinn stimmt aber mit dem, was der „Unternehmer" als Person vom Produktionsgewinn zugewiesen erhält, sehr oft nicht überein. Denken wir uns vor allem den Regelfall des abhängigen, im Angestelltenverhältnis befindlichen Unternehmers, so wird sein „Unternehmereinkommen" oder „Unternehmerlohn" meist nur ein Bruchteil dessen sein, was die ökonomische

Verteilungslehre als „Gewinn“ des von jener Persönlichkeit geleiteten Unternehmens bezeichnet.

Hier sind keineswegs einfache privatwirtschaftliche Fragen im Spiele. Wir haben indessen nicht allzuviel Veranlassung, auf sie einzugehen, denn wir beabsichtigen nach früher Gesagtem keineswegs einen Beitrag zu den reinwirtschaftlichen Streitpunkten. Lediglich die Bedeutung von Unternehmergewinn und -lohn für die Sozialpolitik kommt in Frage. Vor allem interessiert uns auch hier das Persönliche, weniger aber, soweit es individuelle, als soweit es gesellschaftliche Wirkungen äußert: der Unternehmer als Mitglied einer beruflich und gesellschaftlich abgrenzbaren Schicht. Früher (§§ 19, 20) wurde gezeigt, daß das Streben gerade des ganz großen Unternehmers nicht in Einkommensmehrung aufgeht, sondern oft machtpolitische Ziele umfaßt. Jetzt wäre darzutun, inwieweit das dem Unternehmer zufließende Einkommen Grundlage der sozialen Stellung des Unternehmertums wird — also der Sozialen Gruppe, die als Inbegriff aller Unternehmer gedacht werden kann.

Unternehmergewinn bleibt übrig, wenn alle Aufwendungen für sachliche und persönliche Produktionsfaktoren — für Kapitalüberlassungen, Bodennutzungen und geleistete Arbeit, einschließlich des Gehalts der leitenden Organe — bezahlt sind und der erzielte Preis einen Überschuß darüber hinaus aufweist. Man hat den Unternehmergewinn auch schlechthin als den Rein- (Netto-) Ertrag eines Unternehmens bezeichnet. In jedem Fall ist Pierstorff, der sich über diese Frage eingehend ausgelassen hat, dahin beizupflichten, daß der Unternehmergewinn in diesem Sinn vorwiegend kapitalistisches, wenn auch auf die persönliche Leistung (des Unternehmers) mit zurückführendes Einkommen ist.

Freilich leidet die Darstellung des eben erwähnten Autors im HdStW. darunter, daß er aus dem richtigen Einblick in die Unternehmertätigkeit die Folgerung zu ziehen unterläßt; sie kann nur dahin gehen, daß in den Aktiengesellschaften usw. regelmäßig die Direktoren, also formell zumeist Angestellte, Unternehmerfunktion üben; davon waren wir früher (§ 20) ausgegangen, Pierstorff aber spricht einmal wohl von den Leitenden Angestellten als den „eigentlichen“ Unternehmern, läßt aber an anderer Stelle, wo es sich um die Kennzeichnung des Unternehmereinkommens handelt, doch die an der Unternehmerleistung zumeist ganz unschuldigen Aktionäre als „Unternehmer“ gelten. Darüber muß man sich endgültig entscheiden, bevor man der Frage des Unternehmergewinns und -lohns nähertritt.

Der Unternehmergewinn trat uns als kapitalistisches Einkommen, insofern gebunden an größere oder geringere Kapitalverwendung, entgegen; ist das genutzte Kapital sehr klein gewesen, spielte es, in einem handwerksmäßigen Betriebe etwa, gegenüber der persönlichen Leistung des Unternehmers nur eine mehr oder weniger untergeordnete Rolle, dann läßt sich nach früheren Ausführungen ein etwa verbleibender Unternehmergewinn auch erst errechnen, wenn für die persönliche Leistung ein entsprechender Arbeitslohn eingesetzt und, als Aufwand, vom Rohertrag abgezogen worden war. Im einzelnen gibt es Grenzfälle, wo es zweifelhaft ist, ob überhaupt eine „Unternehmung" und ein „Unternehmer" gegeben ist; auf der anderen Seite hat Brentano bekanntlich auch dem Arbeiter die Unternehmerfunktion zugeschrieben: er sei Unternehmer seiner Arbeitskraft und könne ja (nach § 26, am Schlusse) durchaus auch im privatwirtschaftlichen Bilde gesehen werden. In ihm nun würde Unternehmergewinn, Unternehmerlohn und Lohn schlechthin in eins zusammenfließen, während in der großen vergesellschafteten Unternehmung, deren Naturgeschichte § 20 zu schildern unternahm, die drei Arten der Verteilung scharf unterschieden auftreten.

Für unsere gesellschaftliche Auffassung nun tritt der „Unternehmergewinn" als eine vorzugsweise kapitalistische Verteilungskategorie durchaus hinter dem „Unternehmerlohn" als einem auf Grund besonderer Leistung in Anspruch genommenen persönlichen Einkommen zurück.

Freilich fassen wir dabei den Begriff „Unternehmerlohn" nicht ganz im Sinn der französischen Schule, wo er doch auch kapitalistische Einkommensbestandteile umfaßt und nur zum Teil auf die persönliche Unternehmerleistung bezogen wurde. Immerhin nähern wir uns dieser Auffassung mehr als der englischen, die überhaupt nur von „Profit" spricht und im ganzen der Anschauung ihrer Klassiker treubleibt.

Nur eines verbindet die im übrigen auseinanderfallenden Begriffe Unternehmergewinn und -lohn noch miteinander: daß es sich bei ihnen beiden nicht um „bedungene" und vertraglich festgelegte Einkommen handelt, sondern um solche, deren Höhe im allgemeinen erst durch den Produktionserfolg bestimmt wird. Sowohl der Kapitalzins wie der Arbeitslohn (den wir uns beim „Unternehmer" bereits als vom Unternehmerlohn abgezogen vorstellen müssen) sind demgegenüber bedungene, vertraglich fixierte Größen; insoweit der Unternehmergewinn sich mit Kapitalzins, der Unternehmerlohn mit Arbeitslohn verbindet, enthalten beide Arten von Unternehmereinkommen einen festen und einen beweglichen Anteil; praktisch ist aber immer noch der Unterschied, daß der Lohn, nach Früherem (§ 25), vorgeschossen, also vom endgültigen Erfolg oder Mißerfolg des Unternehmens gar nicht berührt wird; der Kapitalzins aber wird unter Umständen erst bei hinreichend befriedigendem Abschluß bezahlt werden, eine darauf gerichtete Forderung ist gegebenenfalls nur einfache Konkursforderung und teilt die der Lohnforderung zuerkannten Privilegien im allgemeinen nicht. Handelt es sich um den Zins für eigenes Kapital des Unternehmers, so teilt er das Schicksal fremden Kapitals, während auch der Generaldirektor wenigstens einen Teil seiner Gehaltsforderung als bevorrechtet im Konkurs anmelden kann.

Diese Feststellungen, die bei dem besonderen Zwecke unserer Darlegung begrenzt werden müssen, mögen dahin ausklingen: in Konsequenz der Unterscheidung zwischen der Unternehmung und ihrem vorzugsweise kapitalistisch zu begreifenden Einkommen, dem bisher sog. Unternehmergewinn auf der einen Seite; dem Unternehmer und seinem persönlichen Einkommen, dem Unternehmerlohn auf der anderen Seite; soll eine klarere Namengebung vorgeschlagen werden: statt „Unterneh**mer**gewinn": Unterneh**mungs**gewinn", während der „Unterneh**mer**lohn" als solcher bestehenbleibt. Die Zwiespältigkeit des Unternehmerbegriffs scheint an der erheblichen Unklarheit, unter der gerade dieser Teil der Einkommenslehre leidet, in besonderem Maße beteiligt zu sein. In der Überschrift dieses Kapitels ist die genauere Unterscheidung schon berücksichtigt.

Für uns ist der „Unternehmerlohn" deshalb besonders wichtig, weil er bereits zu dem sozialpolitisch entscheidenden Begriff der Verteilung, zum Arbeitslohn, hinüberführt.

Unternehmerlohn ist die „Belohnung des Unternehmers" für besondere (volks- oder privat-)wirtschaftliche Verdienste, nur der „Unternehmer" kann also auf sie Anspruch erheben. Der Sachverhalt scheint in der vom Inhaber persönlich geleiteten Unternehmung glatt zu liegen: hier scheint eben der Inhaber als sein eigener Unternehmer den Lohn seiner erfolgreichen Mühewaltung zu erhalten. Wie aber, wenn der Inhaber geschäftsbeschränkt (z. B. minderjährig) oder aber den Geschäften abhold oder sonst unfähig ist, sie zu versehen, wenn er tatsächlich in allen eigentlichen Unternehmerfunktionen durch einen Dritten, einen Prokuristen etwa, oder auch nur einen geschickten Angestellten oder Arbeiter, vertreten wird? — Wir sehen, die in § 20 getroffenen Feststellungen über den Übergang der Unternehmerfunktion auf angestellte, abhängige Kräfte ist nicht notwendig auf die vergesellschaftete Unternehmung, die Aktiengesellschaft etwa, beschränkt, er kann auch in Unternehmungen persönlichen Besitzes Platz greifen. Nur wird es sich dort nicht um regelmäßige Erscheinungen handeln, während eine solche bei der Unternehmung in Gesellschaftsform allerdings vorliegt; denn es wurde zu zeigen versucht, daß Personenmehrheiten, die eine gewisse Größe überschreiten, und zumal wechselnde und fluktuierende wie die Aktionäre der Aktiengesellschaft, den Unternehmerbegriff überhaupt nicht erfüllen können. Was in der vergesellschafteten Unternehmung eine zwangsläufige Erscheinung, Folge soziologischer Notwendigkeiten ist, kann in der persönlichen Unternehmung immer nur Ausnahmefall sein, ist aber auch als solcher für die Beurteilung des Unternehmerlohns wichtig.

Es ergibt sich nämlich, daß unter Umständen Unternehmung und auch Unternehmungsgewinn möglich ist, ohne daß es zur Ausschüttung eines Unternehmerlohns zu kommen braucht. Wenn der Prokurist, der Gutsverwalter oder sonstige Angestellte (oder auch wohl Arbeiter), der für den leistungsunfähigen oder -unwilligen persönlichen Unternehmungsinhaber alle in die Unternehmersphäre fallenden Geschäfte tadellos und mit größtem technischen und kaufmännischen Verständnis versieht, so kann es doch sein, daß er sich mit seinem Arbeitslohn oder Gehalt zufrieden geben muß oder von selbst zufrieden gibt. Der Arbeitslohn oder Gehalt aber war möglicherweise ohne jede Rücksicht auf die besondere Qualität der Leistung, die den Arbeiter oder Angestellten praktisch zum Unternehmer machte, bemessen worden.

In solchen Fällen wird das Unternehmen wohl ein Einkommen auswerfen können, das wir nicht anders denn als „Gewinn der Unternehmung“ bezeichnen werden; dieses Einkommen aber ist gewissermaßen um das, worauf es letzten Endes zurückführt, um den Unternehmerlohn, gekürzt; wenn man nicht zu sagen vorzieht, daß eine sozialpolitisch noch zu prüfende Inanspruchnahme dieses Unternehmerlohns durch den Unternehmungsinhaber erfolgt sei.

Man könnte den Versuch machen, auch für diesen, an der tatsächlichen Unternehmungsleitung als ganz unbeteiligt vorausgesetzten Inhaber der Unternehmung einen „Lohn“ dafür in Anspruch zu nehmen, daß er sein Kapital zur Verfügung stellte und das Unternehmerrisiko trägt. Das würde mit dem Bemühen einig gehen, den Unternehmungsgewinn überhaupt als Risikoprämie aufzufassen. In diesem Sinne wären dann natürlich nur die Kapitalisten als Unternehmer zu betrachten, bei einer Aktiengesellschaft die Aktionäre, bei einer offenen Handelsgesellschaft oder G. m. b. H. die Gesellschafter. Diese Auffassung ist mit Recht bekämpft worden; für uns muß sie schon deshalb ausscheiden, weil sie nach früheren Ausführungen (§ 20) ganz unfähig ist, die moderne, vergesellschaftete Unternehmung verstehen zu lehren. Zumal für den gewiß nicht seltenen Fall, daß, etwa infolge gesicherter Absatzverhältnisse, ein Risiko kaum mehr vorhanden ist oder daß die monopolistische Macht einer kartellierten oder vertrusteten Unternehmung jedes Risiko ausschließt, versagt die Gleichsetzung von Gewinn der Unternehmung mit Entschädigung ihres Inhabers für ein Risiko, das er auf sich nahm. Denn der Gewinn bleibt hier, meist noch verstärkt, auch ohne daß ein Risiko vorausging; wie soll auf diese Weise erklärt werden, daß der Unternehmungsgewinn gerade dann am größten sein kann, wenn gar kein Risiko besteht?

Wie aber immer die rein ökonomische Auffassung begründet wird: der theoretisch interessierte Sozialpolitiker darf für sich in Anspruch nehmen, den Begriff „Unternehmerlohn“ so zu fassen, daß darin eine Belohnung für eigene aktive Tätigkeit liegt. Diese Belohnung aber kann, so sahen wir, wegfallen, wenn der De-facto-Unternehmer, der Prokurist oder Verwalter

z. B., nur einen festen Arbeitslohn, der möglicherweise ohne jede Rücksicht auf die besondere Leistung vereinbart worden war, empfängt.

Um es gleich deutlich zu sagen: wir müssen den Unternehmerlohn und den normalen Arbeitslohn als Größen betrachten, zwischen denen eine schrittweise Annäherung erfolgen kann. Nur muß alles Schematische von dieser Frage ferngehalten werden: es geht z. B. nicht an, jetzt schon eine Ergänzung des regelmäßigen Arbeitslohns durch Gewinnbeteiligung zu fordern, ohne geprüft zu haben, ob die, denen diese Abart von Unternehmerlohn zuzubilligen wäre, wirklich über ihre unmittelbare vertragliche Arbeitsverpflichtung hinaus etwas geleistet haben, was als der Unternehmerleistung wenigstens entfernt verwandt erachtet werden kann. Wir müssen, weitergehend, einmal über die etwas blutleeren Schemen „Unternehmer“ und „Arbeiter“ hinaus die lebendigen Persönlichkeiten und die aus ihnen sich rekrutierenden Sozialen Gruppen ins Auge fassen, die, in irgendeiner Weise an der Unternehmung beteiligt, doch durch die bloße Einordnung unter die Rahmenbegriffe „Unternehmer“ und „Arbeiter“ noch keineswegs hinreichend gekennzeichnet sind. Was im vorigen Kapitel über die schwierige Abgrenzung zwischen „Kapitalistischem und nichtkapitalistischem Einkommen“ gesagt worden ist, wird behelfsweise hier herangezogen werden müssen, ferner all das, was der Zweite und Dritte Abschnitt über die „Arbeit“ aussagten. Im übrigen nähern wir uns der Aufgabe, alle an der Unternehmung beteiligten Personenkreise nach Leistung und Gegenleistung zu qualifizieren, zunächst von Seite des Unternehmers aus; die endgültige Klärung seines Anteils am Unternehmungserfolge und der dafür in Anspruch genommenen Gegenleistung weist dann erst den Weg zum Verständnis der Sozialen Gruppe des „Unternehmertums“, ferner zum Arbeiter und zum Arbeitslohn, den im einzelnen die beiden folgenden Kapitel beschreiten sollen.

Zweifellos umfaßt der dem Generaldirektor gezahlte Gehalt zunächst ein Entgelt für Arbeitsleistung schlechthin; für die Höhe dieses Teils der Entschädigung wird man an der Hand der Gestehungskosten der „Ware Arbeit“ — die früher einmal im Bilde eines zu amortisierenden Kapitals erschienen waren und die Vorbildungskosten mitenthalten — Anhaltspunkte finden, andere Anhaltspunkte ergeben sich aus der Höhe des Gehalts gleichartiger Beamtengruppen (wobei allerdings die unsichtbare Überhöhung des Beamtengehalts durch die Pensionsaussichten, ferner die als Gehaltsergänzung aufzufassenden Beamtenprivilegien — Titel usw. — mit einzukalkulieren sind). Was nach Abzug dieser Posten vom Gehalt des Generaldirektors übrigbleibt, wird bereits als vorweggenommene Sondervergütung für Unternehmerleistung betrachtet werden können; indessen wird doch erst die Tantieme oder die in irgendeiner anderen Form gewährte, in ihrer Höhe vom Gewinn der Unternehmung abhängige Vergütung als eigentlicher Unternehmerlohn angesprochen werden müssen; in der Praxis ist dieser Teil der Gesamtentschädigung ja auch meistens sehr viel größer als der eigentiche Gehalt.

Was für den Generaldirektor sehr deutlich in die Erscheinung tritt, findet in gradueller Abschwächung bei all jenen anderen, als Direktoren, Prokuristen, Leitenden Beamten usw. tätigen Hilfspersonen der Unternehmung statt, die über die unmittelbar ausbedungene Arbeit hinaus für den Unternehmungszweck unmittelbar tätig werden. Entscheidend ist dabei vor allem die organisatorisch-kaufmännische Leistung, die im allgemeinen noch höher als die des technischen Direktors gewertet wird. In Gestalt von Prämien können auch Techniker, Werkmeister, Handlungsgehilfen, Vorarbeiter usw. an diesen Zweck gebunden sein, die Gewinnbeteiligung, unter Umständen selbst das Akkordlohnsystem reichen in einzelnen Punkten an diese Form der Entschädigung heran. Die hier einzuhaltenden Grenzen werden später zu ziehen sein. Jedenfalls verflüchtigt sich der „Unternehmerlohn“ in dem Maße, in dem aus dem eigentlichen Unternehmer der Gehilfe des Unternehmers und schließlich ein mit der Unternehmerfunktion nur noch entfernt in Verbindung stehender Angestellter oder Arbeiter wird. Äußerlich dokumentiert sich dies darin, daß der als Unternehmerlohn zu bezeichnende Anteil am Einkommen (ursprünglich, wie bemerkt, dessen Hauptteil) immer mehr zusammenschmilzt, um schließlich nur einen geringfügigen, neben dem feststehenden Lohn gänzlich unbedeutenden Posten wechselnder Höhe darzustellen. Am normalen Arbeitslohn gemessen wird die Gewinnbeteiligung des Durchschnittsarbeiters oder -Angestellten immer nur eine recht bescheidene Größe sein.

Die Untersuchung nähert sich einstweilen dem Ende und ist, sich immer weiter vom Begriff des Unternehmungsgewinns als einer vorwiegend kapitalistisch bedingten Erscheinung entfernend, fast völlig zur Prüfung der Wesenheit des Unternehmerlohns, also des persönlichen Einkommens der für die Unternehmerleistung Verantwortlichen, geworden.

Das erst läßt eine Würdigung vom sozialpolitischen Standpunkt aus zu. Für diese ist wichtig, die Gründe zu beurteilen, die für den Unternehmerlohn — nun streng als solcher aufgefaßt und vom Gewinn der Unternehmung scharf unterschieden — Maß geben. Augenscheinlich müssen es Gründe sein, die nicht nur aus der Höhe des Unternehmungsgewinns abgeleitet werden, obwohl diese im allgemeinen eine Obergrenze für den Unternehmerlohn abgeben muß; sondern die Gründe sind auch in dem Machtverhältnis zu suchen, in dem sich Unternehmung und Unternehmer gegenüberstehen, wobei wir vorzugsweise von der vergesellschafteten Großunternehmung, dem Thema des § 20, ausgehen. Ob das nur ein Sonderfall der allgemeinen Erscheinung, daß die Konkurrenz der Unternehmungen den Profit herabdrückt, ist, sei dahingestellt. Der am erwähnten Ort nachdrücklichst betonte Seltenheitswert der ganz großen Unternehmer kommt in Betracht, er wird in den obersten Sphären der Unternehmertätigkeit an sich fast beliebige Ausmaße des Unternehmerlohns möglich machen, um so mehr, als in diesen Sphären das Risiko durch natürliche Monopole und Kartellierung oft auf ein Mindestmaß gesenkt ist und ja gerade von der Heranziehung der großen Industriekapitäne ein weiteres Herabgehen des Risikos erwartet wird; ähnliche Gesichtspunkte gelten auch für die Wahl von Aufsichtsratsmitgliedern, die im Einzelfalle durchaus Unternehmerqualität und entsprechenden -Lohn erlangen können; eine allgemeine Kennzeichnung der Aufsichtsratstantieme als Unternehmerlohn ist damit natürlich nicht beabsichtigt.

Das ist wiederum beweiskräftig für unsere früher vorgetragene Auffassung, daß man die Höhe des Unternehmungsgewinns nicht vorzugsweise oder gar ausschließlich auf das Risiko zurückführen kann. — Ob neben der auf natürlichen Gaben beruhenden Seltenheit eine solche auch künstlich, durch Konnexionen, Vetternwirtschaft und Ausschluß Dritter gezüchtet wird, bleibt eine besondere Frage. Schrittweise wird sich jedenfalls mit der geringeren Bedeutung der Unternehmungsaufgaben auch die Bedeutung der Unternehmerfunktion und die Höhe ihrer Entlohnung senken (was man freilich nicht rein quantitativ auffassen darf; denn in einem kleinen, in weitestem Umfang spezialisierten Unternehmen, etwa einer Maschinenfabrik, können dem Leiter vielleicht viel schwierigere, durch Konkurrenz und Absatzmangel mehr gefährdete Aufgaben zugewiesen sein als in einem monopolistischen Riesenkonzern der Rohstofferzeugung).

Im ganzen wird die (natürlich oder gesellschaftlich bedingte) Seltenheit der zur Unternehmertätigkeit Qualifizierten in ähnlichem Maße abnehmen wie die Schwierigkeit der Unternehmerleistung, schließlich sind es viele, die sich bewerben und die auch die Eignung dafür haben; zuletzt kommt eine Konkurrenz ähnlich der auf dem nichtorganisierten Arbeitsmarkt zustande, und der Unternehmerlohn wird entsprechend herabgedrückt werden müssen. Ob eine heute höchstens erst im Entstehen begriffene gewerkschaftliche Organisation der „Unternehmer gegen die Unternehmung" daran etwas ändern könnte, hängt von den allgemeinen Machtverhältnissen ab, insbesondere davon, ob im Sinn des Dritten Abschnitts die „Produktion" der Unternehmerqualität besitzenden Arbeitskräfte rascher oder langsamer erfolgt als die Konsumtion ihrer Leistung, d. i. ihre Inanspruchnahme durch die Unternehmungen. An Versuchen, die „Leitenden Beamten" zur Arbeitnehmermasse heranzuziehen, hat es nicht gefehlt, doch war einstweilen der Erfolg eher ein negativer, indem die „Leitenden Beamten" sich zu eigenen Verbänden zusammenschlossen. Hier nähern wir uns schon sehr stark den Niederungen des Arbeitslohns, mit dem der Unternehmerlohn gewisse Züge gemein hat. Wenn umgekehrt Arbeiter oder Angestellte, etwa durch Erfindungen oder durch sonstige Proben erhöhter Leistungsfähigkeit, über ihre vertragsmäßig ausgemachte unmittelbare Leistung hinaufsteigen, so können sie sich dem Unternehmerbegriff ebenso schrittweise nähern, wie der Gehilfe des Unternehmers zum Arbeiter herabgedrückt zu werden vermag. Wir nehmen die Fäden gleich hernach vom Arbeiterstandpunkt aus auf.

(§ 44) 3. Allgemeines über den Arbeitslohn; Lohnstatistik.

In § 25 wurde, um die Eigenart der „Konsumtion der einzelnen Arbeitsverrichtung" klarzumachen, andeutungsweise, in Hinblick auf den Unternehmungszweck, die Aufeinanderfolge von Arbeitsleistung und -Lohn dargelegt; das juristische Verhältnis zwischen Leistung und Lohn des Arbeiters erschien in sozialökonomischer Beleuchtung ins Gegenteil verkehrt, der Arbeitgeber leistet also nicht mehr Zug um Zug nach Entgegennahme der Arbeitsleistung, der Lohn stellt vielmehr einen Vorschuß auf den vom Arbeitgeber erhofften Preis dar. Ferner wurde die Eigenart der Arbeitsleistung des Arbeiters als einer Teilleistung erkannt, die als solche nicht unmittelbar mit dem die Unternehmung verlassenden, konsumreifen Produkt identisch sein kann. So eingehend von der „Arbeit" im Zweiten und Dritten Abschnitt schon die Rede war, so bleibt doch noch eine Seite zur Erörterung übrig: Ist, so fragen wir, die Leistung des Arbeiters selbst schon „Ware", kann die Dienstleistung als solche überhaupt „Ware" sein?

Verneinen wir dies, so sehen wir in der Arbeiterleistung nur Vorgänge mechanischer Art, zwar auch Stoffumwandlungen, aber solche, welche ihre Eignung, einen Bedarf zu befriedigen, also Ware zu sein, erst durch die Gesamtheit des Produktionsprozesses erhalten; dann ist offenbar die dem Konsumenten gelieferte „Ware" etwas grundsätzlich anderes als der mechanische, technische oder auch chemische Vorgang, den die Tätigkeit des Arbeiters in der Außenwelt hervorruft oder fördert; — ist uns aber schon die Dienstleistung als solche „Ware", dann bleibt zu prüfen, ob diese Ware unmittelbar Teil des von der Gesamtunternehmung zu erstellenden Produkts, des Konsumguts, wird (wobei wir ebensosehr an „letzte" Konsumgüter wie an Rohstoffe, Zwischen- und Halbfabrikate denken können, die von einer späteren Phase der Erzeugung zum Zwecke der Weiterverarbeitung „konsumiert" werden; in dieser Richtung bleibt unser grundsätzlicher, bereits in der Einleitung zum Dritten Abschnitt, § 23, zum Ausdruck gebrachter Standpunkt voll aufrechterhalten). Um ferner den Begriff der „Arbeitsleistung" völlig zu erfassen, genügt es nicht, nur an solche Tätigkeiten zu denken, deren Arbeitserfolg in der konsumreifen Ware mehr oder weniger gegenständlich zutage tritt, für die sog. „produktive Löhne" gezahlt werden;

vielmehr muß der Begriff der Arbeitsleistung auch die Tätigkeit der mit reinen Verwaltungs-(Regie-)Arbeiten befaßten Kräfte umfassen.

Die wirtschaftliche Theorie läßt an sich beide Auffassungen als logisch berechtigt zu; im ganzen aber dürfte sich die Schale zugunsten der Meinung neigen, welche nur den Erfolg der Dienstleistung, also auch der Leistung des Arbeiters, als Ware ansieht.

Das zu befriedigende Bedürfnis geht in der Tat, wenn ich eine Köchin engagiere, nicht eigentlich darauf, daß sie kocht, sondern darauf, ein wohl zubereitetes Mahl zur richtigen Zeit vorgesetzt zu erhalten; ist im Fall der Beauftragung eines Dienstmanns nicht darauf gerichtet, daß dieser seine Beine oder auch einen Karren in Bewegung setzt, sondern darauf, daß eine Botschaft schnell übermittelt, ein Geschenk an seinen Bestimmungsort gebracht wird; schon indem ich überlege, ob ich nicht lieber Telephon oder Post bemühen soll, bringe ich zum Ausdruck, daß es mir im allgemeinen nicht um die Art der Dienstleistung, sondern um einen bestimmten Arbeitserfolg zu tun ist. Im ersten Falle ist dieser in der durch Kochen bewerkstelligten Stoff-, im zweiten in der Lageveränderung gegeben. Die juristische Auffassung, daß „Dienste" im allgemeinen persönlich geleistet werden müssen, steht unserer Erwägung nicht entgegen.

Verfolgen wir diesen Gedanken weiter, so kann ich der Arbeitsverrichtung als solcher Wareneigenschaft wirklich nicht zuerkennen, wohl aber bleibt diese Arbeitsverrichtung nach früheren Feststellungen (§ 26) „Ware" auf dem für sie geltenden Markte, dem Arbeitsmarkte; es bleibt auch nach wie vor möglich, in früheren Bildern den Arbeitnehmer als Waren„verkäufer" oder auch als „Vermieter seiner Arbeitskraft" zu erachten.

Will man ihm mit Brentano selbst Unternehmerqualität zuerkennen, so kann man die Parallele ziemlich weit fortsetzen und in der Unsicherheit des Absatzes der „Ware Arbeit" auf dem Arbeitsmarkte selbst ein, dem kapitalistischen entfernt verwandtes, Risikomoment sehen, dem der Arbeitslohn durch Auswerfung einer Art von Risikoprämie Rechnung tragen müßte.

Aber in allen diesen und ähnlichen Beziehungen ist zwischen der auf dem Arbeitsmarkt gehandelten „Ware Arbeit" und dem die Unternehmung verlassenden, als eigentliche Ware anzusprechenden Sachgut durchaus keine Beziehung derart, daß die Ware Arbeit gewissermaßen von dem erzeugten Sachgut aufgenommen worden wäre, es sich nur um weitere Formumwandlung desselben Stoffes handelte. Denn: ob das vom Arbeiter durch seine Arbeit geförderte technische Gut Warencharakter erlangt, d. h. einen Bedarf wirklich befriedigt, gekauft wird und einen dem Unternehmer genügenden Preis erzielt, — darauf hat der Arbeiter nur einen sehr bedingten, der Unternehmer den entscheidenden Einfluß. Er erst fügt die Komponenten dessen, woraus die „Ware" wird, zu dieser zusammen und zwar in einer ganz anderen Ebene, als die ist, in der die Arbeitsleistung des Arbeitnehmers verlief; er überlegt, ob ein Bedarf gegeben sein wird, welcher Preis eben noch erreicht werden kann: mit anderen Worten, die wirtschaftliche Funktion der Warenerstellung liegt allein beim Unternehmer, der für einen günstigen Erfolg den Unternehmerlohn erhält; und es bleibt bei den vorläufigen Feststellungen des § 25, wonach der Arbeitnehmer nur Teilleistungen verrichtet, die zwar auf dem Arbeitsmarkt nach Art von Waren honoriert werden, aber als solche mit der vom Konsum begehrten Ware nichts gemein haben können. Ist die letzte aus irgendeinem Grunde unverkäuflich, so müßte der Lohn an den Arbeiter doch bezahlt werden; dessen Ware ist ja schon konsumiert worden, sie steht im Produktionsprozeß dem Rohstoff und Halbfabrikat, das für den Verarbeiter ebenfalls nicht „Ware", sondern Produktionsmittel ist, nahe,

Daraus muß eine grundsätzlich verschiedene Auffasssung der Arbeiter- und der Unternehmertätigkeit folgen; indem hinsichtlich letzterer auf das vorhergehende Kapitel verwiesen wird, bleibt übrig, den Arbeitslohn aus der Arbeitsleistung heraus zu begreifen. Die anschließenden Erörterungen setzen durchaus das Arbeitsverhältnis, also die Tatsache abhängiger Arbeitsleistung voraus, sind insofern auf den „Kapitalismus" und die „Lohnarbeit" abgestellt. Lohn im technischen Sinn des Worts, den wir hier allein zugrunde legen, kann nur in abhängigem Arbeitsverhältnis entstehen, eine außerhalb dieses Platz greifende Entlohnung von Arbeit scheidet einstweilen vollkommen aus.

Solche kann es auch heute geben auf Grund eines Gesellschaftsvertrags, eines Auftrages, einer Geschäftsführung ohne Auftrag; der Werk- und Werklieferungsvertrag des Bürgerlichen Gesetzbuches kann, muß aber nicht, ein abhängiges Arbeitsverhältnis voraussetzen. Bezeichnend für dieses ist uns nicht das klassische, den Gegenstand in denkbar weitestem Umfang erfassende Werk Lotmars über den Arbeitsvertrag, sondern die Überlegung: daß die überwiegende Mehrheit aller Arbeitsverhältnisse solche des Dienstvertrags, des Arbeitsvertrags im engeren Sinn, sind und daß die Abhängigkeit des Arbeiters vom Arbeitgeber (in geringerem Maß aber auch, nach §§ 27, 41, des Arbeitgebers vom Arbeiter) das sozialpolitisch entscheidende Kriterium darstellt.

Die Begriffe „Arbeiter", „Arbeitnehmer", „Dienstverpflichteter" u. a. brauchen in folgendem, wo ja nicht eine sozialrechtliche und auch nicht sozialwirtschaftliche, sondern eine allgemein sozialwissenschaftliche Aufgabe zu lösen ist, nicht allzu streng auseinandergehalten zu werden; gedacht wird jedenfalls, auch wenn wir vom „Arbeiter" sprechen, auch an den unter gleichen Verhältnissen stehenden Angestellten.

Die neuere Entwicklung des Arbeitsrechts wird ja ohnehin mit den überkommenen, unbrauchbaren Unterscheidungen zwischen „Arbeiter" und „Angestelltem" aufräumen und vielleicht dem im § 20 erwähnten Abgrenzungsgesichtspunkt der aufsichtsführenden von der nur ausführenden Arbeit den Vorrang zuerkennen.

Wenn ferner vom „Arbeitgeber" die Rede ist, so bleibt zunächst offen, ob dieser Begriff mit dem des „Unternehmers", woraus der Unternehmerlohn abgeleitet wurde, wahllos zusammenfällt; am besten ist es, sich den Arbeitgeberbegriff einstweilen unpersönlich zu denken, etwa dem der „Unternehmung" gleichzusetzen. Auch der persönliche Unternehmer zahlt ja nicht selbst den Lohn und wir sahen, daß, mindestens in den vergesellschafteten Unternehmungen, der „Unternehmer" selbst abhängig, Angestellter sein kann und zumeist ist: ein Interessenkonflikt zwischen „Unternehmung" und „Unternehmer" in diesem Sinne erschien von hier aus als möglich; es kann dann grundsätzlich ein Streit zwischen Unternehmungsgewinn und Unternehmerlohn entstehen, der möglicherewise einmal auch mit gewerkschaftlichen Mitteln ausgetragen werden mag. Ja, man kann sich eine Entwicklung denken, die den „Unternehmer" in einer Front mit dem „Arbeiter" gegen die „Unternehmung" sieht; dann stände Arbeits- und Unternehmerlohn gegen Unternehmungsgewinn.

Das alles wird aufgegriffen, wenn später die schrittweisen Annäherungen zwischen „Unternehmer" und „Arbeiter", von denen der Schluß des letzten Kapitels sprach, von Arbeiterseite aus verfolgt werden. Einstweilen aber würde das Hereinnehmen dieser feineren Unterschiede und der komplizierten Übergänge die Aufgabe, dem Arbeitslohn im System der wirtschaftlichen Breite- und Längengrade einen bestimmten Standort zu bestimmen, zu sehr erschweren; es bewendet also bei der allgemeinen Gleichsetzung von Arbeitgeber und Unternehmung, zugleich bei der Gegenüberstellung von Unternehmungsgewinn — als einer (s. o.) vorwiegend kapitalistischen Verteilungskategorie — und Arbeitslohn als der Gegenleistung für eine konkrete Leistung des Arbeiters, die als solche nicht „Ware" im Sinn des Unternehmungszwecks sein kann.

Was ist nun der Arbeitslohn?

Zunächst ein Preis, d. i. eine Güterquantität; ausgefolgt im allgemeinen in Geldform, wobei aus dem Unterschied zwischen Nominal- und Sach-(Real-)Einkommen unmittelbar der Gegensatz zwischen Nominal- und Sach-(Real-)Lohn folgt. Diese Unterscheidung genügt im wesentlichen bereits für die privatwirtschaftliche Auffassung des Lohns, der dann vor allem als Ausgabe der Unternehmung, als Produktionsaufwand erscheint und uns — auch im Bild des Lohn- bzw. Lohnverlustkontos (§§ 25, 26) — schon beschäftigte; für die Sozialwirtschaftslehre muß noch hinzugenommen werden, was die Klassiker vernachlässigt hatten, was erst durch die Sozialisten und durch die Theorie Brentanos ganz deutlich und allmählich Gemeingut der Lehre wurde: daß dieser „Preis", „Lohn" genannt, sich von anderen Preisen durch die Identität des Menschen mit seiner Arbeitskraft unterscheidet, für deren Nutzung der Lohn bezahlt wird. Für die Sozialpolitik und ihre theoretische Begründung reicht auch dieser Gesichtspunkt noch nicht aus; es muß die Beziehung zu Lebenshaltung und Lebenskosten, also zu dem Thema des ganzen Vierten Abschnitts, hinzutreten:

Weitere, im Sechsten Abschnitt darzustellende Beziehungen ergeben sich daraus, daß der Lohn zur Unterlage der erfolgreichsten Klassengefühle und Klassenbildungen geworden ist, also vielfach über die Eigenart und Richtung der gesellschaftlichen Organisation entschied. Ganz besondere Ansichten des Lohns ergeben sich ferner unter einer mehr sozialrechtlichen (Siebenter Abschnitt), andere unter kulturpolitischer Beleuchtung des Stoffes (Achter Abschnitt). Kurz, der Lohn steht hier inmitten fast unzähliger sich kreuzender oder sich vereinigender Richtungen und Motivierungen der Gesellschaft, ist ein gesellschaftsaufbauendes, gleichzeitig aber auch, solange er ein ungelöstes Problem darstellt, -zerstörendes Element von denkbar größtem Einfluß.

Die Aufgabe sieht sich hier in ganz besonderem Maße vor die Schwierigkeit gestellt, das, was im praktischen Leben stets vereinigt vorkommt, aufzulösen, Idealbilder des tatsächlichen Geschehens zu zeichnen, die mit diesem natürlich nicht mehr in den Einzelheiten übereinstimmen können, aber auch nicht die Fühlung mit ihm verlieren dürfen.

Möglichst sollen dabei Wiederholungen vermieden werden, Verweise auf frühere und spätere Darstellungen, wo von Lohn mittelbar oder unmittelbar die Rede war und sein wird, sind also ganz unvermeidlich. Wo der Lohn, z. B. als klassenbildender Faktor, für andere sozialpolitische Stoffe größere Bedeutung hat, soll er dorthin verwiesen, hier einstweilen nur ein an sich möglicher Standort für die Lohntheorie vermerkt werden. Es bleibt auch nach einstweiliger Ausscheidung dieser sekundär-lohntheoretischen Materien, ferner alles dessen, was erst in der „Praxis der Sozialpolitik" gewürdigt werden kann, noch reichlich viel für den gegenwärtigen Abschnitt zu tun. Dieser wird vom Idealtypus des Lohns fortschreiten zu den konkreten Formen, unter denen der Lohn heute vorzugsweise auftritt: Akkordlohn und andere Löhnungsformen, Tariflohn usw. Aber diese konkreten Gestalten werden natürlich auch typisiert und idealisiert und letzten Endes der Gesamtauffassung vom Arbeitslohn nutzbar gemacht.

Der Lohn ist auch bevorzugtes Thema der Statistik, die freilich auf diesem Gebiete noch nicht allzuviel Lorbeeren gepflückt hat.

Die in § 11 erwähnte Gefährdung der statistischen Zwecke durch sozialpolitische Interessen und Absichten ist kaum auf irgendeinem Gebiete stärker gegeben wie in der Lohnstatistik. Ursprünglich ist diese überhaupt fast nur von Interessenverbänden zu meist durchsichtigen Zwecken betrieben worden; man brauchte nicht einmal immer zur Fälschung zu greifen, eine geschickte Beschränkung der Erhebung auf geeignete Gruppen (z. B. die Geringst- oder aber die Höchstentlohnten) konnte die politischen Absichten oft hinreichend erfüllen. Eine Besserung in der gewerkschaftlichen Statistik aller Lager ist aber immerhin unverkennbar; als es gelang, sekundäres Material der Sozialversicherung (zumal der Krankenkassen), der Arbeitsnachweise usw. lohnstatistischen Zwecken zu erschließen, trat eine weitere Fortentwicklung ein. Die amtliche Lohnstatistik ist zumal im Bergbau seit längerer Zeit zu Hause und hat dort im ganzen Fruchtbares geleistet; amtliche Erhebungen mit Stichprobencharakter, die vor allem während des Krieges stattfanden, wären besser unterblieben, da ihnen fast jede Repräsentierfähigkeit abzusprechen ist. Inwieweit die neuerdings, zusammen mit der Lebenshaltungsstatistik (§§ 33 ff.) in Angriff genommene, umfangreiche Reichslohnstatistik den Bedürfnissen genügt, ist noch nicht absehbar; zweifellos ist sie durch das Zusammenwirken mit den Arbeitsgemeinschaften der Arbeitgeber und Arbeitnehmer an sich auf eine gesunde Grundlage gestellt, und was bisher bekannt wurde, läßt auf eine sachgemäße, gründliche und — bei diesem rasch sich ändernden Gegenstand sehr wichtig — schnelle Arbeit schließen.

Soviel wissen wir jedenfalls aus der Lohnstatistik: der „Lohn" ist ein äußerst komplizierter Sachverhalt, ist selbst in der vereinfachten, für die eigentliche Lohnstatistik allein in Frage kommenden Gestalt des Nominal-(Geld-)Lohns eine ungleich mehr wechselnde und mehr Einflüssen folgende Größe, als die statistisch unbefangene Theorie ahnen läßt. Zumal die Lohnfondstheorie, von der in § 25 die Rede war, versagt mit ihren voreilig starren Formeln — gleichgültig, ob man jene von Adam Smith oder Lassalle zugrunde legt — gegenüber der bunten Mannigfaltigkeit der Tatsachen. Diese auf Typen zurückzuführen, wie es als unsere Absicht bezeichnet wurde, bleibt in jedem Falle eine gefahrenreiche Operation; Durchschnittslöhne besagen an sich fast gar nichts, geben nur das beliebte Feld für halbe oder ganze Fälschungen ab und sind oft um so mehr abzulehnen, in je anspruchsvollerem Gewande sie auftreten.

Mindestens muß die Zahl der erhobenen Fälle gegenüber der Gesamtzahl wirklich gezahlter Löhne ungefähr bekannt, der Beruf der Lohnempfänger scharf abgegrenzt, die Art der Lohnzahlung (Zeit-, Akkordlohn) ermittelt, neben dem Durchschnitt Mindest- und Höchstlohn berechnet, nach Möglichkeit eine Lohnklassenstatistik, unter Kennzeichnung der auf die einzelnen Klassen treffenden Fälle von Lohnempfängern, beigefügt sein, um für den Abstand, die „Dispersion" der Einzelfälle vom Durchschnitt einen Maßstab zu haben.

Die statistische Seite der Lohnfrage ist etwas ausgiebiger zum Wort gekommen, weil die Theorie aus der Erfassung der konkreten Wirklichkeit immerhin Gewinn ziehen, mindestens Korrektive erlangen wird. Im übrigen muß die Theorie freilich aus sich heraus schöpfen, indem sie die einzelnen Löhne und Lohnentwicklungen regelmäßig auf das bezieht, was der Lohn seinem innersten Wesen allein — Grenzfälle zum Unternehmerlohn hin einstweilen ausgenommen — sein kann: Diese Beziehungstatsache ist in Anschluß an frühere Ausführungen im Wesen des Entgelts für eine sachlich genau umschriebene Leistung zu suchen; der Lohn ist in dieser Hinsicht schon als dem Zins verwandt bezeichnet worden und steht mit diesem im Gegensatz zu Unternehmungsgewinn und Unternehmerlohn, als flüssigen, nicht genau ausbedungenen Größen, die von den ebenso unbestimmten Größen Unternehmungserfolg und Unternehmerleistung abhängen. Die spätere Betrachtung über Zeit- und Akkordlohn wird tiefer in das Wesen von Leistung und Gegenleistung auf diesem Gebiete einführen, Individual- und Tariflohn werden unter ähnlichen Gesichtspunkten untersucht werden. Später wird es möglich sein, die mit gutem Grund vermuteten monopolistischen Elemente vor allem im Tariflohn, infolge natürlicher oder erzwungener Knappheit der Nachfrage nach Arbeit, nachzuweisen, und eine früher erst angedeutete Fragestellung zu Ende zu führen. Der besondere Einfluß der Lohnbewegung auf die Preise soll, soweit das nicht schon im Vierten Abschnitt (besonders § 39: Lebenskosten) geschah, in die Untersuchung einbezogen werden.

Damit schließt der Allgemeine Teil über den Lohn. Die weitere Prüfung des theoretischen Tatbestands gliedert sich wie folgt:

a) Die Entlöhnungsformen, insbesondere Zeit-, Akkordlohn und gemischte Systeme; hierzu die „Gleitenden Lohnskalen", die Gewinnbeteiligung, Prämiensysteme; Taylorismus; Sachlohn als Ergänzung oder Ersatz des Geldlohns — § 45;

b) Individual- und Tariflohn; die monopolistischen Elemente im Lohn; Grenzen hierfür; Lohn und Leistung; Mindestlöhne; Nominal- und Reallohn in ihrer gegenseitigen Beeinflussung; Elemente der Lohnpolitik; das „Recht" auf auskömmlichen Lohn — § 46.

Soweit es sich um vorwiegend juristische Konstruktionen des Lohns handelt und die Gesetzgebung bestimmte Grundsätze für den Lohnschutz entwickelt hat oder entwickeln wird, sei auf den die sozialen Rechtsfragen im Zusammenhang behandelnden Siebenten Abschnitt verwiesen. Die unter b angedeuteten Fragen nach dem „Recht auf Lohn", und zwar auf auskömmlichen Lohn, werden erst in den allgemeinen Ausführungen des § 47 — und auch hier noch nicht endgültig — der Beantwortung zugeführt werden.

(§ 45) 4. Lohnformen und Löhnungsmethoden; die Gewinnbeteiligung.

Die zunächst mehr formal, in der Folge aber auch materiell wichtige Seite des Lohns und der Lohnbemessung wird hier insoweit dargestellt, als ein theoretisches Interesse gegeben ist; es kann sich also nur um die großen, leitenden Gesichtspunkte handeln, während alle Einzelheiten — unter denen auch noch eine Siebung stattzufinden hat — dem Zweiten, Praktischen Teil des Werkes zugewiesen werden müssen. „Lohnformen" und „Löhnungsmethoden" sind insofern nicht das gleiche, als die letztgenannten gewissermaßen den Weg und den Vorgang kennzeichnen, auf dem und mittels dessen die „Formen“ des Lohns entstehen; diese Formen haben aber, über den abgeschlossenen Prozeß der Entlöhnungsmethode hinaus, als solche erhebliches theoretisches und praktisches Interesse und können für andere sozialpolitische Einrichtungen wichtig werden. So ist z. B. der Akkordlohn in seiner Bedeutung für gesellschaftliche Zustände, indem er etwa (in der Gleichsetzung mit „Mordlohn“) die klassenkämpferischen Gegensätze vertieft, durch Entwicklung der Grundsätze der Akkordbemessung noch nicht erschöpfend dargestellt. Immerhin greifen beide Gesichtspunkte, die der Lohnformen und die der Löhnungsmethoden, oft ineinander über, sie begrifflich zu scheiden, ist eine Aufgabe der Theorie.

Zunächst sei ein nicht ganz seltenes Mißverständnis besprochen: die Gleichsetzung des Akkordvertrags mit dem Werkvertrag des Bürgerlichen Gesetzbuchs; ohne hier auf die rechtlichen Unterschiede näher einzugehen, für die Lotmars „Arbeitsvertrag“ und Wölblings „Akkordvertrag und Tarifvertrag“ herangezogen werden mögen, sei nur gesagt: Die Akkordabrede, die den Lohn nach gewissen meßbaren Elementen der Arbeitsleistung gestaltet, kann an sich *sowohl* beim Dienstvertrag — wo der Arbeiter sich zur Leistung von „*Diensten*“ verpflichtet — *wie* beim Werkvertrag — wo er als „Unternehmer“ einen bestimmten Arbeitserfolg zu leisten verbunden ist —, vorkommen. Doch ist das weitaus wichtigste Gebiet des Akkordvertrags eben der Dienstvertrag, den wir gemäß einer früheren Feststellung einstweilen ausschließlich in unsere Untersuchung einbeziehen; die für die Hausindustrie immerhin wichtigen Grenzfälle können später, vorwiegend im Praktischen Teil, gesondert besprochen werden.

Sieht man einstweilen von Übergängen ab, so ist der Gegensatz zum *Akkordvertrag*: der *Zeitlohnvertrag*. Natürlich wäre es irrig, den Gegensatz dahin zu verstehen, daß der auf Zeitlohn gesetzte Arbeiter seine Arbeitsleistung dadurch zu erfüllen in der Lage sei, daß er seine „Zeit absitzt“. Solche Auslegungen können in einer gestörten Gesellschaft aufkommen und mögen sich in der Praxis nicht einmal ganz selten finden. Aber selbstverständlich obliegt dem Arbeiter darüber hinaus die *Leistung von Diensten*, d. i. *persönlichen*, zweckbestimmten Handlungen.

Einzelne Gesetzbücher, wie das Handelsgesetzbuch, legen dies ausdrücklich fest, indem sie im Zweifel den „Ortsgebrauch“ oder die „Angemessenheit“ über den Umfang der Dienste entscheiden lassen; das kann sich nicht nur auf die Arbeitszeit beziehen, es begreift auch die *Qualität* der Leistung in sich.

Wir sahen in den, nach so vielen Richtungen hin wichtigen Kapiteln über die „Konsumtion der Arbeit und der Arbeitskraft“ (§§ 25, 26), daß als eigentlicher Gegenstand dieser „Konsumtion“ nicht die Zeit schlechthin, sondern die Zeit im begrenzten Sinn, als Teil der Lebenszeit des Arbeiters, in Betracht kommt; das hat schon Rodbertus angedeutet. Bei unserm jetztigen Thema nun ist auch nicht die Zeit schlechthin der durch „Absitzung" zu leistende Gegenstand des Arbeitsvertrags, sondern die im Dienste des Arbeitgebers verwendete Zeit, und der Nachdruck ruht hierbei auf den Worten „im Dienste". Es kann also der Unterschied zwischen Akkord- und Zeitlohnvertrag zunächst nur in der Bemessung der dem Arbeitgeber obliegenden Gegenleistung bestehen. Erst dann, wenn die Art der Lohnbemessung (der Entlöhnungsmethode) auf die Qualität der Arbeit und auf die physische, psychische und soziale Lage des Arbeitenden abfärbt, wenn etwa infolge des Akkords eine frühzeitige Abnutzung, eine unerwünscht rasche „Konsumtion der Arbeitskraft" eintritt, haben wir eine wichtige, unter Umständen verhängnisvolle Rückwirkung der Lohnabrede und Löhnungsmethode; das mag weiterhin als Beweis für die Zweckmäßigkeit einer Unterscheidung von „Löhnungsmethoden" und „Lohnformen" gelten; sind die mit den Löhnungsmethoden verbundenen Probleme vorwiegend technischer, zum Teil privatwirtschaftlicher Art, so ist die „Lohnform" darüber hinaus eine allgemein gesellschaftlich-sozialpolitische Frage.

Eben ihr überwiegend technischer Charakter macht die „Löhnungsmethoden" zum eigentlichen Gegenstand der „Praxis der Sozialpolitik". Zweckmäßigkeitsgründe entscheiden zumeist für die Einführung dieser oder jener Methode der Lohnbemessung; für einzelne Industrien, z. B. den Bergbau, liegen die Dinge besonders, indem der Lohn als Gruppenlohn (Gedinge) auftritt; es ergeben sich dann auch im Verhältnis der zu einer Gruppe, Arbeits- und Lohngemeinschaft vereinigten Arbeiter untereinander besondere Situationen, denen einer „Gesellschaft" nicht unähnlich. Das wäre aber mehr ein Gegenstand des nächsten, die Organisationen in allen sozialpolitisch wichtigen Formen und Inhalten besprechenden Abschnitts.

Nur aufzählender Weise und mit kurzer Heraushebung der besonderen Merkmale sollen im folgenden wichtige Arten der Lohnbemessung vorgeführt werden. Im Ganzen kann man eine schrittweise Entwicklung von einfachen zu komplizierteren Formen feststellen. Sie komplizieren sich vorwiegend in dem Maße, in dem die Arbeitsleistungen selbst weniger übersichtlich, verantwortungsvoller und technisch schwieriger werden. Demgemäß wird dem hochqualifizierten, gelernten Arbeiter gegenüber im allgemeinen der Akkordlohn Platz greifen, der Ungelernte wird häufig Zeitlohn empfangen, obwohl es bei dieser allgemeinen Scheidung in „Gelernte" und „Ungelernte" so wenig wie bei der in „Angestellte" (bei denen der Gehalt — also Zeitlohn — Regel ist) und „Arbeiter" bewendet. Eine andere Unterscheidung ist vielleicht auch nicht ganz unfruchtbar: sie knüpft an an das, was im Kapitel über den Unternehmungsgewinn und Unternehmerlohn (§ 43) ausgeführt wurde: schrittweise Annäherungen zwischen Arbeiter- und Unternehmerleistung erschienen dort als möglich, sie kommen in der Praxis in großem Umfang vor und legen die Frage nahe, ob nicht der Zeitlohn als Entschädigung der „reinen" Arbeiterleistung angesehen werden kann; auf der anderen Seite würden gewisse, an die Gewinnbeteiligung heranreichende Formen von Akkordlohn der in der Arbeiterleistung möglicherweise enthaltenen, an Unternehmerleistung erinnernden, besonderen Qualität Rechnung tragen.

Die Prämie, die, in mannigfachen Formen, auch Arbeitern als Lohnergänzung oder selbst als wesentlicher Lohnbestandteil gewährt wird, kann ausschließlich Äquivalent der erwarteten Mehrleistung sein; sie kann aber auch in irgendeiner Weise Faktoren, die außerhalb der Leistungssphäre des Arbeiters liegen, gerecht zu werden bemüht sein; in der eigentlichen Gewinnbeteiligung tritt dann die individuelle Leistung gegenüber diesen Faktoren, die in der Gesamtheit der Unternehmung wurzeln, mehr oder weniger zurück. Das alles mag in der Tat als eine schrittweise Annäherung zwischen Arbeitslohn und Unternehmerlohn erachtet werden, von hier aus eröffnet sich dann ein besseres Gesichtsfeld, als wenn man schlechthin den „Gelernten" dem „Ungelernten", den „Arbeiter" dem „Angestellten" gegenüberstellt. Freilich sollen in der Qualität der Arbeitsleistung als solcher Bedingungen dafür, daß der Arbeitslohn unternehmerlohnartige Elemente in sich aufnimmt, gegeben sein; das ist dann ein Gegenstand der „Praxis der Sozialpolitik".

Die wiederholt erwähnte Gewinnbeteiligung stellt den Versuch dar, zwischen zwei an sich ganz verschiedenen, weit auseinanderfallenden Tatbeständen zu vermitteln: der früher als technische Teilleistung mit ganz bestimmtem, begrenztem Objekt erkannten Arbeiterleistung, welche mit der die Unternehmung verlassenden Ware in keinem ökonomischen Verhältnis steht, verbindet sich die Beteiligung an einem Gewinne, der sich aus dem erzielten Warenpreise ergibt.

Wir legen dabei nicht das entscheidende Gewicht darauf, daß der Arbeiter ein Unternehmerrisiko nur in einem abgeleiteten Sinne trägt: indem er als Unternehmer der „Ware Arbeit" mit der Nichtkonsumtion, dem mangelnden Absatz dieser Ware, d. i. der Arbeitslosigkeit, rechnen muß. Nach früherem erschien uns ja das Moment des Unternehmerrisikos überhaupt nicht als dasjenige, was über die Unternehmereigenschaft entscheidet und Unternehmungsgewinn, Unternehmerlohn und demgemäß auch Gewinnbeteiligung rechtfertigt.

Vielmehr legen wir den Schwerpunkt auf die Unterscheidung von Arbeiter- und Unternehmerleistung, aus der sich unmittelbar der Gegensatz zwischen Arbeitslohn und Unternehmerlohn ergibt (Unternehmungsgewinn als kapitalistisches Einkommen scheidet ganz aus). Die Gewinnbeteiligung ist an sich zweifellos auf den beschränkt, der als eigentlicher Unternehmer oder in gradueller Annäherung an diesen für den Unternehmungserfolg persönlich verantwortlich ist. Das trifft aber für den Arbeiter als solchen (soweit er nicht in sich gewisse Unternehmerqualitäten enthält) nicht zu, deshalb ist theoretisch die Gewinnbeteiligung ein Fremdkörper im Arbeitslohn und kann nur aus Zweckmäßigkeitsgründen Gegenstand der Sozialpolitik sein.

Von den einzelnen, mit der Gewinnbeteiligung verbundenen Fragen; wonach sie bemessen wird, welchen Anteil am Gesamtarbeitseinkommen sie einnehmen, auf welche Arten von Arbeiten sie sich vorwiegend beziehen soll, kann erst der Praktische Teil handeln; dort ist auch der Ort, die Geschichte der Gewinnbeteiligung als Beleg dafür anzuführen, daß diesem Institut in der Praxis recht enge Grenzen gezogen gewesen sind und daß man sich vor seiner Überschätzung hüten sollte; in der sozialreformerischen Praxis hat es an dieser Überschätzung nicht gefehlt; Gruners Monographie über die Gewinnbeteiligung beweist dies nicht weniger wie zahlreiche Aufsätze im „Arbeiterfreund" und an anderen Stellen.

Aus den anschließenden Fragen sollen nur zwei grundsätzlich wichtige hierher übernommen werden:

1. Ist „Gewinnbeteiligung" ohne „Verlustbeteiligung" möglich?
2. Kann von der Gewinnbeteiligung ein normativer Einfluß auf die Verteilung überhaupt erwartet werden?

Zu 1. Im Wesen dieses Instituts liegt es an sich nicht, daß man aus ihm im Falle eines verlustreichen Abschlusses des Unternehmens die Notwendigkeit einer Beteiligung des Arbeiters am Verlust folgern müßte. Denn regelmäßig wird doch auch der eigentliche Unternehmer, der Generaldirektor etwa, in diesem Falle seinen Gehalt fortbeziehen, sein Verlust besteht dann eben nur im Wegfall oder in der Schmälerung der Tantieme. An sich ist also, wie die meisten mit Unternehmern abgeschlossenen Verträge deutlich machen, fester Gehalt (d. i. Lohn) mit Gewinnbeteiligung vereinbar, und selbstverständlich könnte die Gewinnbeteiligung sich auch nur in dieser Form den notwendig auf festen Lohn gerichteten Ansprüchen der Praxis gegenüber behaupten.

Zu 2. Ob man von der Gewinnbeteiligung normative Einflüsse auf Verteilung und Einkommensbildung, im Sinne des „gerechten Lohns" etwa, erwarten darf, ist zunächst von der zu erwartenden Durchschnittshöhe der Gewinnbeteiligung abhängig. Handelt es sich nur um absolut oder doch relativ — am Lohn gemessen — kleine Beträge, so ist dem Einflusse überhaupt eine leicht feststellbare Höchstgrenze gezogen. Und das trifft, wie der Praktische Teil ausführen wird, in der Tat im allgemeinen zu. Darüber hinaus aber erhebt sich die Frage, welche Folgen für den Arbeitsmarkt und die Lohnhöhe eine etwa durch Tarifvertrag oder Gesetz eingeführte Gewinnbeteiligung zeitigen müßte. Solange keine allgemeine Sozialisierung (innerhalb deren der Gewinnbeteiligung eine etwas andere Rolle zufallen würde) eingetreten ist und das Institut nur als ein Mittel des Einkommensausgleichs angesehen wird, ist mit sehr ungleichen Gewinnen der einzelnen Unternehmungen nach wie vor zu rechnen; sollen die Gewinne des günstig abschließenden, vielleicht monopolgeschützten Werks nun ausschließlich den dort — oft ganz zufällig — beschäftigten Arbeitern zufallen, oder soll nach irgendeinem Ausgleichsmaßstab gesucht werden, der auch die Arbeiter schlecht rentierender Unternehmungen befriedigen würde? Der Hinweis darauf, daß die Arbeiter selbst den günstigen oder ungünstigen Abschluß mehr oder weniger mit beeinflussen, kann, braucht aber nicht berechtigt zu sein; in äußerst zahlreichen Fällen wird die Leistung der Arbeiter hier und dort die gleiche, werden ganz andere Faktoren — neben dem Kapitalbesitz vor allem die Unternehmerleistung — für den Erfolg verantwortlich sein. Ja, es mag zu einer völligen Umkehrung von Leistung und Gegenleistung derart kommen, daß in einem monopolgeschützten Unternehmen trotz schlechterer Arbeiterleistung eine größere Gewinnbeteiligung zur Ausschüttung gelangt als da, wo einmal, trotz höchster Anspannung der Kräfte, die Konkurrenz- oder Absatzverhältnisse keinen Gewinn aufkommen lassen. In den meisten Fällen ist eben die durchschnittliche Arbeiterleistung im arbeitsteiligen Betrieb eine „vertretbare Ware", die an sich noch gar nichts über das Geschäftsergebnis besagt.

Daraus ist die Vermutung abzuleiten, daß die Einwirkungen einer in größerem Umfang, vielleicht gesetzlich eingeführten Gewinnbeteiligung auf die Einkommensverhältnisse ganz unerwartete, keineswegs normative, „gerechte" sein werden. Zwei Wirkungen liegen nahe: entweder ein Festhalten der Arbeiter monopolgeschützter oder sonst sicher rentierender Unternehmungen an ihren Arbeitsplätzen; daraus würde schließlich ein monopolistisch gefärbter Lohn entstehen; unterstützen Tarifverträge und Organisationen oder aber gesetzliche Bestimmungen (über die Entlassung von Arbeitskräften) die derart sichergestellten Arbeiter, dann nehmen an sich bereits im Arbeitslohn gegebene monopolistische Tendenzen an Umfang zu; oder aber: der durch Gewinnbeteiligung erhöhte Lohn lockt andere Arbeiter an und es entsteht vermehrte Konkurrenz um diese Arbeitsplätze; dann wird der Lohn — wenn nicht tarifliche, organisatorische oder gesetzliche Gegenmaßregeln erfolgen — trotz aller Gewinnbeteiligung eine sinkende Richtung einhalten und das Arbeitseinkommen kann schließlich wieder auf den vor Einführung der Gewinnbeteiligung gewohnten Durchschnitt sinken. — In beiden Fällen versagt die Gewinnbeteiligung als wahrhaft normatives Moment der Verteilung; denn es kann ebensowenig ihr Zweck sein, monopolistische Einkommen zu begünstigen, wie es genügt, daß sie einen vorübergehenden Anstoß zur Lohnerhöhung gibt, ohne diese gegenüber der stärker einsetzenden Konkurrenz der Arbeiter untereinander aufrechterhalten zu können.

Halten die bisherigen Ergebnisse die Gewinnbeteiligung als selbständiges sozialpolitisches Institut in engeren Grenzen, als gemeinhin angenommen wird, so bleibt die Möglichkeit praktischer Einwirkung im einzelnen ebenso gegeben, wie die Verwendung dieser Lohnform als eines Mittels der Sozialisierung. In dieser zweiten Hinsicht ist zu sagen: Will man Aufhebung des Arbeitslohns als solchen — der uns früher an das abhängige Arbeitsverhältnis gebunden entgegengetreten war —, fordert man seinen Ersatz durch Gewinnbeteiligung oder vielleicht selbst ausschließliche Gewinnzuwendung (soweit von Gewinn außerhalb der Privatwirtschaft die Rede sein kann) an die Arbeiter: dann haben wir es überhaupt nicht mehr mit dem Problem der Lohnformen und Löhnungsmethoden zu tun, sondern mit der theoretischen Abgrenzung zwischen Sozialpolitik und Sozialisierung, von der ein andermal (VIII.) zu sprechen ist. Das muß hier völlig ausscheiden.

Stellt Gewinnbeteiligung die äußerste Annäherung an den Unternehmerlohn dar, so sind gewisse Akkord- und Prämiensysteme früher schon als wesentlich abgeschwächte Mittelglieder zwischen reinem Arbeits- und Unternehmerlohn aufgefaßt worden. Dies galt zumal dann, wenn Akkord und Prämie nicht nur die Leistung des Einzelnen zugrunde legen, sondern die Gesamtleistung der in einer Unternehmung vereinigten Produktivkräfte in irgendeiner Beziehung berücksichtigen. Viel wichtiger ist freilich der allein oder doch vorwiegend auf die eigene Leistung des zu Entlohnenden abgestellte Akkordlohn.

Es gilt heute als ein unbedingtes sozialpolitisches Erfordernis, daß der Akkord nach unten durch einen Mindestlohn (Schichtlohn im Bergbau), der unter allen Umständen verdient werden muß, begrenzt ist, während nach oben möglichste Ungebundenheit herrschen soll. Nur so wird ein Optimum von Leistung aus dem Arbeiter herausgeholt, nur so die für die Arbeitsleistung nötige Mindestlebenshaltung gewahrt, nur so das drückende Gefühl hintangehalten werden, das eine vermeidbare Akkordkürzung hervorrufen muß. Vorsichtig kalkulierende Festsetzung der Akkorde ist auf der anderen Seite selbstverständliche privatwirtschaftliche Voraussetzung. Über den im einzelnen einzuschlagenden Weg läßt sich theoretisch kaum etwas vorhersagen. Der einfache Stücklohn hat in der Praxis vielfach versagt, weil er die Qualität der Leistung zu verkümmern droht; mindestens müssen Qualitätsprämien usf. den Stücklohn ergänzen. Da ferner das Arbeiten im Akkord den Arbeiter leicht dazu verleitet, störende, rasche Arbeit ausschließende Unfallverhütungsvorschriften zu vernachlässigen — z. B. die vorgeschriebenen Handschuhe, Gesichtsmasken oder Sicherheitslampen abzulegen —, so bedarf der Akkordlohnvertrag unter Umständen Zusätze, in denen etwa die Einhaltung aller Vorschriften besonders belohnt wird; übrigens können Befürchtungen dieser Art auch zum Verlassen des Akkordsystems überhaupt nötigen; bereits die vorrevolutionäre Sozialgesetzgebung enthielt das Akkordverbot wegen Unfallgefahr in einem besonderen Falle. — Die aufeuernde Wirkung des Akkords wird übrigens vereitelt, wenn der Arbeiter bei Überschreitung eines gewissen Verdienstes mit Akkordkürzungen rechnen muß; hat er das wiederholt erlebt, so wird er mit seiner Leistung zurückhalten und nur ein wirtschaftlich unbefriedigendes Durchschnittsmaß anstreben.

Der Akkordlohn ist hier viel weniger in seiner, viele Möglichkeiten eröffnenden technischen Gestaltung als in Hinblick auf das wichtig, was früher (§§ 25, 26) über „Konsumtion der Arbeit und der Arbeitskraft" gesagt worden ist. Denn unzweifelhaft kann dem Vorteil des höheren und schnelleren Verdienstes und des gesteigerten Nutzeffekts der Arbeit der Nachteil raschen, vorzeitigen Verbrauchs der Kräfte gegenüberstehen. „Akkordarbeit — Mordarbeit". Es ist alles einschlägig, was über diesen Gegenstand ausgeführt wurde, besonders die Beziehung der Arbeitsleistung und der Arbeitskraft auf ihre Produktions- und Reproduktionskosten und die Übertragung privat- und nationalwirtschaftlicher Grundsätze auf die sozialen Gegebenheiten. Von dem durch den Amerikaner Taylor keineswegs zum erstenmal angewendeten oder theoretisch begründeten System der Steigerung von Leistung und Lohn durch Anwendung wissenschaftlich-technischer Berechnungen und Messungen gilt ähnliches; auch hier kann sich die sozialpolitische Betrachtung nicht auf Hervorhebung des augenblicklichen Vorteils beschränken, auch hier muß sie Leben und Arbeitskraft des Arbeiters als besondere Güter gelten lassen. Das schließt keineswegs ein sehr ernstes Studium dieser Methoden aus, wie ja gerade auf diesem Gebiete das Schlagwort ganz versagt. Das Taylorsystem erscheint aber nicht nur und nicht einmal vorwiegend als ein technisch ausgeklügeltes Akkordsystem, es muß auch unter dem Gesichtspunkt einer auf die Spitze getriebenen Arbeitszerlegung gesehen werden und unterliegt in dieser Rücksicht all den Überlegungen, die im Zweiten Abschnitt (besonders in §§ 15, 16) vorgenommen wurden. Auch hier kann der ökonomische Zweck sich mit den sozialen Gesichtspunkten in bedenklicher Weise kreuzen. Und es kann insofern sogar ein Gegensatz zwischen Akkord und Taylorismus vorliegen, als der erste oft weitgehende Arbeitsvereinigung voraussetzt und ja überhaupt auf den gelernten Arbeiter zugeschnitten ist, während das amerikanische System, wie erwähnt, die denkbar größte Arbeitszerlegung bezweckt. Absicht eines hochentwickelten Akkordlohnsystems wird sein, hochqualifizierte Arbeiter für höchst verantwortliche, oft äußerst komplizierte Arbeiten in entsprechender Weise zu entlohnen, gelegentlich fast zu Unternehmern aufrücken zu lassen; der Taylorismus aber wird bei seiner Zerlegung der einzelnen Betätigungen in einfachste Muskelumlagerungen zur Bevorzugung ungelernter Durchschnittsarbeiter führen. Die menschliche Leistung wird von ihm vorwiegend quantitativ, vom entwickelten Akkordsystem jedoch qualitativ bewertet.

Sind das auch nur die Extreme, so deuten sie doch einen gewissen inneren Gegensatz der beiden Methoden an, von denen die eine (der Akkord im vorwiegend deutschen Sinn) doch mehr die geistig-organisatorisch-beaufsichtigende, die andere (der amerikanische Taylorismus) mehr die rein oder vorwiegend körperliche Funktion entwickeln will; im einen Fall also doch mehr Vergeistigung, im andern mehr Verkörperlichung der Arbeit, im einen Fall gehobener, dem Unternehmerlohn entfernt verwandter Arbeitslohn, im anderen Fall „reiner" Arbeitslohn für eine absolut vertretbare Leistung. Es erhellt, daß die sozialpolitischen Probleme der Praxis hier und dort sehr verschieden liegen können.

Indem alle weiteren mit dem Akkordlohn verbundenen Fragen dem „Praktischen Teil" überwiesen werden, bleibt übrig, die viel erörterten „Gleitenden Lohnskalen" einer kurzen, auch rein theoretischen Prüfung zu unterziehen. Sie begegneten uns bereits und wir sahen, daß mit diesem Begriff zwei sehr ungleiche Tatbestände gedeckt werden: einmal die Beziehung der Löhne auf die Preise der mit Hilfe der Teilleistung des Arbeiters produzierten Waren, dann die Verbindung zwischen Nominallöhnen und Lebenshaltung. Eigentlich gehört nur die erste Möglichkeit hierher, denn im zweiten Fall handelt es sich darum, das Nominaleinkommen des Arbeiters mit seinen Lebenskosten, die in Geld ausgedrückten Lohneinheiten mit ihrer Kaufkraft in organische, den wechselnden Einflüssen automatisch folgende Beziehungen zu bringen.

Das ist dann kein Thema der Lohnformen, sondern der Lohnhöhe, wohin übrigens auch die andere Auffassung von Gleitenden Lohnskalen neigt. Insbesondere handelt es sich auch bei ihr nicht um Formen des individuellen Lohns, wie sie der Akkord darstellt, und nur in einem weiteren Sinne kann man diesen Gegenstand zu den hier behandelten Fragen rechnen.

Dann schwebt wohl der Gedanke vor, daß in Lohnskalen dieser Art, für die besonders die englische Geschichte Beispiele aufweist, ein gewisser Faktor der Gewinnbeteiligung unterläuft: denn der nach den Produktpreisen bemessene Lohn enthält auch einen Anteil an den in diesen Preisen möglicherweise enthaltenen Gewinn. Bewährt hat sich das System nicht sehr; heute bleibt es nur mit der oben für den Akkord geltend gemachten Einschränkung erträglich, daß es auch für diesen „gleitenden" Lohn eine Untergrenze geben muß, die die Lebenshaltung sichert. Damit aber sinkt wieder das Interesse des Arbeitgebers an dieser Methode; sie hat mit der sonstigen Gewinnbeteiligung jedenfalls den theoretischen Fehler gemein, daß sie Dinge aufeinander bezieht, die einen ganz anderen, als den hier gemeinten Zusammenhang haben: eben Löhne, Leistungen und Produktpreise: so sehr die Preise durch die Löhne — als Produktionskosten — entscheidend beeinflußt werden, so wenig kann man nach früherem die Gewinne unmittelbar auf die Arbeiterleistungen zurückführen wollen.

Als letzter Gegenstand mag kurz die Ergänzung des Nominallohns durch Sachleistungen erwähnt werden. Bekanntlich zieht ihr der Gesetzgeber, der den „Truck" fürchtet, recht enge Grenzen, deren Zweckmäßigkeit heute, unter ganz anderen Voraussetzungen, bezweifelt werden kann.

Auch hier liegt vorwiegend ein Problem der Lohnhöhe, nicht der Lohnform, vor, wenngleich auch für diese gewisse Sonderfragen gegeben sind. Wohlfahrtseinrichtungen, die hier vorwiegend in Betracht kommen, können ganz allgemein als Lohnergänzung und unter Umständen auch als Gewinnbeteiligung erachtet werden; bilanztechnisch werden sie auch meist vom Gewinn in Abzug gebracht. Ihr Wert richtet sich nach früheren Wahrnehmungen (z. B. § 34) nicht nur nach der Höhe der Sachleistungen, sondern auch nach dem Geiste, dem sie entstammen; unter Umständen tritt der Wohlfahrts- und Lohnergänzungszweck hinter dem der Bindung des Arbeiters zurück. Dies trifft z. B. zu bei Prämien, Gewinnbeteiligungen, Dividenden der Werks-Konsumanstalt usw., die nur an einem bestimmten Tage im Jahre zur Auszahlung kommen, früher Ausscheidenden also verloren gehen; war die Prämie durch Mehrleistung richtig erarbeitet, so liegt eine tatsächliche Lohnkürzung vor.

(§ 46) 5. Individual- und Tariflohn; Theorie der Lohnpolitik.

Der Lohn stellte sich als Entgelt für eine begrenzte, technische „Teilleistung" des im Arbeitsvertrag Verpflichteten dar; grundsätzlich entspricht dabei jeder individuellen Leistung ein individueller Lohn; fraglich aber ist, inwieweit ein arbeitsteiliges Wirtschaftssystem überhaupt noch Raum für individuelle Leistungen hat, inwieweit demgemäß individuelle Gegenleistungen, d. i. eben Individuallöhne, möglich sind. Wenn diese heute durch generelle Lohnabkommen auf Grundlage von Tarif- und ähnlichen Kollektivverträgen vielfach ersetzt sind und die Tendenz ihrer völligen Verdrängung besteht, so haben wir die letzten Ursachen hierfür in den Methoden moderner Arbeitsteilung und Leistungsnivellierung, etwa in dem zu sehen, was in §§ 15 ff. näher dargelegt worden ist.

Der „Tariflohn" ist nicht die ausschließliche Folge dieser Entwicklung und konnte überhaupt erst in dem Augenblick in den Vordergrund treten, wo die gewerkschaftliche Organisation zu einem ernst zu nehmenden Faktor des sozialen Lebens geworden und zugleich bereit war, utopische Zukunftsforderungen zugunsten praktischer Augenblicksarbeit zurückzustellen.

Lange schon, bevor die organisierten Arbeitnehmer im Tarifvertrag und Tariflohn die Folgerungen aus dem maschinellen Großbetrieb und den nivellierten Arbeitsverhältnissen zogen oder erzwangen, war der dem einzelnen Arbeiter auf Grund Dienstvertrags bezahlte, sog. Individuallohn hinsichtlich Höhe und Bemessung eine Angelegenheit genereller Regelung durch Arbeitsordnungen und Kartellverträge geworden, auf die der Einzelne meist nur verschwindend geringen Einfluß hatte. Hier ist manches aus dem vorigen Kapitel einschlägig: von Entlöhnungs*methoden* z. B. kann überhaupt erst gesprochen werden, wenn gewisse Grundsätze der Lohnbemessung und auch der Lohnhöhe allgemein feststehen und sich dem Einzelfall entziehen, — was nicht ausschließt, daß eine Anpassung der Methode an den Einzelfall doch wünschenswert sein und daß man von einer individuellen Lohnpolitik sprechen kann. Das zugegeben, bedeutet der Tariflohn als regelmäßige Erscheinung doch einen sehr großen Fortschritt in der Lohnpolitik, der als solcher, zugleich aber auch in Würdigung der ihm vielleicht anhaftenden Nachteile, besprochen werden muß. Solche Nachteile würden zumal in einem Gegensatz zwischen Leistung und Gegenleistung zu suchen sein; er ist da auf die Spitze getrieben worden, wo der Lohn fast jeder Beziehung auf die Arbeitsleistung verlustig gegangen ist.

Der Tarifvertrag selbst, auf dem der Tariflohn beruht und der bekanntlich noch andere beliebige Tatbestände seiner Regelung unterwerfen kann, beschäftigt uns hier nicht.

Der „Praktische Teil" hat sich eingehend mit Geschichte und Statistik, Erfolgen und Methoden der Tarifpraxis abzugeben. Dort ist die einschlägige Gesetzgebung, ist der umfangreiche, sich stets vermehrende Apparat zu schildern, der dieser Praxis heute dient. Hier steht ihr wichtigstes sozialpolitisches Ergebnis, d. i., wenn man von der durch Tarifverträge erzwungenen Waffenruhe zwischen den Parteien absieht, der Tariflohn, zur Besprechung. Weitere Gesichtspunkte, unter denen man den Tarifvertrag, seine Voraussetzungen und Folgen sehen kann, gehören anderen Abschnitten dieses Theoretischen Teils an, vor allem dem nächsten Abschnitt über die „Sozialen Gruppen und Organisationen" und dem Siebenten Abschnitt über „Recht, Staat und Sozialpolitik". Für alle Fragen der Lohnpolitik aber ist der Tariflohn heute geradezu Ausgangspunkt; die sozialpolitische Theorie beschäftigt sich mit ihm vorwiegend als einem Ergebnis reiner Praxis, das aber, einmal geschaffen, geeignet ist, alle Lohnpolitik und -theorie auf das entscheidendste zu beeinflussen.

Das Wesen des Tariflohns ist *nicht* darin enthalten, daß in Verträgen zwischen Arbeitnehmerorganisationen und Arbeitgebern oder Arbeitgeberverbänden bestimmte *Lohnsätze*, für sich allein oder mit anderen Arbeitsbedingungen, vereinbart oder durch die Macht der Organisationen erzwungen werden. „Tariflohn" als eine soziale Tatsache ist für uns erst der im *Einzelfall* ausbedungene und wirklich zur Auszahlung gelangende *Lohn eines bestimmten Arbeitnehmers* (Arbeiters oder Angestellten). Die für diesen Lohn maßgebenden Rechtssätze sind fast ausschließlich in den beiden ersten Paragraphen der Verordnung des Reichsarbeitsamts (Reichs-Arbeitsministeriums) vom 23. Dezember 1918 enthalten, ausnahmsweise kann es sich die Theorie nicht versagen, Rechtsbestimmungen wörtlich anzuführen; solche haben an sich fast immer etwas Historisch-Bedingtes, gegenüber den soziologischen Erscheinungen etwas Zufälliges und Willkürliches an sich.

(§ 1 der Verordnung.) „Sind die Bedingungen für den Abschluß von Arbeitsverträgen zwischen Vereinigungen von Arbeitnehmern und einzelnen Arbeitgebern oder Vereinigungen von Arbeitgebern durch schriftlichen Vertrag geregelt (Tarifvertrag), so sind Arbeitsverträge zwischen den beteiligten Personen insoweit unwirksam, als sie von der tariflichen Regelung abweichen. Abweichende Vereinbarungen sind jedoch wirksam, soweit sie im Tarifvertrage grundsätzlich zugelassen sind, oder soweit sie eine Änderung der Arbeitsbedingungen zugunsten des Arbeitnehmers enthalten und im Tarifvertrag nicht ausdrücklich ausgeschlossen sind. An die Stelle unwirksamer Vereinbarungen treten die entsprechenden Bestimmungen des Tarifvertrags.

Beteiligte Personen im Sinne des Abs. 1 sind Arbeitgeber und Arbeitnehmer, die Vertragsparteien des Tarifvertrags oder Mitglieder der vertragschließenden Vereinigungen sind oder bei Abschluß des Arbeitsvertrags gewesen sind oder die den Arbeitsvertrag unter Berufung auf den Tarifvertrag abgeschlossen haben."

(§ 2 der Verordnung.) „Das Reichsarbeitsamt kann Tarifverträge, die für die Gestaltung der Arbeitsbedingungen des Berufskreises in dem Tarifgebiet überwiegende Bedeutung erlangt haben, für allgemein verbindlich erklären. Sie sind dann innerhalb ihres räumlichen Geltungsbereichs für Arbeitsverträge, die nach der Art der Arbeit unter den Tarifvertrag fallen, auch dann verbindlich im Sinne des § 1, wenn der Arbeitgeber oder der Arbeitnehmer oder beide an dem Tarifvertrage nicht beteiligt sind.

Fällt ein Arbeitsvertrag unter mehrere allgemein verbindliche Tarifverträge, so ist im Streitfall, vorbehaltlich einer abweichenden Bestimmung des Reichsarbeitsamts, derjenige von ihnen maßgebend, der für die größte Zahl von Arbeitsverträgen in dem Betrieb oder der Betriebsabteilung Bestimmungen enthält."

Diese beiden Paragraphen umreißen ein lohnpolitisches Programm von größter Tragweite. Sie sind nicht in allen Einzelheiten von zwingender Logik und enthalten, wie der verstorbene sozialdemokratische Unterstaatssekretär Heinemann in der Gesellschaft für soziale Reform überzeugend dargetan hat, auch juristische Unzulänglichkeiten. Das enthebt aber nicht des Zugeständnisses, daß nur selten ein gesetzgeberisches Unternehmen von solcher Kühnheit begonnen worden ist. Schon das berechtigt, der Theorie des Tariflohns vorzugsweise die Rechtsform, in der er bei uns zur Zeit auftritt, zugrunde zu legen.

Hinzu kommt, daß die deutsche Regelung vielfach Schule gemacht hat. Wenn demgemäß das Erzeugnis der deutschen Gesetzgebung — das übrigens ohne die intensive Vorarbeit der deutschen ökonomischen und juristischen Theorie nicht möglich gewesen wäre — zugrunde gelegt wird, so sollen abweichende Regelungen, älteren oder jüngeren Datums, doch auch insoweit herangezogen werden, als ihnen theoretisches Interesse zukommt. Die Mindestlohnregelung, die Lohnämter usf. gehören hierher; sie sollen aber nicht historisch, jedes für sich, sondern auf solche Gesichtspunkte hin untersucht werden, die ihnen mit dem Tariflohn im engeren Sinn gemeinsam sind.

Der Tariflohn ist, nach früherem, als wirklich vereinbarter und wirklich bezahlter Lohn für uns wichtig, er ist Individuallohn in dem Sinne, daß er sich aus einem konkreten, individuellen Arbeitsverhältnis heraus herleitet, nicht aber auch in dem Sinne, daß er individuellen, persönlichen Maßstäben hinsichtlich Leistung und Gegenleistung folgt. Von Löhnen, die an sich frei vereinbart werden, hinter denen aber auch die zwingende Notwendigkeit gleichmäßiger Lohnfestsetzung als Folge des arbeitsteiligen Betriebs steht, unterscheidet sich der Tariflohn dadurch, daß in ihm nicht nur eine tatsächliche, sondern eine rechtlich fixierte Nivellierung von Leistungen und Gegenleistungen zum Ausdruck kommt. Die Fiktion, als ob der Arbeiter oder Angestellte im Großbetrieb überhaupt auf rein-individuellen Lohn Anspruch erheben könne, war erst durch die Regelung des Tarifvertrags beseitigt worden; jetzt erst wurde rechtens, was früher schon Tatsache war. In der soziologischen Wertung ist aber ein bestimmter Tatbestand verschieden zu beurteilen, je nachdem er auf Rechtssätzen beruht oder nicht; trifft das erste zu, so ergeben sich oft ganz bestimmte, weittragende Folgerungen über das Rein-Tatsächliche hinaus.

Rechtlich besagt die oben wiedergegebene Regelung in § 1 der Verordnung vom 23. Dezember 1918, daß der individuelle Arbeitslohn in bestimmten, sehr zahlreichen Fällen inhaltlich durch den im Tarifvertrag festgelegten Lohn ersetzt, daß der Arbeitsvertrag vom Tarifvertrag „abgedingt“ wird. Natürlich können wir auf den zugrunde liegenden juristischen Tatbestand nicht eingehen. Tatsache ist jedenfalls, daß durch das Dazwischentreten des Tarifvertrags die unmittelbare Beziehung zwischen Leistung und Gegenleistung (Lohn) aufgehoben wird. Wenn sich jene Rechtsquelle nun über die Arbeitsleistung, als deren Entschädigung der Tariflohn anzusehen ist, ausschweigt, so kann das Maß für die Leistung — ohne die der Lohn nicht denkbar ist — nur der Praxis entnommen wird. Ein Doppeltes ist dabei möglich und tatsächlich zu beobachten: entweder wird die Untergrenze für die Leistung des Arbeiters ziemlich hoch angesetzt: das führt dann in der Praxis zur Entlassung aller derer, die dies Mindestmaß nicht erreichen; oder aber, diese Entlassung wird, durch Gesetzgebung oder gewerkschaftliche Mittel, dem Unternehmer so gut wie unmöglich gemacht: dann kann der Arbeitslohn tatsächlich eine sehr beträchtliche Überwertung der Leistung darstellen, kann die Arbeitsstelle schließlich zur Pfründe werden. Die erstere Entwicklung gehörte mehr der Vergangenheit an, die letztere finden wir in höherem Maße in der Gegenwart.

Welches die vorwiegende Gestaltung der Zukunft sein wird, ist, so wenig wie das künftige Stärkeverhältnis der Parteien und der Wirkungsgrad der Sozialgesetzgebung, völlig zu überblicken. Natürlich sind dadurch, daß die mangelnde Beziehung zwischen Lohn und Leistung und die Möglichkeit künstlicher Lohnbildung erwähnt wird, noch lange nicht alle mit Tarifvertrag und Tariflohn verbundenen sozialpolitischen Gesichtspunkte erschöpft; was aber übrigbleibt, gehört mehr zur Organisations- als zur Lohnpolitik.

An einer früheren Stelle wurde einmal ausgesprochen: eine bestimmte Entwicklung geht dahin, für die Zugehörigkeit zu einem bestimmten Berufe weniger die Arbeitstätigkeit als die Entlohnung entscheiden zu lassen; dieser Auffassung trägt der Tariflohn, wenigstens soweit er eine genaue Kennzeichnung der Gegenleistung vermissen läßt, Rechnung. Die letzte Folge kann — muß nicht — sein, daß der Beruf eines Arbeiters durch seine Einordnung in eine bestimmte Tarifklasse gekennzeichnet wird, anstatt daß die berufliche Tätigkeit über die Höhe des Lohns entscheidet. Wir verzeichnen diese Möglichkeiten, die das gesamte Berufsleben samt allen ihm innewohnenden sozialen und ethischen Werten umkrempeln müßten, nicht als etwas schlechthin Ungünstiges; denn es ist ja möglich, daß trotz aller Bedenken die Vorteile überwiegen; und es bleibt ja auch offen, inwieweit Rückwirkungen des Tarifvertrags, inwieweit lediglich zwangsläufige Folgen weitestgetriebener Arbeitsteilung und -nivellierung vorliegen; vielleicht sind diese durch das Eingreifen des Tarifvertrags und Tariflohns nur verstärkt worden.

Die „Abdingung" des Arbeitsvertrags durch den Tarifvertrag hat ihre Grenze an der gegenteiligen Verabredung der Parteien und an der positiven, der älteren Praxis entlehnten Vorschrift, daß für den Arbeitnehmer günstigere Arbeitsbedingungen durch den Tarifvertrag nicht berührt werden. Das bedeutet praktisch, daß der Tariflohn nur Mindest-, aber nicht Höchstgrenze des Lohnes sein soll. Sieht man von der Tendenz zur Lohnsteigerung ab, die durch diese Bestimmung gegeben wird, so bedeutet sie auch eine wichtige Abschwächung der Regel, daß der Lohn ohne Rücksicht auf die vorausgehende Leistung gewährt wird. Denn der höhere Individuallohn, der durch den Tarifvertrag nicht beeinträchtigt werden darf, wird doch im allgemeinen Gegenleistung für einen Arbeitserfolg von bestimmter Höhe sein. Eine weitere Abschwächung erfolgt in dem häufigen Fall, daß der Tariflohn sich auf im Akkord zu vergütende Leistungen bezieht. Soweit der Tarifvertrag vorwiegend Mindestlohnsätze für die einzelnen Akkorde festsetzt, ist der Tariflohn an die im Akkord vorgeschriebene Leistung gebunden, er wird in diesem Falle unter Berücksichtigung der tatsächlichen Arbeitsleistung geregelt. Wenn somit auch in der Praxis der Grundsatz des Tariflohns vielfache Abwandlungen erfährt, so bleibt lohntheoretisch und lohnpolitisch doch die Tatsache bestehen, daß man eine generelle Regelung des Lohnproblems durch Tarifvereinbarungen zwischen den organisierten Gruppen für möglich hält, wobei die individuelle Leistung als Maßstab für den Lohn zurücktritt oder ganz ausscheidet.

Viel weiter geht jene Bestimmung, welche einer Behörde die Möglichkeit gibt, unter gewissen Voraussetzungen einen bestimmten Tariflohn für „allgemein verbindlich" zu erklären; dieser Lohn wird so geradezu zum Gesetz erhoben, allerdings oft zu einer „lex imperfecta" (s. u.).

Hierbei wird dann noch weniger Rücksicht auf die individuelle Arbeitsleistung genommen werden können, und mancher Unternehmer wird vor der Alternative stehen, entweder Arbeitnehmer zu bestimmten Löhnen oder gar keine zu beschäftigen, im letzteren Falle seinen Betrieb zu schließen. Der Gesetzgeber hat eine ungeheure Aufgabe und Verantwortung auf sich genommen; und es fragt sich, ob die gleichzeitig in Angriff genommenen Lohn- und Lebenshaltungsstatistiken ihm hinreichende Unterlagen liefern werden, um diese Aufgabe sinngemäß durchzuführen.

Wir rühren, indem wir diesen Zweifel äußern, an den letzten Problemen der Lohnpolitik, daran, ob es überhaupt auf die Dauer möglich ist, die Löhne aus den durch die Lage des Arbeitsmarktes (und das Stärkeverhältnis der Organisationen) begrenzten Gleisen zu bringen. Alles, was über den Tariflohn gesagt wurde, muß weiterhin vom Standpunkt der *allgemeinen Lohnpolitik* und *Lohntheorie* aus geprüft, es muß dabei nutzbar gemacht werden, was die vorhergehenden Kapitel enthielten. Zumal ist zu beachten: alle Tariflohnpolitik hat im allgemeinen nur die *Nominallöhne* zum Gegenstand; zwischen hohen tarifierten Nomiallöhnen und ihrer Kaufkraft kann aber bekanntlich ein außerordentlicher Gegensatz bestehen. Eine lohntheoretische und -politische Erörterung wird am letzten Ende stets bis zu dem realen, dem Sachwert der als „Lohn“ gewährten Geldzeichen durchdringen müssen.

Vorher sei erwähnt, daß *monopolistische* Elemente im Lohn, von denen das letzte Kapitel sprach, durch den Tarifvertrag sehr wohl geschaffen oder wenigstens gefördert werden können; zumal insoweit ein Tariflohn Ausdruck künstlich geschaffener Knappheit von Arbeitsuchenden auf dem Arbeitsmarkte ist, wird der monopolistische Charakter des Lohns sehr deutlich werden. Bestimmungen dieser Art sind aber den Tarifverträgen nicht fremd,

Entweder werden sie unmittelbar durch den Tarifvertrag selbst ausgesprochen: es wird dann etwa der tariftreue Arbeitgeber auf Annahme von Mitgliedern der vertragschließenden Gewerkschaft beschränkt sein; die Tarifgemeinschaft im Buchdruckergewerbe hat bekanntlich eine derartige Entwicklung durchlaufen; oder aber, die Arbeiterorganisation strebt das tatsächliche Monopol, die restlose Beherrschung des Arbeitsmarkts an und kann, wenn sie den größten Teil der Berufstätigen umfaßt, auf ausdrückliche Wahrung ihrer Monopolrechte im Tarifvertrag verzichten. In allen Fällen wird sie in der Lage sein, die Zahl der Arbeitsuchenden durch Abschub an günstigere Arbeitsmärkte, durch Reise-, Umzugs- und vor allem Arbeitslosenunterstützung künstlich zu verringern. Das sind im einzelnen, soweit nicht Arbeitsmarktangelegenheiten (§§ 27 ff.) darin enthalten sind, Gegenstände der später, im Sechsten Abschnitt, zu behandelnden Organisationspolitik, sie schlagen hier nur insofern ein, als die monopolistischen Elemente im Lohn, und zumal im Tariflohn, Beachtung heischen.

Wenn anschließend die *Theorie der Lohnpolitik* in Grundzügen entwickelt werden soll, so hat zunächst einmal eine Verständigung darüber Platz zu greifen, ob die Lohnhöhe nur Funktion mechanischer, mehr oder weniger gesetzmäßiger Einwirkungen ist oder Raum für „Politik", d. i. zielbewußte Beeinflussung, läßt.

Von der Lohnfondstheorie ist schon in anderen Zusammenhängen gesprochen und es ist darauf hingewiesen worden, daß der Lohn regelmäßig nicht aus dem Kapital gezahlt wird; damit entfällt bereits der Rechtsgrund für eine weitverbreitete Annahme, die freilich auch durch keinerlei Beobachtung der Tatsachen auf dem Gebiet der Lohnbildung getrübt gewesen war. Ganz allgemein läßt erst die quantitative Erfassung dieser Tatsachen durch die Lohnstatistik tiefere Einblicke zu; was uns dabei entgegentritt, ist die verwirrende Fülle der „Löhne", die sehr weit von der Einordnung des „Lohns" unter ein bestimmtes Gesetz entfernt ist. Dies trifft zu, trotz der oben breit ausgeführten Nivellierungserscheinungen im Lohn; bei diesem Nivellement handelt es sich oft auch nur um den Nominallohn, mindestens für Unterschiede im Sachlohn, in der Kaufkraft des Lohns, bleibt viel Raum übrig, den schon die persönlichen Qualitätsunterschiede der Arbeiter beanspruchen. Tatsächlich sind im arbeitsteiligen Betrieb überhaupt weniger die effektiv bezahlten Löhne als die Lohnsätze einander angenähert; mindestens beim Akkordlohn sahen wir die Möglichkeit individuellen Verdienstes in gewissem Grade gewahrt.

Etwas bescheidenere Ziele setzt sich die Auffassung, daß der Lohn als ein Marktpreis den Bestimmungsgründen folge, die über Angebot und Nachfrage auf dem Arbeitsmarkte entscheiden. Dabei denkt man zunächst an den isolierten, nichtorganisierten Arbeiter, ursprünglich auch wohl an den Arbeitgeber in gleicher Eigenschaft; denn zu jenen Bestimmungsgründen von Angebot und Nachfrage gehört ja die Konkurrenz der Verkäufer und Käufer (der „Ware Arbeit"). Da man bald genötigt war, eine Beschränkung des Wettbewerbs der Käufer (Arbeitgeber) durch Kartelle und Arbeitgebervereinigungen als möglich anzuerkennen, so blieb die Konkurrenz der Warenverkäufer (der Arbeiter), mit ihr der Druck auf den Preis (Lohn) als wahrscheinlichste Annahme übrig. Sie herrscht insbesondere bei Marx vor und führt zu der bekannten Vermutung einer bis zum Existenzminimum und darunter sinkenden Lohntendenz.

Der Fall des isolierten, unorganisierten Arbeiters oder Arbeitgebers ist nun aber heute derart Ausnahme, daß eine „Theorie der Sozialpolitik" sich nicht allzusehr mit ihm zu befassen hat. Ungleich wichtiger ist die Prüfung der Verhältnisse, die durch starke Organisationen auf beiden Seiten herbeigeführt werden.

Gelegentlich wurde die Vermutung ausgesprochen, eine restlos durchgeführte berufsständische Organisation, die sich die Wage hält, werde gewissermaßen die Zustände wieder aufleben lassen, die zwischen dem isolierten Arbeitnehmer und dem isolierten Arbeitgeber bestanden hatten. Daran ist nun jedenfalls soviel richtig: Ungleichheiten in Grad und Stärke der beiderseitigen Organisationen werden die Lohnhöhe zum Gegenstand eines Machtkampfes machen, in dem der besser gerüstete Gegner die Oberhand behält. Dafür gibt es hinreichend Beispiele in der Praxis, das scheint auch theoretisch einwandfrei. Mittelbar aber wäre hieraus bereits die oben erwähnte Vermutung abzuleiten; denn wenn die Kräfteverhältnisse auf beiden Seiten gleich sind, dann entfallen eben Gründe, die ein Abweichen des Lohns von seiner „natürlichen" Höhe hervorrufen.

Dennoch ergeben sich Unterschiede. Eine restlos organisierte Arbeiterschaft und auch eine solche, welche sich diesem Ziel nähert, wird in jedem Fall ganz andere Mittel, Verhandlungen zu erzwingen, besitzen, als sie dem einzelnen Arbeiter zu Gebote stehen. Mindestens eine gewisse, eine längere Zeit hindurch, als sie dem isolierten Einzelnen gewährt ist, kann die gewerkschaftliche Gruppe die „Ware Arbeit" vom Markte zurückhalten. Um so mehr, wenn die Streik- und Arbeitslosenkassen gefüllt sind und hinter der Arbeiterschaft die öffentliche Meinung mit ihren nicht zu unterschätzenden Mitteln steht. Das trifft in noch viel höherem Maße zu, wenn die politische Macht in demokratischen Staaten vorwiegend oder ausschließlich in den Händen der Arbeiter liegt, — ein Zustand, der in Deutschland heute gegeben ist.

Wenn somit Unterschiede in der Lage isolierter und organisierter Gegner zweifellos anerkannt werden müssen, so liegt es doch im Sinn einer theoretischen Untersuchung, die möglichen Grenzfälle zu betonen. Als solcher kann gelten, daß man an eine unerbittliche Kraftprobe zwischen den Parteien denkt und die Umstände überlegt, unter denen sie, rein wirtschaftlich gesehen und einstweilen ohne Rücksicht auf politische Gegenwirkungen, ausgefochten werden würde.

Da ergibt sich denn die Tatsache, daß das Kapital länger warten kann wie die Arbeit. Keine Streik- und Arbeitslosenkasse kann mit dem Kapital konkurrieren, zumal da nicht, wo die sozialen Kämpfe an der Bildung der großen Konzerne wesentlich mitgewirkt haben; ja es kann, kommt es zu solchen Kraftproben, der Umfang der Arbeitnehmerorganisationen geradezu ihr Verhängnis werden, weil die große Masse der Streikenden oder Ausgesperrten die Kassen sehr rasch leert.

Gilt es doch als Mittel kluger gewerkschaftlicher Taktik, durch kleine Teilausstände die Unternehmung an verwundbaren Stellen zu treffen, zu diesem Behufe etwa Heizer, Maschinisten oder Spezialarbeiter vorzuschicken; indem die Unternehmungen die Wirkung solcher Maßnahmen erkannten, fanden sie freilich zugleich auch in der Massenaussperrung das Gegenmittel, dem noch keine Gewerkschaft allzu lange standhielt (§ 54). In diesen Massenaussperrungen bricht sich die theoretisch richtige Auffassung Bahn, daß die große Zahl für die Arbeitnehmerverbände mindestens ebensosehr ein Schwäche- wie ein Stärkemoment darstelle. Anders für die Arbeitgeber, deren lückenloser Zusammenschluß vielmehr erst die Konkurrenz ausschließt.

Dies, angewandt auf den erwähnten extremen Fall einer Generalabrechnung und entscheidenden Kraftprobe, läßt die Lage gerade der numerisch stärksten Arbeiterorganisationen nicht gerade als die günstigste erscheinen, und es dürfte sich bewahrheiten, daß man den

— natürlich hinkenden — Vergleich mit dem isolierten, unorganisierten Arbeiter wagen kann. In England dürften praktische Belege für diese Meinung in den neueren Arbeitskämpfen gegeben sein und schon vor dem Kriege ist dort die ketzerische Annahme von Gewerkschaftsführern selbst ausgesprochen worden, daß die Lohnpolitik der Verbände ihre Grenzen habe.

Diese ganze Sachlage kann sich indessen ändern, wenn politische Verhältnisse hereinspielen, wenn etwa die Drohung mit gesetzgeberischen Eingriffen oder gar mit Sozialisierung das Kapital kopfscheu und kampfmüde macht. Das trifft einigermaßen für das heutige Deutschland zu. Es ist durchaus kein Irrwahn gewesen, wenn man gerade hier die Identität der Ziele gewerkschaftlicher und parteipolitischer Arbeit verkündet hat; vielmehr sieht sich der auf englischem Boden erwachsene reine Trade-Unionismus heute beinahe vor dem Bankrott und sucht Anlehnung bei den politischen Parteien, zunächst natürlich bei der Arbeiterpartei. Diese von „bürgerlichen" Sozialpolitikern nicht selten verkannten Gesichtspunkte können hier nur angedeutet werden, sie gehören in höherem Maße der Organisationspolitik an. Aber es muß allerdings anerkannt werden, daß die der gewerkschaftlichen Lohnpolitik gesetzten Grenzen durch allgemein-politische und zumal durch parteipolitische Mittel sehr wesentlich erweitert werden können.

Bisher ist vorzugsweise von der Politik des Nominallohns die Rede gewesen, die freilich insofern auch auf den Reallohn, die Kaufkraft der Lohngelder, zurückverweist, als ein (etwa durch Teuerung veranlaßtes) Auseinandergehen von Nominallöhnen, Preisen und Lebensansprüchen oft den Anlaß für Lohnbewegungen darstellt. Eine eigentliche Reallohnpolitik kann von recht verschiedenen Seiten aus in Angriff genommen werden; zunächst wird die auf Regelung des Nominallohns bedachte Politik bemüht sein, alles Willkürliche, Sprunghafte zu vermeiden, all das, was — als zusätzliche Kaufkraft, Produktionsverteuerung oder beides — die Preise und mittelbar den Reallohn beeinflussen muß.

Auf diesem Gebiete liegen auch die im letzten Kapitel erwähnten Gleitenden Lohnskalen, allerdings nur, soweit sie in theoretisch zulässiger Weise zwischen Nominallöhnen und Produktpreisen zu vermitteln suchen. — Ganz anders gehen die Genossenschaften vor, die, vorwiegend in Gestalt der Konsumvereine, die Kaufkraft eines bestimmten Nominaleinkommens möglichst erhöhen wollen; sie verbilligen zu diesem Zwecke die Warenpreise und erhöhen den Vorrat an Konsumgütern (§ 56).

Soweit sich die Lohnpolitik auf Regelung der Nominallöhne beschränkt, ist an sich stets die Gefahr einer Teuerung und Senkung der Kaufkraft des Lohnes gegeben. Hier sind alle Bedenken, welche gegen das Streikfieber geltend gemacht werden, einschlägig. Nur daß die an sich wichtigen Gegenargumente vielfach nicht verfangen; denn man mag noch so oft auf die preiserhöhende und inflationistische Wirkung von Lohnerhöhungen ohne gleichzeitige Leistungserhöhungen hinweisen: die einzelne Gruppe wird doch stets den unmittelbaren und zeitweiligen Vorteil einer Lohnerhöhung im Auge haben; fast scheint Philippowichs, zur Erklärung des Kapitalzinses verwendete Theorie zuzutreffen, daß gegenwärtige Güter regelmäßig höher bewertet werden als zukünftige.

Wenn es aber im Einzelfall gelingt, von den durch Streik höhergeschraubten Nominallöhnen Ersparnisse zu machen und solche spekulativ in Sach-(Gold-) Werten festzulegen, so ergibt sich ein dauernder Vorteil, der die Wirkung der oben erwähnten Gegenargumentation noch mehr abschwächt.

Auch dieses Thema muß abgebrochen, Einzelheiten müssen dem „Praktischen Teil" überwiesen werden. Noch bleibt ein Wort zu sagen über Mittel und Wege staatlicher (gegebenenfalls auch kommunaler) Lohnpolitik. Es soll sich dabei weniger um die öffentliche Lohnpolitik in Staats- oder Gemeindebetrieben handeln, obwohl bei der Tendenz zur Sozialisierung und bei den mannigfachen bemerkenswerten Erfahrungen, die man mit dieser Art Lohnpolitik gemacht hat, vieles zu sagen wäre. Immerhin wiederholen sich hier Vorgänge der Privatwirtschaft, nur mit besonderen Ausmaßen und — insoweit Parlamente und Gemeindekollegien mitzusprechen haben — unter dem nachhaltigen Druck der obenerwähnten politischen Machtfaktoren. — Wichtiger ist, an das über den Tarifvertrag Gesagte anzuknüpfen: bereits die Anerkennung dieses Instituts als etwas, was über den Arbeitsvertrag gesetzt ist; noch mehr die Verbindlicherklärung von Tarifverträgen, endlich das Einigungs- und Schlichtungswesen stellen Etappen einer behördlichen Lohnpolitik dar, denen die Theorie sehr aufmerksam zu folgen veranlaßt ist.

Ein entscheidender Unterschied liegt dabei insofern vor, als auf der einen Seite nur Formen für das Verhandeln der Parteien gefunden, auf der andern Seite autoritative Eingriffe in die Lohnfestsetzung selbst vorgenommen werden sollen.

Die ältere Gesetzgebung, welche die Gewerbe- und Kaufmannsgerichte zu Einigungsämtern ausbaute, hat im ganzen den ersten Zweck verfolgt. Der Gesichtspunkt der Freiwilligkeit wurde dabei auf der ganzen Linie gewahrt. Im Auslande (Australien, Neuseeland, Kanada, England) haben die Lohnämter, die Bestimmungen über Mindestlöhne usw. bereits den zweiten Wege betreten, den die deutsche nachrevolutionäre Gesetzgebung ziemlich zielbewußt, wenn auch nicht ohne Zögern, verfolgt, nachdem bereits während des Krieges in dieser Richtung Vorstöße unternommen worden waren. Die in der Praxis befolgten Gesichtspunkte können die Theorie im einzelnen nicht beschäftigen; ihr bleibt dagegen die Frage zu beantworten, in welchem Umfang solche autoritative Festsetzungen der Lohnhöhe überhaupt möglich sind. Man denkt hierbei natürlich nicht an den Nominal-, sondern an den Reallohn, auf den es doch ausschließlich ankommt.

Denn die Tatsache, daß ein Tariflohn für verbindlich erklärt oder durch Schiedsspruch eine bestimmte Lohnhöhe festgesetzt wurde, besagt an sich natürlich noch sehr wenig über die Möglichkeit staatlicher (Real-) Lohnpolitik, und man sollte sich vor Überschätzung solcher Akte hüten. Sie sollen ja auch im allgemeinen gar nicht neues Recht schöpfen; entweder ist die Absicht, dem von den Parteien gewollten Recht Eingang in weitere Kreise zu verschaffen, oder aber, die Schiedssprüche bewegen sich innerhalb eines Rahmens, der durch die Forderungen und Zugeständnisse der Parteien von selbst gegeben war. Immerhin ist ein verbindlich gemachter oder durch Schiedsspruch festgelegter Lohn theoretisch doch noch etwas anderes wie reiner Vertragslohn; Staatsautorität steht hinter dem ersteren, es wird schwieriger sein, ihn, wenn er sich praktisch als unmöglich erwiesen hat, zu beseitigen. Und doch wird es nicht zu vermeiden sein, daß — ökonomisch gesehen — Fehlsprüche des Tarif- oder Schiedsamtes vorkommen, welche dann entweder die Produktion in verhängnisvoller Weise einschnüren oder ein Gewicht mehr am Strange der Geldentwertung darstellen. Zumal da, wo für den Weltmarkt produziert wird, ist die Verantwortung eine sehr große und nicht immer hinreichend gewürdigte.

Wichtig aber ist noch: am Stärkeverhältnis der organisierten Parteien und an den von hier auf die Lohnhöhe ausstrahlenden Einwirkungen ändert eine behördliche Lohnfestsetzung an sich nichts; höchstens kann die Verbindlicherklärung eines Tariflohns oder eines Schiedsspruchs die Außenseiter in die Arme der Organisation treiben. Der Staat unternimmt also unter Umständen etwas, was nur scheinbar auf seine Autorität zurückführt, oft konstatiert er in seiner Äußerung nur ein bestimmtes Machtverhältnis auf Arbeitgeber- oder Arbeitnehmerseite. Das wäre unbedenklich, wenn es sich um die rein sozialen Machtverhältnisse handelte; es werden aber häufig gerade diejenigen Machtverhältnisse ihre behördliche Feststellung und Verbriefung erfahren, die nicht auf sozialen und ökonomischen, sondern auf parteipolitischen Gründen beruhen. Insofern handelt der Staat, ohne es zu wollen, selbst im Dienste einer Partei. — Indem Weiteres über das Einigungs- und Schiedswesen anderen Abschnitten des Theoretischen und Praktischen Teils zugewiesen wird — die Beilegung von Arbeitskämpfen rechnet hierzu —, soll am Schlusse noch kurz auf den Zusammenhang verwiesen werden, der zwischen den hier behandelten Fragen des Tariflohnes und der Lohnpolitik und den im vorigen

Kapitel dargestellten Gesichtspunkten der Lohnformen und Entlöhnungsmethoden besteht: die letzteren stellen gewissermaßen die Lohnpolitik des Individuallohns dar, und es besteht alle Veranlassung, gegenüber der heute üblichen Überschätzung der organisatorischen und behördlichen Lohnpolitik auf die sehr großen und dankbaren Aufgaben zu verweisen, die sich in der internen Lohnpolitik bei der Bemessung des Einzellohnes ergeben. Früher, als der Tarifvertrag noch um seine Anerkennung kämpfte, war es umgekehrt nötig gewesen, vor der ausschließlichen Anerkennung der Individuallohnpolitik zu warnen.

(§ 47) 6. Die sozialpolitische Bedeutung der Rente und des Monopols.

Vom Unternehmungsgewinn und Arbeitslohn, welch letzterer uns durch drei Kapitel hindurch befaßte, zu den allgemeinen Fragen der Verteilung, der Besitz- und Einkommensbildung zurück! Es gilt, eine Reihe von Wahrnehmungen, die einstweilen erst beiläufig gemacht worden sind, unter eine Sehlinie zu bringen, die zugleich andere, mehr oder weniger benachbarte Tatbestände aufzuschließen geeignet ist. Am Schluß des § 42 wurde die ihm zugrunde liegende Unterscheidung zwischen „Kapitalistischem und nichtkapitalistischem Einkommen" als ungenügend erachtet; es wurde bereits deutlich, daß das Unternehmungseinkommen im Unternehmerlohn ein besonders qualifiziertes Arbeitseinkommen umfaßt, das als solches nicht auf kapitalistische Quellen zurückführen kann; das wurde im darauffolgenden Kapitel (§ 43) über „Unternehmungsgewinn und Unternehmerlohn" des näheren nachgewiesen. Umgekehrt lassen alle Ausführungen über das Lohnproblem vermuten, daß die Lohnhöhe unter Umständen von anderen Gründen als von der Arbeitsleistung abhängt, und daß diese Gründe eine monopolistische Färbung annehmen können. Das Monopol scheint also nicht auf das kapitalistische Einkommen beschränkt zu sein, ist hier nur in viel größerem Maße als sonstwo anzutreffen. Der Monopolbegriff stellt sich als ein sehr wichtiges Kriterium dar, das in Gegenwärtigem näher geprüft werden soll.

Zur Orientierung soll aber vorher, wieder in Anschluß an § 42, eine doppelte Gruppierung allen möglichen Einkommens vorgeführt werden. Wir unterscheiden

a) nach der Art der Fixierung:
   1. Kapitalzins und
   2. Arbeitslohn

als mehr oder weniger festgelegte, vertraglich der Höhe und der Zahlungsart nach ausbedungene Einkommensarten, denen

3. Unternehmungsgewinn einschließlich
3a. Unternehmerlohn und
4. Grundrente, besser Differenzialrente

als wechselnde, nicht im voraus berechenbare Größen gegenüberstehen.

Indes darf nicht die Meinung aufkommen, als stünden die drei letztgenannten Einkommensarten (3, 3a und 4) selbständig nebeneinander; das gilt sicher nicht für Unternehmungsgewinn und Unternehmerlohn, welch letzterer eine Funktion des ersteren ist; weiterhin folgt aus unserer früher schon geltend gemachten Auffassung der Grundrente, im erweiterten Sinn der Lehre Ricardos als Differenzialrente, daß sie Verbindungen mit den übrigen Einkommensarten eingeht, und zwar kann ebensowohl der Unternehmungsgewinn wie der Kapitalzins Differenzialrente (die dann auch außerhalb der Landwirtschaft auftritt) enthalten; und es wird immer durch soziale Machtkämpfe entschieden werden, ob die Unternehmung, der Grundbesitzer, der Leihkapitalist oder ein beliebiger anderer „Beatus possidens" — Monopolbesitzer — die Gewinnchancen der Differenzialrente einsteckt. Kommt sie doch automatisch überall da zum Vorschein, wo der Bedarf Produktionswerkstätten (einschließlich Grundstücke) verschiedenen Kostengrades in Bewegung setzt und der sich nach den höchsten Produktionskosten einstellende Preis für den unter günstigeren Umständen Produzierenden eine Rente auswirft. Solche Rente kann im festbedungenen Zins, den die Unternehmung als Produktionskosten bucht, enthalten sein und beweist dann, daß der Grund- oder sonstige Kapitalbesitzer seine Monopolstellung gegenüber der Unternehmung auszunutzen verstand; dieselbe Rente kann aber auch als Teil des Unternehmungsgewinns entstehen, wenn das Unternehmen Grundstücke und sonstige rentenfähige Produktionsmittel rechtzeitig seiner unumschränkten Verfügung unterwerfen oder durch seine wirtschaftliche Machtstellung auf den Grund- oder Kapitalbesitzer einen Druck ausüben konnte. Bleibt dabei der häufigere Fall von Differenzialrente an Landwirtschaft und Bergbau gebunden, so kann sie doch auch in der Industrie und im Handel entstehen; dann nämlich, wenn die Konkurrenz erst allmählich einsetzt, infolge irgendwelcher Ursachen (z. B. Unkenntnis eines Fabrikgeheimnisses) dem durch die Preishöhe an sich gegebenen Antrieb nicht zu folgen vermag oder aber — der wichtigste Fall — durch Kartellabreden oder Vertrustung ausgeschlossen wird. Inwieweit endlich eine der Differenzialrente ähnliche Erscheinung beim Arbeitslohn wiederkehrt, ist in früheren Überlegungen bereits angedeutet und hier nur noch kurz zu ergänzen:

Gelten nämlich für den Preis der Arbeit (Lohn) die Produktionskosten des mit dem höchsten Aufwand Belasteten und gelingt es, den Lohn in dieser Höhe durch Tarifvertrag usw. festuzlegen, dann wird der durch geringere Gestehungskosten der Arbeit Begünstigte ein arbeitsloses Einkommen (Rente, Differenzialrente) erzielen; schon wessen Körperverfassung weniger Kalorien bedarf, wird vor dem Bedürftigeren bevorzugt sein; wer nur für seine Bedürfnisse zu sorgen hat, genießt vor dem Verheirateten und Familienvater einen oft sehr beträchtlichen Vorsprung; der rasche Arbeiter ist, wenn der Tarifvertrag den Durchschnittslohn an eine Durchschnittsleistung knüpft, dabei aber ein höheres Herauskommen möglich macht, vor dem langsameren begünstigt; auch dieser Fall läßt sich in dem vom Dritten Abschnitt her geläufigen Bilde der Arbeitskonsumtion unterbringen. Voraussetzung solcher und ähnlicher Rentenbildungen ist nur, daß durch Gewerkschaft und Tarifvertrag eine Art Kartellabrede zustande kam.

Eine ganz andere Zweiteilung der Einkommensarten erfolgt

b) nach den Quellen: ob durchaus oder vorwiegend aus Kapitalbesitz oder aus Arbeit (das Wort im weitesten Sinn gefaßt) fließend; hier stehen

1. Kapitalzins und
2. Unternehmungsgewinn minus Unternehmerlohn

als kapitalistische Einkommen gegenüber

3. Arbeitslohn und
4. Unternehmerlohn.

Im Einzelfall wird aber auch der Kapitalzins um eine Größe verringert gedacht werden müssen, die sich — gegenüber allen Einwänden sei dies festgehalten — als Sonderfall des Arbeitslohns herausstellt; so, wenn der Kapitalist eine (organisatorische oder spekulative) Tätigkeit übte, die mindestens im privat-, nicht ganz selten aber auch im volkswirtschaftlichen Sinn Arbeit genannt werden kann, für die er zweifellos auf Entschädigung hätte rechnen können, wenn er sie im Dienste eines Unternehmers ausgeübt hätte.

Die Grundrente oder richtiger: ihr allgemeiner Fall, die Differenzialrente, kann in obige Unterscheidung nach den Quellen überhaupt nicht aufgenommen werden, weil sie im Prinzip wohl viel stärker beim kapitalistischen Einkommen auftritt, durchaus aber auch beim Arbeitslohn und — häufiger — beim Unternehmerlohn entstehen kann. Die Arbeit als Produktionsmittel kann eben infolge tatsächlicher oder künstlich (gesellschaftlich) geschaffener Seltenheit (Gewerkschaften als Arbeitnehmerkartelle!) zu einem Einkommen mit Rentencharakter führen.

Die beiden vorgeführten Einteilungen des Einkommens befriedigen also nicht ganz; vor allem versagt die zweite, weil sie der Differenzialrente keinen bestimmten Platz anzubieten vermag; es gilt deshalb, eine weitere Unterscheidung aus dem Monopolbegriff, der hierfür sehr weit gefaßt werden muß, zu gewinnen.

Oppenheimer hat für die Einbürgerung des Monopolbegriffs sehr viel geleistet; der mit ihm zusammenhängende, ihn aber nicht ausfüllende Begriff der Differenzialrente ist durch Vogelstein (im Grundriß der Sozialökonomik) besonders gefördert worden. Im ganzen aber verschließen sich doch recht viele volkswirtschaftliche Lehrmeinungen der für unsere Zwecke unerläßlichen Erweiterung der Grund- zur Differenzialrente.

Mit den Sozialisten aller Lager wird man einig gehen, wenn man den Monopol- und Differenzcharakter fast allen kapitalistischen Einkommens betont, man wird auf scharfe, hohnvolle Ablehnung aber schon dann stoßen, wenn man aus dem Unternehmungsverdienst den Unternehmerlohn als qualifizierten Arbeitslohn ausscheidet oder gar glaubt, in manchen Arten von Arbeitslohn monopolistische Elemente wahrnehmen zu können.

Geht man etwa soweit, selbst beim Kapitalzins aus Arbeit fließende Bestandteile für möglich zu halten, so wird der Hinweis auf unruhige Nächte des spekulierenden Kapitalisten, auf das besondere, tatkräftige Interesse, das etwa ein Kommanditist, ein stiller Teilhaber oder Aktionär dem Unternehmen zuwendet, nur ungläubig oder spöttisch aufgenommen werden; und doch kann im Einzelfall einmal die eigentliche Unternehmerfunktion gar nicht beim Generaldirektor liegen, sondern von einem juristisch ganz Unbeteiligten, eben dem Kommanditisten, dem stillen Teilhaber oder selbst dem Aktionär, ausgeübt werden, ohne daß diesen Personen ein greifbarer „Unternehmerlohn" als Entgelt ausgefolgt würde. Wir sahen (§ 43) ja ganz allgemein, daß die Unternehmerqualität nicht durch Bezug von Unternehmerlohn ausgedrückt sein muß.

Unsere Auffassung wird also erheblichen Angriffen begegnen; leider reicht der Raum, der dem Versuch einer „Theorie der Sozialpolitik" vorbehalten bleiben muß, nicht aus, in weitergreifenden, rein-sozialökonomischen Untersuchungen wenigstens einen Teil der Entgegnungen gegen wahrscheinliche Angriffe vorwegzunehmen. Uns interessieren ja die erwähnten Tatbestände vorwiegend von der sozialen Seite her, und auch das Monopol kann nur mit dieser Einschränkung gewürdigt werden. Was vorhin beiläufig bemerkt wurde: daß die Höhe von Zins, Arbeits- und Unternehmerlohn sowie Unternehmungsgewinn durch soziale Machtkämpfe bedingt ist, das geht uns ganz besonders an. Und es tut not, diese sozialen Auseinandersetzungen in einem viel weiteren Rahmen zu begreifen, als derjenige ist, der mit dem Gegensatz zwischen „Kapital und Arbeit" enge genug begrenzt wird. Selbstverständlich besteht dieser Gegensatz; er reicht aber sehr viel weiter, als man gemeinhin annimmt: schon nahmen wir die Möglichkeit eines Kampfes zwischen Unternehmerlohn und Unternehmungsgewinn, zwischen Unternehmern und Unternehmungen wahr, und nicht weniger schroff kann der Gegensatz zwischen Grundbesitzern, Leihkapitalisten und Unternehmungen sein. Ja, die Arbeiter selbst sind weit davon entfernt, eine einheitliche, homogene Schicht zu sein, und die Kämpfe zwischen ihnen sind durchaus nicht nur bloße Konkurrenzkämpfe zwischen Einzelnen, sondern nicht selten Kämpfe zwischen monopolistisch Geschützten — gewerkschaftlich Organisierten — und Außenseitern oder zwischen Gruppen solcher. Hier ist alles einschlägig, was im vorigen Kapitel über den Tariflohn und Pfründenstellungen, zu denen er führen kann, gesagt wurde.

Im übrigen ist dies Thema im Sechsten Abschnitt, gelegentlich der Besprechung der Sozialen Organisation, aufzugreifen. Eine weitgehende Parallele zwischen wirtschaftlichen und sozialen Auseinandersetzungen, zwischen dem Organisationszwang des Kartells und dem der Gewerkschaft, wird sich zumal in § 57 herausstellen.

Von diesen Auseinandersetzungen interessiert hier der Einfluß monopolistischer Situationen, und zwar auch nur, soweit dadurch das Einkommen beeinflußt wird. Jene von uns angestrebte dritte Einteilung ergibt sich nun nicht wie bei den beiden früheren derart, daß wir bestimmte Einkommensarten auf die eine Seite, bestimmte andere auf die Gegenseite stellen. Denn es wurde ja schon bemerkt, daß alle Einkommensarten monopolistisch infiziert sein können. Höchstens nach dem Grade der Wahrscheinlichkeit, mit dem das Monopol auf das Einkommen einwirkt, ließe sich — der zweiten Unterscheidung folgend — das Arbeitseinkommen dem Kapitaleinkommen gegenüberstellen. Das hieße aber, mehr historischen Gegebenheiten als grundsätzlichen Erwägungen folgen. Gibt es (was bestritten wird, aber doch wohl zutrifft) Grundrente auch im absoluten Sinn, so ist eine analoge Überhöhung des Lohns auch nicht von der Hand zu weisen.

Die „Praxis der Sozialpolitik" hat die Aufgabe, sozialpolitisch wichtige Fälle monopolistischen Einkommens in Zusammenhang mit den Mitteln ihrer Abwehr oder Einschränkung und unter Bewertung der einschlägigen Tatbestände vorzuführen. Hier kann nur gesagt werden, daß es sozialpolitische Allheilmittel gegen das Monopol nicht gibt. Wir können in dieser Richtung dem Sozialismus, der blind genug ist, nur Kämpfe zwischen „Kapital" und „Arbeit" zu sehen, so wenig folgen wie der Bodenreform, wenn sie, noch einseitiger, das Monopol an den Grund und Boden gebannt glaubt; natürlich liegt uns aber der privatwirtschaftlich-kapitalistische Standpunkt derer, welche die Bedeutung des Monopols gerade beim Kapitaleinkommen übersehen zu können glauben, am allerwenigsten; diese Anschauung ist dann in besonderem Maße diskreditiert, wenn sie den Zins als Arbeitseinkommen bezeichnen und rechtfertigen zu sollen glaubt und übersieht, daß die im Privatkapital erstarrte Arbeit sicherlich nicht vorwiegend vom Kapitalisten, der den Zins bezieht, geleistet wurde. Die wissenschaftliche Betrachtung sieht sich bei Erörterung dieser und benachbarter Fragen bereits durch die politische Färbung der wichtigsten Theorien, noch mehr durch ihre agitatorische und parteipolitische Ausschlachtung gefährdet. Dagegen gibt es kein Mittel als den immer wieder erneuerten Versuch, durch die vorgefaßten Meinungen des Tages und der rednerischen Übung hindurch zu dem Wirklichkeitsgehalt der sozialen Erscheinungen und Verursachungen durchzudringen. Theorie ist hier, im Sinne Oppenheiners, wirklich die beste Praxis!

Dabei muß die Aufgabe, die der Theorie der Sozialpolitik gegenüber dem Streit um Monopol und Rente zukommt, sehr genau umschrieben und eingeengt werden; sie kann zunächst nicht dahin lauten, ob das Monopol und die Rente wünschenswert sind oder nicht;

das wäre der Sozialethik zu überlassen; ebensowenig wird es sich darum handeln, die Notwendigkeit oder Entbehrlichkeit von Rente und Monopol abzuleiten; darüber hat die Sozialökonomik zu entscheiden, indem sie fragt, ob und gegebenenfalls wann und mit welchen Mitteln eine mehr oder weniger restlose Sozialisierung, die Überführung der privatwirtschaftlichen in eine gemeinwirtschaftliche Verfassung, möglich ist (s. § 75). Die allgemeine Wirtschaftspolitik, nicht nur die Sozialpolitik, hätte dann über die Frage der Zweckmäßigkeit zu entscheiden. Für die Sozialpolitik sind Rente und Monopol Gegebenheiten, an die wirtschaftliche, aber auch gesellschaftliche Folgen geknüpft sind; der Klassenkampf kann als wichtigste dieser Folgen gelten, seine Darstellung gehört aber zu den organisatorischen Fragestellungen des Sechsten Abschnitts. Für die gegenwärtige Würdigung jener Erscheinungen ergibt sich somit ein sehr verengtes Gesichtsfeld: Fußend auf der Feststellung, daß monopolistische, rentenartige Bildungen bei jeder Art Einkommen unterlaufen können, sollen durch die Sozialpolitik diejenigen Mittel geprüft werden, die der Arbeitsleistung eine ihr gemäße Vergütung sichern und einem als unsozial zu kennzeichnenden Zustand überwiegend monopolistischer Einkommensbildungen entgegenwirken. Das Wort „unsozial" enthält nun freilich ein Werturteil, über das man sich nicht allgemein wird einigen können (§ 78). Immerhin ist es auch ökonomisch zu begründen, indem eine ungenügende Entlohnung der Arbeit Produktion und Konsumtion von Arbeit und Arbeitskraft — s. Dritten Abschnitt — stört, dieses Störungsmoment aber auf die ganze Wirtschaft zurückwirken muß. So hat man also nicht nur gesellschaftliche und ethische, sondern vorwiegend auch wirtschaftliche Gründe gegen das Überwuchern monopolistischer Rentengewinne ins Feld zu führen. Zum gleichen Ziel führt die schon der Grundrentenlehre geläufige Vermutung, daß alle Formen von Differenzialrenten dem wirtschaftlichen und technischen Fortschritt entgegenstehen.

Hier lautet eine Vorfrage: Gibt es ein Recht auf auskömmlichen Lohn, auf Endschädigung aufgewendeter Arbeit?

Die u. a. von A. Menger behandelte Frage hat freilich viele Voraussetzungen; denn man wird die „gesellschaftlich notwendige", erwünschte Arbeit von jener unterscheiden müssen, die sich als Sport, Selbstzweck, bloße Geistes- oder Körperübung usw. herausstellt, und man wird kaum daran denken, diese beiden Arten von Arbeit hinsichtlich der Entlohnung gleichzustellen. Wenn heute zahlreiche wissenschaftliche und künstlerische Berufe weit unter der Entschädigung ungelernter Handarbeiter bleiben, so wird man das bedauern, es hat aber nicht immer Zweck, sich dagegen aufzulehnen; mindestens wird man fragen, ob sich unsere gestörte Wirtschaft den relativen Luxus solcher Betätigungen noch gestatten kann. E ist natürlich, daß ihr „Wert" für das Ganze der Gesellschaft geprüft wird. Entscheidet man sich dann dafür, daß zwar ein unmittelbar greifbarer Wert nicht gegeben ist, die Behauptung einer gewissen Kulturhöhe aber auch solche Betätigungen voraussetzt, so wird man denen, die sie üben, doch gewisse Mindestansprüche auf Lebensunterhalt zusprechen müssen. — Eine ganz andere, radikalere Auffassung geht dahin, jedem Menschen und Volksgenossen als solchem, auch ohne die Voraussetzung „nützlicher" Arbeit, ein Recht auf Existenz und ein entsprechendes Einkommen zuzubilligen; entschiedenster Gegner dieses Standpunkts war bekanntlich Malthus, der in der ersten Auflage seiner berühmten Schrift soweit ging, den überflüssigen Esser vom Gastmahl der Besitzenden entfernt wissen zu wollen; die verfügbaren Plätze seien besetzt, was habe jener noch zu suchen? Die zweite Auflage enthielt die vom englischen Cant sehr unangenehm empfundene Stelle, die doch eigentlich nur den Tatsachen des damaligen Kapitalismus entsprach, nicht mehr. — Die demokratische Welle, die seit Kriegsende durch alle Völker brandete, räumte mit solchen Auffassungen auf, die Erwerbslosenfürsorge ist Ausdruck des gegenteiligen Empfindens, das auch in der Deutschen Reichsverfassung verlautet. Armenpflege, Sozialversicherung und ein Teil der Arbeiterschutzgesetzgebung war schon früher solchen Überlegungen gefolgt, wenngleich nicht in ausreichendem Maße und, solange die Arbeitslosenversicherung Gemeinde- und Gewerkschaftsangelegenheit blieb, in mangelhafter Systematik.

Es genügt hier, den Standort all dieser Strebungen und ihrer Widerstände zu wahren. Die als Vorfrage für ein größeres Problem bezeichnete Angelegenheit hängt sehr eng mit Gegenständen der praktischen Sozialpolitik zusammen und ist ohne diese sicher nicht zu entscheiden. Denn die Frage der Armenpflege, der Erwerbslosenfürsorge und Arbeitslosenversicherung gehört der Verteilung überhaupt an. Zeigt sich, daß diese Einrichtungen Verschwendung, Arbeitsscheu, Rentensucht und mangelndes Verantwortungsgefühl begünstigen, überwiegen also die früher schon erwähnten „Unerwünschten Folgen der Sozialpolitik", wird schließlich Arbeitswille und Arbeitskraft des ganzen Volkes in Frage gestellt: dann ist aus dem Verteilungs- ein Produktionsproblem geworden mit dem möglichen Ergebnis, daß infolge „sozialpolitischer" Maßnahmen nichts mehr zu verteilen bleibt. Es sind hier eben nicht nur Prinzipien, sondern eher praktische Erwägungen im Spiel; ein Thema der Sozialethik, wird der ganze Fragenkomplex in der Folge zum Gegenstand der praktischen Sozialpolitik und scheidet damit für ihre Theorie einstweilen aus.

Nehmen wir aber, indem wir jetzt von der Vorfrage zum eigentlichen Gegenstand, dem Monopol und der Rente, zurückkehren, an, daß überwiegende sozialethische und praktisch-sozialpolitische Gründe dafür sprechen, daß in einem Volke von bestimmten Kultur- und Wirtschaftsqualitäten die Allgemeinheit für jeden Einzelnen — es sei denn, daß er sich bewußt unsozial verhalte — aufzukommen hat: dann ergibt sich allerdings, daß der Wirkungsgrad ehrlicher Arbeit durch Gewährung möglichst reicher Entschädigung gesteigert werden muß, und dies vorzugsweise auf Kosten von Monopol- und Rentengewinnen.

Früher — im Zweiten Abschnitt — wurde gezeigt, daß im arbeitszerlegenden Prozeß des Großbetriebs die Beziehung zwischen dem Arbeitenden und dem unmittelbaren Ergebnis der Arbeit gestört, mindestens undeutlich gemacht wird. Dann muß die Entschädigung, eben der Lohn, auch für den an sich zu fordernden Leistungserfolg, der selbsttätig eintreten soll, aber ausgeblieben ist, mit aufkommen, soll die Arbeitsfreude gewahrt und ein Optimum an gesellschaftlich erwünschter Arbeit erreicht werden. Von ihm hängt, so sahen wir, der ungestörte Gang der Bedarfsbefriedigung ab; es wird wieder bestätigt, daß alle sozialpolitischen Fragen mindestens ebenso solche der Wirtschaft wie der Ethik (VIII.) sind. Und nur ausreichende Entschädigung der Arbeitsleistung wird den Arbeitslosen veranlassen, Lohn für Rente (in der sich auch Monopolgewinn — auf politische Gründe zurückführend — verbergen kann) anzustreben.

Der Sozialismus fordert nun mehr oder weniger völlige Aufhebung aller Monopole und Rentenbildungen, er wünscht im gleichen Atemzuge, daß der Lohn — die Entschädigung im abhängigen Arbeitsverhältnisse — verschwinde. Der Sozialismus hat, um das durchzusetzen, vielfach mit den liberalen Freihändlern eine Vernunftehe eingegangen, die aber meist recht platonisch geblieben ist. Er übersieht auch die von uns nachgewiesene Möglichkeit der Rentenentstehung im Arbeitslohn und jene gewerkschaftlichen Bemühungen, ein Monopol auf dem Arbeitsmarkte zu behaupten, das vom Monopol des Warenverkäufers und Kapitalisten gar nicht so sehr verschieden ist. Die entscheidenden Schritte geschehen dann von sozialistischer Seite entweder gegen den Besitz als solchen oder aber gegen das Privateigentum an den Produktionsmitteln, von dem oben (in § 42) anerkannt wurde, daß es an sich ein Monopol bedeutet und daß, soziologisch gesehen, die ausschließliche Verfügungsberechtigung über eine Sache auch die Möglichkeit in sich schließt, einen Anspruch auf Dienstleistungen Dritter geltend zu machen.

Der Kampf um das Privateigentum und das aus seinem Begriff notwendig folgende Erbrecht kann nun nach früheren Überlegungen kein eigentlicher Gegenstand der sozialpolitischen Theorie sein. Deshalb schon nicht, weil nur die Ökonomik, nicht aber die Sozialpolitik darüber entscheidet, ob ohne Privateigentum und das aus ihm fließende Interesse bei einer gewissen Bevölkerungsgröße und -dichtigkeit der ungestörte Ablauf des wirtschaftlichen Kreislaufes verbürgt bleibt (§ 75). Es kommt aber hinzu, daß u. E. auch aus dem Arbeitsverhältnisse, und zwar nicht nur auf dem legitimen Wege der Ersparung, Rente und Monopolgewinn und schließlich selbst Kapital fließen kann. (Wobei offen bleibt, ob nicht auch die Ersparung monopolistische Ursachen haben kann.)

Insoweit nun aber der Besitz auf eigene Arbeit zurückführt, muß er sozialpolitisch doch anders gewertet werden als rein kapitalistisch-monopolistisch erworbenes und hernach vererbtes Vermögen. Die eigentlich entscheidende Frage reicht also weiter, reicht über den Kapitalbesitz hinaus und begreift die Frage nach seinem Entstehen in sich. Dies aber ist deshalb kein eigentlich sozialpolitisches Problem, weil Kapitalien, zumal nach Sombarts Feststellungen und nach den jüngsten Erfahrungen, oft anders als auf wirtschaftlichem Wege: durch Kriege, Revolutionen usw. entstehen. Wir pflichten nun freilich der Auffassung bekannter Sozialökonomen nicht bei, daß die außerwirtschaftlichen Entstehungsgründe der Verteilung für die Ökonomik gleichgültig seien; in dieser Beziehung greift jedenfalls die Sozialpolitik bewußt über das Nur-Ökonomische hinaus. Dennoch aber kann die Theorie der Sozialpolitik als eine arbeitsteilige Spezialwissenschaft nicht berufen sein, solche Vorgänge zu untersuchen, die zwar auch innerhalb der Gesellschaft vor sich gehen, über die zu urteilen aber andere Disziplinen an erster Stelle berufen sind: Weltgeschichte und Politik schlechthin, je nachdem man die einzelnen Ereignisse oder die Typen ins Auge faßt.

Abschließend sei deshalb nur gesagt: So wenig die letzten Gründe, aus denen Monopolgewinne und Renten fließen, für die Sozialpolitik gleichgültig sind, so wenig sind sie eigentliches Thema einer Grundlegung der Sozialpolitik. Für diese bleibt, nachdem sich ihr auch alle praktischen Einzelfragen entziehen, eine Mittelstellung übrig: sie übernimmt gewisse Tatsachen und Zusammenhänge des Verteilungsprozesses, nicht, um sie auf letzte Verursachungen im Einzelfall hin zu prüfen, sondern um ausfindig zu machen, an welchen Punkten und mit welchen allgemeinen Zielen die soziale Praxis einzusetzen hat. Jede andere Auffassung verwässert, indem sie scheinbar den Rahmen erweitert, die fruchtbare und dem Praktischen zugewandte Fragestellung der Theorie. Wurde dies hier breiter ausgeführt, so lag der Grund in der völligen Unsicherheit, die heute noch dem Begriff der sozialpolitischen Theorie anhaftet. Von den einen zur Sozialethik erklärt und zum Richter über alle Menschheitsfragen berufen, von den andern den Niederungen reiner Empirie überwiesen: in jedem Fall „schwankt ihr Charakterbild in der Geschichte". Und wer glaubt, daß sie eine sehr wichtige Stellung in den sozialen Wissenschaften einzunehmen habe, muß gleichzeitig ernstlich auf eine sehr konkrete Fassung der Aufgaben, die dieser Disziplin zu überweisen sind, bedacht sein.

Klang die Untersuchung über Monopol und Rente in der Hauptsache in kritische Methodologie aus, so war damit zugleich der Zweck einer Grenzabsteckung zwischen Sozialismus und Sozialpolitik verbunden. Materiell aber hat sich genug ergeben, wenn wir, in Zusammenhalt aller bisherigen Ausführungen dieses Abschnitts, die Zergliederung der Einkommensarten wesentlich über die geläufigen Abgrenzungen zwischen kapitalistischem und nichtkapitalistischem Einkommen hinausgeführt und gezeigt haben, daß die vielbefeindeten monopolistischen Rentenbildungen im Grundsatz überall vorkommen können. Das ist ein beträchtlicher Vorwurf für die späteren praktischen Zwecke dieses Werkes. Dieselbe Überlegung sollte aber auch denen gegenwärtig sein, die in dem Gebundensein des Lohns an das abhängige Arbeitsverhältnis das Grundübel erblicken, die „die Zinsknechtschaft der Arbeit brechen", den Arbeitslohn im technischen Sinn beseitigen wollen. Damit würden im Sinn unserer Auffassung auch Quellen von Kapitalbildung verschüttet, die zumal da fließen, wo der reine Arbeitslohn nach früheren Feststellungen in Unternehmerlohn übergeht.

(§ 48) 7. Besitz und Einkommen als Mittel sozialer Differenzierung.

Besitz und Einkommen als Unterscheidungsmaßstäbe sind allgemein bekannt; nicht ihre hervorragende Eignung, soziale Gegensätze zu verkörpern und dadurch Gruppen zusammenzuführen, sondern nur die Abschätzung des damit gegebenen sozialen Differenzierungsmotivs gegenüber anderen Unterscheidungsmaßstäben beschäftigt uns einstweilen. Auch soll dem Thema des nächsten Abschnitts, der Darstellung der sozialen Gruppen und Organisationen, nicht weiter als unbedingt nötig vorgegriffen werden, vielmehr stellt sich gegenwärtiges Kapitel als Verbindung zwischen dem Fünften und Sechsten Abschnitt dar. Als solches kann es kurz gehalten werden.

Bekanntlich baut die sozialistische Doktrin auf dem Gegensatz zwischen „Arbeiter" und „Kapital" den Begriff der „Klasse" auf, der von vielen als das einzig wirksame Unterscheidungsmerkmal im sozialen Körper erachtet wird, in dieser ungeheuren Einseitigkeit und Enge aber niemals der bunten Vielgestaltigkeit sozialer Gruppeninhalte und Organisationsformen gerecht zu werden vermag. Wir haben unsere durchaus abweichende Meinung schon begründet und werden unseren Widerspruch gegen die Öde der Klassen- und Klassenkampftheorie noch wiederholt geltend machen; indem uns das Monopol und die Rente nicht ausschließlich an den Besitz gebunden, sondern auch der Arbeitslohn als fähig erschien, monopolistische Bestimmungsgründe aufzunehmen und rentenartige Einkommen zu vermitteln, entfällt bereits ein wesentlicher Beweis für die Richtigkeit des ausschließlichen Gegensatzes von „Kapital" und „Arbeit".

An dieser Stelle aber stellen wir die Frage etwas anders: nicht jene soziale Differenzierung und Gruppenbildung, welche theoretisch auf Grund verschiedenen Besitzes und Einkommens an sich möglich wäre, sondern die tatsächlich vorhandene gilt es zu würdigen; wenn die Verschiedenheit von Besitz und Einkommen klassenbildend gewirkt hat und andere an sich mögliche Maßstäbe der sozialen Organisierung vielfach von den Beteiligten übersehen wurden, so mag darin eine falsche Einschätzung des Besitz- und Einkommensmomentes obwalten, die sozialpolitische Bedeutung dieser einseitigen und oft mißverstandenen Gruppierungen springt deswegen doch nicht weniger in die Augen. Für eine „Theorie der Sozialpolitik“ sind aber die Tatsachen der sozialen Praxis der wichtigste Stoff; insofern sind Einkommen und Besitz hier nicht nach ihren theoretisch denkbaren und richtigen, sondern nach ihren tatsächlichen Einwirkungen auf die sozialen Spaltungs- und Vereinigungsvorgänge zu würdigen.

Wir stehen vor einer sozialpolitischen Erscheinung größten Umfangs und tiefstgreifenden Einflusses, die als solche, als das Gruppen- und Organisationsproblem, das sie darstellt, erst den nächsten Abschnitt beschäftigt. Hier wird die Erscheinung wichtig nur in Richtung der Frage, inwieweit die verschiedenen Einkommens- und Besitzarten einen ungleichen Einfluß auf die Differenzierung- und Integrierungsvorgänge der Gesellschaft üben; ob, was an sich möglich ist, der Grundrente, dem Kapitalzins, dem Unternehmungsgewinn und Unternehmerlohn verschiedene Soziale Gruppen von Einkommensbeziehern und Besitzenden entsprechen, oder aber, ob Besitz und fundiertes Einkommen, gleichviel, woher sie stammen, nur „die eine reaktionäre Schicht“ zu schaffen in der Lage sind. Aber auch beim Arbeitslohn macht diese Untersuchung nach den Quellen nicht halt; sie fragt, ob die Lohnempfänger auch nur eine undifferenzierte, homogene Masse „abhängiger Lohnsklaven“ darstellen, oder aber, ob unter ihnen je nach den Formen des Lohneinkommens (§ 45) spezielle Schichtungen wahrnehmbar und vielleicht Gegenstand verschiedener Organisationsformen und -prinzipien geworden sind. Das sehr verschiedene Lohn- und Gehaltseinkommen, der oben erwähnte Umstand, daß zwischen Arbeits- und Unternehmerlohn Übergänge stattfinden, macht an sich eine ungleiche Gruppierung und Organisierung auch der Lohnempfänger wahrscheinlich. „Lohn“ und „Gehalt“ haben, früher allerdings mehr als heute, der Arbeiter- und Angestelltenbewegung einen recht ungleichen Charakter verliehen; und dies sind nicht die einzigen Gegensätze.

So treten denn Unterschiede zwischen den reinen (Leih-) Kapitalisten, den großen und kleinen Unternehmern, den Grundbesitzern und anderen mit Besitztiteln ausgestatteten Personenkreisen auf, wenn es sich um Organisation dieser Schichten handelt. Das Rentnerinteresse hat sich heute, im Zeichen der Geldentwertung, bereits als fähig gezeigt, eine besondere Interessentengruppe zu bilden; wenn im übrigen auch die Quelle von Besitz und Einkommen für die Gruppengefühle der großen Mehrzahl weniger wichtig ist wie die nachher zu besprechende Höhe des Einkommens und der Umfang des Besitzes, so sind die Besitzenden und Bezieher fundierten Einkommens in Gewerbe und Handel doch andersartig und nach anderen

Zielpunkten hin organisiert wie jene in der Landwirtschaft. Hier ist die Erhaltung und Vergrößerung der Differenzialrente wichtiger als in Handel und Industrie. Folgerichtig ist der Bund der Landwirte überwiegend schutzzöllnerisch, der Hansabund überwiegend freihändlerisch gerichtet, und es ist auch keiu Zufall, daß das Interesse der im früheren Zentralverband organisierten Schwerindustriellen mehr den landwirtschaftlichen als den fertigindustriellen Forderungen entsprach: für die Herren von Eisen und Kohle spielte eben auch die Grund- und Differenzialrente eine ungleich größere Rolle als für die Kollegen der weiterverarbeitenden Industrie, die der Konkurrenz in höherem Maße ausgesetzt, der Kartellierung weniger zugänglich ist. Insofern sind die Quellen von Einkommen und Besitz doch nicht gleichgültig für die konkrete Richtung und den Inhalt der sozialen und wirtschaftlichen Organisation.

Andere Gesichtspunkte ergeben sich, wenn man nicht diese Quellen, sondern die Höhe des Einkommens und die Größe des Besitzes in Rechnung stellt.

Sollen hierbei absolute Maßstäbe angelegt werden oder soll man Einkommen und Besitz relativ, im Verhältnis zu den Bedürfnissen und zur Lebenshaltung, berücksichtigen? Im ersten Fall würde sich eine einfache Formel ergeben; eine bestimmte Einkommenshöhe, gegebenenfalls mit einer bestimmten Besitzgröße verbunden, würde alsdann den Beitritt zu einer bestimmten Gruppe und Organisation veranlassen. So verhält es sich natürlich in Wahrheit nicht, und es kann sich auch gar nicht so verhalten, weil tatsächlich Einkommen und Besitz relativ empfunden und geschätzt werden: dasselbe Einkommen wird für den zum Unternehmer aufsteigenden Arbeiter eine sehr große Sache, für den von stolzer Höhe herabgesunkenen Handelsherrn eine sehr kleine Sache sein. Beide messen mit dem Maßstabe ihrer bisherigen Lebensführung. Auch für den Verheirateten und Ledigen, für den mit vielen oder wenigen Kindern Gesegneten, für den Gesunden und Kranken hat dieselbe Einkommenshöhe ganz ungleichen Wert; diesen demologischen Gegensätzen ließen sich andere, soziale und kulturelle, anreihen. Daraus schon folgt, daß Einkommen und Besitz als soziale Unterscheidungsmerkmale und Maßstäbe der Gruppenbildung keineswegs ausreichen, eine für den nächsten Abschnitt sehr wichtige Feststellung.

Ferner tritt das Einkommen in unserer Geldwirtschaft als Nominaleinkommen (vgl. § 44) auf und man weiß, daß schon im Frieden der Realwert derselben Menge von Geld- oder Kreditzeichen ein recht ungleicher war; heute ist diese Ungleichheit bekanntlich außerordentlich gesteigert. Soll nun der sozialen Differenzierung und Gruppenbildung der nominelle (Geld-) Betrag des Besitzes oder des Einkommens zugrunde gelegt werden? Er ist es, der statistisch zumeist allein — und auch nur ungenau — erfaßt werden kann, und der den modernen sozialen Gruppen und Organisationen, soweit sie sich überhaupt nach dem Besitze und Einkommen unterscheiden, zumeist zugrunde liegt. Da aber, wie vorausgesetzt, dasselbe Nominaleinkommen oder -vermögen ganz ungleiche Möglichkeiten der Bedarfsbefriedigung und Lebenshaltung in sich schließt, so umfaßt eine Gruppe oder Organisation, die äußerlich nur das ähnlich hohe Geldeinkommen als Grundlage anerkennt (und anerkennen kann), in Wahrheit ganz verschieden situierte Personen und Schichten; sie ist dann weit davon entfernt, die einzelnen Mitglieder der Gesellschaft nach ihrer tatsächlichen sozialen Stellung und Leistungsfähigkeit zusammenzuschließen und muß früher oder später ihre Organisationszwecke, die einheitlich sein sollten, den ganz ungleichen, ja gegensätzlichen Schichten anpassen, die sie umschließt und deren Interessen sie zu vertreten vorgibt.

Mancher später zu behandelnde Konflikt innerhalb einer sozialen Gruppe und Organisation läßt sich im wesentlichen auf diesen Gegensatz zwischen Nominal- und Realeinkommen, Nominal- und Realbesitz zurückführen. Die primitive Auffassung, daß die „Klasse" die einzig mögliche Soziale Gruppe sei, hat sich noch kaum die Mühe genommen, jenem Gegensatz auf die Spur zu kommen; das Klassenkampfdogma verwehrt grundsätzlich jeden tieferen Einblick.

Nicht nur Grundlage sozialer Gruppierungen und Organisationen ist der ungleiche Besitz und das verschiedene Einkommen; auch die Zielsetzungen der Gruppen und Verbände folgen vielfach den so geschaffenen materiellen Maßstäben. Lohnkämpfe beherrschen einen großen Teil des sozialen Kampffeldes zwischen Arbeitgebern und Arbeitnehmern, sind auch da, wo in Wahrheit tiefergreifende Gegensätze politischer, kultureller und moralischer Natur unterlaufen, häufiger Nebenzweck oder werden wenigstens als solcher vorgeschützt. Der „Klassenkampf" ist wesentlich hierdurch veranlaßt. Aber es wäre doch einseitig, in den sozialen Auseinandersetzungen nur solche Lohn- und Einkommenskämpfe zu sehen oder zu glauben, daß sie stets in der Frontstellung der Arbeitnehmer gegen die Arbeitgeber, der „Arbeit" gegen das „Kapital", ausgefochten werden. Vielmehr entspricht es der in diesem Abschnitt durchgeführten Ansicht, viel kompliziertere Gegensätze und Kämpfe mit mehrfachen Fronten gelten zu lassen.

So sahen wir in § 43 die theoretische Möglichkeit einer Auseinandersetzung zwischen Kapital und Unternehmern — d. i. hauptsächlich den Leitenden Beamten der großen Gesellschaften —, nicht weniger gehören die Feststellungen in § 47 hierher, wonach soziale Machtkämpfe über den Anteil entscheiden, den Unternehmungen, Leihkapitalisten und Grundbesitzer an der Grund- und sonstigen Differenzialrente haben, die an sich ebensowohl im Unternehmungsgewinn wie im Leihkapital- oder Hypothekenzins erscheinen kann. Endlich erblickten wir auch die Arbeiter in — oft unbewußter und ungewollter, aber doch tatsächlicher — Kampfstellung gegeneinander; der Organisationszwang zwischen Gewerkschaften und Unorganisierten ist ein Fall dieser Art und wurde schon als Parallele zu den schweren Kämpfen zwischen Kartellen und Außenseitern bezeichnet. Überall geht es um Verteilungsfragen, um die Höhe des Einkommens und oft auch des Besitzes, und nicht selten ist es ein Kampf aller gegen alle, mit wechselnden Bundesgenossenschaften, mit Zielsetzungen von Fall zu Fall und vielen Unterströmungen auch da, wo eine Großkampfstellung deutlich markiert ist. Der Gegensatz zwischen Massen und Führern, der Kampf gegen den Bürokratismus in den Organisationsleitungen ist ein Spezialfall dieser Auseinandersetzungen, die oft ein ausgesprochen zünftiges Gesicht aufweisen. Nicht selten verbünden sich ferner, zumal in der Gegenwart, Kapital und Arbeit zu Fischzügen gegen den Konsum.

Das alles ist früher mehr von der ökonomischen Seite aus gesehen worden, entscheidet aber gleichmäßig auch für die Gruppenbildung.

Alle oben erörterten Gesichtspunkte sind wichtig: die Gegensätze zwischen Nominal- und Sacheinkommen; die ungleiche Herkunft von Einkommen und Besitz; die relative Bedeutung des Einkommens je nach dem Zwecke, dem es dient, je nach den sozialen Ansprüchen, die es zu befriedigen hat.

Weiter soll die Untersuchung an dieser Stelle nicht geführt werden, das Organisations- und Gruppenproblem steht ja als solches einstweilen noch nicht zur Behandlung. Auch die Mittel, deren sich die Verbände bedienen, um ihre Zwecke zu erreichen, bleiben der späteren zusammenfassenden Darstellung (§ 54) vorbehalten, so sehr es an sich auch möglich wäre, etwa die Lohnstreiks für sich und in ihrer Bedeutung gegenüber den auf das gleiche Ziel gerichteten streiklosen, „trockenen" Lohnbewegungen zu würdigen. Es genügte, an dieser Stelle die vorangehenden theoretischen Erörterungen für die Frage der sozialen Differenzierung und Gruppenbildung fruchtbar zu machen.

(§ 49) Ergebnisse des Fünften Abschnitts.

„Besitz und Einkommen, Lohn und Lohnpolitik", die Stichworte dieses Abschnitts, decken seinen Inhalt nicht ganz; indem auf das Monopol als Quelle des meisten kapitalistischen, nicht selten aber auch des Lohneinkommens zurückgegriffen, im letzten Kapitel aber das in Besitz und Einkommen wurzelnde soziale Differenzierungs- und Gruppierungsproblem angeschnitten wurde, fand eine wesentliche Grenzverrückung über jene Stichworte hinaus statt. Zieht man das Gesamtergebnis in Betracht, so muß es nicht nur für sich, sondern für den Gesamtinhalt dieses theoretischen Bandes gewürdigt werden. Da ergibt sich zunächst, daß für eine Reihe wichtiger Fragen der sozialen Praxis ein bestimmter theoretischer Standort aufgewiesen werden konnte; insoweit liegt schon eine gewisse theoretische Überlieferung vor, welche bemüht war, die ökonomischen Bestimmungsgründe von Einkommen und Lohn zu fixieren und das, was der Lohnpolitik noch offen steht, namhaft zu machen; Entlöhnungsmethoden und Lohnformen, Individual- und Tariflohn, Nominal- und Reallohn sind in diesem Sinne bekannte Fragen der ökonomischen und sozialen

Theorie. Soweit nach dieser Richtung etwas Besonderes geleistet werden konnte, liegt es, von Einzelheiten abgesehen, auf dem Gebiet der Grenzabsteckung zwischen den Aufgaben der Ökonomik und jenen der sozialpolitischen Theorie und ist somit vorwiegend methodologischen Inhalts.

Etwas anders verhält es sich mit der grundsätzlichen Untersuchung der Einkommensquellen, mit der Herausarbeitung des Monopolgehalts im Einkommen und dem Widerspruch gegen die Auffassung, daß Kapital- und Arbeitseinkommen unter allen Umständen als Gegensätze zu gelten hätten und in keinem Fall auf verwandte Quellen zurückgehen könnten. Gelang der Nachweis, daß im Lohn monopolistische Elemente möglich und nicht einmal selten sind, so ist nicht nur für die Absicht dieses Abschnitts, sondern für die gesamte sozialpolitische Theorie etwas geleistet. Wenn ferner der von uns vorgeschlagene Unterschied zwischen Unternehmungsgewinn und Unternehmerlohn gebilligt und eine schrittweise Annäherung zwischen Arbeits- und Unternehmerlohn glaubhaft gemacht ist, werden Fragen der sozialen Reform gefördert; die Gewinnbeteiligung z. B. rückt erst dann — freilich noch an bestimmte Voraussetzungen gebunden — in den Vordergrund. Die für alle Sozialpolitik wichtige Beurteilung des Unternehmers und der Unternehmerleistung kann auf Ausführungen dieses Abschnitts im Zusammenhalt mit solchen des Zweiten Abschnitts (besonders §§ 19—21) gestützt werden. Schließlich braucht, was soeben (in § 48) über Einkommen und Besitz als Motive der sozialen Organisation ausgesagt wurde, an dieser Stelle nicht wiederholt zu werden; es ist im nächsten Abschnitte weiter zu verfolgen.

Die ungeheure Wichtigkeit der Einkommens- und Besitzprobleme kann durchaus anerkannt und es braucht deshalb doch nicht zugegeben zu werden, daß die Soziale Frage lediglich eine „Magenfrage“ sei; so wenig gemäß § 48 alle sozialen Gruppenbildungen vom Einkommen und Besitz ihren Ausgangspunkt nehmen, so wenig erschöpft sich nach früheren Betrachtungen (des Zweiten Abschnitts) der Arbeitserfolg im Lohn und sonstigen Einkommen. Die materiellen Motive des sozialen Lebens werden nicht gering geschätzt, wenn man sie von ideellen oder wenigstens von solchen gesellschaftlichen Beweggründen begleitet denkt, welche nicht rein-materiell sind. Man braucht sich nur an die im Vierten Abschnitt enthaltene Theorie der Lebenshaltung zu erinnern, um einzusehen, daß die zur Lebenshaltung vereinigten Bedürfnisse des Menschen als eines sozialen Wesens gesellschaftlich bedingt sind und nicht im physischen, sondern im gesellschaftlichen Existenzminimum ihre Untergrenze haben. Diese soziale Bedingt- und Begrenztheit des Lebens macht bereits deutlich, daß auch andere als materielle Maßstäbe für das gesellschaftliche Verhalten, das Gegenstand der Sozialpolitik ist, anzulegen sind; Besitz und Einkommen sind also nicht die ausschließlichen sozialen Motive und Ziele. Ja, die Wirtschaft selbst, dieser scheinbar nur materiellen Erwägungen folgende Apparat der Bedarfsbefriedigung, ist mindestens insoweit außermateriell bestimmt, als eben durch die Wirtschaft Bedürfnisse nicht nur physischer, sondern vorzugsweise auch sozialer Natur befriedigt werden sollen. Indem der Mensch wirtschaftet, erkennt er die durch Sitte, soziale Ordnung und Gruppeninteresse beeinflußte Reihenfolge in der Dringlichkeit der einzelnen Bedürfnisse an, die zwar als Individualbedürfnisse empfunden werden, dennoch aber mehr oder weniger Sozialbedürfnisse sind. Einkommen und Besitz, durch welche die am Produktionsprozeß Beteiligten an ihm interessiert werden, sind oft nur die Medien, durch die hindurch sich gesellschaftliche Zwangsläufigkeiten auswirken; sie sind ebensowenig reinmateriell zu begreifen, wie sie auf der anderen Seite ungeeignet sind, die Vielheit der gesellschaftlichen Strebungen, Verwicklungen und Auseinandersetzungen restlos zu erklären.

Die Bedeutung dieses Abschnitts wird nicht herabgesetzt, indem er auf seine Stellung innerhalb des Systems der theoretischen Sozialpolitik untersucht wird. Bereits die Reihenfolge, in der die einzelnen Gegenstände bisher zur Darstellung gelangten, ist für die systematischen Gesamtzwecke bezeichnend; Einkommen und Besitz nehmen die fünfte, nicht, wie in den meisten sozialistischen Doktrinen, die erste oder gar die ausschließliche Stelle ein. Freilich war im Abschnitt über die Lebenshaltung schon einiges vorweggenommen worden. Und selbstverständlich liegt nichts ferner als die Meinung, daß Einkommen und Lohn gleichgültig sei; wenn sie auf das ihnen zukommende Maß zurückgeführt wurden, so war das notwendig in einer Zeit, die zu maßloser Überschätzung dieser Dinge neigt, die auch in vielen ihrer arbeitenden Schichten von einer „sozialen“ Auffassung recht weit entfernt ist.

Sechster Abschnitt.

Die sozialen Gruppen und Organisationen.

(§ 50) Übersicht des Sechsten Abschnitts.

Die letzten Kapitel (§§ 48, 49) leiteten bereits zum Gegenstande des gegenwärtigen Abschnitts über und mögen in den einschlägigen Teilen herangezogen werden; ebenso ist hier wichtig, was bereits im Ersten Abschnitt (§ 8) über den durch Simmel und Gumplowicz geprägten Begriff der Sozialen Gruppe, was ferner im Zweiten Abschnitt (§§ 17ff.) über Beruf, Betrieb, Unternehmung ausgeführt wurde; endlich gehört der ganze Vierte Abschnitt insofern hierher, als er die Bedeutung aller die Lebenshaltung bestimmenden Gesichtspunkte hervorhob und im Begriffe des gesellschaftlichen Existenzminimums die Untergrenze der gesellschaftlichen Gruppenansprüche an das einzelne Individuum festlegte. So können die folgenden Darlegungen an eine Reihe von Vorarbeiten anknüpfen, ohne daß diese freilich eine monographische Darstellung des Gruppen- und Organisationsproblems, der Standes- und Klassenbildung und der angrenzenden Fragen entbehrlich machen. Immerhin ist über das Thema schon so viel bekannt, daß längeres Verweilen bei einleitenden Vorbemerkungen in diesem Falle entbehrlich ist.

Über den Gang der Untersuchung nur dieses: wie immer, wird auch hier vom Einfacheren zum Komplizierteren fortzuschreiten sein. Wir halten dabei fest, daß das „Einfache" eine gedankliche Konstruktion und Abstraktion, eine Auswahl und Analyse der komplexen Vorgänge und Gestaltungen ist, die das wirkliche Leben allein liefert.

Eine Arbeitergewerkschaft mag auf den ersten Blick etwas Durchsichtiges und Feststehendes sein, vertiefte Anschauung sieht in ihr mindestens drei Grundtypen sozialer Organisation: Genossenschaft, Kartell und Politischen Verein; wahrscheinlich enthält die Gewerkschaft aber auch noch Ansätze zu anderen sozialen Gruppenzwecken. Inwieweit sie dabei Berufs-, Standes-, Klassenvertretung oder anderes ist, muß auch erst untersucht werden, den einzelnen Organisationsinhalten entsprechen dabei keineswegs stets die gleichen Organisationsformen.

Tritt diese Schwierigkeit der begrifflichen Subsumtion bereits bei den festgefügten, reich gegliederten, mit Statut und Verfassung ausgestatteten „Organisationen“ des sozialen Lebens ein, so ist bei den unorganisierten, oft nur gefühlsmäßig sich zusammenfindenden Sozialen Gruppen gewiß mit noch größeren inneren Widersprüchen, mit einem wahren Chaos gegensätzlicher, wohl auch einmal parallel laufender Strömungen und Differenzierungen zu rechnen.

Einer der schwierigsten der hier einschlägigen Begriffe ist der der „Klasse“ selbst, die mit Beruf und Stand enge Beziehungen unterhält, für die Besitz (oder Nichtbesitz) und Einkommen wichtig, aber nicht allein ausschlaggebend sind (§ 48), auf die Bildungs- und Kulturfragen einen wechselnden Einfluß üben, und die doch ein Vergesellschaftungsergebnis sui generis ist.

Die sozialen Gruppen und Organisationen interessieren uns vor allem von der qualitativen Seite aus; die zugehörigen quantitativen Gesichtspunkte unterliegen naturgemäß einem großen Wechsel und können insofern erst in der „Praxis der Sozialpolitik“ vollkommen gewürdigt werden.

Soweit vorwiegend formale Fragen, u. a. der Organisations-, Streik-, Genossenschaftsstatistik berührt werden und nicht zum Verständnis der statistischen Ergebnisse die eigne Darstellung der Methoden unerläßlich ist, ist der Einzel-Band „Statistik“ des Handbuchs (von Meerwarth) heranzuziehen.

Doch sei an dieser Stelle etwas aufgegriffen, wovon schon in §§ 6, 11, dann bei der Unternehmung (§§ 19, 20) die Rede war: daß die Größe eines sozialen Gebildes für seine Qualität meist sehr erheblich ist. Gewisse Gruppen- und Organisationszwecke entstehen überhaupt erst bei einem bestimmten Mindestumfang der Gruppe oder der Organisation und verschwinden möglicherweise in dem Augenblicke, wo dieser Umfang unter- oder auch überschritten wird. Ein Verband von Hunderttausenden oder Millionen ist immer etwas anderes als ein Grüppchen von Dutzenden, Hunderten oder auch Tausenden, selbst dann, wenn angeblich dieselben Zwecke verfolgt werden. Natürlich ist aber die Zahl der beteiligten Personen auch nicht allein entscheidend, und man wird z. B. ablehnen müssen, einen Vergleich der Stärke von Arbeitgeber- und Arbeitnehmerverbänden ausschließlich oder auch nur vorwiegend auf die beiderseitigen Mitgliederzahlen abzustellen.

Kenntnis der Mittel, deren sich die sozialen Verbände zu den verschiedensten Zwecken bedienen, ist zum Verständnis der Organisationen selbst unerläßlich.

Streik und Aussperrung, friedliche Lohnbewegung und Tarifvertrag, Arbeitsgemeinschaft und Einigungsamt, Arbeitsnachweis und Unterstützungskasse und vieles andere sind deshalb in den folgenden Kapiteln gelegentlich einzubeziehen. Wieder kann an Früheres angeknüpft werden, wie es im Verlaufe einer methodisch fortschreitenden Untersuchung überhaupt unerläßlich ist, auf bereits Besprochenes zu verweisen und den beabsichtigten inneren Zusammenhang vorzukehren. Es wäre etwa zu erinnern an die Ausführungen der §§ 27—30 über Arbeitsmarkt, Arbeitslosigkeit, Arbeiterwanderungen und Regelung dieser Probleme, vorher noch an den § 21, der eine (vorläufige, in diesem Abschnitt zu ergänzende) Darstellung von Arbeitsverfassung und Arbeitsgemeinschaft unternahm. Doch waren das oft nur Vorarbeiten für einen systematischen Überblick über das reich gegliederte System staatlicher, gruppenmäßiger und individueller Maßnahmen zur Förderung bestimmter gesellschaftlicher Ziele, denen in den meisten Fällen Gegenmaßnahmen anderer Gruppen in gleicher Reichhaltigkeit entgegentreten.

Ein entscheidendes Problem, um das sich fast alles dreht, ist endlich im Organisationszwang gegeben und harrt der Darstellung nach soziologischen und wirtschaftlichen, nebenher auch nach juristischen Gesichtspunkten (§ 57).

Für alle diese Fragen ist eines wichtig: Wie bereits der einführende erste Paragraph über Begriff, Grenzen und Ziele der Sozialpolitik andeutete, wird sehr oft — absichtlich oder unabsichtlich — versucht, „Sozialpolitik" schlechthin und „Gruppen- oder Organisationspolitik" gleichzusetzen, — ein Versuch mit untauglichen Mitteln am untauglichen Objekt, der sich aber in zäher Beharrung wiederholt. Die Interessenten kennen keinen besseren Vorspann für ihre Wünsche als die Kennzeichnung einer Forderung als solcher der „Sozialpolitik" überhaupt (§ 72). Der Theoretiker sieht sich vor die Aufgabe gestellt, in jedem Falle den gesellschaftlich wichtigen Gehalt der von einer Gruppe ausgehenden Maßnahme oder Forderung zu ermitteln, und der Praktiker ist bereits daran gewöhnt, daß er auf die mehr oder weniger gruppenegoistischen Motive sozialen Geschehens acht hat.

Nicht in allen Fällen wird der Gegensatz zwischen Allgemein- und Gruppeninteresse alsbald deutlich; diese Interessen können sogar ineinander übergehen, dann etwa, wenn eine sehr große, die Mehrheit der Gesellschaft ausmachende Gruppe Ansprüche stellt, aber auch dann, wenn die Nichtberücksichtigung der Interessen einer vielleicht nur kleinen Minderheit den Glauben an die soziale Billigkeit erschüttern würde oder wenn die kleine Gruppe aus bestimmten Gründen für die Allgemeinheit wichtig ist. Da Minderheiten zu Mehrheiten werden können und nach dieser Richtung unausgesetzt Verschiebungen im Sozialkörper vor sich gehen, kann die Frage, wie weit das Gruppen-, wieweit das Allgemeininteresse reicht, überhaupt nicht eindeutig und allgemein beantwortet werden. Natürlich kann es auch sein, daß die das Gemeinwohl berücksichtigende Sozialpolitik sich gegen eine Mehrheit durchsetzen muß.

Eine weitere, früher (in § 48) erst gestreifte Frage ergibt sich aus dem möglichen Gegensatz zwischen Massen und Führern. Diese Frage spitzt sich zu, wenn das Interesse der Führer innerhalb einer Organisation zum Selbstzweck wird, wenn der von einer Sozialen Gruppe geschaffene Organisationsapparat mechanisch erstarrt, geänderten Gruppenzwecken nicht mehr Rechnung trägt und vielleicht nur mehr als Futterkrippe für die Organisationsbeamten dient; Auseinandersetzungen dieser Art kennt die Gewerkschaftsbewegung aller Richtungen zur Genüge.

Höchste Soziale Gruppe ist uns Volk, Staat, Nation; ihre Wichtigkeit ging schon aus § 9 hervor, wo die Sozialpolitik geradezu aus Staat und Nation abgeleitet wurde. An diesen größten gesellschaftlichen Bildungen darf der vorliegende Abschnitt um so weniger vorbeigehen, als ja eine andere Soziale Gruppe, die Klasse, Anspruch auf radikale Umwandlung des Staatsgedankens und darauf erhebt, sich selbst an Stelle des „Klassenstaats" zu setzen, insofern sich selbst aufzuheben, Klasse und Gesellschaft zu verschmelzen. Der Klassenkampf zielt auf dieses Endziel ab. Organisationsmittel, die sonst geringeren Zwecken, etwa dem Lohnkampfe, dienten, stellen sich dann — als politische Massenstreiks und ähnliches — in den Dienst des revolutionären Gedankens. Gewiß greift die Sozialpolitik hier schon in Politik über, eine theoretische Grundlegung muß aber auch diese Grenzgebiete einbeziehen. Dies stellt dann — soweit nicht erst der Siebente Abschnitt eine Entscheidung fällt — die letzte Leistung des Abschnitts, in den nunmehr einzutreten ist, dar.

(§ 51) 1. Die Soziale Gruppe und die sozialpolitische Organisation.

Daß nach Simmels großer Leistung die Theorie der Sozialpolitik nicht berufen ist, nun zum zweitenmal die Naturgeschichte der „Sozialen Gruppe" zu entwerfen, liegt auf der Hand. Wie in den methodischen Ausführungen des Ersten Abschnitts (§ 10) ausgeführt wurde, ist die Theorie der Sozialpolitik nicht gleichbedeutend mit Soziologie, bleibt in ihren Zielsetzungen hinter jener das eine Mal zurück, um dann allerdings ein anderes Mal darüber hinauszugreifen. Das wird deutlich, wenn wir dem Begriff der Sozialen Gruppe nähertreten: er ist von seinem genialen Urheber als ein universaler gedacht und erstreckt sich weit über das sozialpolitische Gebiet hinaus auf wirtschaftliche, kulturelle, religiöse, politische Gebilde; überall anwendbar, wo soziale Massen in die Erscheinung treten, umfaßt er die mit Mitteln der Moralstatistik, politischen Statistik, Bevölkerungs- und Wirtschaftsstatistik quantitativ abgrenzbaren Gebilde ebensosehr wie jene, deren Maße durch die spezielle sozialpolitische Statistik gegeben werden. — Selbstbescheidung ist für den Verfasser um so mehr geboten, da er als Mitherausgeber eines auf Arbeitsteilung beruhenden Sammelwerkes auch für seine Person auf Einhaltung des vorgezeichneten Rahmens bedacht sein muß. Und wenn auch alle Sozialen Gruppen, mit denen die Sozialpolitik zu tun hat, kulturelle, allgemeinpolitische, wirtschaftliche, rechtliche Qualitäten besitzen: diese sind für uns doch nur als Begleiterscheinungen, nicht als Selbstzweck wichtig. Eine gewisse Ausnahme bildet nach den Schlußworten der vorausgehenden Übersicht nur der Staat, auf den jede Sozialpolitik abgestellt ist; aber auch in Hinblick auf ihn ist Beschränkung geboten. Eine andere Soziale Gruppe, die Kirche, hat erheblichsten Einfluß auf die soziale Organisation gewonnen (christlich-soziale Bewegung!), ist aber als solche doch kein Tatbestand der Sozialpolitik; wirtschaftliche Gruppen sind es nur insofern, als mit ihnen, was freilich fast unvermeidlich ist, auch soziale Gemeinschaften gegeben sind. Zu vergleichen ist hier der Siebente und Achte Abschnitt.

So scheidet denn für uns aus, was als das allgemeine Wesen der Sozialen Gruppe und der in ihr manifestierten Vergesellschaftung zu gelten hat; gewisse Bestimmungsgründe sozialer Differenzierung und Integrierung, die damit gegebenen Zusammenhänge zwischen biologischem und soziologischem Geschehen konnten im Ersten Abschnitt über die Gesellschaft wenigstens angedeutet werden und beschäftigen uns auch nicht mehr. Nur diese Frage bleibt: gibt es für die sozialpolitisch wichtigen „Sozialen Gruppen" Merkmale, durch die sie sich von anderen „Sozialen Gruppen" unterscheiden? Solche Merkmale werden zweckmäßig der begrifflichen Abgrenzung der Sozialpolitik von anderen politischen Betätigungen der Gesellschaft entnommen werden und sind insofern bereits früher (in § 1 und im Ersten Abschnitt) erörtert worden. Hiernach lassen sich die sozialpolitisch bedeutungsvollen Gruppen als solche qualifizieren, welche, ohne ausschließlich wirtschaftlichen Zwecken zu dienen, doch vorzugsweise dem Wirtschaftsleben entspringen und in irgendeiner Weise wirtschaftliche Ziele mit gesellschaftlichen verbinden. Eine Soziale Gruppe, die nichts mit Wirtschaft zu tun hat, ist auch für die Sozialpolitik weniger wichtig, — es sei denn, daß ihre wirtschaftlich passive Haltung indirekt doch ökonomische Folgen zeitigt: Die indische Kaste, zweifellos eine Soziale Gruppe, verdankt ihr Entstehen religiösen und sozialen Gesichtspunkten; führt der „Kastengeist", führt die für Indien charakteristische, uns Deutschen leider als vorbildlich hingestellte wirtschaftliche Indifferenz der Kastenmitglieder zur Zerrüttung des Wirtschaftslebens und damit auch zu bestimmten sozialpolitischen Folgen, dann ist zwar nicht die Kaste, aber das von ihr ausgehende wirtschaftliche Verhalten ihrer Mitglieder eine Angelegenheit der Sozialpolitik.

Diese Begriffsbestimmung wird durchaus nicht in allen Fällen passen, Grenzgebiete der Sozialpolitik wurden schon früher kenntlich gemacht, immerhin reicht die Unterscheidung für allgemeinere Zwecke aus und macht jedenfalls deutlich, daß innerhalb der Sozialen Gruppen ein engeres Arbeitsgebiet für die Sozialpolitik gegeben ist. Etwas schärfer kann man das sozialpolitisch Wichtige kennzeichnen, wenn man sich vor Augen hält, daß wenigstens für die heutige Praxis der Sozialpolitik fast nur „organisierte" Soziale Gruppen in Betracht kommen. Der Gegensatz zwischen der Sozialen Gruppe als solcher und ihrer Organisation wird deutlich, wenn wir, in teilweiser Anlehnung an das früher (§§ 15ff.) über Arbeitsteilung Gesagte, dem instinkt- und triebmäßigen Aneinandergebundensein und Sichfinden der Menschen den bewußt auf Zweckvereinigung abgestellten, konzentrierten Willen entgegenstellen. Gewerkschaften, Kartelle, Genossenschaften usw. sind solche Zweckgesellschaften und stehen als solche zu den „Gemeinschaften" Tönnies' (vgl. § 75) in erkennbarem Gegensatz; ihnen eignet — was (§ 61) an sich nicht unbedingt nötig ist — zumeist auch eine bestimmte rechtliche Bindung. Gewiß macht — wiederum nach früheren Ausführungen — der theoretisch interessierte Sozialpolitiker nicht halt bei diesen Organisationen, er sucht zum eigentlichen Gruppenzweck und -gehalt durchzudringen und destilliert aus den konkreten Bildungen gedankliche Gebilde heraus; diese sind aber doch etwas anderes als jene primitiven Sozialen Gruppen, die im Beginn der Menschheitsgeschichte instinkt- und triebmäßig entstanden und unter einfachen Verhältnissen auch heute noch entstehen können. Denken wir daran, daß „Sozialpolitik" zwar viel älter ist als der Gegensatz zwischen Arbeit und Kapital, aber doch als eine neuere, nur unter entwickelten Verhältnissen mögliche Disziplin gelten muß und begrifflich einen auf das Soziale gerichteten Willen der Einzelnen, der Gruppen und der Gesamtheit voraussetzt. Verändert sie auch, der Zeit entsprechend, ihre Methoden und Zielsetzungen, so ist sie doch an das Bewußtsein des „Sozialen", an das soziale Verantwortungsgefühl und an den Willen gebunden, auf die „Gesellschaft" einzuwirken. Primitive Zustände haben wohl ihre „Sozialen Gruppen" — die bereits biologisch, durch das gleiche Blut, und psychologisch, durch den elementaren Geselligkeitstrieb der Menschen, gegeben sind —, sie haben aber keine Sozialpolitik und demgemäß keine Gruppen, die Gegenstand der Sozialpolitik sein könnten.

Nimmt man die beiden Unterscheidungen zusammen, so schält sich aus dem allgemeinen Begriff der „Sozialen Gruppe" das heraus, was für die Sozialpolitik wichtig ist. Das genügt einstweilen. Eine dritte Unterscheidung soll in der Weise vorgenommen werden, daß als Gegenstand der Sozialpolitik weniger der Vorgang der Vergesellschaftung gilt, den Simmel als eigentliches sœiologisches Thema bezeichnete;

vielmehr ist dem Sozialpolitiker die Tatsache, die Erscheinung und der praktische politische Inhalt der Sozialen Gruppe, soweit sie überhaupt sozialpolitisch interessiert ist, entscheidend. Denn immer geben für die sozialpolitische Theorie die praktischen Probleme den Ton an, diese gipfeln aber in der Beurteilung dessen, was an tatsächlichen Vorgängen der Vergesellschaftung mehr oder weniger feste Ziele und greifbaren Inhalt angenommen hat. Sind dabei die Übergänge von einer in die andere Organisationsform, die Änderungen in den Zwecken und Mitgliederbeständen, die wechselnden Organisationsideen und -möglichkeiten nicht gleichgültig, ja oft besonders interessant, so handelt es sich bei solchen Wandlungen doch um etwas anderes als um die mehr oder weniger formalen Gesichtspunkte, denen die „Beziehungs-Soziologie" — von ihrem Standpunkt aus mit großem Erfolg — nachgeht. Ganz allgemein gesagt: Das Materielle in den Beziehungen zwischen Menschen und Gruppen steht für den Sozialpolitiker obenan, nicht aber die Form, in der eine soziale Bindung stattfindet; nach dieser Richtung begründet § 61 einen Widerspruch gegen Stammler.

Die begriffliche Unterscheidung bahnt den Weg in die reiche und bunte Mannigfaltigkeit der sozialpolitischen Gruppen- und Organisationsinhalte und -zwecke, die in ihrer höchsten Entfaltung alles gesellschaftliche Leben durchdringen und, indem sie Massenprobleme aufwerfen, zugleich über das persönliche Glück jedes Einzelnen entscheiden. Den Grad der Organisierbarkeit der einzelnen Gruppen zu beurteilen, ist Sache des § 53 und des „Praktischen Teils".

(§ 52) 2. Klasse und Stand, Standes- und Klassenkämpfe.

Die Klasse ist ein kompliziertes Gebilde, das keinesfalls — wie viele Sozialisten wollen — allein aus der Tatsache des Arbeitsverhältnisses heraus erklärt werden kann, so sehr der abhängige Lohnarbeiter heute das Rückgrat der Klassenorganisation darstellt. Die Geschichte zeigt uns, daß Klassen oder klassenähnliche Gebilde schon im Altertum und im Mittelalter vorgekommen sind; das allein macht die Auffassung hinfällig, wonach erst das moderne Proletariat klassenerzeugend gewirkt habe. Aber auch die Erweiterung dieser Auffassung dahingehend, daß alle Klassengegensätze ausschließlich auf Besitzunterschiede zurückzuführen seien, deckt sich nicht mit dem, was unbefangene Beobachtung der Klasseneigenschaften und -ziele nahe legt. § 48 wies auf die großen Bedenken dagegen hin, Besitz und Einkommen als gleichbleibende und eindeutige Differenzierungs- und Gruppierungsmotive der Gesellschaft gelten zu lassen; es zeigte sich, daß derselbe Besitz und dasselbe Einkommen je nach der Quelle, aus der sie entstehen, ungleiche Organisationsrichtungen hervorrufen, daß ferner die absolute und relative Höhe von Besitz und Einkommen wichtig sind und nicht zu ein und derselben sozialen Gruppierung führen.

Schmoller wendet sich in seinem „Grundriß“ gegen die Ansicht von Bücher und Sombart, der zufolge nur oder doch vorwiegend materielle Gesichtspunkte (Einkommen und Besitz) zu Klassenbildungen geführt hätten. Schmoller erinnert demgegenüber an die Bedeutung von Rasseeinflüssen und an die Wichtigkeit von Beruf und Arbeitsteilung. In letzterer Hinsicht ist das Nötige von uns im Zweiten Abschnitt ausgeführt; der Einfluß der Rasse auf die Klassenbildung aber ist an zahlreichen Punkten der bisherigen Abschnitte wenigstens gestreift worden. Unverkennbar werden die Klassengegensätze in national und sprachlich gemischten Gebieten am stärksten empfunden; doch ist unentschieden, ob Besitz, Rasse oder Berufstätigkeit den entscheidenden Anstoß zur Klassenbildung gegeben haben. Schmollers Zweifeln nach dieser Richtung können wir uns anschließen.

Die Klasse ist kein sichtbarer Gegenstand der Sozialpolitik und ist für diese nur durch zwei Momente hindurch erfaßbar: durch die Klassenorganisation, die Gewerkschaft sein kann, und durch die Mittel des Klassenkampfes, dem Generalstreik etwa. Hiervon ist später zu handeln, einstweilen bleibt noch eine Besprechung der Klasse selbst übrig, aber nicht als eines historischen, biologischen oder soziologischen, sondern als eines sozialpolitischen Gebildes. Das will sagen: uns interessiert die Klasse nur insofern, als Gewerkschaften, Streiks und andere sozialpolitische Erscheinungen durch den Klassen- und Klassenkampfgesichtspunkt eine bestimmte, sozialpolitisch wichtige Deutung und Erklärung erfahren. Die „Klasse“ wird also nicht um ihrer selbst, sondern um des Erklärungswertes willen herangezogen, der ihr, als dem gedanklichen Ergebnis einer historisch-soziologischen Überlegung, gegenüber den realen sozialpolitischen Tatbeständen zukommt. Und nur um diesen Erklärungswert zu sichern, sei in einigen Worten auf die theoretische Abgrenzung der „Klasse“ von der ihr verwandten Gesellschaftsform des „Standes“ verwiesen: „Stände“ — als états, „Zustände der Gesellschaft“ zu bezeichnen — sind ursprünglich wohl mehr durch gewaltsame Einwirkungen auf die Gesellschaft entstanden; es liegen ihnen aber doch auch arbeitsteilige Differenzmomente zugrunde, in dem Sinne, daß etwa der Stand des Adels, ursprünglich aus den Starken und Wehrhaften bestehend, den Schutz der Gesamtheit gegen äußere Feinde, der Priesterstand aber die Verwaltung des Kults, oft auch — insoweit er Medizinmänner und Ärzte umfaßte — die Fürsorge gegen Krankheit und Not in die Hand nahm. Sehr viele Völker zeigen in dieser Hinsicht ein recht ähnliches, historisch und ethnologisch leicht erweisbares Verhalten. Wenn auch sehr bald andere als arbeitsteilige und gesellschaftsfördernde Gesichtspunkte für die Abgrenzung der Stände wichtig, ja entscheidend werden, wenn in der Folge auch eine gefällige Rechtsschöpfung neue und sozial nicht zu rechtfertigende Privilegien auf die bevorzugten Stände häuft, — der Solidaritätsgedanke wird doch nicht ganz unterdrückt; erst die Summe der Stände macht die als „Staat" organisierte „Gesellschaft" aus. Dies Gefühl erhält sich lange, und zwar nicht nur bei den Privilegierten, wenn auch bei diesen naturgemäß am stärksten. Wenn dann, etwa in der ersten französischen Revolution, der „Dritte Stand" sich gegen die beiden anderen wendet, dann handelt es sich doch bei vielen seiner Mitglieder zunächst nur um Ausmerzung der als ungerecht empfundenen Vorrechte (Steuerfreiheit, Jagdrecht usw.) Anderer oder um eigene materielle Einzelvorteile (Lohnerhöhung, Ermäßigung des Pachtschillings usw.). In dem Augenblicke aber, wo die Aufhebung der ständischen Verfassung selbst oder, mit anderen Worten, die ausschließliche Anerkennung eines Standes gefordert wird, fragt es sich, ob das „Standesbewußtsein" nicht schon zum „Klassenbewußtsein" hinneigt. Denn die „Klasse" will ja, so sahen wir, zur Allgemeinheit werden und sich damit selbst aufheben. Es liegt im Begriff des „Standes", daß er sich als — wenn auch bevorrechteter — Teil einer größeren Sozialen Gruppe fühlt; im Begriff der „Klasse" aber, daß sie sich selbst als das künftige Ganze erachtet. Der Gegensatz ist wichtig, er erschließt eine Reihe von Vorgängen der praktischen Sozialpolitik, erklärt z. B. die Verschiedenheit der Zwecke einer Partei und einer Gewerkschaft und ist am letzten Ende eine Grundfrage aller Vergesellschaftung: erfolgt diese in Hinblick auf Einordnung in ein größeres, selbständig gedachtes Ganze oder mit der eingestandenen Absicht, selbst dieses Ganze sein zu wollen? Wie erwähnt, schließen sich „Stand" und „Klasse" weder derart aus, daß nicht ständische Interessen in klassenkämpferische umgebogen werden könnten, noch derart, daß nicht auch eine „Klassenbewegung" in „Standesbewegung" enden, wie manche wollen: verflachen könnte. Und es wird gerade hinsichtlich der Arbeiterbewegung zu fragen sein, ob in ihr die ursprünglich beabsichtigten Klassengesichtspunkte rein zutage liegen oder aber eine „ständische" Um- und Fortbildung erfahren haben und fortgesetzt erfahren.

Ein Werturteil über beide Arten der Vergesellschaftung liegt einstweilen ferne. Unter keinen Umständen könnten wir uns aber ein solches dahingehend zu eigen machen, daß die „Klasse" als der sozial höherstehende Zweck einer sozialen Differenzierung zu erachten sei. Mindestens scheint der Standesbegriff ein sehr starkes Gefühl für die naturgegebene Ungleichheit der Menschen, die doch bestimmend für die kulturelle Höherentwicklung ist, zu besitzen; sollte es gelingen — wofür die Geschichte gewisse, wenn auch unvollkommene Beispiele aufweist —, die ständische Entwicklung in Übereinstimmung mit den menschlichen Fähigkeiten zu bringen und dahin zu führen, daß jeder Stand Träger bestimmter Eigenschaften und Vorzüge würde, so wäre diese Gestaltung kulturell höchst bedeutsam und nur mit wirtschaftlichen und sozialen Anforderungen in Einklang zu bringen. Insoweit ferner einzelne Stände zu Hütern rassenpolitisch wichtiger Eigenschaften würden — was preußischer oder englischer Adel in ihrer besten Zeit für sich in Anspruch nehmen durften —, blieben wertvolle Bausteine biologisch-soziologischen Geschehens erhalten, ohne daß es deshalb zu unnötigen und schädlichen rassepolitischen Auseinandersetzungen zu kommen brauchte; die Arterhaltung wäre damit zur Sache der im Stand vereinigten Einzelnen gemacht und brauchte die Politik des Gemeinwesens nicht zu belasten. Den rassepolitischen Gegensätzen wäre damit manches von ihrer parteipolitischen Zuspitzung entzogen.

Hier sind manche Erörterungen einschlägig, die in feinsinniger Weise besonders Hildebrandt in seinen Büchern „Norm und Entartung des Menschen“, „Norm und Verfall des Staates“ gemacht hat. Auch Steiners „Dreigliederung des sozialen Organismus“, Spenglers „Untergang des Abendlandes“ und Dickels „Auferstehung des Abendlandes“ enthalten Einschlägiges, ohne daß allen diesen Äußerungen ein die Mode überdauernder Wert für die Sozialpolitik zuerkannt werden könnte. Auf die gelehrte Literatur über die Theorie von Stand und Klasse kann nicht eingegangen werden, nachdem das ganze Problem nur eine Vorfrage für das eigentliche sozialpolitische Thema, das uns hier angeht, darstellt.

Ebensowenig kann uns die sozialistische und antisozialistische Literatur zur Klassenkampffrage beschäftigen. Man hat ja in den an sich einfachen, oben kurz beschriebenen Begriff recht viel hineingeheimnist, und mußte das wohl tun, wenn man in ihm eine ganz neue Formel zur Lösung der sozialen Frage, eine wahre Offenbarung über letzte soziale Verursachungen und Wirkungen sah. Die „Emanzipation der Arbeiterklasse“ ist ja auch nur die Kehrseite des wirtschaftlichen Prozesses, der in die „Expropriation der Expropriateurs“ ausläuft. Die Dialektik des „Kapitals“ und das Pathos des „Kommunistischen Manifests“ verfolgen dieselben Zwecke.

Das Beste über diese und angrenzende Fragen scheint uns schon vor Jahrzehnten W. H. Riehl geschrieben zu haben; ist auch nicht alles, was die „Bürgerliche Gesellschaft“ fast mit prophetischem Geiste voraussagen zu können glaubte, eingetroffen, so ist doch jene Fülle feinsinniger und anschaulicher Bemerkungen über die Schichtungen im Gesellschaftskörper, ihre Verursachungen, Begleiterscheinungen und Folgen auch heute noch Fundament einer sozialpolitisch gerichteten Gesellschaftslehre.

Die Klassenbewegung soll auf den „Vierten Stand“ — als den man ursprünglich (Riehl) den Bauern bezeichnet hatte; — der damit aufhört, ein solcher zu sein — beschränkt, gewissermaßen sein Vorrecht, die Entschädigung für jahrhundertelange Knechtung sein. Es liegt gewiß Folgerichtigkeit in der sozialistischen Auffassung, daß erst die Überwindung der ständischen Unterschiede, die Proletarisierung der

Bauern, Handwerker und Kleingewerbetreibenden den Boden für den Klassenkampf bereite. Aber die Folgerichtigkeit des Denkens wird bereits unterbrochen, wenn aus der rein wirtschaftlichen Entwicklung eine politisch-gesellschaftliche, selbsttätige Bewegung abgeleitet, wenn Schicksal zur Aktion umgedeutet, das Opfer zum Akteur gestempelt wird. Voraussetzung des Klassenkampfes bleibt dabei in jedem Falle die Große Zahl — groß im absoluten wie im relativen Sinn genommen, und Gegenstand einer naiven, an Massen sich berauschenden, gewerkschaftlichen Überlegungen unzugänglichen Bevölkerungspolitik.

Wenn wir sozialpolitische Verbände, wie Gewerkschaften und Genossenschaften, hernach auf ihre innere Einstellung zum Klassenkampfproblem hin prüfen, so wird dieses uns wiederholt in einem anderen Bilde vor Augen treten, als das ist, das man aus der Lektüre des „Kapitals" und seiner kleineren Epigonen gewinnt. Das den Tatsachen abgewonnene Bild ist aber erst eigentlicher Gegenstand einer „Theorie der Sozialpolitik". Eine entscheidende Frage wird hierbei sein, ob die wirklichen, als Klassengebilde angesprochenen Sozialen Gruppen jene Homogenität der Klassenstruktur und der Klassenkampffront aufweisen, welche die sozialistische Theorie fordert und welche den Kampf zwischen Klassen erst von einem Kampf zwischen Ständen unterscheidet. Ständische Gruppierung, so sei hier nachgetragen, bedingt auch Differenzierung innerhalb des einzelnen Standes; ihr entsprechen die feinen Unterscheidungen des Zunftwesens ebenso wie die besonderen Merkmale des hohen und niederen Adels oder der hohen und niederen Geistlichkeit; die ungleiche Bewertung von Garde und Linie, das Selbstbewußtsein des Hofbauern gegenüber dem Büdner sind wesensgleiche Fälle. All das aber soll im großen Brei der Klasse verschwinden und vieles davon darf auch endgültig verschwinden. Indem wir aber fragen, ob das Versinken aller sozialen Unterscheidungsmerkmale wirklich Tatsache auch nur innerhalb der Arbeiterbewegung ist, fragen wir gleichzeitig nach der Realität der Klasse und Klassenkampfidee.

Diese Frage, auf die erst später zu antworten ist, kann aber auch von einem anderen Gesichtspunkte aus gestellt werden. Welche Beziehungen bestehen — und bestehen Beziehungen überhaupt? — zwischen dem Kampf der Klassen und dem Kampfe, den uns die Entwicklung des organischen Lebens kennen lehrte, der im „Kampf ums Dasein" seine bestimmteste, wenn auch einseitige Bezeichnung erfuhr? Eine gewisse, freilich mehr formal und negativ gerichtete Seelenverwandtschaft zwischen Marxismus und Darwinismus begegnete uns bereits einmal. Ist nun der Klassenkampf, wie manche glauben, der aufs gesellschaftliche Gebiet übertragene „Kampf ums Dasein"?

Dagegen spricht zunächst, daß der Kampf ums Dasein im allgemeinen ein Kampf Einzelner mit Einzelnen ist, und zwar kann dieser Kampf ebenso zwischen Individuen derselben Art oder Rasse wie zwischen Art- und Rassefremden zum Austrag gelangen. Dagegen haben wir es in der Theorie vom Klassenkampf durchaus mit einer geschlossenen Front zwischen großen sozialen Parteien zu tun. Ferner richtet sich der Klassenkampf gegen historisch-soziale Einrichtungen — das Privateigentum an den Produktionsmitteln —, er endigt also theoretisch mit der Beseitigung jener Einrichtungen, — der Kampf ums Dasein aber findet bereits in jenen Niederungen des organischen Lebens statt, wo von sozialer Einwirkung überhaupt noch keine Rede ist, und er hat demgemäß keine Grenze an sozialen Einrichtungen. Vielleicht läßt sich aber, nachdem eine Parallele zwischen Klassen- und Daseinskampf abgelehnt werden muß, gerade aus dem erwähnten Umstande, daß der naturgemäße Kampf stets ein Kampf zwischen Einzelnen ist, eins schließen: daß nämlich die als Klassenkampf ausgegebene Klassen-Frontstellung keine dauernde, jedenfalls nicht die theoretisch allein mögliche, sondern oft nur eine zufällige sei; während der Kampf ums Dasein gelegentlich wohl auch Kooperationen von Individuen aufweist, aber doch immer wieder in Einzelkämpfe auseinanderfalle. Man wird hierbei der entwickelten Gesellschaft stärkere Bindemittel zuerkennen, als die unorganisierte Natur sie aufweist; das würde aber doch nur ein graduell, nicht ein grundsätzlich anderes Verhalten von Individuen der natürlichen und der sozialen Welt beweisen. Man kann weitergehend vermuten, daß die Klassenkampfidee nur taktische und vorübergehende, nicht aber dauernde und gewissermaßen naturnotwendige Bündnisse und Kampfstellungen enthalte, und es wäre zu zeigen, ob im Klassenkampf wirklich ein solidarisches Gruppeninteresse oder doch nur eine Summe vorübergehend gleichgerichteter Individualinteressen verfochten wird. Manche Merkmale der neueren sozialen Kämpfe lassen sich dafür als Beleg denken, bei ihnen ist der revolutionäre Klassengehalt oft genug zur inidividuellen Lohnforderung verflacht; zugleich wurde deutlich ein ungleiches Interesse der einzelnen Arbeitnehmergruppen wahrgenommen, insbesondere, je nachdem sie mehr als Produzenten oder als Konsumenten beteiligt waren. Die Revolution mußte so zur Lohnbewegung werden, das erkannten gerade scharfsinnige Theoretiker im sozialistischen Lager; an Stelle der Sozialisierung war oft „Kapitalisierung" getreten. All das kann einstweilen erst angedeutet werden, in anderem Zusammenhang war früher davon die Rede, wir greifen es hernach insbesondere bei Besprechung der Gewerkschaftsbewegung auf.

So kann der Kampf ums Dasein höchstens in dem Sinne zur Verdeutlichung des Klassenkampfes herangezogen werden, als die gegen die Klassenkampftheorie an sich schon bestehenden grundsätzlichen Bedenken bestärkt werden. Von einer Fortsetzung des biologischen Vorgangs — der übrigens (vgl. z. B. Hertwig) auch nicht unbestritten ist — mit gesellschaftlichen Mitteln ist dagegen nicht mehr die Rede.

Die naturwissenschaftliche Unterbauung der marxistischen Lehre hat dieser sicher keinen Dienst erwiesen, das soll gegen Schallmeyer und Andere nachdrücklich unterstrichen werden.

(§ 53) Allgemeine Theorie der Gewerkschaft.

Die Gewerkschaftsbewegung der Arbeiter gilt mit Recht als die großartigste aller neueren sozialen Gruppenbildungen; sie ist, zumal seit dem Umsturz, Vorbild der Organisation fast aller anderen Berufsgruppen geworden, — wobei einstweilen noch offen bleibt, ob das Wesen der Gewerkschaft mit „Berufsorganisation“ hinlänglich und überhaupt richtig gekennzeichnet ist. Zunächst folgten die Angestellten, in deren Reihen ein jahrzehntelanger Kampf um die Eigenart der Organisationspolitik ausgefochten worden ist; die Verbindung ständischer, beruflicher, parteipolitischer und klassenkämpferischer Zielsetzungen hat der Angestelltenbewegung ein bestimmtes, eigenes Gepräge verliehen. Von akademischen Berufsständen haben vor dem Kriege eigentlich nur die Ärzte den gewerkschaftlichen Standpunkt, naturgemäß auch mit mancherlei Änderungen, angenommen. Neuerdings hat er auf viele andere Berufsstände, so auf die Beamten, die Studenten, selbst auf die Rentner übergegriffen, damit hat die gewerkschaftliche Bewegung eine ungeheure, Gesellschaft und Staat in stärkste Mitleidenschaft ziehende Schwungkraft erfahren. Die Arbeitgeber haben ihr schon früher eine „Gegenorganisation“ in Gestalt der — von den wirtschaftlichen Verbänden (Kartellen) grundsätzlich zu unterscheidenden, mit diesen aber doch auch zusammenhängenden — Arbeitgeberverbände entgegengestellt. Dabei hat sich der Gewerkschaftsgedanke theoretisch, und noch mehr praktisch, vielfach gewandelt; seine Verbindung mit den großen Weltanschauungsrichtungen hat sich hier gefestigt, dort gelockert, die Taktik erfuhr entsprechend einschneidende Änderungen. Vgl. hierüber den Achten Abschnitt (z. B. § 73).

Über Fragen, die mit den hernach zu besprechenden eine mehr oder weniger enge Fühlung aufweisen, ist früher besonders im Dritten Abschnitt (§§ 27—30) gesprochen worden, aber auch der Zweite, Vierte und Fünfte Abschnitt schlagen nach vielen Beziehungen hin ein. Arbeitsmarkt, Arbeitslosigkeit und die Mittel zur Regelung der damit gegebenen Probleme, alle Fragen des Lohnes und der Lebenshaltung, der „Produktion und Konsumtion von Arbeit und Arbeitskraft“ (Dritter Abschnitt), dann jene der Berufsbildung und -Entwicklung reichen unmittelbar an die Gewerkschaftssphäre heran. Diese kann aber ihre grundlegende Würdigung nicht von diesen Grenzgebieten aus, sondern nur als wichtiger Teil des sozialen Differenzierungs- und Organisierungsproblems erfahren. Demgemäß liegt ihr theoretischer Standort im gegenwärtigen Abschnitt über die sozialen Gruppen und Organisationen.

Selbstverständlich scheidet die Firma, unter der die Gewerkschaft im einzelnen Fall in die Öffentlichketi tritt, für die theoretischen Zwecke aus, die es mit der Erkenntnis der innersten Triebfedern sozialer Kooperation zu tun haben. Ob in der Praxis die Gewerkschaft als Berufs- oder Standesverein, als reine oder gemischte Klassenorganisation oder in irgendeiner anderen Eigenschaft in die Erscheinung tritt, kann freilich deshalb wichtig sein, weil die Erkenntnis der vorgeschützten Zwecke für die Beurteilung der eigentlichen Tendenz von Belang sein kann.

Dabei ist die politische Lage, die die Gewerkschaften zur offiziellen Ableugnung klassenkämpferischer oder parteipolitischer Absichten zwingen kann, während des Sozialistengesetzes tatsächlich gezwungen hat, zu beachten. Eine geänderte politische Lage kann einer anderen, an sich berufsorganisatorisch gerichteten Gruppe Veranlassung geben, sich äußerlich einer Klassenbewegung anzugliedern, um auf diese Weise möglichst viel für die Berufsgenossen herauszuschlagen; diesen Fall finden wir heute nicht ganz selten vor. Programme und Statuten, auch die Geschichte der einzelnen Gewerkschaftsbewegungen, sind in diesem Zusammenhang stets nur mit Vorsicht heranzuziehen; der schon einmal gestreifte Unterschied einer sozialwissenschaftlichen Untersuchung von einer sozialrechtlich-historischen ist darin zu suchen, daß für die erstere juristisch-geschichtliche Feststellungen immer nur Material darstellen, aus dem die Idealtypen des gesellschaftlichen Geschehens gewonnen werden; alles Tatsächliche selbst, auch soweit es in statistischem Gewande auftritt, gehört demgemäß in den Praktischen Teil dieses Werkes, und nur das lebhafte Gefühl dafür, daß von dem Umfang der sozialen Massen ihre Eigenart oft entscheidend bestimmt wird, verbindet die statistisch-monographische mit der theoretischen Darstellung; ist diese hier einstweilen allein ins Auge gefaßt, so ist doch jede einzelne Überlegung auf Praxis (auch eigene) und statistische Vorarbeit gestützt.

Dies auf die erwähnte innere Verbindung zwischen Gewerkschaft und Weltanschauung angewandt, läßt den besonderen politischen und kulturellen Gehalt gerade der deutschen Gewerkschaftsbewegung nur in einem allgemein-soziologischen, nicht aber in dem Sinne würdigen, daß die tatsächliche Verbindung einzelner Gewerkschaftsrichtungen mit politischen oder kulturellen Parteien Gegenstand der Untersuchung wäre. Ob die katholische oder die protestantische Kirche den gewerkschaftlichen Zusammenschluß förderte oder hinderte, ist u. a. insofern wichtig, als die Förderungs- oder Hemmungsmomente in beiden Fällen, von der ungleichen Macht der kirchlichen Organisation getragen, sich nur in verschiedenem Maße durchsetzen konnten. Dasselbe gilt für die — einstweilen nur angenommene — Abhängigkeit einer Gewerkschaftsrichtung von politischen Parteien (Sozialdemokratie, Zentrum, Liberalismus, Konservativismus); sie interessiert uns zunächst auch nur zwecks Feststellung, ob die Gewerkschaftsidee sich als solche gegenüber anderen gesellschaftlichen Einflüssen durchsetzen konnte. Freilich bleibt dabei die Frage offen, welche Stärkung oder Schwächung die kulturell-politischen Gruppierungen ihrerseits aus der Verknüpfung mit gewerkschaftlichen Strömungen erfahren; doch sind das Grenzfragen, die aus der Sozialpolitik in die allgemeine Politik hinüberführen und Thema mehr der Soziologie, als der Theoretischen Sozialpolitik sind, die in unserem Achten Abschnitt immerhin auch diesen Wegen nachgehen wird — (zumal §§ 72, 73).

Zweifellos enthält die Beschränkung, die unser Theoretischer Teil sich gegenüber der bunten Mannigfaltigkeit der Gewerkschaftspraxis auferlegen muß, eine gewisse Schwierigkeit für diejenigen Leser, die eben mit dieser Praxis nicht vertraut sind. Man darf aber immerhin die Tatsachen der Gewerkschaftsbewegung zu den bekanntesten der Sozialpolitik zählen, durch Herkners und Sombarts Meisterdarstellungen sind sie sehr weiten Volksschichten erschlossen und, was vielleicht noch wichtiger ist, das Gefühl für die Zwecke gewerkschaftlichen Zusammenschlusses hat sich ja bereits in fast allen Berufsgruppen durchgesetzt. Dennoch wird gerade in den hier zu behandelnden Fragen der „Praxis der Sozialpolitik" eine besonders wichtige Aufgabe zufallen; aus den Bänden des „Handbuchs" werden außerdem noch Meerwarth, Statistik; Elster, Bevölkerungspolitik und Gesellschaftshygiene; Keßler, Theoretische Volkswirtschaftslehre einschlägig sein.

Unsere erste Aufgabe kann nach allem Gesagten nur in einer möglichst eindeutigen und zugleich erschöpfenden Begriffsfestlegung der „Gewerkschaft" bestehen, bei der, nach unserer Gesamtauffassung, das Begriffliche freilich auch nicht Selbstzweck ist: Was ist und was will die Soziale Gruppe, die sich „Gewerkschaft" nennt?

Wiederum im Sinne einer früheren Bemerkung (§ 51) liegt es, daß wir für diese Soziale Gruppe als unbedingte Voraussetzung die Organisierbarkeit und die tatsächlich erfolgte Organisierung in Anspruch nehmen. In der Tat kann der rein triebmäßig erfolgte Zusammenschluß von Individuen, wie ihn weniger entwickeltere Gesellschaftsformen kennen, bestenfalls zur Grundlage einer Gewerkschaft werden, deren Inhalt aber noch nicht ausfüllen. — Weniger durchsichtig ist die Sachlage, wenn wir fragen, welche Gruppen überhaupt die Möglichkeit gewerkschaftlicher Zusammenfassung bieten; soll diese insbesondere auf die Gruppen des Arbeitsverhältnisses beschränkt sein? Diese Auffassung kann sich auf die entscheidende Rolle, die gerade der Arbeiterbewegung (im weiteren Verlauf auch der Angestellten- und Arbeitgeberbewegung) zukam, berufen und würde, wenn theoretisch gebilligt, die Berufs- und Standesvertretungen anderer Gruppen höchstens noch als quasi-gewerkschaftliche Bildungen anerkennen; auch die sozialistische Ansicht von der ganz einzigartigen Lage des Proletariats als der von den sachlichen Produktionsmitteln gewaltsam getrennten, eigentlichen Produzentenklasse würde im

Schlußergebnis dafür sprechen, die Gewerkschaftsidee theoretisch auf die im Arbeitsverhältnis sich gegenüberstehenden Gruppen zu beschränken.

Das Thema müßte sich demgemäß in systematischer Hinsicht beträchtlich verengen; zeitlich wäre es auch nicht weiter zurückzuverfolgen, als die Geschichte des Freien Arbeitsvertrags reicht.

Die von Brentano, den Webbs und anderen Historikern des Gewerkschaftsgedankens unternommenen Versuche, diesen auch in früheren Bildungen der Sozial- und Wirtschaftsgeschichte nachzuweisen, wären durch solche Auffassung zwar nicht abgelehnt, aber doch stark beschnitten.

Zugleich würde die Gewerkschaftsbewegung sich selbst ihre Grenze setzen; insoweit sie das ihr von vielen vorgezeichnete Ziel der Sozialisierung, der Beseitigung des unfreien Arbeitsverhältnisses, erreichte, müßte sie sich selbst preisgeben und anderen sozialen Gruppierungen weichen; genau so, wie wir früher (§ 52) sahen, daß die Klasse im Ergebnis des Klassenkampfes sich selbst aufzugeben trachtet.

Anerkannt sei, daß das Arbeitsverhältnis für die gegenwärtige Sozialpolitik und für die gegenwärtigen Träger der Gewerkschaftsidee durchaus zentrale Bedeutung hat und daß ein außerhalb dieses Zentrums belegener Ausgangspunkt für die theoretische Beurteilung der Gewerkschaft wenig fruchtbar ist. Offen aber und Thema späterer Untersuchung bleibt, ob wir den Gewerkschaftsbegriff nicht doch wenigstens soweit fassen müssen, daß er andere Gruppenzwecke und -inhalte aufzunehmen vermag. Denn es wird sich zeigen, daß wesentliche Gewerkschaftszwecke außerhalb des Arbeitsverhältnisses liegen und daß große Gewerkschaftsrichtungen auf diese an sich gewerkschaftsfremden Zwecke den Nachdruck legen oder gelegt haben. Das sozialpolitische Gebilde, das uns als Gewerkschaft entgegentritt, ist selten eindeutig zu bestimmen, in der Praxis gehen die einzelnen Organisationsinhalte vielfach ineinander über und es besteht bei allzu enger Begriffsfassung die Gefahr, daß man den Zusammenhang mit der organisatorischen Praxis verliert. So soll denn die Beziehung auf das Arbeitsverhältnis zwar ein theoretisches Postulat sein, ohne das wir uns eine Gewerkschaft kaum vorstellen können; der Begriff des Arbeitsverhältnisses soll aber gleichzeitig weit genug gefaßt werden, um auch die Entwicklung bis zum Freien Arbeitsvertrag und dessea Fortentwicklung zur Arbeitsverfassung (§ 21) einschließen und den alsdann geänderten Gewerkschaftszwecken Rechnung tragen zu können.

Theoretisch liegt die Beziehung zwischen Gewerkschaft und Kartell nach dem Gesagten deutlicher zutage als die Beziehung zwischen Gewerkschaft und Genossenschaft. Der Arbeiter ist Verkäufer von Arbeit (d. i. nicht von Arbeitskraft, sondern ihrer Nutzung) oder, in einem anderen Bilde, er vermietet seine Arbeitskraft; Lohn ist in diesem Sinne bereits als Kauf- oder Mietpreis aufgefaßt worden; indes erschien dieser Verkäufer oder Vermieter in einer andern Position, als die des normalen Warenverkäufers oder -vermieters ist; diese ungleiche Lage bestimmt den besonderen Charakter des Kartells, das sich Gewerkschaft heißt, und das nur dadurch auf seinen eigenartigen Warenmarkt (= Arbeitsmarkt) Einfluß gewinnt, daß es auf das Angebot von Arbeitskraft, d. i. auf die sich als Arbeitskräfte verdingenden Menschen selbst Einfluß gewinnt. Arbeitslosenunterstützung seitens der Gewerkschaft schützt die Arbeitenden vor Unterbietung durch solche, welche ohne die Unterstützung um jeden, das Existenzminimum noch eben befriedigenden Preis sich anbieten würden. Reise- und Umzugsunterstützung bewirken wenigstens eine zeitliche Entlastung des überfüllten örtlichen Arbeitsmarkts. Mit Recht hat man das Vorhandensein dieser Unterstützungsformen als wesentlich für das Vorhandensein einer gewerkschaftlichen Organisation bezeichnet.

Damit wird aus der Reihe der gewerkschaftlichen Richtungen jene ausscheiden, die vor dem Kriege als „Werkverein" zu einer beträchtlichen, praktischen und theoretischen Bedeutung gelangt war. Grundsätzlich auf die Angehörigen eines einzigen Werks beschränkt, ist der „gelbe" Verein in der Tat unfähig, bestimmenden Einfluß auf den Arbeitsmarkt zu üben. Zum Wesen der Gewerkschaft scheint das Moment des zentralen Fachverbands zu gehören, der über die Betriebe und Unternehmungen hinweg ein einigendes Band um die Berufsgenossen schlingt. Das „Berufsprinzip" der Gewerkschaft ergibt sich damit von selbst. Wie aber, wenn es von den gewerkschaftlichen Verbänden selbst aufgegeben oder wenigstens zugunsten einer anderen Organisierungsbasis, der des Betriebes, zurückgestellt wird? Das aber ist die tatsächliche Entwicklung in einem sehr großen Teil der internationalen, zumal auch der deutschen Gewerkschaftsbewegung gewesen; seit dem Umsturz hat sich die Umbildung zu Industrieverbänden, die an sich mit dem Berufs- wie mit dem Betriebsgrundsatz vereinbar schien, derart vollzogen, daß die Zusammenfassung aller Betriebsangehörigen ohne Rücksicht auf Stand und Beruf, bis in die Kreise der Leitenden Beamten hinein, als Ideal galt. Wird hiermit der gewerkschaftliche Boden verlassen?

Sicher handelt es sich um mehr als äußerliche, formale Gesichtspunkte der Zweckmäßigkeit. Offenbar rücken in dem Maße, in dem der Betrieb das gewerkschaftliche Interesse beansprucht, neben die Fragen des Arbeits- solche des Produktionsverhältnisses. Das Betriebsrätegesetz hat, einstweilen noch zögernd und maßvoll, den erwähnten Strebungen Vorspanndienste geleistet. Der Gedanke planmäßiger Sozialisierung ist an den einzelnen Betrieb gebunden und tritt mehr und mehr an die Stelle der älteren gewerkschaftlichen Auffassung der Regelung des Arbeitsmarktes.

Schon jetzt bewährt sich die Vorsicht, den Gewerkschaftsbegriff weit genug zu fassen, um auch an sich gegenteilige Organisationszwecke in ihm unterzubringen. Gewerkschaften sind uns schließlich auch Vergesellschaftungsvorgänge, die in der Entwicklung begriffen und wandelnden Organisationszwecken angepaßt werden müssen. Augenscheinlich ist der Wandel in unserem Fall ein sehr großer: denn wenn man die Entwicklung zu Ende denkt und Schwierigkeiten, die die Praxis mehr als hinreichend bietet, gedanklich überspringt, steht schließlich ein Produzentenverein an der Stelle, wo ursprünglich eine Partei des Arbeitsverhältnisses organisiert werden sollte. Der an die Doppelseitigkeit des Arbeitsverhältnisses als eines Kauf- oder Mietverhältnisses gebundene Kartellbegriff wandelt sich dann endgültig in den der Genossenschaft, und zwar in diesem Falle der Produzentengenossenschaft. Der Gegensatz zwischen Produzenten und Konsumenten würde an die Stelle des Gegensatzes zwischen Arbeitgebern und Arbeitnehmern treten (vgl. auch Lederer zur Soziologie der Revolution).

Wäre die Entwicklung soweit gediehen, dann wäre es theoretisch immerhin möglich, die Gewerkschaft als durch Erfüllung ihrer Zwecke beendet, in eine völlig andere Organisationsform übergegangen zu erklären. Wir leben aber mitten in diesem Umbildungsprozeß und haben sozialpolitische Wirklichkeiten, und nicht Utopien zu begreifen. Einstweilen ist der ursprüngliche Gewerkschaftszweck der Regelung des Arbeitsmarktes auch von den entschlossen die Betriebsgrundlage vertretenden Verbänden noch nicht aufgegeben, er ist in unserer gestörten Wirtschaft sogar wichtiger denn je. So kann denn die theoretische Schlußfolgerung nur dahin lauten, daß wir den Gewerkschaftszweck entsprechend weit zu fassen haben, um alle Absichten in ihm unterzubringen.

Wesentlich leichter gelingt es, hinsichtlich der Zusammensetzung des Mitgliederbestandes einer Gewerkschaft einige allgemeingültige Sätze abzuleiten. Sie lauten dahin, daß diese Mitgliedschaft homogen sei muß.

In gewissen Sinn ist das freilich Kennzeichen jeder organisierten Sozialen Gruppe, die mindestens etwas allgemein Bindendes und Verbindendes haben muß, um zustande zu kommen und sich zu behaupten. Die Anwesenheit von Arbeitgebern in einem hauptsächlich aus Arbeitnehmern bestehenden Verband bedeutet ein trennendes und störendes Moment, das in der praktischen Wirkung freilich auch nicht überschätzt werden soll und oft mehr als Agitationsstoff für konkurrierende Verbände wichtig ist. Da die Arbeiterbewegung — von den Werkvereinen abgesehen — von jenem Einfluß, der freilich auch von Außenstehenden ausgehen kann, fast unberührt geblieben ist, so bietet die Angestelltenbewegung, die sich aus paritätischen Verbänden zu Gewerkschaften entwickelte, am meisten Anlaß, diesen Strukturgesichtspunkt zu würdigen.

Hingegen ist es fast verlorene Mühe, will man die gewerkschaftliche Eigenart aus den Mitteln und Maßnahmen feststellen, die von einzelnen Verbänden zur Erreichung der Organisationszwecke angewendet werden. Etwa den Streik zum Prüfstein zu erheben und Verbänden, die auf ihn Verzicht leisten, den Charakter als Gewerkschaft abzusprechen, heißt Vereinigungen, auf die jener Charakter im übrigen unzweifelhaft zutrifft, ausschließen.

So hat vor dem Umsturz der Deutschnationale Handlungsgehilfenverband den Streik grundsätzlich abgelehnt und doch seine gewerkschaftliche Bestimmung sehr deutlich behauptet, ihr insbesondere auch in der Zusammensetzung des Mitgliederbestandes Rechnung getragen.

Den Streik zur Grundlage jeder Gewerkschaft zu erheben, ist auch deshalb hinfällig, weil ja, wie wir sahen, die Gewerkschaft unter Umständen über die Zwecke der Regelung des Arbeitsverhältnisses hinauswachsen kann. Sieht sie die Sozialisierung des einzelnen Betriebes als die vornehmlich zu lösende Aufgabe an, dann wird sie den Streik durchaus nicht mehr als wichtigstes Mittel anerkennen. Er ist im wesentlichen an die oben erläuterte Berufsgrundlage der Gewerkschaft gebunden. Überdies kann man sich den Streik durch Tarifvertrag praktisch ausgeschaltet vorstellen; dann bleibt oft nur eine sehr platonische Liebeserklärung gegenüber dem Streik übrig.

Von diesem Standpunkt aus treten wir schließlich an die Frage heran, ob parteipolitische und religiöse Neutralität zu den wesentlichen Erfordernissen der Gewerkschaft gehört. Glaubt man nur den Programmen, so mag diese Auffassung noch hingehen, obwohl ihr das Wort Legiens: Partei und Gewerkschaft sind eins, immerhin entgegensteht. Vom Boden der Tatsachen aus aber läßt sich jene Auffassung schwerlich als theoretisches Postulat aufrechterhalten; allzuviele Gewerkschaftsrichtungen müßten sonst anders qualifiziert werden. Reinsoziologisch genommen, kann das Übergreifen verschiedener sozialer Gruppen, wie Gewerkschaft, Partei und Kultgemeinschaft, an sich nichts über die Eignung einer dieser Gruppen, als Gewerkschaft anerkannt zu werden, aussagen; es braucht alsdann nur eine Vermengung von Organisationszwecken bei den einzelnen Mitgliedern vorzuliegen, die die spezifischen Aufgaben der einzelnen Gruppen unberührt läßt (vgl. auch §§ 72, 73).

Jedenfalls würde es viel zu eng und mindestens für die deutsche gewerkschaftliche Praxis unzweckmäßig sein, wollte man die ältere englische Praxis der Trade-unions als entscheidend für Wesen und Inhalt der Gewerkschaftsidee überhaupt ausgeben. England selbst sieht ja diese Praxis wanken (s. § 54). Diese älteren Richtungen bereiten erst den Boden für eine vertiefte Auffassung von Gewerkschaft und Gewerkschaftspolitik.

(§ 54) Fortsetzung; insbesondere die Mittel der Gewerkschaftspolitik; Streik und Aussperrung.

Von den friedlichen Mitteln der Gewerkschaftspolitik, insbesondere vom Tarifvertrag, ist schon wiederholt (so in § 46) die Rede gewesen. Vielen scheint nun die Gewerkschaftspolitik mit Streik und anderen Pressionsmitteln zusammenzufallen. Diese gewaltsamen Mittel der Auseinandersetzung zwischen Arbeitgebern und Arbeitnehmern konnten indes als entscheidende Kriterien der Begriffsbestimmung der Gewerkschaft nicht anerkannt werden; wenn diese sich grundsätzlich auf Verhandeln und friedliche — „trockene" — Lohnbewegungen beschränkt oder aber, ebenso grundsätzlich, über den Lohnkampf hinaus Sozialisierung, d. h. Aufhebung des Arbeitsverhältnisses, anstrebt, so kann sie doch in beiden Fällen ihren Charakter als Gewerkschaft behaupten. In der Praxis liegen nun freilich die Dinge so, daß der Streik zu den regelmäßigen Lebensäußerungen der Gewerkschaft gehört; der Boykott und andere Mittel, wie die später (§ 57) darzustellende „Passive Resistenz", treten an grundsätzlicher Bedeutung immerhin zurück, die Aussperrung aber muß als regelmäßige Folge- und Begleiterscheinung des Streiks erachtet werden. Die Grenzen zwischen beiden sind höchst flüssige und haben die Erstellung einer brauchbaren Statistik der sozialen Kämpfe, die auch an anderen methodischen und tatsächlichen Schwierigkeiten leidet, bis jetzt verhindert. Denn, um das gleich vorwegzunehmen: Die Aussperrung ist die notwendige Gegenmaßregel des Arbeitgebers gegen solche Streiks, die an besonders verwundbaren Stellen des Betriebs einsetzen, nur kleine Sturmtrupps meist hochqualifizierter, nicht leicht ersetzbarer Arbeiter vorschicken und den Arbeitgeber zum Nachgeben veranlassen sollen, ohne die Streikkassen allzusehr in Mitleidenschaft zu ziehen; durch die Aussperrung, besonders wenn sie zur Generalaussperrung wird, soll umgekehrt ein Druck auf die Streikkassen, mittelbar auf den Kampfwillen der Gewerkschaften und der Arbeiter ausgeübt werden. Ganz allgemein kann der für den Krieg zwischen Völkern aufgestellte Grundsatz: den Kampfwillen des Gegners zu brechen, auch auf die sozialen Auseinandersetzungen übertragen werden; alle einzelnen Kampfmittel, auch die scheinbar friedlichen, dienen diesem Zwecke.

Nach der Koalitionsgesetzgebung der meisten Gegenwartsstaaten sind Streik und Aussperrung als solche erlaubt; doch versagt das Recht oft, so in Deutschland (§ 152 Abs. 2 GO.), den Koalitionsabreden die Einklagbarkeit und rechtliche Bindung. Einige Folgen dieses seltsam unfertigen Standes der Gesetzgebung sollen später, in § 57, unter „Organisationsfreiheit und Organisationszwang" erörtert werden. Einstweilen sei nur noch an die Möglichkeit erinnert, die Streikdrohung als Erpressung zu erachten und zu bestrafen; die bekannte, weitreichende Auslegung des § 253 des Strafgesetzbuches durch das Reichsgericht mußte in der Tat zu wiederholten Bestrafungen von Streikführern Veranlassung geben; erst die praktische Unmöglichkeit dieses Zustands zwang zu einer Änderung der Rechtsprechung, die in der Folge jedes geordnete Verhandeln zwischen den Parteien unmöglich gemacht und die wilden Streiks geradezu gefördert hätte. — Die Ausnahmevorschrift des § 153 der deutschen Gewerbeordnung, wonach bei Streiks und Aussperrungen an sich straflose Tatbestände — Drohung z. B. — als Vergehen gekennzeichnet wurden, ist gegen das Ende des Weltkrieges gefallen.

Dieser juristische Tatbestand interessiert uns hier nur insoweit, als er die Arbeitskämpfe beeinflußte, sich insbesondere einer organischen Regelung der sozialen Auseinandersetzungen in den Weg stellte. Als Niederschlag bestimmter gesellschaftlicher Auffassungen ist jene Gesetzgebung und Rechtsprechung später (VII.) noch zu würdigen. Auch die keineswegs einfache rechtliche Auffassung von Streik und Aussperrung als einer qualifizierten Lösung von Arbeitsverhältnissen (bei denen ein allenfallsiger Kontraktbruch eine gewisse, aber nicht die entscheidende Rolle spielt) kann nur angedeutet werden.

Die Eigenart solcher Auflösung besteht darin, daß begrifflich auf der einen (Arbeitnehmer-) Seite eine Mehrheit von Personen vorhanden sein muß, der Wille aber, das Arbeitsverhältnis endgültig aufzuheben, durchaus nicht unbedingt vermutet werden kann. So hält sich der streikende Arbeitnehmer gewissermaßen zur Verfügung des anderen Teils, unter der Voraussetzung, daß seine Forderungen ganz oder teilweise bewilligt werden. Äußerlich kommt das zum Ausdruck, wenn der Arbeitgeber streikenden Arbeitern eine Frist einräumt, innerhalb deren sie sich über die Wiederaufnahme der Arbeit entscheiden müssen, bei deren Nichtachtung erst die eigentliche Entlassung erfolgt. Das hängt übrigens auch mit der Eigenart des Arbeitsverhältnisses zusammen, das für den Arbeitgeber nur einen Gläubiger-, keinen Schuldnerverzug kennt, soweit es sich um die Annahme der Arbeitsleistung handelt.

Der soziologische Tatbestand des Streiks liegt etwas anders als der juristische. Wirtschaftlich betrachtet, entsteht Produktion erst aus dem Zusammenwirken persönlicher und sachlicher Produktionskräfte, der Arbeiter und des (Sach-) Kapitals. Dieses Zusammenarbeiten ist heute noch in jedem einzelnen Fall an die lose Form des (meist) jederzeit kündbaren, „freien“, individuellen Arbeitsvertrags gebunden; die damit gegebene, mehr privatwirtschaftliche Auffassung der Produktion versagt aber, wenn man sich die auf Dauerbedarf abgestellten dauernden Zwecke der Wirtschaft vergegenwärtigt, die dauernde Maßnahmen von ihr fordern. Eine dauernde Unterbrechung des Wirtschaftsbetriebes ist also, wenigstens was die lebensnotwendigen Betriebe angeht, unmöglich und kann, wenn zu Streik und Aussperrung gegriffen wird, auch gar nicht beabsichtigt sein; allenfalls liegt der Wille eines Betriebsinhabers oder einer Gruppe von Arbeitern vor, unter den bisherigen Bedingungen einen bestimmten Betrieb nicht fortzuführen oder in einem bestimmten Betrieb nicht weiter tätig zu sein; das läuft im praktischen Ergebnis auf einen Austausch der Produktionsstätten unter den Arbeitern oder der Arbeiter unter den Produktionsstätten hinaus. Der Wille, zu produzieren und zu arbeiten, bleibt von diesem Austausch an sich unberührt.

Dieser Gesichtspunkt trifft zunächst für den regelmäßigen, aus wirtschaftlichen Gründen unternommenen Streik und für die, gleichen Beweggründen folgende Aussperrung zu. Anders scheint der Massen- oder Generalstreik zu beurteilen zu sein. Indes ist der Gesichtspunkt der „Masse" oder einer „Generalidee" an sich nicht geeignet und nicht genügend, diese Art von Streiks (und ihnen entsprechender Aussperrungen) begrifflich vom gewöhnlichen Lohnstreik abzutrennen; um so weniger, als die Beweggründe von Massenstreiks auch Teilstreiks innewohnen können: dann etwa, wenn es sich um einen Kampf gegen Maßregelungen, um Anerkennung der Organisation oder des Koalitionsrechts, gegen Verkümmerung politischer Rechte oder aus anderen ideellen Gründen handelt; von ihnen wurde einmal schon gesagt, daß sie zu viel hartnäckigeren Kämpfen zu führen pflegen als Streiks oder Aussperrungen wegen Lohndifferenzen. — So wenig also das Moment der „Masse" oder der „Generalidee" die darnach benannten Streitigkeiten begrifflich scharf umgrenzt, so wenig beweist es im Einzelfall, daß es sich um grundsätzliche, große, allgemeine Fragen handle.

Die älteren Bergarbeiterausstände sind von Friedrich Naumann treffend als „Demonstrationsstreiks" bezeichnet worden, bei denen Einzelwünsche an sich die entscheidende Rolle spielten, die nur durch die große Menge der Einzelwünsche auf die Formel des „Massen- oder Generalstreiks" gebracht wurden. Beachten wir ferner, daß, wie oben erwähnt, die Arbeitgeber den „Teilstreiks" die „Massenaussperrung" entgegenzusetzen gewohnt sind. Hier ergibt sich das Moment der „Masse" aus den bereits gewürdigten taktischen Erwägungen. — Im übrigen ist die treffliche Studie von Dr. Elsbet Georgi über den Generalstreik zu vergleichen.

Augenscheinlich wird denn mit der Idee des Massen- und Generalstreiks etwas Besonderes, was an sich in den beiden Worten nicht zu liegen braucht, verstanden; dieses Etwas liegt auf politischem Gebiet und deutet an, daß gesellschaftliche Fragen, die erst in zweiter Linie solche des materiellen Wohlergehens, in erster Linie solche der Macht sind, zum Austrag gelangen. An sich hat die Begriffsbestimmung des „Politischen Streiks" noch wenig Prägnanz, denn politisch sind schließlich alle Lebensäußerungen Sozialer Gruppen; gemeint wird indes eine Kampfstellung der Arbeiterschaft als Ganzes, und meist nicht nur oder nicht vorzugsweise gegen das Kapital, sondern gegen die Staats- und Gesellschaftsordnung, der das Kapital anscheinend seine Macht verdankt. Auch solche Kampfhandlungen fügen sich dem allgemeinen Grundsatz ein, einen Kampfwillen brechen zu wollen; sie kehren ihre Spitze aber nicht unmittelbar gegen den nächsten Gegner, das Kapital, sondern gegen die Gesamtheit der Staatsbürger in ihrer Konsumenteneigenschaft; diese sollen ihrerseits einen Druck auf den Staat, mittelbar dadurch auf das Kapital ausüben, oder aber man strebt, durch „Direkte Aktion" die staatliche Gewalt an sich zu reißen, die Gesellschaft umzuformen.

Hier wird dann die Klassenkampfidee lebendig. Jetzt erst ist eine Auseinandersetzung darüber möglich, ob die zunächst für geringere Zwecke ersonnenen Mittel der Arbeits- oder Betriebseinstellung den größeren Absichten, die der Klassenkampf verfolgt, Genüge tun können.

Diese Frage liegt auf ganz anderem Gebiet als jene, ob durch gewerkschaftliche Mittel in mehr als vorübergehender Weise der Reallohn erhöht, die wirtschaftliche Lage der Arbeitnehmer gebessert werden kann.

Diese zweite Frage erfuhr bereits in §§ 46, 47 eine erschöpfende Beantwortung; dort war zu zeigen versucht worden, daß auch der Arbeitslohn Monopolelemente bergen kann; vom Falle einer an Unternehmerleistung grenzenden Arbeitsleistung und von anderen Fällen der Seltenheit einer Arbeitsleistung abgesehen, kann vor allem durch die Gewerkschaften ein Monopol auf dem Arbeitsmarkt gezüchtet werden. Inwieweit die so erreichten Lohnverbesserungen dauernde sind, oder aber der Arbeiter, infolge Preiserhöhung, als Konsument wieder einbüßt, was er in seiner Produzenteneigenschaft gewann, steht freilich auf besonderem Blatte.

Wesentlich anders beantwortet sich demgegenüber die Frage, welchen Wirkungsgrad die gewerkschaftlichen Mittel auf allgemeingesellschaftlichem und -politischem Gebiete zu erlangen geeignet sind. Wir können hier, so sehr wir später praktisch mit ihr zusammengehen werden, nicht ohne Vorbehalt eine Streiktheorie annehmen, die sich im „bürgerlichen" Lager entwickelte, die den „rein gewerkschaftlichen" Mitteln, den „Lohnstreiks", günstige Ergebnisse voraussagt, „politische" Streiks aber von vornherein zur Unfruchtbarkeit verurteilt. Diese Streiktheorie bildete sich vorzugsweise auf der Grundlage, die durch die zähe Praxis der englischen Gewerkvereine geschaffen worden war; heute, wo wir diese Grundlage bedroht sehen, gewinnen die Einwendungen gegen die auf ihr begründete Theorie bedeutend an Gewicht. Der Umstand, daß man alsdann der antigewerkschaftlichen Klassenkampftheorie Zugeständnisse zu machen scheint, kann das Urteil natürlich nicht beeinflussen. Gegen diese Theorie sind andere Kräuter gewachsen.

Es handelt sich jetzt, indem wir an früher (§ 53) Gesagtes anknüpfen, um die Kennzeichnung des eigentlichen Wesens der Gewerkschaftspolitik: ist sie Klassen-, Berufs- oder Standespolitik, oder entnimmt sie allen diesen Zwecken einiges für ihre besonderen Absichten, die, den taktischen Bedürfnissen gemäß, noch andere Zwecke sich zugesellen? Wir können den Lohnstreik älterer Ordnung überwiegend als Ausfluß berufsständischer Zielsetzungen ansprechen, wobei offen bleibt, ob die „Berufsgruppe", deren Organisation uns im Gewerkverein zuerst entgegentritt, bereits den konkreteren Inhalt der „Standesgruppe" angenommen hat.

Nur beiläufig sei an die Ausführungen der §§ 14ff., insbesondere der §§ 17, 18, erinnert: Der Beruf ergab sich dort als etwas Wandelbares und durch die Zeitenfolge hindurch tatsächlich stark Gewandeltes; dieselbe Begriffsbestimmung, die früher — im zünftigen Mittelalter etwa — eine ganz bestimmte Lebensbetätigung innerhalb der Produktions- und primitiven Arbeitsteilung umriß und eines Zusammenhangs mit der religiösen Vorstellung von „Berufung" nicht entbehrte, — sie dient heute oft nur mehr als Kennzeichnung einer bestimmten Stelle im Arbeitszerlegungsprozeß, damit einer Verrichtung, deren innere Qualität im Maschinenzeitalter kaum mehr einen Zusammenhang mit der älteren Vorstellung vom „Beruf" aufweist. Man denke an den „Schlosser" oder „Schmied" einst und heute. Daraus scheint aber bereits zu folgen, daß die in der Gewerkschaft organisierte Soziale Gruppe durch das Berufsmoment nicht mehr hinreichend bezeichnet ist. Diese Vermutung wird bestätigt, wenn man sich das Bemühen etwa von Angestelltengewerkschaften vor Augen hält, nur die soziale, nicht mehr die berufliche Gemeinschaft als Organisationsgrundlage anzuerkennen, alles, was an Berufshebung und Betonung der technischen Berufs- und Bildungsinteressen erinnert, zugunsten einer, allerdings nur vermeintlichen, Klassenidee auszuschalten. In Wahrheit wird nämlich eine Soziale Gruppe dadurch, daß sie die Berufsrücksichten zurückstellt oder ganz preisgibt, noch nicht unbedingt zur „Klasse", es kann sehr wohl sein, daß ständische Gesichtspunkte die Vorherrschaft gewinnen.

Wir beziehen uns auf die Ausführungen des § 52 über Stand und Klasse. Wenn die Gewerkschaften einen Vorwurf darin erblicken, daß ihnen zünftlerische Strebungen zugemutet werden, so verrät das nur, daß sie sich in diesem Punkte nicht ganz sicher fühlen. Und doch sind diese Strebungen bereits geschichtlich verständlich, weil die Linie von der Zunft zum modernen Gewerkverein niemals ganz unterbrochen wurde; die zünftlerischen Absichten sind aber, was wichtiger ist, aus der Natur der Organisation, die sich Gewerkschaft nennt, unmittelbar abzuleiten. Es ist eben falsch und wurde früher schon (§ 52) als unrichtig bezeichnet, in der Arbeiterschaft (oder auch Angestelltenschaft) nur eine undifferenzierte, lediglich durch die formal gleiche Stellung der Mitglieder im Produktionsverhältnis zusammengehaltene Masse zu sehen. Diese Masse hatte und hat noch heute ihre gröberen und feineren Unterscheidungen, die viel weiter reichen als die Scheidung nach Gelernten, An- und Ungelernten, kleineren, mittleren und größeren (leitenden) Angestellten. Solange sich auch nur Bruchstücke und Reste von Berufsfreude, Berufsehre und besonderen Berufsqualitäten erhalten können, solange es für bestimmte Berufe eine eigene Berufsgefahr gibt, sind damit soziale Differenzierungen gegeben; diese sind aber nicht als Unterteilungen der „Klasse" anzusprechen — denn diese ist ihrer Natur nach undifferenziert —, sie können vielmehr nur nach Analogie und in Fortbildung des alten Ständebegriffs verstanden werden. Weiß man doch aus der gewerkschaftlichen Praxis, wie stark das Selbstgefühl der einzelnen Gewerkschaften ist, wie schwierig sich die Abgrenzungen der Werbungsgebiete der Fachorganisationen — und zwar nicht nur aus Gründen organisatorischer Taktik — gestalten; erinnert man sich doch an den Einfluß, der im Vierten und Fünften Abschnitt (§§ 38, 48) den Lebenshaltungs- und Einkommensfragen auf die soziale Gruppenbildung zuerkannt wurde. So enthält die Politik der Gewerkschaft Grundsätze einer qualifizierten, mit anderen Gesichtspunkten vermengten Standespolitik.

Als „Gewerkschaftliche Standespolitik" hat Verfasser in einer früheren praktischen Tätigkeit auch und vorzugsweise die Politik der Angestelltenverbände benennen zu können geglaubt („Deutsche Techniker-Zeitung", 1910); mit vertiefter theoretischer Begründung nimmt er diese Bezeichnung, nun nicht als ein Programm, sondern als begriffliche Erkenntnis auf.

Ist das richtig gesehen, dann ist die Gewerkschaftspolitik niemals aus dem Gegensatz zum Kapital und zu einer bestimmten Gesellschaftsordnung allein zu verstehen. Dann unterlaufen im einzelnen mindestens ebensoviel Geplänkel zwischen den einzelnen Fachorganisationen selbst ein und derselben gewerkschaftlichen Hauptrichtung, wie Kämpfe auf den Hauptfronten. Die Summe dieser Geplänkel kommt im praktischen Ergebnis, zumal was die Inanspruchnahme von organisatorischer und finanzieller Kraft angeht, oft den großen Kämpfen gleich; sie aus der Gewerkschaftspolitik wegzudenken, heißt diese in entscheidenden Punkten mißverstehen. Aus der Streikgeschichte lassen sich sogar Fälle nachweisen, wo es sich mehr um eine Verdrängung fachlich anders organisierter Arbeiter als um eine grundsätzliche Auseinandersetzung mit dem Kapital handelte. Insbesondere der Gegensatz zwischen den Verbänden männlicher und weiblicher Arbeitnehmer spielt hier herein. Hinter manchem Eintreten für gleiche Entlöhnung der Geschlechter barg sich der Wunsch, die Frau zu verdrängen.

Zu diesen ungleichen Zwecken innerhalb der einzelnen großen gewerkschaftlichen Hauptrichtung gesellen sich dann, das Kampffeld erheblich weitend und verwirrend, die Fronten der Hauptrichtungen untereinander. Sehen wir von der Feindschaft aller großen Gruppen gegen den „wirtschaftsfriedlichen" Werkverein ab (der nach früheren ja überhaupt nicht als Gewerkschaft anzusprechen ist), so bleibt vor allem der Kampf der religiös motivierten mit den religiös neutralen, tatsächlich aber indifferenten oder auch praktisch gegnerischen Gruppen. Innerhalb der ersten Richtung konnte früher eine Auseinandersetzung zwischen den interkonfessionellen Christlichen Gewerkschaften und den Fachabteilungen der Arbeitervereine festgestellt werden, unter denen noch eine „Berliner" und „München-Gladbacher" Richtung zu unterscheiden war. Heute treten diese besonderen Gruppenbildungen zurück. Die Stellung der relativ neutralsten aller Gewerkschaftsrichtungen, der Hirsch-Dunckerschen Gewerkvereine, konnte sich in der Gesamtentwicklung erhalten, die landsmannschaftlichen Organisationen (Polnische Berufsvereinigung) sehen sich infolge der räumlichen Abtrennung der östlichen Gebiete zurückgedrängt. Der Gegensatz konzentriert sich in der Hauptsache auf die sozialistischen und christlichen Bewegungen; freilich sorgt die reichhaltige Differenzierung im sozialistischen Lager dafür, daß die bunte Mannigfaltigkeit der Zielsetzungen und Methoden der deutschen Gewerkschaftsbewegung erhalten blieb; aber auch die internationale Gewerkschaftsbewegung ist durch ihre verschiedenen Mittelpunkte unterschieden.

In den Theoretischen Teil dieses Werkes gehört eine Darlegung der geschichtlichen Ereignisse, die zur Trennung der einzelnen Richtungen geführt haben, die heute einen wesentlichen Teil der Zeitgeschichte ausmachen und in der Entwicklung begriffen sein wollen, nicht. Auch ist das soziologische Interesse an diesen Neu- und Umbildungen nicht so stark wie das historische und nationale Interesse; denn es handelt sich doch einstweilen mehr um entferntere, zukünftige Zielsetzungen, daneben um rein taktische Unterschiede bei gleichen Zielen. Der für die Gewerkschaftspolitik als entscheidend festgestellte Gegensatz liegt ja darin, ob sie lediglich die wirtschaftliche Verbesserung der Lage ihrer Mitglieder, oder aber die Abschaffung des Arbeitsverhältnisses fordert; das ist der eigentliche sozialpolitische Vorwurf, hinter dem die besonderen Ziele des Sozialismus und Kommunismus, die zum Teil individualistisch-anarchistische Ziele sind, zurücktreten. Ob eine staatenlose Gesellschaft oder nur eine veränderte Staatsform erstrebt wird, ist nicht mehr Gegenstand der Sozialpolitik, sondern entweder der Politik überhaupt oder aber auch der Philosophie und Dogmengeschichte. Nur insoweit die unterschiedlichen Ziele die gewerkschaftlichen Mittel verändern und insoweit sie die Schwungkraft der Gewerkschaftsbewegung fördern oder aber lähmen, haben diese Fragen auch für unsere Grundlegung Bedeutung. Doch ist es kaum möglich, theoretisch Allgemeingültiges darüber zu sagen. Einzelnes ist auch schon in diesem Kapitel unter „Massen- und Generalstreik" ausgeführt worden.

Vielleicht befriedigt es theoretisch am meisten, wenn man allgemein, eine frühere Fragestellung aufgreifend, den Einfluß der Weltanschauung auf die Gewerkschaftspolitik untersucht und offen läßt, welche besonderen Einwirkungen den verschiedenen möglichen Weltanschauungen eignen. Man wird sich daran erinnern, daß auch bei früheren Sozialen Gruppen Weltanschauungsfragen eine Rolle spielten.

Die Zunft war nicht nur Träger wirtschaftlicher und sozialer Zwecke, sondern auch staatsbürgerlicher, politischer und religiöser Ideen. Aus dem Berufsleben heraus, das in der Zunft zuerst organisiert werden sollte, strahlten so viele geistige Kräfte auf das gesamte Verhalten der einzelnen Zunftmitglieder, daß die Zunft die Pflege dieser ideellen Werte entweder Dritten überlassen oder sich selbst um ihre Organisierung bemühen mußte. Das letztere geschah dann zumeist, natürlich in Verbindung mit den zuständigen obersten Gruppen, der politischen und Kultgemeinschaft, Kirche und Staat. Die Zunft selbst erfuhr durch die Verbindung mit diesen umfassenden Kreisen wesentliche Stärkung. Der Sozialhistoriker wird ohne Mühe das Ineinandergreifen der Inhalte und Zwecke verschiedener Sozialer Gruppen auch für andere Zeiten und wohl für die meisten Völker feststellen können; am stärksten wird dies Zusammenfließen wirtschaftlicher, sozialer, politischer und kultureller Ziele in der Deutschen Geschichte nachweisbar sein, die von jeher unter organischen, korporativen Einflüssen gestanden hat. Das ist an sich, soziologisch und sozialpolitisch gesehen, alles andere wie ein Nachteil (§ 73). Wenn die Gewerkschaftsidee in dieser Weise durch außenstehende Beweggründe und Zielsetzungen bereichert und auch hinsichtlich der anzuwendenden Mittel beeinflußt wird, dann kann sie zum Ausgangspunkt entscheidender Neu- und Umbildungen der Gesellschaft werden. Man kann sich theoretisch den Zustand sehr wohl vorstellen, in dem die Gewerkschaftsmitglieder auch kulturell, sittlich, ästhetisch und politisch von dem Urteil der Gruppe abhängig werden (die freilich nicht immer eine freigewählte und nur eine „Gesellschaft" im Sinne von Tönnies [s. § 75 am Schlusse] ist).

Die große Frage ist nur, ob der Staat, der nationale Zusammenhalt, sich neben den sehr starken Gruppenkräften, die alsdann von der Gewerkschaft ausgehen, behaupten, ob er die Gewerkschaftspolitik seinen obersten völkischen Zwecken (die Worte richtig verstanden) einordnen kann oder in dieser Auseinandersetzung als der schwächere Teil befunden wird. Die Beantwortung dieser Frage selbst gehört der Zeitgeschichte an und beschäftigt § 58; die Frage zu stellen, bedeutet (im Sinn der §§ 9, 58, 66), zu letzten Grenzproblemen zwischen Staat und Gesellschaft Stellung zu nehmen.

Aus der Fülle der hiermit angedeuteten Einzelfragen scheidet auch diejenige aus, die, der Theorie der Sozialen Gruppe überhaupt zugehörig, innerhalb der Gewerkschaften nur ihren spannendsten, zugespitztesten Ausdruck findet: das Problem „Organisationsfreiheit und Organisationszwang".

Es bleibt hernach besonders zu würdigen, das einschlägige Kapitel (§ 57) ist als Nachtrag zu gegenwärtigen Erörterungen aufzufassen. Diese klingen einstweilen dahin aus, daß uns die Gewerkschaftspolitik als Summe vieler und vielseitiger Einzelmaßnahmen erscheint, die nur zum Teil in ungleichen Zielsetzungen, zum Teil auch in taktischen Notwendigkeiten wurzeln. Hinsichtlich der letzteren ist an das zu erinnern, was früher einmal (§ 48) über den möglichen Gegensatz zwischen Führern und Masse ausgesagt worden war. Aber auch für die nähere theoretische Begründung dieser Sonderfrage ist Raum bei der Darlegung über den Organisationszwang (§ 57), wo eine Grenzabsteckung zwischen Individual- und Gruppeninteressen, damit auch zwischen den Interessen der führenden und geführten Individuen, beabsichtigt ist.

Vorher soll noch zweier wichtiger sozialer Gruppenerscheinungen gedacht werden, deren — übrigens ungleicher — Zusammenhang mit der Gewerkschaft schon betont wurde: des Arbeitgeber- und Unternehmerverbandes (§ 55) und der Genossenschaft (§ 56).

(§ 55) 5. Arbeitgeber- und Unternehmerverbände.

Wiederholt ist in den beiden vorangehenden Kapiteln zum Ausdruck gebracht worden, daß die gewerkschaftliche Grundidee nicht auf den Arbeitnehmer beschränkt ist; die Aussperrung wurde als Gegenmaßregel des Arbeitgebers gekennzeichnet. Aussperrungen können aber ebenso wie Streiks auch als Angriffsmittel gedacht werden, der Boykott spielt als Waffe des Unternehmertums mindestens dieselbe Rolle wie als Zwangsmittel der Arbeiterschaft, der Arbeitgeberverband unterliegt theoretisch derselben Gesetzgebung und Rechtsprechung wie der Arbeitnehmerverband — kurz, der Parallelen sind viele. Dennoch hat sich die sozialpolitische Theorie mit dem Arbeitgeberverband nach verschiedenen selbständigen Richtungen hin zu beschäftigen. Wichtig ist u. a. die Verbindung zwischen Arbeitgeber- und Unternehmerverband (Kartell usw.), weil von hier aus einige Besonderheiten der Arbeitgeberorganisation am ehesten verstanden werden können.

Oben (in § 53) trat uns die Gewerkschaft ganz allgemein als Kartell von Verkäufern entgegen, dieser Kartellgesichtspunkt vermittelt denn auch den Einblick in jene Parallelorganisation des Unternehmertums, die sich in Arbeitgeber- und Unternehmervereinigungen äußert. Will das wirtschaftliche Kartell den Preis (und gegebenenfalls auch Produktion und Absatz) regeln, so verbürgt erst der Arbeitgeberverband in seinen Tarifverträgen und sonstigen Handlungen die Gleichartigkeit in der Lohngebarung, durch die der wichtigste Teil der Produktionskosten, die Löhne, einander angenähert werden. Der Arbeitgeberverband ist insofern ein Käuferkartell, das sich (dem Arbeiter gegenüber) über Höchstpreise (Höchstlöhne) verständigt. Nun liegt die Sache freilich nicht so, als ob alle Arbeitgeberverbände auf die Lohnregelung der ihnen angeschlossenen Betriebe Einfluß übten. Nicht selten ist diese Einflußnahme sogar verpönt, die Arbeitgebervereinigung beschränkt sich auf Abwehr von Streiks und sonstige, mehr negative Maßnahmen. Das traf für den großen Zechenverein im Ruhrgebiet zu, der keineswegs als sozialpolitische Abteilung des Kohlensyndikats gelten konnte. Grundsätzlich aber tendiert die Tätigkeit der Arbeitgeberverbände doch meistens in der erwähnten Richtung einer Angleichung der Arbeitsbedingungen, mindestens seit dem Umsturze hat diese Richtung auch in den Rohstoffkonzernen, wo sie früher kaum noch Eingang gefunden hatte, die Oberhand. Im Handwerk und Kleingewerbe war demgegenüber die lohnregelnde Tätigkeit stets das Rückgrat der Organisationspolitik der Arbeitgeber gewesen, dort hatten die Tarifverträge über die nächstliegenden sozialpolitischen Aufgaben hinaus den Zweck, eine sonst sehr schwer erreichbare, in den Innungen lange Zeit gesetzlich ausgeschlossene Kartellierung der Gewerbegenossen anzubahnen. Preisabreden finden sich dort den Lohnabmachungen häufig angeschlossen, freilich ist ihre juristische Bindekraft eine andere und, seitdem die Abdingung des Arbeitsvertrages durch den Tarifvertrag (§ 46) rechtens ist, geringere.

Die deutschen Arbeitgeberverbände sind durch Arbeiten Keßlers, hernach durch die regelmäßigen monographisch-statistischen Darstellungen des Statistischen Reichsamts der wissenschaftlichen Isolierung, die zu erhalten von den Interessenten zuerst wohl beabsichtigt war, entrissen worden; unsere „Praxis der Sozialpolitik" wird sich eingehend mit Geschichte, Aufbau, finanziellen Mitteln usw. dieser Organisationen zu befassen haben.

Für die Theorie bleibt, nachdem die grundsätzliche Abgrenzung von Arbeitgeber- und Unternehmerverbänden vorgenommen wurde, übrig, auf die besonderen Mittel der Arbeitgeberpolitik einzugehen. Für die Aussperrung freilich gilt sinngemäß viel von dem, was über den Streik ausgeführt wurde; doch verträgt die Idee des politischen (Massen- oder General-) Streiks nur sehr bedingt eine Anwendung auf die Gegenpartei. Denn für den Unternehmer kann im allgemeinen nur die Erhaltung, nicht die grundsätzliche Umgestaltung der privatwirtschaftlichen Verfassung in Frage kommen. Immerhin ist der Gedanke des politischen Unternehmer-(Kapital-)Streiks als Abwehr radikaler Arbeiterforderungen oder einer Sozialisierungsgesetzgebung überlegt worden; er bedeutet aber mehr eine taktische als eine strategische Zielsetzung und hat seine Grenze an dem selbstverständlichen Gewinnstreben des Kapitals.

Der Arbeitgeberverband setzt grundsätzlich selbständige Unternehmungen, die sich nur zu besonderen Zwecken zusammenschließen, voraus; entspricht er somit auch nach dieser Richtung dem Kartell, so kann er in der Folge doch auch ein Mittel der Vertrustung und Betriebskonzentration sein. Mittelständische Gesichtspunkte ringen hier mit den starken Tendenzen der Kapitalsakkumulierung, es ist nicht allgemein zu entscheiden, welche Richtung siegen wird. Da der Tarifvertrag nivellierend wirkt und kleinere, kapitalschwächere Betriebe auf die Dauer Schwierigkeiten haben werden, die Tariflöhne zu bezahlen, findet auch von hier aus eine Förderung der Größeren, Mächtigeren statt. Arbeitsgemeinschaften der Arbeitgeber und Arbeitnehmer, alle in §§ 19—21 gewürdigten Maßnahmen können in gleicher Richtung verlaufen. Ein besonderes theoretisches Interesse ist hierbei kaum gegeben, alles kommt auf die Lage des einzelnen Falles an. Fest steht nur, daß die Arbeitgeberpolitik heute aus dem Gesichtsfeld der großen, persönlich besitzenden Unternehmer herausgetreten und zur Angelegenheit einer besonderen Bürokratie des Arbeitgebertums geworden ist. Die damit zusammenhängenden soziologischen Probleme berühren sich mit den am Schlusse des letzten Kapitels gekennzeichneten. „Führer und Masse“, „Organisationsfreiheit und Organisationszwang“ gibt es bei den Arbeitgeber- und Unternehmerverbänden ebenso wie bei den Arbeitergewerkschaften; hierüber § 57.

Von den Mitteln, deren man sich im Arbeitgeberlager bedient, ist der Boykott des einzelnen Arbeiters oder Angestellten und der zu Kampfzwecken verwendete Arbeitsnachweis (über den ebenfalls Keßlers Darstellung heranzuziehen ist) einigermaßen bedeutungslos geworden.

Im ersteren Fall lag eine Abart des Themas vom Organisationszwang vor, dem die Gerichte zu steuern unternahmen; der Arbeitsnachweis der Arbeitgeber, der zweifellos technische Vorzüge aufwies, als Kampfmittel aber zu größten sozialpolitischen Bedenken Anlaß gegeben hatte, macht heute der öffentlichen Regelung dieses Instituts (§ 30) Raum. Praktisch enthielt der Arbeitgebernachweis ein Mittel der Boykottierung von Arbeitern, die freilich daneben noch über andere Möglichkeiten gebot. Heute ist die Streikversicherung ein wichtiger Gegenstand der Arbeitgeberpolitik geworden, ihre praktischen Einzelheiten interessieren hier weniger als die Tatsache, daß sich seit dem Umsturz auch hier eine Konzentration geltend macht, die vielleicht mit den oben gewürdigten Vertrustungs- und Kombinationstendenzen zusammenhängt.

Über die Frage, welche Macht den Arbeitgeber- und Unternehmerverbänden eignet, ist früher (§ 46) einiges ausgeführt worden. Theoretisch handelt es sich dabei weniger um die besonderen Formen, in denen sich der Solidaritätsgedanke des Unternehmertums äußert — von ihm sind die Verbände auch nur ein Teil —, als um die tatsächlichen Machtverhältnisse zwischen Kapital und Arbeit. Insofern liegt kein eigentlich organisatorisches Problem vor. Höchstens kann man in diesem Zusammenhang die Frage aufwerfen, welche Grenze jener

Unternehmersolidarität überhaupt gesetzt sind. Man wird dabei auf früher Gesagtes verweisen und lediglich dieses hinzufügen müssen: an sich sind die Unternehmer- und Arbeitgeberverbände auf wirtschaftliche Fragen beschränkt und jenes Bindemittels nicht in gleichem Maße teilhaftig, das wir aus dem Zusammenhang zwischen gewerkschaftlichen, politischen, kulturellen Zwecken bei den Arbeiterverbänden erwachsen sahen. Indes bahnt sich bereits doch so etwas wie ein gesellschaftlicher Korpsgeist unter den Unternehmern an, noch stärker freilich wirkt der offene oder versteckte Organisationszwang (§ 57). Je mehr sich das Kapital in Abwehrstellung gedrängt sieht, um so stärker werden diese Bindungen werden. Die Überspannung der gewerkschaftlichen Idee auf der einen Seite schafft sich selbst mit Sicherheit das Gegengewicht, das sich vielleicht einmal sogar als stärker erweisen wird. Der Mangel des religiösen und das Zurücktreten des politischen Einschlags in der Arbeitgeberbewegung konnte zunächst als Verlust eines wichtigen sozialen Bindemittels erachtet werden; auf der anderen Seite liegt darin doch eine wesentliche Kräftigung gegenüber der politisch und nach Weltanschauungen zerklüfteten Arbeiterbewegung.

(§ 56) 6. Die Genossenschaft.

An wenigstens drei Stellen unserer „Theorie" war von Genossenschaften als wertvollen Hilfsmitteln der Sozialpolitik die Rede: Im Vierten Abschnitt gelegentlich des Ernährungs- und Wohnungsproblems (§§ 33, 34) und im Fünften Abschnitt anläßlich der an die Gewinnbeteiligung anschließenden Frage, was von Produktionsgenossenschaften der Arbeiter theoretisch zu halten sei (§ 45); hier beschäftigt uns der genossenschaftliche Zusammenschluß allgemein als Form der Vergesellschaftung, als Soziale Gruppe und vornehmlich als sozialpolitische Organisation (vgl. über diesen Gegensatz § 51).

Es gilt dabei eine Abgrenzung gegenüber der Gewerkschaft, die ursprünglich als Kartell erschien, von der aber gesagt worden war, daß sie mehr und mehr genossenschaftliche Züge in sich aufnimmt. Unsere Auffassung weicht übrigens in diesem Punkte von der Brentanos (in den „Arbeitergilden") und von der Briefs' (in der „Sozialen Praxis", 1920) etwas ab.

Dabei soll zugegeben werden, daß an sich eine Auffassung von Genossenschaft denkbar ist, welche auch den Kartellbegriff zu tragen in der Lage ist; doch erscheint uns vom Standpunkt eindeutiger Begriffsfassung aus die Genossenschaft als jene Organisationsart, welche wenigstens begrifflich von der Existenz einer Gegenpartei unabhängig ist, während ein Kartell diese Gegenpartei ebenso begrifflich voraussetzt. Das soll hernach noch deutlicher werden, ist übrigens für die theoretischen Hauptfragen ziemlich belanglos.

Ein Konsum- oder Wohnungsverein, dieser Haupttypus sozialpolitischer Genossenschaftsbildung, kann als selbständige, von wirtschaftlichen Gegenkontrahenten durchaus unabhängige Vereinigung zur Erzielung bestimmter wirtschaftlicher Zwecke aufgefaßt werden. Mindestens in dem Augenblicke, wo der Konsumverein vom Warenverschleiß zur Eigenerzeugung übergeht — eine Entwicklung, die im Wesen der Genossenschaft liegt und durch die Genossenschaftsgeschichte hinlänglich deutlich gemacht wird —, birgt diese Art sozialen Zusammenschlusses grundsätzlich alle Möglichkeiten völliger Bedarfsdeckung für ihre Mitglieder in sich: das unterscheidet sie in der Tat von der Gewerkschaft als der kartellartigen Organisation des einen Teils der im Arbeitsverhältnis sich gegenüberstehenden, aber doch in jeder Weise aufeinander angewiesenen Vertragsgegner. Von hier aus hat man dann unter Vortritt Wilbrandts die Möglichkeit einer Sozialisierung auf rein genossenschaftlichem Wege theoretisch erweisen zu können geglaubt, und es ist richtig: manche Sozialisierungsprobleme sind dieser Lösung in höherem Maße zugänglich, für die neben der eigentlichen Genossenschaftspraxis die im Grundsatz verwandten Erfolge der Verstaatlichung und Kommunalisierung heranzuziehen sind.

Die Aussichten solcher Sozialisierung zu erörtern, gehört jedenfalls nur bedingt in vorliegenden Abschnitt, der die Morphologie der bestehenden genossenschaftlichen Bildungen zu geben beabsichtigt und vorwiegend die aktuellen, nicht die zukünftigen Fragen im Auge hat; darüber hinaus kann es überhaupt als fraglich erscheinen, ob die Sozialisierung als Thema der Theoretischen Sozialpolitik zu gelten hat; die Sozialisierung ist doch in erster Linie ein Gegenstand der Sozialökonomik, die die wirtschaftliche Möglichkeit zu erweisen oder abzulehnen hat (§ 75); insofern die Sozialisierung zugleich einen wichtigen Ausschnitt aus dem Vergesellschaftungsproblem darstellt und von entscheidenden Folgen für die Gesellschaft, auch soweit sie nicht wirtschaftet, sein muß, hat selbstverständlich auch die Sozialpolitik mitzusprechen. In diesem allgemeinen Sinne mag hier einiges über die genossenschaftlichen Sozialisierungspläne ausgesagt werden.

Die Genossenschaft trägt zunächst der Tatsache Rechnung, daß, mindestens von einer gewissen Bevölkerungsdichtigkeit und Volksgröße an, keine Lösung des Bedarfsdeckungsproblems anders als durch Arbeitsteilung möglich ist.

Zum Zwecke einer von ihnen als gerecht empfundenen arbeitsteiligen Wirtschaftsführung schließen sich die Genossen zusammen, schießen ihre Konsum-, Kapital-, Kredit-, Arbeits-, Produktivfähigkeit zusammen. Die

Unterlage des Konsumvereins ist dic breite, gesicherte Konsumtionsbasis, mit der der Warenverschleiß und die ihm vorausgehende Erzeugung als fester Größe rechnen kann. Bei anderen Arten von Genossenschaft ist die Grundlage etwas anders beschaffen, spielt vielleicht der gemeinsame Kredit oder die gemeinsame Arbeitskraft die entscheidende Rolle. In jedem Falle aber handelt es sich um Solidarität, die im Sinn früherer Ausführungen nicht gegenüber einem gemeinsamen Vertragsgegner, sondern gegenüber einem gemeinsamen Wirtschaftszwecke zur Entfaltung kommt.

Die Frage nun, bis zu welchem Wirkungsgrade solch solidarisches Verhalten gelangen kann, ist keine Frage der Sozialpolitik im engeren Sinn, sondern eine solche der Menschenkenntnis, der Erziehung, der allgemeinen Politik und Weltanschauung. Man weiß, wie religiöse oder sonstige Weltanschauungsgemeinschaften den genossenschaftlichen Gedanken gefördert haben, ein Hinweis auf das Urchristentum und auf genossenschaftliche Leistungen primitiver Völker genügt. Nur schlägt hier das Quantitätsmoment, dessen Wichtigkeit in diesem Abschnitt schon wiederholt begegnete, ein; was in engen Verhältnissen und bei solchen, die sich verfolgt sahen oder sonst in Abwehrstellung waren und die zumeist die wirtschaftlichen Zwecke den geistig-religiösen unterordneten, glückte: darf es auf die ungeheuren Maßstäbe der gegenwärtigen sozialen Probleme einfach übertragen werden? Geschichtliche Analogien sind hier besonders gefährlich, der Sozialist von heute erstrebt das tausendjährige Reich nicht wie die Urchristen im Jenseits, sondern schon im Diesseits.

Für die heutigen Massen liegen die erzieherischen Möglichkeiten zu genossenschaftlichem Handeln ganz anders und wesentlich begrenzter als für die von wenigen Führern zusammengehaltenen Gemeinden früherer Zeit. Indes ist das durch außerwirtschaftliche Mittel hervorgerufene oder bestärkte Gemeinschaftsgefühl genau wie bei der Gewerkschaft ein wichtiges Motiv auch in den wirtschaftlichen Angelegenheiten der Genossenschaft. In gewissem Sinne ist dieses Gefühl für die Gleichartigkeit der Aufgabe sogar das primäre, daß es auf wirtschaftliche Aufgaben Anwendung findet, ist im Grunde genommen zufällig. Damit ist aber der eigentliche Gehalt der Genossenschaftsidee als eine allgemein-menschliche Angelegenheit der Theoretischen Sozialpolitik entfremdet und es bleibt, nachdem die tatsächlichen genossenschaftlichen Bildungen auch mehr von der rein-wirtschaftlichen oder juristischen Seite und von eigenen technischen Gesichtspunkten aus beurteilt werden müssen, an dieser Stelle nichts zu tun übrig. Die „Praxis der Sozialpolitik“ strebt eine Ergänzung der Theorie in der Richtung an, daß sie die praktischen Ziele der einzelnen Genossenschaften mit den bisher erprobten genossenschaftlichen Methoden zur Darstellung bringt.

(§ 57) 7. Psychologische Faktoren der Organisation; Organisationsfreiheit und Organisationszwang; Masse und Führer.

Die in der soziologischen und psychologischen Literatur seit geraumer Zeit mit Ernst und Erfolg gewürdigten psychologischen, insbesondere massenpsychologischen Probleme der sozialen Gruppe und Organisation können in folgendem nur insoweit dargestellt werden, als es sich um die Kennzeichnung des allgemeinen Problems und um die Besonderheiten handelt, die ihm innerhalb der sozialpolitischen Organisation erwachsen.

Dabei ist an die methodisch-systematischen Unterscheidungen des Ersten Abschnitts, insbesondere der §§ 4, 9, zu erinnern. Eine scharfe Abgrenzung dessen, was an den nachstehenden Ausführungen psychologisch, soziologisch und in einem bestimmten Sinn der Theoretischen Sozialpolitik zugehörig ist, braucht nicht mehr vorgenommen zu werden. Offen kann insbesondere bleiben, ob die „Beziehungen" zwischen den Individuen und der Organisation massenpsychologisch hinreichend bestimmbar sind oder aber eigene soziologische Realität haben; eine Unterfrage zu diesem problematischen Verhältnis von Masse und Einzelnen behandelt die Beziehungen zwischen Masse und führenden Einzelnen oder kurzweg: Masse und Führern.

Ist das letztgenannte Thema vorzugsweise ein rein theoretisches, so enthält das verwandte Problem der Organisationsfreiheit mit ihrer fast unvermeidlichen Kehrseite, dem Organisationszwange, einer Fülle praktischer, gleichzeitig sozialpolitischer, sozialethischer und sozialrechtlicher Gesichtspunkte. Auch vom Standpunkt des Wirtschaftslebens gehört es zu den interessantesten Zeitfragen, doch können die einschlägigen Momente nur gelegentlich berührt werden. Keine Zeit hallte so stark wider von den Rufen nach Koalitionsfreiheit und kaum jemals unterliefen auf diesem Gebiete soviel absichtliche oder unabsichtliche Mißverständnisse. Zu den Mißverständnissen würde es übrigens auch gehören, würde man den ganzen Fragenkomplex von einem Sehwinkel aus sehen oder ihn gar in philosophischer Weise mit dem Gegensatz zwischen Individualismus und Sozialismus verbescheiden wollen. Am meisten wird, wenn ein bestimmter Ausgangspunkt gewählt werden soll, immer noch jener auf Zuverlässigkeit Anspruch erheben können, der den Organisationszwang unmittelbar aus dem Wesen der Organisation, aus ihrem Selbsterhaltungstrieb ableitet und nicht nach einer grundsätzlichen, sondern nach einer von Fall zu Fall neu zu erörternden Abgrenzung der Individual- von der Kollektivsphäre fragt.

Wir halten fest, daß die „Koalition" im technischen Sinne des § 152 der Gewerbeordnung nur eine von mehreren möglichen Formen sozialpolitischer Organisation darstellt; freilich eine sehr wichtige, die uns Veranlassung gab, das Gewerkschaftsproblem breit darzustellen. Praktisch versteht man aber unter „Organisationsfreiheit" meist „Koalitionsfreiheit" und denkt an die Möglichkeit und Notwendigkeit, daß der Arbeitnehmer behufs Verbesserung der Arbeitsverhältnisse sich mit seinesgleichen zusammenschließe. Selbst die Gleichsetzung von Organisations- und Streikfreiheit ist eine beliebte Formel geworden. Demgegenüber ist es angezeigt, auf den theoretischen Grundgehalt dessen zurückzugehen, was unter Organisationsfreiheit allein verstanden werden kann.

Sie bedeutet in diesem Sinne zunächst die Wahlfreiheit des Individuums zwischen verschiedenen sozialen Gruppen und Organisationen. Diese Wahlfreiheit ist in einem geordneten Staate meistens insofern beschränkt, als Organisationen ausgesprochen staatsfeindlichen Zweckes von ihr ausgenommen sind.

Freilich hat man den Begriff der Staatsfeindlichkeit sehr weit ausgelegt. So hat der frühere Staat Kultgemeinschaften, die ihm nicht genehm waren, ausgeschaltet, hat noch das Deutsche Reich nach 1871 den Jesuitenorden verboten; als der Grundsatz religiöser Toleranz bestimmend wurde, zog sich die staatliche Bevormundung mehr auf das soziale Gebiet zurück und verstieg sich im Sozialistengesetz zu einer grundsätzlichen Beschränkung der Wahlfreiheit des Einzelnen hinsichtlich der, seine Berufs-, Standes- oder Klasseninteressen fördernden sozialpolitischen Organisation. Die Gewerkschaften wurden zumeist wie politische Parteien behandelt. Die Beseitigung dieses Gesetzes räumte mit den in ihm verkörperten Bestrebungen noch nicht endgültig auf, zu wiederholten Malen wurde vielmehr der Versuch einer Erneuerung mit schwächeren Mitteln unternommen. Auch der demokratische Staat hat sich zur Abwehr feindlicher Gruppeneinflüsse polizeilicher Maßregeln bedient.

Seit dem Umsturze hat sich die Stellung des „Staats", der in seinen Grundfesten erschüttert und sehr stark wechselnden Autoritäten unterworfen war, zu den sozialen Organisationen beträchtlich verändert. Seiner Schwäche bewußt, suchte der Staat vielfach geradezu Anlehnung an die erstarkten Berufs- und Klassenorganisationen.

Das fand seinen stärksten Ausdruck in jener „Vereinbarung", die nach dem „Kapputsch" zwischen der Regierung und den Spitzenorganisationen der Arbeiter, Angestellten und Beamten getroffen wurde. Diese wurden gewissermaßen als gleichberechtigt behandelt, der Staat erschien nahezu als eine ihnen gleichgestellte Soziale Gruppe, die privaten Bildungen des sozialen Lebens rückten fast zur Stellung öffentlichrechtlicher Zweckverbände auf. Konnte das als Beginn einer neuen ständischen Verfassung angesehen werden, so waren damit große Möglichkeiten geschaffen; richtiger ist es aber wohl, von einer Verständigung des Staates mit Klassenorganisationen zu sprechen.

Seit dem Umsturz erstarkten insbesondere die Gewerkschaften der Beamten und Staatsarbeiter; als Verwalter der Staatsfunktionen stellen diese gegenüber wechselnden Parlamentsmehrheiten das Beharrungsmoment dar und werden, solange der Staat nicht als Machtverband gelten kann, eine politisch kaum einschränkbare, nur wirtschaftlich begrenzte Machtfülle besitzen.

Wir können diesen geschichtlichen Überblick, der bewußt typisierte und Einzelheiten keine Rechnung trug, nicht weiter verfolgen. Er leitet aber in zweckmäßiger Weise zum eigentlichen Thema der Untersuchung über. Dies ist oben dahin umrissen worden, daß Organisationsfreiheit und -zwang aus dem Wesen der Organisation heraus verstanden werden müssen. „Organisation" bedeutet: Summierung an sich individueller Zwecke, die aber nicht reibungs- und restlos erfolgen kann, bei der stets ein Verzicht des einzelnen Mitglieds der Organisation auf Wahrnehmung gewisser, ihm eigener Interessen unterläuft; darüber hinaus kann aber die einmal geschaffene Organisation ihre eigenen körperschaftlichen Zwecke in den Vordergrund stellen und es ist ebenso möglich, daß die Interessen der Führer und Beamten Einfluß auf die Organisationspolitik gewinnen; dann liegt das einstweilen noch auszuscheidende besondere Führerproblem vor.

Nun gibt es Gruppeninteressen, die zu ihrer Realisierung notwendig die Geschlossenheit der Gruppe voraussetzen. Solange mächtige Außenseiter, gestützt vielleicht auf kombinierte, vom Rohstoff bis zum Fertigfabrikat reichende Betriebe, die Preispolitik des Kartells durchkreuzen; solange der „Arbeitswillige" die Tariflöhne unterbietet, was im Grundsatz ganz auf den vorigen Fall hinausläuft: solange ist an ein restloses Sichdurchsetzen der Organisationsgrundsätze nicht zu denken.

Hier, auf dem Gebiet der materiellen Interessen, liegen die Dinge etwas anders als bei den Kultgemeinschaften, für die eine ähnliche Lage höchstens dann geschaffen ist, wenn der Grundsatz einer Kirche, des Katholizismus etwa, eine Gesamtfront der Gläubigen verlangt. Dagegen hat die Ausschließlichkeit der wirtschafts- und sozialpolitischen Gruppeninteressen eine gewisse Parallele in der noch stärker betonten Ausschließlichkeit der Staatszwecke, die im Begriff der Souveränetät begründet sind. Analogien zwischen den einzelnen Sozialen Gruppen, zu denen ja Staat und Kirche nicht weniger wie Kartell oder Gewerkschaft gehören, sind in reicher Fülle vorhanden, können hier aber nicht im einzelnen verfolgt werden. Nur zur Verdeutlichung des Begriffs der Organisation und des Organisationszwangs konnte vorübergehend auf diese, der Detailforschung noch in so großem Umfang zugänglichen Fragen eingegangen werden.

Organisationszwang kann also auf dem Gebiete der sozialpolitischen Organisation, mit der wir es künftig allein zu tun haben, als unmittelbar aus dem Wesen der Organisation fließend erachtet werden. Der Zusammenhang mit dem in § 47 erörterten Wesen des

Monopols wird deutlich, wenn man daran denkt, daß die Gewerkschaft (ebenso wie das Kartell) Markt- (Arbeitsmarkt-) Beherrschung anstreben muß.

Die soziologischen Zwangsläufigkeiten, die aus dem Begriff der sozialpolitischen Organisation unmittelbar folgen, werden ebenso verkannt, wenn man innerhalb der Organisationen meist nur das Moment der Organisationsfreiheit, außerhalb der Organisationen meist nur das Moment des Organisationszwanges zu sehen gewillt ist. Für den Gewerkschaftsführer oder Arbeitgebersyndikus ist jede gesetzgeberische oder Verwaltungsmaßnahme und jede Rechtsentscheidung gegen das Überwuchern des Organisationszwangs ein Eingriff in selbstverständliche Rechte der Organisation, in ihre Freiheit, zu leben und zu wirken; der Außenstehende aber wird umgekehrt stets nur den Zwang empfinden und die Berechtigung einer Kollektiveinheit, in seine Sphäre einzugreifen, mit allem sittlichen Pathos der Persönlichkeit abwehren. Er übersieht dabei leicht, daß die sozialpolitische Organisation oft nur Funktion der ihr vorausgehenden, mit noch stärkeren Mitteln arbeitenden und noch weniger persönlich gerichteten Organisation des arbeitsteiligen und -vereinigenden Wirtschaftslebens selbst ist.

Wie früher (§ 46 und andernorts) angedeutet wurde, sind die sozialpolitischen Institute (etwa des Tarifvertrags) nur aus der technischen Betriebsgestaltung heraus zu erklären; sie sind gewissermaßen nur ein Versuch, die mechanisierenden Kräfte der Wirtschaft und der Technik mit den Persönlichkeitsansprüchen der Arbeitnehmer in Einklang zu bringen; daß sie darüber hinaus selbst Mittel weiterer Mechanisierung und Schablonisierung werden können, wurde allerdings gerade für den Tarifvertrag nachzuweisen versucht. Aber man darf doch der sozialpolitischen Organisation, der Gewerkschaft insbesondere, nicht leichthin den Vorwurf machen, als ob sie die Arbeitsteilung und -Vereinigung und das ganze unpersönliche Fabriksystem erfunden habe; sie war an einem bestimmten Punkte der Entwicklung notwendiges Erzeugnis des Maschinenzeitalters und müßte, wenn noch nicht vorhanden, schleunigst geschaffen werden, um sehr große, auf dem Spiele stehende Interessen zu retten. Richtig verstanden, ist die Gewerkschaft Vertreterin persönlicher Interessen gegenüber den rein sachlichen und unpersönlichen Interessen der Privatwirtschaft und der Technik; indem die Gewerkschaft sich aber als Wortführerin individueller Werte aufwarf, war es doch unvermeidlich, daß sie selbst mit stärksten Mitteln in die Individualsphäre Einzelner eindrang und auf Widerstand zumal bei denen stieß, welche ihre privaten Interessen persönlich besser vertreten zu können glaubten. Was hier für die Gewerkschaft ausgeführt wurde, gilt mit einigen Änderungen für jede sozialpolitische Organisation, für den Arbeitgeber- und Unternehmerverein nicht weniger wie für die Genossenschaft.

Soll aus dem Gesagten geschlossen werden, daß der Organisationszwang ungehemmt walten, insbesondere keine Grenze an anderen, Individual- oder Gruppeninteressen finden dürfe? Die Frage kann doppelt beantwortet werden, je nachdem man Gründe der Staatsraison oder aber theoretische Gründe gelten läßt. Über die erste Begründung soll erst im nächsten Kapitel gehandelt, dort sollen die Grenzen der einzelnen Organisationszwecke gegenüber dem Staat als der obersten Sozialen Gruppe aufgezeigt werden. In theoretischer Hinsicht aber das Folgende:

Oft haben die Organisationsinteressen, haben auch die Mittel zu ihrer Durchsetzung, der Organisationszwang zumal, eine gewissermaßen natürliche Grenze daran, daß die Grundlage erhalten bleiben muß, auf der die Organisationsarbeit allein geschehen kann. Wenn das Wirtschaftsleben infolge einer Überspannung der gewerkschaftlichen Forderungen zu bestehen aufhört, so ist es mit der Gewerkschaft früher oder später auch zu Ende. Dieser Standpunkt reicht aber nur für diejenigen Organisationen aus, die begrifflich an eine bestimmte Wirtschaftsverfassung, etwa an das Arbeitsverhältnis, gebunden sind, z. B. für die Gewerkschaft älterer Ordnung als Vertreterin von Arbeitnehmern, die lediglich ihre wirtschaftliche Lage verbessern wollen. Wenn dagegen eine Gewerkschaft den Boden des Klassenkampfes betritt und — im Sinn des § 52 — das Arbeitsverhältnis als solches aufheben will, dann bedeutet dessen Beseitigung und die damit begonnene Sozialisierung kein Ende, sondern einen Anfang der Gewerkschaftspolitik. Deren Bestreben würde nur darauf gerichtet sein müssen, daß das Wirtschaftsleben während der schwierigen Übergangszeit von Privat- zu Gemeinwirtschaft aufrechterhalten bleibt, das würde mancherlei taktische, nicht aber grundsätzliche Zugeständnisse notwendig machen. — Umgekehrt erfordert das Wesen der Klassenorganisation, zu der die Gewerkschaft alsdann wird, daß sie, die die Gesellschaft umformen und den „Klassenstaat" überwinden will, auch tatsächlich alle Klassengenossen ihrem Banner zuführt; sie wird sich nicht darauf beschränken, das bereits klassenbewußte Proletariat sich anzugliedern, sondern ihre Arme nach denen ausstrecken, die, als Handwerker, Kleingewerbetreibende, Bauern, an sich andere Interessen haben und anderen Sozialen Gruppen zugehören.

Man sieht, daß die Grenzen für die einzelnen sozialpolitischen Gruppen und Organisationen verschieden weit gezogen sind; auch der von diesen Gruppen und Organisationen ausgehende Zwang ist demgemäß an verschiedene Maßstäbe gebunden. Wie dieser Zwang nun im einzelnen beschaffen ist, welche Mittel als Droh- und Zwangsmittel angewendet werden, entzieht sich der allgemeinen Feststellung. Die Praxis der deutschen Gerichte, die über Streikvergehen abzuhandeln hatten, enthält hinreichend Belege für die mannigfaltigen Möglichkeiten, einen mehr oder weniger starken Zwang auf andere behufs Beitritts zur Organisation auszuüben. Von den verhältnismäßig harmlosen Mitteln des gesellschaftlichen Boykotts an bis zu schweren Tätlichkeiten sind wohl schon alle Register der „Überredung" aufgezogen worden. Wenn die Äußerung eines Mädchens zu ihrem Verehrer, sie würde nicht mehr „mit ihm gehen", vor Gericht als wirksames Zwangsmittel erachtet wurde, so bleibt über die Ernstlichkeit anderer Maßnahmen überhaupt kein Zweifel mehr übrig.

Innerhalb der Unternehmerkreise sind die Zwangsmittel der Verbände etwas anderer Art. Auch hier kann gesellschaftlicher Boykott eine Rolle spielen, wirksamer wird im allgemeinen die Hinterlegung eines trockenen Wechsels sein.

Der Boykott bedarf noch einer kurzen Würdigung. Er ist als Druckmittel nicht nur, wie eben erwähnt, gegen Organisationsmitglieder oder solche, die es werden sollen, möglich, sondern er kann von einem Verband auch gegenüber einem Mitglied der Gegenpartei angewendet werden (vgl. § 55).

Bekannt sind die Schadenersatzklagen, die boykottierte und hierdurch von allen Werkstätten der Branche ausgeschlossene Arbeiter gegen Arbeitgeberorganisationen angestrengt, wiederholt auch gewonnen haben. Auch der umgekehrte Fall findet sich in der Rechtsprechung deutscher Gerichte. Hier liegt eine besondere Art von Organisationszwang vor: es handelt sich dann nicht um ein Handelnsollen gegenüber der Organisation, wie im Fall des widerstrebenden Mitglieds oder Außenseiters, vielmehr wird der Kampf gegen einen Dritten nur mit den größeren Mitteln der Organisation durchgeführt. Der von einem einzelnen Werk ausgesperrte Arbeiter hat an sich wohl Aussicht, anderwärts unterzukommen, zumal wenn die Gesetzgebung die geheime Kennzeichnung im Zeugnisse verwehrt; nimmt sich aber ein Arbeitgeberverband der Sache an, dann erst wird die Aussperrung durch die ganze Branche durchgeführt werden können. In dieser Erweiterung der Machtmittel, nicht in einem besonderen Verhaltungszwange, liegt hier die Tatsache des Organisationszwangs.

Schwarze Listen haben der Boykottierung vielfach gedient, ihre strafweise Unterdrückung wurde seit langem von den Programmen der Arbeitnehmerverbände gefordert. Heute sind diese Dinge weniger wichtig.

Sie werden am sichersten durch Tarifvereinbarungen ausgeschlossen, doch schiebt ihnen auch die Vereinbarung der Arbeitgeber- und Arbeitnehmerverbände vom 15. November 1918 und das Betriebsrätegesetz einen Riegel vor.

Eines besonderen Instituts soll hier Erwähnung getan werden, das zwar auch im Kapitel über die Gewerkschaftspolitik (§ 54) besprochen werden konnte, seiner grundsätzlichen Tragweite aber doch mehr unter die Mittel des Organisationszwangs gehört, zumal es nicht auf die Gewerkschaft beschränkt zu sein braucht. Wir meinen die sog. Passive Resistenz und denken auch an die Erscheinung, die der englische Gewerkvereinler in den Ausdruck „Ca'canny" — „Arbeite mit Weile" — zusammenfaßt, die (etwas verändert) besonders in den romanischen Ländern an Stelle von Verkehrsbeamtenstreiks trat, und ihre Wirkung selten verfehlte. Zu den offiziellen Mitteln der Gewerkschaftspolitik gehört das Institut deshalb nicht, weil seine bewußte Anwendung einen strafrechtlichen Tatbestand erfüllen kann, der auch die Gewerkschaftsführer haftbar machen würde. Ein Zwang aber, den die Organisation auf Dritte ausübt, liegt unzweifelhaft vor, der Zwang ist auch schon zu dem Zwecke ausgeübt worden, durch einen Druck auf den Betrieb außenstehende Arbeitnehmer den Gewerkschaftszwecken willfährig zu machen. Es wäre eine interessante Frage, ob Ähnliches nicht auch schon in der Kartellpolitik unterlaufen ist.

Die gerichtliche Behandlung des Organisationszwanges hat eine mittlere Auffassung herausgearbeitet, die, besonders vom Deutschen Reichsgericht vertreten, der Tatsache der Organisation und der von ihr ausstrahlenden Kraftäußerungen tunlichst Rechnung trägt, auf der anderen Seite Übergriffen der Organisation zu begegnen beabsichtigt. Der aufgestellte Grundsatz ist Kartellen wie Gewerkschaften gegenüber gleichmäßig zur Geltung gekommen und geht dahin, jene Zwangsmittel zu verhindern, gegebenenfalls zu bestrafen, welche die Lebens- und Arbeitsmöglichkeit eines Dritten ausschließen.

So soll ein Vorgehen des Kartells, das die wirtschaftliche Existenz eines Branchemitglieds bedroht, ebenso untersagt sein, wie die Handlungsweise einer Gewerkschaft oder auch eines Arbeitgeberverbands, die einen Arbeitnehmer von allen Arbeitsgelegenheiten aussperrt. Dazwischen aber sind eine Reihe von Maßnahmen gestattet. Augenscheinlich ist dieser „Grundsatz", wenn man ihn als solchen überhaupt anerkennen und nicht lieber von einem Kompromiß sprechen will, nur in extremen Fällen durchführbar, die zu vermeiden oder der richterlichen Einsicht zu entziehen geübten Taktikern der Organisationspolitik nicht zu schwer sein wird. Bereits 1908 konnte Verfasser auf die erwähnten Tendenzen der reichsgerichtlichen Rechtsprechung gegenüber den Kartellen und Gewerkschaften hinweisen (in den „Annalen des Deutschen Reichs") und die Möglichkeit, wirksam durchzugreifen, bezweifeln. Seit dieser Zeit ist viel geschehen, was diesen Zweifel bestärkt, das Werk von Kestner über den „Organisationszwang" gibt hierüber bündige Auskunft, die Zwangswirtschaft im Kriege mit ihren mannigfachen, behördlich unterstützten Zwangsnormen läßt das Problem in seiner großen Tragweite erkennen.

Seit dem Umsturz hat der Organisationszwang vielfach neue Formen und Richtungen angenommen. Zunächst schien das Organisationsbedürfnis der Massen ein so großes und selbsttätiges zu sein, daß die bisherigen Mittel, auf Abseitsstehende einen Druck auszuüben, zurücktreten konnten. Viele Hemmungen, die Einzelne bisher der Organisation fernbleiben ließen, fielen, die sozialistischen Parteien, früher unterdrückt oder wenigstens gesellschaftlich geächtet, schienen die Situation zu beherrschen. Aber das Bild hatte auch eine Kehrseite, der Andrang zu den Verbänden (besonders der Angestellten) schwächte sich ab, rückläufige Erscheinungen zeigten sich, der Glaube, daß die Organisation als solche jeden Widerstand brechen, die Arbeitsbedingungen beliebig verbessern und die Sozialisierung spielend einleiten könne, wurde geringer. Der reichliche Verdienst, zu dem Qualitätsarbeiter schon im Kriege gelangen konnten, der sich unter dem Einfluß der Valuta und des deutschen Ausverkaufs erhielt, schien die Gewerkschaft entbehrlich zu machen. So sah sich diese bald wieder gezwungen, zur Selbstbehauptung sich des Drucks und Zwangs zu bedienen, schwächere Organisationsrichtungen haben ihn in starkem Maße erfahren.

Im Arbeitgeber- und Unternehmerlager waren die Erscheinungen nicht unähnlich, wenn auch die allgemeine Lage mehr den Vertrustungs- als den Kartellierungstendenzen günstig war. Das bedeutet aber nur eine andere Richtung des Organisationszwangs, der an sich gleich blieb oder selbst gesteigert wurde.

Die Auseinandersetzung der ungeheuer erstarkten Berufs-, Standes- und Klassenorganisationen mit der entsprechend geschwächten Staatsidee bleibt dem nächsten Kapitel zu schildern vorbehalten. —

Nun ist noch ein Wort am Platze über das andere große Thema dieses Kapitels, das auch massenpsychologische Züge aufweist und als die Frage „Masse und Führer" schon eine ausgiebige literarische Behandlung erfahren hat. Ein Beitrag zu dieser Frage ist auch nur in Beschränkung auf die sozialpolitischen Organisationen beabsichtigt. Bereits wurde der Kernpunkt des Problems angedeutet: er betrifft die besonderen Interessen derer, die führen oder die Führung unterstützen, betrifft ferner die Möglichkeiten und Grenzen des Führerwillens und -vermögens innerhalb der sozialen Verbände.

Hinsichtlich des ersten Punktes genügt der Hinweis auf die Tatsache, daß alles soziale Geschehen durch Menschen vermittelt wird und mehr oder weniger die Fähigkeiten und Absichten der Mittelsleute widerspiegelt. Sinkt die Organisationsleitung auf bürokratisches Mittelmaß zurück, so ist das freilich noch nicht unbedingt ein Beweis für mittelmäßige Leistungen der Beamten; bei einer gewissen Größe der Organisation ist der Bürokratismus vielmehr ohne weiteres gegeben, das gilt ja auch für die privatwirtschaftliche Unternehmung, in verstärktem Umfang für Staat und Gemeinde. Durch diese Bürokratisierung ist übrigens der Organisationsleitung auch eine gewisse Grenze vorgezeichnet, es ist damit stets ein Zurückbleiben der Praxis hinter der Theorie verbunden. Das Interesse nun der Führer und Beamten kann ein singuläres und autokratisches sein, eine Gewerkschaft oder ein Kartell können ein kleines Königreich darstellen, in dem nur ein Wille gilt; das Statut ist für die tatsächliche Äußerung dieses Herrschaftswillens ziemlich gleichgültig, bedeutende Naturen werden sich stets Geltung zu verschaffen wissen. Ist die Beamtenschaft nicht zu groß, sind die Organisationszwecke einfacher Natur und besteht eine hinreichende Tradition, dann wird ein mehr oligarchischer Zustand herrschen, der von Fall zu Fall in eine Demokratie übergehen kann. Der Einfluß der Mitglieder ist bei großen und kleinen Verbänden ein verschiedener, er wird davon abhängen, in welchem Umfang die ehrenamtliche Betätigung möglich und nicht nur Übergang zum Berufsbeamtentum ist. Schließlich gilt hier manches von dem, was in §§ 19, 20 und 43 über die Unternehmung und den Unternehmer ausgesagt worden ist.

Die sozialpolitischen Organisationen sind an bestimmte Zwecke gebunden und geben der freien Führertätigkeit nicht soviel Raum wie allgemein-politische oder kulturelle Verbände. Dem Zweckgedanken dient der größere Teil der finanziellen Mittel, er kann von den einzelnen Mitgliedern unschwer kontrolliert werden und entzieht sich einigermaßen gewaltsamen Neuerungen. Wie sich zeigte, konnte der Umsturz zwar mit den alten und erprobten Gewerkschaftsführern gewaltig aufräumen und neue Männer mit neuen Zielen an ihre Stelle bringen; es war ein vorzeitiger Generationenwechsel wahrzunehmen; die Gewerkschaftspolitik erfuhr durch diese homines novi auch beträchtliche Anstöße, die radikale Zeitrichtung machte an der wohlerwogenen, gedämpften Demokratie der Gewerkschaften nicht halt, bei den Streiks verloren die Führer vielfach die Massen aus der Hand, und sehr große Streikkassen leerten sich rasch zur kaum verhohlenen Freude des anderen Teils. Das Abschwenken eines Teils gerade der großen Gewerkschaften (Metall-, Holzarbeiterverband) ins unabhängige Lager, die Neigung beträchtlicher Minderheiten zum reinen Kommunismus nach Moskauer Muster, — das alles hat der Gewerkschaftsbewegung vielfach einen radikalen Zug verliehen, der mit der früher auf Gewerkschaftskongressen beobachteten, etwas kleinbürgerlichen Stimmung, wenigstens in der Theorie, aufräumte. — Heute hat sich das aber vielfach bereits wieder geändert, eine Reaktion und Ernüchterung ist auch hier eingetreten, die obenerwähnte Festlegung der Gewerkschaften und ihrer finanziellen Mittel auf ganz bestimmte Zwecke erzwang ein Stillhalten und die Revision theoretisch weitreichender Absichten. Es ist ein anderes, ob man in der Volksversammlung mit flammendem Pathos zu einem Streik aufruft, ein anderes, ob man im Gewerkschaftsbüro die Mittel, den Streik durchzuführen, überprüft. General- und Massenstreik leben in der Theorie fröhlicher wie in der Praxis und können finanzstatistischen Überlegungen schwer standhalten.

In der Auseinandersetzung zwischen Führern und Massen sind die Führer stets dann durchgedrungen, wenn sie sich als gute Taktiker erwiesen; die vergrößerte Masse machte die Kalkulationen an sich nicht leichter. Denn es stand und steht zuviel auf dem Spiel. Es heißt auch, um einen früher angedeuteten Gesichtspunkt aufzugreifen, ein wenig viel vom Gewerkschaftsbeamten verlangen, wenn er ohne Rücksicht auf die finanziellen Möglichkeiten — von denen doch auch seine und seiner Familie Existenz abhängt — lediglich einer blassen Theorie halber für einen aussichtslosen, nur durch die Masse der Beteiligten imponierenden Streik eintreten soll.

Bei den Arbeitgeber- und Unternehmerverbänden liegen die Dinge ähnlich, nur daß die finanziellen Möglichkeiten hier weitere sind. Auch hier ist eine Beamtenhierarchie geschaffen worden, die sehr wohl ihre eigenen Interessen hat und verficht, von der früher einmal gesagt wurde, daß sie in gewissem Sinn die Kollegenschaft der Gewerkschaftsführer darstellt. Nicht selten hat man freilich beobachtet, daß die Geschäftsführer und Syndizi dieser Verbände weiter gehen als ihre Auftraggeber und es ist mindestens möglich, daß im Einzelfall der Wunsch, sich als unentbehrlich, als der „Führer" zu erweisen, zu einer besonders unversöhnlichen und hartnäckigen Stellung gegenüber den Gewerkschaften Veranlassung gab.

Ein Interesse dieser Beamten ist ferner nicht selten darin gegeben, daß die Kartellverfassung nicht der Vertrustung weiche. Das Kartell beschäftigt vorzugsweise den volkswirtschaftlich oder juristisch ausgebildeten Syndikus, der Trust hat mehr Raum für den Kaufmann und den Techniker. Es ist nicht unmöglich, daß sich das besondere Führerinteresse auch für die Durchsetzung der organisatorischen Prinzipien im Wirtschaftsleben als bedeutsam erweist. Das gilt auch für das Führerproblem in den Genossenschaften; doch fällt dieses in den entscheidenden Punkten mit den früher erörterten Beziehungen zwischen Unternehmer und Unternehmung zusammen.

Die erwähnten Gesichtspunkte müssen genügen, auch wenn sie das Thema nicht erschöpfen. Dies ist nur monographischer Detailarbeit in vollem Maße zugänglich. Soviel aber wird deutlich geworden sein: die massenpsychologischen Fragen, die sich um die Soziale Gruppe und die sozialpolitische Organisation lagern, sind vielfach bestimmend für Maß und Richtung der Organisation; diese selbst als das Zusammenwirken individueller und sozialer Kräfte zu verstehen, die Individual- und Sozialsphären gegen einander abzugrenzen, die Synthese aus den vorhandenen organisatorischen Kräften zu ziehen und für die oberste Soziale Gruppe, den Staat, fruchtbar zu machen: das ist die größte theoretische und praktische Aufgabe, die sich hier bietet.

(§ 58) 8. Der Staat und die sozialpolitischen Organisationen.

Wir kehren zu früheren Fragestellungen dieses und vorausgehender Abschnitte (zumal des § 9) zurück und fragen nach den Beziehungen zwischen den verschiedenen sozialen Kreisen, in welche die „Gesellschaft" (§ 75) zerfällt, von denen die hier behandelten sozialpolitischen Organisationen nur einen für uns besonders wichtigen Ausschnitt darstellen. Der Staat und die Staatsidee treten in den Mittelpunkt, als konkrete Gestaltungen des tatsächlichen Lebens ebensosehr wie als theoretische Überlegungen über höchste Vergesellschaftungsformen. Die Gegenwart läßt tiefe und nachhaltige Blicke in das gesellschaftliche Werden und Vergehen, denen auch die Staaten unterworfen sind, tun; „Entartung des Menschen", „Verfall des Staates", beide von

Hildebrandt übernommene Prozesse gehen nicht unabhängig voneinander vor sich; in der Gesellschaft begegnet sich Staat und Individuum, die Entartung der Erbmasse beeinflußt sie nicht minder wie der Verfall der jeweiligen politischen Organisation. Letzte und höchste biologische und soziologische Gedankenreihen kreuzen sich, ihnen kann an dieser Stelle nicht im erwünschten Umfang Rechnung getragen werden. Nur soweit die Grundlegung der Sozialpolitik ihrer zur Kennzeichnung der ihr eigenen Probleme bedarf, kann auf sie kurz eingegangen werden.

Wir erkennen den organisatorischen Zug unserer Zeit als Funktion einmal der Masse, die der Differenzierung und Integrierung bedarf, um überhaupt leben und wirken zu können; nicht weniger als Funktion einer gestörten Ordnung, in der neue Wege gesucht werden müssen, in der Mechanismen aus dem Schlaf erwachen und nach neuem organischen Wachsen verlangen; schließlich aber auch als Funktion individueller Kräfte, eines ungebrochenen Führerwillens gerade bei Schichten, die lange nur geführt worden sind und mehr Objekt der Zentralgewalt waren. Diese drei Beweggründe durchdringen sich in schwer übersehbarer Weise, vermengen sich mit anderen und machen in der Kritik der bisherigen Ordnung auch vor der Staatsidee nicht halt. Der schon einmal gestreifte Gedanke einer staatenlosen Gesellschaft wird aus uralten Utopien in eine neue Welt herübergenommen, für die die Staatsidee allzustark mit dem Gedanken des Klassenstaates verknüpft ist. Die Klasse selbst erhebt den Anspruch, diesen Staat abzulösen. Andere Kräfte, mehr konservativer Art, suchen aus dem demokratisch-parlamentarischen Prinzip des Westens oder aber aus der ständischen Staatsordnung neue Triebkräfte für das gesellschaftliche Leben zu gewinnen.

Sieht man sich in dessen Praxis um, dann gewahrt man ein wogendes Meer, dessen Wellenkämme eine Zeitlang parallel gehen, um hernach doch verschiedenen Richtungen zu folgen.

Das Bild der „dowen See“, das der Seemann nach langen, verschiedenen Richtungen folgenden Stürmen kennt: eine allgemeine Unruhe und Unausgeglichenheit, die es dem Fahrzeug äußerst erschwert, eine bestimmte Richtung einzuhalten. Es hat sich von Fall zu Fall gewissermaßen Kanäle zu suchen, mit der allgemeinen Route nach einem bestimmten Platz auf dem sicheren Ufer. — In dieser Weise wird man versuchen, sich durch das Labyrinth der sozialen Strömungen hindurchzufinden. Gehen wir dabei von den Gebilden aus, die wir durch eine Reihe von Kapiteln hindurch näher kennengelernt haben.

Diese Gebilde erschienen als Kreuzungen der Berufs-, Standes- und Klassenidee, mit den Unterströmungen, die sich aus kulturellen und allgemeinpolitischen Anlehnungen ergeben. Manchmal sieht es aus, als ob alle diese Richtungen vorwiegend als ständische zu begreifen wären; dann ließe sich ihre Zusammenfassung zu einem neuen Staatsgebilde unschwer vorstellen. Betriebs- und Wirtschaftsräte, Kammern und Fachabteilungen aller Art, die z. T. aus der Vorkriegszeit herübergerettet wurden, bieten sich als Vertretung der berufsständischen Interessen in reichem, allzu reichem Maße dar, bedürfen oft eher einer Beschneidung ihres allzu üppigen Triebs als einer Förderung ihres Wachstums.

Der Sozialpolitiker insbesondere wird das Nebeneinanderbestehen so vieler ungleicher, sich oft widersprechender Organe: auf dem Gebiet der sozialen Einigung und Schlichtung, des Arbeitsnachweises, der Interessenvertretung, der Sozialversicherung, des Arbeiterschutzes usw., nicht begrüßen können und nach Vereinfachung und Zusammenlegung (die gelegentlich an der sozialpolitischen Bürokratie ihren Hauptgegner hat) rufen. An sich ist der Reichtum von Bildungen immerhin auch ein Zeichen ungebrochener organischer Kraft; sie auf das richtige Maß zurückzuführen, mag immer noch leichter sein, als sie aus sterilem Boden heraus künstlich ins Leben zu rufen.

Es wurde aber schon darauf hingewiesen: die wichtigsten dieser Gruppen fühlen sich nicht als Bausteine einer ständischen Gesellschafts- und Staatsordnung, sondern als Klassengebilde, sie streben nicht nach einem Zusammenarbeiten mit anderen Sozialen Gruppen, sondern nach Alleinherrschaft, nach Uniformierung und Umgestaltung der Gesellschaft, mit oder ohne Staatsgrundlage. Das gilt für die meisten sozialistischen Gewerkschaften, so sehr ihre Praxis oft eine berufsständische ist und den Interessentenstandpunkt sogar überspannt. Gibt es für Gesellschaft und Staat ein Paktieren mit dieser Richtung oder läuft der Kampf, in dessen Beginn wir erst stehen, auf eine ähnlich radikale Auseinandersetzung hinaus, wie sie früher einmal zwischen zwei anderen Sozialen Gruppen, zwischen Staat und Kirche, statthatte?

Dabei müssen wir uns klar darüber sein, daß diese ältere Auseinandersetzung auch heute noch nicht endgültig beigelegt ist. Wir empfinden noch hinreichend Nachwehen der früheren „Kulturkämpfe". Will man vollständig sein, so muß man übrigens zugestehen, daß sowohl Staat wie Kirche sich der erwähnten sozialpolitischen Gruppen nicht selten für ihre Zwecke bedienen. Insbesondere wird, wer eine Ahnung von der Größe der Organisation und der Fülle jahrtausendalter Tradition und Klugheit hat, wie sie sich zumal im Katholizismus verkörpert, nicht glauben, daß die christliche Arbeiter- und Angestelltenbewegung für die Anlehnung an die Kirche nicht irgendwelche Gegenleistungen zu entrichten hätte. Ein gegenseitiges Sichgeben und -nehmen findet ja stets statt, wenn soziale Kreise sich durchdringen, in diesem Fall wird es nicht anders sein. Für den Staat gilt sinngemäß Ähnliches, doch hat diejenige Richtung der Arbeiterbewegung (der Werkverein), die sich als spezifisch „national" geben wollte, nicht allzu gut abgeschnitten und es war auch für den Staat nicht ungefährlich, sich einer bestimmten Organisationsrichtung zu verschreiben, ohne hinreichend Einfluß auf sie zu gewinnen. —

Umgekehrt werden gewiß auch die großen Kultgemeinschaften, wenn sie sich mit sozialpolitischen Organisationen assoziieren, gewisse Zugeständnisse an die sozialen Interessen zumal der Arbeitnehmer machen müssen. Die den christlichen Gewerkschaften ursprünglich ziemlich abgeneigte Stimmung der Kurie wich einer Duldung, die oft schon in Förderung übergeht; individualistische Züge, die an sich im Dogma und in der kirchlichen Überlieferung ebensogut ihren Grund haben wie sozial-kollektivistische, sind heute in den großen kirchlichen Gemeinschaften zurückgetreten, in der Evangelischen Kirche hat der Evangelisch-soziale Kongreß und die Kirchlich-soziale Konferenz erheblichen Einfluß bei dogmatisch Liberalen und Positiven gewonnen; man kann abschließend sagen, daß die kulturellen und sozialen Kreise in gegenseitiger Berührung notwendig gemeinsame Gruppeninhalte und -zwecke aufnehmen müssen.

Zum eigentlichen Thema zurückkehrend, wäre also festzuhalten: die Auseinandersetzung zwischen Staat und Klassenorganisation wird in allen Phasen von Auseinandersetzungen zwischen Kultgemeinschaften begleitet sein, hat aber doch als wesentlichste Frontstellung der heutigen Gesellschaft zu gelten. Indem sich der Staatsidee mehr (aber nicht ausschließlich!) die kirchlichen Interessen zugesellen, die Klassenidee sich vielfach mit antikirchlichen, z. T. monistischen Strömungen verbindet, wird das Kampffeld unübersichtlich, verliert sich die Schlacht in Teilkampfhandlungen; der entscheidende Gegensatz bleibt aber doch fortbestehen.

Eine „Theorie der Sozialpolitik" kann zu der Frage, wie der angedeutete Konflikt zu beenden, ob er überhaupt auszugleichen sei, nur einen Beitrag liefern; im übrigen ist das Problem nicht ohne reichliches Werturteil zu verbescheiden.

Wir erinnern an die Ausführungen des § 9, wo Sozialpolitik geradezu aus der nationalen Idee abgeleitet wurde. Die Geschichte zeigt, daß aller sozialer Fortschritt auf nationalem Boden erzielt wurde, daß die Internationale Sozialpolitik, so sehr man sie begrüßt, doch kaum mehr als Reflexerscheinung der nationalen sozialen Kräfte ist. Daran wird der Völkerbund, dessen mißglückte sozialpolitische Experimente uns schon beschäftigten, schwerlich etwas ändern, und auch von völkerrechtlichen Verträgen ist nicht mehr als ein (freilich auch erwünschter) Ausgleich zwischen gewissen nationalen Sonderinteressen zu erwarten (§ 67).

Wer aber diesen Indizienbeweis der Geschichte nicht gelten lassen will (und bei einer sozialtheoretischen Untersuchung kommt ihm tatsächlich nicht die entscheidende Rolle zu), der wird doch zugeben, daß das Theorem der staatenlosen Gesellschaft, das vielen als letztes Ziel der Klassenbewegung gilt, wenig oder keine Realität besitzt. Es erwartet zuviel vom guten Willen und der sozialen Gesinnung des Einzelnen und wurde schon als möglich für die kleinen

Ausmaße von Sekten, aber als unfähig, den Sozialen Massen der Gegenwart und Zukunft eine tragfähige Unterlage zu bieten, bezeichnet. Fällt dies Ideal, dann fällt der spezifische Klassengedanke. Sobald dieser statt auf eine Neue Gesellschaft nur auf einen Neuen Staat hinzielt, ist die Forderung der Differenzierung und Gruppenbildung, ohne die kein Staat auskommt, gegeben. Dann rückt die ständische Auffassung näher, deren Verbindung mit demokratisch-parlamentarischen Gesichtspunkten als eine der wichtigsten Aufgaben aller Politik erscheinen mag.

Bei dieser künftigen Gestaltung hat die Sozialpolitik aber noch andere Forderungen anzumelden. Sie grenzt, wie Abschnitt VIII. zu zeigen unternimmt, in bevorzugtem Maße an Kulturpolitik an und hat für sehr hohe Werte aufzukommen, die einstweilen und wohl für immer nur in der nationalen Differenzierung begriffen und erhalten werden können. Alles ist hier einschlägig, was über Arbeitskultur an verschiedenen Stellen gesagt worden ist und (§ 78) wird; die Organisation der Arbeiter ist ja selbst ein Stück dieser Arbeitskultur, möglich nur auf Grundlage der Qualitätsarbeit und des Qualitätsarbeiters, dessen, was die deutsche Größe bedeutet. So ist die Nation, ist ihre staatliche Lebensäußerung für uns Voraussetzung jeder Sozialpolitik, die sich selbst aufgibt, wenn sie die Staatsidee der Klassenphrase opfert. Die sozialpolitischen Organisationen, die in sich selbst alle Vorzüge und Nachteile der deutschen Staatsidee widerspiegeln, sind uns Ergänzung, niemals Ersatz dieser Idee!

(§ 59) Ergebnisse des Sechsten Abschnitts.

Das Vergesellschaftungsproblem in sozialpolitische Beleuchtung zu rücken, gleichzeitig eine Reihe sozialpolitischer Vorwürfe als Teile, Folgen oder Voraussetzungen der sozialen Differenzierung und Integrierung zu bezeichnen, war die Aufgabe, die sich zunächst die Übersicht des Sechsten Abschnitts (§ 50) gesetzt hatte. Sie ist durch die acht Kapitel dieses Abschnitts durchgeführt worden und harrt nunmehr der kurz abschließenden Zusammenfassung. Der besondere Gedanke, unter dem diese steht, ist an ein bisher erst einmal flüchtig angedeutetes Problem gebunden, das an späterer Stelle (VII.) erst deutlich herausgearbeitet werden kann: die Inkongruenz der tatsächlichen Sozialen Gruppen und sozialpolitischen Bildungen mit den Formen, die das Gesellschaftsleben im Rechte seinen Gruppen zuweist.

Die frühere Andeutung dieser Inkongruenz bezog sich auf die Feststellung, daß der Sozialpolitiker nicht jeder einzelnen der vielen sozialrechtlichen Abgrenzungen, in denen die sozialpolitische Organisation unserer Zeit auftritt, die Funktion zumessen kann, bestimmte soziale Kreise restlos zu erfassen und zu vertreten. Die soziale Praxis hat ein schwer übersehbares Durcheinander von Organen geschaffen, die bestimmte, aber nicht immer klar umschriebene Aufgaben zu erfüllen haben, deren Aufgabenkreis sich aber auch häufig mit der Zeit wesentlich geändert hat.

Es gibt darunter Organe, die im einzelnen der Praktische Teil aufzuzählen haben wird, die im Absterben begriffen oder gar schon abgestorben sind, deren bürokratischer Apparat sich aber dennoch erhalten konnte und nun die Allgemeinheit und die Verteilung belastet; andere Organe können nicht zu der ihnen zukommenden Wirkung gelangen, entweder weil ihnen jene älteren entgegenstehen oder weil aus anderen Gründen ihr Wachstum unterbunden ist. Das alles kann für die großen Zweige der Sozialpolitik: Arbeitsvertrag, Tarifvertrag, Arbeiterschutz, Arbeiterversicherung, Genossenschaftswesen usw. belegt werden.

Hier sei nur daran erinnert, daß an sich lebensfähige Keime innerhalb der sozialpolitischen Organisationen selbst nicht zur Entfaltung gelangen, wenn ihnen der robuste Apparat älterer Formen und Kompetenzen entgegensteht. Viel Betätigungsdrang, der heute den Gewerkschaften noch verlorengeht, aus parteipolitischen oder taktischen Gründen noch verleugnet wird, ergießt sich in die ihm einstweilen allein offenen Kanäle der Kritik und der Negation. Es sei hier nur an eine Debatte erinnert, die durch einen Aufsatz von Nehring über metaphysische Fragen in der „Sozialen Praxis“ entfacht worden war. Diesem Drange zu positiver Wirkung zu verhelfen, wäre eine zunächst in den Gewerkschaften selbst zu leistende Sache der Erziehung. Man denke an die Anläufe, die der ständische Gedanke innerhalb der unfruchtbaren Klassenideologie gemacht hat; an die Zweifel, die in Arbeiterkreisen an den Segnungen der formalen Demokratie und des parlamentarischen Systems erhoben wurden und die in der Praxis doch nur dem exotischen Rätesystem zugute kamen; an die Kritik, die die ältere Gewerkschaftspolitik zumal seitens englischer Gewerkvereinsführer erfahren hat; an das in Arbeiterkreisen durchaus lebendige Gefühl dafür, daß das soziale Leben nicht bürokratisiert und mechanisiert werden dürfe; an die Teilnahme, die der vom Arbeiter soweit abstehende Rathenau in Arbeiterkreisen fand. Aus alldem und vielem anderen darf man den Schluß ziehen, daß die Arbeiterschaft die sozialen Kreise, denen sie angehört, nicht schlechthin und restlos mit der marxistischen Klassenidee abzirkeln will, sondern sich bewußt ist, daß viele konzentrische und exzentrische Ringe am grünen Baum des lebendigen Organismuses vorhanden sind; in ihm kann erheblich mehr Individualität auf organisatorischen Ausdruck rechnen, als die Lehre von der einen großen, einheitlichen Masse der Ausgebeuteten und Enterbten glauben läßt.

Durch alle Ausführungen dieses Abschnitts hat sich die Auseinandersetzung zwischen den Individual- und Sozialsphären hindurchgezogen, §§ 57, 58 beschäftigten sich besonders eingehend damit. In der Tat besteht ein hohes formales Ziel des Vergesellschaftungs- und Integrierungsvorgangs innerhalb der Gesellschaft darin, für die Lebens- und Betätigungsinhalte der Einzelnen und der Gruppen adäquate Ausdrucksformen zu finden, fähig, bei veränderten Zwecken selbst eine entsprechende Umgestaltung zu erfahren. Wir werden deshalb aber nicht glauben, daß die Form das Entscheidende sei; insbesondere dürfen wir, indem wir die Form rechtlich festlegen, nicht hoffen, auch den Inhalt binden zu können.

Das erste Kapitel des nächsten Abschnitts nimmt diese Frage Stammler gegenüber auf. —

Mit Einführung der Aktiengesellschaft glaubte man den Besitz demokratisiert zu haben. Früher einmal wurde nachgewiesen, daß das Gegenteil eingetreten ist. Indem man den Gewerkschaften die festen Formen juristischer Persönlichkeit geben wollte, glaubte man, nicht nur ihre Rechtsfähigkeit, sondern auch ihre praktische Betätigung regeln zu können. Eine Überschätzung von rechtlichen Formen beherrscht die sozialpolitische Praxis, nicht mit Unrecht wandte sich der Soziologe Leopold v. Wiese gegen das „Paragraphengestrüpp" der Sozialgesetzgebung (auf einer Tagung des Evangelisch-sozialen Kongresses). Freier Ausblick tut not; und gerade das Thema der sozialpolitischen Vergesellschaftung gibt Veranlassung, darauf hinzuweisen, daß die lebendigen, gruppen- und organbildenden Kräfte eines Sozialkörpers nicht verwechselt werden dürfen mit den Formen, in die man, schlecht und recht wie in ein Prokrustesbett, die jungen Glieder einzuzwängen sucht.

Vergesellschaftungsvorgänge werden zunächst durch neue Zwecke und Inhalte deutlich, und es bilden sich nicht stets sofort auch neue, damit übereinstimmende Formen. Vielleicht ist diejenige Richtung der heutigen Soziologie, die mit Simmel vorwiegend nur die Formen der Differenzierung und Integrierung ins Auge faßt, nicht immer imstande, die wechselnden Inhalte und Zwecke zu erkennen; hier ist ein Punkt, wo die Theoretische Sozialpolitik bewußt über die „Beziehungssoziologie" hinausgreift und bei den großen organischen Systematikern, Comte, Ward, Spencer, Schäffle, Anleihen aufnimmt. Die formale Auffassung von der Organisation ist übrigens auch der Praxis nicht fremd und äußert sich nicht selten in dem naiven Glauben, durch „Organisation" die sozialen Probleme schon gelöst zu haben.

Man kann die Vergesellschaftungsvorgänge nicht ohne eine gewisse Einfühlung in den organischen Prozeß, von dem sie nur Teile sind, verstehen; sie nur nach ihrer formalen Seite hin zu würdigen, das Interesse nur dem Prozeß, nicht dem Ergebnis der Vergesellschaftung zuzuwenden, reicht jedenfalls für die Zwecke einer im Endergebnis praktischen Wissenschaft, wie es die Sozialpolitik ist, nicht aus.

Wenn dabei, in der Suche nach den organischen Triebkräften, eine Analogie mit dem physischen und psychischen Geschehen unterläuft oder selbst die Grenze gegenüber der Metaphysik nicht genau markiert ist, so kann das der wissenschaftlichen Fragestellung selbst nicht schädlich sein, solange bei allen Gebilden, mit denen sie es zu tun hat, immer wieder der Rückgriff auf die Erfahrung möglich bleibt. Das zeichnet ja die sozialpolitischen Gruppen vor anderen aus, daß sie lebensvoll, strotzend von Kraft und Unternehmungslust vor uns stehen, immer wieder auf das Tatsächliche hin kontrolliert werden können und nicht bei näherem Zusehen in schemenhafte Umrisse zerfließen, wie das bei manchen ideellen und kulturellen Konstruktionen der Fall ist.

Der Zweckgedanke ist in diesen Differenzierungen lebendig, er sichert ihnen wirkliches Leben auch jenseits der begrifflich-formalen Untersuchung, die der mit Recht gepflegte Gegenstand der Soziologie im engern Sinn ist. Nicht umsonst haben die großen Gesellschaftstheoretiker sich immer zu diesen wirklichen und wesenhaften Zweckverbänden hingezogen gefühlt. Freilich besteht die Möglichkeit, sie eben ihres realen Zweckcharakters wegen auch zu überschätzen, sie allein gelten zu lassen, schließlich auch die höheren sozialen Bildungen wie den Staat nur vom Standpunkt des Zweckverbands aus zu würdigen. In dieser Richtung bemühte sich das letzte Kapitel, Mißverständnissen zu begegnen und der Staatsidee diejenige Stelle im Vergesellschaftungsvorgang zu sichern, die dieser höchsten sozialen Lebensäußerung, diesem wertvollsten Organon der Gesellschaft, allein gerecht wird.

Übrigens bedeutet die Anerkennung des Zweckstrebens in der Gesellschaft keine Festlegung auf teleologische Metaphysik; der Zweck tritt als Motiv der handelnden, sich organisierenden Individuen, nicht als immanentes Merkmal der Sozialen Gruppe auf.

Der hiermit abgeschlossene Abschnitt zeigte, von den Formen der Vergesellschaftung ausgehend, die Gesellschaft selbst in ihren materiellen Abgrenzungen und Inhalten. Wie jeder der früheren Abschnitte beabsichtigte er, einen Querschnitt durch die gesellschaftliche Masse hindurchzulegen, um die Einzelheiten ihrer morphologischen Zusammensetzung, die verschiedenen, ungleiches Alter verratenden Schichtungen und Lagerungen, die nicht selten Verwerfungen enthalten, offenzulegen.

Siebenter Abschnitt.

Recht, Staat und Sozialpolitik.

(§ 60) Übersicht des Siebenten Abschnitts.

Ein großer Teil der Praktischen Sozialpolitik zielt auf Änderung des geltenden Rechts ab, wobei es theoretisch nicht entscheidend ist, ob diese Änderung durch Reform oder Umsturz erstrebt wird, innerhalb des Rahmens des gegenwärtigen Staates erreicht werden soll oder aber eine Verfassungsänderung voraussetzt; der Zweite Teil dieses Werkes, die „Praxis der Sozialpolitik", wird sich gründlich mit den einschlägigen Strebungen zu beschäftigen haben, die auch in früheren Abschnitten dieses Ersten Teils gestreift wurden und in § 68 zusammenfassend theoretisch gewürdigt werden sollen.

Verhältnismäßig einfach ist es, „Recht" und „Staat" in ihren wechselseitig bestimmten Beziehungen zu erkennen, schwieriger, den aus der „Gesellschaft" abgeleiteten Begriff der „Sozialpolitik" auf Recht und Staat als gleichfalls gesellschaftliche Gebilde zu projizieren, die aber ihrerseits nicht nur sozialpolitisch begriffen werden können. Es ist dabei an vieles zu erinnern, was im Ersten Abschnitt wenigstens nach Hauptgesichtspunkten angedeutet werden konnte: an die Ausführungen insbesondere der §§ 3, 6, 9, zumal aber des § 8. Ihnen gegenüber ergibt sich hier ein Unterschied daraus, daß der Erste Abschnitt Zusammenhänge zwischen der Gesellschaft und verschiedenen, ihr mehr oder weniger genäherten Tatbeständen andeutete; hier aber handelt es sich um die Sozialpolitik, also nur um den, bestimmt erkennbaren Motivationen und Zwecksetzungen zugänglichen Teil der gesellschaftlichen Kraft- und Lebensäußerungen. Andeutungen, mit denen sich der einleitende Abschnitt begnügen konnte (und mußte, da ein Übergriff auf die reine Soziologie ausgeschlossen war), genügen jetzt nicht mehr. Und unter den erwähnten schwierigen Streitfragen bedarf zunächst jene der Austragung, welche den theoretischen Zusammenhang von vier Größen: von Gesellschaft und Sozialpolitik auf der einen, Recht und Staat auf der anderen Seite zum Gegenstand hat. Stellungnahme zu Stammlers grundlegenden Anschauungen über das Recht, als die „Form" gesellschaftlicher Vorgänge, ist geboten; andere Rechts- und Wirtschaftsphilosophien können, sosehr sie — und unter ihnen besonders die Schriften von Jhering, Ehrlich und H. Sinzheimer — Beachtung verdienen, des zur Verfügung stehenden Raumes wegen nicht herangezogen werden.

Sind diese grundsätzlichen Fragen entschieden — und es sei verraten, daß die Entscheidung in einem, die Sonderstellung des Rechts in Frage stellenden Sinn geschieht —, dann wird dasjenige Rechts- und dasjenige Staatssystem vertiefter Untersuchung zugeführt werden, das für die gegenwärtige Sozialpolitik — sei es als Ausgangs-, sei es als Zielpunkt — entscheidet. Denn wir betreiben die „Theorie" der Sozialpolitik stets in Hinblick auf ihre später darzustellende „Praxis". Zwanglos ergibt sich eine Stoffgliederung in einen mehr privatrechtlichen und einen mehr öffentlichrechtlichen Teil.

Mehr, — denn die Grenzlinien sind an sich unsicher und gerade auf dem Gebiet des Arbeitsrechts oft sehr undeutlich. Der oben angedeutete und noch zu begründende Unterschied zwischen „Staat" und „Recht" läßt es auch als ausgeschlossen erscheinen, daß im Rahmen einer Untersuchung über „Recht und Sozialpolitik" bereits die Gesamtheit der zwischen „Staat und Sozialpolitik" spielenden Beziehungen erledigt wird. Denn der Staat erschöpft sich eben nicht in seiner sozialrechtlichen Auffassung, mindestens bleibt die philosophische Beziehung auf die Staatsidee, die politische auf den Machtverband und die geographische auf das Staatsgebiet (im Sinn der §§ 6, 7 und 9) übrig.

Aus allen einschlägigen Fragen ist das seiner formellen Sonderstellung wegen schon erwähnte Recht des Arbeitsverhältnisses hervorzuheben.

Schon wiederholt beschäftigte es uns: so im Zweiten Abschnitt bei Arbeitsteilung, Beruf, Betrieb, Unternehmung, Arbeitsverfassung; die über den letzten Punkt gebrachten Ausführungen des § 21 waren aber ausdrücklich als „vorläufige" bezeichnet worden, sie werden hier z. T. weitergeführt; ferner ist gelegentlich der Lehre vom Lohn (§ 46) etwas gründlicher auf Arbeitsvertrag und Tarifvertrag eingegangen worden. Wurde das Problem des Arbeitsverhältnisses somit bereits von seiten der sozialen Organisation wie von seiten der Verteilung angeschnitten, so bleibt doch sehr vieles übrig, was der auf das Recht konzentrierten Fragestellung dieses Abschnitts zu lösen obliegt. Eine Entscheidung über die von Ehrlich und Sinzheimer angeschnittene Frage, ob es eine soziologische Rechtsorientierung gibt, kann freilich nicht im Vorbeigehen getroffen werden. Augenscheinlich ist aber auch schon manches durch die Feststellungen des Fünften Abschnitts — über Kapitalistisches und nichtkapitalistisches, monopolistisches und nichtmonopolistisches Einkommen — vorweggenommen; es wolle geprüft werden, ob die ganz andere Problemstellung des gegenwärtigen Abschnitts im Ergebnis mit den früheren Wahrnehmungen zusammentrifft.

Auf Grund solcher Ermittlungen werden verschiedene rechts- und staatswissenschaftliche Probleme gründlicher erörtert werden müssen. Gewiß sind die ihnen zugrunde liegenden Tatbestände nicht nur solche von sozialpolitisch gerichteten Rechts- und Staatsänderungen und -entwicklungen; sie sind mindestens im selben Umfang sozialwirtschaftliche und sozialethische Fragen, gehören insoweit in den späteren Achten Abschnitt und enthalten daneben rein technisch-organisatorische Gesichtsqunkte, die aber —

kritisch beleuchtet — mehr der „Praxis der Sozialpolitik" anzugliedern sind.

Von alledem ist die Sozialisierungsidee besonders wichtig und dann, wenn sie, über Streikmanie und Lohnpression hinaus, wirklich geistigen Inhalt empfängt, nicht ohne stärkste Einwirkungen auf Recht und Staat denkbar; gehört sie insofern theoretisch auch in gegenwärtigen Abschnitt, so überwiegt in ihr doch zur Zeit das wirtschaftliche Interesse, so daß sie erst später (§ 75) dargestellt wird. Auseinandersetzungen über Privateigentum und Erbrecht brauchen, obwohl an sich unerläßlich, nach den erwähnten Ausführungen des Fünften Abschnitts (§ 47) nicht mehr breit erörtert zu werden. Was dort mehr in verteilungspolitische Beleuchtung gerückt war, tritt freilich jetzt als sozialrechtlicher Vorwurf auf, der, insoweit die Sozialisierung ausschließlich international vor sich gehen kann und solange eine Vielheit von Staaten gegeben ist, völkerrechtliche Gestalt annimmt. Wichtige Überlegungen sind auch hier durch die Vorstellung des Staates als einer nicht ausschließlich durch das Recht zu begreifenden, am Staatsgebiet und der Staatsbevölkerung orientierten Realität bedingt.

Die erwähnten Fragen leiten, will man die heute tatsächlich schon vorhandenen Versuche ihrer Lösung theoretisch einigermaßen erschöpfend würdigen, zu grundsätzlichen Auseinandersetzungen über Grenzen der Staatstätigkeit und der Sozialpolitik, deren internationale Seite untersucht wird, und zu Grenzfragen zwischen Individualismus und Kommunismus fort. Der Begriff des „Staates" bietet für diese Untersuchungen einen vorläufig ausreichenden Standort; indem er, soweit unsere Erfahrung reicht, selbst an „Grenzen" — mindestens im vorhin erwähnten Sinn des Staatsgebiets und Staatsvolks — gebunden ist, wirft er die über das ökonomische Gebiet hinaus erweiterte Grenzwertfrage für jede gesellschaftliche Betätigung auf; zugleich hat der Staat in jeder seiner konkreten Daseinsformen bereits durch seine Rechtsordnung eine Abgrenzung zwischen Gemeinschafts- und Individualsphäre, Kollektiv- und Einzelinteresse vorweggenommen. Indessen wird manches doch als Sozialpolitik, Kulturpolitik und Ethik dem Achten Abschnitt vorbehalten bleiben. Wir hoffen, dabei über die etwas festgefahrenen Gleise einer nur-individualistischen oder nur-kollektivistischen, in jedem Falle aber geistesgeschichtlichen und geschichtsphilosophischen Unterscheidung hinauszukommen und haben die erwähnten Schlagworte nur der Kürze halber hier gebraucht, um sie später auf ihren Wirklichkeitsgehalt und ihre Brauchbarkeit für eine „Theorie der Sozialpolitik" zu prüfen. Das Extrem des Individualismus: Anarchismus und verwandte Strömungen, enthält im übrigen bekanntlich auch die Negation des Staates, die Hypothese der „staatenlosen" Gesellschaft; die Möglichkeit ihrer Verwirklichung zu prüfen, gehört als weiterer Gegenstand hierher, zumal mit jener Annahme die Negation des Rechts schlechthin verknüpft erscheint; hierbei ist der Standpunkt des historischen Rechts natürlich ein anderer als der des naiven Naturrechts, das, als Ausgangspunkt mancher auchsozialistischen Theorien, in unserer Zeit fröhlich fortlebt.

(§ 61) 1. Das Recht als Form und Inhalt der Sozialpolitik.

Stammler hat in „Wirtschaft und Recht" die Beziehung zwischen den gesellschaftlichen Vorgängen und Erscheinungen auf der einen, dem Rechte und seinen primitiveren Vorläufern (Gewohnheit, Sitte) auf der anderen Seite fixiert: als das Verhältnis zwischen Inhalt und Form; es würde unseren Absichten zuwiderlaufen, wollten wir diese Feststellung und den Streit, der an sie anschloß, als Selbstzweck in die Betrachtung einbeziehen, sie durch Betonung neuer Gesichtspunkte erweitern und vielleicht vertiefen. Wer, noch dazu im Rahmen eines Handbuchs, die „Theorie" einer unendlich großen, weitverzweigten „Praxis" zu schreiben bemüht ist, hat nicht das Vorrecht einer Monographie, kann nicht ein Stichwort bis in alle Zusammenhänge hinein verfolgen und mit sehr großem Scharfsinn und Wissen, aber auch nicht ohne Einseitigkeit eine letzte erkenntnistheoretische Formel zur Abwicklung bringen wollen.

Es wäre ja manches über Stammlers teleologische Absichten zu sagen; und trotz des reichen polemisch-kritischen Materials in den Anmerkungen zur dritten Auflage bleibt doch auch ungeklärt, ob Stammler das Recht in einem objektiven Sinn als „Form" des sozialen Lebens bezeichnet oder ob er, was bei dem an Hegel und Marx fortgebildeten Neukantianer nicht fernliegt, vorwiegend an eine subjektiv-logische Methode denkt, durch die die Vernunft den empirisch gegebenen, sozialen Stoff „ordnet". Diese Möglichkeit zu verfolgen, scheidet für uns aus, denn wir planen keinen Beitrag zur allgemeinen Erkenntnistheorie und Logik.

Nur an der Behauptung können wir nicht vorbeigehen, daß überhaupt „erst" und zugleich „nur" die „bestimmte äußere Regelung" einen Zustand zum „gesellschaftlichen" macht, daß, mit anderen Worten, erst durch das Recht, als die vollendetste aller Möglichkeiten „äußerer Regelung", soziale und auch sozialpolitische Inhalte möglich werden. Denn was von der Gesellschaft gilt, muß auch von der Politik, die aus ihrem Schoße entsteht, an ihr arbeitet und ihr Mittel und Ziele entlehnt, gelten, ja von ihr, wie noch zu zeigen ist, in bevorzugtem Maße.

Wir glauben, Stammler richtig zu verstehen, wenn wir im wesentlichen hierin den Schwerpunkt seiner Darlegungen sehen. Und wir wollen ihn auch nicht etwa dahin mißverstehen, daß wir der Trennung in Inhalt und Form sozialen Geschehens einen zeitlich-ursächlichen Sinn unterschieben und, wie manche Kritiker taten, uns gegen die Auffassung wenden, als sei die „äußere Regelung“, d. h. in der Hauptsache das Recht, zugleich die „Ursache“ der Gesellschaft oder das ihr zeitlich stets Vorhergehende; vielmehr: zum Inhalt gehört die Form nicht nur als notwendiger Erkenntnisgrund, sondern ebensosehr als notwendige Voraussetzung des Seins (mit der Maßgabe freilich, daß die Unterscheidung von „Form“ und „Inhalt“ zu anderen als erkenntnistheoretischen Zwecken überhaupt bedenklich ist. Dem Verfasser von „Wirtschaft und Recht“ scheint aber die „Form“ gesellschaftlicher Vorgänge in ihrer „äußeren Regelung“, vor allem im „Rechte“, real gegeben und wahrnehmbar zu sein).

Nicht vorwiegend gegen diese bloß formale Bedeutung des Rechts und der ihm gleichgeordneten Möglichkeiten „äußerer Regelung“ wenden wir uns jetzt, obwohl auch dieses Kapitel vom Standpunkt des Sozialpolitikers noch nicht abgeschlossen und nachher kurz zu berühren ist; sondern gegen die Ausschließlichkeit, mit der für einen gesellschaftlichen und sozialpolitischen Stoff die „äußere Regelung“ als entscheidendes, den Stoff selbst bedingendes Moment in Anspruch genommen wird. Sollte es hiernach soziale Erscheinungen ohne „äußere Regelung“, ohne das Recht in einem erweiterten Sinne überhaupt nicht geben?

Vom Standpunkt der „Sozialpolitik“ aus scheint das auf den ersten Blick zu stimmen; denn sehr viele sozialpolitische Forderungen sind zugleich sozialrechtliche, schließen mehr oder weniger entschiedene Änderungen des geltenden Rechts in sich, beabsichtigen, mit anderen Worten, die „äußere Regelung“ einem neuen Ideengehalt anzupassen. In der Tat scheint die soziale Ideologie in sehr vielen Fällen erst hierdurch zur „Sozialpolitik“ zu erwachsen; man wird aber richtiger sagen: die in der sozialen Ideologie potentiell meist schon gedachten und mitenthaltenen äußeren Bindungen und Regelungen sollen durch die Sozialpolitik zu Gegenständen der tatsächlichen sittlichen und rechtlichen Ordnung werden.

Aber gerade Stammler darf diese Auffassung, wonach die Sozialpolitik in der Praxis mit Rechtspolitik vielfach zusammenfällt, nicht zu sehr für sich gelten lassen; denn er hat gar nicht den eigentlichen sozialpolitischen Vorgang im Auge, der für einen gegebenen sozialen Inhalt die gleichartige rechtliche Form in der Wirklichkeit erstrebt. Ihm ist ja ein sozialer Inhalt ohne „äußere Regelung“ überhaupt undenkbar; die soziale Utopie, der Staats- und Gesellschaftsroman ist ihm an diese Voraussetzung grundsätzlich nicht weniger gebunden wie die historisch-konkrete Erscheinungsform von Staat und Gesellschaft. Und es hieße die Tragweite von Stammlers Werk unterschätzen, wollte man es auf die Gedankenarbeit des sozialpolitischen Rechtsspezialisten oder gar auf die mundgerechte Formel des sozialpolitischen Agitators zurückführen, der für irgendeine eigene oder fremde Idee die geeignete äußere Rechtsform in der Praxis herbeizuführen bemüht ist.

Wenn nun aber die viel tiefere Auffassung von „Wirtschaft und Recht" durch das, was wir regelmäßig in der praktischen Sozialpolitik wiederkehren sehen, nicht ausgefüllt wird, so entfällt auf der anderen Seite freilich auch die oben angedeutete Möglichkeit, die Theorie Stammlers aus der (bedingungsweise) als Rechtspolitik zu deutenden Sozialpolitik heraus zu stützen.

Es fragt sich weiter, ob eine „Theorie der Sozialpolitik" die Erscheinungsform, in der die „Praxis der Sozialpolitik" vielfach auftritt, in der also ein bestimmter äußerer (rechtlicher) Niederschlag gesellschaftlicher Wünsche, Interessen, Ideen erstrebt wird, als hinreichende Grundlagen für ihre allgemeineren Absichten anerkennen kann. Wäre das der Fall, dann erübrigte sich ein Eingehen auf die tieferen Gedankengänge von „Wirtschaft und Recht" und der ihm verwandten Schriften. Wir müssen aber diese Selbstbeschränkung ablehnen. Schon der Umstand, daß wir, vorsichtig, bisher nur von häufigen Fällen des Ineinanderfließens von Sozialpolitik und Rechtsreform sprachen, läßt darauf schließen, daß eine restlose Gleichsetzung von Sozial- und Rechtspolitik nicht in unserer Absicht liegt. Diese Frage soll übrigens erst durch das Ganze des vorliegenden Abschnitts geklärt werden, es genügt, sie an dieser Stelle auszusprechen und schon aus diesem Vorbehalt heraus Recht und Pflicht, die theoretischen Überlegungen fortzusetzen, abzuleiten.

Untersuchen wir immerhin einige bekanntere sozialpolitische Vorgänge daraufhin, welches als ihr eigentliches Wesen zu gelten hat, ob es sich formal im Rechte erschöpft; da ist etwa die Gewerkschaftspolitik.

Daß sie nicht unbedingt als Ziel ihre Einbürgerung in ein gegebenes Gesellschafts-, Staats- und Rechtssystem hat, geht aus dem Widerspruche hervor, den bisher noch die meisten Versuche, den Gewerkschaften die Rechtsfähigkeit zu verleihen, bei ihnen selbst gefunden haben; in einem tieferen, freilich in der Praxis nicht stets auffindbaren Sinne kann die Gewerkschaft als Vertreterin von Klassengefühlen und -interessen jene Einbürgerung überhaupt nicht wollen, im Gegenteil, sie sucht die von ihr vertretene Klasse zur Gesellschaft schlechthin zu machen (§ 52). Selbstverständlich ist nun damit, daß die Ablehnung zivil- und öffentlichrechtlicher Reformversuche seitens der meisten Gewerkschaften erwiesen wird, noch nicht dargetan, daß ihre Politik nicht auch auf rechtliche Bindungen und sonstige äußere Regelungen im Sinne Stammlers abziele oder solche wenigstens tatsächlich enthalte; solche Regelungen und Bindungen finden sich vielmehr in allen konkreten Äußerungen des Gewerkschaftsgedankens, in ihren Satzungen, Statuten, Organisationen, nicht zuletzt in ihrer Beamtenhierarchie; und selbst der Begriff der Gewerkschaft enthält in sich selbst, damit er überhaupt gedacht wird, Abgrenzungen nach außen, die man als äußere Regelungen ansprechen mag, ohne ihr Wesen dadurch zu erschöpfen. Es fragt sich nämlich, ob hierin das Wesentliche der Gewerkschaftsidee auch nur nach der formalen Seite hin enthalten sei, und man wird das ablehnen, wenn man die mit dieser Idee gedachten Erscheinungen in ihrem Wechsel und in ihrer steten Anpassung an neue Zwecke und Möglichkeiten ins Auge faßt (die man auch ohne metaphysische Teleologie verstehen kann). Hier schlägt ein, was in §§ 53 f. über Gewerkschaft und Gewerkschaftspolitik, insonderheit über die Umbildung des Berufs- zum Betriebsprinzip und damit Zusammenhängendes, ausgeführt wurde. Tiefer greift vielleicht ein Gedanke, der die (auch schon begründete) Parallele zwischen Kartell und Gewerkschaft verfolgt: man kann sich diese wirtschaftlich-sozialen Bildungen ohne jede Organisation vorstellen als stillschweigendes Übereinkommen zwischen solchen, die in gleicher Lage sind: wenn Waren- (oder Arbeits-) Verkäufer ganz form-, sang- und klanglos darin übereinstimmen, daß sie unter einem bestimmten Preis (oder Lohn) nicht verkaufen (oder arbeiten), so ist die Idee des Kartells (oder der Gewerkschaft) bereits praktisch ins Leben gesetzt; der Apparat, den sie sich in der Folge in größerem oder geringerem Umfang zulegen mag: der Gewerkschaftsführer und Syndikus, das Statut usw., — das sind Nebensachen und oft auch (siehe § 57) Nebenzwecke. Die bloße Übereinkunft aber als „äußere Regelung" zu bezeichnen, in dieser das formal Entscheidende und begrifflich Bestimmende einer gesellschaftlichen Handlungsweise zu sehen, wäre doch ebenso abwegig, wie wenn man mit den russischen revolutionären Sozialtheoretikern (Lenin) an ein auf Rechtsordnung völlig Verzicht leistendes rein-ökonomisches Abwicklungssystem sozialer Vorgänge glauben würde. (Der Wiener Staatsrechtslehrer Kelsen hat ausgezeichnete Gründe gegen diese Auffassung, die sich auf Marx stützen will, geltend gemacht. Seine Ausführungen über „Staat und Sozialismus" gestalten sich zu einer glänzenden Kritik der Hypothese von der „staatenlosen Gesellschaft"; sie beschäftigen uns noch, sollten hier nur zur Begründung der Ablehnung des, Stammler entgegengesetzten Extrems herangezogen werden.)

Oder die Gruppenbildung und die Organisationspolitik schlechthin; schon Simmel bat gewichtige Einwendungen gegen Stammler geltend gemacht, die originären Vorgänge der Gruppenentstehung sind durchaus nicht solche „äußerer Regelungen", die auch einmal ganz fehlen können und bei den unmittelbar biologisch begründeten Gruppen (den „Gemeinschaften" Tönnies', z. B. der Familie, s. § 75) sogar begrifflich oft fehlen. Die Vergesellschaftungsprozesse interessieren uns, nicht nur die Etappen, die sie durchlaufen und die in Sitten- und Rechtsgeschichte und der aus ihr entstehenden Philosophie erfaßt werden.

Das verträgt sich durchaus mit der in § 59 (am Schlusse) geäußerten Anschauung, wonach die in den Organisationen zusammengefaßten Zwecksetzungen der Individuen eigentliches Thema der Theorie sind.

Im Vergesellschaftungsprozeß aber liegt zugleich der tiefste Grund aller Organisationspolitik, die den Prozeß in dem Augenblick aufnimmt, wo er das Gebiet des Triebmäßigen, Unbeabsichtigten verläßt; „Politik" ist „motivierter Prozeß"; damit ist natürlich zumeist ein Eindringen in die Ebenen der äußeren Bindungen, Begrenzungen und Regelungen im Sinne Stammlers verbunden. Aber das sind nur sekundäre Vorgänge, und es ist ja schon gezeigt worden, daß Stammler diese scheinbare Übereinstimmung der Sozialpolitik mit seiner Theorie nicht eigentlich als Wahrheitsbeweis für sich gelten lassen darf.

Oder die sozialpolitischen Gebiete der Verteilung. Es ist nicht zufällig, daß Stammler (vgl. Anm. 125 von „Wirtschaft und Recht") der eigentliche Sinn der Rententheorie Ricardos verschlossen blieb; er glaubt, daß für das Entstehen der Grundrente (§ 47) die Überlassung des Bodens an einen anderen auf Grund eines Vertrags Voraussetzung, daß also auch hier die „äußere" (rechtliche) Regelung Bedingung der ökonomischen Tatsache sei; was Ricardo nur Veranlassung für seine Erkenntnis des eigentlichen, rein-ökonomischen und nicht-rechtlichen Gesetzes war, ist Stammler Voraussetzung des Gesetzes selbst.

Schon dieser Irrtum macht es wahrscheinlich, daß auch andere Gebiete der Verteilung, Lohn und Lohnpolitik etwa, weit unabhängiger von jenen „äußeren Regelungen" sind, als deren Schöpfer annahm. Nach dieser Richtung sei auf den ganzen Fünften Abschnitt verwiesen, der die Grenzlinie zwischen den drei in Frage kommenden Komplexen: gesellschaftlichen, rein-ökonomischen und juristischen Vorgängen, zu ziehen bemüht war. Gewiß ist Lohnpolitik als solche im heutigen Sinn an die rechtliche Voraussetzung des Privateigentums an den Produktionsmitteln ebenso wie an die (aber nur zum Teil!) daraus folgende gesellschaftliche Tatsache des besitzlosen Proletariats gebunden. Im einzelnen aber ergeben sich zahlreiche lohnpolitische Probleme, die sich (nicht einmal nur innerhalb dieses Rechtsrahmens) vollkommen frei bewegen und doch auch nicht ausschließlich technischer, sondern in hervorragendem Maße sozialer Natur sind; die aber keineswegs aus „äußeren Regelungen" heraus begriffen werden können. So entspringt der Tariflohn wohl unmittelbar dem Tarifvertrag; dieser aber war (siehe § 46) nur möglich auf Grund einer Nivellierung der Betriebsvorgänge, die ihrerseits viel mehr Funktion einer bestimmten Volkszahl und des Umfangs des Marktes als einer bestimmten Rechtsorientierung ist.

Endlich die Arbeitsteilung als sozialpolitisches Problem. Von ihr haben die §§ 15ff. gehandelt; dort ist, ähnlich wie das soeben für den Tariflohn ausgeführt wurde, auf den Zusammenhang zwischen der Bevölkerungsgröße und -dichte und dem Grade der Arbeitsteilung verwiesen worden. Ganz richtig unterscheidet Stammler zwischen Arbeitsteilung im technischen und ökonomischen Sinn, und es ist zugegeben, daß auch die Begriffsbestimmungen Büchers und Schmollers von der scharfen Fragestellung des Juristen gelegentlich lernen können. Wenn von dieser Seite aber aller Nachdruck auf die Frage der äußeren Regelung des arbeitsteiligen Zusammenarbeitens gelegt, der Schwerpunkt demnach vom Technisch-Ökonomischen weg auf das Recht verlegt wird (S. 231), so ist dem entgegenzuhalten: ein gewisses Maß von auf einen Punkt konzentrierten Arbeitskräften trägt in sich selbst bereits die Entscheidung für die Art der äußeren Regelung; die Quantität hat ihre eigenen, unbedingt zwingenden Gesetze; ohne Leitung und Autorität geht es beim Überschreiten dieses Maßes nicht mehr; damit gebiert der technisch-ökonomische Prozeß aus sich heraus die von Simmel schon geklärten soziologischen Formen der Unter- und Überordnung, diese sind keineswegs nur mehr Ausgeburt der Willkür, der Macht, des Monopols oder des Rechtes. Das gibt der Sozialpolitik dieser Probleme eine ganz bestimmte Richtung und das ist es, was vom Sozialismus so oft übersehen wird, was auch der von Sozialisten stark beeinflußte geistvolle Verfasser von „Wirtschaft und Recht" vernachlässigt. In den hieraus abgeleiteten sozialpolitischen Sonderfragen handelt es sich durchaus nicht immer und jedenfalls nicht stets in erster Linie um Fragen des Rechts oder der sonstigen „äußeren Regelung"; aber ebensowenig nur um technische Fragen der Arbeits- (Produktions-) Teilung und -Vereinigung; sondern im eigentlichen Sinne um gesellschaftliche und gesellschaftspolitische Probleme, um solche sui generis, dem Soziologen und Sozialpolitiker mindestens im gleichen Maße und aus eigenem Recht zugänglich wie dem Techniker oder dem Juristen.

Diese Beispiele, beliebig aus dem unerschöpflichen Stoff unserer Disziplin herausgegriffen, mögen genügen. Ihr Tenor lautet ausnahmslos dahin, daß es voreilig wäre, die Sozialpolitik der Rechtspolitik oder, noch allgemeiner, der Politik äußerer Regelung und Anpassung gleichzusetzen. Es gibt eigene Stoffe und auch eigene Methoden der Sozialpolitik, so gut wie der Wirtschaftspolitik und Sozialethik; und wir Volkswirte lehnen es ab, entweder nur Techniker oder nur Vollstrecker eines bestimmten Rechtsinhalts zu sein. Die Alternative ist mit „naturökonomisch" (technisch) und „sozialökonomisch" (innerhalb des Rechtsrahmens) nicht erschöpft.

Ein letzter Gesichtspunkt sei noch angebracht: Wenn die „äußere" — vorwiegend rechtliche — „Regelung" als Form gesellschaftlichen Geschehens gilt, so ist doch für die Sozialpolitik ein bestimmter Rechtszustand oft weit mehr Inhalt als Form. Wir wenden das nicht eigentlich gegen Stammler ein, aber es kann mittelbar als Beitrag zu der oben nur gestreiften Frage angesehen werden, ob denn die ausschließende Gleichsetzung von „äußerer (rechtlicher) Regelung" und „Form" sozialen Geschehens unbedingt richtig oder wenigstens ausreichend sei. Zweifellos (und hier stimmt Stammler durchaus zu) kann ein bestimmtes Recht entscheidend für einen bestimmten sozialen Inhalt und Zustand werden; in diesem Sinn hat Stammler das Privateigentum sogar, wie wir bei der Arbeitsteilung sahen, zu stark, als neben der Technik ausschließlich bestimmende Ursache, betont. Ebenso zweifellos ist ein großer Teil der Gesellschaft davon praktisch durchdrungen, daß Rechts- und Staatsreform auch den Inhalt des gesellschaftlichen Zusammenlebens grundsätzlich verändern müsse. Insofern war es wohl richtig, wenn Rechtsänderungen als möglicher Inhalt sozialpolitischer Strebungen hingestellt wurden. Bei solchen Gedankengängen kann man eine naive und eine überlegtere Lesart verzeichnen; die naive geht dahin, von der Rechtsänderung unmittelbar eine gesellschaftliche Vollwirkung, von der Abschaffung des Privateigentums etwa unmittelbar den Zugang zum Zukunftsstaat und Paradies zu erwarten. Die überlegtere, aber in der Betonung der Notwendigkeit von Rechts- und Staatsreform mit der naiven Auffassung im wesentlichen übereinstimmende Meinung rechnet mit längeren Zeiträumen des Übergangs, innerhalb deren sich auch die Gesellschaft und alle Einzelnen geändert und den neuen Rechtsverhältnissen angepaßt haben müssen.

Man verweist dann etwa darauf, daß der vom früheren Recht gezüchtete Sklaven- und Proletariergeist von einem neuen Geschlecht erst abgelegt werden müsse. Lili Braun legt dem Sozialistenführer Auer gute Worte dieser Art in den Mund (in den „Kampfjahren").

Sieht die erste, naive Auffassung im Recht und seiner Änderung den eigentlichen, geradezu materiell zu fassenden Ausgangs- und Zielpunkt jeder Sozialpolitik, so betont die überlegtere und psychologisch beeinflußte Meinung wohl mehr den gesellschaftlich-menschlichen Vorgang, für den die Rechtsänderung aber doch auch mehr als nur formale Voraussetzung ist. In jedem Falle reicht der Sozialpolitiker nicht mehr aus mit der Auffassung des Rechts als der formalen Seite der Vergesellschaftungsvorgänge.

Das greifen wir später auf, wenn vom Staate die Rede ist, den wir auch nicht mehr ausschließlich vom Standpunkt des Rechts aus beurteilen. Dann werden Gesichtspunkte, die der Erste Abschnitt bereits andeutete, weitergeführt werden müssen; aus dem sozio-geographischen Gedankengang heraus (§ 6) lassen sich z. B. ganz andere und sicher nicht weniger begründete Folgerungen für das Verhältnis zwischen Recht, Staat, Gesellschaft, Sozialpolitik ableiten.

Einstweilen genügte es, die bahnbrechende Gedankenarbeit eines Juristen auf ihre Ergiebigkeit für Grenzgebiete zwischen Rechts- und Sozialpolitik zu prüfen. So wenig wir uns (schon aus erkenntnistheoretischen Gründen) dem ausgegebenen Stichworte vom Rechte als „Form" sozialen Geschehens fügen konnten, so fruchtbar war es für die Untersuchung, die, auch soweit sie zu anderen Ergebnissen kam, der Leistung Stammlers verpflichtet bleibt.

(§ 62) 2. Privatrechtliche Stoffe der Sozialpolitik.

Es wird nicht beabsichtigt, die theoretisch-methodischen Auseinandersetzungen des vorigen Kapitels auf den gegenwärtig zu behandelnden Stoff im einzelnen anzuwenden. Einmal sind für jene Ausführungen an Ort und Stelle schon hinreichend Beispiele gegeben; dann aber erfordert es die Vielheit und Tiefe der sozialtheoretischen Einzelprobleme, ihnen durch eine ihrer jeweiligen Besonderheit Rechnung tragende Fragestellung gerecht zu werden und nicht etwa — wie das eine Monographie tun kann — von ein für allemal gegebenen Voraussetzungen auszugehen. So mag der Hinweis genügen, daß gerade die privatrechtlichen Stoffe ebensowohl in formeller wie in materieller Hinsicht Gegenstand der Sozialpolitik sein können; ein materieller Vorwurf wäre doch zum mindesten in der von Sozialpolitikern ernsthaft vertretenen Forderung der Aufhebung allen Privatrechts gegeben; denn von der Erfüllung dieser Forderung würden nicht nur die Formen gesellschaftlicher Vorgänge, sondern auch deren Inhalte berührt; große soziale Gruppen würden z. B. — und zwar unmittelbar — schon durch Aufhebung des privaten Gesellschaftsrechts gesprengt, die Abschaffung des „freien" Arbeitsvertrags würde bestehende Arbeitsgemeinschaften beendigen (ohne unbedingte Gewähr für Wiederaufnahme der Arbeit unter „sozialen" Bedingungen zu bieten). — Schwächere sozialpolitische Eingriffe ins System des Privatrechts mögen dagegen mehr wie Formveränderungen des gesellschaftlichen Lebens wirken, auf welche dieses durch Anpassung antwortet.

Im einzelnen gibt es hinreichend Übergänge; offen bleibt bei alledem die in § 61 wenigstens gestreifte Frage, ob die Scheidung von Form und Inhalt gesellschaftlicher und sozialpolitischer Vorgänge mehr wie ein methodisch-erkenntnistheoretisches Hilfsmittel ist und gegenüber der Einheit (wenn auch nicht Eindeutigkeit) sozialen Geschehens Bestand hat.

Augenscheinlich ist die Zahl privatrechtlicher Stoffe der sozialen Politik in dem Sinne unbegrenzt, daß an sich kein privatrechtliches Gebilde Anspruch darauf erheben kann, für die Ewigkeit gegründet zu sein und sich allen politischen Strebungen und Forderungen der Gesellschaft — das ist eben: der Sozialpolitik — zu entziehen. Die Historische Rechtsschule hat unseren Blick für das historisch Gegebene, (häufig organisch Gewachsene, nicht selten aber auch willkürlich Geschaffene) der Rechtsordnung geschärft; sie steht in dieser Richtung, was das objektive Recht angeht, in keinem unbedingten Gegensatze zum Naturrecht, nur hinsichtlich der Existenz eines subjektiven Rechts scheiden sich die Geister. Im weitesten Sinn des Wortes, der die Sozialpolitik als „Politik der Gesellschaft" begreift, geht jeder Satz des geschriebenen Rechts ebensosehr wie jede Übung des Gewohnheitsrechts auf einen gesellschaftspolitischen Akt zurück. Für den engeren Inhalt dessen, was „Sozialpolitik" heißt und was im allgemeinen unserer Darstellung zugrunde liegt, sind privatrechtliche Stoffe vor allem insoweit gegeben, als Beziehungen zwischen einzelnen Menschen geregelt werden.

Natürlich ist der Gegensatz hierzu nicht schlechthin Sachenrecht, obwohl zuzugeben ist, daß das Obligationenrecht ganz besonders wichtige Stoffe, so das in § 63 zu besprechende Recht des Dienstvertrags, enthält. Da aber im Sachenrecht über das Eigentum, da ferner im Familien- und

Erbrecht vorwiegend auch über Beziehungen zwischen Menschen entschieden wird, so gehören diese Dinge mit zu den möglichen Gegenständen einer speziellen Sozialpolitik. Enthält doch schließlich die Verfügung über eine Sache mittelbar eine Beziehung zu Menschen (als Vorbesitzern und Nachbesitzern der Sache und solchen, die von der Verfügung über die gleiche Sache ausgeschlossen werden). Im Fünften Abschnitt (§ 40) war uns das Eigentum an den sachlichen Produktionsmitteln vor allem unter dem Gesichtspunkt entgegengetreten, daß dadurch ein Machtverhältnis über solche begründet wird, welche kein Eigentum haben, aber doch leben und deshalb ihre Arbeit den Besitzenden zur Verfügung stellen müssen. Freilich ergab sich daneben eine reziproke, wenn auch schwächere Abhängigkeit des Kapitals von der Arbeitskraft.

So enthalten also die juristisch-systematischen Einteilungen des Rechts nur bedingungsweise ein Merkmal dafür, ob im Rechtsstoff in besonderem Maße sozialpolitisches Interesse liegt oder nicht. Die sozialpolitische Theorie aber kann ein solches allgemeingültiges Merkmal auch nicht schaffen, weil, wie wir sahen, die sozialpolitischen Absichten einen beliebigen Spielraum haben und von der breitesten Ausgestaltung des Privatrechts bis zu seiner völligen Verneinung spielen können.

Diese Negation scheidet einstweilen aus, sie wird in § 75 (Theorie der Sozialisierung) aufgegriffen. Ebenso entfällt fürs erste der Hauptgegenstand sozialpolitischer Einwirkung auf das Privatrecht: das Arbeitsrecht, dessen privatrechtliche Angelegenheiten § 63, dessen öffentlichrechtliche Fragen §§ 64, 65 besprechen. In beiden Fällen ist, soweit internationale Probleme berührt werden, auch § 67, ferner der Fünfte Abschnitt (§ 46: Tarifvertrag) und einzelnes aus anderen Abschnitten einschlägig.

Der hiermit schon sehr verengte Rahmen umschließt immerhin einige privatrechtliche Materien, die etwas eingehender dargestellt werden mögen. Von grundsätzlichem Belang ist zunächst die Stellungnahme des Sozialpolitikers zu dem, was oben als „subjektives Recht bezeichnet wurde, was als „wohlerworbenes Recht“ eine besondere Heraushebung erfährt.

Die Aberkennung solcher Rechte ist der sozialistischen Spielart der Sozialpolitik ebenso geläufig wie die Anerkennung, die sich dann freilich nicht selten auf das „Recht auf den vollen Arbeitsertrag“ zu beschränken pflegt, aber auch in dieser Gestalt noch ein „subjektives“ Recht würdigt. Man vergleiche für diese und ähnliche, hier nur im Vorbeigehen zu erörternde Fragen etwa die Arbeiten von Ferdinand Lassalle und Anton Menger. Die politische Auffassung muß gespalten sein, solange der naturrechtliche Standpunkt, häufig in recht naiver Aufmachung, einen großen Teil der Parteiprogramme beherrscht und vielen Fragen nur mit dem mangelhaften Rüstzeug des älteren Manchester-Liberalismus zu begegnen vermag. Darauf wird der Achte Abschnitt gelegentlich der Besprechung von kultur- und sozialpolitischen Zusammenhängen und Gegensätzen zurückkommen. Vorher nimmt schon § 66 hierauf Bezug.

Ein anderer Punkt betrifft die (bereits als flüssig gekennzeichneten) Grenzen zwischen Privat- und Öffentlichem Recht. Im ganzen herrscht in der heutigen sozialpolitischen Meinung die Absicht vor, den Geltungsbereich des Öffentlichen Rechts zu erweitern.

Das gilt nicht ausnahmslos, hinsichtlich der Kirche besteht z. B. die entgegengesetzte Neigung, und in einem weiteren Sinne grenzt Kirchen- und Kulturpolitik doch auch an die Sozialpolitik an. Sucht man eine wenigstens halbwegs gültige Formel für diese Grenzverschiebungen, so ist sie vielleicht damit gegeben, daß die materiellen Fragen der Sozialpolitik und der Volkswohlfahrt: Arbeitsvertrag, Soziale Hygiene, Wohnungswesen usw., mehr und mehr als öffentlichrechtliche Gegenstände erachtet werden. Das Gesellschaftsrecht, das Miet-, Pacht- und Siedlungsrecht, die Wuchergesetzgebung, gewisse Teile der Zwangs- und Planwirtschaft des Krieges und der Übergangszeit sind neben dem eigentlichen Arbeitsrecht Beleg für diese Anschauung. Von manchen von ihnen ist in der „Praxis der Sozialpolitik" zu sprechen; allgemeines sozialtheoretisches Interesse eignet ihnen wohl nicht, zudem handelt es sich z. B. beim Mietrecht heute mehr um die Übergangsvorschriften einer gestörten Wirtschaftsepoche als um grundlegende Theorien; eine mit allen Kräften betriebene, großzügige Wohnungserstellung wäre der beste Mieterschutz, auch ohne daß er unter der Flagge „Sozialpolitik" segeln müßte (§§ 34, 75).

Der eigentliche Prüfstein der sozialpolitischen Auffassung von privaten Rechtsverhältnissen ist im Arbeitsrecht gegeben. Dies Arbeitsrecht aber ist seinerseits nicht unabhängig von der Ansicht, die der Gesetzgeber über den Verkehr im allgemeinen, über Warenaustausch, Produktion und Zirkulation hat. Freie Privatwirtschaft und sozialpolitischer Zwangskurs schließen sich, wie der Achte Abschnitt zeigen wird, in vielen Hinsichten aus. Wenn die „freie" — das ist mechanisch unter dem Druck von Angebot und Nachfrage entstehende — Preisbildung den Waren- und Kapitalmarkt beherrscht, ist es nicht einfach, sie vom Arbeitsmarkt auszuschließen; ebensowenig leuchtete es theoretisch ein, wenn man vor dem Kriege wirtschaftliche Konzentration (Kartelle, Trusts) wollte, soziale (Gewerkschaften) ablehnte. Das hängt alles enge zusammen, so enge, daß heute viele Arbeitstarifverträge zugleich Warenpreisabreden enthalten und dem Kleingewerbe das Kartell ersetzen. Jeder Schritt zur weiteren Regelung des Arbeitsverhältnisses greift in privatwirtschaftliche und privatrechtliche Produktionsverhältnisse, nicht selten in subjektive, „wohlerworbene" Rechte ein.

Dabei mag hier gleich ein Doppeltes angemerkt werden: Einmal muß nach dem heutigen Wissensstand auch das „subjektive" und selbst das „wohlerworbene" Privatrecht als eine Schöpfung der Gesellschaft und des Staates gelten; sind bestimmte Stoffe der privatrechtlichen Regelung überlassen, so ist damit noch nicht gesagt, daß sie in aller Ewigkeit privatrechtlich zu bleiben haben. Neue Verhältnisse können eine juristische Neugestaltung nötig machen, wir werden dies im nächsten Kapitel bei Gelegenheit des Arbeitsvertrags und des Koalitionsrechts wahrnehmen. Auch die Entschädigung (bei Enteignung oder sonstiger Verletzung „wohlerworbener" Rechte) ist kaum als originäres „Menschenrecht" anzusehen; sie entspringt jedenfalls nicht nur dem absoluten Rechtsempfinden, sondern auch kluger Rechtspolitik.

Zum zweiten ist auch der private Rechtsstoff in einigen Punkten, die das bürgerliche Recht des Deutschen Reichs etwa in seinem § 138 festgelegt hat, der übergeordneten Rechtsauffassung der staatlichen Gesellschaft unterworfen. „Gute Sitten", „Treu und Glauben", „Sittlichkeit" sind solche übergeordnete Rechtsnormen.

Zumal die gewerbe- und kaufmannsgerichtliche Rechtsprechung hatte den Versuch unternommen, das Arbeitsrecht und benachbarte Materien mit solchen allgemeinen Rechtsgrundsätzen in Einklang zu bringen, für deren Anwendung sich u. a. Sinzheimer in seiner „Soziologischen Rechtsmethode" einsetzte. So hatte man schon vor dem Umsturze niedrige Löhne mit dem Hinweis auf die „guten Sitten" gerichtlich angefochten. So bemerkenswert der Versuch war, so bleibt auf der anderen Seite doch offen, ob man nicht — wiederum in der Sondergerichtsbarkeit — in der Behandlung von Rechtsstoffen lediglich nach Billigkeitsgesichtspunkten zu weit gegangen ist. Es drohte das Rechtsbewußtsein unter dem Berge von Vergleichen gedämpft zu werden, die das Gesetz selbst nahelegte, durch die aber die klare Entscheidung auch da, wo sie an sich möglich war, oft umgangen wurde. War diese Möglichkeit schon früher gegeben, so bedeutet sie heute, wo sich die Machtverhältnisse im sozialen Leben so gründlich verschoben haben, eine entscheidende Gefahr für die Entwicklung des Rechts und der Sozialpolitik. Die dem einzelnen isolierten Arbeitnehmer gegenüber mit Recht betonten Billigkeitserwägungen sind dem Mitgliede einer starken Organisation oder dieser selbst gegenüber nicht immer am Platz; Tarifverträge und ähnliche Abmachungen können auch nur an Geltung gewinnen, wenn auf beiden Seiten die Tatsache des Vertragsbruchs durch keinen Vergleich verhüllt wird.

Das alles hat die „Praxis der Sozialpolitik" und die „Wohlfahrtspflege" (Zimmermann) im einzelnen zu belegen, gelegentlich auch geschichtlich und statistisch zu erhärten. Für die „Theorie" genügt Standortmarkierung.

Schließlich mag einer etwas ferner liegenden Erwägung Raum gegeben werden. Alle privatrechtliche Ordnung moderner Gesellschaften gründet sich auf eine gewisse Stetigkeit des Geldes, dieses entscheidenden Inhalts fast aller Verträge.

Jene Stetigkeit soll erreicht werden, indem das Geld — besonders soweit es offizielles Schuldtilgungsmittel ist — durch öffentlichrechtliche Einrichtungen (Währung usw.) gesichert wird, der Staat zugleich dem Zentralgeldinstitut gewisse Auflagen hinsichtlich der Papiergeldschöpfung macht. Unsere Zeit ist in bemerkenswerter Weise an der Arbeit, diese öffentlichrechtlichen Sicherheitsmaßnahmen abzubauen und dem Schuldner gegenüber dem Gläubiger Vorteile zuzuwenden; die Folge ist, daß privatrechtliche Vereinbarungen über Kredit, Rechengeld, Geldsurrogate, Naturallohn usw. Platz greifen, daß das Geld gewissermaßen, wie in primitiven Zeiten, zur privaten Angelegenheit der Gesellschaft wird. Natürlich hindern früher besprochene sozialpolitische Maßnahmen („Gleitende Lohnskalen" der neueren Art usw.) diese Entwicklung nicht im geringsten. Theoretisch ist wichtig, daß auf diese Weise die Privatrechtssphäre eine außerordentliche Erweiterung erfährt, und dies oft geradezu mit Mitteln, die als sozialistisch gelten: Arbeitsausstände, Lohnerhöhung, bestimmte Formen der Steuergesetzgebung usw. Die Sozialpolitik kann hier, richtig erfaßt, sich auf die Dauer nicht mit mehr oder weniger hilflosen Augenblicksmitteln abgeben; wenn eine Steuergesetzgebung mit ihrer unvermeidlichen Inflation die Erhöhung der Gehälter und Arbeitslöhne erzwingt und dieser Erhöhung von vornherein im Budget des Staates und der Gemeinden Rechnung getragen wird, so mag das in der Praxis wohlgefällig als „Sozialpolitik" bezeichnet werden; dem Theoretiker aber scheint hier die wahre Sozialpolitik nur auf dem Weg über Wirtschafts- und Finanzpolitik möglich zu sein. Andere Teile des Handbuchs haben sich hiermit im einzelnen zu befassen, uns genügte, auf die grundsätzliche Verschiebung der Rechtsunterlagen durch Veränderung des Geldwerts aufmerksam zu machen.

(§ 63) 3. Fortsetzung; insbesondere das Privatrecht des Arbeitsverhältnisses und seine Fortbildung.

Das Arbeitsverhältnis steht, ohne sie doch auszufüllen, derart im Mittelpunkt jeder Sozialpolitik, daß es an den verschiedensten Stellen unserer „Theorie", seines Erkenntnisinhaltes wegen oder wenigstens als Beispiel und Beleg, herangezogen wurde.

In besonderem Maße gaben sich der Zweite und Fünfte Abschnitt mit ihm ab; insoweit es Grundlage der wichtigsten sozialpolitischen Organisationen ist, hatte der Sechste Abschnitt dabei zu verweilen, der Dritte aber behandelte im Arbeitsmarkt und Arbeitsnachweis sowie in der Arbeitslosigkeit wesentliche, gelegentlich supplementäre Stoffe des Arbeitsverhältnisses, das dort im Bilde der „Arbeitskonsumtion" aufgefaßt worden war. Und auch die im Fünften Abschnitt dargestellten Lebenshaltungsfragen hängen mit dem Arbeitsverhältnisse zusammen, so daß dies — wenn man einige mehr beispielsweise Erwähnungen des Ersten, einleitenden Abschnitts hinzunimmt — eigentlich überall eine, freilich wechselnde Rolle gespielt hat. Ähnliches wird auch für die noch ausstehenden Abschnitte dieses Theoretischen Teils gelten. Dennoch bleibt hier, vom Rechtsstandpunkt aus, einiges Besondere zu besprechen.

Vom Arbeitsverhältnis interessiert einstweilen erst der privatrechtliche Teil, während die öffentlichrechtlichen Gesichtspunkte in den anschließenden Kapiteln zu ihrem Recht gelangen sollen.

Es ist daran zu erinnern, daß die Trennung zwischen Privatem und Öffentlichem Recht gerade bei diesem Stoffe schwer durchzuführen ist und unausgesetzten Verschiebungen unterliegt. Dabei treten zahlreiche zwingende Normen einstweilen noch in privatrechtlichem Gewande auf. Nun kann es natürlich nicht Sache einer „Theorie der Sozialpolitik" sein, alle einzeln ermittelten arbeitsrechtlichen Fragen daraufhin zu prüfen, inwieweit sie privat- und öffentlichrechtlichen Inhalts sind und etwa einer verstärkten öffentlichrechtlichen Regelung entgegengehen. Das ist eine juristische Angelegenheit, und das Arbeitsrecht ist nach der einzigartigen Leistung Lotmars auf dem Wege dazu, ein bevorzugter Stoff der reinen und angewandten Rechtslehre zu werden.

Die Sache liegt so: die gesetzgeberischen Eingriffe und die Rechtsprechung schaffen den sozialpolitischen Stoff unausgesetzt in einen sozialrechtlichen um, wobei auch das theoretische Interesse unaufhörlich einen Wandel durchmacht. Rechtsschöpfung und -auslegung (die ja auch oft an Schöpfung angrenzt) arbeiten dann mit dem alten sozialpolitischen Stoffe, aber die theoretischen Erkenntnisziele und -methoden werden andere. Der Jurist wandelt in den Spuren des Politikers. Die eigentliche sozialpolitische Theorie wird sich alsdann bescheiden, gegebenenfalls auf neue, ihr eigentümliche Materien zurückziehen. Nur in dem — freilich häufigen — Falle, daß die Rechtsschöpfung und -auslegung mit gegebenen gesellschaftlichen oder wirtschaftlichen Tatsachen in Konflikt kommt, wird der Sozialpolitiker sich den von ihm freiwillig abgegebenen Stoffen (die er natürlich nie ganz aus dem Auge verloren hat) wieder zuwenden.

Das ist z. B. der Fall bei den Bemühungen des Reichsgerichts, eine mittlere Linie zwischen Organisationsfreiheit und Organisationszwang zu finden (siehe § 57); oder es traf zu bei der ebenfalls reichsgerichtlichen Auslegung des Erpressungsparagraphen, die geregelte Streik- und Tarifverhandlungen unmöglich zu machen drohte (§ 54).

In diesem Sinn ist heute eine Veranlassung zumal für den deutschen Sozialpolitiker durch die etwas sprunghafte Gesetzgebung auf dem ganzen Gebiet des Arbeitsverhältnisses gegeben. Es ist keineswegs nur eine juristische Aufgabe, zu prüfen, inwieweit dieses Arbeitsverhältnis noch heute in seinem privatrechtlichen Kern unberührt ist. Stellt der Sozialpolitiker die Frage so, so denkt er (im Sinn der Ausführungen am Schlusse des vorigen Kapitels) zugleich als Ökonom und Soziologe und prüft, inwieweit die Umbiegung privatrechtlicher zu öffentlichrechtlichen Stoffen des sozialen Lebens ihre Parallele im wirtschaftlichen Leben und in der Gesellschaft findet, gegebenenfalls noch finden muß; ob, mit anderen Worten, der sozialpolitische Zwang (darauf läuft Öffentliches Recht zumeist hinaus) mit wirtschaftspolitischer Freiheit und Selbstbehauptung des Individuums im Gesellschaftsleben überhaupt noch verträglich ist. Manche glauben dies, ohne sich freilich allzusehr nach Gründen umzusehen.

Für die tiefere sozialpolitische Auffassung ist nun eines wichtig: die privatrechtliche Regelung eines gesellschaftlichen Stoffes ist vorzugsweise auf der Vertragsfreiheit begründet, gibt aber da, wo diese besteht, noch keineswegs Gewähr dafür, daß nun auch wirklich die Individuen in tatsächlich freier Verfügung ihre Verhältnisse ordnen.

Die Gleichsetzung von Vertragsfreiheit und tatsächlicher Freiheit war zweifellos ein grundlegender psychologischer Fehler des Naturrechts und der Klassischen Nationalökonomie gewesen. Wir verweisen in dieser Hinsicht auf Alles, was der Sechste Abschnitt und insbesondere § 57 über Organisationszwang ausführte. Der „rechtlich" freie Arbeiter genießt nach Brentanos berühmtem Satze (der freilich einer gewissen Einschränkung bedarf) „Vogelfreiheit". Und zweifellos ist ein erheblicher Teil aller Zwangsnormen des Arbeitsrechts, die dieses heute fast schon zum Öffentlichen Recht machen, zu dem Zwecke erdacht, etwas Reales an Stelle des Phantoms der Vertragsfreiheit zu setzen.

Aber diese Normen und die ihnen gleichgerichteten Organisationsmächte sind doch auch ihrerseits weit genug vom Freiheitsideal entfernt; sie begründen die Bindung der freien Bewegung des Einzelnen allenfalls dadurch, daß sie auf die solidarischen Gruppenzwecke verweisen, vertauschen aber im Grunde oft nur die Fesseln und Gefängniszellen. Das Diktat des Arbeitgebers mag härter und rücksichtsloser sein als das des Gewerkschaftsführers; auch dieses ist Diktat und verbietet die Willkür, die dem Einzelnen eben doch die „Freiheit" ist, „die er meint". In diesem Zusammenhang ist nun ein Umstand wichtig: bis auf weiteres beruhen auch die gewerkschaftlichen und sonstigen sozialpolitischen Organisationen auf Verträgen, also auch auf dem Grundsatz der Vertragsfreiheit; daß das in der Praxis häufig ebensowenig wie bei den Unternehmerverbänden und Kartellen zutrifft, daß der Satz vom Bruder, dem man bei Nichtwillfährigkeit den Schädel einschlägt, in erheblichem Umfang gilt, daß überhaupt eine andere, mehr öffentlichrechtliche Regelung (von ihr unten) möglich ist —: das tut der erwähnten, grundsätzlichen Einstellung auf die Vertragsfreiheit keinen Eintrag, ihre Bedingung ist nur, daß die Fesseln des Koalitionsrechts gefallen sind. Die Vertragsfreiheit beherrscht also auch die formalrechtliche Seite der Organisationspolitik; und die Frage liegt nicht fern, ob der Irrtum, der für Naturrecht und Klassische Nationalökonomie allgemein anerkannt wird, heute nicht gegenüber dem unterläuft, was man, mehrdeutig, Koalitions-„Freiheit" nennt.

Besteht nicht hier dieselbe Unstimmigkeit zwischen rechtlichem und tatsächlichem Verhalten, die hinsichtlich des „freien" Arbeitsvertrags so verhängnisvoll wurde? Sind nicht auch hier die tatsächlichen Bindungen stärker als alle Willkür, entscheidet das Gruppeninteresse nicht auch über das Individualinteresse? Der aus Solidaritätsrücksichten erfolgende Zwang zum Eintritt in die Organisation ist sittlich gewiß anders zu bewerten als der Druck der Hungerpeitsche, der bei ungenügendem Lohn das Aushalten in der Fabrik erzwang; in beiden Fällen aber entscheidet sozialer Zwang und nicht ein Rechtsgrundsatz, wie „Freier Arbeitsvertrag" und „Koalitionsrecht", über das Verhalten der Einzelnen.

Das Privatrecht des Arbeitsverhältnisses, von dem dieses Kapitel vorzugsweise handelt, beruht im letzten Grunde auf einer formalen Wahlfreiheit; diese Freiheit, zu wählen, besteht an sich

1. im Hinblick darauf, ob ein Arbeitsverhältnis eingegangen werden soll,
2. im Hinblick auf den Betrieb und auf die Person des Arbeitnehmers, zwischen denen ein Vertrag geschlossen oder aufgelöst werden soll,
3. im Hinblick auf die gesamten Arbeitsbedingungen, zumal den Arbeitslohn,
4. im Hinblick auf die Anerkennung oder Nichtanerkennung von Gruppeninteressen, d. i. hier: gleichgerichteter Interessen von Arbeitgebern bzw. Arbeitnehmern beim Vertragsschluß und
5. im Hinblick darauf, wie, wenn solche Interessen vom Wählenden als für ihn bindend anerkannt werden, die Solidarität bekundet werden soll und darf.

Mit den drei ersten Gesichtspunkten hat es der Arbeitsvertrag, mit den beiden letzten die Koalitionsabrede zu tun. Der bereits eingehend gewürdigte Tarifvertrag entspringt der Koalitionsabrede und gewinnt in der in § 46 näher gekennzeichneten Weise Einfluß auf den Arbeitsvertrag. Hinsichtlich vieler angrenzender Überlegungen kann gleichfalls auf das erwähnte Kapitel verwiesen werden. Insoweit das Arbeitsverhältnis etwas Gegenständliches ist, scheidet es hier überhaupt aus, wo nur die Beziehung seiner reinen Rechtsform zur Sozialpolitik interessiert.

Das starke Gefühl dafür, daß diese reine Rechtsform längst nicht mehr mit dem sozialen Gebilde, das auszudrücken sie vorgibt, übereinstimmt, hat den Arbeiterschutz im weitesten Sinne ins Leben gerufen. Er ist Gegenstand öffentlichrechtlicher Regelung und beschäftigt unten § 65. In gewissem Sinne schließt sich dem Arbeiterschutz die an gleicher Stelle zu besprechende Arbeiterversicherung an. Das Recht des Arbeitsverhältnisses, so wie es in Deutschland und in den meisten Ländern ähnlicher wirtschaftlicher und sozialer Lage bis zum Kriege bestand, erfuhr vor allem dadurch erhebliche Einschränkungen der Wahlfreiheit, daß Punkt 3 (Arbeitsbedingungen) nun nicht mehr freigegeben, sondern in einer Reihe von Hinsichten zwingend festgelegt war; aber auch Punkt 1 (Eingehung eines Arbeitsverhältnisses) war nun nicht mehr für alle Gegenstand der Willkür; insbesondere Frauen und Kinder unterlagen Einschränkungen, sinngemäß wurde Punkt 2 (Wahl des Betriebs bzw. des Arbeitnehmers) beeinflußt.

Die Koalitionsabrede selbst (Punkt 4) war durch § 152 Gewerbeordnung außer Strafe gestellt worden. Während die Wahlfreiheit beim Arbeitsvertrag durch zwingendes Recht eingeengt wurde, blieb die Wahlfreiheit der Koalitionsabrede (Punkt 5) zunächst insofern beschränkt, als in § 153 Gewerbeordnung einige Streikhandlungen unter Ausnahmerecht gestellt waren und der Abrede selbst die regelmäßige obligatorische Bindekraft versagt blieb (§ 152 Abs. 2 a. a. O.). § 153 fiel, § 152 Abs. 2 ist sicherer Todeskandidat, ohne daß vorauszusehen wäre, ob und welche neuen Beschränkungen an seine Stelle treten. Im ganzen gewannen Punkt 4 und 5 der obigen Zusammenstellung an Entwicklungsmöglichkeit in dem Maße, in dem Punkt 1—3 eingeengt wurden.

Es begann sich aus der freigegebenen Koalitionsabrede das „Streikrecht" als wesentlichster Inhalt abzusondern.

Dem Privatrecht des Arbeitsverhältnisses gehört es insofern an, als seine äußere Betätigung lediglich durch Lösung des Arbeitsverhältnisses (gleichgültig, ob mit oder ohne Kontraktbruch) vor sich geht. Rechtlich wird solche Lösung als Vertragslösung gelten müssen, auch wenn (§ 54) das nicht immer deutlich gesagt wird. Der Ausstand tritt als solcher rechtlich überhaupt nicht in die Erscheinung, er wird gewissermaßen nur statistisch aus der größeren oder kleineren Zahl gleichzeitiger Auflösungen von Arbeitsverhältnissen wahrgenommen; aber auch insofern, als der Streik die Arbeitsbedingungen, also das einzelne private Arbeitsverhältnis selbst gewaltsam zu ändern unternimmt, ist er privatrechtlich auf das Arbeitsverhältnis zu beziehen. Dieses (als der Inbegriff der Arbeitsbedingungen) ist insofern Ziel und Inhalt der Streikbewegung.

Hier lebt die im vorigen Kapitel gestreifte Frage auf, ob ein „Streikrecht" als „natürliches Recht" zu bejahen sei, wofür allenfalls auch die negative Fassung des obenerwähnten § 152 Gewerbeordnung geltend gemacht werden könnte; hiernach ist die Koalition etwas „Unverbotenes", also dem positiven Recht Fremdes, woraus man ihren naturrechtlichen Inhalt folgern könnte. Die Naturrechtstheorie vermag in ihren berufensten Vertretern darüber keine schlüssige Aufklärung zu geben, weil zur Zeit ihrer Blüte die Bedingungen des Streiks — insbesondere der „freie" Arbeitsvertrag — erst vereinzelt gegeben waren. Folgerichtig hat die naturrechtlich beeinflußte erste französische Revolution des Streikrecht verneint.

Um so eifriger haben neuere Vertreter des Naturrechts den subjektiven Ursprung des „Streikrechts" in den „Allgemeinen Menschenrechten" sehen wollen, ohne freilich Beweisgründe hierfür vorbringen zu können. Demgegenüber gibt es die sehr begründete Auffassung, daß es die Gesellschaft selbst sei, die ihren Mitgliedern Umfang und Mittel ihrer Betätigung — auch in bezug auf den Streik — vorschreiben könne, eine organische Auffassung, wie sie im Ersten Abschnitt dargelegt wurde. Wer sie grundsätzlich teilt, sie lediglich für eine rein kapitalistisch-privatwirtschaftliche Wirtschaftsform (nicht ganz ohne Grund) bezweifelt, der muß das „subjektive Streikrecht“ doch mindestens von der sozialistischen Gesellschaft ausschließen; es gibt aber genug Sozialisten, die selbst diese Selbstverständlichkeit als ein Verbrechen gegen die „Menschenrechte“ brandmarken würden; individualistische und kollektivistische Anschauungen liegen einmal, aller Programme und Manifeste ungeachtet, in ewigem Streit, auch innerhalb der sozialistischen Weltanschauung.

Die Möglichkeit sozialpolitischer Einwirkung auf Koalitionsabrede und „Streikrecht“ kann hier nur grundsätzlich erwogen werden; sicher stellt die „Technische Nothilfe“ keine Lösung der Frage dar; sie ist, so sehr man ihre Leistungen schätzen wird, theoretisch wirklich nicht anders denn als Notstandsaktion einer gestörten Gesellschaft aufzufassen. Viel tiefer dringt diese Überlegung: aus dem Eindringen öffentlichrechtlicher Zwangsnormen in das Privatrecht des Arbeitsverhältnisses kann ein öffentlichrechtlicher Rahmen erstehen, innerhalb dessen sich das private „Streikrecht“ bescheiden muß. Die oben gekennzeichnete Entwicklung, wonach das eigentliche Arbeitsrecht ständig weniger frei, die Koalitionsabrede aber mit all ihren Begleiterscheinungen immer mehr der privaten Willkür überantwortet wurde, hat vom Standpunkt der Gesellschaft, des Staates und des Gemeinwohls aus ihre Grenze. Praktisch liegt die Sache übrigens auch so, daß die öffentlichrechtliche Beeinflussung des Arbeitsverhältnisses an sich eine große Menge von Streikstoff beseitigt haben müßte.

Mittel, die sich im einzelnen bieten mögen, wird die „Praxis der Sozialpolitik“ aufführen; das alles sind teils historische Gegebenheiten, teils sehr gegenständliche Überlegungen, die von der Theorie abführen. Wenn diese den Standort der Streikverhütung einwandfrei darzulegen und ihre theoretische Zulässigkeit, ja Notwendigkeit zu zeigen vermag, hat sie genug getan. Es scheint, als ob der erwähnte Hinweis auf das Vordringen der Zwangsnormen im Arbeitsverhältnis die theoretische Rechtfertigung bietet. Unbedingte und ungehemmte Wahlfreiheit im Arbeitsverhältnis verlangte als Gegengewicht freieste Gestaltung des Koalitionsrechts; übernimmt es die als Staat organisierte Gesellschaft, entscheidende Teile des Arbeitsverhältnisses der Willkür und Wahlfreiheit des (im allgemeinen) Stärkeren, d. i. des Arbeitgebers, zu entziehen, dann hat die gleiche Gesellschaft und der gleiche Staat begründeten Anspruch darauf, die Allgemeininteressen gegenüber einer willkürlichen Wahlfreiheit in den Mitteln und Zielen der Koalition zur Geltung zu bringen, eine wahrhaft unsoziale Streikmanie zu bekämpfen. Hier steht dann wohlverstandener Sozialismus gegen atomisierenden Individualismus, der fast naturnotwendig in Anarchie ausartet. Diese Anarchie wirkt ebenso notwendig zerstörend in einem Wirtschaftsgefüge, das auf intensivster Arbeitsteilung aufgebaut ist und hierzu der Dauerleistung nicht nur der „lebenswichtigen“ Betriebe bedarf. Mag die Streikverhütung praktisch zunächst diesen gegenüber Platz greifen: in einem tieferen Sinn ist die Unterscheidung „lebenswichtiger“ Betriebe angesichts der engen Verwebung aller arbeitsteiligen Vorgänge kaum haltbar, kann die Streikverhütung auf die Dauer auf diese nicht beschränkt bleiben.

Das Eindringen öffentlichrechtlicher Zwangsnormen in das Arbeitsverhältnis ist im Kriege und seit dem Umsturz in wesentlich beschleunigterem Maße vor sich gegangen.

Die Anerkennung des Tarifvertrags, die Bestimmungen über Einstellung und Entlassung von Arbeitnehmern, die Ausgestaltung des „Mitbestimmungsrechts" der Arbeitnehmer, das Betriebsrätegesetz und vieles andere, — es sind Etappen auf einem klar vorgezeichneten Wege. Im einzelnen sind sie in der „Praxis der Sozialpolitik" näher zu beschreiben, gegebenenfalls kritisch zu beleuchten. Die Tendenz selbst ist deutlich, ihre Gestaltungskraft sehr stark, — um so verhängnisvoller wäre ihr Versagen in den obenerwähnten Hinsichten der Streikverhütung und der öffentlichrechtlichen Umrahmung des Koalitionsrechts. Viele wertvolle rechts- und sozialpolitische Gedanken liegen beinahe überall an der Oberfläche, nicht immer haben sie die nötige, von äußeren Druckmomenten freie Ausreifung erfahren.

Die in § 21 erläuterten vorläufigen Gesichtspunkte der Arbeitsverfassung und Arbeitsgemeinschaft, einer wahrhaft soziologischen Auffassung des Arbeitsvorgangs, treten in den Vordergrund. Sie bedeuten im allgemeinen weitere Einengung der Privatrechtssphäre, weiteren Verzicht des Einzelnen auf Wahlfreiheit. Sie sind zugleich, wie schon das letzte Kapitel andeutete, auf die Dauer ohne parallele Reformen in Wirtschaft, Staat und Gesellschaft undenkbar, erzwingen solche z. T. sogar unmittelbar: so gab der sozialpolitische Gedanke der Betriebsräte dem Problem des ständischen Aufbaues neben der formal-demokratischen Verfassung einen gewaltigen Anstoß; „Wirtschaftsräte" ergaben sich als selbstverständliche Weiterung.

Die letzten gesellschaftlichen, vielleicht biologischen Folgen dieses Prozesses liegen freilich auf anderem Blatt. Machte die unbeschränkte Wahlfreiheit im Arbeitsverhältnis das privatwirtschaftliche System erst möglich, zeitigte sie neben großen Mängeln und Unausgeglichenheiten (den Streiks z. B.!) doch auch große und größte Erfolge: so bleibt einstweilen offen, was die organisierten Kräfte der Gesellschaft an die Stelle dieser persönlichen Leistungen setzen werden.

(§ 64) 4. Öffentlichrechtliche Stoffe der Sozialpolitik; Abgrenzung von der Wohlfahrtspolitik.

Die praktisch wichtigsten öffentlichrechtlichen Gebiete der Sozialpolitik: Arbeiterschutz und Arbeiterversicherung, scheiden einstweilen aus, um im nächsten Kapitel einer eingehenderen Würdigung unterzogen zu werden. Augenblicklich handelt es sich um eine grundsätzliche Orientierung über die öffentlichrechtlichen Gesichtspunkte der Sozialpolitik mit dem Nebenzwecke, die Wohlfahrtspflege und Wohlfahrtspolitik theoretisch von der Sozialpolitik abzusondern; das letztere empfiehlt sich auch aus einem systematischen Grunde: Wohlfahrtspflege und Wohlfahrtspolitik sind nämlich Gegenstand zweier anderer Bände unseres Handbuchs: vor allem des gleichnamigen von Zimmermann, dann mittelbar auch jenes von Elster über „Bevölkerungspolitik und Gesellschaftshygiene". Es liegt nahe, auch über die zuletzt genannten Gegenstände und ihre theoretische Abgrenzung von der Sozialpolitik einiges zu verlautbaren.

In dem schon wiederholt erwähnten weitesten Begriff von der Sozialpolitik als sozialer, das ganze gesellschaftliche und wirtschaftliche Gefüge durchdringender Politik kann wohl fast jeder öffentlichrechtliche Stoff als sozialpolitisch beeinflußt oder wenigstens beeinflußbar bezeichnet werden. Selbst das Staats- und Kirchenrecht, diese Hochburgen des Öffentlichen Rechts, sind mindestens in dem Sinne Gegenstände einer weitgespannten Sozialpolitik, als Staat und Kirche soziale Gebilde, und zwar entweder organische Formen oder Zweckgebilde der Gesellschaft — oder beides — sind (§ 75). Die bis in die Gegenwart reichenden Kämpfe um die Staatsform und die früher besonders heftigen kirchenpolitischen Auseinandersetzungen sind insofern sozialpolitisch motiviert; das zeigte sich auch bei den jüngsten „Kulturkämpfen"; natürlich wird man es aber ablehnen, mit der von Kautsky am folgerichtigsten vertretenen materialistischen Geschichtsauffassung alle geistigen Kämpfe, die Revolution und Gegenrevolution etwa, ausschließlich ökonomisch begreifen zu wollen; die Sozialpolitik im erwähnten Sinne reicht eben weit über da Wirtschaftliche hinaus (s. a. § 68).

Daß wir Veranlassung haben, den Begriff der Sozialpolitik enger zu fassen, ist deutlich. Ja, wir werden, vor allem in der „Praxis der Sozialpolitik", deren Arbeitsgebiet sogar noch enger begrenzen müssen, als die heutige Übung im allgemeinen will; freilich gibt es für diese Übung keine sicheren Maßstäbe; denn die ressortmäßige Verteilung sozialpolitischer Stoffe ist bei Reichs-, Staats- und Gemeindebehörden eine sehr ungleiche und wenig organische. Das Arbeitsgebiet des Reichsarbeitsministeriums unterscheidet sich durchaus von dem des preußischen Wohlfahrtsministeriums oder des bayerischen Ministeriums für soziale Fürsorge; nur insofern besteht eine gewisse Übereinstimmung, als man aus den überlasteten Innenministerien mehr oder weniger wahllos Stoffe „sozialpolitischen" Gepräges herausgenommen und sie mit verwandten Gegenständen anderer Zentralstellen vereinigt hat, wobei im Reich noch der Umweg über das einige Jahre früher geschaffene Wirtschaftsministerium gemacht werden mußte. Die Unstimmigkeit prägt sich nicht zuletzt auch auf dem Gebiete der statistischen Verwaltung aus. War die Instanzenverteilung im alten Preußen eine recht organische, im alten Reiche schon eine ziemlich systemlose gewesen, so ist es heute in der Tat unmöglich, aus verwaltungstechnischen Abgrenzungen theoretische zu gewinnen. Sicher ist diese mangelhafte Systematik der öffentlichrechtlichen Organe für ihre praktisch-sozialpolitische Arbeit kein Vorteil, und schon früher mußte bezweifelt werden, ob die Gegenwart mit ihren engsten Zusammenhängen zwischen Wirtschafts- und Sozialpolitik die richtige Zeit für eine Trennung der zuständigen Zentralstellen darstellt.

So hat also die Theorie an der Praxis wenig Stütze und muß eigene Wege gehen. Ohne eine gewisse Willkür wird sie ihr Ziel freilich auch nicht erreichen. Aber gerade der Begriff des Öffentlichen Rechts, das gegenwärtig zur Behandlung steht, weist vielleicht auf die Möglichkeit einer Scheidung zwischen Sozialpolitik in engerem (wenn man will: engsten) Sinne und Wohlfahrtspolitik hin: dergestalt, daß „Wohlfahrt" natürlich auch Ziel dieser verengten Sozialpolitik ist, eine Trennung von der Wohlfahrtspolitik aber durch Zuweisung der meisten fakultativen, vom Recht weniger berührten Gebieten an diese vorgenommen wird; die rechtlich zu fixierenden Stoffe wären demgegenüber in höherem Maße der Sozialpolitik vorzubehalten. Bis zu einem gewissen Grad obliegt alsdann der Sozialpolitik mehr die gruppenweise, der Wohlfahrtspflege mehr die individuelle Fürsorge (s. auch § 66).

Augenscheinlich sind das flüssige Unterscheidungen; jede mögliche Gesellschaftslage kann besondere Bedürfnisse für eine Betonung der „Wohlfahrts-" oder der „Sozial"politik haben, kann den Kreis der freiwilligen Handlungen verengern oder erweitern; man denke nur an die Grenzen zwischen Sozialversicherung und Armenpflege, die heute durch Erwerbslosenfürsorge und erweiterte Wohlfahrtsmaßnahmen eher noch verwischt werden; im ganzen wird ein individualistisch beeinflußtes System mehr Wert auf Wohlfahrtspolitik im erwähnten Sinne, ein mehr gemeinwirtschaftliches System mehr Nachdruck auf Sozialpolitik legen, in der ein an sich gleicher Stoff nicht mehr nach subjektiven und augenblicklichen Bedürfnissen frei geformt wird, sondern in Rechtssätzen erstarrt und wohl auch (wie in der Versicherung gegenüber der Armenpflege) umfangreiche subjektive Rechtsansprüche schafft. Auf dem Gebiete der Lohnpolitik, des Wohnungswesens, des Einigungs- und Schiedswesens erleben wir einen fast unausgesetzten Wechsel der Anschauung.

Deutlich gliedert sich der „Freien Wirtschaft" eine umfangreichere Wohlfahrtspflege an, um so die eingestandenen Nachteile und Schattenseiten der ungebundenen Preis- und Marktbildung auszugleichen; in der Planwirtschaft müßte hingegen die „Wohlfahrtspolitik" als gesonderter Teil der öffentlichen Tätigkeit mehr oder weniger verschwinden, mindestens zurücktreten; „Sozialpolitik" nähme ihre Stelle ein, die Regeln freiwilliger Liebestätigkeit würden zu Sätzen des objektiven Rechts, denen auf Seite der Begünstigten wahrscheinlich (aber nicht unbedingt!) subjektive Rechtsansprüche entsprechen würden.

Ein bestimmtes Gebiet der Wohlfahrts- und Sozialpolitik wird man zweckmäßig — um den technischen Ausdruck der „Sozialen Hygiene", als zu eng, zu vermeiden — als „Gesellschaftshygiene" ansprechen; seine Probleme werden je nach der Grundauffassung mehr zur „Sozialpolitik" oder mehr zur „Wohlfahrtspolitik" rechnen.

„Gesellschaftshygiene" ist „Qualitative Bevölkerungspolitik" (§ 81 Z. 3, 4) und umschließt die zahlreichen, großen, heute noch ziemlich wenig beachteten Gebiete der Rassen- und Sexualpolitik nicht weniger wie die geläufigeren des Kinder- und Frauenschutzes. Augenscheinlich ist die Bevölkerungspolitik (über deren Abgrenzung von Sozialpolitik sich bereits § 9 kurz ausgelassen hat) in diesem qualitativen Sinne eine sehr ernste Angelegenheit der Gesellschaft, so recht sua causa; in Arbeiterschutz und Arbeiterversicherung sind diesem großen Gebiete einige Teilfragen entnommen, ihre rechtliche (vorwiegend öffentlichrechtliche) Festlegung erhebt sie in besonderem Maße zu Gegenständen der Sozialpolitik im vorhin erwähnten, präzisen Begriffe.

Aber es wäre verhängnisvoll, anzunehmen, daß diese Gegenstände, indem sie zu solchen des Öffentlichen Rechts und einer besonderen, umfassenden Verwaltung und Gerichtsbarkeit gemacht werden, ihres Zusammenhangs mit der allgemeinen Sozialpolitik, wohin sie begrifflich gehören, verlustig gingen. Indem ein sozialer Stoff (im Sinn des § 61) „äußerlich geregelt" wird, bleibt er inhaltlich doch bis auf weiteres dem sozialen Mutterboden, auf dem er entstand, eingegliedert; mit der Maßgabe freilich, daß die hinzutretenden Rechtssätze ihrerseits den Stoff auch materiell fortbilden, ihn sogar inhaltlich entwickeln und völlig verändern können (§ 63).

So kann die ursprünglich gewiß als Wohlfahrtsmaßnahme gedachte Sozialversicherung schließlich hemmend auf das persönliche Verantwortungsgefühl und insofern auch einmal ungünstig auf Bevölkerung und Gesellschaft zurückwirken. Am Schlusse des § 63 ist eine ähnliche Möglichkeit hinsichtlich aller, die Wahlfreiheit in Angelegenheiten des Arbeitsverhältnisses einschränkender Maßnahmen der Arbeitsrechtspolitik offengelassen worden. Wir kommen in § 65 darauf zurück.

Während in der „Praxis der Sozialpolitik" eine reinliche Trennung der Sozialpolitik in engerem Sinne von Wohlfahrtspflege und Wohlfahrtspolitik sowie von qualitativer Bevölkerungspolitik („Gesellschaftshygiene") versucht werden wird, darf die „Theorie der Sozialpolitik" für sich in Anspruch nehmen, ähnlich, wie die „Soziologie", oberste Standorte der sozialen Praxis zu kennzeichnen und auch für Wohlfahrts- und Bevölkerungspolitik gewisse theoretische, für das Gesamtgebiet der Gesellschaft wichtige Gesichtspunkte aufzuzeigen.

Das schließt nicht aus, daß die diesen Stoffen gewidmeten Bände des Handbuchs im einzelnen eine abweichende Theorie begründen.

An dieser Stelle ist, nach Erledigung der bisherigen methodisch-systematischen Fragestellungen, die vorgenommene Ideenverbindung zwischen Sozialpolitik und Öffentlichem Recht für die „Theorie" der Sozialpolitik als Wegbereitung der „Praxis" zu verwerten. Dabei kann an vieles angeknüpft werden, was in den vorausgehenden Kapiteln über den Zusammenhang von Recht und Sozialpolitik gesagt wurde.

Wir halten insbesondere fest an dem Vorrang der, das Recht erst gestaltenden, von ihm somit (auch nach der begrifflichen Seite hin) nicht unbedingt abhängigen, zweck- und mittelsetzenden Tätigkeit der Gesellschaft: der Sozialpolitik. Eine unbedingte Unabhängigkeit vom Recht kann freilich auch nicht angenommen werden, und zwar deshalb nicht, weil jeder rechtliche, zumal öffentlichrechtliche Niederschlag sozialpolitischer Handlungen diese selbst wenigstens so lange binden muß, als nicht neue Wege den Zutritt zu neuen Zielen eröffnen. Die dadurch allein verbürgte Kontinuität der Entwicklung ist geradezu Grundlage jeder sozialen Praxis (§ 68), freilich auch ihre Bindung und unter Umständen sogar Ballast.

So steht das heutige Rechtssystem der Sozialversicherung mit seiner unnötigen Vielheit von Instanzen, seiner Ungleichheit in Leistungen und Ansprüchen, seinem Geldleistungsprinzip und seiner ungenügenden Betonung der Schadenverhütung, der Reform auf diesem Gebiete hemmend entgegen; andere Länder konnten, ohne diesen Ballast zu kennen, ein viel einheitlicheres und wohl auch leistungsfähigeres System aus einem Guß schaffen; natürlich liegt die theoretische und moralische Leistung dennoch bei dem Lande, das die Pionierdienste getan hat; das Beispiel beweist, daß im Einzelfall das gegebene Recht — und wiederum das Öffentliche Recht in besonderem Maße — selbst gegen die Sozialpolitik stehen kann. Und man kann hinzusetzen: je umfangreicher ein gegebenes rechtliches — öffentlichrechtliches — System als Ergebnis früherer Sozialpolitik ist, um so mehr sieht diese in der Zukunft sich auf den langsamen Weg der Reform im einzelnen, der Anpassung an neue Verhältnisse, gedrängt, um so weniger kann sie mit großen Mitteln und Zielen arbeiten. Die der neueren Sozialpolitik nicht selten und nicht mit Unrecht zum Vorwurf gemachte Verflachung, die Flickarbeit, die an unseren großen Gesetzen (Gewerbeordnung!) durch Jahrzehnte geleistet wurde, — das hängt alles mit dem Schwergewicht der in Rechtssätzen erstarrten sozialpolitischen Vorleistung zusammen. Naturgemäß birgt das Privatrecht, soweit es sich an die Wahlfreiheit des Einzelnen wendet, viel weniger Ballast dieser Art; hier, wo das Öffentliche Recht zur Debatte steht, häuft er sich. Tritt zu den Rechtssätzen ein umfangreicher organisatorischer Apparat, wie dies für die Arbeiterversicherung und z. T. für den Arbeiterschutz gilt, dann sind die Schwierigkeiten noch weit beträchtlicher. Aber dieser Apparat ist doch seinerseits nicht nur Niederschlag des Rechtssystems; die Verwendung der in ihm gehäuften immobilen und mobilen Kapitalien für neue sozialpolitische Ziele wäre zumeist ohne weiteres möglich, wenn nicht die rechtlichen Bindungen vorhanden wären; wobei zu bedenken ist, daß aus öffentlichrechtlichen Einrichtungen auch subjektives Privatrecht (Anspruch auf Rente z. B.) hervorgehen kann. — Ist hier das „Öffentliche Recht" als mögliche Hemmung des sozialpolitischen Fluges erkannt worden, so hat das natürlich auch seine gute Seite, sobald der Flug etwas zu ideologisch oder zu programmatisch erfolgt. Gegenüber einer in diesem Falle zu fürchtenden Überstürzung kann sich ein festgegebenes Rechtssystem als sehr zweckmäßiges Koordinatensystem erweisen. Nur daß es nicht den Anspruch erheben darf, für alle Ewigkeit zu gelten; am wenigsten, wenn seine Veranlassung mehr in der praktischen (Partei-) Politik als in einer Idee lag.

Zum Schlusse lohnt es, einen im vorigen Kapitel erst gelegentlich erwähnten Gedanken aufzugreifen: die Ersetzung des auf Vertragsfreiheit beruhenden Arbeitsverhältnisses durch ein mehr oder weniger dem Öffentlichen Recht angehöriges, und eine analoge Veränderung der privaten Unterlagen der Berufsorganisation.

In der zweiten Richtung hatten sich Pläne Bismarcks bewegt, der die Berufsgenossenschaften der Unfallversicherung mit weitgehenden berufsständischen Aufgaben und Befugnissen begeben wollte, eine Vertretung der „Nährstände" in „Gewerbekammern" anstrebte und 1881 sogar einen „Volkswirtschaftsrat" in Preußen schuf; in noch entschiedenerer Weise hat Brentano die öffentlichrechtliche Organisation der Arbeitnehmer (und wohl auch der Arbeitgeber) für Zwecke des Abschlusses von Tarifverträgen usw. gefordert. — Die restlose Überführung des Arbeitsverhältnisses in Öffentliches Recht aber ist bereits Sozialisierung und als solche erst später (in § 75) zu besprechen; schon A. Wagner hat mit Recht darauf hingewiesen, daß die Schaffung eines mehr oder weniger unabsetzbaren Beamtenstandes bereits ein Stück praktischen Staatssozialismus bezeichnet.

(§ 65) 5. Theorie des Arbeiterschutzes und der Sozialversicherung.

Für die gegenwärtige Aufgabe gilt, was in § 63 über die grundsätzlich verschiedene Problemausrichtung des Sozialpolitikers und des Juristen gesagt wurde: wenn die Theorien des Arbeiterschutzes und der Arbeiterversicherung innerhalb eines Rechtssystems zu entwickeln sind, so sind nicht nur die Begriffe und Methoden, es sind auch die Absichten andere als dann, wenn die gleiche Aufgabe von einer „Theorie der Sozialpolitik" für ihre Zwecke gelöst werden soll.

Überwiegt im ersten Falle die Konstruktion, so handelt es sich im zweiten Falle mehr um Analyse; natürlich berühren sich beide Methoden gelegentlich, zweifellos können sie für ihre wechselseitigen Zwecke fruchtbar gemacht werden. Man muß sich aber der verschiedenen Bedürfnisse des Rechts und der Sozialtheorie bewußt bleiben und auf reinliche Trennung hinarbeiten.

Aus diesem Gegensatz der Methoden und Erkenntnisziele folgt, daß unsere Darstellung auf die sehr große juristische Literatur zum Arbeiterschutz und zur Arbeiterversicherung überhaupt nicht einzugehen braucht.

Gerade diese Stoffe vorwiegend öffentlichrechtlichen Inhalts haben ja in der Begriffsjurisprudenz seit längerem eine sehr ausgiebige Behandlung erfahren und an ihrem Teil widerlegt, was Jhering dieser Seite der Rechtslehre zum Vorwurf gemacht hat. Monographische Literatur, Kommentare und Zeitschriften halten den Wissenschaftsbetrieb auf großer Höhe, eine reichhaltige, wenn natürlich auch ungleichwertige Rechtsprechung sorgt ständig für Stoff aus der Praxis, in Deutschland ist das hauptsächliche Gesetzwerk, die Reichsversicherungsordnung, bekanntlich im Umfang dem Bürgerlichen Gesetzbuch verwandt.

Demgegenüber ist die eigentliche sozialtheoretische Literatur viel kleiner.

Zu streng wird man das nicht beurteilen, was, ohne eigentlich theoretisch zu sein, den Tagesfragen und praktischen Einzelfragen der beiden Gebiete gerecht zu werden versucht und verrät, wie sehr das politische (auch parteipolitische) Interesse wirksam ist. Gewiß darf man diese Literatur nicht einfach an dem messen, was etwa — als nur ein kleiner, aber vielleicht bezeichnender Ausschnitt aus dem Ganzen — gelegentlich der Vorarbeiten zum Versicherungsgesetz für Angestellte ins Leben trat: sonst müßte man seine theoretischen Ansprüche, gegenüber der durchschnittlichen Qualität der juristischen Literatur, erheblich herabschrauben. Aber auch die unmittelbaren Gesetzesmaterialien (Begründungen, Kommissions- und Plenarverhandlungen der gesetzgebenden Behörden) verraten nicht selten in ihren Allgemeinen Teilen einen kaum mehr als mittelmäßigen Stand, der unmittelbar nach der Revolution noch wesentlich herabgeschraubt wurde; wenn Spezialisten zum Wort kommen, so sind es meist Juristen mit rein-rechtstheoretischen oder unmittelbar praktischen Interessen. Inwieweit in der Sozialversicherung u. a. ein Stück sozialer Verteilung, im Arbeiterschutz u. a. ein Stück qualitativer Bevölkerungspolitik entschieden wird, welches die eigentlichen sozialtheoretischen Standorte dieser politisch-juristischen Systeme sind: darüber zerbrach man sich, nachdem einmal die sozialpolitische Gesetzesmaschine in Gang gekommen war, nicht mehr allzusehr den Kopf. — A. Wagner, Schmoller, Schanz, Schiff, Herkner, Jastrow, Zwiedineck, Brentano (dieser z. T. im negativen Sinne), Hitze und einige andere haben das Wesentlichste der Theorie bestritten, ihnen ist zu danken, wenn etwas wie eine festbegründete sozialpolitische Anschauung über Arbeiterversicherung und Arbeiterschutz immerhin zustande gekommen ist; das konnte meist auch nur in monographischer Weise geschehen, Raum und Darstellungszweck verbieten es uns, das Thema an dieser Stelle auch nur einigermaßen erschöpfend zu behandeln.

Der Stand der soziolpolitischen Theorie ist im übrigen weniger bezeichnend für geringes Verständnis und Interesse, das man den Problemen entgegenbrachte, als für die Selbstverständlichkeit, mit der eine wirtschaftlich gesättigte und fast beliebig leistungsfähige Praxis den kaum geboren Gedanken aufgriff und in die Tat umsetzte, um so mehr, wenn große politische Einwirkungen davon zu erwarten waren.

Einwirkungen dieser Art sind heute in noch gesteigertem Maße anzunehmen, wo die Sozialgesetzgebung ziemlich hemmungslos parteipolitischen Einflüssen offensteht und oft schon die Vorbereitung sozialpolitischer Gesetzentwürfe vor großen Interessentengremien stattfindet. Die Geschichte des Betriebsrätegesetzes hat das Bedenkliche dieser Behandlungsmethode deutlich gemacht und es scheint, daß man sich von ihr etwas abgewendet hat. Den „demokratischen“ Gedanken allzufrüh, schon im ersten Entstehungsstadium einer Vorlage, auszuspielen, hat schon technisch sein großes Bedenken; im Einzelfall kann aber die Beratung in Interessentenversammlungen immer noch sachgemäßer sein wie in rein-parteipolitisch orientierten Parlamenten; in diesem Falle mag die Bindung der Parteien durch die vorhergehenden Interessentenbeschlüsse auch Vorteile haben.

Arbeiterschutz und -versicherung traten als positive Maßnahmen den „repressiven" Wirkungen des Sozialistengesetzes und anderer „Umsturzgesetze" (die übrigens nicht auf das vorrevolutionäre Deutschland beschränkt blieben) zur Seite.

Man wollte, so und so, die Sozialdemokratie bekämpfen; aber es konnte einmal auch sein, daß ein bedeutender Rechtslehrer das Versicherungsgesetz für Angestellte für unnötig hielt, weil ja die zu begünstigenden Personenkreise keine Sozialdemokraten seien. .

Für die Theorie des Arbeiterschutzes und der Arbeiterversicherung gibt es einige ganz abweichende Standorte. So konnte § 26 einen solchen für die Versicherung geltend machen, indem er die durch die Versicherung dem Arbeiter z. T. abgenommenen Ausgaben als „Produktionskosten der Arbeitskraft" und als Teilerscheinung der bei der Arbeit auftretenden Konsumtion bezeichnete. Vom Arbeiterschutz aber war an den verschiedensten Punkten schon die Rede; er gehört u. a. dem Wirkungsgebiet des Tarifvertrags an, manche seiner Einrichtungen reiften durch Mittel privater Übereinkunft schon wiederholt für die gesetzgeberische Behandlung heran. Insoweit Arbeiterschutz und Arbeiterversicherung die Einkommensverteilung mehr oder weniger beeinflussen, handelt es sich vorwiegend um ökonomische Gesichtspunkte, von denen einzelnes im Achten Abschnitt (§ 74) erwähnt werden soll. Andere Seiten der Betrachtung betonen mehr die kulturell-ethische Seite. Man kann, bei dieser Vielgestaltigkeit der möglichen theoretischen Begründung, überhaupt zweifeln, ob der vornehmste Standort im gegenwärtigen Abschnitt gegeben ist.

Wenn dies doch angenommen und im weiteren durchgeführt wird, so entscheidet der Umstand, daß — von den erwähnten Ausnahmen tarifvertragsmäßiger Festlegung von Arbeiterschutzbestimmungen einstweilen abgesehen — diese gesamte Materie von der rechtsetzenden Tätigkeit des Staates nicht abzutrennen ist.

Schon konnte einmal auf die Gleichsetzung von Sozialversicherung und Wohlfahrtspflege hingewiesen werden, für die u. a. Schmoller eingetreten ist, die jedenfalls den Kern der Sache näher berührt als der Versuch, zwischen Sozial- und Privatversicherung eine doch nur recht äußerliche Verwandtschaft zu konstruieren. Aber auch der Arbeiterschutz ist ohne den Staat undenkbar; soweit er durch Tarifvertrag eingeführt oder erweitert wird, steht ja auch der Staat mit seiner Regelung des Tarifvertrags, der Abdingung des Arbeitsvertrags durch den Tarifvertrag und dessen Verbindlichkeitserklärung (§ 46), dahinter. Erst auf diesem Wege gelangen privatrechtliche Abmachungen zu öffentlichrechtlicher Wirkung. Ähnliches gilt, soweit Arbeitsordnungen — die ja jetzt auch der einseitigen Willkür entrückt sind —, Maßnahmen der Gewerbeaufsicht oder der Allgemeinen Verwaltung einzelne Gebiete des Arbeiterschutzes erweitern oder auch einmal einengen; insoweit endlich die Sozialversicherung auch heute noch in den Knappschaftskassen und privaten Fürsorgemaßnahmen eine Ergänzung findet, ist das Recht auch dieser Einrichtungen durch den Staat mehr oder weniger genau festgelegt; ihre die Freizügigkeit hemmenden Klauseln sind gefallen, Mindestansprüche sind festgelegt, ihre Eignung, Ersatz- oder Zusatzkassen zu sein, wurde normativ bestimmt, ihre Verwaltung und finanzielle Grundlage geregelt.

Das Gebiet der „Wohlfahrtspflege“ hat hier schrittweise dem der eigentlichen „Sozialpolitik“ Raum überlassen müssen (§ 64), und auch die Armenpflege erfährt in diesem Sinn eine Umgestaltung. Die durch den Krieg notwendig gewordenen Versorgungsmaßnahmen bedeuten eine ungemeine Erweiterung des staatlichen Einflusses; ihm allein obliegt der organische Zusammenschluß der in Sozialversicherung (Invaliden- und Hinterbliebenenversorgung), einem Teil der Privatversicherung, Armenpflege, privaten Wohlfahrtseinrichtungen und Erwerbslosenfürsorge heute noch weit auseinanderklaffenden, theoretisch, historisch und verwaltungstechnisch ganz ungleich gearteten Maßnahmen. Somit spricht vieles dafür, als theoretischen Standort für diese und angrenzende Probleme den gegenwärtigen, „Recht, Staat und Sozialpolitik“ behandelnden Abschnitt anzuerkennen.

Der Arbeiterschutz.

Die entwickelte juristische Einteilung des Arbeiterschutzes — der begrifflich den Angestelltenschutz einschließt — ist für die theoretische Analyse nicht unbedingt entscheidend. Wenn z. B. der „Allgemeine Arbeiterschutz“ vom „Lohnschutz“, vom „Schutz der Arbeitszeit“ und von den auf Hebung der Hygiene oder der Sittlichkeit abzielenden Maßnahmen unterschieden wird, so bedeutet das eine rechtliche Abgrenzung von Materien, die sozialtheoretisch meist nicht im gleichen Grade isolierbar sind. Das alles fließt ineinander über, zeitigt auch nicht selten andere Wirkungen, als ursprünglich beabsichtigt ist. So wird gesteigerter Frauen- und Kinderschutz den Arbeitsmarkt für Frauen und Kinder ungünstig beeinflussen, den Lohn der männlichen Arbeitsgenossen aber eben dadurch steigern, weil eine lohndrückende Konkurrenz von ihnen fortgenommen wird. Weitgehende Schutzmaßnahmen in der Heimarbeit aber können diese selbst beseitigen, an ihre Stelle Fabrikarbeit setzen. Arbeitszeitverkürzung erschien früher bereits als eine unter Umständen vom Arbeitsmarkt geforderte Einwirkung. Der Schutz des Koalitionsrechts ist meist zugleich Schutz der Organisationsmacht. Jene juristischen Unterscheidungen werden dennoch in der Praxis der Sozialpolitik recht verwertbar sein, nur sollte auf ihre Bedingtheit verwiesen werden.

Der Lohnschutz insbesondere muß aus dem im Fünften Abschnitt dargestellten Lohnbegriff heraus verstanden werden. Die enge Beziehung zwischen der Leistung des Arbeiters und seinem, die Kontinuität und Reproduktion der Leistung erst ermöglichenden Lohn macht das Truckverbot, die Vorschriften über Lohneinbehaltung, -aufrechnung und -beschlagnahme usw. unmittelbar begreiflich. Wir brauchen dabei nicht zu verweilen. Ebenso ist der Schutz, den der Arbeiter durch Begrenzung der Arbeitszeit, Festlegung von Pausen, Urlaub usw. erfährt, auf die einzigartige Bedeutung der Arbeitszeit, die die dem Menschen zur Verfügung stehende begrenzte Lebenszeit entscheidend beschneidet, zurückzuführen und im Abschnitt über „Produktion und Konsumtion der Arbeit und der Arbeitskraft" bereits gewürdigt.

Eine etwas abweichende Frage lautet: Warum ist aus der Fülle öffentlicher Schutzmaßnahmen, die einen großen Teil der Inneren Verwaltung jedes Kulturlandes ausmachen, ein Gebiet als „Arbeiterschutz" überhaupt herausgegriffen worden? Genügt es nicht, den Arbeiterschutz auf die allgemeine Schutzbefugnis und -pflicht des Staates jedem Bürger gegenüber zurückzuführen?

In der Tat hat der Arbeiterschutz auch im System der Allgemeinen Verwaltung seinen Platz und eigentlich sind es hauptsächlich historische und Zweckmäßigkeitsgründe, die ihn zum Gegenstand gerade der Sozialpolitik machen. Indem das Fabriksystem und der „freie" Arbeitsvertrag gewisse große Mißstände, die in anderen Wirtschaftsordnungen nicht oder nicht in diesem Umfang auftraten, zeitigte, wurde eine bestimmte Gegenwirkung nötig, die zunächst als Praxis des Arbeiterschutzes auftrat und erst später nach Theorie rief. Dieselben neuen und schwer zu übersehenden Umstände führten dann auch zur Schaffung besonderer Aufsichtsorgane, der Gewerbeinspektion, übrigens auch einer besonderen Rechtsprechung, der Gewerbe- und Kaufmannsgerichte (die aber in Arbeiterschutzangelegenheiten im allgemeinen nicht zuständig sind).

Es fragt sich immerhin, ob der Arbeiterschutz theoretisch anders begriffen werden muß als der Schutz, den der Staat auf anderen Gebieten zu gewähren gebunden ist. Dabei ist die Beschränkung auf den „Arbeiter" (einschließlich des Angestellten) auch kein allgemeingültiges Kriterium; denn in bestimmten Fällen genießen auch andere Personen den qualifizierten Arbeiterschutz; von hygienischen und Betriebssicherungsmaßnahmen hat der Unternehmer und unter Umständen auch jeder Dritte Vorteil; hygienischer Heimarbeitsschutz sichert nicht zuletzt den Verbraucher der in der Heimarbeit erzeugten Waren. Vom Standpunkt der Verwaltung aus ist es im ganzen richtig, den Arbeiterschutz als Teil der allgemeinen Staatsschutztätigkeit zu erachten; nur praktische Gründe sprechen dann dafür, ihn für einen besonderen Gegenstand der sozialpolitischen Verwaltung zu erklären.

Die Sozialversicherung.

Ihre Theorie muß selbständiger begründet werden, als dies für den Arbeiterschutz geschah. Denn aus der zuletzt erwähnten allgemeinen Staatsschutzpflicht heraus läßt sich der Gedanke der Sozialversicherung — auch wenn man diese als eine Wohlfahrtsmaßnahme bezeichnet — noch nicht ableiten. Eher ist der Zusammenhang mit der Armenpflege geltend zu machen, die zweifellos durch einen Teil der Sozialversicherungseinrichtungen entlastet wurde.

Der Gedanke, daß der Staat ein Mindestmaß von Fürsorge für jeden seiner Bürger aufzubringen hat, ist aber nicht nur ein solcher der Sozialpolitik; ebenso ein solcher der Wohlfahrtspflege, jedenfalls Ausfluß einer bestimmten sittlichen Auffassung von Staatszwecken, die aber bekanntlich nicht die Auffassung eines so sittlich denkenden Mannes wie W. v. Humboldts war. Die Sozialversicherung stellt nur eine technisch höchst vervollkommnete Verwirklichung dieses Wohlfahrtszwecks dar.

Theoretisch wichtig ist indessen der in Deutschland von jeher Bürgerrecht genießende genossenschaftliche Gedanke, der im Heranziehen der Beteiligten und einer anderen interessierten Gruppe, der Arbeitgeber, zu den Leistungen und zur Verwaltung zum Ausdruck kommt. Aber auch bei dieser Anschauung ist der Wohlfahrtsgedanke auf die weniger Bemittelten und — im wesentlichen — wirtschaftlich Abhängigen beschränkt.

Für diese Auffassung schafft nun die in § 62 (am Schlusse) erwähnte Revolutionierung des Geldwertes eine völlig neue Grundlage. Wenn aus den weniger Bemittelten zwar nicht Bemittelte, aber doch solche geworden sind, die infolge der Möglichkeit der Anpassung ihres Nominaleinkommens an den Geldwert in ihrer Sachgüterversorgung nicht allzusehr geschmälert wurden (§ 66): so ist der Grundgedanke der Sozialversicherung bereits preisgegeben. Dann bleibt ein Doppeltes übrig, um eine ungerechtfertigte Bereicherung dieser Schichten auf Kosten der Nur-Konsumenten und der am Produktionsertrag nicht hinreichend Beteiligten zu vermeiden: entweder Beschränkung der Versicherung auf die nunmehr besonders Bedürftigen, was eine Einbeziehung weiter Nicht-Arbeiterkreise erfordert, oder Erweiterung der Versicherung zur allgemeinen Volksversicherung, zur Sozialversicherung im eigentlichen Wortsinne.

Mit einer bloßen Anpassung von Leistungen und Ansprüchen an den veränderten Geldwert ist dann nicht gedient. Gleichzeitig muß der Gedanke der Sachleistungen an Stelle der Geldleistungen, der Schadenverhütung an Stelle der Schadenheilung in ganz anderem Maße aufgegriffen werden, als dies heute der Fall ist. Die Angleichung der Angestellten- an die Arbeiterversicherung ist nur ein erster Schritt in dieser Richtung; sehr große technische Aufgaben der Praktischen Sozialpolitik liegen hier vor, auf sie ist noch einmal im Achten Abschnitt, bei Besprechung der „Belastung" der Wirtschaft durch sozialpolitische Auflagen, zurückzukommen. In jedem Fall muß man sich gegenwärtig halten, daß zu solchen Belastungen nicht etwa nur die unmittelbaren Arbeitgeberbeiträge zur Versicherung, sondern im Regelfalle auch die Arbeitnehmerbeiträge und selbst die Staatszuschüsse rechnen (die im heutigen deutschen System noch auf die Invaliden- und Hinterbliebenenversicherung der Arbeiter beschränkt sind). Vgl. im übrigen § 74.

(§ 66) 6. Individuum, Gruppe, Gesellschaft und Staat als Rechtsschöpfer, Rechtsträger und Rechtsobjekte; — Soziale Steuerfragen.

Früher (in § 58) ist der Staat den sozialpolitischen Organisationen gegenübergestellt worden; Grenzlinien, die an sich unverrückbar sein sollten, in der Gegenwart aber nicht selten überschritten werden, wurden gezogen.

Der Staat, selbst eine organisierte Soziale Gruppe, sieht sich von gesellschaftlichen Bildungen umgeben, die in dem Bestreben, die Interessen der Gruppenmitglieder zu vertreten, unter Umständen in die autoritativen Befugnisse des Staats eingreifen. Wennschon der älteren Vergangenheit der Kampf zwischen Staat und Gilden geläufig war, später der Einfluß der großen wirtschaftlichen Konzerne auf den Staat bedrohlich empfunden wurde; wenn in der Gegenwart M. J. Bonn einseitig nur Gefahren sieht, die wirtschaftliche Großmächte, wie Stinnes, in dieser Beziehung bedeuten können: so sind doch die Bedenken nicht geringer, welche heute die wachsende Macht der gewerkschaftlichen Berufsorganisationen der Arbeitnehmer auslösen. Die letzte Frage, die hierbei entsteht, ist, ob reine Berufsverbände überhaupt rein-politische Funktionen ausüben können. Da scheint eine kurze Auseinandersetzung gemäß der Überschrift dieses Kapitels geboten zu sein.

Die Beziehungen, in denen ein Einzelner oder auch eine Soziale Gruppe zum Rechte stehen kann, sind solche als Rechtsschöpfer, Rechtsträger und Rechtsobjekte. Während die ursprüngliche Entwicklung wohl die war, daß der Rechtsschöpfer auch zum Rechtsträger wurde, den aktiven Rechtssubjekten aber rein-passive Rechtsobjekte gegenüberstanden, ist heute mit einer viel mannigfacheren Gruppierung zu rechnen.

Subjekt und Objekt einer Rechtsordnung können an sich dieselben Personen sein; so vielfach im Gesellschaftsvertrag, so grundsätzlich im demokratischen Staat, der jeden, freilich durch Mittelsleute, zur Regierung und oft auch zur Verwaltung beruft und zugleich alle demselben Recht unterwirft.

Da das Recht wirtschaftliche und soziale Stoffe zu ordnen hat, ist die Sozialpolitik in hohem Maße an einem günstigsten, möglichst reibungslosen Verhältnisse derer, die aktiv oder passiv mit dem Recht zu tun haben (d. i. aller), interessiert.

Gewiß ist dieses Interesse nicht ganz das formale dessen, was wir „Gerechtigkeit" nennen, was seinen schroffsten Ausdruck in dem Satze findet: Summum ius, summa iniuria. Ganz folgerichtig hat auf dem Gebiete des Arbeitsrechts eine etwas andere, mehr sozial ausgleichende Richtung die Oberhand gewonnen und sich in der Rechtsprechung, mehr noch in den Vergleichen der Gewerbe- und Kaufmannsgerichte durchgesetzt; davon ist in § 62 die Rede gewesen, nicht ohne daß die Grenzen dieser Billigkeits-Rechtsprechung aufgezeigt wurden. Indessen ist das formale Gerechtigkeitsideal auch nicht ausreichend für die Sozialpolitik, die wir später (§ 68) als „Politik der Anpassung" verstehen werden, die nicht Kriminalpolitik ist und mit gutem Grunde die Gesamtheit der sozialen Bedingungen eines öffentlichen oder bürgerlichen Streitfalls, eines Verbrechens oder einer sonstigen antisozialen Handlung würdigt. Sosehr dieser Standpunkt vor allem für den wirtschaftlich Schwächeren günstig sein wird, so wird der abwägende Sozialpolitiker doch auch nicht umhin können, in der formalen Rechtsgleichheit eine stärkere Drohung gegen diejenigen zu erblicken, die Besitz oder qualifizierte bürgerliche Ehre zu riskieren haben und von derselben Freiheitsstrafe ganz anders schwer betroffen werden als der Besitzlose und Unbekannte. Natürlich kann diese Erwägung die formale Rechtsgleichheit nicht beseitigen wollen; diese ist ein zu großes und zu mühsam errungenes Gut. Wer mehr zu verlieren hat als andere, mag sich um so mehr vorsehen. Betont sollte nur werden, daß an sich mit formaler Rechtsgleichheit ungleiche materielle Wirkungen verbunden auftreten können, daß Schmollers Begründung der Sozialpolitik in einem abstrakten Gerechtigkeitsprinzip nicht ausreicht.

Die Rechtsschöpfung, die vom Einzelnen ausgeht, wird im allgemeinen (wenn der Einzelne nicht autokratische Rechte hat) als solche des Privatrechts gelten; der Staat schafft vorwiegend Öffentliches Recht, auch insofern, als er die Rahmen des Privatrechts festlegt. Private Gruppen werden im ganzen nominell auf die Privatrechtssphäre beschränkt sein; materiell kann von ihnen in Gestalt des Organisationszwangs (§ 57) eine Wirkung ausgehen, die in ihrer Intensität an das zwingende Recht erinnert, auch dann und gerade dann, wenn sie den öffentlichen Rechtsnormen des Staates zuwiderläuft. Das hat man an den modernen Koalitionen, Ringen, Trusts genügend erlebt, das wird im „Klassenkampf" auch programmatische Forderung. Die „Gesellschaft" endlich scheint als solche in bevorzugtem Maße Schöpferin von Gewohnheitsrecht zu sein, das im Einzelfall ebensowohl private wie öffentliche Inhalte in sich aufnehmen kann, dem der Staat nicht selten leitende Gesichtspunkte für seine positive Rechtsschöpfung entnimmt.

Diese Unterscheidungen sind durchaus flüssiger Natur, enthalten ja auch keine logischen Gegensätze; denn privates, öffentliches, geschriebenes, gewohnheitsmäßiges Recht sind ja nur verschiedene Begriffe für auf ungleiche Stoffe bezogenes und auf ungleichem formalen Wege zustande gekommenes Recht.

Je größer nun der Raum ist, der zwischen Rechtsschöpfung und Rechtswirkung, zwischen Rechtssubjekt und Rechtsobjekt klafft, um so geringer wird im ganzen der Einfluß des Rechtes sein.

Die Bindung, die von einer kleinen, vielleicht vom Recht verbotenen Gruppe für ihre Mitglieder ausgeht, kann die stärkste sein, die man sich überhaupt vorstellen mag; das Ehrenwort ist ein Exponent dieser Bindung und mit vollem Rechte und wahrhaft sozialpolitischer Begründung vom Reichsgericht als zulässiges Bindemittel für wirtschaftliche Zwecke abgelehnt worden. Je unpersönlicher das Rechtssubjekt, der Staat vor allem, ist, ein um so größerer Apparat zur Durchsetzung seiner Bestimmungen erfordert wird, um so weniger unmittelbar wird die Wirkung des Rechts sein. Das auf die Sozialpolitik und die soziale Gesetzgebung angewandt, läßt Grenzen erkennen, die nicht ungestraft überschritten werden; sie gelten insbesondere für die Sozialisierungsidee, soweit sie nicht an Verinnerlichung und Erweckung sozialen Gefühls, sondern an die Erweiterung der Rechtssphäre und Vergrößerung des bürokratischen Apparats gebunden ist (§ 75). Der formaldemokratische Gedanke, der doch nur nominell das Rechtsobjekt zum Rechtssubjekt macht, hat sich nicht immer als tragfähig für die Überwindung der erwähnten Schwierigkeiten erwiesen.

Schwierigkeiten dieser Art liegen zumal auf steuerrechtlichem Gebiete. Hier spielt sich bekanntlich ein großer Teil der sozialpolitischen Zwecksetzungen der Gegenwart ab. Seitdem durch Adolph Wagner, Schäffle u. a. die Steuerlehre geradezu zur Grundlage der sozialen Verteilungspolitik gemacht worden ist, hat man immer und immer wieder versucht, die steuerpolitischen Gesichtspunkte daraufhin zu konzentrieren, wo sich sowohl sozialpolitischen wie sozialethischen Forderungen der scheinbar leichteste und schlüssigste Eingang bot: auf das „Reineinkommen", dessen bevorzugte Heranziehung zu den sozialen Lasten schon das bloße Gerechtigkeitsprinzip (s. o.!) der Steuerlehre zu gebieten schien.

Wenn die Gegenwart mit ihrem ungeheuren Steuerbedürfnis sich von der Bevorzugung des Reineinkommens — das die Sozialisten und ein Teil der liberalen Gruppen ohne einleuchtenden Grund zur ausschließlichen Steuerquelle erheben wollten — wieder entfernt, wenn heute Ertrags- und Verbrauchssteuern eine größere Rolle denn je spielen und eigentlich jenes Prinzip in Gestalt des Lohnabzugs nur dem Arbeitseinkommen gegenüber noch voll zur Geltung kommt —: so war dies gewiß weniger die Frucht besserer Erkenntnis, als durch den Zwang der Tatsachen bedingt. Indessen muß auch der grundsätzlich der Erfassung des Reineinkommens zustimmende Sozialpolitiker die Bedenken würdigen, die — von finanztechnischen Schwierigkeiten abgesehen — auch vom sozialpolitischen Standpunkt sich einstellen können. Das obenerwähnte Summum ius, summa iniuria gilt auch hier; gilt etwa, wenn vom Geldwertwechsel weniger berührtes, weil den Lebenskosten unmittelbar angepaßtes Arbeitseinkommen vor dem kleinen Renteneinkommen, als sog. „fundiertem“ Einkommen, begünstigt wird. In Wahrheit wird heute die Einkommenssteuer vom organisierten Arbeitnehmer im allgemeinen, über den Unternehmer hinweg, auf den Konsum überwälzt werden, trifft den Arbeitnehmer also nur insoweit, als seine Nominallohnerhöhung von der durch die Steuer beeinflußten Preissteigerung überholt werden sollte; das kleine und mittlere Renteneinkommen (zu vergleichen § 47) aber wird samt seiner Quelle, dem kleinen und mittleren Kapitalbesitz, in voller Höhe und dauernd durch die Steuer dezimiert werden. Hier liegt auch der Punkt, wo selbst die an sich sozialpolitisch ganz richtige Progression der Steuer fehlerhaft werden kann. Stellt sich die Einkommenssteuer, soweit vom organisierten Arbeitnehmer erhoben, häufig nicht eigentlich als Belastung des Arbeitnehmers, sondern als ein im wesentlichen produktionsverteuerndes, inflationsmehrendes Moment dar (wobei der viel behauptete Gegensatz zur Verbrauchssteuer in der Praxis sehr reduziert wird), so muß die nominell auf den Rentenbezug gelegte, nicht selten aber mittelbar kapitalverzehrende Einkommenssteuer natürlich die Kapitalisierung (zunächst in privat-, in der Folge aber auch in volkswirtschaftlichem Sinne) verlangsamen; es wird also die Möglichkeit der Betriebserweiterung und -verbesserung dadurch beschnitten werden; das kann sich in der Aufnahmefähigkeit der Industrie für Arbeit und demnächst in der Lohnpolitik ungünstig bemerkbar machen, sodaß auch von diesem Gesichtspunkt aus die Steuerpolitik als Mittel der sozialpolitischen Verteilung auf Grenzen stößt.

Diese Einwendungen gegen Ansichten, denen der größte Teil der Sozialreformer bei ihrer ersten Äußerung jubelnd zustimmte, die die Theorie der Finanzwissenschaft entscheidend beeinflußt haben, werden nicht leichten Herzens und nur aus Gründen wissenschaftlicher Ehrlichkeit ausgesprochen. Sie besagen natürlich auch nichts gegen die elementare Einsicht, daß die rechtliche Erfassung der großen, eigentlichen Kapitalgewinne, insbesondere der Wucher- und Schiebergewinne, notwendig und ebenso steuer- wie sozialpolitische und sozialethische Forderung ist. Wenn aus diesem Grunde die Besteuerung der Sach- (sog. Gold-) Werte gerechtfertigt erscheint, so ist freilich auch hier eine, vielleicht ketzerisch klingende, aber doch theoretisch notwendige Erweitung dieses Begriffs in folgendem Sinne angezeigt: auch die Arbeitskraft, wenn anders die Ernährung und sonstige Lebenshaltung auf den früheren Stand gebracht oder diesem wenigstens angenähert ist, kann zu den Quellen von „Gold“werten — d. h. in ihrer Substanz ungeschmälerten Sachwerten — gehören. Das gilt heute, im Zeichen der sieghaften gewerkschaftlichen Organisation, sogar noch im verstärktem Maße gegenüber dem Friedensstande. Auch von hier aus lassen sich die sozialtheoretischen Gesichtspunkte von vorhin stützen; nur ist dabei in praktischer Hinsicht wichtig: die in der Arbeitskraft (deren Erhaltung und Reproduktion durch einen, heute noch nicht immer erzielten Ernährungs- und Lebenshaltungsgrad vorausgesetzt) unter Umständen enthaltenen ungeschmälerten Sach-(Gold-)Werte werden stets durch die Rücksicht auf das nominell entsprechend in die Höhe zu setzende Existenzminimum gegen steuerliche Maßnahmen derart geschützt sein, daß auch von der vollen Erfassung dieser Sachwerte nicht viel zu erwarten sein wird. Ferner ist die Arbeitskraft Vieler, die durch Organisation nicht oder nicht genügend geschützt sind, weit unter den früheren Leistungsgrad herabgedrückt; das trifft besonders für die meisten geistigen Arbeiter zu; hier hat sich die Arbeitskraft ihrer Substanz und ihrer Verwertbarkeit nach oft nicht erhalten. Im übrigen werden es stets nur einzelne Gruppen besonders begünstigter, am ehesten noch jugendlicher Arbeitskräfte sein, denen gegenüber die Steuerpraxis sich auf die oben entwickelten theoretischen Gesichtspunkte berufen könnte.

Überblickt man die Zustände, die wir als „Inflation" bezeichnen, so läßt sich eine Aufeinanderfolge von „Einkommens"- und „Vermögensinflation" unterscheiden; erstere lag vor in den starken Lohnerhöhungen während der letzten Zeit des Krieges und nach dem Umsturz; die großen Kursgewinne aber, vor allem im Spätherbst 1921, führten zunächst zu kapitalistischen Neubildungen, die aus Gründen der Steuerfurcht allerdings auch zu Massenkonsumtionen Veranlassung gaben. Was auf den ersten Blick wie eine „Auflehnung des Kapitals gegen die Arbeit" aussieht, ist in Wahrheit ein sehr schwer zu überblickender, komplexer Vorgang, an dem sich „keineswegs nur die „eigentlichen", sondern auch viele „Gelegenheits-Kapitalisten" beteiligt haben. Keine Gruppe, auch nicht die der Arbeitnehmer, hat sich von der Spekulation ferngehalten. Daß dieser gegenüber schärfste steuerliche Maßnahmen geboten sind, ist selbstverständlich. Über den ungleichen Grad, in dem die einzelnen Einkommensschichten von direkten und indirekten Steuern (auch Zöllen) betroffen werden, wird sich der 2. Band auf Grund besonderer Arbeiten des Verf. auslassen.

Zurückkehrend zum Ausgangspunkt unserer Überlegungen, stellen wir fest, daß die durch verschiedene Rechtssubjekte betätigte Rechtsschöpfung in den allermeisten Fällen auf den Staat zurückführen muß. Das gilt selbst für die Mehrzahl derjenigen, durch Soziale Gruppen ihren Mitgliedern oder Dritten auferlegten Satzungen, die als solche praeter und selbst contra legem sind.

Der Staat hat ja meist erst die rechtschöpfenden Organisationen zugelassen, unter Umständen sogar den rechtlichen Rahmen geschaffen, innerhalb dessen sie ihre, das Individualrecht durch Organisationszwang schmälernde Tätigkeit ausüben konnten. Nur unmittelbar kriminelle Handlungen Einzelner oder Sozialer Gruppen scheiden aus dieser Betrachtung aus, die, durchgeführt, zu der Annahme gelangt, daß der rechtsetzende Staat auch über alle Sozialen Gruppen Recht behalten muß und daß es stets nur abgeleitete Rechtsetzung seitens einzelner Gruppen und Organisationen geben kann. Ob die Gesellschaft für sich darüber hinaus, wie wohl von sozialistischer Seite behauptet wird, als selbständige Rechtschöpferin und Trägerin unveräußerlicher Rechtsansprüche (Persönlichkeits- und Gemeinschaftsrechte) aufzutreten vermag, ist nicht leicht zu entscheiden. Wenn hiermit die Annahme einer „Staatenlosen Gesellschaft" zu stützen versucht werden würde, weisen wir sie im Anschluß an frühere Ausführungen und an die ganz vortreffliche Kritik Kelsens ab. Die durch gesellschaftliche Kräfte ermöglichte Bildung von Gewohnheitsrecht ist, ebenso wie die auf gleichen Ursprung zurückgehende Entstehung der Sitte, auch ohne die Voraussetzung der „Staatenlosen Gesellschaft" möglich.

Daß der Staat Form und auch Inhalt seiner Tätigkeit, durch Reform oder Umsturz, ändert, beweist nichts gegen die ihm allein zustehende rechtschöpferische Kraft.

Das Staatsrecht hat mit dem Begriff des De-facto-Rechts eine Lücke glücklich auszufüllen vermocht; die Handlungen von Volksbeauftragten, Kommissaren, Diktatoren (auch solchen, die das „Proletariat" zu vertreten vorgeben) können in diesem Sinne auch staatliche Handlungen sein, nur daß nicht Legitimität und Tradition, sondern das tatsächliche Kräfteverhältnis darüber entscheidet, wer herrscht und wer gehorcht, wer befiehlt und wem unter Umständen der Kopf vor die Füße gelegt wird. Auch Berufsverbände, von denen der Eingang dieses Kapitels sprach, können staatumbildende Funktionen erlangen. Die Bemühungen aber, den Staat als bloße Gewalt begreifen zu wollen, ihm alle genossenschaftliche und soziale Qualität abzusprechen, vermögen den Primat des Staatsbegriffs als einer Funktion gesellschaftlicher, bei einer Mindestgröße des Gebiets und der Volksgemeinschaft auftretender Zwangsläufigkeiten nicht zu beseitigen. Diesem Staatsbegriff müssen sich früher oder später auch revolutionäre Neubildungen fügen. Umgekehrt bedarf gerade der sozialpolitische Staatsbegriff der Zurückführung des Staates auf ein Herrschaftsverhältnis, das sich natürlich selbst beschränkt, um die nichtstaatlichen, aber mit dem Staate verträglichen Kräfte der Gesellschaft möglichst ungestört wirken zu lassen; um die an sich soziologisch notwendige Kategorie der Über- und Unterordnung zu der sozialpolitisch fruchtbareren der Kooperation zu gestalten.

Eine gewisse zweckbetonte Differenziertheit des Rechts und derer, die es schaffen und für die es gilt, liegt auch durchaus im sozialpolitischem Interesse.

So wenig, wie in §§ 36f. gezeigt ist, Kultur ohne Differenzierung gedacht werden kann, so wenig es auch nur in statistischem Sinne eine „Soziale Masse" gibt, die, ohne Gruppenbildung, nur als Ganzes besteht; so wenig durch Begriffe, wie das „Proletariat" oder die „Eine reaktionäre Masse", die im Gesellschaftskörper vorhandenen Unterschiede deutlich gemacht werden: so wenig kann das Recht als sozialpolitisches Institut die absolute Einheit wahren wollen. Wenn der Staat vorhin als dasjenige erkannt wurde, was tatsächlich hinter den meisten Ordnungen, Satzungen, Bestimmungen sozialer Gemeinschaften steht, so hat eben dieser Staat den reichsten Gebrauch von den ihm zu Gebote stehenden Mitteln der Rechts- und Machtdelegierung gemacht. In diesem Sinne gliedert sich auch die Selbsthilfe der Einzelnen und der Gruppen in das staatliche Rechtsschema ein, an dem sie — was in §§ 54 und 63 näher erläutert wurde — auch ihre Grenze findet. Sozialpolitik wird also keineswegs als staatliche Omnipotenz und Zwangsgemeinschaft gelten müssen, sondern ein gegliedertes und aus sehr vielen Methoden gemischtes System gesellschaftlicher und individueller Betätigung erstreben. Am wenigsten wird dieser Forderung gerecht, wer immer nur die staatliche (oder gemeindliche) Bürokratie und ihre Erweiterung im Auge hat; die meisten sozialrechtlichen Entwürfe der jüngsten Zeit sind von dem Bestreben, diese Bürokratie zu festigen, ausgegangen und haben sich eine Abwandlung im Sinn freier Gruppentätigkeit gefallen lassen müssen; anzustreben ist nur, daß man nicht aus dem Regen in die Traufe kommt und im Bestreben, den staatlichen bürokratischen Apparat zu meiden, einem nicht weniger bedenklichen Bürokratismus der sozialen Gruppen und Organisationen in die Hände arbeitet.

Innerhalb der vom Staat ausgehenden Rechtsdelegationen sind die an die Gemeinden und sonstigen Kommunalverbände von ganz besonderer

Bedeutung geworden. Ihnen trägt das Handbuch durch Abgrenzung eines großen Einzelbands über Kommunalpolitik (Oberbürgermeister Dr. Most) Rechnung.

(§ 67) 7. Zwischenstaatliche Sozialpolitik; Ausbau des Völkerrechts.

Die Sozialpolitik erschien uns stets (zuerst in § 9) in erster Linie als nationale Angelegenheit, als auf den Staat und die staatliche Gesellschaft in irgendeiner Hinsicht bezogen; von hier aus empfängt sie einen wesentlichen Teil ihrer Zielsetzungen und praktischen Methoden. Diese Auffassung ist von der marxistisch-sozialistischen durchaus unterschieden und geht u. a. davon aus, daß die tatsächlichen Unterschiede der Völker und Staaten viel zu groß sind, um einheitliche Gesichtspunkte einer allgemeingültigen Sozialpolitik reifen zu lassen.

Diese Unterschiede erzwangen ja auch in dem die internationale Arbeit betreffenden Teil des Versailler „Friedensdokumentes" und des Völkerbunds eine weitestgehende Rücksicht auf die nationalen Bedürfnisse: am Widerspruch einzelner kulturell rückständiger Länder können internationale Abmachungen über Sozialpolitik scheitern; Haiti oder die Negerrepublik Liberia kann gegen das Deutsche Reich ausgespielt werden.

Die Geschichte zeigt, daß der sozialpolitische Fortschritt auf der ganzen Linie zunächst ein nationaler, innenstaatlicher gewesen ist. Insofern kann Internationale Sozialpolitik nur eine Reflexwirkung der Nationalen sein. Das tut ihrer wachsenden Bedeutung durchaus keinen Eintrag, muß aber theoretisch mit aller Klarheit betont werden, um übertriebene Hoffnungen auf internationale sozialpolitische Solidarität auf das richtige Maß zurückzuführen; von ihnen haben wir Deutsche uns oft genug, und gerade in kritischen Augenblicken wie beim Friedensschluß, blenden lassen. Jenes zulässige Maß ist auch dem zwischenstaatlichen Gedanken allein zuträglich.

Die Motive, die zur praktischen Sozialpolitik führen, sind naturgemäß innerhalb einer festbegründeten staatlichen Gemeinschaft in viel höherem Maße gegeben als im vagen Begriff der „Internationale". Die Nation als Lebens- und Notgemeinschaft ist unmittelbar interessiert am Wohl und Wehe ihrer Mitglieder.

Gilt dies für den machtbewußten Militärstaat in besonderem Maße, so ist auch der Staat als Kulturgemeinschaft, als Verwaltungs- und Gesetzgebungszentrale und Wohlfahrtsinstitut notwendig sozialpolitisch interessiert. Wer freilich in ihm nur den „Klassenstaat" sieht, wird dies bezweifeln. Aber die Geschichte zumal des preußisch-deutschen Staates läßt für diese Verengung des Staatsbegriffs nicht allzuviel Raum, wenn es natürlich an Klassenäußerungen auch hier niemals ganz fehlte. In jedem Falle ist es gewagt, das Klassengefühl an Stelle des Nationalgefühls zur Unterlage der Sozialpolitik zu machen. Das ist außerhalb Deutschlands und Rußlands auch nur selten geschehen. Einschlägig ist hier u. a., was § 27 über den nationalen Arbeitsmarkt ausführte.

Treten wir nun der Theorie der zwischenstaatlichen Sozialpolitik näher, so ist den auf ihre begriffliche Einschränkung gerichteten Ausführungen doch auch einiges anzuschließen, was Veranlassung gibt, die internationalen sozialpolitischen Möglichkeiten von größeren und weiteren Gesichtspunkten aus zu sehen. Wir werden solche nämlich nicht nur in der Fortführung der internationalen Vereinbarungen über Arbeiterinnenschutz und gewerbliche Gifte erblicken und auch nicht nur in der Vermehrung und Erweiterung jener eigentlichen Arbeiterschutzverträge, die vor dem Kriege, etwa vierzehn an der Zahl, zwischen einzelnen Ländern geschlossen waren. Zwischenstaatliche Sozialpolitik ist vielmehr auch in anderen völkerrechtlichen Verträgen enthalten, mag deren Hauptinhalt auch der Handelspolitik, dem Verkehr, der öffentlichen Polizei und Sicherheit usw. gegolten haben.

Ja, ein gewisses Maß sozialpolitischer Übereinstimmung ist oft Voraussetzung von Verträgen irgendwelchen Inhalts. Nicht weniger wichtig ist die formlose Übereinstimmung, ohne die gewisse Usancen des öffentlichen Verkehrs nicht möglich wären. Freilich haben nur verhältnismäßig wenige in ähnlich sozialer Lage befindliche Staaten vor dem Kriege in Beziehungen solcher Art gestanden, und durch den Krieg sind viele dieser Beziehungen gelöst worden. Kulturelle Übereinstimmung oder Verwandtschaft aber hat doch eine gewisse ungeschriebene Annäherung auch in sozialpolitischen Fragen möglich gemacht, von der bei Durchbildung des völkerrechtlichen Vertragssystems mancher Fortschritt erwartet werden darf.

Die Theorie der Internationalen Sozialpolitik hat es mit den einzeinen völkerrechtlichen Abmachungen nicht zu tun; auch die Theorie des Völkerrechts selbst ist von ihr unterschieden.

Daß wir die zwischenstaatlichen sozialpolitischen Akte überhaupt im gegenwärtigen Abschnitt behandeln, erklärt sich daraus, daß gerade die sozialpolitische Internationale (im Gegensatz zur sozialistischen) nicht ohne den Staat und das Recht begriffen werden kann. Andere Standorte sind z. B. insofern gegeben, als mit den sozialpolitischen Fragen solche der Kulturpolitik und der Wirtschaft zusammenhängen; in diesen Hinsichten schlägt der Achte Abschnitt ein (z. B. § 74: „Sozialpolitik als ‚Belastung‘ der Wirtschaft“, die durch Internationale Sozialpolitik gemildert werden kann).

Einige der weiteren, mit zwischenstaatlicher Sozialpolitik gegebenen Probleme können nur angedeutet werden. Manches habe ich in meiner „Rückkehr zur Weltwirtschaft“ (1920) eingehender dargestellt. Vor allem ist dort auf den Zusammenhang kontinentaleuropäischer und sozialpolitischer Ideengänge hingewiesen worden: Der europäische Kontinent kann sehr wohl als bevorzugtes Gebiet für sozialpolitische Versuche großen Stils gedacht werden, für die das einzelne Staatsgebiet zu eng ist und die doch eine gewisse weitgehende Übereinstimmung in der sozial-kulturellen Struktur voraussetzen. Der Grad der industriellen Konzentration, die Gewerkschaftsbewegung, die Sozialgesetzgebung, die geistige Fundierung der sozialen Forderung stimmen in einem großen Teil der Staaten Europas in viel höherem Maße überein, als dies für die außereuropäischen Länder (mit Ausnahme etwa Amerikas) zutrifft. Die zwischenstaatliche Idee braucht aber nicht in allen Fällen der internationalen gleichgesetzt zu werden. Sehr wohl kann man sich Bezirke innerhalb der Weltwirtschaft vorstellen, in denen der soziale Fortschritt leichter und hemmungsloser vor sich geht, als wenn man ihn für alle Länder der Erde gleichmäßig proklamieren würde. Wenn der Gedanke kontinentaler Sozialpolitik einstweilen kaum praktisch erscheint, so ist das als Ergebnis des Versailler Diktats zu buchen.

Die zwischenstaatliche Sozialpolitik ist aber nicht auf Staatsverträge und sonstige Staatsakte beschränkt; ihre Träger sind auch die großen Gewerkschaften, Berufsvereine, kombinierte, über die Grenzen des einzelnen Staates hinausreichende Konzerne, Kartelle, Trusts (solche nicht selten im negativen, die Erweiterung der Sozialpolitik eher hemmenden Sinne). Internationale Gewerkschaftszentralen insbesondere verkörpern die Solidarität der Arbeit. Auch haben sich internationale Gesellschaften zur Förderung der Sozialreform gebildet; eng ist mit ihnen der Name E. Francke verbunden.

Es sei nur an jene für den gesetzlichen Arbeiterschutz, für Sozialversicherung, gegen Arbeitslosigkeit und Tuberkulose erinnert. Diese privaten Gruppen sind von erheblichem Einfluß auf die Internationale Sozialpolitik geworden, insbesondere hat die an erster Stelle genannte Vereinigung, der als deutsche Sektion die Gesellschaft für soziale Reform angehört, Entscheidendes für die Durchsetzung des internationalen Arbeiterinnenschutzes geleistet. Auch die Theorie der zwischenstaatlichen Sozialpolitik, nicht weniger die internationale Sozialstatistik ist von diesen Organisationen gefördert worden.

Daß die Grenzen der Internationalen Sozialpolitik, wirtschaftlich unter dem Gesichtspunkte der Konkurrenz und unter jenem der sozialen Lasten gesehen, weiter liegen als jene der Nationalen Sozialpolitik, leuchtet ein. Indessen kehrt ein Teil der theoretischen Überlegungen, die hinsichtlich der Grenzen nationaler sozialpolitischer Betätigung aufgezeigt wurden und werden, doch auch bei den zwischenstaatlichen Problemen wieder. Ob, um nur zwei aktuelle Dinge zu erwähnen, die Lebenshaltung der Massen als Ganzes, soweit es sich nicht um das physische Existenzminimum handelt, wird aufrechterhalten bleiben können; ob ihre wünschenswerte Aufrechterhaltung mit dem international propagierten Achtstundentag vereinbar ist: das ist nicht nur eine deutsche und nicht nur eine europäische, sondern eine weltpolitische und weltwirtschaftliche Frage schlechthin. Die letzten theoretischen Problemstellungen liegen für die Internationale Sozialpolitik kaum sehr viel anders als für die Nationale. Intensitätssteigerung der Arbeit ist eine der möglichen und sichersten Lösungen.

(§ 68) 8. Theorie des Sozialen Umsturzes und der Sozialen Reform.

Die grundsätzlichen Auseinandersetzungen über Tempo, Richtung und Ziel gesellschaftlicher Anpassungsvorgänge — als die wir Umsturz und Reform gleich, vorbehaltlich späterer Begründung, einführen wollen — berühren nicht nur das Verhältnis von Recht, Staat und Sozialpolitik; sie gehen das Ganze der Gesellschaft in allen ihren Funktionen und Kraftäußerungen an, sind selbst „Vergesellschaftungsvorgänge", Umwandlungen, Vergrößerungen, Verkleinerungen und Grenzverrückungen „Sozialer Gruppen", bieten biologische, soziologische und historische Aspekte und scheinen also zu verlieren, will man ihnen nur die Plattform des Rechts und des Staates zuweisen. Eine rein soziologische Auffassung müßte sicher weiter ausgreifen; für eine „Theorie der Sozialpolitik" aber, die als Grundlegung einer „Praxis der Sozialpolitik" nur Umrisse zeichnen will, mag der Rahmen immerhin so enge gestaltet werden, daß er vorzugsweise Rechts- und Staatsänderungen umfaßt. Da uns ferner Sozialpolitik ohne den Hintergrund des Staatsgedankens unfruchtbar, wenn nicht unmöglich erscheint, bedeutet eine auf den Staat abgestellte Auseinandersetzung über Umsturz und Reform der Gesellschaft gleichzeitig eine solche über die Sozialpolitik selbst; das Recht — als Öffentliches Recht vor allen Dingen — gilt uns dabei aber als wichtiger, wenn auch nicht stets unmittelbarer Einsatzpunkt der auf Umsturz oder Reform abgestellten Strebungen.

Hierzu ist zu bemerken: sehr häufig folgt die Rechtsänderung dem tatsächlich eingetretenen Umsturz oder der längst eingeleiteten Reform nicht unmittelbar auf dem Fuße; der Gesetzgeber verlautbart dann nur die praktisch schon vollzogenen sozialen Prozesse. In diesem Sinne ist Technik und Wirtschaftsorganisation oft das (nächst Bevölkerungsbewegung und Bedarfsverschiebung) Primäre, die Rechtsänderung das Sekundäre; dennoch kommt ihr entscheidendes sozialpolitisches Interesse zu, dem wir Rechnung tragen, indem die Auseinandersetzung über die gleichzeitig stattfindenden ökonomischen Verschiebungen (z. B. Sozialisierung) dem Achten Abschnitt (§ 75) überwiesen wird.

Ist damit einiges für die Wahl des Standorts der Umsturz- und Reformtheorie vorgebracht, so muß doch hinzugefügt werden, daß die folgenden

Ausführungen sich nicht in allen Punkten in den durch die Überschrift des gegenwärtigen Abschnitts gekennzeichneten Rahmen einfügen werden.

Die begriffliche Beziehung zwischen Sozialpolitik auf der einen, Umsturz und Reform auf der anderen Seite ergibt sich daraus, daß beide Vorgänge als „sozialpolitische" zu gelten haben. Mit anderen Worten: Sozialpolitik im weitesten Wortsinn ist ebensowohl als Umsturz wie als Reform denkbar; sie ist Umsturz insbesondere dann, wenn man sie zur Klassenpolitik verengt und — gemäß § 52 — das Ziel der zum Klassenkampf ausartenden Klassenpolitik in der gewaltsamen Überwindung des Klassengegensatzes und darin sucht, daß sich die Klasse in die neue Gesellschaft auflöst. Manche Befürworter dieser Entwicklung lassen dem Staat, der ihnen als Klassenprodukt feindlich erscheint, höchstens so lange bestehen, bis die „staatenlose" Gesellschaft einer mehr oder weniger entfernten Zukunft lebensfähig geworden sein soll. Das Görlitzer Parteiprogramm der Sozialdemokratie hat sich in dieser Beziehung vom Erfurter Programm frei gemacht. — Unser Begriff von „Sozialpolitik" ist nun freilich ein anderer, er umschließt, wie bereits hinreichend deutlich geworden sein wird, im wesentlichen die Vorstellung von „Sozialreform"; das kann aber nicht hindern, an sich auch den „Sozialen Umsturz" als Thema der „Sozialpolitik" zu begreifen; fügt sich diesem erweiterten Sprachgebrauch doch auch das ein, was man mit „Sozialismus" und „Sozialisierung" an brauchbaren Gedanken verbinden kann, was nicht auf der Theorie vom ökonomischen Automatismus beruht. Im Einzelfall sind ferner die Grenzen zwischen Reform und Umsturz so flüssig, daß höchstens die Gefühle der von diesen Vorgängen ungleich Betroffenen den Gegensatz markieren: indem etwa die nicht befriedigten Interessenten der sozialen Bewegung verächtlich von „Reform" reden, während die, auf deren Kosten es geht (oder zu gehen scheint), über „Umsturz" schreien.

Zu unterscheiden ist weiterhin die Soziale Bewegung selbst von ihrer geistigen Vorbereitung und ihren gleichfalls geistigen Begleiterscheinungen.

Eine Geschichte der sozialen Bewegungen zu schreiben, kann hier ebensowenig beabsichtigt sein, wie den wechselseitigen Einfluß von geistigen und materiellen Strebungen aufzuzeigen. Man mag Sombart und Herkner oder auch Adler, Dühring, Oncken, Grünberg u. a. zu Rate ziehen. Der Zweite Band wird sich ebenfalls auf eine Anführung des bibliographisch Wichtigsten beschränken. Polemik liegt uns ebenso wie der Anspruch, selbständig Sozialgeschichte zu treiben, fern; immer geben die unmittelbaren Bedürfnisse dessen Maß, was wir unter Sozialpolitik verstehen; selbstverständlich sind Werturteile hiervon nicht ganz abtrennbar.

Die theoretische Einstellung von „Umsturz" und „Reform" kann von dem verschiedenen Tempo einer sozialen Bewegung als dem nächstliegenden ausgehen. Im allgemeinen birgt der Begriff des „Umsturzes" das Plötzliche und Einmalige des individuellen Vorgangs, das Wesen der Reform mehr das Dauernde und Fortgesetzte des Vergesellschaftungsprozesses. Man kann wohl auch sagen, daß „Umsturz" in höherem Maße das persönliche Handeln Einzelner, Reform das soziale Zusammenwirken Vieler, von „Gruppen" voraussetze. Sinngemäß treten in Revolutionszeiten die „Führer" in den

Vordergrund, und es mag Revolutionen gegeben haben, die nur das Werk von Führern waren. Entsprechend pflegt der „Reaktion", als Gegenrevolution, die persönliche Note meist auch sehr aufgeprägt zu sein.

Daraus erwachsen bereits Qualitätsunterschiede. Es fragt sich, ob der „Einzelne" — der den Umsturz „macht" — überhaupt berechtigt und fähig ist, Vergesellschaftungsvorgänge, die stets Zeit zum Reifen brauchen, durch kühne Tat gewissermaßen vorwegzunehmen. Nun setzt natürlich der Umsturz als singuläre Einzelleistung voraus, daß der gesellschaftliche Boden für die Neuerung in gewissem Umfang schon vorbereitet ist; daß die Handlung auf Sympathie und Zustimmung von Massen stößt und oft nur nach außen hin offenbart, was sich im Innern schon längst angebahnt hat. Kaum eine große Umsturzhandlung der Weltgeschichte ist vom unterbewußten gesellschaftlichen Geschehen ganz losgelöst zu verstehen.

Die Tat Luthers, Dantons oder Marxens mußte in diesem Sinn vorbereitet sein, um Widerhall zu finden; und es ist natürlich nicht nötig und trifft meist auch nicht zu, daß die schöpferischen Geister ihre eigenen Wegebereiter gewesen sind; sonst würden sie wahrscheinlich nicht Revolutionäre, sondern Reformer geworden sein. Luther wollte ursprünglich auch nur Reformer sein.

Die vorhin erwähnten Namen sind uns Exponenten sehr ungleicher Umsturzhandlungen. Wenn dabei die „Reformation" Luthers (oder auch Calvins) in ihrem schließlichen Ergebnis uns mehr im Lichte der Aktion und insofern der Revolution als im Lichte der Reform erscheint, so sind wir uns doch natürlich dessen bewußt, was den „sozialen" Umsturz (den Luther bekanntlich scharf ablehnte) vom „geistigen" scheidet. Wahrscheinlich ist der letztere überhaupt nur als Handlung, als Werk von Persönlichkeiten möglich.

Der „wissenschaftliche" Sozialismus glaubt sich in seiner Gesellschaftsidee (§ 75) vom „utopischen" vor allem dadurch geschieden, daß er den Umsturz als singuläres Einzelfaktum zugunsten der „Evolution" ablehnt. Allerdings wird dieser Standpunkt keineswegs streng durchgeführt, vielmehr klafft in der von Marx gedachten Entwicklung eine Gedankenlücke, die durch die Theorie der „Diktatur des Proletariats" nur notdürftig ausgefüllt wird.

Immerhin aber verbindet die marxistische Auffassung und jene der „Sozialreform" der Evolutionsgedanke in beträchtlichem Maße; gegensätzlich ist, um das gleich vorwegzunehmen, hauptsächlich der Zweifel der Reformer an der Unbedingtheit und Zwangsläufigkeit des ökonomischen Ablaufes, an der glatten Überführung des kapitalistischen in das sozialistische System; demgemäß wird von den Reformern die Notwendigkeit gesellschaftlicher Eingriffe in das ökonomische Geschehen auch grundsätzlich betont, vom Sozialismus eigentlich nur widerwillig, dem Zwang der Tatsachen folgend, zugestanden. Berührt sich die Sozialreform hinsichtlich der Ablehnung des

Umsturzes, der singulären Einzelmaßnahmen mit dem marxistischen Sozialismus, so teilt sic doch auf der anderen Seite mit den Umsturztheoretikern den Glauben an die Notwendigkeit spontanen Handelns der Gesellschaft — nur eben mit anderen Zielsetzungen.

Die Reform scheint hierbei das gute geschichtliche Recht und die biologisch-soziologische Begründung für sich in Anspruch nehmen zu können; durch die ganze bekannte Menschheitsgeschichte hindurch ziehen sich gesellschaftliche Bewegungen, die als „Reformen" oder „Evolutionen" auftreten und für die oben schon die Bezeichnung als „Anpassungsvorgänge" vorweggenommen wurde.

Von der „Anpassung" vermittelt uns die Biologie und Entwicklungsgeschichte (§ 3) bestimmte Vorstellungen; nicht umsonst beziehen sich viele sozialistische Evolutionstheoretiker auf Darwin, der, Malthus folgend, der Anpassungsidee im Kampf ums Dasein bestimmte, freilich nicht zweifelsfreie Unterlagen gegeben hat. Gleichgültig, was daran richtig ist: jedenfalls braucht die Natur, von seltenen Ausnahmen abgesehen, längere, oft sehr lange Zeiträume, um ihre Prozesse durchzuführen, ob man diese nun rein kausal oder als Zwecksetzungen versteht. „Natura non facit saltus." Wer die Sozialgeschichte als Teil und Fortsetzung der Naturgeschichte begreifen will, ist damit von selbst Evolutions- und Anpassungstheoretiker und muß, sobald der (marxistische) Glaube an eine rein-ökonomische Entwicklung der Gesellschaft an den Tatsachen und auch schon in der Theorie scheitert, eigentlich auch Reformist sein. Der Geschichte mag ferner entnommen werden, daß gewaltsamer Umsturz und Reaktion (als Handlungen Einzelner oder kleinerer Gruppen, siehe oben) fast immer in zeitlichem und ursächlichem Zusammenhang auftreten. Die durch solch gewaltsame Mittel eintretenden Störungen der Gesellschaft erstrecken sich insgesamt auch oft auf lange Zeiträume, innerhalb deren dieselben Zwecke sehr wohl (und gewiß sicherer und gründlicher, und ohne Rückschlägen ausgesetzt zu sein) auch durch Reform erzielt werden konnten. Natürlich darf das Dramatische des Umsturzes so wenig für ihn einnehmen wie der Umstand, daß er nicht nur Theaterheldentum, sondern auch wahres Heldentum erzeugen kann; denn: plectuntur Achivi! — Die entsagungsvolle, nicht stets gewürdigte „Kleinarbeit" so vieler im praktischen Leben erprobter Sozialpolitiker schafft demgegenüber gewiß gleich hohe, wenn nicht höhere Werte.

Die aus anderen Wissensgebieten befruchtete sozialpolitische Theorie erwies sich durchaus als fähig, Umsturz und Reform in ihrer Bedeutung für das gesellschaftliche Geschehen klarzulegen. Der Anpassungsgedanke ist hierfür weiterhin zu verwerten: vom sozialpolitischen Standpunkte aus besagt er die Notwendigkeit, den wechselnden und sich ständig verschiebenden Grundlagen der Gesellschaft in einem Wechsel und einer Verschiebung des Rechts und gegebenenfalls des Staatsbegriffes zum Ausdruck und zur Wirkung zu verhelfen.

Der Wechsel und die Verschiebung, die zu einer wirklichen „Verwerfung" werden kann, hat „morphologisch" sehr verschiedene Ursachen: Zu- oder

Abnahme der Bevölkerung, Umgruppierung nach Berufen, Produktionsstandorten und -zwecken, Änderung der Verkehrsbedingungen; aber auch geistige Faktoren können dabei beteiligt sein; so wird ein bestimmtes, allgemein gewordenes Bildungsmaß (§ 77) in irgendeiner Weise seinen Ausdruck in der Gesellschafts- und Staatsverfassung suchen, etwa im Sinn der Heranziehung breitester, nunmehr mündig gewordener Schichten zur Regierung, Verwaltung, Rechtsprechung. Die Konzentration großer Massen in Weltstädten und Industriebezirken ist eine gesellschaftliche Kraftquelle, aus der sowohl Umsturz wie Reform gespeist werden kann. Im allgemeinen Sinne können diese beiden gleichmäßig als Anpassungsprozesse begriffen werden; im speziellen Fall aber genügt erst die Reform der im Begriff der Anpassung notwendig begründeten Forderung eines Dauerprozesses, den erst eine gewisse Kontinuität reifen läßt, dessen Richtung aber auch niemals mit voller Bestimmtheit vorausgesagt werden kann; der, auch indem er geschieht, die Möglichkeit der Anpassung an neue Kraftquellen und Zielsetzungen gewährleisten muß. (Vgl. auch O. Hertwig über politischen Darwinismus.)

„Reform“ und „Anpassung“ unterscheiden sich, ungeachtet ihrer Ähnlichkeit, doch auch erheblich: „Reform“ hat, gewollt oder ungewollt, bereits ein Werturteil in sich aufgenommen: der „reformierte“ Zustand gilt als der „bessere“. Dabei ist ein starker teleologischer Einschlag unverkennbar. Er ist im Begriffe der „Anpassung“ nicht ebenso unbedingt enthalten, dieser läßt sich vielmehr rein kausal denken. Während eine „Reform“ den Nachdruck mehr auf das Kommende, Zukünftige legt, ruht er bei „Anpassung“ mehr auf dem Gegebenen, auf der Voraussetzung, dem, woran sich etwas anpassen wird. Insofern ist „Anpassung“ mehr geschichtlich, „Reform“ mehr politisch orientiert. Doch spielt bei diesen Begriffsabgrenzungen der technische Sprachgebrauch mit und es ist an sich möglich, in den Begriff der „Reform“ im wesentlichen den Inhalt der „Anpassung“, im biologischen und soziologischen Sinn, aufzunehmen. Dann kann unter „Reform“ auch eine Zurückschraubung eines bereits errungenen sog. „Fortschritts“ verstanden werden; dann brauchen die Entwicklungsgedanken der Reform nicht stets „vorwärts“, sie können auch einmal „rückwärts“ gerichtet sein, ihr wertbetontes Sozialideal kann der Vergangenheit ebensowohl wie der Zukunft angehören. Ein heute gewiß nicht gleichgültiger, ja sogar notwendiger Gesichtspunkt. Denn keineswegs deckt sich Reform, nun stets als Anpassung gedacht, mit der stets etwas nebelhaften Vorstellung von „Fortschritt“. Es wäre verfehlt, in unsere empirisch bisher gut fundierten Begriffsbildungen so schemenhafte Wertsetzungen wie „Fortschritt“ aufzunehmen (vgl. § 75).

In der Tat scheint die „Theorie der Sozialen Reform“ durch die Betonung dessen, was sie mit „Sozialem Umsturz“ gemein hat, und des wichtigeren, was beide trennt, vor allem aber durch ihre Beziehung auf die „Anpassung“, einigermaßen fest begründet zu sein. Es bedarf kaum mehr der praktischen

Schlußfolgerung, daß uns Sozialpolitik = Soziale Reform = Soziale Anpassung gilt, und daß wir im Umsturz fast stets eine Störung der organischen Anpassungsprozesse erblicken, die sich äußerlich als solche der Sozialreform geben. Das schließt nicht aus, daß im Einzelfall auch die individuelle Handlung und persönliche Leistung ihren Platz innerhalb der als Reformen geltenden Vergesellschaftungsprozesse hat und haben muß. Praktisch wird vielmehr auch die Reform zum großen Teil in individuelle Akte auflösbar sein, weniger aber deren Summe, als deren Integrierung darstellen. Hierin unterscheiden wir uns von Marx, der theoretisch keinen Raum für solche Leistungen ließ und sich doch selbst durch seine eigene große Leistung glänzend widerlegte!

Schließlich ist „Reform" von „Umsturz" auch dadurch unterschieden, daß dieser fast stets auf Symptome abgestellt, die Reform aber den letzten treibenden Ursachen nachzugehen bemüht ist. Solche können durch individuelle Einzelakte nur ganz selten von Grund aus geändert werden. Auch insofern glaubt sich der Reformer der Natur und dem Naturgeschehen näher, das ihm auch in den Gesellschaftsvorgängen vor Augen tritt, dem er die organischen Mittel der Fortentwicklung und Anpassung entnimmt.

Er geht dabei davon aus, daß die komplizierten Vorgänge des Gesellschaftslebens niemals alle zugleich und niemals alle in derselben Richtung anpassungs- und reformbedürftig sind. Eine gewisse Kontinuität eines Teils der Vergesellschaftungsprozesse ist vielmehr Voraussetzung dafür, daß an einem anderen Teil mehr oder weniger tiefgehende Organisierungs- und Umgestaltungsmaßnahmen einsetzen können. Wenn die Staatsform wechselt, ist die Konsolidierung anderer Sozialer Gruppen, die wenigstens vorübergehend den Autoritäts- und Solidaritätsgedanken stützen können, wichtig. Ob der Kirche, ob Gewerkschaften, Genossenschaften, Unternehmungen oder anderen sozialen Gebilden diese Aufgabe zufällt, ist dabei weniger entscheidend als der Umstand, daß sich Agglomerationszentren von hinreichender Stärke finden.

Wo die Sozialpolitik als Gruppen-, ja als Interessentenpolitik verstanden wird (§ 81 Z. 5, 6; ein uns fernliegender, in der Praxis aber häufiger Gesichtspunkt) werden die Gruppen aus wohlverstandenem Interesse meist selbst für eine gewisse Kontinuität des Gesellschaftsgefüges, mit dem sie selbst stehen und fallen, sorgen. Nur der Klassenkampfgedanke versagt hier. Vom Standpunkt einer auf die Staatsidee bezogenen Sozialpolitik, der nach § 9 der unsrige ist, ist Forterhaltung der gesellschaftlichen Funktionen und Organe selbstverständliche, gerade und nur in der Sozialreform zu verwirklichende Forderung. Ein gewisser Konservativismus (nicht gerade im politischen Sinn verstanden) ist insofern mit Sozialer Reform und Anpassung sehr wohl vereinbar; es wird sogar oft gelten, eine gesunde Mischung konservativer, liberaler und sozialistischer Gedanken zu erzielen. Bekanntlich gibt es nicht nur eine Ideenvereinigung zwischen Liberalismus und Sozialismus, sondern auch eine Verbindung des letzteren mit der konservativen Staats- und Gesellschaftsidee: „Staatssozialismus", der größte praktische Erfolge erzielte und nicht nötig hat, sich vom Schlagschatten der Sozialisierung verdunkeln zu lassen. Im übrigen sind die programmatischen Stichworte: konservativ, liberal, sozial(istisch) stets relativ zu nehmen. In einem absoluten Sinn, der das ganze Gesellschaftsleben einschließt, hat es wohl noch nie eine konservative Bestrebung gegeben, vielmehr zeigte sich gerade bei Konservativen nicht selten eine weitgehende Anpassungsfähigkeit und Beweglichkeit, wenn gewisse Dinge (auch reine Interessen) es erheischten; umgekehrt ist im marxistischen Sozialismus ein reichliches Maß konservativ gerichteter Orthodoxie zu Hause.

Die Theorie der Sozialen Reform ist fähig, sich mit allen diesen wechselnden Auffassungen im Hinblick auf die praktischen Zwecke von Fall zu Fall zu verständigen. Sie hat, als Theorie der gesellschaftlichen Anpassung, selbst absolute Geltung. Dies insonderheit dann, wenn die Erziehungsfragen in den Vordergrund gerückt werden, wenn man in ihnen, und nicht nur in den Einrichtungen und mechanischen Mitteln, das Entscheidende sieht. Da Erziehungsprozesse stets längere Zeit in Anspruch nehmen und so recht „Entwicklungs-Vorgänge" sind, so wird durch ihre Hervorhebung unmittelbar die Notwendigkeit der Sozialen Reform als der gesellschaftlichen Dauerwirkung begründet, welche die allein mögliche ist. Wir führen diesen Punkt im Achten Abschnitt weiter.

(§ 69) Ergebnisse des Siebenten Abschnitts.

Die in vorstehendem zu einem Gesamtbild zusammengefügten Aspekte der Sozialpolitik haben durchaus die Einstellung auf Recht und Staat gemein; im einzelnen ergaben sich recht verschiedenartige Gesichtspunkte, die natürlich nicht nur Beziehungen auf Staat und Recht, sondern auch auf sonstige sozialpolitische Grenzfragen enthalten. Das liegt nun einmal im Wesen einer analysierenden und typisierenden Betrachtungsweise.

Der Siebente Abschnitt schloß sich am engsten an die §§ 8 und 9 des Ersten Abschnitts an, enthält insofern eine Anwendung der dort untersuchten soziologischen Fragen für das sozialpolitische Gebiet. Hierfür mußten gewisse formale Gesichtspunkte, in Anschluß an Stammlers „Wirtschaft und Recht", vorgekehrt und kritisch beleuchtet werden. Alles andere ergab sich aus dem Wesen des Rechts als Öffentlichen und Privaten Rechts und aus dem Staatsbegriff, an dem die Sozialpolitik verankert ist, für den sie aber auch entscheidende Inhalte bereitstellt.

Und dahin soll unsere Überlegung ausklingen: Indem wir die Sozialpolitik aus dem Rechts- und Staatsbegriff heraus zu begründen versuchten, unternahmen wir zugleich auch eine Begriffsanalyse: wir isolierten diejenigen Seiten von Recht und Staat, in denen es sich um das „Soziale Recht" und um den „Sozialen Staat" handelt. Recht und Staat gehen in diesen Unterbegriffen nicht restlos auf, sind aber — da selbst Vergesellschaftungsergebnisse — vom Begriff des Sozialen auch nicht zu trennen. Die „Theorie der Sozialpolitik" hat hier also im Grunde genommen Markscheidearbeit geleistet; doch war die Arbeit deshalb nicht weniger nötig; jedenfalls kann sie für sich in Anspruch nehmen, der Simmelschen Forderung, die diesem Werk das Geleite gegeben hat, gerecht geworden zu sein und unpraktische Gedankengänge rein begrifflicher Konstruktion vermieden zu haben.

Die großen Auseinandersetzungen der Gegenwart aber um Staat und Recht wird gerade der theoretisch besonnene Sozialpolitiker als den Kampf um Formen und Inhalte gesellschaftlichen Geschehens ansehen, die, im tiefsten Sinne geistiger Natur, durch geistige Mittel gefördert und letzten Ansprüchen der als Nation konsolidierten Gesellschaft (die als solche nicht rein geistig begriffen werden kann) gerecht werden müssen

Hierbei handelt es sich dann um Fragen der Ethik und der Kultur, nicht weniger aber um bestimmte wirtschaftliche Voraussetzungen; sie werden den Achten (und letzten)Abschnitt beschäftigen. Da Recht und Staat selbst ethische, kulturelle und wirtschaftliche Seiten aufweisen, wird manches in den Ausführungen über „Sozialpolitik als Verbindung von Wirtschaft, Kultur und Ethik“ als Nachtrag zu dem jetzt abgeschlossenen Abschnitt gelten können. Indessen empfahl sich die gewählte Reihenfolge aus methodisch-didaktischen Gründen: „Recht“ und „Staat“ sind auch dem angehenden Sozialpolitiker vertraute Stoffe, aus Rechts- und Staatswissenschaft her geläufiger als Probleme der Ethik und der Kultur. An diese kann, wer von den höchsten ethisch-kulturellen Gegenständlichkeiten, besonders vom Sozialen Staate, eine deutliche Vorstellung hat, mit großerem geistigen Besitz und großerer Aussicht auf geistigen Gewinn herantreten, als wer lediglich abstrakte „ethische“ und „kulturelle“ Maßstäbe an das gesellschaftliche Geschehen anlegt.

Achter Abschnitt.

Sozialpolitik als Verbindung von Wirtschaft, Kultur und Ethik.

(§ 70) Übersicht des achten Abschnitts.

Fassen wir ein sozialpolitisches Einzelproblem ins Auge, etwa die Arbeitszeit, und hier insbesondere die sozialpolitische Forderung des Achtstundentags.

Was ist es, was die darin enthaltene Begrenzung des Arbeitstages zur sozialpolitischen „Forderung" erhebt? Der Umstand, daß sie tausend- und millionenfach als solche auftritt, ist beweiskräftig dafür, daß breite Schichten ein Interesse am Achtstundentag haben müssen, und diese große Verbreitung ist auch für sich schon wichtig. Man kann sich Situationen denken, in denen selbst das Schlagwort unbesehen als sozialpolitische Forderung übernommen wird; dann nämlich, wenn ohne Berücksichtigung der in ihm enthaltenen Wünsche überhaupt Auflösung, Zerfall, Anarchie droht und ein partielles Zugeständnis demgegenüber vorzuziehen ist. Gewiß ist ein ganzes Teil „Sozialpolitik" so entstanden, und zwar nicht erst nach dem Umsturze. Zur theoretischen Begründung und zur endgültigen Einordnung einer Forderung in die soziale Praxis aber ist doch etwas mehr erforderlich: zu diesem Zwecke werden wir den Tatbestand der Forderung in seine Elemente aufzulösen und zu prüfen haben, was sich alles unter der sozialpolitischen Firma, die heute den größten Kredit genießt, verbergen mag.

Unzweifelhaft werden wir dann in der „sozialpolitischen Forderung" des Achtstundentags Umstände sehen, die auf eine bestimmte Auffassung von Kultur zurückzuführen, ohne sich freilich hierin zu erschöpfen.

In diesem Fall ist Inhalt der Forderung nicht eigentlich die tägliche achtstündige Arbeits-, sondern die tägliche sechzehnstündige Ruhezeit. Diese soll dem Arbeiter Kulturmöglichkeiten eröffnen, von denen man (im allgemeinen wohl mit Recht) annimmt, daß sie während der Arbeitszeit nicht befriedigt werden können. Der Kulturbegriff ist damit gewiß nicht erschöpft, soweit er den später (§ 78) zu besprechenden Begriff der „Arbeitskultur" in sich aufnimmt, kann ein kulturelles Interesse durchaus auch während der Arbeits-, nicht nur während der Ruhezeit, auf seine Rechnung kommen und sogar sehr hoch bewertet werden. Aber die überwiegenden kulturpolitischen Gesichtspunkte sind heute doch an die Zeit der Muße gebunden.

Eine ganz andere Beziehung rückt der Ethiker in den Vordergrund: Wohl wird sich sein Interesse dem kulturpolitischen insofern nähern, als die größere Ruhezeit auch moralischen Werten zugute kommen kann. Religiöse, kirchliche und sonstige ethische Bedürfnisse bedürfen der Sammlung und können alsdann an sich reichlicher befriedigt werden. Die Forderung der Sonntagsruhe, jener des Achtstundentags verwandt, hat sich aus dem ethisch-religiösen Gesichtspunkt heraus am sichersten durchzusetzen vermocht. Indessen werden Bedürfnisse dieser Art, die zu den „intensiven" gehören und eigentlich auch nur „intensiv" befriedigt werden können, im ganzen nur eine kürzere Zeitspanne fordern und kaum hinreichen, die tägliche sechzehnstündige Ruhezeit zu begründen. Wenigstens da nicht, wo das „Bete und arbeite" noch eine gewisse Geltung hat; dem Ethiker wird auch deutlich sein, daß es innerhalb einer sechzehnstündigen Ruhezeit Zeitverwendungen gibt, die ethisch nicht gerade hoch zu bewerten sind und der in der Arbeit konsumierten Zeit (§ 25) nachstehen. So deckt sich in dieser beliebig herausgegriffenen Frage der Sozialpolitik der kulturelle und ethische Gesichtspunkt keineswegs.

Betont der Ethiker aber das Pflichtgefühl, das im besonderen Fall zwecks besserer Lebenshaltung von Frau und Kindern die Arbeit verlängern heißt, dann kann der „ethische" Standpunkt sogar sehr weit vom „kulturellen" zu liegen kommen.

Viel deutlicher noch tritt die Inkongruenz entgegen, die häufig zwischen der wirtschaftlichen, kulturellen und ethischen Auffassung des Achtstundentags (um bei diesem Beispiel zu bleiben) gegeben sein wird.

Denn der Achtstundentag bedeutet unter Umständen eine sehr starke Einschränkung der Wirtschaftsleistung, die in dem Maße abnimmt, als das Sachkapital der Maschinen und Anlagen mit den Arbeitern zusammen feiert, d. i. brachliegt (soweit es nicht gelingt, einen Ausgleich durch Einlegung mehrerer Arbeitsschichten zu finden). Die besonders von Brentano vertretene Ansicht, daß verkürzte Arbeitszeit mit erhöhter Arbeitsleistung einhergehe, trifft nur für die ganz langen Arbeitstage vorbehaltlos zu und ist auf den Achtstundentag sicher nicht allgemein anwendbar.

Indessen kann man von diesem natürlich auch nicht allgemein sagen, daß er wirtschaftlich unerwünscht ist; nicht selten bedingt die Geschäftslage, der Aufträgebestand eine noch weiter gekürzte Arbeitszeit. Geht ferner längere Arbeitszeit — etwa im Bergbau und in der Großeisenindustrie — mit mangelnder „Menschenökonomie", mit Raubbau und vorzeitigem Verbrauch der Arbeitskraft (§ 26) einher, so ist ein etwaiger privatwirtschaftlicher Vorteil durch den volkswirtschaftlichen Nachteil erhöhter Armen- und Sozialversicherungskosten und frühzeitigen Abgangs produktiver Kräfte mehr als aufgewogen. Selbstverständlich liegen hierin auch Schäden vom kulturellen und ethischen Gesichtspunkt aus, es handelt sich aber nicht minder bereits um rein wirtschaftliche Nachteile; wir sehen hierbei, wie wenig eindeutig der ökonomische Standpunkt ist.

In bestimmten, gar nicht seltenen Fällen wird die wahrgenommene Inkongruenz zwischen der wirtschaftlichen, kulturellen und ethischen

Betrachtung zurücktreten oder auch ganz verschwinden, die sozialpolitische Forderung kann sich alsdann auf ganz verschiedene, aber zum gleichen Ziel führende Motive stützen, und es bleibt nur noch offen, ob sich die sozialpolitische Forderung in diesen, außerhalb ihrer selbst liegenden Motiven erschöpft oder ob sie auch aus eigenem heraus, autonom begründet werden kann.

Es zeigt sich andeutungsweise, worum es sich in diesem letzten Abschnitt im wesentlichen handelt, dessen erstes Kapitel das bisher durch Beispiel Veranschaulichte begrifflich und konstruktiv fortführen wird. Der Analyse wird auch hier der Versuch einer Synthese folgen, aus der erst das endgültige Verhältnis der Sozialpolitik zur Kulturpolitik, zur Ethik und zur Wirtschaft gefolgert werden soll (§ 78).

Bei Durchführung dieser Gedanken ist Raum für einige sehr wichtige, bisher mit Absicht ausgeschiedene oder doch nur flüchtig berührte Fragen gegeben. So gehört die „Sozialisierung" (§ 75) zu den Problemkomplexen, welche wirtschaftliche, soziale, kulturelle und ethische Stoffe gleichmäßig enthalten, denen auch nur durch Methoden der kombinierten Wirtschafts-, Sozial-, Kultur- und Moraltheorie und -politik wirksam begegnet werden kann. Auch das Recht ist wesentlich daran beteiligt, in dieser Richtung hat der letzte Abschnitt vorgearbeitet. Eine Theorie der im privatwirtschaftlich-privatrechtlichen System beheimateten Sozialpolitik wird der Theorie der Sozialisierung zur Seite treten (§ 76); der hierdurch gekennzeichnete Gegensatz zeigt zugleich die Grenzen des Einflusses, den Wirtschaft und Rechtsformen auf die Sozialpolitik zu gewinnen vermögen. Vorher (§ 74) noch soll in bewußt einseitiger Fragestellung Sozialpolitik, Kultur(politik) und Ethik als „Belastung" der Wirtschaft gesehen werden. Ist schließlich eine gewisse Auflösung der Gegensätze, deren wir uns aber vorher mit möglichster Schärfe bewußt werden wollen, gelungen, sollte es darüber hinaus möglich geworden sein, die Sozialpolitik „autonom" zu begründen (§ 78), dann wird ein letztes Kapitel (§ 79) in kritischer Weise die Einwendungen prüfen müssen, die, schon wiederholt und bereits in § 1 erwähnt, gegen das Werturteil in den Sozialwissenschaften gemacht worden sind. Einwendungen dieser Art gelten der wirtschaftlichen, ethischen und kulturellen Begründung der Sozialpolitik nicht weniger wie einer aus ihrem Wesen unmittelbar fließenden, autonomen Motivierung. Für diese Einwendungen und den Versuch ihrer Widerlegung ist also am Schlusse des Abschnitts der richtige Platz.

Das Erste aber ist, daß die Gegensätze, die auf ihre Verbindungsfähigkeit hin geprüft werden, als solche markiert und aus dem

Wesen von Kultur, Wirtschaft, Ethik abgeleitet werden (§ 71). Ein Zweites wird dann, negativ, dadurch zu leisten sein, daß die häufige Vermengung der gegensätzlichen Stoffe und Methoden als theoretisch unzulässiger, praktisch unzulänglicher Mißbrauch erkannt wird (§ 72). Dabei ist, in § 73, der besondere dogmatische Gebrauch der Ethik und Kulturpolitik für sozialpolitische Zwecke zu besprechen.

Die Aufgabe hat in diesen Hinsichten an vielem Früheren einen Vorgang; denn stets hatte die „Theorie der Sozialpolitik" durch isolierende Methoden sich erst ihr eigentliches Thema abzustecken. Ein Unterschied liegt vornehmlich nur darin, daß früher mehr die Tatbestände des gesellschaftlichen Lebens als solche analytisch zergliedert wurden, während jetzt — wie das Beispiel des Achtstundentags zeigte — der einzelne gesellschaftliche Tatbestand nach den Gesichtsfeldern, die er dem sozialpolitisch, wirtschaftlich, kulturell, ethisch Interessierten darbietet, unterschieden werden soll. Unmöglich können hierbei alle oder auch nur die Mehrzahl der gesellschaftlichen Erscheinungen untersucht werden. Insofern muß die Arbeit notgedrungen einer Methodik zustreben, die jeden in die Lage versetzt, selbst gegenüber beliebigen sozialen Tatbeständen und Zusammenhängen die Gliederung nach den möglichen Aspekten hin vorzunehmen.

Mehr noch als in früheren Abschnitten werden wir Selbstdisziplin und Selbstkritik walten lassen müssen, wollen wir das Besondere einer „Theorie der Sozialpolitik" gegenüber einer „Sozialen Ethik", einer „Kulturgeschichte", einer „Rechts-, Geschichts- oder Wirtschaftsphilosophie" oder auch einer „Sozialen Ästhetik" herausarbeiten. Sehr reich ist die in- und ausländische Literatur — auf die nach dem Gesamtplan erst der Zweite Teil, die „Praxis der Sozialpolitik", eingeht — an mehr oder weniger gelungenen Versuchen, die Soziale Frage vorwiegend geschichtlich, kulturell, ethisch oder auch wirtschaftlich und, neuerdings, ästhetisch zu begreifen. Häufig ist das Bemühen, in der Sozialpolitik nur die „Summe" jener Einzeldisziplinen als angewandter Wissenschaften zu sehen. Wie die Soziologie „Raum für alle" zu haben scheint, so steht auch die Sozialpolitik fast allen möglichen Überlegungen, Kausalforschungen und Zielsetzungen offen. Und zwar ist diese Vielheit von Meinungen nicht nur subjektiv möglich, weil man als Jurist, Ethiker, Geschichtsphilosoph, Kulturpolitiker, Ökonom ebenso Fühlung mit dem sozialen Ganzen gewinnen kann und soll wie als Sozialpolitiker im engeren Verstand; sondern die Dinge selbst bieten, objektiv gesehen, eine tatsächliche Gemengelage von wirtschaftlichen, ethischen, rechtlichen, politischen, kulturellen und anderen Stoffen dar; mag sich jeder sein Arbeitsgebiet immer abstecken, wie er will: der Versuch, dem Blick eine spezifisch sozialpolitische Einstellung zu geben, darf doch jedenfalls in einer „Theorie der Sozialpolitik" nicht fehlen. Sonst wäre diese ein Torso, würde günstigstenfalls eine theoretisch einwandfreie Beschreibung einzelner sozialpolitischer Teilgebiete, niemals aber das bieten, was in ihrem Titel mit klarer Überlegung in Aussicht gestellt wird.

Zumal auf die im Ersten Abschnitt vorgetragenen Gesichtspunkte wird wiederholt zurückgegriffen; ist dort ja schon (in § 9) versucht worden, den Begriff der Sozialpolitik festzulegen; das geschah aber einstweilen mehr in formaler Weise, während hier einer Auseinandersetzung über letzte Fragen des wissenschaftlichen Prinzips und der Methode nicht aus dem Weg gegangen werden soll. Das Ziel ist geradezu darin zu suchen, daß die anschließende „Praxis der Sozialpolitik" ein ihr eigentümliches, nur ihr zugängliches Arbeitsgebiet vorfindet. Werden dort Grenzfragen der Kultur, Ethik und Wirtschaft auftauchen, so soll es auf Grund der jetzt vorzunehmenden Grenzabsteckung möglich werden, jene Fragen ein für allemal als der Technik des sozialen Lebens nicht unmittelbar zugehörig, als außerhalb der eigentlichen „Sozialpolitik" liegend, zu bezeichnen und demgemäß auszuscheiden. Wenn somit für den Zweiten Teil eine Wegbereitung und Gebietsabgrenzung beabsichtigt wird, so dient der hier eingeleitete Abschnitt zugleich einer nachträglichen Flurbereinigung aller früheren Abschnitte dieses Ersten Teils: wären, der analytischen Methode zuwider, bereits bei den bisher besprochenen Fragen die hier durchzuführenden Unterscheidungen vorgenommen worden, so wäre der Gewinn, den wir durch Isolierung zu erreichen suchen, niemals zu erzielen gewesen. Ihn zu sichern durch nachträgliche begriffliche und tatsächliche Analysen und Zergliederungen, ist die letzte, vielleicht schwierigste Aufgabe.

(§ 71) 1. Die zu verbindenden Gegensätze.

Wirtschaft, Kultur, Ethik: Es ist uns bewußt, daß diese drei Abstrakta (die auch nicht die einzigen sind, von denen aus sozialpolitische Fragen gesehen werden können) begriffstheoretisch verschiedenen „Ebenen" angehören.

„Wirtschaft" ist ja nicht gleichbedeutend mit „Wirtschaftpolitik", „Kultur" nicht gleichbedeutend mit „Kulturpolitik", und nur diese aufs Politische bezogenen Disziplinen lassen sich im Grunde genommen mit „Ethik", der Politik des „Ethos", der „Moral", in Parallele stellen. Wir müssen aber in der Überschrift eine begriffliche Ungenauigkeit in den Kauf nehmen, und das scheint auch zulässig zu sein, wenn wir uns selbst und dem Leser von vornherein Rechenschaft über die Gründe geben. Für unser Vorhaben wäre es nämlich viel zu enge, wollten wir uns nur mit „Wirtschafts"- und „Kulturpolitik" befassen. Vielmehr interessiert uns gerade das Tatsächliche der Wirtschaft und der Kultur, gemessen an ethischen und sozialpolitischen Maßstäben. Warum nun aber dieses Moment des „Tatsächlichen" nicht auch auf das übertragen, was der Ethik als faktisches Substrat zugrunde zu liegen scheint? Dann wäre dem Zuständlichen der Wirtschaft und der Kultur das nicht weniger Zuständliche und Faktische der „Moral" anzureihen, die Untersuchung bliebe also auf die kritischen Auseinandersetzungen zwischen Gruppen von Tatsachen beschränkt. Der Grund dafür, daß wir dies nicht tun, ist, daß der Gegenstand der Ethik in viel geringerem Grade eindeutig gegeben ist wie der Gegenstand der Wirtschaftspolitik — die Wirtschaft — und der Gegenstand der Kulturpolitik — die Kultur (s. aber unten). Allein schon der Umstand, daß die Ethiker selbst einmal die Sitte (Paulsen), dann die Sittlichkeit (Lipps und die meisten Vertreter dogmatisch gebundener Auffassungen) als Gegenstand einer theoretischen Ethik gelten lassen, läßt mindestens eine Zwiespältigkeit des der Ethik zugrunde liegenden tatsächlichen Sachverhalts vermuten.

Wir haben uns in diesen Streit nicht einzumengen, erklären von vornherein unsere Uninteressiertheit und können dies um so mehr tun, weil wir ja schließlich auf ein Autonomes sozialpolitisches Ideal abzielen. Wir können aber bei der sehr großen Gegensätzlichkeit der ethischen Systeme (unter denen auch die völlige Ablehnung einer „Moral“ unterläuft) nicht mit „Moral“ als etwas eindeutig Bestimmtem, sondern nur mit dem wechselnden Begriff der Ethik als wertender Disziplin rechnen und haben ihn ebensowohl den Tatsachen der Wirtschaft und der Kultur wie den nicht weniger wechselnden Auffassungen von Wirtschafts- und Kulturpolitik gegenüberzustellen.

Fraglich könnte nur bleiben, ob nicht auch der Begriff „Kultur“ abzulehnen und, ähnlich wie bei der Ethik, eine Beschränkung auf „Kulturpolitik“ vorzunehmen wäre. Indessen, das Flüssige des Kulturbegriffs, das uns wiederholt zu äußerster Zurückhaltung zwang und zwingen wird, zugegeben: daß sich mit ihm unter allen Umständen etwas Tatsächliches, etwas mindestens psychisch Reales verbinden läßt, wird auch der Skeptiker zugeben. Real in diesem Sinn ist auch das nur Relative, ist auch das lediglich durch Vergleich zu Verstehende, ist selbst die bloße Tatsache, daß sich Menschen und Zustände in bestimmten, allgemein als „kulturell“ zu begreifenden Angelegenheiten unterscheiden. Bei aller Ungleichheit des (ja auch von der ethischen Einstellung beeinflußten) kulturpolitischen Standpunktes übersieht man die Ebene, worin Kulturvorgänge ablaufen, doch weit eher, als jene, worin moralische Differenzen zum Austrag gelangen sollen; denn diese zweite besondere Ebene wird ja von den A-Moralisten überhaupt abgelehnt, vielleicht auch der ersten, der „Kultur“ebene, gleichgesetzt; und man kann das theoretisch für zulässig erklären, während die radikale Ablehnung jeder „kulturellen“ Auffassung schlechterdings bereits an den Tatsachen scheitert. So undeutlich der Kulturbegriff als solcher ist, man kann über ihn doch streiten; zwischen solchen aber, die eine absolute Sittlichkeit anerkennen, und solchen, die das mit diesem Begriff ausgedrückte Tatsächliche anders, a-moralisch, vielleicht „kulturell“, vielleicht auch „sozialpolitisch“ bewerten, fehlt überhaupt die Möglichkeit einer Verständigung. Wir kommen auf diese Gesichtspunkte in § 73 zurück und erwähnen nur noch, daß auch eine geschichtliche Einstellung des Moralbegriffs ihn nicht als geeignet erkennen läßt, selbständig neben „Kultur“ und „Wirtschaft“ als etwas gleich diesen unbedingt Zuständliches und Reales zu erscheinen; im Gegenteil: eine geschichtliche Begründung dessen, was entweder nur absolut oder gar nicht bestehen kann, würde den Moralbegriff beinahe dem Kulturbegriff nähern und für den strengen Ethiker notwendig verflachen.

Daß wir uns hier eingehender mit dieser Grenz- und Begriffsfrage befaßten, wird später als mit gutem Grund geschehen erkannt werden: soll nämlich ein Autonomes sozialpolitisches Ideal begründet werden, dann muß es derart allgemeingültig sein, daß es nicht nur (was die Hauptsache ist) eine Plattform für Praktiker aller Lager abgibt, sondern auch den Theoretikern genügt. Wobei dann, nach Früherem, über die Berechtigung oder Nichtberechtigung eines absoluten Moralismus noch gar nichts ausgesagt ist. „Religionsersatz“ und „Moralersatz“ wollen wir nicht bieten, von den Ansprüchen des Rationalismus oder Materialismus in ihren verschiedenen Ausprägungen trennt uns ein erhebliches Maß theoretischer Besonnenheit und praktischen Verantwortungsgefühls. Aber auch der Monist soll die Autonomie der sozialpolitischen Forderung anerkennen können, ohne in die Lage versetzt zu werden, eine lediglich durch den absoluten Moralbegriff gestützte Sozialpolitik als „Petitio principii" abzulehnen!

Wenden wir uns nun den einzelnen als „Gegensätze" bezeichneten Begriffen zu, so wird uns jener der „Wirtschaft" nicht allzulange aufhalten.

Abgesehen davon, daß seine genaue Bestimmung in einen anderen Band des „Handbuchs" gehört, beschäftigte er in gegenwärtigem Band auch schon den § 5; eine „Theorie der Sozialpolitik" greift im übrigen fast unausgesetzt in das Gebiet des Ökonomischen hinüber. Sozialpolitik ist manchen — allerdings irrtümlicherweise — überhaupt nur eine Teildisziplin der Wirtschaftspolitik.

Wir erinnern also nur daran, daß man Wirtschaft wohl am zutreffendsten als das der Befriedigung von „Bedarf" dienende Handeln und den hierfür geschaffenen Apparat, der personale und sachliche Produktivkräfte vereinigt, bezeichnet, wobei allerdings offen bleibt, ob nur der Bedarf an materiellen Gütern gemeint ist; eine große Zahl nimmt dies an, der gegenteilige Standpunkt ist aber logisch zulässig. Mit diesem allgemeinen Begriff des Wirtschaftens ist eine Aussage über die Form, in der es vor sich geht, noch nicht verbunden, hierüber zu urteilen ist auf der einen Seite — der Vergangenheit gegenüber — Sache der Wirtschaftsgeschichte, auf der anderen Seite — gegenüber zukünftigen Fragen — Sache der Wirtschaftspolitik.

„Kapitalismus" und „Sozialismus" sind die zwei bekanntesten gegnerischen Wirtschaftsauffassungen, sie decken aber nicht alle wirtschaftlichen Möglichkeiten, überschreiten daneben das rein ökonomische Gebiet und beschäftigen uns insoweit in den §§ 75, 76. Viele andere Gegensätze der Wirtschaftspolitik, insonderheit der Agrar-, Gewerbe- und Handelspolitik, können uns hier nicht befassen, obwohl auch bei ihnen sozialpolitische Fragen eine Rolle spielen, z. B. in Verbindung mit gewissen handelspolitischen Systemen unmittelbar auftauchen. Eher wird in der „Praxis der Sozialpolitik" auf solche Grenzgebiete zurückzukommen sein. In jedem Falle ist die Wirtschaft als solche eine der Tatsachen, mit denen jede Sozialpolitik zu rechnen hat; und auch die (von uns abgelehnte) Meinung, daß Wirtschaftspolitik durch Sozialpolitik abgelöst werden muß, wird früher oder später auf Sachverhalte stoßen, die „Wirtschaft" fordern und durch keine soziale Ideologie ersetzt werden können. — Wirtschaft, Horatio, Wirtschaft! — Bedeutet das eine praktisch unübersteigbare Grenze für jede Sozialpolitik, so darf umgekehrt die Grenze auch nicht zu eng gezogen werden, indem privatwirtschaftliche Interessen als schlechthin wirtschaftliche angesehen werden. Der Gedankengang führt schließlich zu der in § 74 zu besprechenden Frage der „Belastung" der Wirtschaft durch Sozialpolitik, übrigens auch durch kulturelle und ethische Forderungen, die ja häufig neben den sozialpolitischen einhergehen, oft mit diesen verquickt werden.

Ganz anders, und schwieriger gestaltet sich die Betrachtung der im Kulturbegriff gegebenen Tatsachen, Zusammenhänge und Meinungen. Andeutungsweise ist davon bereits die Rede gewesen, ist das Flüssige, Unbestimmte des Kulturbegriffs betont worden; der Gegensatz von „Kultur“ und „Zivilisation“ wurde früher schon deutlich und zwar in dem Sinne, daß uns „Kultur“ etwas im letzten Sinne Persönliches, Zivilisation aber ein mehr oder weniger mechanischer Niederschlag von „Kultur“ ist.

Diese Unterscheidungen sind auch ihrerseits flüssig und weit davon entfernt, allgemein anerkannt zu sein; nicht ganz selten werden (zumal in der englischen Literatur) die beiden Begriffe sogar umgekehrt gefaßt; da es auf die Namengebung wirklich weniger ankommt als auf ein Sichverstehen hinsichtlich des Inhalts, so müßten die, welche der Vertauschung zuneigen, in den nachstehenden Ausführungen „Zivilisation“ an Stelle von „Kultur“ lesen.

Einmal sind wir bereits soweit gegangen, „Kultur“- und „Sozialpolitik“ in einem bestimmten Sinn als sehr nahe verwandt zu gebrauchen. Von jener Stelle gilt, was wir oben sagten: daß sie eine genauere Begriffsabgrenzung erst in diesem Abschnitt erlangen soll; die hier geplante Auseinandersetzung hätte dort einen wichtigen Faden durchschnitten. Indem wir das Verhältnis zwischen Sozial- und Kulturpolitik einstweilen noch offen lassen, fragen wir uns, welche Beziehung zwischen den so häufig als fast gleichbedeutend gebrauchten Vorstellungen von „Kultur“, „Kulturentwicklung“, „Entwicklung überhaupt“ und „Fortschritt“ besteht. Dabei kann an den Ersten Abschnitt angeknüpft und die Darlegung entsprechend kurz gehalten werden. Nach einer bestimmten Richtung hin wird sie § 73 aufnehmen.

Offenbar besteht Einmütigkeit über das, was man in die Begriffe „Entwicklung“ und „Fortschritt“ hineinlegen kann, nicht; der an zweiter Stelle genannte Begriff ist aber, trotz seiner bestimmteren, anspruchsvolleren Fassung, noch weniger schlüssig; von der „Entwicklung“, die man biologisch und soziologisch begreifen kann, ist einmal gesagt worden, daß sie ein schwer zu entbehrendes Postulat auch der theoretischen Sozialpolitik darstellt. Dabei trat „Entwicklung“ im biologischen Sinn — z. B. als Entwicklung der Arten oder auch der Sprache — eindeutiger auf als „Kulturentwicklung“, um die es sich hier vornehmlich handelt. Doch gibt es eine Verbindung zwischen diesen Gegensätzen: ist uns nämlich Kultur etwas Persönliches, am Menschen selbst Haftendes, dann kann unter „Kulturentwicklung“ kaum etwas anderes als „Entwicklung der Persönlichkeit“ verstanden werden; und insoweit man nun eine Vererbung auch erworbener Eigenschaften annehmen darf (§ 3), würde diese Art Entwicklung für den biologischen Entwicklungsbegriff wichtig werden müssen. Im allgemeinen aber denkt man, wenn von „Kulturentwicklung“ die Rede ist, weit eher an die Fortbildung der technischen und organisatorischen Substrate und Requisite der Kultur, an „Zivilisation“, man hat in diesem Falle wohl auch mehr das Wagnersche „Und wie wir's dann zuletzt so herrlich weit gebracht ‘ im Auge, als die Faustische Gegenrede.

Es wurde als für die Wesenheit des Kulturbegriffs nicht entscheidend bezeichnet, ob er in einem absoluten Sinn gemeint wird oder sich mit relativen Maßstäben begnügt. Eindeutig-absolute Kulturvorstellungen wird es schwerlich geben; ist „Kultur“ nur als „persönlicher Besitz“ denkbar, als etwas, „was man erwerben muß, um es zu besitzen“: dann kann das absolute Ideal auch nur individuell gelten und sich nur in bestimmten, geschichtlichen Persönlichkeiten auswirken. Wir halten diesen Gesichtspunkt für eine spätere Auseinandersetzung zwischen Sozial- und Kulturpolitik fest. Damit ist bereits gegeben, daß die Kultur nur in der Differenzierung erblickt werden kann, was natürlich auch eine absolute Vorstellung von gleichbleibender Kultur oder eindeutigem Kulturfortschritt verbietet.

„Fortschritt“ ist ja nun allerdings ein Begriff, der überhaupt nur relativ und in einer gewissen Differenzierung verständlich wird. Aber abgesehen davon, daß dieser Begriff, gleichgültig, worauf immer man ihn bezieht, den verfehlten Anspruch zu erheben scheint, daß das zeitlich Spätere das höher zu Bewertende sein müsse: schon indem er eine gewisse Kontinuität der Entwicklung glauben macht, verdient er kein rückhaltloses Vertrauen. In einem relativen Sinne mag er immerhin als Hilfspostulat auch der Sozialpolitik angewandt werden, die auf manchen Gebieten ein „Fortschreiten“ doch deutlich erkennen läßt, wobei man dann freilich auch mehr an äußere als an innere Werte zu denken pflegt.

In der Ethik haben wir gewiß die am schwierigsten zu deutenden Vorstellungen; wir beziehen uns nach früherem nur auf das Willensmoment, nur auf die sittliche Forderung und lassen die Frage, ob und inwieweit ihr, über das historische Gebilde der Sitte hinaus, ein reales, absolutes Substrat der „Sittlichkeit“ und „Moral“ zukommt, offen; so vereinfachen wir die Aufgabe, ohne natürlich allen berechtigten Wünschen entsprechen zu können. Als auf Sittlichkeit gerichteter „Wille“, „Forderung“, „Weltanschauung“ ist Ethik und Moralpolitik natürlich ein ebenso gesichertes reales Faktum wie jede andere Art von Politik, d. i., nach Schleiermacher, „wirksamen Handeln“; vielleicht in noch höherem Grade, denn die Ethik durchdringt den moralisch Gesinnten in ganz anders tiefgreifender Weise, als die Parteipolitik den Parteipolitiker, die Kulturpolitk den Kulturpolitiker, von der Wirtschaftspolitik ganz zu schweigen; meist liegt es auch so, daß Partei-, Wirtschafts-, Kulturpolitik erst auf der Grundlage ethischer, moralpolitischer Einstellung ihre stärksten Wirkungen äußern. Sosehr die Ethik dann auch in der Außenwelt sichtbar wird, ihren Zwecken Menschen, Massen und Organisationen angliedert: sosehr bleibt sie in ihrer höchsten Auswirkung doch individuelle Angelegenheit, Persönlichkeitssache, Bewußtseinsinhalt, der freilich mehr noch den Willen als den Verstand in seinen Bann schlägt.

Kann sich Sozialpolitik der ethischen Forderung entziehen, kann sie an- (nicht anti-) ethisch, autonom begründet werden? Angesichts der erwähnten ungeheuren Durchschlagskraft moralischen Empfindens wird das vielfach abgelehnt werden. Es bleibt späterer Prüfung (zumal in § 78) vorbehalten. An dieser Stelle genügte es, daß die Gegensätze, die durch Sozialpolitik „verbunden" werden sollen, als solche gekennzeichnet wurden.

(§ 72) 2. Unzulässige Vermengung wirtschaftlicher, sozialer, kultureller, ethischer Stoffe und Methoden.

Offenbar muß, wer zum eigentlichen Gehalt einer gesellschaftlichen Tatsache durchdringen will, die Schleier lüften, welche — ähnlich wie der „Geldschleier" die wirtschaftlichen Zusammenhänge verhüllt — die Wesenheit sozialer Komplexe verbergen.

Man muß z. B. durch sehr viel Interessenpolitik hindurchsehen, will man sozialpolitisch zutreffende Werturteile aufstellen. Damit wird die Interessenpolitik nicht abgelehnt: würden wir das tun, dann könnten wir sehr viel aus dem sozialen Geschehen streichen, dann hätte auch eine so große und verdienstreiche Gruppe wie die „Gesellschaft für soziale Reform" keine Daseinsberechtigung. Das Ziel ist vielmehr im Sinne des Sechsten Abschnitts, die Politik der Interessenten als eine spezifische und notwendige Unterart oder Abart der sozialen Politik zu erkennen: die Einschätzung als das, was sie ist, nimmt ihr nicht den sozialen Charakter, sondern verleiht diesem nur eine bestimmte Qualität (vgl. auch § 81 Z. 5).

Die „sozialpolitischen Pseudonyme" entstehen nun vor allem durch Vermengung von Stoffen und Gesichtspunkten, von denen jeder einzelne an sich durchaus berechtigt sein mag, die aber als Gemengelage den eigentlichen Sachverhalt inkorrekt widergeben, unter Umständen sogar verfälschen. Was wir zunächst wahrnehmen, ist freilich weniger eine Vermengung als die einseitige Hervorkehrung einzelner Merkmale.

Wir sahen in § 70 beim Achtstundentag, wie viele mögliche Einstellungen des Urteils er zuläßt: man kann ihn ethisch, kulturell, wirtschaftlich (und hier volks- und privatwirtschaftlich) auffassen und es ist, davon unabhängig, vielleicht noch eine rein-sozialpolitische Beurteilung möglich. Wenn man als Interessent des Achtstundentags aber lediglich „kulturelle" Vorteile in der mit ihm verknüpften sechzehnstündigen Ruhezeit sieht und vergißt, daß mangels erzieherischer Vorbereitung der Arbeiter ein großer Teil der Ruhezeit ganz kulturlos, in schlechten Kinos und Schenken, auf Rummelplätzen usw. zugebracht werden wird: dann verbirgt das vorgeschützte Kulturmoment offensichtlich ganz andersartige Zustände, die einstweilen tatsächlich mit dem Achtstundentag verbunden auftreten werden. Wenn auf der anderen Seite, nicht weniger einseitig, nur die privatwirtschaftliche Belastung, die durch die Arbeitszeitverkürzung zunächst entstehen wird, ins Auge gefaßt und übersehen wird, daß sie vielleicht schon privatwirtschaftlich durch richtige Organisation, volkswirtschaftlich aber durch bessere Lebensaussichten und erhöhte Arbeitskraft der Massen ausgeglichen werden könnte: dann ist der mit großen Ansprüchen auftretende Wirtschafterstandpunkt auch nur geeignet, das Problem zu verdunkeln. Die besondere Bedeutung ethisch-dogmatisch gefärbter Anschauungen für eine Verengung der sozialpolitischen Gesichtsfelder wird in § 73 noch besprochen. Immerhin verfechten solche Anschauungen (Pesch, Ratzinger) doch meist eine bestimmte große Idee, die der Interessenpolitik recht häufig mangelt.

Die ausschließlich wirtschaftliche, ausschließlich ethische, ausschließlich kulturelle Bewertung eines sozialen Sachverhaltes zieht diesen augenscheinlich in eine Ebene hinab, die nicht alle Komponenten der zu beurteilenden Tatsache umfassen kann. Der Streik, um einmal eine andere gesellschaftliche Erscheinung zu erwähnen, ist eben nicht ausschließlich als wirtschaftliche Hemmung, nicht ausschließlich als kulturelle Gefährdung, nicht ausschließlich als ethisches Postulat der Solidarität zu beurteilen. Statt daß man ihn nun aber als Inbegriff vieler sich kreuzender Motivierungen und Zielsetzungen erkennt und versucht, den einzelnen Beweggründen und Zweckbestimmungen das ihnen zukommende Gebiet abzustecken, charakterisiert man die soziale Gemengelage meist nur nach einem hervorstechenden Symptom, an dessen Herausarbeitung man noch dazu persönlich oder als Gruppe interessiert sein kann. Nicht also, daß man die Gemengelage als solche erkennt und gelten läßt, sondern daß man sie unter einseitiger, nurwirtschaftlicher, nur-kultureller, nur-ethischer Auffassung sieht und von mehreren an sich möglichen wirtschaftlichen, kulturellen, ethischen Auffassungen auch meist nur eine gelten läßt, macht den Fehler aus, der oft unabsichtlich, nicht selten auch absichtlich begangen wird. Der Marxismus in seiner Totalität ist hierfür kennzeichnend, er kann aber geltend machen, daß er der älteren, rein-wirtschaftlichen oder eigentlich nur rein-privatwirtschaftlichen Auffassung sozialer Erscheinungen entgegenzutreten hatte. Wir halten dies auch für später fest, wo (§ 78) versucht werden soll, das spezifisch Sozialpolitische gegenüber Wirtschaft, Kultur und Ethik herauszuarbeiten.

Liegt in der einseitig ethischen, kulturellen oder wirtschaftlichen Bewertung eines sozialen Stoffes insofern schon eine unzulässige Vermengung, als das „Gesellschaftliche" nur mehr als Funktion und Zwecksetzung von Ethik oder Kultur oder Wirtschaft gesehen wird, so ist der in der Überschrift gemeinte Sachverhalt doch in noch entscheidenderer Weise dann gegeben, wenn der an sich rein-wirtschaftliche Standpunkt sich ein ethisches Mäntelchen umhängt, der an sich rein-kulturelle und demgemäß (§ 71) relativistische Standpunkt mit der Apodiktkeit des Ethos auftritt oder umgekehrt ethisch-kulturelle Auffassungen als streng-ökonomische in die Erscheinung treten. Der erwähnte privatwirtschaftliche Unternehmerstandpunkt hat sich nicht selten als „Ethik" gegeben und hat auch die Religion, sehr zu ihrem Nachteile, in seinen Dienst gezwungen, ähnlich gehen kulturelle Interessentenforderungen am wirksamsten als „moralische" durch die Welt; das Ethos eines Marx aber hat sich in die rein-materialistisch-ökonomische Form gekleidet und dadurch, als „wissenschaftlicher" gegenüber dem „utopischen" Sozialismus, seine Triumphe errungen. So entstehen nun allerdings ganz schiefe Bilder, wirkliche „soziale

Pseudonyme", Vermengungen heterogener Stoffe und Methoden, Fälschungen der sozialen Wirklichkeit. Diesen Sachverhalt haben wir vor allem im Auge, eine Luftreinigung nach dieser Richtung ist die ernste und letzte Aufgabe einer sozialpolitischen Theorie.

Die Sprachverwirrung in der Sozialpolitik ist nur zum Teil das zwangsläufige Ergebnis wirklicher Gegensätze, Unausgeglichenheiten, Störungen; zum anderen Teil sind diejenigen schuld, welche aus der an sich allen geläufigen gesellschaftlichen Sprache eine Mundart der Ethik, der Kultur, der Wirtschaft machen und dabei doch nicht selten nur die Kommandosprache der Partei- und den Flüsterton der Interessenpolitik kennen. Dieser Vorwurf geht alle Lager der Praxis und Theorie gleichmäßig an.

Die Wirtschaftslehre z. B. hat zu spät (und auch heute noch nicht allgemein) eingesehen, was ihr Sombart und Max Weber nachwiesen: daß ihr „Produktivitätsbegriff" anßerstande ist, gesellschaftliche Erscheinungen restlos zu erklären, gesellschaftspolitische Maßnahmen restlos zu begründen. Da auf dem Gebiet der Kultur und der Moral die möglichen Standpunkte noch mehr differieren wie in der Wirtschaftslehre, kann von Ethik und Kulturpolitik auch kein allgemeiner Maßstab erwartet werden.

Die teilweise Erkenntnis der Begrenztheit des einzelnen (wirtschaftlichen, ethischen oder kulturellen) Standpunkts hat das erwähnte Unterfangen begünstigt, Wirtschafts- und Kulturforderungen ethisch, moralische Postulate ökonomisch zu begründen. Der Schaden wurde nun erst heillos. Das Bemühen, den wirtschaftlich nicht mehr hinreichend fundierten, oft genug mit Rentabilität verwechselten Produktivitätsbegriff ethisch zu ergänzen, oder ihn wenigstens zu einem Kulturbegriff zu erweitern, war aussichtslos und irreführend; im „Kapital" konnte Marx umgekehrt versuchen, den an-ethischen Begriff des rein wirtschaftlichen Geschehens herauszuarbeiten: die im Kommunistischen Manifest verkörperte praktische Anwendung des Systems sprengte doch sehr bald die starren Fesseln des mechanischen Ablaufs und ließ das ethisch-politische Moment in seiner Nacktheit erkennen. Wieviel Mißverständnis ist aber von diesen falschen Firmen, diesen umgedeuteten Tatsachen, diesem „sozialpolitischen Schwarzfahrern" ausgegangen! Daß es überhaupt nötig ist, diesen Erscheinungen eine längere Auseinandersetzung zu widmen, ist bezeichnend für die Hartnäckigkeit, mit der sich jene unzulässigen Vermengungen gegensätzlicher Stoffe und Methoden behaupten, — und natürlich trotz aller Belehrung durch eine theoretische Sozialpolitik behaupten werden. Denn es wäre naiv, von der rückhaltlosen Aufhellung des Sachverhalts eine unmittelbare Änderung, das Anhalten aller „Schwarzfahrer", die Entzifferung aller Pseudonyme und Berichtigung aller Firmenschilder zu erwarten. Zuviel praktische Interessen sind im Spiele!

Es werden aber nicht nur wirtschaftliche Tatsachen als ethische Forderungen „geglaubt“, ethische Forderungen als wirtschaftliche Zwangsläufigkeiten „bewiesen“: der beträchtlichste Mißbrauch ist, wie schon im ersten Kapitel dieses Buches gezeigt wurde, mit dem Begriff des „Sozialen“ und der „Sozialpolitik“ selbst verbunden. Hier entstehen besonders bedenkliche Grenzverschiebungen und Vermengungen. Von ihnen soll aber erst am Schlusse die Rede sein, wenn wir uns über die Selbständigkeit der sozialen Kategorie und über die Autonomie der Sozialpolitik verständigt haben (s. a. § 81).

(§ 73) 3. Dogmatisch (ethisch, kirchlich) gebundene Sozialpolitik.

Die Aufgabe der Theorie kann nicht sein, sich gegen das Dogma in der Sozialpolitik zu erklären, noch weniger, eine einzelne dogmatische Auffassung für die allein zulässige zu halten.

Im ersten Fall sähe sich der Theoretiker in die Lage des betrübten Lohgerbers versetzt, der seine Felle davonschwimmen sieht; denn es würde nach Ausscheidung aller dogmatisch beeinflußten gesellschaftlichen Tatsachen nicht mehr allzuviel Stoff für die Theorie der Sozialpolitik übrigbleiben. Einem großen Denker unserer Disziplin ist es ähnlich ergangen, er gelangte schließlich zu heroischen Wertmaßstäben . . . Im zweiten Falle aber wäre die Gefahr noch größer, indem die Theorie selbst sich in Politik auflösen würde. — Nach Abweisung dieser beiden Möglichkeiten der Beurteilung dogmatisch gebundener Sozialpolitik scheint nurmehr ein Weg offenzustehen: die rein referierende Wiedergabe, vielleicht durch historische und statistische Daten gestützt. Aber auch dieser Weg würde nicht zum Ziele führen.

Vielmehr bleibt es theoretisches Erfordernis, daß ein gewisses Werturteil gegenüber den möglichen Dogmen der Sozialpolitik Platz greift, indem man sie auf das bezieht, was später (in § 78) unter Aufnahme eines von seinem Begründer, Sombart, nicht ganz zutreffend durchgeführten Beweisganges als „Autonome Sozialpolitik“ erläutert werden wird. Und zwar soll das etwas grundsätzlich anderes sein als ein neues sozialpolitisches „Dogma“. Diese Art von Bewertung kann nun freilich erst dann klar in die Erscheinung treten, wenn das Beziehungszentrum, eben die „Autonome Sozialpolitik“, hinreichend geklärt ist; immerhin wird schon an vielen früheren Stellen deutlich geworden sein, was dem Verfasser unter „Autonomie der Sozialpolitik“ vorschwebt. Neben dieser Bewertung aber würde eine über hinreichenden Raum verfügende Gegenüberstellung der dogmatischen Bindungen, denen Sozialpolitik unterliegen kann, auch die größere oder geringere Folgerichtigkeit der einzelnen Standpunkte, die ihnen innewohnende Durchschlags- und Werbekraft und vor allem dasjenige zu kennzeichnen haben, worin sie sich unterscheiden und worin sie vielleicht bei allen scheinbaren Gegensätzen übereinstimmen.

Nun liegt Übereinstimmung bereits darin, daß die Formel, unter der die sozialpolitischen Probleme gesehen werden, „dogmatisch" ist, insofern ein Glaubens- und Weltanschauungsmoment in den Vordergrund schiebt und zugleich den Anspruch auf Allgemeingültigkeit, „Katholizität", erhebt. Lediglich schon der formale Umstand, daß einer größeren oder auch sehr großen Zahl von Gläubigen eine feste Richtschnur des Denkens und Handelns in sozialpolitischen Angelegenheiten an die Hand gegeben wird, muß eine gewisse — wiederum formale — Übereinstimmung zwischen den dogmatisch gebundenen Richtungen herbeiführen; und es fragt sich, ob diese formale Übereinstimmung nicht auch materielle Verwandtschaft im Gefolge hat: mindestens wird, wer einmal eine dogmatische Bindung seines sozialpolitischen Verhaltens erfahren hat, nicht leicht aus dem hierdurch notwendig verengten Gleise wieder herausfinden; er kann aus einem „Saulus" ein „Paulus" werden, die vielleicht zum Fanatismus gesteigerte Motivation seines Willens wird dann aber nicht an Intensität verlieren, sondern nur anderen — vermutlich den entgegengesetzten — Zielen zustreben. Das scheint psychologisch bedingt zu sein und entspricht der Erfahrung. Dabei sind wir weit davon entfernt, eine dogmatisch freie, „abgeklärte" Sozialpolitik für allein zweckdienlich zu halten; darin wird und muß gerade unsere später zu begründende Auffassung von „Autonomer Sozialpolitik" ihre Bewährung sehen, daß sie nicht mit Dogmen in Konkurrenz tritt; sie wird sich vielmehr des entscheidenden Einflusses bewußt sein, der von dogmatischen Bindungen ausgeht, der in vielen Fällen erst die Vollmenschen schuf, die in der Sozialpolitik mehr als irgendwo sonst benötigt werden.

Hier ist eine knappe Begriffsbestimmung von „Dogma" und „Dogmatisch gebundener Sozialpolitik" geboten. Zunächst beschränken wir die Begriffe keineswegs auf „Kirche" und „kirchliche Sozialpolitik". Vielmehr ist uns für die Zwecke dieses Abschnitts die „sozialistische" Sozialpolitik nicht weniger „dogmatisch" und „dogmatisch gebunden" und wir können formal gleichartige Bindungen auch in einer monistisch-materialistischen Anschauung, in der unbedingten Anerkennung eines „Entwicklungs- und Fortschrittsprinzips", schließlich auch in einer pessimistisch-fatalistischen Weltanschauung erblicken. Die dogmatische Bindung kann also ebensosehr aus ethischen und kulturellen wie wirtschaftlichen Gesichtspunkten heraus erfolgen und auch (wie am Schlusse dieses Kapitels zu zeigen ist) der Sozialpolitik selbst entstammen. Ethik steht neben Wirtschaftspolitik auch an der Wiege der klassischen, scheinbar ganz undogmatischen Auffassung. Der Verfasser der moralischen Gefühle (A. Smith) verleugnet sich nicht.

Auf die Zielsetzung kommt hierbei an sich wenig, auf die Folgerichtigkeit der Durchführung eines einmal eingenommenen Standpunkts alles an. Gewiß ergibt sich ein schwerwiegender materieller Unterschied daraus, ob ein solcher Standpunkt auf das Jenseits verweist oder sich lediglich auf dem Diesseits gründet; für die Bindekraft einer Idee aber spricht dieser Gegensatz an sich nicht das letzte Wort, als „Dogma" kann sie sich in beiden Fällen durchsetzen. Wir können unmittelbar anschließen, daß für unsere Zwecke religiöse und konfessionelle Gegensätze hauptsächlich nur hinsichtlich des Maßes ihrer sozialpolitischen Durchschlagskraft, also gewissermaßen quantitativ, nicht qualitativ, zu bewerten sind; und wenn eine bestimmte religiöse Überzeugung kein positives sozialpolitisches Programm zu entwickeln vermag, einem solchen (wie der Buddhismus oder Puritanismus) sogar eher ablehnend gegenübersteht, so ist doch auch mit ihr eine mittelbare Bindung des Einzelnen gegenüber gesellschaftlichen Fragen verbunden, wenn auch negativ, auflösend, individualistisch, gegebenenfalls quietistisch.

Etwas schwieriger ist die Entscheidung über den dogmatischen Gehalt sozialistischer Weltanschauungen. Sombart hat (u. a. in der Vorrede zu „Grundlagen und Kritik des Sozialismus") den Wesensunterschied zwischen „Sozialismus" und „Marxismus" scharf gezeichnet; nach diesen Ausführungen steht das Dogmatische der sozialistischen Anschauung fest, es äußert sich vor allem im „utopischen" Sozialismus, der ja recht eigentlich nur Glaubenssache sein kann und will. Durch die keineswegs einwandfreie Grenzscheide zwischen „utopischem" und „wissenschaftlichem" Sozialismus — die etwas anders verläuft, als Sombart vorschwebt — scheint für den „wissenschaftlichen" Sozialismus der dogmatische Hintergrund fortgenommen, wenigstens ferner gerückt zu sein; der „Marxismus" hätte schließlich als rein-wissenschaftliches System zu gelten, mit diesem Anspruch (der freilich auch nur ein verhülltes Dogma ist) tritt er auch tatsächlich auf. Wir haben schon an vielen Stellen der bisherigen Abschnitte Stellung zu dieser wichtigen Frage genommen und glauben gezeigt zu haben, daß der ethisch-politische Kern des „Kapitals" durch keine Anleihe bei philosophischen oder naturwissenschaftlichen Methoden weggedeutet werden kann. Dialektik, deren sich der Marxismus bedient, enthält vielleicht in sich selbst schon eine dogmatische Note, hat eine solche jedenfalls bei Hegel, ihrem Virtuosen, und früher schon bei Spinoza. In der Tat ist das Ethos bei Marx nur stark in der unmittelbaren Auswirkung gehemmt, als „Kritik" wird es aber doch deutlich genug; und auch das Bestreben, Erwünschtes als naturnotwendig hinstellen und im Entwicklungsprinzip (nach biologischem Vorgang) einen unbedingt wirksamen Hebel des sozialen Geschehens zu handhaben, kann doch über den eigentlichen Charakter des marxistischen Systems als eines Dogmas nicht hinwegtäuschen. Wenn dann Spätere (Ballod) die dialektische durch eine statistische Beweisführung ersetzen zu können glaubten und dem schlüpfrigen Dogma vom „Zukunftsstaat" — das Marx ängstlich vermeidet — eine recht nüchterne, „trockene" Unterlage zu geben bemüht waren, so fragt es sich, ob dieser Mißbrauch der Statistik nicht erst wirklich „aufs Trockene" führe. Nur nebenbei sei erwähnt, daß auch die Beweisführung Marxens in wichtigen Punkten das aprioristisch-dialektische Kleid mit dem historisch-statistischen vertauscht und sich damit eines Methodenfehlers schuldig macht, der als solcher schon zeigt, daß etwas „zu beweisen war"; auch daraus spricht der dogmatische Ausgangs- und Zielpunkt (s. a. § 75).

Allgemein kann gesagt werden: die größere oder geringere Sicherheit, mit der ein Dogma in die Erscheinung tritt, entscheidet darüber, ob ein solches vorliegt, nicht; auch die katholische und evangelisch-positive Lehre (in anderem Sinne auch die der liberalen Richtung) verfügt über einen gewaltigen, als reine Wissenschaft sich gebenden Beweisapparat, dessen aristotelisch-thomistisches und paulinisches Fundament nicht gering bewertet werden darf. Scholastik und Rationalismus unterscheiden sich vorzugsweise nur im Hinblick auf das Objekt, die naturrechtliche Auffassung enthält nicht weniger dogmatische Bestandteile wie die der älteren Soziologen, Comtes, aber auch Spencers und Schäffles. Eine gewisse dogmatische Beimischung wird jedes Lehrgebäude aufweisen, vermutlich auch vorliegende „Theorie", die ausdrücklich auf den „Vorzug" der „Wertfreiheit" (§ 79) verzichtete. Auch unsere spätere Darlegung über das „Autonome soziale Ideal" mag dogmatisch mehr gebunden sein, als dem Verfasser selbst deutlich ist. In diesem Falle ist ein relativ geringeres Maß dogmatischer Voraussetzung freilich auch schon ein Gewinn; im übrigen aber haben die weitaus meisten Abschnitte dieser „Theorie" auch ohne Beziehung auf das, was als „Soziale Autonomie" noch begründet werden soll, Daseinsberechtigung, weil sie als Analyse des erfahrungsgemäß Gegebenen streng der kantischen Forderung angepaßt sind. Die Schranken des durch Wissenschaft Feststellbaren liegen nach Kant bei den Grenzen möglicher Erfahrung; indem Kant in der „Praktischen Vernunft" selbst bewußt über diese Grenze hinausgreift und das Ideal der Kategorischen Imperative und des Pflichtbegriffs aufstellt, fällt er freilich in die dogmatische Gebundenheit zurück, die er — insofern Hume folgend — bei Leibniz und den anderen rügt. Selbstverständlich erscheint uns eine an solchen Imperativen und aprioristischen Voraussetzungen orientierte Sozialpolitik ebenfalls als „dogmatisch gebunden", wennschon der Grad solcher Bindung immerhin von dem durch kirchlichen Autoritätsglauben erzwungenen abweicht. Es entspricht auch nur den Ausführungen des § 71, wenn die vorbehaltlose Annahme einer „absoluten Sittlichkeit" im Sinne Kants zu den unbewiesenen und wahrscheinlich unbeweisbaren Dogmensätzen gerechnet wird.

Nun endlich können wir auf den Ausgangspunkt dieses Kapitels zurückgreifen. Dogmatisch gebundene sozialpolitische Einflüsse können in folgenden Hinsichten deutlich werden:

1. Einflüsse dieser Art zeigen sich in den Menschen selbst, die als Subjekte oder Objekte — oder zumeist als beides — der Sozialpolitik zu gelten haben.

2. Dieselben Einflüsse bewirken das Zustandekommen, die Tätigkeit (oder Untätigkeit) und auch das Verschwinden Sozialer Gruppen und sozialpolitischer Organisationen (vgl. Sechsten Abschnitt).

3. Auch die höchsten sozialen Gruppenzwecke der Familie, des Volkes, des Staates und der kirchlichen Gemeinschaften sind, ebenso wie jene des Berufs, des Standes und der Klasse, unmittelbar oder mittelbar dogmatisch beeinflußt.

4. Sozialpolitik ist sehr vielen nicht Selbstzweck, sondern Mittel zur Herbeiführung dogmatisch festgelegter Ziele, die mit materiellen Zwecken eine mehr oder weniger innige Verbindung eingehen und nach außen hin nicht selten unter falscher Firma in die Erscheinung treten (§ 72).

5. Insofern ist der Streit der sozialpolitischen Meinungen fast stets ein Dogmenstreit, der, seiner Natur nach meistens endgültiger Schlichtung unzugänglich, nur Waffenstillstand und wechselnde Bundesgenossenschaften zuzulassen scheint. Es fragt sich, ob mit dieser Auffassung eine „theoretische" Einstellung „sozialpolitischer" Probleme überhaupt vereinbar ist, ob man sich nicht mit der sozialpolitischen „Praxis" oder bestenfalls mit der

Theorie einzelner sozialpolitischer Spezialfragen begnügen soll. Das ist in §§ 78 und 81 aufzugreifen.

Zu diesen fünf Punkten ist — unter Beschränkung auf das Wichtigste — folgendes zu bemerken:

Zu 1.

Es gibt sehr wenig dogmatisch freie Menschen; die es zu sein glauben, sind es oft nicht; wahrscheinlich ist dogmatische Bindung eine psychische Notwendigkeit, zumal in einer Zeit weitgehender Arbeitsteilung und Inanspruchnahme durch die Arbeit, in der das relativ undogmatische klassische (insbesondere Goethische) Humanitätsideal nur mehr einer Minderzahl zugänglich ist; dieses seelische Bedürfnis nach Dogma verlieh da, wo jenseitige Weltanschauungen durch biologisch oder ökonomisch orientierte (Darwinismus, Marxismus) befeindet wurden, auch diesen „Ersatzweltanschauungen" dogmatischen Charakter, und zwar auch dann, wenn es ursprünglich nicht beabsichtigt war. O. Hertwig (s. o.) hat das gegenüber dem sozialen und politischen Darwinismus nachgewiesen.

Zweifellos vermittelt dogmatische Bindung, wessen Inhalts sie auch sei, dem Gebundenen psychische Kräfte, die durch andere Mittel kaum ersetzbar und wohl suggestiver Natur sind. Wenn diese Kräfte auch nicht selten zum Fanatismus und zur Einseitigkeit führen — Intoleranz liegt einmal im Wesen fast eines jeden Dogmas —, so sehen wir doch die bedeutendsten Gestalten der Geschichte — auch im letzten Weltkrieg — dogmatisch beeinflußt, wobei die Urform jedes Dogmas, die Religion, die stärksten Wirkungen äußert. Was Sombart über die größere Bindekraft des katholischen gegenüber einem allgemein-ethischen Standpunkt ausführte, ist in der Tat zutreffend; die protestantisch-positive Anschauung hat einen ähnlichen Vorsprung vor der liberal-individualistischen Richtung, die (nach den Äußerungen von W. Troeltsch in der Gesellsch. f. soz. Reform, 1921) keine hinreichende Kohärenz mehr aufzuweisen scheint. Mit dogmatisch gebundenen Menschen wird fast immer zu rechnen sein; will man über die Dogmen hinweg eine gemeinsame Linie für bestimmte, vor allem sozialpolitische Zwecke erzielen, so wird es weniger gelten, an den Dogmen abzubauen, als einen allen gemeinsamen Boden praktischer Betätigung, eben in der Sozialpolitik, zu finden: § 78.

Zu 2.

Ergänzend sei zu den Ausführungen des Sechsten Abschnitts über Gruppen und Organisationen angemerkt, daß alles dort (und in § 47) Vorgetragene unter dem Einfluß dogmatischer Bindungen entscheidend verändert und umgestaltet wird. Haben wir z. B. in § 52 die „Allgemeine Theorie der Gewerkschaft" zu geben versucht, so ist der Besonderheiten der „freien", „christlichen" oder „konfessionellen" Arbeiterbewegung doch mindestens noch insofern Rechnung zu tragen, als die Stellung dieser Gruppen zum Klassenkampf und zu den Mitteln der Selbst- und Staatshilfe eine ungleiche ist. Wenn aber die sozialpolitische Organisation letzten Endes nur Niederschlag eines (religiösen, a- oder antireligiösen) Dogmas ist, eröffnet sich eine ganz andere Betrachtungsweise, die zu weit von der eigentlichen Sozialpolitik abführt, um hier im einzelnen gewürdigt werden zu können. Die soziale Gruppenbildung als Funktion und Manifestation der Weltanschauung und des Dogmas bedeutet zugleich eine Verankerung des Soziologischen in individuellen Vorgängen; denn Weltanschauung und Dogma sind doch (ebenso wie, nach § 71, die „Kultur") im letzten Grund persönliche Angelegenheiten des Einzelnen. Was für die Gruppenbildungen das Primäre und Entscheidende ist: ob die dogmatische Weltanschauung, ob das Interesse an der Vergesellschaftung als solches, — das kann hier leider nicht mehr verfolgt werden; es handelt sich dabei um letzte Fragen zwischen Einzelwesen und Gesellschaft, die vielleicht niemals ohne eine gewisse dogmatische Befangenheit des Darstellenden selbst besprochen werden können. — Übrigens besteht die funktionelle Beziehung zwischen Vergesellschaftung und Dogma wahrscheinlich auch in dem Sinne, daß das Dogma erst bei einem gewissen Umfang der Vergesellschaftung, somit als deren Funktion, zu stärkster Auswirkung kommt; ursprünglich persönliche Sache, verlangt es doch nach einem Resonanzboden und wird zur Massenangelegenheit.

Zu 3.

Volk, Nation, Staat, diese Gipfelbegriffe der Vergesellschaftung, sind in demselben Maße dogmatisch befangen wie jede andere soziale Gruppenbildung. Das gilt nicht zuletzt auch von den „demokratischen" Staaten; wo die Staatsidee als letzte und schlechthin höchste gilt — dies trifft für unsere Auffassung der Sozialpolitik zu —, liegt auch schon ein Werturteil vor, das der dogmatischen Färbung gewiß nicht entbehrt. (In dieser Hinsicht sind die vorläufigen Feststellungen des § 9 sowenig allgemeingültig wie die abschließenden des § 78, und wir möchten den Strich zwischen diesen, an Voraussetzungen gebundenen Meinungen und den meisten übrigen Teilen unserer „Theorie" recht deutlich erkannt wissen.) Wo die katholische Kirche den Vorrang vor dem Staate beansprucht, wie das in materieller Hinsicht im Mittelalter, in geistiger Hinsicht zumal seit Pius IX. und Leo XIII. geschieht: da gilt die Staatsidee nur im abgeschwächten und abgeleiteten Sinn; das mnß auf die gesamte Sozialpolitik abfärben, ist in gewissem Sinne auch für die Stellung der Kirche zu den gewerkschaftlichen Bestrebungen wichtig: alsdann wird die rein-konfessionelle vor der christlich-paritätischen Arbeiterbewegung bevorzugt werden. Wo umgekehrt der „Staat" zugunsten der „Gesellschaft" abdanken und ein halb-kommunistisches, halb-anarchistisches Ideal verwirklicht werden soll, wird der Staatsbegriff dogmatisch verengt, die Sozialpolitik großer Gruppen unmittelbar ebenso dogmatisch beeinflußt sein. „Staat", „Volk", „Nation" sind auch nicht übereinstimmende Tatbestände und können sehr verschiedene sozialpolitische Meinungen veranlassen (vgl. auch § 6); jene Begriffe sind auch nur zum Teil soziologisch-juristischen, zum Teil aber dogmatischen Inhalts. Das wird deutlich, wenn innerhalb der Studentenschaft heute die Frage einer „national-kulturellen" oder „völkischen" Gruppierung praktisch geworden ist und damit sehr ungleiche Standpunkte, vor allem in der Judenfrage, begründet werden. Die Sozialpolitik schweigt einstweilen zu diesen Auseinandersetzungen, die sie nicht schlichten, neben denen sie sich nur einen neutralen Boden, eine „Autonomie" sichern will.

Zu 4.

Hierfür ist § 72 zuständig, alles Wesentliche ist dort gesagt; nur ist die Ablehnung der Vermengung gegensätzlicher Tatbestände, die Forderung der Beseitigung falscher Namenschilder und der Zurückweisung von „Schwarzgängern" in der Sozialpolitik gegenüber den Interessenvertretungen leichter durchzuführen als gegenüber den Dogmen und Weltanschauungen. Am schwierigsten ist die Flur- und Grenzbereinigung da, wo man sich, ohne nähere Begründung, auf eine „Allgemeine Ethik" zurückzieht.

Zu 5.

Ohne den Darlegungen des § 78 vorzugreifen, sei lediglich betont: wenn der Dogmenstreit seiner Natur nach nicht reinlich geschlichtet werden kann und eine Beiseiteräumung aller Dogmen sogar eine geistige Verarmung der Menschheit bedeuten würde: läßt sich in den verschiedenen Weltanschauungen nicht vielleicht etwas Gemeinsames feststellen, das dann, unbekümmert um den eigentlichen Streit, weiterverfolgt und zur Grundlage einer praktischen Verständigung gemacht werden könnte? Als das, was formal allen dogmatischen Weltanschauungen eigen ist, erschien oben der Wille, sich durchzusetzen, der innere Zwang zur Propaganda, zur Mission, zur Expansion. (Staatlicher Imperialismus, kirchlicher Unfehlbarkeitsglaube, Klassenkampf und Kapitalismus sind schon oft als verwandt bezeichnet worden.) Dies formale Moment meinen wir hier nicht, aus ihm könnte niemals eine praktische Verständigung gefolgert werden. Materiell aber scheint allen Dogmen ein Inhalt eigen zu sein, der letzten Endes nur sozialpolitisch zu deuten und zu werten ist. Schon indem es sich um soziale Gruppierungen als Träger der Dogmen handelt, wird das gesellschaftliche Moment ja deutlich genug. Nun könnte es als Aufgabe einer ebenso theoretisch besonnenen, wie praktisch gerichteten Sozialpolitik angesehen werden, diesen gemeinsamen Inhalt herauszuarbeiten; die Dogmen insofern selbst sozialwissenschaftlich zu begreifen und dabei auf das Hegelsche Wort zu achten, wonach Quantität in Qualität umschlägt und bereits aus dem Umfang einer dogmatisch gebundenen Masse auf die Art des Dogmas geschlossen werden kann.

Die soziale Dogmengeschichte würde alsdann zu einem wesentlichen Teil der Theoretischen Sozialpolitik. Der Erste Abschnitt der „Praxis der Sozialpolitik" soll in dieser Hinsicht wenigstens einen bescheidenen Beitrag bringen; hier muß eine Andeutung genügen, die nur noch dahin erweitert werden soll: die dogmatisch gebundene „Soziale Gruppe" muß um ihrer selbst willen die Gesellschaft anerkennen und ihre kontinuierliche Entwicklung fordern; „Gruppe" setzt „Gesellschaft" und ihre Fortdauer voraus (s. o. § 68).

Und so möge dieses Kapitel ausklingen: Dogmatisch gebundene Sozialpolitik ist der Regelfall sozialpolitischen Geschehens, das ohne diese dogmatische Beimengung wahrscheinlich des größten Teils seiner Schwungkraft verlustig ginge. Insoweit hinter dem Dogma die Idee und Weltanschauung steht, gilt dies ohne Einschränkung. Wir haben aber nach aller geschichtlichen Erfahrung auch mit der Möglichkeit dogmatisch erstarrter Sozialpolitik zu rechnen. Sie kann zum Hemmschuh jeder Entwicklung werden. Solche Erstarrung ist aber nicht nur durch die Einwirkung von Dogmen, die an sich außerhalb der Sozialpolitik liegen, möglich, und es zeigt sich sogar, daß gerade das starre kirchliche Dogma mit einer sehr entwicklungsfähigen, beweglichen Sozialpolitik vereinbar ist. Die Erstarrung ist vielleicht dann am bedenklichsten, wenn sie sich — fern von Ideen und Weltanschauungen — aus der Praxis der Sozialpolitik, aus dem Schwergewicht heraus ergibt, das Lehrmeinungen und Einrichtungen der technischen Sozialpolitik fast regelmäßig in sich tragen und auch tragen müssen. In solchen Fällen kann die Idee fehlen, und es ist doch ein Dogma, eine Voreingenommenheit, ein Unfehlbarkeitsglaube, ein Trägheitsmoment gegeben; es scheint, als ob unsere Zeit Einflüssen dieser Art in besonderem Maße ausgesetzt sei. Die Sozialpolitik soll in einem später zu behandelnden Sinne Selbstzweck sein, nicht aber Selbstzweck im Sinn von Traditionen, Mechanismen, Einrichtungen und vielleicht zugleich im Dienst von Interessen. Dieser Gesichtspunkt tritt neu und selbständig zu den bisher aufgeführten hinzu und er soll gerade den, der sich mit technischen Fragen der Sozialpolitik abzugeben hat, zu Vorsicht, Bescheidung und Anerkennung fremder Motive veranlassen.

(§ 74) 4. Sozialpolitik (Kulturpolitik, Ethik) als „Belastung" der Wirtschaft.

Eine der wichtigsten Beziehungen, die zwischen den hier zu verbindenden Gegensätzen: Sozial-, Kulturpolitik und Ethik auf der einen, der Wirtschaft und Wirtschaftspolitik auf der anderen Seite, spielen, wird oft einseitig als „Belastung" der Wirtschaft gedeutet. Dieses Thema ist in § 72 bei Besprechung der Gemengelage, in der kulturelle, ethische, soziale und wirtschaftliche Stoffe nicht selten angetroffen werden, flüchtig erwähnt worden; mit dem letzten Kapitel hat es einen Zusammenhang derart, daß dogmatische Bindung der Sozialpolitik den Belastungskoeffizienten der Wirtschaft, wenn ein solcher vorliegt, erhöhen müßte, wobei die dogmatische Bindung auch wirtschaftspolitisch sein kann. Aus diesem Thema ist einzelnes, zumal im Fünften Abschnitt, wo ja die Grenzfragen zur Wirtschaft hin am ausgiebigsten zum Wort kamen, vorweggenommen worden, und auch sonst war es wiederholt möglich, sozialpolitische Tatbestände als „Belastung" der Wirtschaft zu sehen. In folgendem handelt es sich nicht um den Versuch, die gegenwärtige „Belastung" zu ermitteln, nicht um eine Fortsetzung der erfolgreichen Versuche, die Herkner, Lenz u. a. nach dieser Richtung hin angestellt haben. Wir fragen vielmehr:

1. Ist die Beurteilung der Sozialpolitik, Ethik usw. als „Belastung" der Wirtschaft überhaupt zulässig? Wenn ja, bedarf es hierbei nicht einer gründlicheren Unterscheidung volks- (auch welt-) und privatwirtschaftlicher Gesichtspunkte, als gemeinhin üblich ist? Steht „Sozialpolitik" der „Ethik" als die Wirtschaft „belastender" Faktor gleich?

2. Welches ist gegebenenfalls die richtige Instruierung der sozialpolitischen Theorie? Wo liegt das Optimum gleichzeitig für Sozial-, Wirtschafts-, Kulturpolitik und Ethik? Ist nur das wirtschaftliche

Interesse (und welches?) bestimmend oder aber, in welcher Reihenfolge konkurrieren die verschiedenen möglichen Gesichtspunkte untereinander (wobei die Unterordnung der Sozial- unter Wirtschaftspolitik bereits abgelehnt wurde)? Durch welche Begriffskategorie wird der nicht ausreichende Begriff der „Belastung“ schließlich zu ersetzen sein und wie gestalten sich die endgültigen Beziehungen zwischen Wirtschaft und Kultur und den ihnen entsprechenden politischen Systemen auf der einen, Sozialpolitik und Ethik auf der anderen Seite?

Wir gehen bei der Besprechung dieser und angrenzender Fragen wohl zweckmäßig vom Begriff der Gesellschaft aus, der uns im Ersten Abschnitt befaßte. Die „wirtschaftende“ Gesellschaft, so sahen wir, ist nur ein Fall der Gesellschaft überhaupt, die Sozialökonomik folgerichtig nur eine Teildisziplin der Gesellschaftslehre. Die Theorien der Sozialpolitik und Ethik usw. gehören jener ebenfalls als Teildisziplinen an, wenn schon Ethik, Sozial- und Kulturpolitik als praktische Betätigungen natürlich auch auf den einzelnen Menschen zu beziehen sind und möglicherweise in Erziehungsfragen (§§ 77, 78) gipfeln. Bleiben wir einstweilen bei der Sozialpolitik, so begreift deren weitere Fassung (§ 81) zwanglos auch Wirtschaftspolitik in sich (nicht aber, wie Sombart früher wollte, umgekehrt!), und es muß schon aus diesen begriffstheoretischen Überlegungen heraus als verfehlt erscheinen, die Beziehungen zwischen Wirtschaft und Sozialpolitik nur als „Belastung“ der Wirtschaft deuten zu wollen.

Den möglichen Umfang solcher „Belastung“ wollen wir uns, um die Tragweite der Frage nicht zu unterschätzen, möglichst groß, wie es den Tatsachen zu entsprechen scheint, vorstellen:

Von der Sozialversicherung z. B. gehören nicht nur die unmittelbaren Arbeitgeberbeiträge, sondern auch die nominell den Arbeitnehmern auferlegten Leistungen hierher, in weiterem Sinn auch der Reichsbeitrag zu den Invaliden- und Hinterbliebenenrenten; denn der privatwirtschaftliche Prozeß wird durch die erstgenannten Auflagen nicht weniger verteuert wie durch jene, welche als Lohnzuschläge gebucht werden, und für den Reichsbeitrag hat letzten Endes doch auch die Wirtschaft (durch Steuern) aufzukommen. — Vom Arbeiterschutz gehören auch nicht nur Bestimmungen, die eine unmittelbare Belastung in sich schließen: z. B. Auflagen für Wohlfahrtseinrichtungen, etwa gesonderte Arbeitsräume für die Geschlechter usw., hierher; sondern auch andere Bestimmungen, die von der Gewerbeaufsicht kontrolliert werden, oft solche scheinbar rein-ideeller Art, werden in der Praxis als „Belastung“, als Verteuerung des Produktionsprozesses empfunden werden. — Gleiches gilt von sozialpolitischen Einrichtungen, die man auf den ersten Blick gar nicht hierherrechnet: so muß die Wirtschaft für die heute sehr hohen Beiträge aufkommen, die von den Arbeitnehmern an ihre gewerkschaftlichen Verbände abgeführt werden; die „Arbeitergroschen“, von denen sich nach der älteren scharfmacherischen Ansicht die „Hetzer“ — die Gewerkschaftsbeamten — „mästeten“ (was gewiß nicht zutraf), sind natürlich Bestandteile des Lohns und als solche Teile der Produktionskosten, also: „Belastung“. — Wenn ferner eine Zollerhöhung

„sozialpolitisch“ — mit Rücksichten auf Mittelstand und Landwirtschaft — begründet zu werden pflegte, so war deutlich, daß die durch den Zoll erhöhten Lebensmittelpreise den Reallohn und mittelbar den Nominallohn steigern mußten: eine „Belastung“ also, weniger wohl für die Arbeiter, als für die „Wirtschaft“ und, um das gleich hier anzuführen, zufolge der Preiserhöhung für den Konsum; für die Arbeiter nur insoweit, als sie in ihrer Produzenteneigenschaft nicht einen Ausgleich erfuhren; unmittelbare und meist unabwälzbare Belastung ergab sich für den Nur-Konsumenten, den kleinen Rentner oder Festbesoldeten. (Wenn A. Wagner auf der anderen Seite die Tendenz der „lex Trimborn“ damit rechtfertigte, daß die Verwendung der Zolleinnahmen für die Hinterbliebenenversicherung die „Belastung“ ausgleiche, so war das freilich auch ein Irrtum.) Für die gegenwärtige Geldentwertung gilt Sinngemäßes. Endlich sind als „Belastung“ alle personalen und sachlichen Aufwendungen für die Träger der sozialen Gesetzgebung, Rechtsprechung und Verwaltung, einschließlich der Selbstverwaltungsorgane (Krankenkassen usw.) zu buchen.

Bereits die weite Erstreckung des Begriffs „Belastung der Wirtschaft“, wie sie eben durchgeführt wurde, zeigt nun freilich, daß man diese komplizierten Verteilungsvorgänge nicht einseitig unter dem Gesichtswinkel eben der „Belastung“ sehen darf. Mindestens weist diese Einstellung den sozialpolitischen Einrichtungen eine einseitig passive Rolle zu, ohne der von ihnen gleichzeitig ausgehenden aktiven Einflüsse Erwähnung zu tun; so kann Kürzung überlanger Arbeitszeit in gewissen Grenzen die Arbeitsleistung steigern. Erkennt man alle diese Beziehungen als „Verteilungsvorgänge“ an, sieht man mit Adolph Wagner überhaupt in der Sozialpolitik „Politik der Verteilung“: dann erweist sich das Schlagwort von der „Belastung“ bereits als solches. Denn dann taucht im Hintergrund aller Vorgänge, an denen Sozialpolitik beteiligt ist, die Überwälzungsfrage auf, und es muß doch mindestens eine Erklärung dahin erwartet werden, was man unter Belastung der „Wirtschaft“ versteht: ob Belastung der Privat-, ob der Volks-, ob der Weltwirtschaft oder einer Kombination hieraus? Ob Belastung der Produktion oder des Konsums? Ob Belastung des wirtschaftenden Volkes als solchen oder Belastung einzelner seiner Gruppen?

Zweifellos ist der Belastungsbegriff meistens privatwirtschaftlich gemeint, und er hat dann auch am ehesten einen Sinn.

Denn, wie erwähnt, erhöhte Löhne, Ausgaben für Wohlfahrts- und Betriebseinrichtungen, Arbeitszeitverkürzung (mit der erwähnten Ausnahme) und Urlaub, das alles bedingt sehr häufig eine Steigerung der Produktionskosten. Sieht man — was natürlich sehr bestreitbar ist — in der bloßen Tatsache des „Lohnes“ eine Belastung, die man in einem früher erwähnten Sinn im „Lohnverlustkonto“ bucht, dann ist dieser Gesichtspunkt am folgerichtigsten durchgeführt, freilich auch bereits zur Unfruchtbarkeit verurteilt. Lohn bedeutet nach Früherem (Fünfter Abschnitt) ökonomisch lediglich einen Vorschuß auf die zu erzielenden Preise, und es besteht an sich kein Grund, warum Ähnliches nicht auch von allen sozialpolitischen „Lasten" gelten soll. Immerhin bleibt der Unterschied, daß die Löhne reduzierbar und der Marktlage anpaßbar sind, die sozialpolitischen Auflagen aber in einem gewissen Umfang als starr und endgültig zu gelten haben. Gewiß kann man eine Industrie durch Sozialpolitik „erdrosseln", und Fälle dieser Art, die vorgekommen sind, haben die „Belastungstheorie" immer wieder gestützt. Somit läßt sich vom privatwirtschaftlichen Standpunkt aus manches für ihre Richtigkeit geltend machen. Dabei ist es theoretisch nicht entscheidend, daß jene extremen Fälle nicht die Regel sind und daß sich die Berechnungsmethoden der „Belastung" vielfach als unzureichend erwiesen haben. Man darf hierbei, wie Herkner zeigt, die sozialpolitischen Auflagen nicht mit den Steuern zusammenfassen, darf sie nicht lediglich mit der Dividende konfrontieren, sie auch nicht nur auf den Nettogewinn beziehen. Das sind Fragen der praktischen Sozialpolitik und auch der Statistik und als solche im Zweiten Teil dieses Werkes aufzugreifen. Dabei ist allgemein festzuhalten: Gegen ein Übermaß sozialpolitischer „Belastung" gibt es, selbst soweit Exportindustrien in Frage kommen und eine beliebige Preiserhöhung ausgeschlossen ist, immer noch Mittel der Fabrikorganisation, der Betriebsumstellung, des Übergangs zu maschineller Arbeit (die freilich andere soziale Probleme erschließt), der Ersparung an anderen Stellen; und gar nicht selten hat eine sozialpolitische Auflage sogar dem technischen und organisatorischen Fortschritt gedient.

Vom volkswirtschaftlichen Standpunkt aus läßt sich die „Belastungsfrage" ganz anders an:

Da es sich zuletzt um sozialökonomische Zusammenhänge handelt, über die eine hinreichende Literatur besteht, so müssen hier Andeutungen genügen: Als „Belastung" der Volkswirtschaft könnte Sozialpolitik erst dann gelten, wenn die Produktion dauernd verhindert und schließlich gestört würde; dann bliebe die Aufgabe der Wirtschaft, die sich in der Volkswirtschaft nur auf den Bedarf beziehen und nur vom Konsumenten aus reguliert werden kann, eben ungelöst und es stände mehr als ein rein-privatwirtschaftliches Rentabilitätsinteresse auf dem Spiele. (Womit natürlich die Bedeutung der Rentabilität für eine privatwirtschaftlich orientierte Volkswirtschaft nicht geleugnet werden soll.) Sogenannte „Konsumentenpolitik" ist im Kriege vielfach als „Sozialpolitik" schlechthin ausgegeben, damit die notwendige Beziehung auf Produktion und Bedarfsdeckung aus dem Auge verloren worden. Schließlich kreuzen sich hier auch die Wege der Sozial- und der Bevölkerungspolitik. — Denkt man sich an Stelle des extremen Falles der Produktionsstörung nur eine Produktionsverlangsamung und -Erschwerung infolge sozialpolitischer Eingriffe, so könnte von einer „Belastung der Volkswirtschaft durch Sozialpolitik" gesprochen werden. Aber auch für die Volkswirtschaft würde der für die Privatwirtschaft gezeigte Ausweg geeigneter organisatorischer und technischer Gegenmaßnahmen offenstehen. Dabei bleibt offen, ob ein durch Sozialpolitik veranlaßter Hochstand der Preise stets ungünstig sein muß.

Hohe Preise können (nach Cassel) sehr wohl die Funktion haben, die Produktion und den Warenvorrat gegen eine unüberlegte, durch plötzliche Kaufkraft gesteigerte Nachfrage zu schützen. Auch sog. „soziale" Preispolitik kann zur Belastung der Wirtschaft im eigentlichen Wortsinn führen (Höchstmieten, die Wohnungserstellung verhindern!).

Gibt man die Möglichkeit solcher Beziehungen unumwunden zu und bietet die Gegenwart hinreichend Fälle zum praktischen Studium dieser Fragen, so muß doch auch der entgegengesetzte Gesichtspunkt betont werden: so ist z. B. eine Lohnerhöhung (also „Sozialpolitik“) nicht nur und nicht einmal in erster Linie als „Belastung“ des volkswirtschaftlichen Apparats zu deuten, sondern sie kann zu einer Steigerung der Lebenshaltung führen; hiervon wurde im Vierten Abschnitt ausgeführt, daß gewissermaßen ihre wirtschaftliche Kehrseite, ihr Reziprokum, der „Innere Markt“ ist. Seine Ausdehnung müßte unter normalen Umständen die Erzeugung beschleunigen und die Lage der Volkswirtschaft über die Lohnbelastung hinaus verbessern. Entspricht freilich dem höhern Lohn eine entsprechende Mehrleistung nicht, steht die Sozialpolitik nicht in engsten, organischen Beziehungen zur Wirtschaft, dann können, ja müssen Störungen eintreten, die wir heute sehr lebhaft empfinden.

Sozialpolitik, so wenig sie nach früherem nur als Wirtschaftspolitik begriffen werden kann, muß sich doch auf der wirtschaftlichen Ebene auswirken und darf mit den wichtigen Komponenten des Wirtschaftslebens nicht dauernd im Widerspruch stehen. Heute wird man sogar eine weitergehende Vereinigung der wirtschaftlichen und gesellschaftlichen (sozialen) Zwecke und Methoden anstreben müssen, als das unter ungestörten Verhältnissen der Fall war; damals konnte die Wagnersche Gleichsetzung von Sozial- und Verteilungspolitik allenfalls in den Kauf genommen werden, obwohl sie von Sombart mit Recht als zu eng bezeichnet worden ist. Heute muß das sozialpolitische Moment in der Produktion zuallererst auf seine Rechnung kommen, und wir würden heute, wenn die Entscheidung für oder gegen die Wirtschaft zu erfolgen hätte, uns trotz theoretischer Bedenken oft für die Unterordnung der Sozialpolitik unter die Wirtschaftspolitik entscheiden müssen (§ 76). Aber das ist nicht der Regelfall der Theorie.

Unter weltwirtschaftlichem Gesichtspunkt gilt an sich Ähnliches; nur, daß wir uns Sozialpolitik stets zunächst (nach §§ 9, 67) als eine nationale Angelegenheit vorstellen, aus der „Internationale Sozialpolitik“ erst abgeleitet wird; insofern müssen wir uns doch mehr oder weniger auf die Volkswirtschaft als die wirtschaftliche Seite der nationalen Prozesse zurückbeziehen; eine unmittelbare Parallele zwischen Weltwirtschaft und Sozialpolitik scheint zu fehlen.

Das Gesagte hat nur einen Teil der einschlägigen Fragen und auch diesen nur soweit behandelt, daß die ungefähre Stellung des Verfassers deutlich wird. Wir fragen nun, im Sinn des ersten der beiden zu verbescheidenden Punkte (S. 429): ob für „Ethik“ und „Kulturpolitik“ dieselben oder wenigstens ähnliche Gesichtspunkte gelten wie für die „Sozialpolitik“.

Soweit ethische und kulturelle Vorstellungen lediglich als Empfindungen und Motive Einzelner der Wirtschaft gegenübertreten, ist eine „Belastung“

der „Wirtschaft" nicht so sehr durch Einrichtungen — wie in der Sozialpolitik — als durch unwirtschaftlich-passives Verhalten eben der Einzelnen denkbar. Sind die Einzelnen sehr zahlreich, zu Gruppen, Kasten usw. vereinigt, prägt sich die a-wirtschaftliche, quietistische Haltung in Institutionen und Traditionen der Gruppen, Kasten usw. aus — wie das für Indien zutrifft —: dann wird der ethische oder kulturelle Einschlag auch funktionell wichtig werden. Wir haben dann ein Gegenstück zu den Völkern, die von ihrer — z. B. puritanischen — Weltanschauung erheblichste Förderung in wirtschaftlichen Dingen erfahren haben. England, Nordamerika — Indien und China sind wohl die bezeichnendsten Gegensätze, die sich hier bieten. Verweist das ethisch-kirchliche Ideal in stärkerem Maße auf ein Jenseits und zieht es die wirtschaftliche Auffassung in seinen Bann, dann haben wir die Situation der katholischen Kirche, deren Angehörige in den mittel- und westeuropäischen Staaten in viel geringerem Maße dem „Wirtschaftsvolk" — den gewerblich Berufstätigen — angehören als der evangelische Volksteil, unter dem die reformierten Puritaner, wie erwähnt, besonders durch wirtschaftliche Tätigkeit ausgezeichnet sind; Unterschiede in der sozialen Struktur der Volksteile, in ihren Einkommensverhältnissen, auch in Beziehungen, die moralstatistisch wichtig sind, ergeben sich damit. Max Weber ist diesen Zusammenhängen mit großem Erfolge nachgegangen, für die Juden hat Sombart (unter Brentanos Widerspruch) Ähnliches zu leisten unternommen.

Verknüpft sich nun Sozialpolitik mit Ethik und Kulturpolitik, kommt es zu Gemengelagen, wie sie in § 72, zu dogmatischen Bindungen, wie sie in § 73 dargelegt wurden, dann kann im Einzelfall ebensosehr Förderung wie Belastung der Wirtschaft sich ergeben. Die deutsche Geschichte zeigt, daß aus einem geistig besonnenen und ein wenig versonnenen Volk (der „Dichter und Denker") ein erstes Wirtschaftsvolk werden konnte, das freilich unter der Herrschaft einseitig-sozialistischer und -kapitalistischer Ideen vieles von seiner wirtschaftlichen Blüte aufgab, bevor noch der politische Rückschlag kam. Dabei ist geistige Höhe an sich sehr wohl mit wirtschaftlichen Leistungen vereinbar, wofür man nur den Dichter und Verwaltungsmann Goethe heranzuziehen hat.

An sich also keine unbedingten Gegensätze, sondern mehr Übergänge; jedenfalls aber die Möglichkeit, daß unbedachte, dogmatisch verengte Ethik — wozu der Kommunismus nicht weniger wie indischer Kastengeist oder frühchristliche Wucherverbote zählen — zur „Belastung", ja zum Ruin der Wirtschaft werden kann.

Nun in aller Kürze zur zweiten Frage (S. 430), deren Erledigung in der ausführlichen Begründung der an erster Stelle gewünschten Antwort schon eingeleitet wurde. Eine allgemeine Instruktion der Theorie läßt sich nicht geben, weil die Praxis ein zu gewichtiges Wort mitzusprechen hat. Das Optimum der Beziehungen zwischen Ethik, Kultur-, Sozial- und Wirtschaftspolitik kann nicht eindeutig bestimmt werden. Die §§ 75, 76 werden für die beiden wichtigsten Kombinationen: „Sozialisierung" und „Privatwirtschaftliche Sozialpolitik" einiges Wesentliche enthalten; im vorigen Abschnitt wurde Einschlägiges schon beim Thema der „Sozialen Reform" und des „Sozialen Umsturzes" (§ 67) dargetan, allgemein sind fast sämtliche

Abschnitte dieses Ersten Teils, ist auch die spätere „Praxis der Sozialpolitik“ mit der Herausarbeitung jenes Optimums befaßt. Es genügte, daß in diesem Kapitel die Kennzeichnung der einschlägigen Fragen als „Belastung der Wirtschaft“ überprüft und als unzureichend, ja vielfach als irreführend befunden wurde.

Somit ist das Gesamtthema dieses Abschnittes um einen wichtigen Schritt gefördert, ohne daß eine allgemein befriedigende Lösung des Problems noch möglich gewesen wäre. Theoretisch-methodologisch reicht das Gesagte aus, praktisch kann die „Theorie“ überhaupt kein Abschluß sein wollen. Insbesondere ist auch von einem „Konkurrieren“ der möglichen Gesichtspunkte nicht so die Rede, wie es auf Grund der zweiten Frage (am Schlusse) scheinen mochte: viel eher ist von einem Sichdurchdringen der ethischen, sozialen, wirtschaftlichen und kulturellen Anschauungen und Zwecke zu sprechen, die ja nur gedanklich geschieden werden können, in der Praxis aber stets mehr oder weniger vereint auftreten. Der gedankliche Abstrahierungs- und Isolierungsvorgang muß sich den Tatsachen gegenüber auf die Rolle der Hilfskonstruktion zurückziehen und sich angesichts der Synthese, die Natur und Geschichte ohne unsere Absicht unausgesetzt vollziehen, bescheiden.

(§ 75) 5. Zur Theorie und Kritik der Sozialisierung und der marxistischen Gesellschaftsauffassung.

Am Schlusse des vorigen Kapitels ist die Ideenverbindung, mittels deren die Sozialisierungsfrage in unser System tritt, gekennzeichnet: die Sozialisierung ist insofern, allgemein, die Verwirklichung einer bestimmten sozialen Anschauung, ist selbst Unterbegriff der Sozialpolitik, bezweckt die Herausarbeitung eines Optimums der wirtschaftlichen, sozialen, kulturellen Leistungen, verbindet sich von Fall zu Fall mit ethischen Anschauungen, ohne unbedingt selbst schon Ethik zu sein. Es steht aber angesichts der scharf-technischen Einstellung des Sozialisierungsbegriffs in der Gegenwart dem Theoretiker nicht mehr frei, sich seine eigne Vorstellung von dem, was „Sozialisierung“ sein kann, zu machen; der Sprachgebrauch bleibt auch für die theoretische Namengebung und Begriffsbildung immer beachtlich. So dürfen wir uns denn nicht damit aufhalten, daß wir mit dem (bereits in § 1 erwähnten) gleichen Wortstamm von „Sozialpolitik“ und „Sozialisierung“ den — an sich möglichen — Versuch einer restlosen Identifizierung beider Begriffe begründen; diese stimmen jedenfalls in der Forderung aktiven, zielbewußten, zwecksetzenden Handelns (des „wirksamen Handelns“ Schleiermachers) überein und unterscheiden sich gleichmäßig als „Bewegungsvorgänge“ von „Sozialismus“, als dem Ausdruck eines erreichten Zieles, eines abgeschlossenen Handelns, eines „Zustandes“ (soweit man nicht die subjektive Weltanschauung, sondern das in ihr ersehnte System meint).

An sich ist dem Begriff „Sozialisierung“ die vorwiegende Beziehung auf Wirtschaft und Wirtschaftspolitik, die heute damit verbunden wird, fremd. Denkbar ist „Sozialisierung“ vielmehr als Herbeiführung einer sozialen Stimmung und Übereinstimmung, als Erziehungsprozeß zu den Höhen sozialen, solidarischen Empfindens hinauf, als Motto der Pädagogischen Provinz im „Wilhelm Meister“. Wir können mit einer gewissen Übertreibung sagen, daß wir im August 1914 „sozialisiert“ waren, solidarisch empfanden, und heute weiter denn je von jener Stimmung und Übereinstimmung entfernt sind, — trotz allen Redens über „Sozialisierung“. Wenn, wie Sombart früher wollte, „Sozialpolitik“ wirklich nur Teil der Wirtschaftspolitik ist, wenn demgegenüber „Sozialismus“ nach der (freilich späterer Zeit zugehörigen) Ansicht des gleichen Autors als Weltanschauung und Glaube zu werten ist: dann würde „Sozialisierung“ sogar in höherem Maße als „Sozialpolitik“ das geistig-ethische Moment betonen, dann wäre beinahe ein Tausch der beiden Begriffe vorzunehmen.

Aber genug der begrifflichen Kasuistik: wir rechnen in folgendem mit der neuzeitlich verengten Vorstellung von „Sozialisierung“ als sozialer Wirtschaftspolitik mit dem Ziele der Ausschaltung der Privatwirtschaft und des Privatrechts, zugleich der Unterordnung des „Staates“ unter die „Gesellschaft“, des Klassenkampfs und der Herbeiführung einer neuen sozialen Ethik. Wir halten damit zusammen, was besonders im Sechsten und Siebenten Abschnitt über verwandte Themen gesagt worden ist, folgen aber im wesentlichen der für den gegenwärtigen Abschnitt maßgebenden Problemstellung: insofern bleibt Sozialisierung auch als spezieller Begriff ein Versuch, die wirtschaftlichen, ethischen, kulturellen Gegensätze sozialpolitisch zu verbinden und auf Grundlage einer neuen Wirtschaftsorganisation zu letzten sozialen und kulturellen Höhen durchzudringen; der Versuch einer Ethik, wenn man will, aber ausschließlich auf Unterlage wirtschaftlich vollkommener Einrichtungen; also weniger ein erzieherisches, als ein institutionelles System.

Von ihm grenzt sich ziemlich scharf die Meinung derer ab, welche zwar auch wirtschaftliche Einrichtungen ändern wollen, aber doch die pädagogischen und außerwirtschaftlichen Fragen in den Vordergrund stellen; Rathenau rechnet zu dieser Gruppe, von der bereits in § 73 gesprochen wurde. Demgegenüber gilt uns „Sozialisierung“ als „Naive Wirtschaftsethik“; naiv, weil sie mit dem Glauben an die Allmacht wirtschaftlich-materieller Einrichtungen ein nicht minder gläubiges Vertrauen auf die natürliche Güte und Vollkommenheit der menschlichen Natur verbindet.

Denn der, älteren Dogmen so geläufige Grundsatz, daß der Mensch von Natur schlecht sei — er findet im Symbol der Erbsünde seinen tiefsten Ausdruck —, ist von der „Fröhlichen Wissenschaft“ des Sozialismus zugunsten eines abgrundtiefen Optimismus verlassen worden. Ihm pflichten auch solche bei, die nicht Nur-Sozialisten sind: Ludwig Steins nicht geringerer Optimismus macht die sonst in vielen Punkten wertvolle „Soziale Frage im Lichte der Philosophie“ schwer erträglich. Schopenhauers Flammenworte gegen solch vorbehaltlosen Optimismus sollten der heutigen Gesellschaft ins Gedächtnis zurückgerufen werden und ihr zeigen, daß man auch außerhalb der Kirche Gründe gegen den Glauben an bedingungslosen „Fortschritt" und die mit ihm oft verbundene Überschätzung des Institutionellen findet. Dabei liegt nichts ferner, als einem allgemeinen Pessimismus das Wort zu reden. Gerade wer das Erziehungsmoment betont, ist bereits Optimist, nur nicht in jenem, am „Fortschritt" und an der „Großen Zahl" sich berauschenden Sinne, den man so häufig bei Sozialisten findet, und zwar be vor- und nachmarxistischen weit mehr als bei Marx selbst.

Aus der Sozialisierungstheorie kann das, was in ihr rein wirtschaftlich ist, nur in Kürze herangezogen werden. Denn wir wollen nicht Sozialökonomik treiben.

Immerhin war es doch schon wiederholt möglich, zu den marxistischen Gedankengängen Stellung zu nehmen, die für viele (nicht alle) Sozialisierungstheoretiker leitend sind. So konnte die Mehrwerttheorie als unhaltbar, die Verelendungstheorie als bereits den Tatsachen widersprechend dargetan werden. Dabei ist die von besonnenen Sozialisten verneinte Frage, ob heute ein mehr oder weniger unvermittelter Übergang zur sozialisierten Wirtschaft möglich sei, mehr ein Thema des Praktischen als des Theoretischen Teils dieses Werkes. Wenn das neue Programm der Mehrheitssozialdemokratie dem Pathos des Kommunistischen Manifestes und dem gedanklich in sich geschlossenen System des Erfurter Programms zugunsten der Forderungen einer radikalen, in Kulturfragen vom Liberalismus und von der Demokratie abhängigen Reformpartei entsagt und in Rußland der konsequente Kommunismus einstweilen sein Cannä erlebt hat, so werden wir auch darauf nicht den entscheidenden Nachdruck legen; denn es ist nicht restlos möglich, ein theoretisches System historisch zu widerlegen und überdies sind die unentwickelten, vorwiegend agrarischen Verhältnisse Rußlands nicht ohne weiteres für Mittel- und Westeuropa bezeichnend. Daß der „geschichtliche Beweis" bei Marx selbst eine Rolle spielt, wurde bereits in § 73 gezeigt, darf aber nicht zum gleichen unrichtigen Gebrauche verführen.

Suchen wir uns vielmehr, indem wir das ökonomische Gebiet für ganz kurze Zeit als das allein entscheidende ansehen, über den Kern der Gegensätze zwischen „privatwirtschaftlicher" und „sozialisierter" Wirtschaft klar zu werden: der Begriff der „Wirtschaft" als Tätigkeit zwecks Bedarfsdeckung muß in beiden Fällen gegeben sein, sonst entfällt bereits die Vergleichsunterlage.

Da ethische, kulturelle, soziale Gesichtspunkte einstweilen übersehen werden sollen, muß der logische Schluß und das Werturteil — um eine Kombination beider handelt es sich — ausschließlich der ökonomischen Sphäre entnommen, es kann nur in der größeren oder geringeren Vollkommenheit der Erfüllung des Wirtschaftszwecks, eben der Bedarfsdeckung, erblickt werden. Nun wäre zu zeigen, ob Privatwirtschaft nur oder wenigstens hauptsächlich auf monopolistisch-außerwirtschaftliche Herrschaftsimpulse zurückführt, im System der „Reinen Ökonomie" eine Störung bedeutet (Oppenheimer) und durch Sozialisierung mehr oder weniger restlos ersetzt werden kann, — oder aber: ob Zweckmäßigkeitsgründe rein-wirtschaftlicher Art zwar nicht an der Wiege der Privatwirtschaft stehen (diese Beweisführung würde nicht hinreichen), aber doch theoretisch für die heute vorwiegende Form des Wirtschaftens sprechen.

Hierüber in größter Konzentration das Folgende: Kein ernst zu nehmender Sozialisierungstheoretiker ist Gegner des Kapitals im volkswirtschaftlichen Sinn: als Sachkapital (Maschinen, Werkzeuge usw.). Auch Marx läßt, zwar nicht den Namen, so doch die Sache gelten. Nur gegen das privatwirtschaftliche, „gesellschaftliche“ Kapital, das Privateigentum an den Produktionsmitteln richten sich die Angriffe. Höchstens, daß man sich gegen Geldkapital und Geld überhaupt wendet, womit aber fast immer falsche, mindestens unfruchtbare Problemstellungen — die Freigeldtheorie usw. — verbunden sind. Nun wenden die Theoretiker der Privatwirtschaft ein: volkswirtschaftliches Kapital könne nur durch Ersparung geschaffen werden, die notwendige Ersparung aber sei bei ungleichem Besitz in weit höherem Maße gesichert als bei kommunistischer Wirtschaft. Das ist folgerichtig; denn bereits nach Maßgabe des hier oft heranzuziehenden Vierten und Fünften Abschnitts hat fast jedes Bedürfnis eine Lustgrenze der Sättigung, bei deren Überschreitung der Besitzende automatisch, ob er will oder nicht, zum Sparen, zur Kapitalbildung veranlaßt wird (Kulturbedürfnisse in gewissem Sinn ausgenommen). Die Privatwirtschaft und ihre Verteidiger beziehen sich insofern auf psycho-physische Zwangsläufigkeiten. Ihnen kann die Sozialisierungsidee nur den Glauben an die gesunde, von Natur aus „gute“ und „ökonomische“ Natur der Menschen entgegensetzen, von denen angenommen wird, daß sie, frei von den Schranken und Fesseln der Privatwirtschaft, zu spontaner Einschränkung ihres Genußlebens und ihrer Lebenshaltung, zugunsten der Ersparung und Sachkapitalbildung, neigen würden; daß in der Gegenwart keine Gruppe hierzu aus eignem bereit ist, wäre nach früherem kein vollgültiger Beweis gegen jene Annahme; wichtiger ist, daß die privatwirtschaftliche Auffassung sich auf eine physiologisch-psychologische Zwangsläufigkeit (das „Gossensche und Engelsche Gesetz“), die Sozialisierungstheorie nur auf eine Hoffnung, einen Glauben, ein Dogma stützen kann.

Kapitalbildung aber im volks- (welt-) wirtschaftlichen Sinn ist notwendige Funktion einer bestimmten Bevölkerungsdichte, und gleiches gilt von der Arbeitsteilung; ihre sozialpolitisch bedenklichen Erscheinungen, im Zweiten Abschnitt gekennzeichnet, führen vielfach gar nicht auf den „Kapitalismus“, sondern wiederum auf die Bevölkerungsdichte und den Zwang, die Nahrungssuche zu organisieren, zurück. Gelingt denen, die die Wirtschaft sozialisieren wollen, nicht der bündige Nachweis, daß die volks- (welt-) wirtschaftliche Kapitalbildung auch außerhalb der Privatwirtschaft, ohne Eigentum und

Erbrecht, in hinreichendem Maße vor sich geht, dann kann aus rein wirtschaftlichen Gründen nur mehr Verbesserung, aber nicht Ausmerzung der privatwirtschaftlichen Ordnung gefordert werden. Davon handelten schon mehrere Kapitel (z. B. §§ 21, 30), ihnen schließt sich der nächste Paragraph an.

Viele andere Argumente der Privatwirtschaftler können dann zurückgestellt werden, obwohl auch sie beachtlich sind: Preisgabe der Verantwortung des Einzelnen in der sozialisierten Wirtschaft z. B. wäre nicht nur wirtschaftlich, sondern auch sittlich verhängnisvoll, sie kann durch keine Verantwortung von Massen ersetzt werden; auch nach dieser Richtung melden sich heute Sturmboten an. — Die Arbeitsfreude (Thema des Ersten Abschnitts) ist im selbständigen Wirkungskreis gewiß größer, doch kann man umgekehrt auf das Defizit an Arbeitsfreude bei nichtselbständiger Arbeit hinweisen, und so mag dieser Hinweis mehr für Mittelstands- und Siedlungspolitik als für die Privatwirtschaft schlechthin angewendet werden. — Ganz allgemein sei betont, daß wir uns geläufige Gründe für den Kapitalismus nicht zu eigen machen; wir stehen der „Entsagungstheorie“, eben weil das Gossensche Sättigungsgesetz die Ersparung und Kapitalbildung nicht als Entsagung deutet, zweifelnd gegenüber; und selbstverständlich geben wir zu (was auch schon früher geschah), daß die Ersparung von Privatkapital nicht nur und nicht einmal vorwiegend auf eigne Arbeit zurückführet. Am allerwenigsten soll übersehen werden, daß die am Eigeninteresse und an der Konkurrenz orientierte, nur nach Rentabilitätsgesichtspunkten gemessene, auf den Markt zugeschnittene Wirtschaft vielfach anarchisch sein muß. Will man „Sozialisierung“ in einer Beseitigung dieses anarchischen Zustands sehen, dann kann man einen langen Weg zusammen gehen; dann wird man freilich die Gegenmaßnahmen, welche aus dem Schoße der kapitalistischen Wirtschaft selbst gegen jene anarchischen Zustände der Preisbildung und der Produktion hervorgehen, in seinen Plan einstellen müssen und man gelangt schließlich zur Forderung der Planwirtschaft, nicht dem Systeme, aber dem Sinne nach mit Wissell, Möllendorff, Rathenau u. a. verwandt. Dies ist Gegenstand erst des nächsten Kapitels.

Sozialisierung dagegen als Forderung reiner Wirtschaftspolitik ist natürlich etwas anderes als jener Sozialismus, der im Sinne Marxens in naturgeschichtlicher Entwicklung den Kapitalismus ablöst. Der Gedankensprung, der getan werden muß, um die auf einsamem Gipfel konzentrierte hochkapitalistische Minderheit von Expropriateuren durch Expropriation ihrer Besitzbasis beraubt zu denken, übrigens ohne die Produktion zu stören, ist durch kein logisches Manöver zur Genüge erklärt worden. „Sozialisierung“ aber im heutigen Sinne hat Marx gewiß nicht vorgeschwebt. Eine gewisse philosophische Sterilität, die Marx selbst kaum über Feuerbachs Materialismus hinauskommen ließ und die der russische Marxist Plechanow auch der Mehrzahl seiner deutschen Genossen vorwirft, mag Schuld an der Unausgeglichenheit der Theorie tragen.

Jedenfalls haben wir es hier nur mit der Sozialisierung als selbständiger, zwecksetzender Aktion zu tun; hinsichtlich dieser kann man höchstens in negativer Hinsicht von einer Gleichheit der Meinungen sprechen, in positivem Sinne ergeben sich aber sehr bald verschiedene, ja gegensätzliche Ziele. Von der in England vorwiegenden Auffassung, der zufolge schon die Übernahme eines Gas- oder Wasserwerks in städtische Verwaltung ein Akt der „Sozialisierung" wäre, die ferner im Begriff der „Nationalisierung" (z. B. der Bergwerke) eine Besonderheit besitzt, wollen wir weniger reden als von dem, was man heute in Deutschland unter jenem Begriff versteht. Da muß, entsprechend der verschiedenen Auffassung von „Staat" und „Gesellschaft", ein Unterschied zwischen „Verstaatlichung" (die auch „Vergemeindlichung" umfaßt) und „Vergesellschaftung" gemacht werden.

Augenscheinlich kann die erste Meinung von Sozialisierung an Vorbilder anknüpfen, die in Preußen-Deutschland schon seit langem, unter autokratischem wie unter konstitutionellem Regime, gegeben waren. Das liberale England hat, wie erwähnt, in vielem, was uns als selbstverständliche Staatsbetätigung erschien, bereits den Sozialisierungsgedanken gesehen. Für den geistesverwandten Wilhelm v. Humboldt gab es überhaupt keine wirtschaftliche Betätigung des Staates. Daß die Reihe der Monopole möglichst verringert, die Allgemeinheit an den Bergwerken und sonstigen nationalen Erdschätzen beteiligt werde, die Verkehrseinrichtungen ihr natürliches Monopol nicht zugunsten Privater ausnützen sollen, — das sind seit langem Erwägungen staats- und „kathedersozialistischer" Natur gewesen, die zu ihrer Reife keineswegs auf den Umsturz angewiesen waren. In solchen Fällen handelt es sich viel mehr um das „Wie" und „Wann", als um das „Ob", und man wird heute nur deshalb zurückhaltend gegenüber der Verstaatlichung oder Kommunalisierung reiner Monopolunternehmungen sein, weil das Gefühl für Staatsinteresse, Pflicht und Verantwortung gerade in den Staatsbetrieben heute geringer entwickelt ist als früher und weil wir nicht bloß Bürokratisierung eintauschen wollen. Entscheidend wird die Sozialisierungsfrage erst außerhalb dieser Monopolbetriebe, insbesondere in der Sphäre der Fertigfabrikation, des Handels und der Exportindustrie, dann in der Landwirtschaft. Nur hierauf sollen sich die kurzen anschließenden Erörterungen beziehen.

Es ist durchaus folgerichtig gedacht, wenn die Sozialisierung der für den freien Markt, insbesondere für den Weltmarkt arbeitenden Unternehmungen als eine internationale Angelegenheit betrachtet wird; in dieser Hinsicht mag auch § 67 herangezogen werden. Wenn die Sozialisierung mindestens während einer langerstreckten Übergangszeit mit Erschwerungen aller Art: Produktionsverlangsamung und wahrscheinlich -verschlechterung, bürokratischen Einflüssen usw. zu rechnen hat, so wird eine Behauptung der Absatzmärkte keine einfache Angelegenheit und für die einzelne sozialisierte Volkswirtschaft oft unmöglich sein. Geschähe die Sozialisierung allgemein und international, dann wäre wenigstens der fast aussichtslose Wettbewerb sozialisierter mit privatwirtschaftlichen Unternehmungen auf dem Weltmarkt ausgeschlossen. Aber wir sind weiter denn je von solcher internationalen Verständigung entfernt; der

Kapitalismus treibt in den Siegerstaaten seine Orgien, er will sich seine Siegesbeute nicht schmälern lassen; und es geht aus dem in §§ 9, 67 Gesagten bereits hervor, daß „Sozialpolitik“ zunächst eine nationale Angelegenheit ist; für Sozialisierung als internationale Angelegenheit fehlt das zwingende Interesse, das die einzelne Nation an der Ordnung ihrer sozialen Angelegenheiten hat. Statt daß wir nun heute eine langsame, aber folgerichtige Entwicklung innehielten, die jenem nationalen Interesse allein entspräche, die sich auf Verstaatlichung und Kommunalisierung von Monopolbetrieben beschränkte und die hierin vor dem Kriege gemachten Erfahrungen nutzbar machte: erleben wir gerade auf diesem bevorzugten Gebiete der Sozialisierung eher einen Rückgang, mindestens einen Stillstand: eine Rückverwandlung bereits sozialisierter Unternehmungen in private oder wenigstens eine Beteiligung privaten Kapitals (gemischtwirtschaftliche Unternehmungen) ist nicht selten. Selbst an eine Übergabe der großen öffentlichen Verkehrsunternehmungen an das Privatkapital und die (vielfach unter ausländische Führung geratene) Privatinitiative denkt man angesichts der Defizit- und Verteuerungswirtschaft dieser Betriebe. Im bolschewistischen Rußland aber geht man daran, das Privatkapital wieder in seine frühere Stellung einzusetzen. Dabei soll nicht verschwiegen werden, daß von dem für uns maßgebenden Standpunkt nationaler Sozialpolitik aus heute manches für die Sozialisierung geltend gemacht werden kann, was früher entfiel: die erwähnte „Überfremdung“ der Unternehmungen durch ausländisches, oft feindliches Kapital, die praktisch zu einer gesteigerten Abhängigkeit des heimischen Arbeitnehmers, zu einer wirklichen Knechtschaft werden kann (hiergegen gibt es aber wirksamere Mittel der Sozialgesetzgebung); nicht weniger die wilde kapitalistische Spekulation der Gegenwart, die freilich weit über die eigentlich kapitalistischen Kreise hinaus in breitesten Volksmassen Fuß gefaßt hat.

Der Sozialpolitiker muß einstweilen damit rechnen, daß Überschätzung der Sozialisierung den Weg zu dem verbaut, was auf dem ihm eigensten Gebiete erreicht werden kann. Jene Überschätzung ist darin begründet, daß man Einrichtungen der Wirtschaft, überhaupt Einrichtungen, als den eigentlichen Hebel zur Lösung der sozialen Frage betrachtet, anstatt auf die Menschen den entscheidenden Nachdruck zu legen.

Immerhin ist die Erkenntnis, daß die menschenökonomischen Probleme vornehmlich Erziehungs- und Beeinflussungsprobleme sind, auch in sozialistischen Kreisen im Wachsen. Man erkennt, daß man von den Ereignissen fortgerissen worden war, ohne vorher die Menschen auf sie einzustellen, sie innerlich reif zu machen (was viel wichtiger ist, als „Betriebe zur Sozialisierung reif zu machen“). Zu diesem Zwecke aber wäre all das, was in der Sozialen

Reform vorbereitet worden war, bereitzustellen gewesen. Die Beschränkung der Sozialisierung auf die dafür „reif gewordenen" Unternehmungen ist von der sozialistischen Theorie selbst mit Recht abgelehnt worden und höchstens ein Hilfs- und Verlegenheitsbegriff ratloser Praxis — es sei denn, daß man an die eigentlichen Monpolbetriebe denkt; diese sind aber nicht „reif geworden" für Sozialisierung, sie waren vielmehr niemals geeigneter Ausbeutungsgegenstand des privaten Kapitals. Der Begriff der „Vollsozialisierung" hat theoretisch keinen besseren Klang als jener der Teilsozialisierung; man denkt dabei an politische, nicht eigentlich ökonomische Maßnahmen.

In seinem schönen, wenn auch allzu stark marxistisch beeinflußten Werk über „Gemeinschaft und Gesellschaft" zieht Tönnies die Parallele zwischen den selbstgewachsenen organischen Gemeinschaften des Blutes, der Familie, des Volkes, der Gemeinde, und den Sozialen Gruppen der „Gesellschaft schlechthin", des Staates usw. Wir haben keine Veranlassung genommen, auf die hier versuchte Unterscheidung zwischen den beiden Hauptinhalten der Vergesellschaftung hinzuweisen, weil uns der Trennungsstrich zu scharf gezogen, der Nachweis von Gemeinschaftsverhältnissen in der sog. „Gesellschaft", und von rein-gesellschaftlich-vertragsmäßigen Bindungen innerhalb sog. „Gemeinschaften" in großem Umfang möglich erscheint. Deshalb legten wir auch dem im Ersten Abschnitt behandelten Begriff der „Gesellschaft" nicht die Deutung Tönnies' unter. Wenn die geistvollen Unterscheidungen dieses Autors gerade jetzt erwähnt werden, so deshalb, weil sie uns für die Überschätzung des Institutionellen gegenüber dem organisch Gewachsenen wichtig sind. Am Schlusse des Werkes, im „Ergebnis und Ausblick", wird (in § 7) eine stufenweise Entwicklung der gemeinschaftlich-gesellschaftlichen Gruppierungen vorgeführt; „Gesellschaft" erscheint hierbei gegenüber „Gemeinschaft" als das zeitlich Spätere — was im ganzen wohl zutrifft —, aber auch als das sozial Höhere. Denn mindestens die der „Gesellschaft" zugehörigen sozialen Gruppen der „Konvention" und der „Gelehrtenrepublik" treten doch als Spitzen der Entwicklung auf. Dabei nehmen wir gar nicht an, daß Tönnies diese „gesellschaftlichen" Bildungen mit gefühlsmäßigem Interesse verfolgt, seine soziale Empfindung wird „Gemeinschaften" wohl höher bewerten. Verstandesgemäß aber läßt er die Gemeinschaftsprozesse in Vergesellschaftungen ausklingen, damit ist das im Kontrakt wurzelnde Institutionelle auf die höchste Stufe der Entwicklung erhoben. Von hier aus kann man — und wegen dieses Zusammenhangs beschäftigen wir uns hier mit Tönnies' Grundbegriffen der „Reinen Soziologie" — die Sozialisierung, einen unzweifelhaften „Vergesellschaftungsvorgang" im Sinne von Tönnies, als das Ziel der Sozialpolitik betrachten. Eine abweichende Bedeutung des Sozialisierungsbegriffs, als der Herbeiführung von „Gemeinschaften", scheint mit „fortschrittlicher" Auffassung nicht vereinbar, nur für den romantischen Schwärmer aus der „guten alten Zeit" möglich zu sein. Daß dennoch eine andere Betrachtungsweise möglich ist, wird später zu zeigen sein; daß ihr auch Tönnies beistimmen würde, wenn er von seiner allzu vorbehaltlosen Zustimmung zur objektiven Wert- und Mehrwertlehre frei werden könnte, scheint bei diesem großen und warmherzigen Gelehrten wahrscheinlich. Die materialistische Geschichtsauffassung und der Marxismus haben Großes darin erreicht, daß sie Denker wie Tönnies und Stammler einigermaßen in ihren Bann ziehen konnten, wenngleich von beiden der Versuch, sich dem Banne zu entziehen, gemacht wurde. Die einfachen ökonomischen Überlegungen dieses Abschnitts, die den Anspruch erheben, nicht immer neu, aber richtig zu sein, werden einer rein-begriffstheoretischen und allzu stark vom Zweck- und Entwicklungsprinzip beeinflußten Begründung der Sozialpolitik begegnen können.

Für die Sozialpolitik ist, um es abschließend ganz deutlich zu sagen, das Wirtschaftssystem, innerhalb dessen sie sich auswirken soll, an sich gleichgültig, abhängig nur von der ökonomischen Möglichkeit und Zweckmäßigkeit; „privatwirtschaftliche" Sozialpolitik, wie das nächste Kapitel in seiner Überschrift abkürzend sagt, geschieht nicht um der Privatwirtschaft willen, sondern mit dem Endzwecke, das für lange Zeit allein mögliche ökonomische System mit den notwendigen sozialen Forderungen in Einklang zu bringen.

Eine theoretisch-kritische Darlegung der „Sozialisierungsfrage" ist noch keine Theorie und Kritik des „Sozialismus" und maßt sich am wenigsten an, zu den auf ganz anderem Gebiet liegenden Problemen des „Wissenschaftlichen Sozialismus" — zumal des „Marxismus" — abschließend Stellung zu nehmen. Einige seiner Theorien sind allerdings an verschiedenen Stellen dieses Buches kritisch und vielfach ablehnend behandelt worden, dabei handelte es sich vornehmlich um viel diskutierte Teilfragen, wie die Mehrwerttheorie, oder um Dogmen, in denen Marx nicht unmittelbar schöpferisch tätig sondern abhängig von anderen war. Eine erschöpfende Kritik des Sozialismus lag außerhalb unserer Absicht. An dieser Stelle sollen einige Schlußbetrachtungen lediglich der marxistischen Gesellschaftslehre gelten, die neuerdings von meinem früheren Berliner Kollegen, Professor Cunow, unter wesentlich neuen Gesichtspunkten vorgeführt worden ist (Cunow, Die Marxsche Geschichts-, Gesellschafts- und Staatstheorie, 1920/21). Wir werden freilich gleich zu Beginn fragen müssen, ob wir nur eine Darstellung der Marxschen Lehren oder aber eine Cunowsche Geschichts-, Staats- und Gesellschaftstheorie vor uns haben, die nur mit Belegstellen aus Marx und Engels reichlich ausgestattet ist. Indem wir hierbei das methodische Moment vorkehren, finden wir zugleich den gesuchten, einstweilen abschließenden Standpunkt gegenüber dem „Wissenschaftlichen Sozialismus".

Cunows bedeutendes Werk enthält mindestens ein Dreifaches: einmal die dogmengeschichtliche Darlegung der älteren Staats- und Gesellschaftstheorien; diese etwas breite, an manchen Stellen aber auch vertiefte Untersuchung mündet aus in eine teils ethnologische, teils dogmatische Behandlung des eigentlichen Problems. Und nun überrascht, wie viele Mißverständnisse der Marxist Cunow bei anderen Marxisten erst beiseite räumen muß, um für seine Auffassung des Meisters Platz zu schaffen.

Ich habe mir die Mühe genommen, nachzuprüfen, wer alles Marx „mißverstanden“ oder „nicht verstanden“ hat (diese Prädikate kehren in ermüdender Monotonie immer wieder), und wir finden darunter die besten Namen der Schule: hoffnungslos sind Bernstein, Gorter, Pannekoek, aber auch das anerkannte Haupt, Kautsky, muß sich eine sehr große Zahl offenbarer Mißverständnisse nachweisen lassen, am ehesten finden Gnade Otto Bauer, Hilferding, M. Adler. Daß die Außenseiter Marx „nicht verstanden“ haben, ist wohl selbstverständlich, nachdem am grünen Holze des Parteibaumes soviel Unkenntnis nachgewiesen wurde; und so müssen sich Sombart, Stammler, Masaryk, Paul Barth, v. Struve, H. Delbrück u. a. bestätigen lassen, daß sie von Marx zumeist eine ganz falsche Meinung haben (nur Tönnies ist auszunehmen). Andere eigentliche Marxgegner werden überhaupt nicht erwähnt; sollten sie Marx vielleicht richtiger verstanden haben als die ganzen und halben Anhänger?

Wir fragen: was will Cunow, was wollen die, welche sich seinen Gedankengängen anschließen, damit sagen, daß sie einem andern, insbesondere einem Genossen, „Nicht-Verstehen“ Marxens vorwerfen? Das spricht Cunow einmal deutlich aus, indem er einen Ignoranten beschuldigt, er kenne oder verstehe die „dialektische Methode“ nicht. Dieser Vorwurf ist alt und geht letzten Endes auf den Meister der Methode, auf Hegel zurück, der ja wohl gesagt haben soll: keiner habe ihn verstanden bis auf einen und dieser habe ihn mißverstanden. Eine auf so singulären Gebrauch zugeschnittene, dem Mißbrauch so zugängliche Methode erweckt kein sehr großes Vertrauen. In der Tat kann virtuose Handhabung dieser (früher einmal kurz geschilderten) Methode — die vielleicht nur eine Form von Geistesgymnastik ist — eine formale Gewandheit und Technik zeitigen, die sich auch ohne wirkliche Stoffbeherrschung durchzusetzen vermag, die schwer nachprüfbar ist und ihren glücklichen Besitzer in der Tat in die Lage versetzt, anderen „Mißverständnisse“ vorzuwerfen. Trifft dies bereits für die Methode Hegels zu, so ist es für Marx, der ihr ein anderes Denkobjekt (die Wirtschaft) zuwies und die dialektischen Prozesse aus dem Geist heraus ins geschichtliche Geschehen selbst übertrug, noch wichtiger. — Ist nun aber Cunow selbst Dialektiker genug, um seine Ansicht von Marx mit dessen Methode durchzuführen und zu beweisen? Er mag es sein, — in seinem erwähnten Werke aber ist er „nur“ Dogmenkritiker, Philolog und Ethnolog. In Wahrheit, er ist viel mehr als „nur“ Dialektiker.

Die völkerkundlichen Teile seines Werkes lassen den ganz undialektischen, aber natur- und geisteswissenschaftlich durchgebildeten, selbständigen Forscher erkennen, dessen Berufung an die Berliner Fakultät wohl ausschließlich diesen seinen Leistungen entsprang. In der Tat lassen sich die Belegstellen aus Marx und Engels aus großen Teilen von Cunows Soziologie wegdenken, ohne daß eine störende Lücke entstände, und man kann ahnen, was dieser Mann bieten könnte, wenn er ganz frei von dogmatischen Bindungen wäre, wenn er ohne Rücksicht auf Dialektik nur das Ergebnis mühsamer Spezialstudien synthetisch zu gestalten hätte.

Was ist demgegenüber der „Marxismus“, gegen dessen falsche Einschätzung Sturm gelaufen wird? — Cunow bestätigt, was wir bereits wußten; daß Marx eine eigene, originäre, scharf umrissene Staats- und Gesellschaftstheorie nicht aufgestellt hat. Für eine „Soziologie“ im heutigen Sinn war in jenen Sturm- und Drangjahren wirklich kein Raum, Marx hatte auch zuviel mit der eigentlichen Ökonomik zu tun, um wesentlich über Feuerbachschen Materialismus hinauszukommen. Man schreibt eine Staats- und Gesellschaftslehre nicht beiläufig, gelegentlich der Polemiken, zu denen der Wunsch nach praktisch-politischer Wirkung Marx unausgesetzt zwang. — Somit ist der Nicht-Marxist, will er sich mit „Marxismus“ — was nach Marx selbst ein anderes ist wie „Marx“ — auseinandersetzen, auf Darstellungen Kautskys oder gar Gorters angewiesen, dessen „Historischer Materialismus“ von Cunow mit vollem Recht verurteilt wird und der doch dem Marxismus als Welt- und Gesellschaftsanschauung vielleicht mehr gerecht wird, als dies Cunow gelang. Das ist die dürftige Ideenwelt des größeren Teils der praktischen Marxisten, ihnen empfohlen durch Kautsky, den Statthalter, von ihnen geglaubt wie nur irgendein kirchliches Dogma.

Cunow nimmt den theoretischen Streit gegen diesen beschränkten Untertanenverstand mit viel größeren Mitteln auf, als früher Bernstein, tat und ein viel größeres wissenschaftliches, selbsterarbeitetes Material steht ihm zu Gebote. Seine Ansicht von Historischem Materialismus kann auch von Fernstehenden wenigstens in Betracht gezogen werden, seine Staats- und Gesellschaftstheorie kann man ablehnen, man muß sich aber theoretisch mit ihr auseinandersetzen. Dafür ist in einer „Theorie der Sozialpolitik“ kein Raum; ihr kann freilich auch kein dialektisches Mißverständnis unterlaufen, weil sie kein dialektisches Interesse hat.

Wir sind nicht optimistisch genug, um von Cunows ethnologischer Unterbauung der sozialistischen Staats- und Gesellschaftslehre eine völlige Neuorientierung der sozialistischen Wissenschaft zu erwarten. Die Rücksicht, mit der Cunow selbst der dialektischen Methode — die er gar nicht anwendet — begegnet, ist theoretisch nicht zu verstehen, macht jedenfalls die starken Widerstände gegen jede Neuerung im sozialistischen Lager deutlich. Und doch würde erst der Verzicht auf die Methode, in der es nach Cunow kein Sichverstehen, nur größere oder geringere Ignoranz zu geben scheint, den Boden für die wissenschaftliche Diskussion zwischen Sozialisten und Nicht-Sozialisten bereiten; zumal auf dem hier dargestellten Gebiet der „Theorie der Sozialpolitik“ sollte eine solche Diskussionsbasis geschaffen werden können. Wir sind nicht Gegner des theoretischen Sozialismus als solchen, sondern hegen die Meinung, daß die in ihm zweifellos vorhandenen Kräfte von dogmatischen Bindungen frei werden müßten. Aber wir würdigen natürlich auch, daß das sozialistische Dogma vor allem die Massen zusammenhalten soll, also praktisch-politische Gründe hat, und es ist hier alles einschlägig, was § 73 von der Schwungkraft dogmatisch gebundener Sozialpolitik aussagte. Und so ist die Aussicht auf fruchtbare Verständigung nicht groß; die unwissenschaftlich-persönliche Art, mit der ein theoretisch ernst zu nehmender Sozialist, Adolf Braun, gegen meine „Krisis der Wirtschaft und der Wirtschaftswissenschaft" ankämpfen zu sollen glaubte, entspringt parteipolitischer und taktischer Gebundenheit (die natürlich nicht nur im Sozialismus zu Hause ist). Der „Anti-Dühring" ist das Vorbild solcher Polemik. Aber es wäre Zeit, daß der Sozialismus sein Wortbekenntnis zur „Freiheit der Wissenschaft", mehr als dies heute zutrifft, in die Tat umsetzen würde.

(§ 76) 6. Theorie der Privatwirtschaftlichen Sozialpolitik.

Das Wort „Privatwirtschaftliche Sozialpolitik" bedarf einer Erläuterung, die freilich für den, der den Ausführungen des vorigen Kapitels folgte, unschwer zu geben sein wird.

„Privatwirtschaftliche Sozialpolitik" enthält fürs erste kein Werturteil dahingehend, daß sie die einzig mögliche Sozialpolitik sei. Über die Möglichkeiten anderer Wirtschaftssysteme zu entscheiden, ist überhaupt nicht Aufgabe der Sozialpolitik (die für uns theoretisch nicht mit Wirtschaftspolitik zusammenfiel); die Darlegungen über „Sozialisierung" und ihre Voraussetzungen waren nur ein anspruchsloser Exkurs ins Ökonomische, haben aber immerhin die, vor allem in der Kapitalbeschaffung gegebenen Notwendigkeiten hinreichend verdeutlicht.

Wenn somit die Privatwirtschaft keineswegs als einzig mögliche Unterlage der Sozialpolitik gilt und große Gebiete des Gesellschaftslebens von der Entscheidung über die Wirtschaftssysteme überhaupt unberührt bleiben, so kann unter „Theorie der privatwirtschaftlichen Sozialpolitik" nichts anderes verstanden werden als eine Auseinandersetzung über die besondere Tönung und Formgebung der Sozialpolitik im privatwirtschaftlichen System — über die Zugeständnisse, die sich Privatwirtschaft und Sozialpolitik gegenseitig machen müssen, um die in ihnen wirksamen Gegensätze einigermaßen auszugleichen, günstigstenfalls in bestimmten, ethischen, kulturellen, oder besser: eigentlich-sozialpolitischen Programmen aufzulösen.

Verfehlt wäre dabei die Annahme, als ob solche Programme nur auf Seite der Sozialpolitik beständen, als ob es sich um eine glatte Auseinandersetzung zwischen Egoismus (Privatwirtschaft) und Altruismus (Sozialpolitik) handle; auch die privatwirtschaftliche Auffassung hat (§ 74) ihren ethisch-kulturellen Einschlag und findet — im Puritanismus und zum Teil im Judentum — sogar eine dogmatische Begründung; umgekehrt ist durchaus nicht alles altruistisch zu begründen, was in der Sozialpolitik unter dieser Flagge segelt, beträchtliche Interessenpolitik unterläuft nach § 72 hierbei. Egoismus bleibt Egoismus, auch wenn sich sehr viele Einzelinteressen summieren. Ganz allgemein sind die Formeln: „Egoismus" und „Altruismus", „Individualismus" und „Sozialismus" oder „Solidarismus" der theoretischen Durchdringung jener Gemengelage, in der sich Privatwirtschaft und Sozialpolitik zusammengedrängt sehen, wenig förderlich.

Eher zum Ziel führt der Hinweis, daß mit dem Wort „Privatwirtschaft" kein eindeutiger Sachverhalt gekennzeichnet ist; will man das Charakteristische in der „Freiheit der Wirtschaft" sehen, dann meint man doch keine schrankenlose Freiheit; Bindungen kann der extrem-liberale Standpunkt auch nicht entbehren.

Bereits die Rechtsinstitutionen, auf denen „Freie Wirtschaft" aufgebaut sind: Eigentum und Erbrecht, stellen — wenn auch einseitige — Bindungen der Gesellschaft und durch die Gesellschaft dar; schrankenloser Gebrauch des Eigentums und der Vertragsfreiheit führen, wie die Geschichte des Kapitalismus hinreichend deutlich macht, notwendig zu Störungen, die auch und gerade für den maßvollen Gebrauch jener Privilegien bedenklich werden, die im Sozialismus und Kommunismus den Todfeind der kapitalistischen Ordnung erstehen lassen. Sozialpolitik kann sehr wohl als ein System von Sicherungsventilen gegen die Überhitzung des einseitig mit privatwirtschaftlichem Geiste gespeisten Dampfkessels der Gesellschaft gelten. Freie Wirtschaft im äußersten Sinn des Wortes begegnet aber bereits reinökonomischen Einwendungen; sie weisen auf eine andere, nicht weniger notwendige Folge jener „Freiheit" hin: die Anarchie des Marktes, der Preisbildung und der Erzeugung, und suchen nach Gegenmitteln, die in der Privatwirtschaft selbst liegen können: Kartellierung, Vertrustung, Planwirtschaft.

Augenscheinlich ist nun der Zusammenhang, in den sich die Sozialpolitik innerhalb eines „planwirtschaftlichen" Systems gestellt sieht, ein völlig anderer und viel festerer als jener, welcher zwischen Sozialpolitik und „Freier Wirtschaft" spielt. Und man hat ja auch die Planwirtschaft „sozialpolitisch" begründet; in einem bestimmten Sinn ist der Sozialismus in einzelnen seiner Spielarten Planwirtschaft auf sozialpolitischer Grundlage! Daß Wissell im Schoße seiner Partie so starken Widerspruch fand, ist theoretisch so wenig begründbar wie durch das neue Parteiprogramm, von dem im vorigen Kapitel die Rede war. Wir erwähnen das einstweilen nur, um die Vieldeutigkeit des Begriffs „Privatwirtschaftliche Sozialpolitik" darzutun. Sie ist uns ein Sammelbegriff von Vielem und Gegensätzlichem — wobei die Gegensätze ungleiche Grade annehmen können —; und nur ein negatives und positives Moment verbindet diese Gegensätze und grenzt das Thema dieses Kapitels gegen das vorige, die „Theorie der Sozialisierung" ab; der mangelnde Glaube, daß soziale Fragen und

Nöte lediglich oder auch vorwiegend durch wirtschaftliche Einrichtungen, überhaupt nur durch Einrichtungen gelöst und beseitigt werden; das Gefühl zugleich für die selbständige, autonome Aufgabe der Sozialpolitik, die auf dem technischen Wege der „Sozialisierung" — also institutionell — nicht gelöst werden kann.

„Privatwirtschaftliche Sozialpolitik" ist der weitaus größere Teil der heutigen sozialen Praxis.

Arbeiterschutz und Sozialversicherung, Streikverhütung und Arbeitsnachweis, Wohnungspolitik und genossenschaftliche Selbsthilfe — alles hat die Privatwirtschaft und die Marktproduktion der Arbeit (§ 17) entweder schon begrifflich (wie Arbeitslosenfürsorge und Einigungswesen) zur Voraussetzung oder ist doch zur Realisierung seiner Zwecke auf Anpassung an die Privatwirtschaft angewiesen. Die gewerkschaftliche Arbeiterbewegung ist z. B. — wie schon im Sechsten Abschnitt gezeigt wurde — ohne die privatwirtschaftliche Unternehmung undenkbar und zwecklos, sie ist auch da, wo sie sich nicht gegen Arbeitgeberverbände oder Kartelle, sondern gegen isolierte Betriebe wendet, als „Gegenorganisation" der Arbeitsverkäufer gegen die Arbeitskäufer aufzufassen. Angesichts dieser tatsächlichen, innigen Verflechtung von Privatwirtschaft und Sozialpolitik — die oft freilich mehr als Verstrickung in tötlichem Ringen auftritt — kann es nicht Aufgabe dieses Kapitels sein, jenen Beziehungen im einzelnen nachzugehen.

Dagegen ist es möglich und nötig, diejenigen Punkte im gesellschaftlichen System zu bezeichnen, wo sich Sozialpolitik und Privatwirtschaft gewissermaßen schneiden. Daß die durch solche Schnittpunkte gekennzeichneten Beziehungen nicht einfach als „Belastung" der Privatwirtschaft durch Sozialpolitik aufgefaßt werden können, die Wirkungen vielmehr kompliziert und wechselseitig sind, erläuterte § 74. Nimmt man die Privatwirtschaft als das, was sie in erster Linie sein muß: als Wirtschaft, d. i. als System der Bedarfsdeckung, dann ist ihr eigenster Zweck geradezu ein „sozialer", „gesellschaftlicher"; freilich übersehe man hierbei nicht, daß wohl der Zweck des Systems als Ganzes genommen auf Bedarfsbefriedigung abzielt, die einzelne Privatwirtschaft aber — begrifflich — immer nur vom Rentabilitätsinteresse geleitet sein kann; nun möchte man folgern: Zweck der Sozialpolitik sei, das Produktivitätsmoment gegenüber dem der Rentabilität herauszuarbeiten und zu schützen; dann wäre Sozialpolitik in der Tat Wirtschaftspolitik, wie (vgl. § 75) Sombart wollte: nur, daß der gleiche Autor später sein eignes Idol gründlich zerschlagen hat. Will man doch versuchen, das Ziel der Sozialpolitik innerhalb der Privatwirtschaftssphäre eindeutig zu kennzeichnen, so kann nur davon die Rede sein, daß ein Optimum von zugleich wirtschaftlichen und sozialen Erfolgen zu erreichen ist; Mittel hierzu bietet vornehmlich ein Gebiet, das Privatwirtschaft und Sozialpolitik gleichmäßig zugänglich ist: das Recht, das, als „Privatrecht", die „Privatwirtschaft" überhaupt erst möglich macht. Hier schlägt ein, was im Siebenten Abschnitt, besonders im Kapitel über die „Theorie des Sozialen Umsturzes und der Sozialen Reform“, ausgeführt worden ist.

Sicher steht es einer jeden staatlich organisierten Gesellschaft zu, einen von ihr verliehenen Rechtstitel und von ihr geschaffenen Rechtszustand in jedem Augenblick auf seine Eignung zu prüfen, bestimmten sozialen (gesellschaftlichen und politischen) Ansprüchen zu genügen. Wenn der Eigentumsbegriff durch die Zeiten hindurch gewandelt und insbesondere der römische Eigentumsbegriff älteren deutschrechtlichen und modern-sozialpolitischen Anforderungen genähert wurde, so galt Ähnliches auf dem Gebiete des Vertrags (zumal des Arbeitsvertrags, vgl. §§ 62, 63). Bei diesen flüssigen, keineswegs abgeschlossenen Prozessen sind wirtschaftliche und soziale Gesichtspunkte gleichmäßig wichtig; werden dabei wohlerworbene subjektive Rechte innerhalb gewisser Grenzen geschützt, so läßt sich auch das sozialpolitisch und wirtschaftlich verteidigen; denn Sozialpolitik ist mit Schutz und Erhaltung der Persönlichkeit sehr wohl vereinbar, ökonomisch gesehen aber führt die Verletzung wohlerworbener Rechte meist zu bedenklichen Folgen (in der Gegenwart z. B. zu einer sehr fühlbaren Krediterschütterung).

Der Zweite Band, die „Praxis der Sozialpolitik“, wird zeigen, welche wesentlichen Rechtsfragen heute zu lösen sind, um das Ineinandergreifen des sozialpolitisch-privatwirtschaftlichen Räderwerks reibungsloser zu gestalten. Im einzelnen handelt es sich dabei neben den praktischen um solche theoretische Aufgaben, welche (bereits nach § 63) in höherem Maße Sache der Rechtstheorie als solche der Theoretischen Sozialpolitik sind, hier also ausscheiden können.

Aber auch außerhalb des Rechts liegen Aufgaben der Anpassung sozialpolitischer an privatwirtschaftliche Erfordernisse. Sie hängen mit dem Thema des nächsten Kapitels: „Bildung und Bildungsgegensatz“ insofern zusammen: der ökonomische Gegensatz hat in zahlreichen Fällen den Bildungsgegensatz herbeigeführt; soll dieser gemildert werden — von völliger Ausgleichung ist nicht die Rede —, so werden sozialpolitische Eingriffe in die Privatwirtschaft nötig. §§ 77, 78 nehmen diesen Gedankengang auf.

Die „Theorie der Privatwirtschaftlichen Sozialpolitik“ muß, will sie diese Bezeichnung rechtfertigen, auf alle Möglichkeiten der sozialen Praxis im privatwirtschaftlichen System anwendbar sein. Für sie wäre der Begriff einer sozialen Planwirtschaft zu enge, so sehr oben zugegeben wurde, daß gerade in der Planwirtschaft das sozialpolitische Interesse gegeben und oft leitend ist. Sowenig man aber eine „reine“ Verbraucherpolitik nach früherem schlechthin als „Sozialpolitik“ bezeichnen wird, sowenig wird man eine „reine“ Privatwirtschaft schlechthin „unsozial“ nennen können. Alles hängt von dem Verhältnis zwischen Bevölkerungsgröße und Unterhaltsmitteln ab. Unsere Zeit ist mit Sozialpolitik reichlich begabt, dennoch lebte eine große Anzahl vor dem Kriege um ein Vielfaches besser. Diese selbstverständliche Tatsache zeigt, daß Wirtschaftsmöglichkeit und Bedarfsdeckungsgrad nicht nur und meist nicht einmal in erster Linie Angelegenheit der sozialen Organisation, sondern des Bodens und der nationalen Produktivkräfte sind. Die Verteilung, der sich die Sozialpolitik in besonderem Maße widmet, hängt ja auch mindestens ebensosehr vom Gesamtgütervorrat der Nation wie von der sozialen Schichtung ab, wird durch den Weltverkehr ebensosehr, ja entscheidender beeinflußt wie durch Klassenpolitik. Sozialpolitik und Wirtschaft, beide sind abhängig von Kräften, die einigermaßen fest gegeben sind; beide fügen diesem Datum neue, der Vervollkommnung fähige Faktoren an: die Privatwirtschaft weist der Technik die Mittel, sich auszuwirken, die Sozialpolitik soll im letzten Grunde dem menschlichen Produktionsfaktor, der Arbeitskraft, zu erhöhter Wirkung verhelfen. Insoweit Sozialpolitik lediglich den Lohn steigert, ist sie übrigens selbst kaum etwas anderes als Privatwirtschaftspolitik der Lohninteressenten, umgekehrt wird jede Erweiterung der Arbeitsgelegenheit durch privatwirtschaftliche Methoden als sozialpolitisch günstig erachtet werden. So sind die Gegensätze nicht ausschließliche; für die Frage ihrer Überbrückung ist bereits in § 73 einiges ausgeführt.

In einer Zeit der Ermattung, Unrast und Resignation, mangelnden Arbeitswillens und häufiger Arbeitsunfähigkeit scheinen die Aufgaben einer „Privatwirtschaftlichen Sozialpolitik" klar genug vorgezeichnet zu sein, um auch in der „Theorie" erwähnt zu werden: auf der einen Seite verbietet bereits die Abhängigkeit vom ausländischen Privatkapital und das unbedingte Kreditbedürfnis das Experiment einer Sozialisierung, das uns wahrscheinlich um unsere letzten Aktivposten bringen würde: um die persönliche Kreditfähigkeit der großen Unternehmer und Geldleute. Auf der andern Seite aber hilft keine Kredithilfe weiter, wenn der Arbeitswille nicht eine ganz beträchtliche Vermehrung erfährt. In dieser Richtung sind Betriebsräte und ähnliche Organe unter Umständen zu bedeutenden Aufgaben berufen; ohne diese Exponenten der sozialpolitischen Demokratie geht es in politisch bewegten Zeiten auch deshalb kaum mehr, weil sonst der Gegensatz zwischen politischen Rechten und materiell-privatrechtlicher Lage für die arbeitenden Schichten unerträglich wird und aufreizend wirkt. Aber es ist natürlich viel weniger das Recht zum Mitreden und Mitraten, günstigstenfalls der Anfang einer Mitverwaltung in der Unternehmung, wovon günstige Einflüsse zu erwarten sind: wieder kann der Nachdruck nicht auf die sozialpolitischen Einrichtungen als solche verlegt werden, die der geschickte und skrupellose Arbeitgeber zu willenlosen Werkzeugen in seiner Hand verwandeln und selbst gegen die Arbeiterinteressen, jedenfalls gegen die Gewerkschaften ausspielen kann. Entscheidend bleibt der Geist, der diesen Einrichtungen innewohnt, die Möglichkeit der Verhandlung am grünen Tisch, die Idee der Gleichberechtigung der Parteien in Angelegenheiten des Arbeitsvertrags, vor allem aber das Vertrauen, das die Arbeitnehmer nunmehr der von ihnen kontrollierten Unternehmung möglicherweise zuwenden. Ist dieses Vertrauen ernst und ehrlich gemeint, dann bedeutet sein Verlust die schwerste soziale Schädigung. Erziehungsfragen stehen hier — und zwar bei Arbeitgebern und Arbeitnehmern nicht weniger wie bei den Verbandsführern und -beamten — durchaus voran, sind das Vordinglichste, was die Sozialpolitik der Gegenwart kennt. Und da das Verhältnis zwischen Mensch und Mensch (unter dem besonderen Sehwinkel der Masse und der Massenwirkung) stets eigentliches Thema der Sozialpolitik ist, so muß auch die Theorie der Privatwirtschaftlichen Sozialpolitik auf dieses geistige Moment eingestellt werden, das ebensosehr ein wirtschaftliches wie ein kulturelles und sittliches, endlich aber auch ein solches reiner Sozialpolitik ist. Wenn heute im Klein- und Mittelbetrieb, den geringeren sozialen Reibungsflächen gemäß, Arbeitswille und Arbeitserfolg oft größer sind als in dem technisch und privatwirtschaftlich weit günstiger gestellten Großbetrieb, so beweist das (neben der Unzulänglichkeit der Akkumulations- und Konzentrationstheorie), daß die privatwirtschaftlichen Gesichtspunkte als solche nicht mehr ausreichen; daß Sozialpolitik sich in wohlverstandenem Sinn zur Privat- und Volkswirtschaftspolitik erweitern kann (ohne sich aber darin zu erschöpfen); das wäre freilich das Gegenteil der oben erwähnten Erscheinung, wonach die Lohnpolitik einer Arbeitergruppe nichts anderes als Privatwirtschaftspolitik im engen Sinne des Wortes sein kann. Scharf zeichnen sich für den, der sie sehen will, die Schnittlinien ab zwischen einer den Wirtschaftszweck mit Persönlichkeitsgeltung verbindenden Privatwirtschaft und einer Sozialpolitik, die auf Generationen hinaus schlechterdings auch keine anderen Absichten verfolgen wird.

Eine Möglichkeit, privatwirtschaftliche und sozialpolitische Gesichtspunkte zu verhältnismäßig vollkommenen Teillösungen zusammenzuschweißen, bietet sich auf dem Gebiete der Siedlung, der Inneren Kolonisation.

Privatwirtschaftlich ist die Existenz des Siedlers begründet, aber sein Privatrecht an der Scholle ist kein willkürliches, sondern ein sozial gebundenes. Vorverkaufs- und Aufsichtsrechte der Siedlungsgenossenschaft oder einer andern, mit Durchführung der Siedlung beauftragten Stelle, unter Umständen auch weitere einschneidende Befugnisse, verhindern die beliebige Mobilisierung des Siedlungsgutes. Beschränkungen hinsichtlich seiner Größe bestimmen es dauernd als Klein- oder Mittelbetrieb, dienen also mittelständischen Absichten. In der Tat lassen sich durch solche und ähnliche Maßnahmen der Gesetzgebung und Verwaltung beträchtliche sozialpolitische Interessen auf privatwirtschaftlicher Basis verwirklichen; will man hierin „Sozialisierung“ sehen, so steht dem (bereits nach Ausführungen des vorigen Kapitels) nur der technische Sprachgebrauch dieses Wortes entgegen; daß auch der Sozialismus sich mit Siedlung befreunden kann, bewies der Umstand, daß das deutsche Siedlungsgesetz unmittelbar nach dem Umsturz in dem damals sozialistisch geleiteten Arbeitsministerium vorbereitet wurde, und zwar auf Grundlage eines konservativen, von Prof. Sering entworfenen Programms.

In der Bodenreform — der die Innere Kolonisation ja auch in gewissem Sinne angehört — kreuzen sich ebenfalls privatwirtschaftliche und sozialpolitische Gesichtspunkte, ohne aber die in Siedlungsfragen erreichbare Sicherheit der Lösung zu besitzen.

Bestimmte theoretische Gedanken der Bodenreform mußten früher, als zu enge und zum Teil auch als unrichtig, abgelehnt werden (§ 1). Aber es war dort zugleich gesagt worden, daß man ungeachtet theoretischer Bedenken eine große Strecke weit zusammengehen könne. Unmöglich freilich wäre eine aus der Bodenreform abzuleitende Arbeitsteilung derart, daß der Boden allein der privatwirtschaftlichen Ausbeutung zu entziehen, im übrigen Privatwirtschaft uneingeschränkt beizubehalten sei. Das würde dem Monopolwesen, das sich nach früherem (§ 47) auch außerhalb der Bodenbewirtschaftung findet, nicht zu steuern vermögen, ließe die Bildung arbeitsloser Renten bei anderen Kapitalnutzungen (sowie, nach §§ 46, 47, bei Nutzungen der Arbeitskraft) außer Betracht und würde die erstrebte Verbindung privatwirtschaftlicher und sozialpolitischer Ziele nicht herbeiführen. Es kann sich überhaupt nicht darum handeln, der Privatwirtschaft diesen, der Sozialpolitik jenen Teilwirkungskreis zuzuweisen; immer bleibt es Aufgabe einer „Privatwirtschaftlichen Sozialpolitik", die gesellschaftlichen Fragen in ihrer Gesamtheit und gegenseitigen Verbindung zu erfassen. Für solche Betrachtungsweise scheidet der Versuch einer Lösung nach Symptomen und Indizien aus, gibt es keine besondere Frage des Bodens, des Geldes, des Zinses, sondern nur einen (einstweilen) privatwirtschaftlich bedingten Gesamtbereich der Sozialen Frage mit verschiedenen Lösungsmethoden.

Hierüber und zugleich abschließend über das Thema der „Privatwirtschaftlichen Sozialpolitik" dieses: Sozialpolitik wird durch arbeitsteilige Methoden mehr und mehr in Teilgebiete zerlegt; große Stoffmengen werden von der Rechtswissenschaft (Arbeitsrecht), andere von der Agrar- oder Gewerbepolitik (Siedlung, Mittelstands-, Konsumentenschutz) übernommen, andere (s. oben) der Sozialpädagogik überwiesen werden; in diesem Sinn geht „Sozialpolitik" als Stoffgebiet in „Soziale Politik" als „Methodik" des gesellschaftlichen Lebens über; gleichzeitig wird ein bedeutendes, heute noch als „sozialpolitisch" angesprochenes Material der Privat- und Betriebswirtschaftslehre überwiesen werden müssen. Dann werden Fragen der Menschenökonomie (Goldscheid) als wichtige, ja entscheidende Teile der Betriebsführung erkannt werden. Wir denken dabei weniger an die früher erwähnten erzieherischen Fragen, obwohl auch sie mittelbar für die Einzelwirtschaft von größtem Belang sind; wir denken in höherem Maße an die internen, innerhalb der Unternehmungen zu lösenden Fragen der Lohn- und Gehaltspolitik, z. B. der Löhnungsmethoden (§ 45), an das in § 21 über „Arbeitsgemeinschaft und Arbeitsverfassung" Gesagte, an alle Probleme der auf richtige Arbeitskonsumtion (§ 25) zugeschnittenen

Fabrikorganisation und an das, was unter der „Mitverwaltung“ der Arbeitnehmer zu verstehen ist. Vieles ist noch einschlägig, was erst langsam in der Arbeitswissenschaft vorbereitet wird, was auf die Dauer aber keine isolierende Behandlung durch Arbeitspsychologie und Arbeitsphysiologie verträgt, sondern in die festerbegründeten privatwirtschaftlichen Disziplinen eindringen muß, z. T. dort schon in Anfängen vorhanden ist. Man darf diesen Prozeß nicht darum ablehnen, weil er die gewohnte Systematik gefährdet und der „Sozialpolitik“ große Gebiete entziehen wird.

In diesem Sinn hat dann „Privatwirtschaftliche Sozialpolitik“ eine Reihe scharfumrissener, z. T. technischer Probleme zu lösen. Fürchtet man, daß die Privatwirtschaftslehre durch Hereinnahme sozialpolitischer Gedankengänge um ihre eigentlichen Ziele gebracht, methodisch gefährdet wird, so ist man in bedenklicher Einseitigkeit und Enge begriffen. Auf der anderen Seite besteht Besorgnis, die Privatwirtschaft werde durch Sozialpolitik gestärkt, vielleicht verewigt werden. Wohl kann man den sozialistischen Standpunkt verstehen, der das Opfer nicht erst stark machen will, bevor es abgeschlachtet wird; man mag auch zugeben, daß die Privatwirtschaftliche Sozialpolitik die Frage, wer letzten Endes die Kosten trägt, in welcher Weise die Überwälzung und zuletzt die Verteilung vor sich geht, nicht aus Eigenem wird beantworten können. Sie ist ja nicht die „Sozialpolitik schlechthin“, sondern ein Ausschnitt hieraus. Bismarck aber weist im Dritten Band — der soviel sozialpolitisch Wichtiges enthält — darauf hin, daß der Deutsche geneigt ist, das „Bessere“ dem „Guten“ vorzuziehen. Ist das ein Fehler, der uns um viel Geltung in der Welt gebracht hat, so brauchen wir ihn nicht gerade auf sozialpolitischem Gebiet immer wieder zu begehen. Wir wollen hier endlich einmal die Fragen so sehen, wie sie liegen, und wollen unsere theoretische Erkenntnis ebenso wie unser Organisationsvermögen für das Nächstliegende, Notwendige, Praktische, Erreichbare einsetzen. Unsere „Praxis der Sozialpolitik“ wird hier unmittelbar anknüpfen.

(§ 77) 7. Bildung und Bildungsgegensatz.

Bildungsfragen haben unseren theoretischen Versuch schon wiederholt, am ausgiebigsten gelegentlich der „Lebenshaltung“ — in § 36 — beschäftigt; hier ist aus der Bildungsfrage vor allem wichtig, was als „Bildungsgegensatz“ bezeichnet werden kann.

Rathenau hat ihm eine besonders wichtige Rolle zuerkannt; an vielen Stellen seines Werkes hat er den Trennungsstrich zwischen den mit ungleichem Bildungsmaß begabten Volksschichten mit düsterer Retusche herausgearbeitet. Allzu düster! An sich enthält (zumal nach der dialektischen Methode) bereits der Begriff „Bildung" in seiner Allgemeinheit und Unbestimmtheit eine notwendige Abgrenzung zu „Nicht-Bildung". Ob man von Bildung überhaupt in einem andern als relativem Sinn sprechen kann, ob die Bezeichnung „Gebildet" ohne den Hintergrund des „Nicht-Gebildeten" oder des „Weniger-Gebildeten" möglich ist, muß bezweifelt werden. Ist der Zweifel berechtigt, dann kann der Bildungsunterschied nur von solchen beklagt werden, die Feinde der Bildung selbst sind. „Bildung" ist, wie „Kultur", nur in Abstufung und Differenzierung möglich.

In Wirklichkeit wird nun nicht die Differenzierung im Bildungsgrade an sich, sondern der Zusammenhang dieser Differenzierung mit ökonomischen Zuständen zum Gegenstand der Klage gemacht. Der Bildungsgegensatz ist in vielen, aber durchaus nicht in allen Fällen auch ein Gegensatz des Besitzes und des Einkommens. Indem der gesicherte Besitz und das höhere Einkommen die Bildungsgelegenheiten einem engeren Kreise vorbehält, verbinden sich wirtschaftliche mit kulturellen Elementen; aus dieser Verbindung heraus entsteht nicht selten eine eigentümliche soziale und ethische Anschauung, die jene Gebundenheit der Bildung an den Besitz rechtfertigt, unter Umständen sogar für allein berechtigt und sittlich erklärt. Mit solchen Anschauungen vereint kann der Bildungsgegensatz aufreizend wirken; besteht die Schicht der „Gebildeten" schließlich zum erheblichen Teil aus solchen, welche ihren persönlichen Fähigkeiten nach nicht dazu rechnen, welche in der „Bildung" nur eine äußere Firnis gesucht und erlangt haben: dann erst liegt ein unüberbrückbarer Interessenkonflikt, ein für das soziale Gemeinschaftsleben verhängnisvoller Gegensatz vor.

Auf ihn sind die Bemerkungen der §§ 71—73 entsprechend anwendbar. Die „Theorie der Sozialpolitik" hat die Verschärfung der ökonomischen Gegensätze durch den Bildungsgegensatz anzuerkennen und zu fragen, ob und gegebenenfalls wie diese Gegensätze zu mildern, vielleicht zu überbrücken sind. Sie beachtet dabei, daß die zur Erlangung von Bildung nötigen Dienstleistungen innerhalb der Privatrechtsordnung gekauft werden können, daß insofern Bildung selbst — oder richtiger ihr äußerer Ausdruck — käuflich ist. Indessen darf auch dieses nicht vergessen werden: die Verbindung zwischen Besitz (höherem Einkommen) und Bildung ist nicht nur dadurch wirksam, daß „Kaufkraft für Bildung" besteht, sondern auch dadurch, daß der Besitzende oder Gutverdienende über die zur Erlangung von Bildung im allgemeinen nötige Muße verfügt. Genügend freie Zeit verbürgt Bildung an sich gewiß noch nicht, ist vielmehr häufig Veranlassung zu ödester Zeitvergeudung, zu Sybariten- und Philistertum. Hier ist Gelegenheit, den bisher allgemein gefaßten Bildungsbegriff etwas näher auf das hin zu prüfen, was mit ihm verbunden gedacht werden kann.

Wir sprechen bezeichnend von Bildung des Herzens und des Geistes und können als ein Drittes die allgemeine „Gesellschaftliche Bildung", einen Inbegriff von Rutine und Gewohnheit, aber auch von wirklichen Bildungselementen, gelten lassen. Geistesbildung, Erziehung des Intellekts, füllt den engeren Bildungsbegriff aus und stand bisher im Vordergrund. Den anderen

Bildungsinhalten ist der früher behandelte „Kultur"begriff, der als ganz persönliche Angelegenheit bezeichnet wurde, einigermaßen adäquat; für ihn ist die Verbindung mit Besitz und Einkommen weniger zwingend; eher ist der mechanische Niederschlag der Kultur, die „Zivilisation", an den Besitz gebunden. Hier ist § 71 zu vergleichen. Indem sich nun die menschlich entscheidende moralische Bildung weit weniger von Besitz und Einkommen beeinflußt zeigte, verringerte sich die Schärfe des „Bildungsgegensatzes", der sich in der Hauptsache auf das beschränkt, was erlernbar und in einem bestimmten Sinne käuflich ist.

Der „Kauf" solcher Bildung ist nicht beliebige Angelegenheit eines jeden, sondern häufig Pflicht der Sozialen Gruppe gegenüber, der man angehört; somit kann das „Recht auf Bildung" im Einzelfall zur schweren Belastung führen. Der mit dieser Pflicht belastete „Gebildete" wird seine Kinder noch in einem Zeitpunkt unterstützen müssen, wo der Bauer oder Handwerker längst produktive Arbeitskräfte in der neuen Generation erwachsen sieht, wo der gut verdienende jugendliche Arbeiter längst der elterlichen Hilfe entwachsen ist. Man kann das gesellschaftliche Vorurteil ablehnen, das auch den minderbegabten Beamten- oder Lehrersohn zur akademischen Laufbahn (im eigentlichen Sinne des Wortes:) verurteilt; mit dem sozialen Zwang ist immerhin als einer Tatsache zu rechnen, wir erkannten seine Bedeutung zumal im Vierten Abschnitte. Jedenfalls erscheint unter solchen Gesichtspunkten das Bildungsprivileg als Last, ihm fehlt nunmehr die wirtschaftliche Grundlage, es ist nicht selten (zumal in der Gegenwart) mit größten persönlichen Opfern verbunden. Diese Seite des Bildungsproblems nicht sehen, immer nur den Bildungsvorzug gelten lassen wollen, wäre gewiß nicht „sozial". Vielleicht liegt ausgleichende Gerechtigkeit darin, daß zwar im Ausgangspunkt Bildung meist an Besitz oder höheres Einkommen gebunden ist, daß aber, wenn Einkommen und Besitz wegfallen, das Bildungsbedürfnis (oft verstärkt) bestehen bleibt und schließlich zur sozialen Verpflichtung und Last werden kann, ja muß.

Das protestantische kinderreiche Pfarrhaus ist mit Recht als Kulturstätte allerersten Ranges bezeichnet worden; G. Freytag und andere zeigten, wie entscheidend es in die geistige Entwicklung der Nation eingriff, wie es zum Mittelpunkt des Bildungsaufstiegs wurde. Weniger wird die Summe von persönlichen Opfern gewürdigt, die diese soziale Mission den einzelnen, mit Glücksgütern meist nicht gesegneten Mitgliedern des Standes auferlegte; am wenigsten ist wohl daran gedacht worden, daß die Entstehung eines unbegüterten akademischen Proletariats auf jene Kulturstätten zurückgehen kann. Dieses Proletariat (das W. H. Riehl zum Ferment des Vierten Standes macht) hat die ursprüngliche ökonomische Basis der Bildung eingebüßt und zahlt schwer für ein Privileg, das in vielen Fällen von den Möglichkeiten des lohnenden Erwerbs und der wirtschaftlichen Konsolidierung fernhält.

Die Sozialpolitik muß mit diesen, den „gebildeten“ Schichten entsprungenen Entwurzelten als solchen rechnen, die eine Belastung der Gesamtheit darstellen. Da „Bildung“, persönliche Kultur und Anspruch auf gesellschaftliche Stellung häufig das einzige sind, was diesen Schichten verblieb, so werden sie aus begreiflichen Gründen den Gegensatz zur „ungebildeten Masse“ noch besonders unterstreichen; der Bildungsgegensatz kann dadurch wesentlich verschärft werden. So sehr man menschlich mit dem Sprößling einer verarmten Adelsfamilie, mit dem letzten Träger eines großen Namens der Gelehrten- oder Künstlerwelt, mit dem unbeschäftigten Offizier sympathisieren wird, so drängend ist doch der sozialpolitische Zweifel, ob diese Epigonen den verhältnismäßig nicht allzu großen „Bildungsvorrat“ der Nation für sich beanspruchen, ihn den Angehörigen neuer, aufstrebender Volksschichten vorenthalten dürfen. Das früher (in § 36) erwähnte Interesse des Staates an der Erhaltung alter Familien, erreichter Kulturhöhe, gesellschaftlich-politischen Führerinstinktes hat seine Grenze an der zwingenden Erwägung, daß eine Volkswirtschaft stets nur einen bestimmten Umfang der „gebildeten“ Berufsschicht verträgt; die für ein Volk notwendige Arbeitstellung weist immer nur eine begrenzte Zahl von Berufsstellungen auf, wo jene „Gebildeten“ auf ihre bürgerliche Nahrung rechnen können; der „Kauf“ von Bildung aber verbürgt einen Dauervorteil nur unter bestimmten ökonomischen Voraussetzungen. Insofern liegt schließlich eine gewisse Rechtfertigung der an sich bedenklichen Verbindung von Besitz und Bildung vor: wer durch seine wirtschaftliche Vorleistung die materiellen Möglichkeiten einer Volkswirtschaft erweiterte, damit erhöhte wirtschaftliche Bewertung gelehrter, künstlerischer oder sonst gehobener Tätigkeiten ermöglichte, der erwirkte in dem vergrößerten Bildungsspielraum der Nation auch für sich persönlich und für seine Nachkommen ein „Recht auf Bildung“, dem wenigstens wirtschaftliche Erwägungen nicht mehr im Wege stehen.

(§ 78) 8. Auflösung der Gegensätze; die Synthese aus Wirtschafts-, Kultur-, Sozialpolitik und Ethik; das Autonome soziale Kulturideal.

Die Darlegungen dieses Kapitels sollen nicht nur den gegenwärtigen Abschnitt beschließen; gelingt es, den in der Überschrift angedeuteten Vorwurf auszuführen, dann ist damit auch manche früher gestellte Frage beantwortet, mancher einstweilen zurückgedrängte Zweifel geklärt. Für die „Theorie der Sozialpolitik“ wird es sehr viel bedeuten, wenn die Sozialpolitik, der zuerst von Sombart erhobenen, dann aber wohl fallen gelassenen Forderung gemäß, autonom begründet werden kann. — Aber es soll auch gesagt werden, daß die entscheidenden Teile dieses Werkes von dem Erfolge der nachstehenden Darlegung nicht abhängig sind; die im Mittelpunkt stehende Analyse wird auch im Falle des Fehlschlagens synthetischer Bemühungen ihren theoretischen Zweck erfüllen, der „Praxis der Sozialpolitik“ den Weg zu bereiten und das Verständnis sozialpolitischer Zusammenhänge zu erleichtern. Mit dieser wichtigen Anmerkung sei an die Betrachtung herangetreten, die im folgenden Kapitel nach der methodisch-kritischen Seite hin ergänzt werden wird.

„Sozialpolitik als Verbindung von Wirtschaft, Kultur und Ethik“: dies unser Thema wies eine Fülle von „Beziehungen“ auf, die, in der Praxis niemals und in der Theorie auch nicht immer reinlich geschieden, einen kaum übersehbaren Stoff umschließen. Im Grunde genommen ist es aber nur der wissenschaftlich ordnende und disponierende Geist, der bestimmte „Beziehungen“ als solche der Wirtschaft und Wirtschaftspolitik, der Kultur und Kulturpolitik, der Moral und Ethik bezeichnet, andere Beziehungsgruppen aber als „sozialpolitisch“ in einem engeren Sinne in Anspruch nimmt. Dagegen nun, daß wirtschaftliche, kulturelle, ethische Gebiete gedanklich ausgesondert werden, wird sich ein Widerspruch kaum oder doch nur von einer Seite erheben, welche auch Kultur und Sittlichkeit materiell begreifen will. (Cunows neuerschienene Gesellschaftslehre — § 75 — gibt übrigens der materialistischen Gesellschaftsauffassung eine Deutung, nach der Kultur und Moral zwar nicht zu ihrer vollen, aber doch immerhin zu einer bestimmten Geltung kommen; vom älteren, naiven Materialismus bleibt dabei jedenfalls nicht viel übrig.) Dagegen wird mit Recht gefragt werden, ob für spezifisch „sozialpolitische“ Zusammenhänge außerhalb von Wirtschaft, Kultur und Ethik Raum ist; und es ist unerläßlich, eine genaue Antwort hierauf zu geben.

Gehen wir induktiv vor: eine Reihe sozialpolitisch interessierter Männer und Frauen kommt, sagen wir in irgendeiner Ortsgruppe der „Gesellschaft für soziale Reform“, zur Besprechung irgendeiner Frage der sozialen Praxis zusammen; bald stellt sich heraus, daß der ethisch-kulturelle Standpunkt der Beteiligten soweit als möglich auseinander klafft. Gläubige Katholiken des „Volksvereins für das katholische Deutschland“ stehen den Liberalen des „Evangelisch-sozialen Kongresses“ und den Positiven der „Kirchlich-sozialen Konferenz“ gegenüber, dazu finden sich Männer der „Gesellschaft Jesu“, des „Evangelischen Bundes“ und der „Zionisten-Vereinigung“, Monisten der „Gesellschaft für ethische Kultur“, Sozialisten aller Lager. Eine Überbrückung der kulturellen und ethischen Gegensätze, die in den meisten Fällen noch dazu dogmatisch festgelegt sind, wird von keiner Seite auch nur versucht; sie wird nicht einmal für nötig gehalten, weil man sich in den entscheidenden Fragen eines Sinns weiß und zu sehr Mann der

Praxis ist, als daß man sich mit Zwecklosem aufhielte. Das, worin man auf allgemeine Übereinstimmung rechnen kann, ist aber auch nicht im „Nationalen“ begriffen, denn Nationalisten und Internationalisten wurden ja als Mitglieder der Gruppe vorausgesetzt; aus demselben Grunde kann die Übereinstimmung auch nicht im Bekenntnis zu einer allgemein-humanitären Idee der Menschheit gesucht werden.

Wir nehmen an, daß es sich um die Vorbereitung einer großen Aussprache über Wirtschaftsfragen handelt, in denen die zur Versammlung hinzutretenden Arbeitgeber- und Arbeitnehmervertreter einen außerordentlich scharfen Gegensatz bekunden; nun sind kulturelle, ethische — darunter kirchlich gebundene — und wirtschaftliche Standpunkte im Spiel. Nach einem Ausgleich wird gesucht. Er wird in einem Sinne angestrebt, den alle Beteiligten, einschließlich der Interessenvertreter, als „richtig“ gelten lassen, der ihnen „sozial“ erscheint.

Augenscheinlich ist ein solcher Ausgleich weder auf kulturellem noch auf ethischem oder wirtschaftlichem Gebiete möglich; wir setzten ja Teilnehmer aller möglichen Richtungen voraus, und für jeden Teilnehmer handelt es sich um Fragen einer besonderen Weltanschauung oder eines besonderen Interesses; die Entscheidung aber sollte allen annehmbar erscheinen.

Ist es erlaubt, dieser Entscheidung eine besondere „sozialpolitische“ Qualität zuzuschreiben und vorauszusetzen, daß mit der Entscheidung die stillschweigende Anerkennung dieser Qualität gegeben ist?

Mindestens soll ein Typus, der so viele Gegensätze überwindet, in dessen Namen sich so viele heterogene Ansichten auf mittlerer Linie zusammenfinden, auch in der Theorie die Beachtung finden, die ihm in der Praxis längst zuteil wird. Daß man Etwas — eben den sozialpolitischen Gedanken — anrufen darf, um zum Ausgleich der Gegensätze zu gelangen, verleiht diesem Etwas bereits die „besondere Qualität“ Nicht im Namen der Ethik, der Kultur, der Nation oder der allgemeinen Humanität, auch nicht in Beziehung auf ein jenseitiges Ideal kam die Einigung zustande: sie erfolgte auf Grundlage der „Sozialpolitik“.

Ein Einwand, der nicht ganz ein solcher ist, liegt nahe: jene Einigung sei eben aus „politischen“ Gründen, aus „praktischen“ Erwägungen erfolgt. Die Sozialpolitik würde in diesem Falle mehr den Charakter einer Kunst- und Kompromißlehre, als den einer wissenschaftlich-theoretischen Formel enthalten. Wäre dem so, so würde es dennoch möglich sein, von einer „Autonomie“ der Sozialpolitik zu sprechen, allerdings nicht im Sinne eines Ideals, aber im Sinne einer nie versagenden, praktisch erprobten Methodik des Handelns. Richtiger wäre es wohl, ein darauf sich gründendes Handeln nur als „politisch klug“ oder schlechthin als „politisch“ zu erachten, indem Politik als die Kunst, Kompromisse zu schließen, „wirksames Handeln“ im Sinne Schleiermachers zu sein, anerkannt würde. Es scheint aber, als ob keiner der an unserer Auseinandersetzung Beteiligten mit dieser Einschätzung seiner Motive zufrieden wäre; indem sie alle mit dem Bewußtsein auseinandergehen, „sozialpolitisch“ gehandelt zu haben, wollen sie keineswegs nur bekunden,

„politisch", d. i. „praktisch", verfahren zu haben. Man kann sich sogar einen scharfen Gegensatz zwischen „politisch" und „sozialpolitisch" denken.

Es bleibt also ein Rest, wichtig genug. Der Schluß ist kaum abweisbar, daß alle jene Männer und Frauen an ein Ideal glauben; es verbindet sich zwar bei jedem Einzelnen mit ethischen (oder an-ethischen) und mit kulturellen Zielsetzungen, besitzt aber doch eigenes Leben. Wir dürfen dann vom „Autonomen Ideal der Sozialpolitik" sprechen.

Der Umstand, daß ein solches sozialpolitisches Ideal von manchen abgelehnt wird, ist nicht beweiskräftig, sonst wäre auch die Ablehnung ethischer Anschauungen, eine bewußt an-ethische Auffassung (was ein anderes ist als a-moralisches Verhalten), entscheidend für Sein oder Nichtsein der Ethik. Der weitere Umstand, daß Sozialpolitik häufig genug für Interessenpolitik vorgeschützt wird, betrifft auch keine Besonderheit der sozialpolitischen Idee; das ethische Mäntelchen oder der kulturelle Habitus kleiden nicht weniger gut, auch dieser, in § 74 erwähnte Mißbrauch des Ideals entscheidet nichts für oder gegen Ethik und Kultur. Selbstverständlich ist das sozialpolitische Ideal wesentlich formaler Natur, das entspricht durchaus früheren Ausführungen über die Relativität des sozialpolitischen Standpunkts, der sich in diesem Punkte von der Ethik ganz erheblich unterscheidet; es wäre vielleicht nicht aussichtslos, zu zeigen, daß Sozialpolitik an relativistische Ethik und Kulturpolitik angrenzt; nimmt man aber, wenigstens für die Ethik, absolute Maßstäbe als in der Natur der Begriffs liegend an, dann bewendet er richtiger bei der Proklamierung eines eigenen Autonomen sozialpolitischen Ideals, das aber auch nicht einfach als Kulturideal zu deuten ist: eine Norm eigener Qualität, sui generis.

Die Relativität des sozialpolitischen Ideals ist auch eine historische und geographische in dem Sinne, daß weder alle Zeiten noch alle Völker solcher Normen immer teilhaftig waren, sind und (mutmaßlich) sein werden. Wir haben ein geschichtlich und räumlich bedingtes Ideal vor uns, das lange Erziehung voraussetzt. Da uns „Ideal" nicht im absoluten Sinne des „Kategorischen Imperativs" gilt, so steht der Anwendung dieses geschichtlich-relativistischen Begriffes kein Hindernis entgegen.

Der Sozialpolitiker ist mit dem Arzte verglichen worden; man mag dies — worauf besonders Wilbrandt hinweist — bis zu einem gewissen Grade gelten lassen; nur, daß der Arzt sich einem kranken, psycho-physischen Organismus gegenübersieht, für die „Gesellschaft" der gleiche Charakter aber keineswegs feststeht. Wer in ihr nur „Beziehungen" sieht, wer gar nur einen Mechanismus anerkennt, der wird, indem er sozialpolitisch tätig ist, mehr dem Organisatior oder Techniker gleichen. Aus jenem Vergleich ist aber ein anderes zutreffend: wie der Arzt den individuellen Fall zu behandeln hat, ohne sich lange bei der Sorge aufhalten zu können, ob der Kranke ein nützliches

Mitglied der Gesellschaft, seine Wiederherstellung für die Allgemeinheit zu wünschen ist: so steht der Sozialpolitiker den gesellschaftlichen Tatsachen ohne Rücksicht auf ihren letzten ethischen oder kulturellen Sinn objektiv mit dem Willen, praktisch zu wirken, gegenüber; sowenig wie der Arzt, darf er sich hierbei auf Heilung von Symptomen beschränken und wird doch, das Ganze der Erscheinungen würdigend, als Sozialpolitiker, nicht eigentlich als Ethiker oder Kulturpolitiker tätig sein (obwohl diese Betätigungen zusammenfallen können und in der Praxis wohl meist aneinander grenzen).

Sozialpolitik in diesem Sinn wird wohl oft mit Wirtschaftspolitik Hand in Hand gehen, ist aber nicht nur Wirtschaftspolitik, schon deshalb nicht, weil zuviele Erziehungsfragen mit ihr zusammenhängen. Auch lassen sich ähnliche sozialpolitische Zwecke innerhalb ganz ungleicher wirtschaftspolitischer Systeme verwirklichen. Dabei trägt Wirtschaftspolitik in noch höherem Maße als Sozialpolitik gewissen Interessen Rechnung, die in Schutzzoll oder Freihandel, freier oder Planwirtschaft, Schienenstrang oder Wasserstraße, Großindustrie oder Handwerk, Detailhandel oder Warenhaus doch meist egoistische Einzel- oder Gruppenzwecke verfolgen. Während Wirtschaftspolitik an Interessenpolitik vielfach geradezu begrifflich gebunden ist, ein theoretischer Gegensatz zwischen ihnen oft nicht auffindbar ist (weil „Wirtschaft" immer Gegenstand von Interessen ist): kann Sozialpolitik, nach Früherem, wohl einmal vorübergehend Interessenpolitik sein, strebt aber stets darüber hinaus und darnach, „gesellschaftliche Ausgleichspolitik" zu werden. Hier ist § 68: „Theorie des Sozialen Umsturzes und der Sozialen Reform" zu vergleichen; ferner § 81.

Wir können schließen, indem wir als besonderen Inhalt der Sozialpolitik die „Arbeitskultur" nennen. Sie ist das „Soziale Kulturideal". Von der „Arbeit" gingen wir aus, in sie münden alle sozialpolitischen Gedankengänge wieder ein. „Arbeitsgemeinschaft" in allen ihren politischen, wirtschaftlichen, sittlichen und kulturellen Auswirkungen, vor allem aber in ihrer rein-sozialpolitischen Zwecksetzung, ist so recht die Synthese von Wirtschaft, Kultur, Ethik und „Sozialer Politik"; denn zu diesem letzten Begriff, der der weitere ist, wird man gelangen, wenn man aus einem praktischen Arbeitsgebiet (dem der „Sozialpolitik") eine autonome Forderung (eben die der „Sozialen Politik") zu entwickeln bestrebt ist (§ 76).

(§ 79) 9. Die Einwendungen gegen das Werturteil in den Sozialwissenschaften.

Methodisch-kritische Ausführungen haben hier nur in sehr beschränktem Umfang Raum; immerhin darf eine „Theorie der Sozialpolitik" nicht ganz an den Einwendungen vorbeigehen, die — bereits in der Einleitung (§ 1) erwähnt — von Männern so ausgeprägt sozialpolitischer Willensrichtung wie Sombart und Max Weber am entschiedensten vertreten und am tiefsten begründet worden sind.

In meiner „Krisis der Wirtschaft und der Wirtschaftswissenschaft" sprach ich bereits aus, daß die Sozialpolitik trotzdem über diese Einwendungen wegkommen muß und auch wird, wenn sie nur das anerkennt, was an jenem „Bildersturm" zutreffend und notwendig war. Die „Historische Nationalökonomie" hatte sich etwas zu sehr auf das von Schmoller begründete Gerechtigkeitsprinzip (§ 66) verlassen, allzu bedenkenlos nur e i n e Richtung der Sozialpolitik gelten lassen wollen. Als Reaktion gegen Übertreibungen dieser Art waren die Wiener und Berliner Debatten des Vereins für Sozialpolitik (über den Produktivitätsbegriff und über das Werturteil) durchaus heilsam. Aber man schoß in ungezügeltem Temperament, das auch Selbstkritik in sich schloß, weit über das Ziel hinaus. Der Berliner Philosoph Spranger, Otmar Spann, Wilbrandt u. a. haben Gegengründe geltend gemacht; ohne auf sie einzugehen, seien einige weitere Gegenargumente unmittelbar aus der „Theorie der Sozialpolitik" heraus entwickelt.

Wenn wir die Sozialpolitik theoretisch zu unterbauen unternahmen, so wird vielleicht schon dies Unterfangen auf Widerspruch bei „Werturteilsfreien" stoßen; indessen wird man leicht erwidern können, daß es ja auch eine Theorie der „Politik" gibt — sei es auch nur in Gestalt einer Kunst- und Methodenlehre. Indem wir ferner bemüht waren, gesellschaftliche Zwecksetzungen rein-gesellschaftlich, ohne Anleihe bei der Ethik, zu begreifen, verließen wir den Standpunkt der „Ethischen Nationalökonomie", werden also auch nicht von den gegen diese gerichteten Angriffen getroffen. Sicher unterliefen uns selbst Werturteile stillschweigend und expressis verbis; aber sie wurden so weit zurückgedrängt, daß von ihrer Anerkennung die Zustimmung zu den meisten unserer Beweisgänge unabhängig ist. Dennoch sind wir uns bewußt, auf Einwendungen zu stoßen, die etwa unserer Auffassung der Sozialpolitik als Politik der Anpassung und des Ausgleichs gelten. Wem Sozialpolitik gleich Klassenpolitik gilt, der muß sogar an recht vielem Ärgernis nehmen.

Das Werturteil völlig aus der sozialpolitischen Theorie entfernen zu wollen, hieße, zu den entscheidenden Fragen des Staats und der Gesellschaft: Umsturz oder Reform, Sozialisierung oder „Privatwirtschaftliche Sozialpolitik", Standes- oder Klassenpolitik usw. zu schweigen, oder aber, sich auf die historisch-soziologische Betrachtung zu beschränken.

Es erscheint fraglich, ob solch historisch-soziologische Betrachtung überhaupt den Anspruch erheben könnte, „Theorie der Sozialpolitik" zu sein; günstigstenfalls wäre sie Sozialgeschichte und Gesellschaftstheorie. Wertbetonte Dinge, wie es die sozialpolitischen Vorgänge nun einmal sind, werden farb- und gegenstandslos, wenn man in heißem (und doch vergeblichem) Bemühen das Werturteil zu vermeiden strebt. Wie die großen Historiker,

Mommsen voran, innerlich Partei für die singulären Erscheinungen, zumal für die Persönlichkeiten und Helden ihrer Geschichte genommen haben, so muß auch der Theoretiker der Sozialpolitik eine innerliche Einstellung auf ihre letzten Fragen und höchsten Ziele haben. Ob er dann das Urteil und die Stellungnahme klar ausspricht oder zum Gegenstand scheinbar uninteressierter Beschreibung macht: das ist nicht entscheidend. Doch empfiehlt es sich — und in diesem Punkt ist den Einwendungen gegen das Werturteil beizupflichten —, daß, soweit möglich, das Werturteil als solches markiert wird. In dieser Hinsicht sind aber dialektische Methode und historischer Materialismus durchaus keine Vorbilder.

„Wertbetont" ist nun freilich Wissenschaft viel mehr, als gemeinhin anerkannt wird; das an den Schluß des Vorworts gestellte Simmelsche Wort von der notwendigen Gegenständlichkeit der Theorie enthält bereits ein Werturteil in sich. Und nur dadurch wuchs die Theorie über Scholastik und Dialektik hinaus, daß sie sich auf ihre auslesende, mit anderen Worten: wertende Aufgabe besann. Es gibt beliebig viele Stoffe, die höchste Meisterschaft der logischen Beweisführung und ein geradezu vollendetes „geistiges Exerzitium" gestatten, und die doch wissenschaftlich belanglos sind.

„Abstraktionen", sagt Simmel, „mögen noch so sehr aus den inneren Bedürfnissen des Erkennens heraus gefordert sein: irgendeine Legitimation für sie muß doch in der Struktur der Objektivität selbst liegen"; als solche bezeichnet er dann, wie früher erwähnt, die „funktionelle Beziehung zur Tatsächlichkeit".

Diese „Beziehung" zur p o l i t i s c h e n Tatsächlichkeit — zur Sozialpolitik z. B. — kann nicht auf rein theoretischem Wege erlangt werden, sie setzt Anteil-, wenn nicht Parteinahme am politischen (sozialpolitischen) Faktum voraus und begründet die Forderung, daß das Werturteil in die theoretische Forschung Einlaß finde.

Das läßt sich noch anders begründen: sozialpolitische Inhalte müssen meist irgendeinmal selbst erlebt worden sein; fehlt dies Erleben, dies persönliche „Verhältnis", dann fehlt die Würdigung der Elemente, die einen Stoff zum „politischen" machen; man kann nur von dem sprechen, was Bewußtseinsinhalt war; sonst sieht man wohl gesellschaftliche Vorgänge, aber keine Zwecksetzungen, keine „wirksamen Handlungen", keine „P o l i t i k", keine Sozialpolitik.

Vielleicht läßt es sich so erweisen, daß man selbst in der sozialpolitischen Praxis gestanden haben soll, um sozialpolitische Theorie zu treiben. Das würde übrigens auch dann zutreffen, wenn man Sozialpolitik, enge genug, nur als Kunst- und Methodenlehre anerkennen würde. — Läßt sich Marx ohne sein persönliches Erleben an den Stätten des englischen Industrieelends und in den Behausungen des Fabrikproletariats, ohne eigene Verbannung und Verfehmung denken? Ist nicht die ältere sozialpolitische Literatur eben Englands durch die unmittelbare Anlehnung an die politischen Vorgänge fruchtbar und wirksam geworden? Und können nicht diejenigen, die für Soziale Reform eintreten und diese theoretisch zu unterbauen bemüht sind, auf tausend Fälle verweisen, wo sie in der Praxis den nach Reform verlangenden gesellschaftlichen Tatsachen helfend oder auch hilflos gegenübergestanden sind?

Die „Praxis der Sozialpolitik", der unser Zweiter Band gilt, ist natürlich überhaupt nur im Urteil zu gestalten. Dort ist die Bewertung des sozialen Stoffs eigentliche Aufgabe, der die „Theorie" vorarbeitete. Indem aber die Themen der „Praxis" vorbereitet wurden, war eine Auswahl unerläßlich und schon darin war ein Werturteil gegeben.

Viele Fragestellungen dieses Ersten Teils konnten füglich unterbleiben, wenn sie für die „Praxis" gleichgültig waren; anderes mußte herangezogen und betont werden, sollte für die „Praxis" etwa der Gedanke des Klassenkampfes und des Umsturzes oder aber die Manchestertheorie — das uninteressierte Geschehenlassen — Maß geben. Sah man die beiden Teile des Gesamtwerks als Einheit an, dem ein Generalplan zugrunde lag, dann mußte die „Theorie" als Wegbereiterin der „Praxis" gelten und bedurfte insofern schon des wertenden Urteils.

Wer aber diese Überlegungen ablehnt, wem Theorie mit reiner, nicht-gegenständlicher Erkenntnislehre zusammenfällt: kann der nicht wenigstens für die gestörte Gegenwart ein Zugeständnis derart machen, daß ihr aus der Theorie eine Führerin erwachsen soll? Die Praxis allein schafft es auch nicht, am wenigsten in der Sozialpolitik. Das soll hernach, in § 81, noch unterstrichen werden. Man würde selbst einen methodischen Fehler in den Kauf nehmen können, wenn aus ihm frisches Leben auf eine theorienarme und phantasielose Praxis überstrahlt. Nur Theorie und nur Praxis sehen, das notwendige Verbindungsstück zwischen ihnen übersehen zu wollen, kann nicht befriedigen. Wenn für manche die Abkehr vom Werturteil Veranlassung wurde, sich extremen Richtungen anzuschließen, Sozialisierung an Stelle von Sozialpolitik, Umsturz für Reform zu fordern: so ist das menschlich und wissenschaftlich begreiflich gewesen. Denn im marxistischen Sozialismus bot sich ja anscheinend das einzige Mittel, werturteilsfreie Theorie mit praktisch-politischer Wirkung zu vereinigen. Der Trugschluß, der darin lag, war auch ein Meisterstück der Dialektik. Vergeblich suchte auch Brentano eine voraussetzungslose Sozialpolitik zu begründen. Eine jüngere Schule theoretisch interessierter Sozialpolitiker aber glaubt heute an die Möglichkeit und Notwendigkeit, ohne die theoretisch unzulängliche Begründung der „Ethischen Nationalökonomie" zu übernehmen, doch auf die von ihr eröffnete Praxis der Sozialpolitik zurückzukommen. „Autonomie der sozialen Forderung" ist ihr theoretisches und doch wertbetontes Ziel.

(§ 80) Ergebnisse des Achten Abschnitts.

Die hier behandelten Stoffe haben nur das Gemeinsame und Verbindende, daß sie Grenzgebiete der Sozialpolitik darstellen und dieser nicht selten gleichgesetzt werden. Sozialpolitik ist ebenso mit Wirtschaftspolitik, wie mit Ethik, wie mit Kulturpolitik identifiziert worden; sehr namhafte Forscher haben sich für eine dieser Gleichungen eingesetzt (§ 81). Hier war eine Art Flurbereinigung vorzunehmen, wollte man die Sozialpolitik für sich begreifen, ihrer praktischen Anwendung den Boden bereiten.

Falsche oder wenigstens unbehelfliche Fragestellungen mußten als solche dargetan, Masken und unrichtige Firmenschilder namentlich gekennzeichnet werden. Erkannte man die ungleichen Ebenen, in denen sich die hier behandelten Begriffe der Wirtschaft, Kultur, Moral bewegen, dann konnte die unzulässige Vermengung ungleichartiger Stoffe nachgewiesen, der richtige Gebrauch vorbereitet werden. Dogmatische Bindungen erschwerten die Erkenntnis. Als verfehlt mußte insonderheit die Beurteilung der Sozialpolitik oder Ethik als „Belastung" der Wirtschaft erachtet werden.

Auf Grund dieser — nur scheinbar begriffstheoretischen — Untersuchungen konnte dann den wichtigen Vorgängen der Sozialisierung und der „Privatwirtschaftlichen Sozialpolitik" nähergetreten werden. Der Strich wurde deutlich gezogen, wobei es durchaus möglich war, berechtigten Inhalten der Sozialisierungsidee gerecht zu werden. Solche ergaben sich zumal, wenn man das Wort als Innere Erneuerung beurteilt, in ihm die Anbahnung eines Erziehungsprozesses sieht. Meist wird freilich nur auf Einrichtungen und Mechanismen der Sozialisierung Wert gelegt. Hier war ein Anschluß an Rathenau möglich, dessen Theorie freilich nicht allen Erziehungsproblemen gegenüber standhielt. Ein eigenes Kapitel ist dabei dem Bildungsproblem, das sozialpolitisch so oft als Bildungsgegensatz auftritt, gewidmet.

Die beiden letzten Kapitel sind noch in unmittelbarer Erinnerung. An die positiven Darlegungen über das Autonome sozialpolitische Ideal (der sozialen und Arbeitskultur) schloß sich eine kurze Erörterung über das Werturteil in den Sozialwissenschaften; wir glaubten, es vertreten zu müssen und begründen zu können.

Der hiermit abgeschlossene letzte Abschnitt des Ersten Teils hat Lücken ausgefüllt, die sich dem aufmerksamen Leser nicht ganz selten in früheren Abschnitten aufgedrängt haben werden. Zugleich konnte in der Synthese von Wirtschafts- und Sozialpolitik, Kultur und Ethik manche Antwort auf früher offen gebliebene Fragen erteilt werden. Die Kapitel über Wirtschaft und Politik im Ersten, Arbeitsgemeinschaft im Zweiten, Reform und Umsturz im Siebenten Abschnitt sind ergänzt worden; aber auch sonst wurden die eben abgeschlossenen Darlegungen wichtig. Zugleich sind Andeutungen für ein Programm, an das sich der Zweite Band halten wird, gegeben worden.

Es bleibt übrig, in Schlußbetrachtungen (§ 81) früher ausgesprochene Gedanken für die Beurteilung der Methoden, Grenz- und Zielsetzungen in der Sozialpolitik fruchtbar zu machen, daneben (§ 82) den methodisch-systematischen Übergang zum Zweiten Band zu bewerkstelligen und einiges weitere zum „Ausblick“ (§ 83) zu vereinigen.

In langsamer, aber stetiger Entwicklung ist die Darstellung von der Analyse gesellschaftlicher Tatbestände und Zusammenhänge auf die Höhe der bewußten Zwecksetzungen und Idealisierungen geführt worden. Wenn die Unterlage tragfähig ist, erscheint die ganze Konstruktion als zuverlässig, das krönende Ideal nicht mehr als trügerisch. Dem Entwicklungsgedanken wurde nur so viel Raum gegeben, als er beanspruchen kann, eine Berauschung an allgemeinen Fortschrittsideen lag ganz fern. Mit Menschen rechnet die Sozialpolitik, allerdings mit solchen, welche erzogen und gebildet werden können, die nicht in Einrichtungen und äußeren Bindungen das sozial Entscheidende sehen. Selbst wenn „Kultur“ nur als subjektiv-individueller, der Sozialpolitik sich versagender Zustand, „Sittlichkeit“ und „Ethik“ nur als historische Kategorien und nur relativ aufzufassen wären, selbst wenn „Wirtschaft“ als solche rein mechanisch begriffen werden müßte — alles Voraussetzungen, die wir uns nicht zu eigen machen —: selbst dann würde eine Synthese jener gesellschaftlichen Faktoren als sozialpolitisches Kulturideal, als Autonome soziale Forderung denkbar sein und als starkes Regulativ für das praktische Verhalten der Einzelnen, der Gruppen, der Gesellschaft, des Staates wirksam werden können.

Es entsteht die Frage: Gibt es soziale „Normen“ — den Normen gleich oder noch überlegen, die der Strafrechtslehrer Binding hinter den Paragraphen des Strafgesetzbuches erkennen will? Ist zugleich die Sozialpolitik die Erfüllerin dessen, was der gesellschaftliche Prozeß in jahrtausendealter Arbeit an wertbetonten Idealen geschaffen hat? Wer das annimmt, ist in der glücklichen Lage, seine sozialpolitischen Anschauungen und Handlungen als ein großes Menschheitserbteil zu hüten und im faustischen Sinne restlos nach Vollendung zu streben. Wem das nicht gegeben ist, der wird doch neidlos den praktischen Vorzug derer anerkennen, deren Tun und Denken höchsten sozialen Normen unterliegt.

Schlußbetrachtungen.

(§ 81) 1. Endgültiges über Inhalt, Grenzen und Ziele der Sozialpolitik.

Wir nehmen hier die Gedankengänge des Einleitungskapitels (§ 1) auf, die ausdrücklich als „allgemeine" gekennzeichnet worden waren, und suchen auf Grund der Gesamtdarlegung einen Standpunkt zu den begrifflichen und faktischen Inhalten, zu den Grenzen und zu den Zielen der Sozialpolitik zu gewinnen; die letzteren sind durch die in § 78 zusammengefaßten Gesichtspunkte einer „Sozialpolitischen Autonomie", eines selbständigen sozialen Kultur- und Arbeitsideals, zwar hinreichend gekennzeichnet; aber es bedarf doch einer letzten Einstellung auf die konkreten Aufgaben der Sozialpolitik; sie kann erst gegeben werden, wenn negativ vorher die Grenzen der Sozialpolitik festgelegt sind.

Grenzen und auch Ziele werden bereits aus der scharfen und eindeutigen Fassung eines Begriffs heraus deutlich. Denn die begriffliche Formulierung schließt eine Abgrenzung des im Begriff zusammengepreßten Inhalts nach außen hin in sich. Aber gerade für die Sozialpolitik versagt die eindeutige Begriffsbildung, weil in der Praxis allzu vieles als „Sozialpolitik" bezeichnet wird; das alles kann eine begriffliche Formulierung erfahren, aus der heraus dann in jedem einzelnen Falle besondere Grenzen und besondere Ziele der Sozialpolitik abgeleitet werden können. Wenn wir eine eigne sozialpolitische Auffassung gefunden zu haben glauben, für die Anpassung, Reform innerhalb des privatwirtschaftlichen Systems, Erziehung und Staatsidee Maß geben, so kann uns das nicht von der theoretischen Pflicht lossprechen, für alle möglichen sozialpolitischen Inhalte und Begriffe Grenzen und Ziele zu ermitteln; diese Grenzen und Ziele sollen dabei auf ihre Vereinbarkeit untereinander und auf die Möglichkeit hin geprüft werden, unter den Oberbegriff der „Sozialpolitischen Autonomie" eingeordnet zu werden.

Folgende wichtigere Begriffsbestimmungen von Sozialpolitik lassen sich der Theorie und der Wirklichkeit entnehmen:

1. Sozialpolitik = Wirtschaftspolitik.

Diese ursprünglich von Sombart übernommene, von ihm hernach aber wohl preisgegebene Gleichsetzung wirft für die Sozialpolitik nur diejenigen Grenzen auf, welche in der Wirtschaft und Wirtschaftspolitik gegeben sind; so ist die Produktion an das Gesetz vom abnehmenden Bodenertrag (oder auch vom abnehmenden Ertrag schlechthin), die Konsumtion an das Gossensche Gesetz vom abnehmenden Reiz, die volkswirtschaftliche Kapitalbildung an den privatwirtschaftlichen Ersparungsprozeß gebunden. Ebenso sind die Ziele der Sozialpolitik dem Wirtschaftsleben zu entnehmen. So eng selbstverständlich die (u. a. in § 74 untersuchten) Beziehungen zwischen Sozial- und Wirtschaftspolitik sind, so wenig kann das Wirtschaften die sozialen Aufgaben erschöpfen; diese sind auch zeitlich einmal das Spätere, das andremal das Frühere.

2. Sozialpolitik = Gesellschaftspolitik.

Diese Auffassung ist etymologisch gewiß die nächstliegende; natürlich wird das Wort „Gesellschaft“ hierbei nicht als Gegensatz zu „Gemeinschaft“ im Sinne von Tönnies (§ 75) gebraucht, es umfaßt vielmehr die organisch gewachsenen menschlichen Agglomerationen ebenso wie die bewußt und willkürlich gesetzten, zweckerfüllten Kunstprodukte des verfeinerten Geselligkeitstriebs und der Organisation. „Gesellschaftspolitik“ würde „Politik der und an der Gesellschaft“ bedeuten. Grenzen hat Sozialpolitik in diesem Sinne nur insoweit, als die Möglichkeiten der Gesellschaft selbst (etwa geographisch) beschränkt sind, als insbesondere die Organisierung an Schranken gebunden ist. Ähnlich weiträumig ist dann der Umkreis der Ziele. Indessen ist diese Hinausrückung der Grenzen, denen ebensoweit hinausgeschobene Ziele und Zwecksetzungen entsprechen, wenig geeignet, die Sozialpolitik als eine besondere Disziplin erkennen zu lassen. Offenbar verbindet die Praxis auch in den meisten Fällen mit ihr eine andere und engere Vorstellung, die ohne Werturteil kaum verständlich ist. Sozialpolitik muß mindestens als qualifizierte Gesellschaftspolitik gelten und ist dann an die Grenzen und Ziele der Qualität gebunden.

3. Sozialpolitik = (qualifizierte) Bevölkerungspolitik.

Wir nehmen hier die „Qualität“ gleich in die Begriffsbestimmung auf, verweisen im übrigen auf § 64, wo Sozial- und Bevölkerungspolitik gegeneinander abgewogen wurden. Die erstgenannte hätte dann die Aufgabe, die Güte der Bevölkerung, ihre Eignung für bestimmte gesellschaftliche Zwecke zu fördern. Grenzen würden sich ergeben, soweit Quantität und Qualität auf diesem Gebiete in einem (noch keineswegs geklärten) Gegensatz stehen; indes würden die Hemmungen der Bevölkerungsvermehrung unter Umständen auch solche der Bevölkerungsverbesserung sein. Das Malthussche Gesetz würde, soweit überhaupt anerkannt, auch für die qualifizierte Bevölkerungspolitik wichtig sein. — In der Tat ist ein wesentlicher Inhalt aller Sozialpolitik an der Bevölkerung orientiert; dennoch ist auch dieser Begriff zu eng, er rechnet nicht hinreichend mit den organischen und organisierten Gruppenbildungen, innerhalb deren Sozialpolitik sich allein auswirken kann; der mit „Bevölkerung“ theoretisch und statistisch verbundene Begriff der „Masse“ ist, auch wenn differenziert gedacht, zu wenig lebensvoll und gegliedert für das, was „Sozialpolitik“ will; er wird deutlicher durch die unter 4. und 5. anzuschließenden weiteren Begriffsbestimmungen.

4. Sozialpolitik = Gesellschafts- und Rassenhygiene.

Auf diese Begriffsbestimmung ist im allgemeinen das soeben unter 3., Gesagte anwendbar; nur wird sie durch den Vergleich mit dem ärztlichen Berufe und durch Einführung des wissenschaftlich keineswegs geklärten Rassenbegriffs nicht deutlicher und nicht praktischer; die Tatsachen der „Internationalen Sozialpolitik" finden alsdann überhaupt keine Erklärung und auch die für uns feststehende Begründung der Sozialpolitik im Staate versagt gegenüber der rassenpolitischen Auffassung dann, wenn der Staat selbst nicht reinrassig ist. Immerhin sind einige sozialpolitische Probleme als solche der Rasse-Ertüchtigung und -Erhaltung anzusprechen.

5. Sozialpolitik = Gruppen-(Interessenten-)Politik.

Diese Gleichsetzung kehrt in der Praxis sehr häufig wieder. Handelt es sich um organisierte Gruppen (Gewerkschaften, Arbeitgeberverbände, Kartelle usw.), dann geht „Gruppenpolitik" in „Interessenpolitik" über, in diesem Falle schlägt § 73 ein. Grenzen und Ziele ergeben sich dann unmittelbar aus den Zwecken der jeweiligen Gruppe, die in vielen Fällen nur die Individualinteressen der Mitglieder summiert, in anderen Fällen aber daneben selbständige Gruppenzwecke vertritt. Überträgt man diese Vorstellung auf das geistige Gebiet, so wird sich z. B. die Zwecksetzung einer kirchlichen Gemeinschaft niemals als Summe von Einzelzwecken deuten lassen. Eher ist das bei der Gewerkschaft möglich, die Klasse dagegen ist auch mehr als nur das addierte Interesse der Klassengenossen. In der Tat fällt Gewerkschafts- und Klassenpolitik häufig auseinander, was bereits in §§ 52 ff. erwähnt wurde. Faßt man den Staat ebenfalls als Soziale Gruppe auf, dann ist auch die staatlich inspirierte Sozialpolitik Gruppenpolitik, mit der Maßgabe, daß sie auch weit mehr als nur die Summe der staatsbürgerlichen Interessen vertritt. Das geht schon daraus hervor, daß die Interessen der einzelnen Bürger niemals ganz gleichgerichtet sind. Die Unmöglichkeit aber, den Staat nur als eine beliebige von vielen Gruppen zu sehen und den Staat (im Sinne der Lehre vom contrat social) zur Interessentengemeinschaft zusammenschrumpfen zu lassen, zwingt dazu, die Sozialpolitik nicht nur und nicht einmal vorwiegend als Gruppenpolitik aufzufassen. Im Gegenteil, aus unserem, auf den Staat bezogenen sozialpolitischen Begriff heraus (§ 9) erfahren die Gruppen erst eine Abgrenzung ihrer zulässigen und möglichen Zwecke.

6. Sozialpolitik = Klassenpolitik.

Die Klasse als besonders wichtige Soziale Gruppe will durch sozialpolitische Mittel zur Gesellschaft schlechthin werden, sich insonderheit über den — als Klassenprodukt erachteten — Staat hinweg durchsetzen. Grenzen ergeben sich für diese Auffassung aus den Grenzen, die psychologisch und soziologisch dem Klassenbegriff selbst gesetzt sind. Wie in § 52 ausgeführt wurde, proklamiert er die, geschichtlich noch niemals erwiesene Forderung uniformer, undifferenzierter Masseninteressen; er ist psychologisch (weil er das Differenzbedürfnis unterschätzt) und soziologisch (weil er die organischen Gemeinschaften übersieht) gleich ungenügend instruiert, mit Kultur (die auch nur in Differenzierung begriffen werden kann) kaum vereinbar. Wir erwähnen diese sechste Gleichsetzung als eine solche, welche, von sehr großer Stoßkraft in der Gegenwart, unserer Vorstellung von Sozialpolitik doch am wenigsten entspricht; und wir möchten kein Gebilde als solches höherer Sozialpolitik gelten lassen, das vorwiegend dem Klassenstandpunkt entsprang; auch der „Klassenstaat" verkennt die eigentliche sozialpolitische Staatsidee und es ist nur natürlich, daß er entweder der geläuterten sozialpolitischen Forderung oder umgekehrt der Negation des klassenbewußten Proletariats zu weichen hat.

7. Sozialpolitik = Verteilungs- und Verbrauchs-Politik.

Dieser z. T. von Adolph Wagner betonte Gesichtspunkt erhält manches Zutreffende; er ist aber, wie schon Sombart ausführte, viel zu eng. Seine Grenzen und Ziele sind unmittelbar mit der Rolle, welche die Distribution im Wirtschaftsleben spielt, gegeben, und es wird damit deutlich, daß, zumal in der Gegenwart, sehr viele soziale Stoffe außerhalb jener Grenzen liegen. Insbesondere wird eine reine Verbraucherpolitik, die nur auf billige Preise sieht und die Produktion vernachlässigt, nach den Kriegserfahrungen kaum mehr auf Gegenliebe rechnen können. Eher würden wir die Sozialpolitik im Sinne von 1. als Wirtschaftspolitik schlechthin bezeichnen, worunter dann ja auch, aber nun nicht mehr einseitig, Verteilungs- und Konsumtionspolitik zu verstehen wäre. Auch die von A. Wagner besonders liebevoll behandelten sozialen Steuerfragen zeigen heute, wie § 66 nachwies, ein neues Gesicht. Selbstverständlich liegen aber viele Aufgaben der Sozialpolitik auf verteilungspolitischem Gebiete; dem wurde Rechnung getragen, indem sich der Vierte und Fünfte Abschnitt ausschließlich mit Lebenshaltung und Einkommensbildung beschäftigte.

8. Sozialpolitik = soziale Praxis.

Diese Gleichsetzung findet sich nicht selten, sie ist verständlich, weil viele sozialpolitische Stoffe zuerst Gegenstand praktischer Bemühungen waren, die Theorie aber das zeitlich Spätere und auch heute noch nicht allgemein Anerkannte ist. Wenn eine Reihe praktischer Einzelfragen ihre Spezialtheorie und ihre eigene Methodik, insbesondere auch auf statistischem Gebiete, entwickelten, so ist die Summe solcher Einzeltheorien und Kunstlehren noch keineswegs „Theorie der Sozialpolitik", die auf Synthese abzielt. Arbeitsnachweis, Arbeitslosenfürsorge, Arbeitsmarkt, Berufsvereinswesen, — das alles und vieles andere ist für sich theoretisch mit größerem oder geringerem Erfolge bearbeitet worden, und es liegt ferne, diese gesunde Arbeitsteilung hintanhalten zu wollen. Aber gerade die theoretisch vollkommene Einsicht in ein Spezialgebiet, die sich häufig gerade der Praktiker verschaffen wird, verleitet dazu, die auf das soziale Ganze gerichteten Bemühungen als zwecklos, als „zu theoretisch" und „ideologisch" zu bezeichnen. Hier steht dann nicht mehr Praxis gegen Theorie, sondern arbeitsteilige gegen arbeitsvereinigende Theorie, Teil-Analyse gegen Synthese, manchmal allerdings auch Empirie gegen Metaphysik.

So notwendig diese Entwicklung, so wichtig die sozialpolitische Praxis und Teiltheorie ist, sowenig reicht sie doch aus, einem großen Volke oder gar der Menschheit sozialpolitische Ziele vermitteln zu können. Häufig handelt es sich dann um Ressortpolitik einer amtlichen oder privaten Stelle, und nicht ganz selten wird das Interesse der sozialpolitischen Bürokratie als „sozialpolitisches" Interesse vorgeschoben. Das wird — auch ohne daß materielle Beweggründe angenommen werden — durch die Vorliebe des Praktikers für sein Spezialgebiet verständlich; diese Vorliebe ist sogar Voraussetzung jeder erfolgreichen Sozialpolitik, die ihrem Wesen nach niemals reine Rutine werden darf. Auf der anderen Seite entsteht der Glaube, Organisation bedeute als solche schon Sozialpolitik; die formalen Gesichtspunkte, die natürlich auch wichtig sind, rücken dann gegenüber dem Inhalt allzusehr in den Vordergrund. Die Grenzen dieser Auffassung ergeben sich aus den Grenzen, die jeder nicht hinreichend theoretisch unterbauten Praxis gezogen sind: Erfahrung und Technik werden den Geist nicht immer ersetzen. Manches im heutigen sozialpolitischen Zustand Deutschlands, auf den schon § 1 hinwies, kennzeichnet die Lage. Jedenfalls kann die Gleichsetzung von Sozialpolitik und sozialer Praxis die Theorie am wenigsten befriedigen; kommt sie im Titel unsres bedeutendsten Fachorgans, der „,Sozialen Praxis", zum Ausdruck, so liefert doch gerade dieses Blatt, früher unter Franckes und Zimmermanns, jetzt unter Heydes Leitung, einen glänzenden Beweis dafür, wie fruchtbar die theoretische Verbindung der einzelnen sozialpolitischen Teilgebiete werden kann.

9. Sozialpolitik = Kulturpolitik.

10. Sozialpolitik = Ethik.

In beiden Hinsichten ist auf den Achten Abschnitt, besonders auf die §§ 71—73 zu verweisen. Gegen die Hereinnahme des Kulturmoments in die Begriffsbestimmung der Sozialpolitik spricht der farblose, vieldeutige Charakter von „Kultur", dem ein Erklärungswert kaum beizumessen ist. „Ethik" ist zwar bestimmter, aber infolge ihrer metaphysischen Begründung auch nicht geeignet, den Inhalt der „Sozialpolitik" auszufüllen (§ 78). Überdies liegen die möglichen Grenzen für Kulturpolitik und Ethik wesentlich anders als für Sozialpolitik, zum Teil enger, zum Teil weiter; Sozialpolitik müßte z. B. auch dann noch getrieben werden, wenn für Kulturpolitik längst kein Raum mehr wäre; ferner hat es die Sozialpolitik weniger mit den Beweggründen, die für die Ethik entscheiden, als mit den Tatsachen zu tun. Immerhin begegnen sich beide in den Anforderungen, die an die Erziehung zu stellen sind.

11. Sozialpolitik = Wohlfahrtspolitik.

Hier ist § 64 zu vergleichen; mindestens für praktische Zwecke wäre diese Auffassung zu enge.

12. Sozialpolitik = Sozialisierung oder = Sozialismus = Sozialer Umsturz.

Hier schlagen die §§ 67, 75 ein. Alle in vorstehenden Stichworten enthaltenen Elemente sind dort abgehandelt. Selbstverständlich gilt uns dabei Sozialisierung nicht gleich Sozialismus, verschieden davon ist auch Sozialer Umsturz; er stellt mehr das staatsrechtliche Moment dar, während sich die übrigen Begriffe mehr auf Wirtschaft beziehen. Es ist unnötig, an dieser Stelle nochmals auf Grenzen und Ziele des Sozialismus, der Sozialisierung, des Sozialen Umsturzes zurückzukommen, die, im Falle die Sozialpolitik jenen gleichgesetzt wird, zu Grenzen und Zielen der Sozialpolitik werden würden. Aber bereits die engen Schranken, welche heute der sozialistischen Umsturztheorie gesetzt sind, machen deutlich, daß das nicht auch die Grenzen der Sozialpolitik sein können; sonst würden wir auf diese, die uns gerade in der Gegenwart bitter nottut, überhaupt verzichten müssen.

13. Sozialpolitik = Soziale Reform = Soziale Anpassung.

Diese Gleichsetzung wird eigentliches Thema unserer „Praxis der Sozialpolitik" sein; in vorliegender „Theorie" ist es vorbereitet worden (insbesondere in §§ 67, 76). Es ist nicht beabsichtigt, hier weiteres darüber oder über Grenzen und Ziele, die sich unmittelbar ergeben, auszuführen. Inwieweit die Privatwirtschaft, die Wirtschaft überhaupt, Grenzen für diese Auffassung von Sozialpolitik enthält, zeigte u. a. § 74. Für die Ziele ist der Siebente und Achte Abschnitt, ist ferner § 21 wichtig. Anderes findet sich über das ganze Werk zerstreut. Die Beziehung auf den Staat ist deutlich (§ 9).

Die Darlegung über Inhalt, Grenzen und Ziele der Sozialpolitik ist hiermit abgeschlossen; sie brauchte keine Werturteile zu fällen — obwohl sie nach § 80 hierzu berechtigt war —, konnte sich vielmehr mit der Aufzählung der möglichen Auffassungen von Sozialpolitik begnügen. Immer aber wird sich ein Unterschied daraus ergeben, daß man in der Sozialpolitik entweder das Funktionelle oder das Institutionelle, entweder die Menschen oder die Einrichtungen betont. Eine mehr institutionelle und in gewissem Sinn mechanische Auffassung begegnete uns bei der 1., 6., 7., 8. und 12. Gleichsetzung, in höherem Maße funktionell, organisch und menschenökonomisch waren die 2., 3., 4., 5., 9., 10., 11. und 13. Gleichsetzung. Indessen greifen die einzelnen Begriffsbestimmungen andauernd in einander über, auch lassen sie, jede für sich, verschiedene Deutungen zu. Wir brauchen nicht zu sagen, daß uns die funktionell-organischen Auffassungen, bei denen die Menschen im Vordergrund stehen, wo nicht alles auf Einrichtungen abgestellt ist, in höherem Maße liegen.

Indem wir Sozialpolitik als Soziale Reform und, besser noch, als Soziale Anpassung und Evolution gelten lassen, bleibt die in § 78 begründete Forderung der Sozialpolitischen Autonomie, des Sozialen Kulturideals, unberührt. Sozialpolitik treiben, heißt, in Richtung auf ein fernes, vielleicht niemals ganz zu erreichendes Ziel praktisch, durch Anpassung und Reform tätig sein. Dem mit „Sozialer Arbeitskultur" am ehesten zu verdeutlichenden Ziele entnehmen wir für die Praxis ein Element, das in jeder Auffassung von Sozialpolitik wirksam sein muß, das uns vom Anbeginn an fesselte: die Arbeit. Arbeit am Volke ist ihr höchster, nicht an eine bestimmte Tätigkeit, nicht an einzelne bevorzugte Berufe gebundener, in der unverdrossenen Kleinarbeit des Tages am vollkommensten sich erfüllender Ausdruck; er enthält zugleich ein Werturteil von höchstem Ethos und innerlichster Kultur.

„Soziale Politik" (§§ 76, 78), die auch an keinen Beruf, an kein Ressort, an kein System gebunden ist, würde den gemeinten Sachverhalt klarer und einwandfreier aussprechen als „Sozialpolitik", womit so viele Begriffsbildungen und Deutungen verknüpft waren. „Soziale

Politik" wäre bei fast allen unserer dreizehn Begriffsgruppen möglich. Sie kann aber nicht Gegenstand einer arbeitsteiligen Monographie sein, erst das ganze Handbuch wird Auskunft über ihre Geltung in der Gegenwart geben können. So bewendet es aus praktisch-systematischen Gründen bei dem eingebürgerten Begriff der „Sozialpolitik" als einer Summe von Betätigungen, Anstalten und Methoden, die sich freilich den beanspruchten Vorzug, im eigentlichen Sinn „sozial" gerichtet zu sein, in jedem Falle immer wieder von neuem erringen müssen. Hier gibt es ein Erbe nur im Sinne der Verpflichtung, hier gilt nur Arbeit und Selbstkritik.

(§ 82) 2. Methodologische und systematische Folgerungen für die „Praxis der Sozialpolitik".

Eine Reihe von sozialpolitischen Stoffen sind in den acht Abschnitten dieses Ersten Bandes so weit theoretisch durchgearbeitet worden, daß der Praktische Teil sich auf historische, statistische und sonstige tatsächliche Angaben beschränken kann. Angaben dieser Art standen dem Verfasser natürlich stets vor Augen, sie gaben auch für scheinbar rein-theoretische Überlegungen das Maß; sie müssen hernach aber doch ausdrücklich benannt und induktiv begründet werden. — In anderen Fällen wird sich die „Praxis der Sozialpolitik" wenigstens scheinbar auf ganz neuen, theoretisch noch nicht vorbereiteten Wegen entwickeln müssen. Schon die äußere Einteilung des Zweiten Bandes wird mit der des Ersten Bandes im allgemeinen nicht übereinstimmen; der sozialpolitische Praktiker wird in den Überschriften der abgeschlossenen Abschnitte und Kapitel häufig Fremdes, nicht immer unmittelbar Verständliches vorgefunden haben, demgegenüber wird sich der Zweite Band an die geläufigen sozialpolitischen Einteilungen halten. Das alles ist in der verschiedenen Aufgabe von Theorie und Praxis begründet.

Der Versuch, „Theorie" und „Praxis" der Sozialpolitik scharf zu trennen, ist in vorliegendem Werk zum ersten Male gemacht worden. Dogmengeschichtliche und sonstige historische, statistische und sonst induktiv gewonnene Materialien liegen in den meisten Darstellungen, so sehr sie ihren Zweck in oft vollkommener Weise erfüllen, im Gemenge mit theoretischen Beweisgängen.

Ist der Versuch reinlicher Trennung diesmal noch nicht völlig gelungen, so wird die gewählte Systematik als solche doch wohl kaum abgelehnt werden. Einer Verbesserung ist sie vor allem dadurch fähig, daß der wissenschaftliche Sprachgebrauch von „Sozialpolitik" einwandfreier festgelegt wird, als das heute zutrifft; § 81 bot nach dieser

Richtung Fingerzeige. Wir verweisen aber auch auf § 64, wo wir Sozial- und Wohlfahrtspolitik von einander abzugrenzen versuchten.

Dabei sind wir uns klar darüber, daß unausgesetzt Stoffe aus der „Sozialpolitik" heraustreten, andere sich neu zu ihr gesellen. Im ganzen wird der Verlust größer sein als der Gewinn. Das „Arbeitsrecht" z. B. kann man sich durch die neuere Gesetzgebung derart erschöpfend geordnet vorstellen, daß es nicht mehr eigentliches Thema der „Sozialpolitik" und der dieser eigenen Methode ist, sondern rein juristisch-kasuistisch, gleich dem Bürgerlichen Rechte etwa, behandelt wird; dann kann wohl die Frage des Privaten Rechts als solche noch offen bleiben, sie gehört aber nicht mehr der „Sozialpolitik" im technischen Sinne an. Andere, ursprünglich sozialpolitische Stoffe werden auf dem Wege über Agrar- und Gewerbereformen gelöst und damit ebenfalls der „Sozialpolitik" entfremdet werden. In der „Theorie" wird für diese und andere Materien immerhin einstweilen noch Raum sein müssen, für die „Praxis der Sozialpolitik" scheiden sie endgültig aus. — Neue Stoffe aber entstehen da, wo neue gesellschaftliche Gruppierungen und Bewegungen ihren Ursprung nehmen; sie werden oft zuerst in die „Praxis", erst hernach in die „Theorie" Eingang finden. Ob diese neuen Stoffe sich derart häufen, daß mit der Zeit eine Neuordnung der „Theorie" nötig wird, mag bezweifelt werden; dagegen werden sie der „Praxis" von Zeit zu Zeit Veranlassung zu einem Um- und Aufbau geben.

Wenn hier von „Praxis der Sozialpolitik" die Rede ist, so kann das natürlich nur so gemeint sein, daß die praktischen Einzelfragen „theoretisch" erörtert werden, soweit (s. oben) nicht nur historische und statistische Unterlagen in Betracht kommen. Es wird sich dann um die Spezialtheorien der praktischen Einzelprobleme handeln, und es wird oft genug möglich sein, die Verbindung dieser Sondertheorien mit der allgemeinen „Theorie der Sozialpolitik" herzustellen. Durch Festhalten an eingebürgerten technischen Ausdrücken und bestimmten Methoden soll diese Verbindung erleichtert werden. Sie ist an zahlreichen Stellen des Ersten Teils vorbereitet worden (zu vergleichen etwa die §§ 21, 30, 45, 46, 54, 63, 67, 68 u. a.).

Indem wir aber die „Theorie" voranstellten, gaben wir uns nicht der Meinung hin, als sei diese „Theorie" das gedanklich Erste, als schüfe die theoretische Selbstbesinnung des Sozialpolitikers die eigentlichen praktischen Probleme aus dem Nichts heraus. Das war ja wohl die Ansicht derer gewesen, die, auf dialektischem, scholastischem oder sonstigem konstruktiven Wege, Stoffe der Sozialpolitik erstehen ließen. In ihrem Sinne entstand ein „System", in unserem Sinne mußte „Theorie", als Analyse des konkret durch Erfahrung Gegebenen, zustande kommen. In diesem letzteren Betrachte ist dann die „Praxis", sind ihre theoretischen Einzelprobleme das Primäre, nur methodologische und systematische Gründe hießen die „Theorie" voranstellen. Damit ist weiter gegeben, daß die „Praxis" der „Theorie" nicht sklavisch folgen, sondern sich das Recht wahren wird, ihr eignes System zu entwickeln und, soweit nötig, die ihr entsprechenden, selbständigen Methoden anzuwenden.

Dahin aber kann diese kurze Erwägung ausklingen: Eine „Theorie“ der Sozialpolitik ist notwendig Torso. Nichts wäre irrtümlicher als die Annahme, in der „Praxis“ werde eine Wiederholung der „Theorie“ unter stärkerer und einseitigerer Betonung des Werturteils geboten werden. Vielmehr haben beide Teile des Gesamtwerks ihre besonderen Zwecke, beide ergänzen sich, wie zu hoffen steht: zur Einheit, soweit ihrem Gegenstand, eben der Sozialpolitik selbst, „Einheit“ zugebilligt werden kann. Nur dann könnte „Theorie“ und „Praxis“ auseinanderfallen, wenn (was gute Weile hat) die „Praxis der Sozialpolitik“ sich in Spezialgebiete mit selbständigen, zeitlich auseinanderliegenden Lösungen verflüchtigen würde und der „Theorie“, nun zur „Theorie der sozialen Politik“ erweitert, nurmehr übrigbliebe, die großen und allgemeinen Richtlinien gesellschaftlicher Zwecksetzungen darzulegen.

(§ 83) 3. Ausblick.

Ungeheures Erleben kennzeichnet die gestörte Gegenwart; wer auch nur einen kurzen Augenblick innezuhalten, den Blick von den einzelnen Erscheinungen der Zeitgeschichte abzuwenden und dem theoretischen Begreifen der gesellschaftlichen Prozesse zuzuwenden vermag, der erkennt, wie unsere Zeit ebensosehr zur Zerstörerin wie zur Erfüllerin wurde; wie sie ein Ende und einen Anfang darstellt, mit schonungsloser Offenheit komplizierteste Vorgänge vor Augen führt, die Elemente gesellschaftlichen Geschehens durcheinanderwirbelt, sie aber dadurch erst klar erkennen lehrt und Synthesen von unermeßlicher Tragweite vorbereitet. Ist es nur der soziologisch geschärfte Blick des Gegenwartsmenschen, oder ist es das ganz unwirkliche und insofern fast zur „Theorie“ gewordene gesellschaftliche Geschehen selbst, was uns, bei allem Schreckhaften und Gigantischen, doch verwandt berührt, uns den Glauben an die Folgerichtigkeit der Theorie wiedergibt? Sicher kehrt in den sozialen und wirtschaftlichen Erscheinungen der Gegenwart etwas davon wieder, was durch bewußte Zwecksetzung und Organisierungsarbeit von Generationen gewissermaßen zum immanenten Bestandteil der Gesellschaft selbst geworden ist. Wir sehen hierin, neben Naturgewalten und rätselhaften Ungereimtheiten, doch auch die bewußte Arbeit von Jahrhunderten sich erfüllen und auswirken, gleichgültig, ob diese Arbeit und die sie begleitende Organisation dem Aufbau oder der Zerstörung gegolten hatte. Es liegt trotz des scheinbar Sinnlosem etwas wie ein „Sinn“ im sozialen Geschehen, ein anderer Sinn freilich, als ihn Philosophen in die Geschichte als solche hineinzulegen bemüht waren. Wir erleben, mehr als irgendeine frühere Zeit, „organisierte Geschichte“.

Für die „Sozialpolitik“ ergeben sich daraus sehr wichtige Gesichtspunkte. Es ist heute wirklich an der Zeit, daß die „Theorie“ der Sozialpolitik deren „Geschichte“ — nicht ersetze, zum mindesten aber ergänze. Und wie erst allmählich die Meisterleistungen historischer Würdigung des Gemeinschaftslebens entstanden, so wird auch die „Theorie der Sozialpolitik“ nicht auf einmal fertig dastehen; sie wird sich aber als selbständiges wissenschaftliches Thema mit eigner Problemstellung behaupten.

Ein „Ausblick“, als Schlußwort solcher „Theorie“ gedacht, hat kein Programm zu entwickeln; das bleibt dem Zweiten Band, der„ Praxis“, vorbehalten. „Ausblicken“ können wir nur auf Ziele, welche eben die „Theorie“ sich stellte. Und da bleibt allerdings der Wunsch und die Hoffnung, daß weitere theoretische Forschung den Weg zur Erfahrung immer mehr zurückfinden werde, die einmal, schon nach Kant, das ausschließliche Fundament wissenschaftlichen, nicht-metaphysischen Bestrebens bleibt. Wenn der „utopische“ durch den „wissenschaftlichen“ Sozialismus abgelöst wurde, so wird dieser der „Theorie“ weichen. Das gilt zumal im Sinn der scharfen Begriffsbestimmung, die Sombart in der Vorrede zu „Grundlagen und Kritik des Sozialismus“ vorgenommen hat; ihr zufolge ist eine Weltanschauung (eben Sozialismus) überhaupt nicht Angelegenheit der Wissenschaft. Wenn Sombart gleichzeitig den Marxismus ausnimmt, so können wir ihm in diesem Punkte freilich nicht folgen; gerade für Marx gilt, daß sein dialektisches Ethos durch Theorie abgelöst werden wird.

Das neuerwachte theoretische Interesse muß glücklich durch die Klippen hindurchgesteuert werden, die sich daraus ergeben, daß die Grenze gegen Soziologie und sozialpolitische Spezialtheorie nicht immer deutlich, oft sogar ganz verwischt ist. In dieser Hinsicht ist ein „Ausblick“ bereits im vorigen Kapitel vorgenommen worden. Soweit aber praktische Gesichtspunkte für die ausblickende „Theorie“ wichtig werden können, sind sie schon an verschiedenen Stellen dieses Buches, zuletzt in § 79, gekennzeichnet. Und nur wenige Worte zum Abschluß:

Höchste gesellschaftliche Bildungen stehen auf dem Spiel; über gesättigte Kultur und vollendete Technik, über hohe Begriffe von sozialer und staatlicher Gemeinschaft hinweg greift der mit Organisation gepaarte Umsturzgedanke auf Idole zurück, die primitiven und naiven Verhältnissen Genüge tun konnten, die aber gegenüber den Aufgaben der Gegenwart schlechterdings versagen. Zugleich werden Einrichtungen, Institutionen verantwortlich gemacht für das, was in der Gegenwart unbrauchbar ist, worüber sich der „Fortschritt“ hinwegsetzen will; Erziehungsfragen, Nationalitätsprobleme gelten als

„reaktionär". Dabei kann die Zeit nicht warten, will, entgegen jeder biologisch und soziologisch erhärtbaren Wahrheit, sich im Sturm und augenblicklich durchsetzen, fordert sinngemäß den Umsturz. — Auf der anderen Seite sieht ein zum Egoismus erstarrter Individualismus im Kapital weniger eine volkswirtschaftliche Notwendigkeit, als die Quelle ungemessener, privatwirtschaftlicher Gewinne; ihm ist der bloße Reformgedanke, die Anerkennung eines sozialen Gemeinschaftslebens und sozialer Verpflichtungen, ein Verbrechen oder ein Wahn. Demgegenüber die Elemente des sozialen Geschehens in der Gruppierung zu bezeichnen, die für Reform und Anpassung geeignet ist, die höchstes Menschentum in nationaler und kultureller Differenziertheit begreifen lehrt: d a s war e i n e Aufgabe der hier vorgelegten „Theorie".

Sie ist gewiß kein Lehrbuch und kann es deshalb nicht sein wollen, weil ihr Gegenstand im allgemeinen noch nicht „Lehrfach" ist; im Rahmen des „Handbuchs der Wirtschafts- und Sozialwissenschaften" spielt sie eine allgemein-propädeutische Rolle und ist hoffentlich Vorbereitung nicht nur des folgenden „Praktischen Teils"; Standorte der theoretischen Begründung von Fragen, die andere Bände des „Handbuchs" behandeln, sind recht häufig in der „Theorie der Sozialpolitik" belegen; und indem dieser Band den Reigen eröffnet, bringt er zum Ausdruck, was gewiß manche meiner Mitarbeiter auch für ihren Beitrag anerkennen: Die Wirtschafts- und Sozialwissenschaften, zumal die (schon 1854 von K. Vollgraff also bezeichnete) „Sozialökonomie", können ihre praktisch-politischen Zwecke nur auf breitester theoretischer Grundlage erreichen, übersehen aber über dieser Fundamentierungsarbeit nicht die, nur durch Werturteil zu leistende Ausrichtung ihres Baues nach den realen und idealen Bedürfnissen der Gesellschaft und der Nation.

Kolibri 360 GmbH
Ferdinand-Jühlke-Straße 7
99095 Erfurt, Deutschland
produktsicherheit@kolibri360.de